彭林 主編

朱軾全集

第四册 校補禮記纂言（上）

復旦大學出版社

本册總目

校補禮記纂言（上）

金曉東　整理

整理説明

校補禮記纂言三十六卷，元吴澄纂，清朱軾校補。吴澄（一二四九—一三三三），亦作「吴澂」，字幼清，晚字伯清，元撫州崇仁人。宋咸淳六年（一二七〇）領鄉薦，春試不利，還構草屋講學著書其中，人稱草廬先生，爲元代經學名儒。禮記纂言又名小戴禮記校正（據續文獻通考經籍考），仿魏徵類禮之例，每卷爲篇，每篇之中，其文皆以類相從，俾上下意義聯屬相通，而釋其章句于左。三十六篇次第，亦以類相從，凡通禮九篇，喪禮十篇，祭禮四篇，通論十二篇，各爲標目，即將禮記篇目重新排比歸類，與世所傳本迥異。禮記之大學、中庸篇因入四書而不録，襲宋儒之舊習；投壺、奔喪篇則因正經亦不録；冠義、昏義、鄉飲酒義、射義、燕義、聘義等篇因釋儀禮亦不録。吴氏排比貫穿，極有倫次，所解亦時有發明，較之元儒删詩一派，頗不相類。禮記纂言爲吴氏晚年用心之作，虞集序以爲「始終前後，最爲精密」，爲清代四庫全書收録。

朱軾（一六六五—一七三六），字若瞻，江西高安人，康熙三十三年（一六九四）進士，歷仕康熙、雍正、乾隆三朝，官至太子太傅、文華殿大學士兼吏、兵二部尚書，乾隆帝師，卒謚「文端」。

朱軾爲官頗具惠政，經史研究頗有建樹，束身勵行，通曉百家，久負政、學二界之望。曾先後奉敕主持聖祖實録、世宗實録、三禮義疏諸書纂修事宜，儼然學界巨擘。其積極研究禮學，編纂禮書，融禮學于理學，推行教化，於一代學術與政治之推進，均發揮重要作用。朱軾著述頗豐，有周易传義合訂、春秋鈔、儀禮節略等傳世，後多匯刻入朱文端公藏书之中，校補禮記纂言亦在其中。朱書體例一仍吴氏之舊，惟逢有疑義發明者，則以「軾按」二字爲别，附載于吴注之下，入四庫存目。據四庫存目標注考證，朱氏校補禮記纂言有二種刻本存世：一是清康熙至乾隆間刻朱文端公藏書本，正文首行上題「禮記纂言」，下題「臨川吴文正公纂」，次行題「後學朱軾重校」。半葉九行，行二十一字，白口，四周單邊，封面刻「本衙藏板」，前有雍正五年（一七二七）丁未壯月李衛序。杜澤遜先生推斷「蓋刻于雍正五年」。四庫存目叢書曾據中國科學院圖書館本影印。中國國家圖書館、上海圖書館等多藏有此刻。二是清光緒二十三年（一八九七）朱衡等重刻朱文端公藏書十三種本。據羅志歡先生中國叢書綜録選注，咸豐五年（一八五五），朱軾著作書板毁於太平天國兵燹。咸豐十年（一八六〇），單懋謙督學江西，曾徵刻朱氏論著，事未果而解任。光緒二十三年（一八九七），經軾裔孫朱衡等人倡議推動，朱文端公藏書十三種方得以重刊，行款依照原刻，前有光緒二十二年（一八九六）黄卓元重刻朱文端公遺書十三種序。

朱軾校補禮記纂言具有以下值得研讀的特點：

第一，展現清初禮學風尚。清初經學復甦，爲禮學發展提供契機。禮學復興實有社會與學術兩方面原因。社會層面而言，崇儒重道、以禮爲治的統治思想，符合當時由亂而治的局面，也爲清廷統治合法性提供理論依據；就禮學自身發展而言，在經歷宋代以降禮學衰微之後，重振禮學、關注經學原典則成爲一時潮流，禮學再度成爲知識分子關注熱點：孫奇逢、陸世儀、顧炎武、黄宗羲、萬斯大、姚際恒、王夫之、張爾岐、李光坡等大批一流學者於禮學皆三致意，或考訂訓詁，或暢發大義，或兼綜博稽，成績顯著，研禮之風大盛。此時清廷也與知識界倡禮之風相契合，不惟最高統治者重視禮學，身居高位之儒臣如徐乾學、李光地、方苞等人，亦頗能順應學術潮流，注重禮學探討。朝野唱和，並時而鳴，研禮撰作，代不乏人，禮學漸呈復興之勢。朱書帶有鮮明的清初禮學特色——多側重經文、注、疏、宋人學説一脈相承。清皮錫瑞云：「論宋、元、明三朝之經學，元不及宋，明又不及元。若元人則株守宋儒之書，而于注疏所得甚淺。明人又株守元人之書。」頗具代表性。朱軾與方苞、李光坡等學者一樣，解經均能廣泛徵引，細品鄭玄、孔穎達、宋儒之説，并側重於宋人之説。如雜記篇，子游曰：「既祥，雖不當縞者，必縞，然後反服。」鄭氏曰：「謂有以喪事贈賵來者，雖不及時，猶變服服祥祭之服以受之，重其禮也。其于此時始弔者，則衛將軍文子之爲之是矣。反服，反素縞麻衣也。」孔氏曰：「既祥，謂大祥後，弔者來晚，不正當祥祭縞冠之時。主人必須反著此祥祭縞冠受來弔者之禮，然後反服大祥素縞麻衣之服。」山陰陸氏曰：「此言親喪雖既祥，猶有他喪未除，今以祥故，無所不用縞。縞，既祥之服也。然後反服，反他喪之服。」軾按：「注疏以縞爲朝服縞冠之縞，陸氏以縞爲素縞麻衣之縞，陸説較穩。」朱氏重視宋説明顯。

第二，合理著述方式。朱軾選擇以對吴澄禮記纂言進行校補的方式進行著述，通過校補工作，展示出自身學養，這種著述方法值得效仿。古人著述大體分爲兩大類：其一是在前人基礎上建立見解，如清王念孫廣雅疏證、段玉裁説文解字注，都是在解釋、標點前人成果基礎上，搭建自身理論體系得以傳世；其二是另起爐灶，如王筠説文釋例、凌廷堪禮經釋例及其他古人著述等。兩種方式各有千秋。禮記由於唐代孔穎達禮記正義用力頗深，已經達到了相當高度，故宋代以降，學者對於禮記正義已很難超越，吴澄禮記纂言雖有「割裂經文」之嫌，但也算别具一格，成爲元代禮記研究的代表論著之一。朱軾則在吴書基礎上，做了進一步的工作，如少儀經文：「問品味，曰：『子亟食於某乎？』問道藝，曰：『子習於某乎？』『子善於某乎？』」宋儒方氏曰：「人之情，品味有偏嗜，道藝有異尚。問品味，不可斥之以好惡，而招其癖；問道藝，不可斥之以能否，而暴其短。」軾按：「問品味者，問所嗜好之物也。惟好之，故亟食不厭。」朱軾在宋儒之説基礎上進一步提煉了觀點，更加明了。因此朱軾這種著述方式非常值得借鑒。

第三，展示解經方法。朱軾在對吴澄禮記纂言校補過程中，對於經文、鄭玄注、孔穎達疏、宋儒、吴澄各方面的學説，採取客觀研讀方式，並不完全傾向一家之言，即便是對於宋儒之説，亦是如此。如少儀經文：「洗盥執食飲者，勿氣，有問焉則辟咡而對。」方氏曰：「勿氣，屏氣也，凡以致恭而已。」軾按：「凡燕飲，禮恭則洗而復盥。鄉飲酒禮主人獻賓，卒洗尊爵，降盥，乃實而進，若酬酢獻介則殺矣。此言執食飲者，若是洗盥致敬，則執而進之時，必敬之至，而屏氣似不息也。」方氏的解釋過於粗略，僅僅解釋了「勿氣」是爲了表示尊敬，没有解釋清楚具體做法。朱軾則將儀節細分爲主人獻賓、酬酢獻介不同的情況，并説明是「執而進」之時。説明對於經典，是可以在前人基礎上更加精進。

朱軾此書也存在幾點不足：首先，朱氏未交待其校補吴澄禮記纂言所據底本。據王鍔先生三禮研究論著提要統計，吴氏書有元元統本、明正德十五年胡氏本、明嘉靖九年安正書堂本、明崇禎二年張養本等諸多版本，如不説明底本，其「校」書根據何在。這導致朱書有與存世吴書其他版本不同之處，目前無法考證原因。其次，按語不够精簡。四庫館臣評價朱氏按語有「旁涉他文」的現象，認爲「後來編録校刊之時失於删削」。然而白璧微瑕，這些問題不能掩蓋朱氏對於吴澄禮記纂言以及清初禮學所做的貢獻。

本次整理選擇上海圖書館藏清康熙至乾隆間刻朱文端公藏書本爲底本，殘缺、漫漶之處則以光緒重刻本彌補。異體字如竆（窮）、滛（淫）、肎（肯）、苐（第）、麁（粗）、宼（寇）、冡（冢）、賔

（賓）、寇（寇）、薎（蔑）、睂（眉）、刋（刊）、餙（飾）、糾（糾）、聊（聊）、爼（俎）、亾（亡）、蔴（麻）、縠（穀）、汎（泛）、栁（柳）則統一直改；「已」、「巳」、「己」等字，則據文義而定。

整理者学殖浅陋，谫劣弥甚，本次承乏而为，不善之处，恭请读者斧正。点校本書期间，获得復旦大學出版社杜怡順先生大力支持。山東省圖書館馬清源博士、胡培培博士、畢曉樂老師，山東大學李振聚教授、解樹明博士、吴雪菡、韓超、王一涵、常思淼同學幫助校稿，不辭辛劳，指导纠缪，惠我良多，在此一併深表谢意！

整理者
二〇二一年三月

目録

序

六經皆治世之書，而禮於身心爲最切。三禮皆言禮之書，惟記之發皇爲最盛。然掇拾煨燼之餘，殘編斷簡，雜然無次。且漢初三百十四篇，經二戴所删，加以馬氏所益，僅存四十九篇。三千、三百，彬彬郁郁之盛，邈乎弗可睹其全矣。朱子嘗欲分定篇次，以儀禮爲經，禮記爲傳，各相附麗，彙爲成書。大綱雖列，編校未就。是先儒之意，重有望於後之儒者修而明之也。臨川吴文正公薈萃三禮，纘朱子遺緒，附戴記於儀禮後，條分縷析，各以類從，詮次頗密，視鄭氏祖述讖緯，擇而不精，陳氏專利初學，語而不詳，皆有間矣。今我皇上建中和之極，道民以德，齊民以禮，禮教之興，光昭顯懿。惟時高安朱先生，沉酣理學，於三禮尤邃，著爲禮記纂言一書，紹朱子之心傳，補吴文正公所未逮，凡講家沿訛踵謬，擇焉不精，語焉不詳者，悉舉而是正之。雖視舊本僅存三十六篇，而威儀三千，燦然昭著。由是而再進於周、儀二禮，則經禮三百，亦於是乎在。誠禮書之金科玉律，而視文正舊本，洵有青藍冰水之妙矣。夫禮也者，履也。先生之爲是書也，豈徒訓詁字句、疏通文義而已哉？將以進世之學者於踐履篤實，俾納身軌物，以共遵無黨無偏之盛治，庶幾隆禮由禮，爲有方之士，而不負周公、孔子之垂教也。然則宋元先儒之遺旨，必待今日而始大彰明較著者，庸非世治，則百度修舉，聖籍之流傳，亦至此而光輝發越哉！衛雖不敏，竊思以禮淑身而樂觀其盛也，敬附數言於簡末云。

雍正丁未壯月彭城後學李衛頓首拜撰。

小戴記三十六篇，澄所序次。漢興得先儒所記禮書二百餘篇，大戴氏删合爲八十五，小戴氏又損益爲四十三，曲禮、檀弓、雜記分上下；馬氏增以月令、明堂位、樂記；鄭氏從而爲之注，總四十九篇，精粗雜記，靡所不有。秦火之餘，區區掇拾，所謂存十一於千百，雖不能以皆醇，然先王之遺制，聖賢之格言，往往賴之而存。第其諸篇出於先儒著作之全書者無幾，類多記者旁搜博采，勦取殘篇斷簡，會粹成書，無復詮次。讀者每病其雜亂而無章，唐魏鄭公爲是作類禮二十篇，不知其書果何如也，而不可得見。朱子嘗與東萊先生吕氏商訂「三禮」篇次，欲取戴記中有關於儀禮者，附之經；其不係於儀禮者，仍别爲記。吕氏既不及答而朱子亦不及爲，幸其大綱存於文集，猶可考也。晚年編校儀禮經傳，則其條例與前所商訂又不同矣。其間所附戴記數篇，或削本篇之文而補以它篇之文，今則不敢，故止就其本篇之中，科分櫛剔，以類相從，俾其上下章文義聯屬章之大旨，標識于左，庶讀者開卷瞭然。若其篇第，則大學、中庸，程子、朱子既表章之，與論語、孟子並而爲四書，固不容復厠之禮篇。而投壺、奔喪實爲禮之正經，亦不可以雜之於記。其冠義、昏義、鄉飲酒義、射義、燕義、聘義六篇，正釋儀禮，别輯爲傳，以附經後矣。此外猶三十六篇，曰通禮者九，曲禮、内則、少儀、玉藻通記小大儀文，而深衣附焉，月令、王制專記國家制度，而文王世子、明堂位附焉；曰喪禮者十有一，喪大記、雜記、喪服小記、服問、檀弓、曾子問六篇，既喪而大傳、間傳、問喪、三年問、喪服四制五篇，則喪之義也；曰祭禮者四，祭法一篇，既祭而郊特牲、祭儀、祭統三篇，則祭之義也；曰通論者十有二，禮運、禮器、經解一類，哀公問、仲尼燕居、孔子閒居一類，坊記、表記、緇衣一類，儒行自爲一類，學記、樂記其文雅馴非諸篇比，則以爲是書之終。嗚呼！由漢以來此書千有餘歲矣！而其顛倒糾紛，至朱子始欲爲之是正而未及，竟豈無所望於後之人與？用敢竊取其意，脩而成之篇章，文句秩然有倫，先後始終，頗爲精審，將來學禮之君子，於此考信，或者其有取乎，非但爲戴氏之忠臣而已也。吴文正公自記。

曲禮第一

呂氏大臨曰：「曲禮，禮之細也。禮云：『經禮三百，曲禮三千。』中庸云：『禮儀三百，威儀三千。』曲禮者，威儀之謂。經禮蓋若祭祀、朝聘、饗燕、冠昏、喪紀之禮，今儀禮是也。曲禮蓋以大小、尊卑、親疏、長幼並行兼舉，今禮記是也。所載孔子門人傳授雜收於遺編斷簡者。」朱子曰：經禮，今之儀禮。其存者十七篇，而其逸者猶有投壺、奔喪、遷廟、釁廟、中霤等篇。其不可篇者，又有古經增多三十九篇。而明堂陰陽、王史氏記數十篇，及河間獻王所輯禮樂古事，多至五百餘篇。儻或猶有逸在其間者，且以春官所領五禮之目約之，則其初固當有三百餘篇矣。曲禮則皆禮之微文小節，如今曲禮、少儀、内則、玉藻、弟子職篇所記事親、事長、起居、飲食、容貌、辭氣之法，制器、備物、宗廟、宫室、衣冠、車旗之等，所以行乎經禮之中者。其篇之全數雖不可知，然條而析之，亦應不下三千有餘矣。或者專以經禮爲常禮，曲禮爲變禮，則如冠禮之「不醴而醮用酒」，殺牲而有折俎，若「孤子冠，母不在」之類，皆禮之變，而未嘗不在經禮篇中；「坐如尸，立如齊」，「毋放飯，毋流歠」之類，雖在曲禮之中，而不得謂之變禮。其説誤也。澄曰：「曲者，一偏一曲之謂。中庸言致曲，易大傳言曲成、曲而中，老子言曲則全，莊子言一偏一曲、不該不徧，王通氏言曲而當，又如地名之曰韋曲、杜曲，皆同義。曲禮者，蓋謂禮之小節雜事，而非大體全文，故曰曲。」先儒以爲委曲、曲折，非也。

曲禮曰：毋不敬。儼若思。安定辭。安民哉。 毋，音無。儼，魚撿切。

鄭氏曰：「儼，矜莊貌。人之坐思。貌必儼然。安定辭。審言語也。」朱子曰：「毋不敬，統言主宰處。儼若思，敬者之貌也。安定辭，敬者之言也。安民哉，敬者之效也。」真氏曰：「曲禮一篇，爲禮記之首。而毋不敬一言，又爲曲禮之首。蓋敬者，禮之綱領也。曰毋不敬者。謂身心内外，不可有一毫之不敬也。其容貌必端，嚴而若思。其言辭必安定而不遽。以此臨民，民有不安者乎？此章凡四言。而修身、治國之道略備，其必聖賢之遺言與？」○軾按：儼，嚴也。其端莊之度。一若令人望而生畏者，故謂之儼。儼亦形容之辭，而不足盡敬之狀也。又從而擬之曰若思。此言静而敬也。安定者安而定也。定字爲主。一言而息聚訟。何斷斷也。然嚴正之辭。或失之剛。安則藹如矣。此言動而敬也。動不止辭。舉一辭而凡動可知。蓋無時無事而不敬。斯修己安人。篤恭而天下平矣。

敖不可長。欲不可從。志不可滿。樂不可極。 敖，五到切。長，知兩切。從，足用切。樂，音洛。

孔氏曰：「敖者，矜慢之名，心所貪愛爲欲，在心未見爲志，不得自滿。樂者，人情所不能已，當自抑止，不可極爲。」○軾按：一念自矜，便是敖；一意貪得，便是欲。苟不省察于其所自起，而嚴加克治，未有不長而從者也。長則志滿，從則樂極，此下達之勢也。

賢者狎而敬之，畏而愛之。愛而知其惡。憎而知其善。積而能散。安安而能遷。 狎，戶甲切。

朱子曰：「人之常情，與人親狎則敬弛，有所畏敬則愛衰。唯賢者乃能狎而敬之，是以雖褻而不慢；畏而愛之，是以貌恭而情親也。己之愛憎，或出私心，而人之善惡，自有公論。唯賢者存心中正，乃能不以此而廢彼也。六句皆蒙『賢者』二字爲文。言衆人所不能，唯賢者乃能之爾。」○軾按：積不止財，積學亦積也；安不止居，守道亦安也。即以財與居言，生財有大道，何常非積。安土重遷，何嘗非安。但必能散能遷，而後無嫌于積與安耳。

臨財毋苟得。臨難毋苟免。很毋求勝。分毋求多。疑事毋質。直而勿有。 難，乃旦切。很，胡墾切。分去聲。

鄭氏曰：「毋苟得，爲傷廉也。毋苟免，爲傷義也。很，鬩也，謂争訟也。求多，爲傷平也。質，成也。彼己俱疑，而己或言之，終不然，則傷知。直，正也。己若不疑，則當稱師友而正之。謙也。勿有，勿謂己有此義也。」○軾按：財是非分之獲。分是應得之財。難是君父之難。很是一朝之忿。○疑者，見爲如是。而又不敢必其如是。質者，本不能必其如是，而强以爲必如是。直，正也。人疑而我信。固不得不正其是非。然不敢自有，但曰吾師吾友云然耳。

〇修身踐言，谓之善行。行修言道。禮之質也。行，下孟切。

鄭氏曰：「踐，履也。謂履而行之。言道，言合於道。質，猶本也。」

〇禮不妄説人，不辭費。禮不踰節，不侵侮，不好狎。〔一〕説舊音悦，或云當音税。好，虚到切。

邵氏曰：「禮所以防人之情，妄以悦人，則與情俱靡矣。禮不可以菲廢，有費而辭，則以菲廢禮矣。踰節不已，則至於僭上逼下。侵侮不已，則至於紛争鬬辨。好狎不已，則至於褻瀆慢忽。禮皆在所禁焉。」〇軾按：妄説者過禮，足恭是也。辭費者不及禮，簡棄是也。踰節承妄説，惟務以説人，故踰越節度。侵侮承辭費，惟簡棄放蕩，故侮人狎人。費兼貨財、筋力言。

〇禮聞取於人，不聞取人。禮聞來學，不聞往教。

朱子曰：「此雖兩節，其實互明一事也。取於人者，童蒙求我，朋自遠來也。取人者，好爲

〔一〕此句阮刻本在「修身踐言」句前。

人師，我求童蒙也。禮有取於人，所以彼有來學；無取人，所以我無往教也。」陳氏祥道曰：「上二句勉學者，下二句戒教者。」

○大上貴德，其次務施報。禮尚往來，往而不來，非禮也；來而不往，亦非禮也。大，音泰。施，詩至切。

劉氏曰：「大上者，至極之稱，猶言大備全德之人也。全德之人，自得而已，愛之不自以爲仁，利之不自以爲義，所謂不知有之者也。其次愛之爲仁，利之爲義，所謂親之譽之者也，故施則必報，是以不可無禮。孔氏曰：三皇五帝時，淳厚不尚往來之禮。所貴在德，德主施，但施而不希其反。三王之時，施則望報，以爲常事，故其禮主尚往來。」○軾按：禮者天理之節文，禮即德也，故曰道德仁義，非禮不成。父慈子孝，兄友弟恭，莫非施也，即莫非報也。若謂施而不希其反，施者得矣。何以處此受而不報者乎？至云「三王之時，施則望報」，此説尤謬。望報而後施，不報將不施乎？禮所謂來而往者，豈如是乎？劉氏謂「不自以爲仁」義，亦是施不望報意，俱非經旨。愚意大上貴德者，謂大上之德足貴，無事斤斤于禮也，未嘗務報施，而泛應曲當，時措咸宜，施者受者無不各得所願。所謂動容周旋中禮，盛德之至也。其次務報施，報施，禮也，即德也。大上是自然之禮，其次是勉然之德，仁與恕之分也。

○夫禮者，自卑而尊人，雖負販者，必有尊也，而況富貴乎。富貴而知好禮，則不驕不淫。貧賤而知好禮，則志不懾。夫音扶。販，方萬切。好，虛到切。懾，知涉切。

游氏曰：「負販之人，當勞役之際，長者先而少者後，老者輕而壯者重，所謂必有尊也，負販於道路猶爾。見富貴之人，則可以行禮之人也；富貴之地，則可以爲禮之地也。若傲縱自尊，則負販之不若矣。」方氏慤曰：「不驕不淫，以禮能有所節也。志不懾，以禮能有所立也。」

○夫禮者，所以定親疏，決嫌疑，别同異，明是非也。夫，音扶。疏，所居切。别，彼列切。

孔氏曰：「定親疏者，五服之内，大功以上服麤者爲親。小功以下，服精者爲疏。決嫌疑者，若妾爲女君期，女君爲妾，若報之則大重，降之則有舅姑爲婦之嫌，故全不服，是決嫌也。孔子之喪，門人疑所服，子貢引夫子喪顔淵若喪子而無服，喪子路亦然。請喪夫子若喪父而無服，是決疑也。别同異者，本同今異，姑姊妹是也；本異今同，世母叔母及子婦是也。明是非者，得禮爲是，失禮爲非，若主人未小斂，子游裼裘而弔，得禮而是，曾子襲裘而弔，失禮而非。但嫌疑、同異、是非之屬，在禮甚衆，各舉一事爲證。」吕氏曰：「伯母叔母疏衰，踊不絶地；姑姊妹之大功，踊絶於地；爲祖父母，齊衰期；爲曾祖父母，齊衰三月，此所以定親疏也。嫂叔不通問，嫂叔無服；君沐粱，大夫沐稷，士沐粱；燕不以公卿爲賓，以大夫爲賓，此所以決嫌疑也。己之子與兄弟之子異矣，引而進之，同服齊衰期；天子至於庶人，貴賤異矣，而父母之喪，衰疏之服，饘粥之食，無貴賤一也；大夫爲世父母、叔父母、衆子、昆弟、昆弟之子，降服大功，尊同則不降，此所以別同異也。禮之所尊，尊其義也。其文是也，其義非也，君子不行也；其義是也，其文非也，君子行之，故『麻冕，禮也；今也純，儉，吾從衆』。男女不授受，禮也；嫂溺則援之以手，此所以明是非也。」費氏曰：「人不能無親疏，定之如五服之制，有精麤輕重之類是也。事不能無嫌疑，決之如男女不親授、嫂叔不通問之類是也。理有同異是非，別之而判然，如車服器用之有等殺，鼎俎籩豆之有奇耦之類是也。明之而昭然，如『麻冕，禮也；今也純，儉，吾從衆』之類是也。」馬氏晞孟曰：「喪期有遠近之數，宗廟有遷毁之制。恩之隆者，服之三年而不爲厚。族之遠者，殺於袒免而不爲薄，定親疏也。宗廟之儀，迎牲而不迎尸。燕飲之禮，宰夫爲獻主，而以大夫爲賓，所以斷君臣之疑。男女非有行媒，不相知名，非受幣不交不親，所以別男女之嫌，決嫌疑也。」陳氏曰：「兩物相似爲疑，以此兼彼爲嫌。」葉氏夢得曰：「親疏位也，嫌疑情也，故言定言決同異事也，故言別。是非，理也，故言明。」澄曰：「定親疏，禮之仁也；決嫌疑，禮之義也；別同異，禮之禮也；明是非，禮之智也。」

道德仁義，非禮不成；教訓正俗，非禮不備；分争辨訟，非禮不決；君臣上下，父子兄弟，非禮不定；宦、學事師，非禮不親；班朝、治軍，涖官、行法，非禮威嚴不行；禱祠、祭祀，供給鬼神，

非禮不誠莊。 宧，胡慢切。朝，音潮。涖，黎至切。禱，都計切。供，音恭。

仁者愛之理，義者宜之理，由之之謂道，得之之謂德，禮則節文斯二者是也。仁義無禮之節文，則或過或不及，故必有禮，然後成完而無虧缺。爲其不知不能而使之、效之之謂教，因其所知所能，而使之、馴之之謂訓，皆所以正民之俗也。然非定爲禮制，使民有所法式則教之、訓之以正之者，終不具備。以力校之謂争，以言校之謂訟，分辯謂剖別其是非曲直，合於禮者爲是爲直，不合於禮者爲非爲曲，故非禮不足以決之。國之君臣、上下，家之父子、兄弟，有分有義，有恩有情，其尊卑厚薄，非禮有一定之制，不能定之。宧學，猶言游學也，有事師之禮，然後師友之情親。班次朝儀，各有位次；整治軍伍，各有部分；臨涖官府，各有職掌；三者皆有其法。惟其有禮，是以有威嚴而其法行。禱祠者，因事之祭；祭祀者，常事之祭；皆有牲幣之屬，以供給鬼神，必依於禮，然後其心誠實，其容莊肅。○軾按：道德仁義，言治己；教訓正俗，言治人。下四段分承此二句，禱祀一段。又言不獨治人。即事神亦不可無禮。

是以君子恭、敬、撙、節、退、讓以明禮。 撙，兹損切。

孔氏曰：「君子，有德有爵者之通稱。」王氏子墨曰：「自道德仁義以下，皆不可無禮，故君子之道，明禮爲先。而禮之大本有三：一曰敬，二曰節，三曰讓。」澄曰：「撙，裁抑不過之謂。敬、節、讓，禮之實也。實諸内者，必徵諸外，故於貌之恭而見其敬焉，於事之撙而見其節焉，於步趨之退而見其讓焉。君子之務此三者，以明禮也。」

鸚鵡能言，不離飛鳥。猩猩能言，不離走獸。今人而無禮，雖能言，不亦禽獸之心乎？夫唯禽獸無禮，故父子聚麀，是故聖人作爲禮以教人，使人以有禮知自別於禽獸。鸚，於耕切。鵡，音武。離，黎至切。猩，師庚切。麀，於求切。別，彼列切。

朱子曰：「陸農師點『聖作』是一句，『爲禮以教人』是一句。」

人有禮則安，無禮則危，故曰禮者不可不學也。

軾按：禮以固人肌膚之會，筋骸之束，無禮則耳目無所屬，手足無所措，故不安而危。

右記禮之綱領，凡七節。章内「不離走獸」，俗本作「禽」，今從盧本作「走」。

凡爲人子之禮，冬温而夏清。昏定而晨省。清，七正切。省，息井切。

方氏曰：「冬則温之以禦其寒，夏則清之以辟其暑，昏則定之以奠其居，晨則省之以問其安也。」吕氏曰：「一歲冬夏有寒暑之變，一日昏晨有晦明之變，冬温如古人置密室之類，夏清如古人扇枕之類。」澄曰：「冬有密室，則夏宜有涼臺；夏時扇枕，則冬宜以身温被。」鄭氏曰：「定安其牀衽，省問其安否何如。」

〇夫爲人子者，出必告，反必面，所遊必有常，所習必有業，恒言不稱老。夫，音扶。告，古毒切。恒，胡登切。

鄭氏曰：「反言面者，從外來宜知親之顔色安否。有常有業，緣親之意欲知之。不稱老，廣敬。」〇軾按：人子依依膝下，一刻不能離親。出能不告，反能不面乎？面與告同，當其出也，喁喁細語，叮嚀不休，故不言面而言告；其反也，融融相對，喜形於色，故不言告而言面。遊與習一意，有常者自有業，人情生子，莫不冀其成立克家，若忽東忽西，飄泊無定，游手好閒，不務生業，父母之憂方大矣。一説云遊兼所到之處、所交之人言，亦通。〇又按：人子愛日之誠，一則喜，一則懼。喜懼迫於中，形於色，而卒不忍出諸口，此所以不稱老也。恒言猶云凡言，蓋無一語及此耳。孔氏謂不自稱老，非。黄氏謂，對父母言，須避諱老字，亦非。

〇爲人子者，居不主奥，坐不中席，行不中道，立不中門，食饗不爲概，祭祀不爲尸。奥，烏報切。食音似。饗，香兩切。概，古愛切。

鄭氏曰：「謂與父同宫者，奥謂室中西南隅，道有左右，中門謂棖、闑中間。概，量也。不制待賓客饌具之所有，尸，尊者之處，爲其失子道，然則尸卜筮無父者。」〇軾按：「居不主奥」四句，不敢當尊也，爲父子同宫者言；「食饗不爲概」，不敢自專也，爲未傳宗事者言；「祭祀不爲尸」，爲父爲主人者言。蓋主人北面拜尸，人子所不安，故不爲也。

聽於無聲，視於無形，不登高，不臨深，不苟訾，不苟笑。 訾，音紫。

澄曰：「孝子在親之側，常謹察親之言動，而常聽視於未言、未動之先。親之口未言，則無聲可聞也，而子之耳審聽，常若親之有所諭教，惟恐其言而不及聞也。親之體未動，則無形可見也，而子之目諦視，常若親之有所指使，惟恐其動而不及見也。登高臨深，恐致隕墜而有死傷、没溺之患。君子稱人善，不言人過。在彼之事，本無所預，而輕率有毀訾之言，聞者將以爲謗之也；在我之情，非有所樂，而輕率有哂笑之貌，見者將以爲侮之也；皆能召怨名禍，故孝子不爲。」陳氏曰：「聽於無聲，一傾耳不敢忘父母也；視於無形，一舉目不敢忘父母也；不登高，不臨深，一舉足不敢忘父母也；不苟訾，不苟笑，一出言不敢忘父母也。毀譽者，人之公論；哀樂者，人之常情，可毀則訾之，可樂則笑焉，所不能免也。」〇軾按：「愛親者不敢惡於人，故不苟訾；敬親者不敢慢於人，故不苟笑。」

〇孝子不服闇，不登危，懼辱親也。 闇，烏紺切。

鄭氏曰：「服，事也。闇，冥也。不於闇冥之中從事，爲卒有非常，且嫌失禮也，男女夜行以燭。」呂氏曰：「服闇者爲穿窬之行，欺人所不見也。登危者，行險以徼倖也。」〇軾按：不服闇，比不苟訾、不苟笑進一層。言笑人所共見共聞，闇則人不知而已獨知，此君子所以凛凛于屋漏也。不登危，比不登高、臨深進一層，高深有形之危也，行險徼倖，無形之高深也，世途之險巇，嗜慾之陷阱，詎僅高深已哉！稍失足焉，其隕墜有不可言者矣，此孝所以終于立身也。

〇父母存，不許友以死，不有私財。

鄭氏曰：「死爲報仇讎。」孔氏曰：「家事統於尊，財關尊者，故無私財。」吕氏曰：「許者受其託，先儒謂許報仇，雖父母没亦不可。患難相死，兄弟之道也，朋友以義相成，患難之事無相及。戰國游俠以氣相許，結私交，報仇怨，君子謂之不義也。」〇軾按：吕氏以死爲友死最當，友以身後之事托我，若義不可辭，必請于親而以親命許之，即下文不有私財意。必云死者，死且不許，他可知矣。或曰，死與「守死善道」之「死」字同，謂許之固也。今人受托，多云「可爲則爲，不敢豫必」，此即不許以死意。解亦通。

〇父子不同席。

澄曰：「古者一席坐四人，言父子偶共一處而坐，雖止一人，必各坐一席。」

○夫爲人子者，三賜不及車馬。夫，音扶。

鄭氏曰：「三賜，三命也。凡仕者一命而受爵，再命而受衣服，三命而受車馬。車馬而身所以尊者備矣，卿大夫之子不受，不敢以成尊比踰於父；天子諸侯之子不受，自卑遠於君。」葉氏曰：「鄭氏以不及爲不受，若然居大夫之位而不受車馬，則徒行乎？若曰不受君賜而己自爲之，是己爲則可，君賜之則不可，理無是也。以吾觀之，此蓋謂父之未爲大夫者，不受車馬，則不敢受大夫之位也。」胡氏曰：「君子辭位不辭禄，車馬賜由君命，安可辭哉！賜，與也。三賜，貨財、衣服、車馬也。」澄曰：「胡氏説蓋謂爲人子者，以物與人，僅可至衣服而止。就三者之中，不及於車馬，與坊記『饋獻不及車馬』同意。」○軾按：三賜作以物與人解，未是；不以物與人，非人子所難。鄭注不敢比踰于父，自卑遠于君，真仁人孝子之用心，但君賜未可辭，若因不受車馬并不受位，亦無此理，朱子謂受而不用最當。

故州閭鄉黨稱其孝也，兄弟親戚稱其慈也，僚友稱其弟也，執友稱其仁也，交游稱其信也。

鄭氏曰：「二十五家爲閭，四閭爲族，五族爲黨，五黨爲州，五州爲鄉。僚友，官同者。執友，志同者。」澄曰：「此言人子之孝，其行實充積於中，故其聲名形著於外。稱其孝者，總言遠近之人，稱孝子之能孝於其父母也。以下四者之稱，則以孝子所接待之人而言，蓋惟孝於父母者，能慈、能弟、能仁、能信，故各因其孝子之所施所接於己者而稱之也。」○軾按：此節承上節，謂如此之人，方可謂能孝，不但能孝，而且能慈、能弟、能仁、能信。

見父之執，不謂之進，不敢進；不謂之退，不敢退；不問，不敢對，此孝子之行也。

孔氏曰：「父之執，謂與父同志者。」

○爲人臣之禮，不顯諫，三諫而不聽則逃之。子之事親也，三諫而不聽，則號泣而隨之。號，行刀切。

鄭氏曰：「顯，明也，謂明言其惡。」

○君有疾飲藥，臣先嘗之；親有疾飲藥，子先嘗之。醫不三世，不服其藥。

鄭氏曰：「嘗，度其所堪。不三世不服其藥，謹物齊也。」○軾按：鄭云「嘗度其所堪」，謂度其物劑之堪用否也。然藥進于醫手，必得精熟物劑之人，始可無誤。故曰醫不三世不服其藥，三世甚言其精熟也。

○父母有疾，冠者不櫛，行不翔，言不惰，琴瑟不御，食肉不至變味，飲酒不至變貌，笑不至矧，怒不至詈，疾止復故。櫛，側瑟切。惰，徒禾切。又，徒卧切。矧，失忍切。詈，黎志切。

鄭氏曰：「不櫛不翔，憂不爲容也。」孔氏曰：「惰者，言語戲劇，文辭華餙，猶許食肉，但不許多爾，少食則味不變，多食則口味變也。」吕氏曰：「孝子之事親，病則致其憂，憂在心，故言動不得如故。冠者不櫛，不暇禮也，矧見齒也，詈惡聲也，笑怒之變至此，亦忘親也。」方氏曰：「言冠者别於童子，冠者有時而不櫛可也。童子無冠，不櫛則不可，所以止言冠者。」

○居喪之禮，毁瘠不形，視聽不衰，升降不由阼階，出入不當門隧。居喪之禮，頭有創則沐，身有瘍則浴；有疾則飲酒食肉，疾止復初。不勝喪，乃比於不慈不孝。五十不致毁，六十不毁，七十唯衰麻在身，飲酒食肉處於內。 瘠，秦昔切。衰，所追切。阼，昨誤切。隧，音遂。創，初莊切。瘍音羊。勝平聲。衰，倉回切。處上聲。

鄭氏曰：「形謂骨見。隧，道也。」孔氏曰：「毁瘠，羸瘦也。許羸瘦，不許骨露見也。阼階，主人之階也。孝子在喪思慕，不忍從父阼階上下也，若祔祭則同於吉，得升阼階也。不勝喪，謂疾不食酒肉，創瘍不沐浴，毁而滅性不留身繼世。違親生時之意，是不慈不孝，然本心實非不慈孝，故言止也。致，極也。五十居喪，許有毁而不得極羸瘦；六十衰甚，都不許毁也。」○軾按：「毁瘠不形」二句，當在「頭有創」之上，至下「飲酒食肉處于內」，爲賢智之過哀者言之。「升降」二句，另爲一條，謂事死如事生也。

生與來日，死與往日。 與舊如字，或云當音預。

鄭氏曰：「與，猶數也。來日，死之明日也。往日，死之日也。」吕氏曰：「三日成服杖，生者之事也，其三日也，自死之明日數之。三日而殯，死者之事也。其三日也，自死之日數之。」

○居喪，未葬讀喪禮；既葬讀祭禮；喪復常，讀樂章。

孔氏曰：「居喪，居父母之喪也。喪禮，謂朝夕奠下室，朔望奠殯宮，及葬等禮也。祭禮謂，虞、卒哭、祔、小祥、大祥之禮也。復常，謂大祥除服之後也。樂章，樂書之篇章，謂詩也。此上三事，須預習，皆許讀之。」張子曰：「居喪者，他書不可觀，惟喪禮、祭禮可讀。在平日，豈不嘗學，如祭禮樂章，豈必葬畢喪終乃學？蓋謂切於用，故至其時又復講求。」○軾按：樂章即祭之樂章。承上言既葬雖讀祭禮，而祭之樂章則必待除服乃讀。○祭禮不止祥、禫、虞、祔，凡祭莫非追慕感愴，讀之不至忘哀，非必用之而後讀也。

○爲人子者，父母存，冠衣不純素；孤子當室，冠衣不純采。 純，之集切。

鄭氏曰：「純緣素爲有喪象也。孤子謂未三十者早喪親。雖除喪不忘哀也。三十壯有室。有代親之端。不爲孤也當室適子也。吕氏曰。少而無父者。雖人之窮。然既除喪矣。冠衣猶不改素。則無窮也。先王制禮。行道之人皆不忍也。豈可獨遂其我窮之情哉。故惟當室者行之。非當室者不然也。深衣這言略矣。崔氏曰不當室則純采。

〇**君子已孤不更名，已孤暴貴，不爲父作謚。**更，平聲。謚，神至切。

鄭氏曰：「不更名，重本；暴貴不爲父謚，子事父無貴賤也。」孔氏曰：「名是父所作，死更作新名，似遺棄其父也。暴貴謂非一等之位，若本爲士庶，今起爲諸侯者也。謚者，列平生德行而爲作美號。若父昔賤，己今暴貴，忽爲造謚，似鄙薄父賤，不宜爲貴人父也。」吕氏曰：「已孤不更名，有所不忍也。已孤暴貴，不爲父作謚，有所不敢也。不忍，愛也；不敢，敬也。古者子生三月，而父名之，親存有所禀命，而更猶可也。已孤更之，輕廢父命，孝子之所不忍也。父爲士，子爲天子諸侯，則祭以天子諸侯，其尸服以士服，是可以己之禄養其親，不敢以己之爵加其親也。父之爵法不當謚；而己之爵法當謚，以己當謚而作其父謚，是以己爵加其父，欲尊其親，而反卑之，非所以敬親也。然則周之追王大王、王季何也？當周之興，王業基于太王、王季、文王，世世脩德，至武王而有天下。武王、周公追述其功，義起斯禮，非後世追王之比也。」〇軾按：未有子貴而不尊其父者。子爲天子諸侯，父尸服以士，此不通之論也。此言「不爲父作謚」，謚者如謚爲文、謚爲武之類，若大王、王季，止尊以王號。非謚也。

○父之讎弗與共戴天，兄弟之讎不反兵，交游之讎不同國。

鄭氏曰：「父者子之天，殺己之天，與共戴天，非孝子也，行求殺之乃止。兄弟之讎，常執殺之備。交游之讎，不吾辟則殺之。」吕氏曰：「父之讎，報之之意，誓不與讎俱生。寢苦不仕，以喪禮處也。手不舍兵，雖寢不忘，故枕戈也；雖市朝不辟，故不反兵而鬭也。居兄弟之讎，則殺於父矣；仕而不共國，則猶可以仕也。銜君命而使，雖遇之弗鬭，猶有所辟也。所與居父讎同者，不反兵而已；居從父兄弟之讎，則又殺於兄弟矣；不爲魁，主人能，則執兵而陪其後。主人者，其子也，從主人而殺之，不爲戎首也。復讎輕重之義，不越是三等而已，此皆天屬之讎。若以義推，則君之讎眂父，師長之讎眂兄弟，主友之讎眂從父兄弟也。主者，大夫之臣稱其君也；友者，吾同志也。此篇所稱『交游之讎』，蓋友也；言交游而不言從父昆弟，亦互文也。」顧氏元常曰：「二禮載復讎事，向頗疑之，治平盛世，井井有綱紀，安有私相報讎之事？然事變萬端，豈可以一律論。存此一條，亦是沿人之情，如父母出於道，忽被彊冠劫盜殺害，其子豈容但已。在旁必力鬭，與之俱死，不在旁，必尋探殺之而後已，此乃人子之至痛，追恩殆不欲生，縱彼在窮荒絶域，亦必欲尋殺之以雪父母之冤，不使之偷生與我共戴天也。然讎非一端，又看輕重如何？如父母因事被人擠陷，爲人子者亦當平心自反，不可專以報復爲心；或被人挾王命以矯殺，雖人子之至恨，然城狐社鼠，不可動摇，又當爲之飲恨，而不容以必報爲心，皆宜隨事斟酌，儻不顧事之曲直，勢之可否，各挾復讎之義以相搆害，則是刑戮之民，大亂之道也。」○軾按：「交遊之讎不同國」，謂不與同仕一國也，蓋公道既不行于上，私義又莫伸于下，惟有推而去之，或避而遠之，庶此耿耿不自由之苦衷，可質吾友于地下耳。若鄭注云不避則殺之，此與朱家、郭解之椎剽亂禁何以異乎？或云子不能報，故兄弟報之；兄弟不能報，故交遊報之，朋友無所歸，死于我殯，讎于我復，是或一道也。然檀弓論居從父昆弟之讎，不爲魁，主人能，則執兵而陪其後，是主人不能報，雖從父昆弟之讎，亦付之無可如何。今于交遊之讎，儼然稱兵爲戎首，不亦惑乎？

右記父子之禮，凡十五節。

凡爲君使者，已受命，君言不宿於家。 爲，云僞切。使，色事切。下使者並同。

孔氏曰：「受君言，不得停留宿於家。聘禮『既受命，遂行，宿於郊』是也。」

君言至，則主人出拜君言之辱；使者歸，則必拜送于門外。

鄭氏曰：「此謂國君問事於其臣。」

若使人於君所，則必朝服而命之；使者反，則必下堂而受命。 使人，如字。朝音潮，下在朝、朝言、輟朝並同。

鄭氏曰：「此謂臣有所告請於其君。」

〇君命大夫與士肄。肄，以二切。

鄭氏曰：「肄，習也。君有命，謂欲有所爲也。大夫則與士展習其事。」

在官言官，在府言府，在庫言庫，在朝言朝。

鄭氏曰：「官謂版圖文書之處，府謂寶藏貨賄之處，庫謂車馬甲兵之處，朝謂君臣謀政事之處，唯君命所在就展習之也。」劉氏曰：「凡君有命，將興作於大事，則大夫與士豫習其所宜爲，以俟旨任，期不辱命也。」〇軾按：在此職也，在此職，即謀此事，無容怠，亦容越也。」

朝言不及犬馬。

孔氏曰：「此以下明在朝言朝之事，朝如此則官及府庫可知也。朝是謀政教之處，不宜私褻論議及犬馬。」

輟朝而顧，不有異事，必有異慮，故輟朝而顧，君子謂之固。輟，之劣切。

鄭氏曰：「輟，猶止也。心不正，志不在君也，固謂不達於禮。」孔氏曰：「異事，非常之事；異慮，非常之慮也。臣於朝，矜莊儼恪，視不流目，若忽止朝而回顧，非是見異事，則必是有異慮也。若身無異事，心無異慮，乃忽止朝而顧。君子謂此是固陋之人，不達禮義者也。」吕氏曰：「輟朝而他顧，敬不在君也，有異心存焉。非所治者，皆異事也；非所謀者皆異慮也，二者非姦則野。固，野陋也。君子不逆人以姦，故但謂之固而已。」胡氏曰：「不有異事，必有異慮，若衛太子蒯聵朝夫人，太子三顧及陳成子驟顧諸朝之類。」

在朝言禮。問禮，對以禮。

謂在朝議禮，問此一禮，則對以此一禮也。

○公事不私議。

公朝之事，當與同列議之於公朝，不可議之于私家。鄭氏曰：「嫌若姦也。」

振書、端書於君前，有誅。倒筴、側龜於君前，有誅。倒，多老切。筴與策同。

鄭氏曰：「振，去塵也；端，正也；倒，顛倒也；側，反側也；皆謂甫省視之。臣不豫事，不敬也。」孔氏曰：「書，簿領也；誅，責也。臣當豫事整理，若文書簿領，於君前臨時乃拂整。龜筴，君之卜筮所須，不豫周正，來在君前，方顛倒、反側、齊正之，則宜有責罰也。」

龜筴、几杖、席蓋、重素、袗絺綌，不入公門。重，直龍切。袗，之忍切。絺，敕宜切。綌，去逆切。

鄭氏曰：「龜筴，嫌問國家吉凶。几杖，嫌自長老。席蓋，載喪車也。重素，衣裳皆素，喪服也。」孔氏曰：「臣有死於公宮，許將柩出，不得將喪車凶物入。絺綌單，則肉露見，爲不敬，故不著入。若尸乘以几至廟門，及八十杖於朝，則几杖得入也。」

苞屨、扱衽、厭冠、不入公門。苞，自表切。扱，初洽切。衽，而審切。厭，於涉切。

鄭氏曰：「苞，藨也，齊衰藨蒯之菲也。問喪曰：親始死，扱上衽。厭，猶伏也，喪冠厭伏，此皆凶服也。」

書方、衰、凶器，不以告，不入公門。衰，倉回切。

鄭氏曰：「方，版也。士喪禮下篇云：書賵於方，若九、若七、若五，此謂喪在内，不得不入，當先告君爾。」孔氏曰：「書謂條録送死者物件數目多少，如今死人移書也，百字以上用方版書之，故云書方。衰，喪服也。凶器者，棺材及棺中明器也。臣在公宫而死，凶具宜告而入也。」

○大夫、士出入君門由闑右，不踐閾。闑，魚列切。閾，音域。

孔氏曰：「門以向堂爲正，右在東也。主人位在門東，客位在門西。大夫是臣皆統於君，不敢自由，故出入君門，恒從闑東。」陳氏曰：「自外以向内，則以入爲左右，而右常在東；自内以向外，則以出爲左右，而右常在西。門以向内爲常，由闑右，則由闑東也。」

○賜果於君前，其有核者，懷其核。核，力革切。

鄭氏曰：「懷核，嫌棄尊者物也。」

御食於君，君賜餘，器之溉者不寫，其餘皆寫。溉，古愛切。

鄭氏曰：「勸侑曰御。溉謂陶梓之器。」孔氏曰：「君食竟，以食殘餘賜御者，如陶是瓦甒之屬，梓是杯杅之屬，並可滌潔，不畏汙，則不須倒寫，仍於器中食之，食訖，則滌以還君。若其餘織萑葦，織竹爲筐筥等，不可溉滌，不倒寫之，則浸汙其器，是褻尊者物也。」

○君命召，雖賤人，大夫、士必自御之。御音訝，今讀如字。

方氏曰：「自御謂之僕。」張子曰：「御謂御車，奉君命而召，雖所召者賤，使者當親御之。」鄭氏曰：「『御』當爲『迓』，君雖使賤人來召己，必自出迎之，尊君命也。」

○大夫私行，出疆必請，反必有獻。士私行，出疆必請，反必告。君勞之，則拜；問其行，拜而後對。勞，郎到切。

鄭氏曰：「私行，謂以己事也。士言告者，不必有獻也，告反而已。問行，謂道中無恙及所經過。」孔氏曰：「疆，界也。大夫無外交而有私行出界，或是新來大夫，姻婭猶在本國，故有私行往來。大夫有德，必能招人餉遺，故還必有獻。士私行必請，出，與大夫同也。士德劣，故反不必有獻，與大夫異也。必告反，使君知其還，君勞之，則拜。大夫、士通謂行還，而君若慰勞己之勞苦，則已拜之；君若問其道中無恙及游涉所至，則又拜，拜竟而起對，先拜後答。急謝見問之恩也。」

〇士有獻於國君，他日君問之曰：「安取彼？」再拜，稽首而後對。

孔氏曰：「士有物奉貢於君。别日，君問士云何處得前所獻之物。不即問而待他日者，士有貢獻，當日自致於外，而不敢見，恐君答己拜，故别日乃見君，君得問之也。士聞君問，故先拜稽首，然後起，對得物所由。」陳氏曰：「尊者之賜，卑者不敢問，問則失於不恭；卑者之獻，尊者不可不問，不問則恐其取之不義。」

〇君使士射，不能，則辭以疾，言曰：「某有負薪之憂。」

鄭氏曰：「射者所以觀德，惟有疾可以辭也。使士射，謂備耦也。」孔氏曰：「射法每兩人相對，以決勝負，名之曰耦。貴賤必對，故卿與卿耦，大夫與大夫耦，或奇餘不足，則使士備耦。」

〇四郊多壘，此卿、大夫之辱也。地廣大，荒而不治，此亦士之辱也。

鄭氏曰：「壘，軍壁也，辱其謀國不能安也。荒，穢也，辱其親民不能安也。」

○國君死社稷，大夫死衆，士死制。

孔氏曰：「國君體國，國以社稷爲主，若有寇難，則以死衛之，不可去也；大夫職主領衆將軍，若有寇難，當保國，必率衆禦之，以死爲度；士雖不得率師，若君命使之，則唯致死。」○軾按：社稷受于天子，衆與制受于君。故致死不敢委也。

○國君去其國，止之曰：「奈何去社稷也？」大夫曰：「奈何去宗廟也？」士曰：「奈何去墳墓也？」

止，猶留也。鄭氏曰：「奈何去社稷、宗廟、墳墓，皆臣民慇懃之言。」

○大夫、士去國，祭器不踰竟，大夫寓祭器於大夫，士寓祭器於士。竟與境同，下同。

孔氏曰：「此明人臣三諫不從，去國之禮。踰越也，既放出，祭器不得自隨，物不被用則生蟲蠹，既不將去，故寄於同僚，令彼得用，不使毁敗，冀還復用，大夫士義皆然也。」方氏曰：「祭器不踰竟者，不敢以君禄所造之器，而用之於他人之國也。大夫、士寓祭器者，不欲使之爲無用之器，故各寄於得用之家也。」

○大夫、士去國，踰竟，爲壇位，鄉國而哭；素衣，素裳，素冠；徹緣，鞮屨，素簚，乘髦馬，不蚤鬋，不祭食，不説人以無罪，婦人不當御，三月而復服。壇音善。鄉，許亮切。緣，悦絹切。鞮，都兮切。簚，莫歷切。髦，音毛。蚤，音爪。鬋，子淺切。説，音悦又如字。復，音服。

鄭氏曰：「言以喪禮自處也。臣無君，猶無天也。壇位，除地爲位也。徹猶去也。鞮屨，無絇之菲也。簚，覆笭也。髦馬，不鬄落也。蚤讀爲爪。鬋，鬋鬢也。不自説於人以無罪，嫌惡其君也。御，接見也。三月一時，天氣變，可以遂去也。」孔氏曰：「大夫、士三諫不從，出在竟上。大夫則待放，三年聽於君命，若予環則還，予玦則去；若士則不待放，臨去皆行此禮也。去父母之邦，有桑梓之戀，故爲壇位，鄉國而哭。衣、裳、冠皆素，爲凶飾也。素服裏有中衣，吉時用采緣，凶喪故徹緣而純素。屨以絇爲飾，凶故無絇也。素簚，白狗皮爲車覆闌也。吉則鬋鬄馬毛爲飾，凶則不鬋而乘之。蚤，治手足爪也。鬋鬄，治須髮也，吉則治鬋，食則祭先，喪凶故不也。善則稱君，過則稱己，今雖放逐，猶不得向人説無罪也。吉時，婦人以次侍御，今喪禮自貶，故不也。自貶三月，然後事事反還如吉禮而遂去也。三月爲一時，天氣一變，則人情亦宜易也。」

○君子行禮，不求變俗。祭禮之禮，居喪之服，哭泣之位，皆如其國之故。

孔氏曰：「俗者，本國禮法所行，雖居他國，如杞、宋之臣，入於齊、魯，齊、魯之臣，入於杞、宋，各宜行故國禮法，不務變之從新也。祭禮、喪服、哭位，悉不改革，行之如本國儀。舉三條，餘冠、昏之屬可知也。」

去國三世，爵禄有列於朝，出入有詔於國，謹修其法而審行之。 朝，音潮。

鄭氏曰：「三世自祖至孫，踰久可以忘故俗，而猶不變爵禄有列於朝，謂君不絶其祖祀。若臧紇奔邾，立臧爲矣。詔，告也。謂與卿大夫吉凶往來相赴告也。其法謂其先祖之制度。」吕氏曰：「謹脩審行而不輕改者，不忍忘吾父母之國。」

去國三世，爵禄無列於朝，出入無詔於國，若兄弟宗族猶有則反告於宗後，唯興之日，從新國之法。

兄弟宗族猶存者，謂雖猶有兄弟宗族在舊國，然不爲卿大夫，而無爵禄矣。舊國之卿大夫，亦與此不相赴告吉凶矣。故己有吉凶，但遣使往舊國，私告於其無爵禄之宗子也。蓋爵禄無列，則舊國之君，其恩已絶矣；出入無詔，則舊國之卿大夫，其恩已絶矣。舊國君臣，雖皆與己無恩，而吾一己兄弟宗族之恩，則不可絶也，故有吉凶，猶當反告。宗後者，兄弟宗族之統也。告于宗後，則兄弟宗族徧知之矣。鄭氏曰：「興，謂起爲卿大夫。」馬氏曰：「烏獸三過故鄉，猶回翔躑躅。」軾按：原本「謹脩」句，在「如其國之故」下；「若兄弟」二句，在「有詔于國」下，文正改定甚當。蓋去國日久，法度不無遺忘，必須脩明而審行之。何也。身雖去國，爵禄尚有列也，出入尚有詔也，烏得舍其國之故耶。又或爵禄無列，尚有兄弟在也；出入無詔，尚須反告于宗也，如此而從新國之法，必其興于新國者也，否則尚不敢遽變其故焉。有列有詔，雖興不變；無詔無列，而有兄弟存，亦不變。惟興乃變，若無詔無列，又無兄弟存，則不興亦可變矣。

○大夫、士見於國君，君若勞之，則還辟，再拜稽首；君若迎拜，則還辟，不敢答拜。見，賢遍切，下並同。相見如字。還，音旋。辟，婢亦切。

孔氏曰：「此謂大夫士，出聘他國之禮〔一〕。勞，慰也。還辟，逡巡也。稽首，頭至地也。初至行聘享私覿禮畢，而主君又别慰勞己在道路之勤，故逡巡而退辟也。按聘禮，行聘、享及私覿訖，賓出，主君送至大門内，主君問聘君，問大夫竟，乃云『公勞賓，賓再拜稽首，公答拜；公勞介，介再拜稽首，公答拜』，即此大夫出聘他國，君勞之是也。聘禮無還辟之文者，文不備也。君若迎拜，謂聘賓初至大門外，主君迎而拜之，不敢當禮，則逡巡不敢答主君之拜，故聘禮云『賓入門左，公再拜，賓辟不答拜』是也。」澄曰：「還辟，謂身旋轉而開闢以遜辟也。」

〔一〕「國」下原有「君」字，據禮記正義删。

大夫、士相見，雖貴賤不敵，主人敬客，則先拜客，客敬主人則先拜主人。

孔氏曰：「此謂使臣行禮，受勞已竟，次見彼國卿大夫也。唯賢是敬，不計賓主貴賤，雖爲大夫而德劣，亦先拜有德之士也。異國則爾，同國則否。」○軾按：敬則先拜者，或敬其君及其臣，如小國之於大國是也。或以事往來，如告糴乞師，許告、許乞之類是也。敬賢亦敬之一端，注疏專以賢言，未是。拜是相見而拜，馬氏以拜爲往見，非是。

大夫見於國君，國君拜其辱。士見於大夫，大夫拜其辱。同國始相見，主人拜其辱。

孔氏曰：「『大夫見於國君』，謂見它國君。聘禮云：在門左拜，是拜其辱也。『士見於大夫』，平常相答拜，非加敬也，故聘禮賓朝服問卿，卿迎於廟門外，再拜是也。『同國始相見』，前是異國，此明同國，則主人必先拜辱也。」

凡非弔喪，非見國君，無不答拜者。

鄭氏曰：「禮尚往來，喪賓不答拜，不自賓客也。國君見士，不答其拜，士賤也。」

君於士，不答拜也，非其臣，則答拜之。

馬氏曰：「士之於君，朝則不坐，燕則不與，大享則旅食而已，此君於士所以無答拜之禮也。」

大夫於其臣，雖賤必答拜之。

孔氏曰：「大夫爲君，宜辟正君，故不辨己臣貴賤，皆答拜也。」

男女相答拜也。

孔氏曰：「男女宜别，或嫌其不相答，故明雖别，必宜答也。」

○凡摯，天子鬯，諸侯圭，卿羔，大夫雁，士雉，庶人之摯匹。摯，音至。鬯，敕亮切。匹，音木。

鄭氏曰：「天子無客禮，以鬯爲摯者，唯用告神也。」孔氏曰：「鬯者，釀黑黍爲酒，其氣芬芳條暢也。天子弔臨適諸侯，必舍其祖廟，既至諸侯祖廟，仍以鬯禮於廟神也。諸侯朝王及相朝聘，公、侯、伯用圭，子、男用璧，此不言璧者，略可知也。羔，小羊，取其群而不失類也。雁，取其候時而行也。雉，取耿介，惟敵是赴。羔、雁生，雉則死，亦表見危致命也。匹，鶩也，野鴨曰鳧，家鴨曰鶩，凡用牲爲摯，主人皆食之，故司士云：『掌擯者，膳其摯。』謂所執羔、雁之摯，入於王之膳人。」

童子委摯而退。

孔氏曰：「童子見先生，或尋朋友，不敢與主人相授受，拜抗之儀。但奠委其摯於地，而自退辟之。童子之摯，束脩也。」

野外軍中無摯，以纓拾矢可也。

鄭氏曰：「纓，馬繁纓也。拾，謂射韝。野外軍中非爲禮之處，用時物相禮而已。」

婦人之摯：椇，榛，脯，脩，棗，栗。椇，具羽切。榛，側巾切。脯，音甫。

孔氏曰：「婦人初歸，用摯以見舅姑，用此六物爲摯。椇，即今之白石李，形如珊瑚，味甜美；脯，搏肉無骨而暴之；脩，取肉鍛治而加薑桂，乾之如脯者。左傳云：『女摯不過榛、栗、棗、脩，以告虔也。』按昏禮見舅以棗栗，見姑以腶脩，其榛椇所用無文。」

○天子穆穆，諸侯皇皇，大夫濟濟，士蹌蹌，庶人僬僬。濟，子禮切。蹌，七良切。僬，子妙切。

吕氏曰：「穆穆，雍容深厚之貌。濟濟，脩飾齊一之貌。蹌蹌，翔舉舒揚之貌。僬僬，趨走促數不爲容止之貌。庶人見君，不爲容，進退趨走。尊者之容重，卑者之容輕，尊者之容舒，卑者之容遽，濟濟之齊一，不如皇皇之莊盛，皇皇之莊盛，不如穆穆之深厚，則知尊者重且舒也。濟濟之脩飾，不爲蹌蹌之舒揚，蹌蹌之舒揚，不爲僬僬之促數，則知卑者輕且遽也。」

○天子，視不上於袷，不下於帶；國君，綏視；大夫，衡視；士，視五步。上，時掌切。袷音劫。綏，它果切。

鄭氏曰：「袷，交領也，天子至尊，臣視之，目不過此。綏，讀爲妥。妥視，謂視上於袷視。國君彌高也。衡，平也。平視，謂視面，視大夫又彌高也。士視，旁遊五步之中也。視大夫以上，上下遊目，不得旁也。」孔氏曰：「臣視天子，上過於袷則慢，供奉至尊須承候顏色，又不得下過於帶。國君，諸侯也，臣視國君，當視面下袷上也。人相看以面爲平，若大夫之臣視大夫，平看其面也。士之屬吏，視亦不得高面下帶，而得旁視左右五步也。」庾氏曰：「妥，頹下之貌。視以面爲平，安則下於面，上於袷也。」

凡視上於面則敖，下於帶則憂，傾則姦。敖，五報切。

鄭氏曰：「凡視敖則仰，憂則低，辟頭旁視，心不正也。」

○凡奉者當心，提者當帶。奉，芳勇切。

吕氏曰：「奉者，承之以二手也。提者，挈之以一手也。」

執天子之器則上衡，國君則平衡，大夫則綏之，士則提之。綏，它果切。

鄭氏曰：「衡與心平，上衡則高於心，彌敬也；妥之，謂下於心。」孔氏曰：「前明常法，此明臣爲君上提奉之禮。執，持也，人之拱手，正當心平。天子至尊，故臣爲奉器高於心；國君降於天子，故其臣爲奉器與心齊平；大夫又降於諸侯，故其臣爲奉器下於心也。士卑，故士臣爲士提物，又在綏之下。提之者，當帶也。」

凡執主器，執輕如不克。

鄭氏曰：「主，君也。克，勝也，重慎之也。」

執主器，操幣圭璧，則尚左手；行不舉足，車輪曳踵。操，七刀切。曳，以至切。

鄭氏曰：「尚左手，尊左也。車輪，謂行不絕地。」孔氏曰：「圭璧，瑞玉也。尚，上也。執持君器及幣玉，則右手在下，左手在上也。曳，拽也。踵，脚後也。執器行時，不得舉足，但起前拽後，使踵如車輪拽地而行之。」

執玉，其有藉者則裼，無藉者則襲。藉，在夜切。裼，星歷切。

鄭氏曰：「璧、琮加束帛而裼，圭、璋特而襲，裼見美，文也；襲充美，質也。」○軾按：行享禮時，用璧琮，又加束帛，置璧、琮于帛上，如以帛承藉璧琮然，故曰有藉。行聘禮時，圭璋特，不加束帛，故曰無藉。廬陵胡氏謂「玉有藉者，袒而露之；無藉者，覆而襲之」，此說似當。

立則磬折垂佩。主佩倚，則臣佩垂；主佩垂，則臣佩委。折，之列，又市列切。

鄭氏曰：「倚，謂附於身，小俛則垂，大俛則委於地，君臣俛仰之節也。」孔氏曰：「此授受時禮也。佩，謂玉佩，帶佩於兩邊，臣則身宜僂折，身既僂折，則所帶之佩，從兩邊出縣垂於前；君若直立，而佩倚附其身，則臣宜曲折，故佩垂於前；君若重謹，折身而佩垂，則臣身當彌曲，故佩委於地。」

○爲天子削瓜者副之，巾以絺。爲國君者華之，巾以綌。爲大夫累之，士疐之，庶人齕之。爲，云僞切。副，普偪切。華，胡瓜切。累，力果切。疐，音帝。

鄭氏曰：「副，析也，既削又四析之，乃横斷之而巾覆焉。華，中裂之，不四析也。累也，不巾覆也。疐之，不中裂，横斷，去疐而已。齕之，不横斷。」孔氏曰：「華，半破也。疐謂脱華處。庶人，府、史之屬。」方氏曰：「瓜必巾者，所以奉尊者，不敢褻其物也。必以絺綌者，當暑以涼爲貴也。」劉氏曰：「大夫以上皆曰『爲』者，有司爲之也。士、庶人不曰『爲』者，自爲之也。上庶雖賤，食瓜之際，執瓜疐齕，而不敢忘君，僭其華、副之禮也。」

○問天子之年，對曰：「聞之，始服衣若干尺矣。」問國君之年，長，曰：「能從宗廟社稷之事矣。」幼，曰：「未能從宗廟社稷之事也。」問大夫之子，長，曰「能御矣。」幼，曰：「未能御也。」問士之子，長，曰：「能典謁矣。」幼，曰：「未能典謁也。」問庶人之子，長，曰：「能負薪矣。」幼，曰：「未能負薪也。」長，之兩切。

鄭氏曰：「天子既不敢言年，又不敢斥至尊所能。國君以下，皆言其能，則長幼可知。謁，請也。謂能擯贊出入，以事請告也。禮：『四十强而仕，五十命爲大夫。』」陳氏曰：「社稷之事，德也。御，才也。典謁，事也。負薪，力也。上下之别也。」○經解集説補正：若干之説有四：以「箇」釋「干」，謂當如此箇數者，顔氏之説也。以「求」釋「干」，謂事不定，當如此求之者，孔氏之説也。以「數」釋干，謂方約其數之多少者，方氏之説也。以「從一、從十」釋「干」，謂或如一或如十者，陳氏之説也。皆以意爲説，未見其必然。

○問國君之富，數地以對，山澤之所出。問大夫之富，曰：「有宰食力，祭器、衣服不假。」問士之富，以車數對。問庶人之富，數畜以對。數，色主切，下「數畜」並同。車數如字。畜，許又切。

孔氏曰：「問者，亦他國人問其臣也。不問天子者，率土之物，莫非王有，天下共見，故不須問也，諸侯止一國，故致問，求知其君封内土地所出也。富者非問多金帛，問所最優饒者，對者數土地廣狹，又以山澤所出魚、鹽、蜃、蛤、金、銀、錫、石之屬，隨有而對。晉文公謂楚成王，曰羽毛齒革，君地生焉是也。宰，邑宰。有宰，明有采地。食力，謂食民下賦税之力也。四命大夫，得自造祭器、衣服，故云不假。若三命以下有田者，造而不備，則假借也。士有地不多，亦無邑宰。上士三命，得賜車馬、副車隨命；中士乘棧車，無副車。畜，謂雞、豚之屬。始養曰畜，將用之曰牲。閭師云：『凡庶民，不畜者祭無牲，不耕者祭無盛，不樹者無椁，不蠶者不帛，不績者不衰』，故以畜數對。」陸氏曰：「山澤之所出，所以釋上數地以對也。先儒謂數地廣狹，又以山澤所出而對非是。」吕氏曰：「庶人受田皆百畝，貧富均矣。惟畜養之多寡，則繫人之勤惰，雞豚狗之畜，以供老者之食，此庶人之富也。」

○國君春田不圍澤。大夫不掩群。士不取麛卵。麛音迷。卵，力管切。

孔氏曰：「春時萬物産孕，不多傷殺，故不合圍，夏亦當然。群，謂禽獸其聚也。群聚則多，不可掩取之。麛是鹿子，凡獸子亦得通稱。卵，鳥卵也，春方乳長，故不得取也。」

○歲凶，年穀不登，君膳不祭肺，馬不食穀，馳道不除，祭祀不縣，大夫不食粱，士飲酒不樂。縣，平聲，下同。樂如字。

鄭氏曰：「皆自貶損憂民也，禮食殺牲則祭先，有虞氏以首，夏后氏以心，殷人以肝，周人以肺，不祭肺，則不殺也。除，治也，不治道，爲妨民取蔬食也。縣，樂器，鐘磬之屬也。粱，嘉食也。不樂，去琴瑟。」

○君無故玉不去身，大夫無故不徹縣，士無故不徹琴瑟。徹，直列切。

鄭氏曰：「故謂災、患、喪、病。」孔氏曰：「玉，謂佩也，王以上，皆有玉佩。君無故不去玉，則下通於上，士不去琴瑟，亦上通於君。大夫言縣，士言琴瑟，亦互言爾。命士則特縣，不徹琴瑟，是不命之士爾。」○軾按：徹縣就祭祀言。

右記君臣之禮，凡二十七節。

男女不雜坐，不同椸枷，不同巾櫛，不親授。外言不入於梱，内言不出於梱。女子許嫁，纓。非有大故，不入其門。姑、姊、妹、女子子已嫁而反，兄弟弗與同席而坐，弗與同器而食。椸，羊支切。枷，與架同。梱，苦本切。

鄭氏曰：「皆爲重别，防淫亂。不雜坐，謂男子在堂，女子在房也。椸，可以架衣者。外言内言，男女之職也。不出入者，不以相問也。梱，門限也。女子許嫁纓，有從人之端也。大故，宫中有災變，若疾病，乃後入也。女子有宫者，亦謂由命士以上也。女子十年而不出，嫁及成人，可以出矣，猶不與男子共席而坐，亦遠别也。」〇軾按：許纓、已嫁猶然，未許、未嫁可知矣。許纓，不入其門；嫁反，兄弟不同席同食，互見也。

〇男女非有行媒，不相知名，非受幣，不交不親。

澄曰：「昏禮先有行言之媒，女家許，乃納采，謂男家納禮聽女家采擇。采擇而可，乃問女名，將以女之名，歸而卜其吉與否，自此男家既知女名，女家亦知男名矣，故曰相。以名卜而吉，乃報女家，曰納吉。納吉後，納徵而幣，而女家受之，自此乃請期親迎而成昏也。交，謂交接。親，謂親近也。」

故日月以告君，齊戒以告鬼神，爲酒食以召鄉黨僚友，以厚其别也。齊，側皆切。别，彼列切。

鄭氏曰：「周禮凡判妻入子者，媒氏書之以告君。昏禮凡受女之禮，皆於廟，爲神席以告鬼神，召鄉黨僚友，會賓客也。厚，重慎也。」戴氏曰：「上以告之人君，幽以告諸鬼神，明以質諸鄉黨、親戚，上下幽明，咸與聞之，禮莫重於有別。知之者衆，則其別厚矣。」

〇娶妻不取同姓，故買妾不知其姓則卜之。取，音娶。

鄭氏曰：「妾賤。或時非媵，取之於賤者，世無本繫。」孔氏曰：「熊氏云：既不知其姓，但卜吉則取之。」〇軾按：吉，則必非同姓也。

〇賀取妻者曰：「某子使某，聞子有客，使某羞。」

鄭氏曰：「爲不在賓客之中，使人往者。羞，進也。言進於客。其禮蓋壺酒、束脩若犬。」吕氏曰：「賀者，以物遺人而有所慶也。昏禮著代，以爲先祖後，人子之所不得已，故不用樂不賀也。雖曰不賀。然爲酒食以召鄉黨、僚友則問、遺不可廢，故其辭。舍曰昏禮，而謂之有客，則所以羞者，佐其共具之费，以待鄉黨、僚友而已。非賀也，世之不知禮者，以其問遺，猶以慶賀名之。故作記者因俗之名稱賀也。」陳氏曰：「賀其有客，非賀昏也。」

○嫂叔不通問，諸母不漱裳。漱，悉侯切。

方氏曰：「通問，若問安、問疾之類，蓋生不相通問，死不相爲服，皆所以推而遠之。坊記言「婦人疾，問之，不問其疾」，則男女非不通問也，特不施于嫂叔。」鄭氏曰：「通問，謂相稱謝也。諸母，庶母也。漱，澣也。庶母賤，可使漱衣，不可使漱裳。裳賤，尊之者亦所以遠別。」○軾按：不通問，不親相問答也，或作「問遺」亦通。

○寡婦之子。非有見焉。弗與爲友。見，賢遍切。

鄭氏曰：「避嫌也。有見，謂有奇才，卓然衆人所知。」

○男女異長，男子二十冠而字，父前子名，君前臣名，女子許嫁，笄而字。長，知兩切。冠去聲。

鄭氏曰：「男女各自爲伯季也，冠是成人矣。敬其名，父前、君前，對至尊，無小大，皆相名。女子以許嫁爲成人。」○軾按：異長，亦是别男女意。

○名子者，不以國，不以日月，不以隱疾，不以山川。

鄭氏曰：「此在常語之中，爲後難諱也。春秋傳曰：『名，終將諱之。』隱疾，衣中之疾也，謂若黑臀、黑肱。疾在外者，雖不得言，猶可指擿，此則無時可辟。」孔氏曰：「不以國者，不以本國爲名。它國即得爲名，衛侯晉，晉侯周是也。不以日月，不以甲、乙、丙、丁爲名，殷家以爲名者，殷質，不諱故也。魯僖公名申，蔡莊公名甲午者，周末亂世，不能如禮。不以隱疾者，不以體上幽隱之疾爲史；不以山川者，魯獻公名具，武公名敖，范獻子聘魯，問具敖之山，魯人以鄉名對。獻子云：『何不云具敖乎？』對曰：『先君獻武之所諱也。』此皆不能如禮者也。」

右記男女之禮，凡八節。

人生十年曰幼，學；二十曰弱，冠；三十曰壯，有室；四十曰强，而仕；五十曰艾，服官政；六十曰耆，指使；七十曰老，而傳；八十九十曰耄；七年曰悼。悼與耄，雖有罪，不加刑焉。百年曰期，頤。冠，去聲。艾，五蓋切。耆，渠夷切。耄，忙報切。期，舊如字，今從朱子音朞。

孔氏曰：「幼者，自始生至十九。檀弓云：『幼名，三月爲名，稱幼。』十年出就外傳，故以十年爲節。冠禮云：「棄爾幼志。」是十九以前爲幼，二十成人，初加冠，體猶未壯，故曰弱。至二十九，通名弱。三十氣血已定，故曰壯；三十九以前，通曰壯；壯久則强，故四十曰强，一則智慮强，一則氣力强也，四十九以前，通曰强；年至五十，氣力已衰，髮蒼白色如艾，堪爲大夫，得專服事其官政。耆，至也。六十至老之境，不得執事，但指事使人也。六十至老境而未全老，七十其老已全，故言老。年已老，則傳家事付子孫，不復指使也。人或八十而耄，或九十而耄，故並言。悼未有識慮，可憐愛。年七歲而在九十後者，以其同不加，故退而次之。悼可憐愛，耄可尊敬，雖有罪而不加刑辟。周禮司刺有三赦：一曰幼弱，二曰老耄，若律令未滿八歲、八十以上，非手殺人，他皆不坐。百年不復知衣服、飲食、寒暖、氣味，故人子用心要求親之意而盡養道也。」朱子曰：「期，當音居疑反。論語『期可已矣』，與『朞』字同，周匝之義也。期謂百年已周期，如上『幼』、『弱』等字，頤如上學冠等字，陸農師點『人生十年曰幼』作一句，『學』作一句，下放此。」吕氏曰：「此備舉自幼至老十年一變之節也。」

○大夫七十而致事，若不得謝，則必賜之几杖，行役以婦人。適四方，乘安車，自稱曰老夫，於其國則稱名，越國而問焉，必告之以其制。

軾按：古大臣復辟明農，非偷安也，亦非有見于知足不辱之幾也。四時之序，成功者退，身衰知耄，猶戀戀禄位，誤國妨賢，是小人之尤者，故七十必致事焉。然典型猶在，物望所歸，不得謝而待以殊禮，爲社稷蒼生計，非徒酬德報功已也。顧人君尊禮老臣，老臣猶謙讓未遑。于他國曰『老夫』，不自有其貴也；于本國稱名，并不自言老也；寵利居功，臣道所戒也。他國來問，必告之以其制者，謂『老夫所知』者，先代舊章，若審時度勢以善俗宜民，時賢之責也。○謝，猶言辭，即上致事。行役在本國適四方，謂適他國。以婦人，乘安車，互見也。

○童子不衣裘裳。衣去聲。

孔氏曰：「童子非成人之名。衣，猶著也。童子體熱，不宜著裘，又應給役，著裳則不便，故童子並緇布襦袴，二十則可衣裘裳。」

幼子常視毋誑，立必正方，不傾聽，長者與之提攜，則兩手奉長者之手，負劍辟咡詔之，則掩口而對。誑，九光切。長，知兩切。奉，芳勇切。辟，匹亦切。咡，如至切。

軾按：孔疏謂「小兒恒習效長者，長者常示以」云云，是立必正，聽不傾，均屬長者，謂以身教，使見長者之立聽而習效也。與之提攜二段，亦重在提攜辟咡上。故纂言將「童子不衣裘裳」另爲一條，以「幼子常視」四字冒下四段。愚意教幼子，雖可嚀解説，猶恐不盡曉，豈得專任身教。常視云云，謂教其言則無誑，立則正方，聽則不傾，提攜則奉手，對則掩口也。○負劍之義，舊注謂負童子于背，挾童子於脅。劉氏謂：「長者俯從童子背後，如童子負長者，劍亦謂挾。」黄氏則謂：「長者負劍，不便于屈身，俯臨而語之。」愚謂以劍爲挾，于義難通，必云長者負劍，亦太泥。意「負」當爲「俯」，劍字有誤。「負劍辟咡」，或是低語恐聽不真，故俯首偏向耳旁言之。咡，耳口之間也。

○年長以倍，則父事之，十年以長，則兄事之，五年以長，則肩隨之。 長，知兩切，下並同。

孔氏曰：「此謂鄉里之中，非親非友，但年長倍己，則以父道事之，即父黨隨行也。十年以長，謂二十於三十者半倍，故兄事之，差退而雁行也。五年以長，謂二十於二十五者，肩隨，則齊於雁行也。以此肩隨而推之，則云父兄事之者，豈是温凊如親，正言其行耳。」澄曰：「此謂道路長幼同行之節。父事之者，王制所謂父之齒隨行也。謂正當尊者之背，隨其後而行也。兄事之者，王制所謂『兄之齒雁行』也，謂斜出其左右而稍向後，如飛雁之行次也。肩隨，王制所謂『朋友不相踰』也，謂兩肩相並而差退，不踰越其肩也。」

群居五人，則長者必異席。

孔氏曰：「群，朋友也，謂朋友居處法也。古者地敷横席，席容四人，四人則推長者居席端，若有五人，應一人别席，因推長者一人異席也。」澄曰：「居，謂坐也。上文言行而弟長之禮，此言坐而弟長之禮，因是推之六人則第三人以下，共下席，其第一、第二人居上席也。七人，則第二、第三居上席之下半，其第一則居上席之上半也。」

○從於先生，不越路而與人言。 從，才用切，下並同。

鄭氏曰：「先生，老人，教學者，尊不二也。」戴氏曰：「禮無二敬，從先生而越路與人言，則敬有所分矣。」

遭先生於道，趨而進，正立拱手。先生與之言則對，不與之言，則趨而退。拱，俱勇切。

孔氏曰：「遭，逢也。此明道路與師長相逢之法。趨，疾也。見師而起敬，故疾趨而進就之。又不敢斥問先生所爲，故正立拱手，而聽先生之教。」

○從長者而上丘陵。則必鄉長者所視。上，時掌切。鄉，去聲。

孔氏曰：「長者東視則東視，西視則西視。」鄭氏曰：「爲遠視不察有所問。」

○謀於長者，必操几杖以從之。從如字

孔氏曰：「操，執持也。几杖，俱是養尊者之物，故於謀議之時將就之。」

○長者問，不辭讓而對。非禮也。

鄭氏曰：「長者問。當謝不敏，若曾子之爲。」

○凡爲長者糞之禮，必加帚於箕上。以袂拘而退，其塵不及長者。以箕自鄉而扱之。爲，云僞

切。帚，之手切。袂，迷世切。拘，古侯切。扱，音吸。

鄭氏曰：「加帚於箕，得兩手奉箕，恭也，謂初執而往時也。弟子職曰：『執箕膺揭，厥中有帚。』以袂拘，謂埽時也。以袂擁帚之前。埽而行之。扱讀曰吸。謂收糞時也。箕去棄物。以鄉尊者則不恭。」孔氏曰：「袂，衣袂也。退，遷也。當埽時遷遷，以一手捉帚，又舉一手衣袂以拘障於帚前。且埽且遷，故云拘而退。扱。斂取也。」○軾按：加帚箕上者，埽穢入箕，旋以帚加箕上，以蔽其穢。用一手拘捉箕，稍退而復埽，如此則塵穢之氣，不及長者，惟加帚，故塵不及。又拘之法，必以箕自鄉。扱讀如字，即拘執也。以袂，猶言以手，古人衣冠整飭，無以袂障塵之理。

○奉席如橋衡。 奉，芳勇切。橋，居廟切。

鄭氏曰：「横奉之，令左昂右低，如有首尾然。橋，井上楟槔。」○軾按：陳注『如橋之高，如衡之平』較舊注直截。○席，兼坐、卧二件。

請席何鄉？請衽何趾？

鄭氏曰：「順尊者所安也。坐問鄉，卧問趾，因於陰陽。」

席南鄉北鄉，以西方爲上；東鄉西鄉，以南方爲上。

鄭氏曰：「上，謂席端也。布席無常，坐在陽則尚左。坐在陰則尚右。」

〇將即席，容無怍，兩手摳衣，去齊尺。怍，才洛切。摳，苦侯切。齊，音咨。

吕氏曰：「怍者，愧赧不安之貌。」鄭氏曰：「怍，顔色變。齊，裳下緝也。」

衣毋撥，足毋蹶。先生書策琴瑟在前，坐而遷之，戒勿越。撥，半末切。蹶，居衛切，又求月切。

鄭氏曰：「撥，發揚貌。蹶，行遽貌。」孔氏曰：「策，篇簡也。坐，跪。越，踰也。弟子將行，若遇師諸物或當己前，則跪而遷移之，戒慎勿得踰越也。」

虚坐盡後，食坐盡前，坐必安，執爾顔，長者不及，毋儳言。盡，津忍切。儳，藏鑒切。

鄭氏曰：「盡後，謙也。盡前，爲汙席。執猶守也。儳猶暫也，非類雜也。」朱子曰：「説文云儳，儳互不齊也。儳言，儳長者之先而言也。」〇軾按：執，守而不變也，始如是安，終亦如是安。所謂坐如尸是也。

正爾容，聽必恭，毋勦説，毋雷同，必則古昔，稱先王。勦，初交切。

鄭氏曰：「聽先生之言，既説又敬。勦，猶擥也，謂取人之説以爲己説。雷之發聲，物無不同時應者，人之言當各由己，不當然也。」孔氏曰：「雖不雷同，又不得專輒，故必法於古昔之正，而所言之事，必稱先王也。」

○侍坐於先生，先生問焉，終則對。

鄭氏曰：「不敢錯亂尊者之言。」

請業則起，請益則起。

鄭氏曰：「尊師重道也，益如子路問政請益。」

○父召無諾，先生召無諾，唯而起。唯，弋癸切。

鄭氏曰：「應辭唯恭於諾。」陳氏曰：「諾者應之緩，唯者應之速，內則『應唯敬對』，事父之禮也。」

○侍坐於君子，君子問更端，則起而對。

孔氏曰：「更端，謂鄉語已畢，更問他事。」

○侍坐於君子，不顧望而對，非禮也。

鄭氏曰：「禮尚謙，不顧望，若子路率爾而對。」孔氏曰：「謂多人侍，若君子指問一人，則一人直對，若問多人，則當先顧望坐中，或有勝己者宜前，而已不得率爾先對也。」應氏曰：「顧望者，從容詳審，有察言觀色之意，言不輕發，非但謙巽而已。」

○侍坐於君子，若有告者曰：「少閒，願有復也。」則左右屏而待。閒，音閑。屏，必領切。

復，白也，言欲須少空閒有所白，是不欲人聞之也，故屏以待，不敢干其私也。

○侍坐於君子，君子欠伸，撰杖屨，視日蚤莫，侍坐者請出矣。欠，丘歛切。撰，仕轉切。蚤，音早。莫與暮同。

孔氏曰：「志疲則欠，體疲則伸，君子執杖在坐，脱屨在側，倦則自撰持之，或瞻其庭影，望日蚤晚。禮，卑者賤者，請進不請退，退由尊者。今見尊者爲上諸事，皆是欲起之漸，故侍坐者得請出。」

○侍坐於長者，屨不上於堂，解屨不敢當階。就屨，跪而舉之，屏於側。鄉長者而屨，跪而遷屨，俯而納屨。上，時掌切。鄉去聲。

孔氏曰：「解，脱也，解屨綦也。初升時，解屨置階側，若獨暫退，則先往階側，跪舉取之。屏，退也。屏退於側，不當階也。遷，徙也。若爲長者所送，則就階側跪取屨，稍移近前，既取，因俯身嚮長者而納足着之。不跪者，跪則足嚮後，不便，故俯也。雖不並跪，亦坐左納右，坐右納左爾。」朱子曰：「『長者送之』，恐非是，但謂雖降階出户，猶嚮長者，不敢背爾。」○軾按：「就屨」二字總冒下，「跪而舉之」十二字一氣讀。「而屨」，謂納屨也。解雖不當階中，猶去中不遠，屏于側，又遠于解之處，然總在階下。望見長者，故必向上納屨，不敢背長者也。「跪而遷」即上舉而屏意申言之，以起下文，言雖跪而遷之，必俯而納之也。

○侍坐於所尊敬，毋餘席。

孔氏曰：「先生坐一席，己坐一席，必坐於近尊者之端，勿得更有空餘之席，所以然者，欲得親近先生，備擬先生顧問，不可遠也。」吕氏曰：「所尊敬，謂天下達尊，有爵、有德、有齒者也。無餘席，欲近尊者以聽教也。」

見同等不起，上客起，食至起，燭至起，燭不見跋。見，賢遍切。跋，駢末切。

鄭氏曰：「同等不起，不爲私敬。上客起，敬尊者。食至起，爲饌變。燭至起，異晝夜。跋，本也。燭盡則去之。嫌若燼多，有厭倦。」孔氏曰：「見己之同等後來，不爲之起。尊敬先生，不敢曲爲私敬也。上客，謂尊者之上客。尊者見之則起，侍者宜從之而起。食與燭至起，則尊者不起，古者未有蠟燭，惟呼火炬爲燭。跋，本，謂把處，火炬盡，則藏所殘本。」

〇尊客之前不叱狗，讓食不唾。唾，湯卧切。

鄭氏曰：「主人於尊客之前，不敢倦，叱狗嫌若諷去之，唾嫌有穢惡。」〇軾按：尊客之前，肅容柔聲，安得有叱。不叱狗。謂雖狗亦不叱。敬之至也。

〇侍食於長者，主人親饋，則拜而食；主人不親饋，則不拜而食。饋，群愧切。

孔氏曰：「此侍從尊長爲客禮也。」張子曰：「從長者而就人食，若主人親饋及己，則拜而食；若不親饋，則禮非爲我，不拜而食，不敢當其禮也。與『雖貳不辭』同義。」

〇御同於長者，雖貳不辭，偶坐不辭。

孔氏曰：「御，謂侍也。侍者雖獲殽膳重，而己不須辭其多也。所以然者，此饌本爲長者設，若辭之，則嫌當長者。偶，媲也，或彼爲客設饌，而召己往媲偶於客，共食此饌，本不爲己設，故不辭之。」黄氏曰：「主人有尊客，召己媲偶，雖有盛饌，己不敢辭。懼妨尊客，待尊者辭之可也。」

〇侍飲於長者，酒進則起，拜受於尊所。長者辭，少者反席而飲，長者舉未釂，少者不敢飲。少，時照切。釂，子妙切。

鄭氏曰：「降席拜受，敬也。燕飲之禮鄉尊，少者不敢先長者飲，盡爵曰釂。燕禮曰：『公卒爵而後飲也。』」孔氏曰：「尊所，謂陳尊之處，尊鄉長者，故往於尊所。鄉長者而拜，長者辭止，少者之起，故少者復反還其席而飲賜也。舉，猶飲也。須待長者盡爵後，少者乃得飲也。」臨川王氏曰：「拜受於尊所，此是初進酒時一拜受爾，不然則已類矣。」

○長者賜，少者、賤者不敢辭。

鄭氏曰：「不敢亢禮也。」澄曰：「章内或稱先生，或稱長者，或稱君子，又稱所尊，天下有達尊三，爵、齒、德是也。先生蓋兼齒德，君子蓋兼爵德，長者言其齒而已。所尊義同先生，但先生則謂教學之師，所尊則泛言齒德之人，然皆互言爾，優劣輕重也。」方氏曰：「先生以教稱之也，所尊以道稱之也；君子以德稱之也；長者以年稱之也。」○軾按：長者兼齒爵言。

右記長幼之禮，凡二十四節。

凡與客入者，每門讓於客。客至於寢門，則主人請入爲席，然後出迎客，客固辭，主人肅客而入。主人入門而右，客入門而左。

鄭氏曰：「每門讓，下賓也。敵者迎於大門外。聘禮云：『君迎賓於大門内。』爲席，爲，猶敷也，雖君亦然。固辭，又讓先入。肅，進也。進客，謂道之。右就其右，左就其左。」孔氏曰：「言凡者，通貴賤也。每門者，天子五門，諸侯三門，大夫二門。客敵者，主人出門外迎客，主人遜不先入，自謙下，敬於賓也。」呂氏曰：「肅客者，俯手以揖之，所謂肅拜也。」軾按：出迎又讓客，客固辭，乃前道，前道左，主人由右，左右肩隨微差耳。後章先登從之。

主人就東階，客就西階，客若降等，則就主人之階。主人固辭，然後客復就西階。復音服。

鄭氏曰：「降，下也。謂大夫於君，士於大夫也，不敢輒由其階，卑統於尊，不敢自專也。復就西階。復其正也。」

主人與客讓登，主人先登，客從之，拾級聚足，連步以上。上於東階，則先右足；上於西階，則先左足。拾，音涉。上，時掌切，下同。

鄭氏曰：「拾當作涉，聲之誤也。級，等也。涉等聚足，謂前足躡一等，後足從之併。連步，謂足相隨不相過，重蹉跌也。先右先左，近於相鄉敬。」呂氏曰：「拾，更也。射者拾發，投壺者拾投，哭踊者拾踊，皆更爲之也。拾級者，左右足更上也。」澄按：呂氏讀「拾」爲其劫反。

〇若非飲食之客，則布席，席間函丈。主人跪正席，客跪撫席而辭。客徹重席，主人固辭，客踐席，乃坐。主人不問，客不先舉。函，胡南切。重，直龍切。

鄭氏曰：「非飲食，謂講問之客也。函，猶容也。講問宜相對，容丈，足以指畫也。雖來講問，主人跪正席，猶以客禮待之，異於弟子。客跪撫席者，答主人之親正，徹去也，去重席，謙也。再辭曰固。客踐席乃坐，客安主人乃敢安也。講問宜坐，客不先舉者，客自外來，宜問其安否無恙，及所爲來故。」

右記的主人之禮，凡二節。

凡進食之禮，左殽右胾。食居人之左，羹居人之右。膾炙處外，醯醬處内。葱渫處末，酒漿處右。以脯脩置者，左朐右末。殽，户交切。胾，側吏切。食音嗣。膾，古外切。炙，張夜切。醯，呼奚切。渫，以至切。漿，子羊切。脯，音甫。朐，其居切。

鄭氏曰：「皆便食也。殽，骨體也。胾，切肉也。殽在俎，胾在豆。食，飯屬也。居人左右，明其近也。外内，殽胾之外、内也，膾炙者在豆，近醯醬者，食之主。渫，蒸葱也，處醯醬之左。言末者，殊加也。渫在豆。酒漿處羹之右，言若酒若漿爾。兩有之，則左酒右漿。此大夫士與賓客燕食之禮。其禮食，則宜倣公食大夫禮云。左朐右末，亦便食也，屈中曰朐。」孔氏曰：「孰肉帶骨而臠曰殽。純肉切之曰胾。骨是陽，故在左；肉是陰，故在右。飯燥爲陽，故左；羹濕是陰，故右。此饌之設，羹食最近人，羹食之外，乃有殽胾，故膾炙醯醬，知在殽胾之外内也。醯字徐作醢，則醢之與醬，兩物各别。依昏禮及公食大夫禮，醬在右，醢在左，此醢醬處内，亦當醬右醢左也。葱渫，文繼醢醬之下，故知在醢醬之左。儀禮正饌惟有菹醢，無葱渫，故鄭以葱爲殊加也。卑客則或酒或漿，若尊客，則有酒有漿。以脯脩置者，設食竟所須也。脯訓始，始作即成。脩訓治，脩治之乃成。鄭注腊人云『薄析曰脯，棰而施薑桂曰腶脩』。〇軾按：左朐，以中屈處置左也。右末，以末邊際，置右也。右手取末際，擘食之便。脯脩處酒左。」據鄭注，食左羹右，醢又在食之左，醬又在羹之右，葱渫又在醢之左，酒漿又在醬之右，共爲一行，最近人。第二行爲殽胾，行爲膾炙，脯脩則食竟設之在酒漿之左。朐訓中屈，蓋脯脩俱薄片而長，故屈其上截。

客若降等，執食興辭，主人興辭於客，然後客坐。主人延客祭。祭食，祭所先進，殽之序，徧祭之。三飯，主人延客食胾，然後辯殽。主人未辯，客不虚口。飯，扶晚切。辯，音徧，下同。

鄭氏曰：「辭者，辭主人之臨己食。若飲食於堂下然。延，道也。祭，祭先也。君子有事不忘本也。客不降等，則先祭。主人所先進先祭之，所後進後祭之，如其次也。殽之序徧祭，謂胾炙膾也。以其本出於牲體也。公食大夫禮『魚、腊、湆、漿不祭』也。延客先食胾，後食殽，殽尊也。凡食殽，辯於肩，食肩則飽也。客不虚口，俟主人也。虚口，謂酳也。客自敵以上，其酳不待主人飲，主人不先飽也。」孔氏曰：「三飯，謂三食也，禮食三飧而告飽，須勸，乃更食。三飯竟，主人乃道客食胾也。食胾竟後，乃始辯殽。辯，匝也。主人道客，令食至飽，故食殽得匝也。特牲、少牢云，初食殽，次食脊，次食骼，後食肩。辯於肩則飽也。虚口，謂食竟飲酒蕩口，使清潔及安食也。用漿曰漱，以口潔清爲義。用酒曰酳，酳訓演，言食畢以酒演養其氣。客雖食殽已匝，不得輒酳，蓋主人常讓客不自先飽，故客待主人辯乃酳，此謂卑客，敵以土，其酳不待，按公食禮，雖設酒優賓，不得用酳，但以漿漱口，此是私客，故用酒以酳也。○軾按：「祭食」十二字一氣讀，謂進一殽，祭一殽，隨所進而挨次逐一祭之，務徧也。必言殽者，魚、腊、湇、漿，非食之盛者，則不祭也。

卒食，客自前跪，徹飯齊，以授相者。主人興辭於客，然後客坐。卒，子恤切。齊，將兮切。

鄭氏曰：「謙也。自，從也。齊，醬屬也。相者，主人贊饌者。公食大夫禮『賓卒食』，『北面取粱與醬，以降』也。興辭，不聽親徹。」

○共食不飽，共飯不澤手。毋摶飯，毋放飯，毋流歠，毋咤食，毋齧骨，毋反魚肉，毋投與狗骨，毋固獲，毋揚飯，飯黍毋以箸，毋嚃羹，毋絮羹，毋刺齒，毋歠醢。客絮羹，主人辭不能亨；客歠醢，主人辭以窶。濡肉齒決，乾肉不齒決，毋嘬炙。飯，扶晚切。下摶飯、放飯、揚飯、飯黍並同。摶，徒端切。歠，川曰切。咤，陡嫁切。齧，五結切。箸，直慮切。嚃，它答切。絮，敕慮切。刺，七亦切。醢，音海。亨，普彭切。窶，其兩切。濡，仁朱切。乾，音干。嘬，初怪切。

鄭氏曰：「不飽，謙也。謂共羹飯之大器也。澤，謂挼莏。不澤手，爲汙平不潔也。禮，飯以手。摶飯，謂欲致飽，不謙。放飯，去手餘飯於器中，人所穢也。流歠，大歠，嫌欲疾也。咤，嫌薄之。齧，謂有聲響不敬。反魚肉，爲已歷口。投骨爲其賤飲食之物。固獲，爲其不廉也。欲專之曰固。争取曰獲。嚃，不嚼菜。絮，猶調也，爲詳於味。刺齒，弄口也，口容上。歠醢爲其淡，故亦嫌詳於味。決，猶斷也。嘬，謂一舉盡臠，爲其貪食甚也。」澄曰：「此一節五『飯』字，皆當作上聲讀。飯謂食之也。共飯，猶云共食。摶飯，謂以手摶斂而食之。放飯，當如朱子説，謂大口而食之，放肆無節也，與流歠爲類。流歠，謂長吸而歠之，如水之流也。揚飯，謂揚去熱氣，而急欲食之。咤食，謂口内作聲而食之。固獲二字一意，謂固必而取得之也。摶飯、放飯、流歠、咤食、固獲、揚飯六句一類，二字皆虚；齧骨、嚃羹、絮羹、歠醢、嘬炙五句一類，二字上虚下實，下一字指所食之物而言。」

○羹之有菜者用梜，其無菜者不用梜。梜，古協切。

鄭氏曰：「梜，猶箸也。」孔氏曰：「有菜，鉶羹是也。以其有菜交横，非梜不可。無菜者，謂大羹，湆也。直歠之而已。其有肉調者，犬羹、兔羹之屬，或當用匕也。

○餕餘不祭，父不祭子，夫不祭妻。餕，子閏切。

鄭氏曰：「食人之餘曰餕。」○軾按：注疏謂祭爲祭先，雖食餘，亦不可不祭。有不祭者，惟父食子餘，夫食妻餘耳。朱子不從注疏解，謂：「孔子『君賜食，必正席先嘗之；君賜腥，必熟而薦之』，君賜腥則非餕餘矣，雖熟以薦先祖可也，賜食則或爲餕餘，但可正席先嘗而已，固是不可薦先祖，即妻子至卑，亦不可祭也。」朱子解最當。

右記飲食之禮，凡五節。

凡以弓劍、苞苴、簞笥問人者，操以受命，如使之容。苴，子餘切。簞，音丹。笥思嗣切。操，倉刀切。使，色吏切。

孔氏曰：「凡，謂凡此數事皆同。苞者，以草包裹。詩云『白茅包之』；既夕禮云『葦苞長三尺』是也。苴者，以草藉器而貯物，簞圓笥方，俱是竹器，亦以葦爲之。問人者，謂因問有物遺之也，或自有事問人，或聞彼有事而問之，悉有物以表其意。使者操持此上之物，以進受尊者之命，如臣爲君聘使。受君命，先習其威儀進退，令如其至所使之國之時之儀容，故云如使之容也。」

○水潦降，不獻魚鼈。潦，音老。

鄭氏曰：「不饒多也。」孔氏曰：「天降水潦，魚鼈難得。盧植、庾蔚等並以爲然。或云水潦降下，魚鼈豐足，不饒益其多。」○軾按：孔疏後説爲當，謂易得不足貴，故不獻也。陳氏訓「潦」爲「涸」，非是。

獻烏者佛其首，畜烏者則弗佛也。佛，扶弗切。畜，許六切。

獻車馬者執策綏，獻甲者執胄，獻杖者執末，獻民虜者操右袂，獻粟者執右契，獻米者操量鼓，獻熟食者操醬齊，獻田宅者操書致。綏音雖。胄，直又切。袂，彌弊切。契，苦計切。量音亮。齊，子兮切。

孔氏曰：「策是馬杖，綏是上車之繩。車馬不上於堂，呈策、綏，則知有車馬也。謂鎧爲甲者，言如龜鼈之有甲。鎧大，兜鍪小，小者易舉。獻杖執末者，末謂地頭也，不净，不可嚮人，故執以自嚮。右袂，右邊袖也，以左手操其右袂，用右手以防其異心。執、操互言爾。粟，稻粱之屬。契，謂兩書一札，同而别之。米，六米之等。量，是知斗斛之數。鼓，是量器名也。隱義云：『東海樂浪人呼容十二斛者爲鼓，以量米，故云量鼓。』獻米者執器以呈之，米云『量』，則粟亦量；粟云『契』，則米亦書。米可即食，爲急，故獻者執量；粟可久儲，爲緩，故獻者執契，契比量爲緩也。孰食、葱渫之屬，醬齊爲食之主。執主來，則食可知。若見芥醬，必知獻魚膾之屬也。書致，謂圖於版書而致之於尊者也。以上諸物可動，故不云致。而田宅着土，版圖書畫以致之，故言書，又言致也。然古者田宅悉爲官所賦，本不屬民，今得此田宅獻者，是或有重勳爲君王所賜，可爲己有，故得有獻。」○軾按：君賜田宅，亦不得獻人。田宅有獻，漢儒語也。

○凡遺人弓者，張弓尚筋，弛弓尚角，右手執簫，左手承弣，尊卑垂帨。若主人拜，則客還辟辟拜，主人自受，由客之左，接下承弣，鄉與客並，然後受。遺，云貴切。筋，音斤。弛，式旨切。簫，音宵。弣，音撫。帨，始鋭切。還，音旋。辟辟，上蒲亦切，下音避。鄉，音向。

孔氏曰：「此敵體，故稱遺。弓之爲體，以木爲身，以角爲面，筋在外面，張之時，曲來嚮內，故遺人時，使筋在曲內，角在曲外。今遺人時，角嚮其上，弓形亦曲嚮下。簫又謂爲弰，地道貴右，故推客居右。客覆右手，執弓下頭，又却下左手，以承弓把，以授主人。主人在左，弓下頭掛地不净，故自執之，以上頭授人，示敬也。尊卑，謂賓俱是大夫則爲尊，俱是士則爲卑。若上人拜受，所遺客辟主人之拜，不答拜者，執弓不得拜也。主人既敵，故自受，拜客既竟，從客左而受之。主人既還，在客左，與客並，却左手接客左手之下而承弣，又覆右手捉弓下頭，必知客主俱却左手承弣，右手執簫者，蓋主人用右手承弣，則是倒執弓也。鄉與客並，明既拜客竟，還前立處，與客俱南面而立，乃受弓也。」○軾按：接下承弣，即是受，下句又申言之。邵氏謂「射以觀德，故受弓必謹。」

○進劍者左首，進戈者前其鐏，后其刃，進矛戟者前其鐓。鐏，在困切，又作管切。鐓，徒對切。

鄭氏曰：「左首，尊也；后刃，敬也。三兵鐏、鐓，雖在下猶爲首。鋭底曰鐏，平底曰鐓。」孔氏曰：「首，劍拊環也，劍以首爲尊，以尊處與人也。戈，鉤子戟也，如戟也。如戟而横安刃，但頭不嚮上爲鉤也，刃當頭而利，故不持向人。鐏在尾而鈍，向人爲敬。矛如鋋而三廉也，戟兩浸皆安横刃。鐓，矛、戟柄尾也。以平底嚮人，敬也，亦應並授。不云『左右』而云『前后』者，互文也。若相對則前后也；若並授則左右也。」○軾按：戈不執則豎，故柄尾鋭，矛戟不持則倚，故柄尾平。

進几杖者拂之，效馬、效羊者右牽之，效犬者左牽之。

鄭氏曰：「几杖尊者所憑依。拂去塵，敬也。效，猶呈也。用右手便。犬齜齧人，右手當禁備之。

執禽者左首，飾羔雁者以繢。受珠玉者以掬，受弓劍者以袂。繢，胡對切。掬，九六切。

孔氏曰：「禽左首，謂横捧之，並授則主人在左，以鳥首授之。飾，覆。畫布爲雲氣，以覆羔雁爲飾，以相見也。士相見禮云『飾之以布』，不言繢。彼是諸侯之卿大夫，卑，但用布。此天子之卿大夫，尊，故畫之也。受珠玉，置在手中，不用袂承之，恐墜落也。受弓劍，用衣袂承接，不露手取之，敬也。」○軾按：禽即下羔雁，周禮所謂「禽作六摯」是也。

飲玉爵者弗揮。

何氏曰：「振去餘酒曰揮。」鄭氏曰：「爲其寶而脆。」澄曰：「此因上文『受珠玉以掬』而并記之也。」

右記獻遺之禮，凡四節。

君子不盡人之歡，不竭人之忠，以全交也。

鄭氏曰：「歡謂飲食，忠謂衣服之物。」澄曰：「飲食之禮，所以致其歡樂；餽遺之禮，所以致其忠誠。受其半而辭其半，使彼致歡致忠於我之意。常有餘而不竭盡，不至于使人厭倦而難繼，故曰『全交』，謂全其交接之道，使可常也。」孔氏曰：「與人交者，不宜事，宜悉受，使彼盡，則交道乃全也。」游氏曰：「不盡人之歡，若陳敬仲之榮飲，而不繼以燭是矣。不竭人之忠，若孔子出行不假雨具於子夏，君子之與人交，所以貴辭讓，貴有節，皆不盡歡、不竭忠之意也。記曰：『不大望於民。』傳曰：『舜不窮其民。』言其望於民者，可小而不可大，可使有餘而不可使至於窮，古人之道大如此，不獨於禮爲然也。」〇軾按：禮尚辭讓，盡歡竭忠者，辭讓之反也。不盡不竭，即論語「躬自厚而薄責于人」意，凡事皆然，不第飲食衣服已也。

○在醜夷不争。

鄭氏曰：「醜，衆也。夷，猶儕也。」孔氏曰：「貴賤相臨則有畏懼，朋友等輩喜争勝負，故戒之以不争。」

○儗人必於其倫。儗與擬同。

鄭氏曰：「儗，猶比也。倫，猶類也。比大夫當于大夫，比士當於士，不以其類，則有所褻。」吕氏曰：「儗人者，必以其德相似也；不相似，則非倫矣。孟子稱『禹、稷、顔子易地則皆然』，曾子、子思易地則皆然』，儗之得其倫也。」澄曰：「或問曾西：『吾子與管仲孰賢』？曾西艴然不悦曰：『爾何曾比予於管仲？』是儗之不以其倫者也。」○軾按：春秋魏中山舍人倉唐使，文侯召而見之，指顧左右曰：「子之君長孰與是？」倉唐曰：「禮，擬人必于其倫，諸侯無倫，無所擬之。」觀此可知擬人不獨比德量才，即援引證據，亦必以其倫也。

○知生者弔，知死者傷。知生而不知死，弔而不傷；知死而不知生，傷而不弔。

知謂識其人也。鄭氏曰：「人恩各施於所知也，弔、傷，皆謂致命辭也。雜記曰：『諸侯使人弔，辭曰，寡君聞君之喪，寡君使某，如何不淑。』此施於生者，傷辭未聞也。説者有弔辭云：

『皇天降災，子遭罹之，如何不淑。』此施於死者，蓋本傷辭。辭畢退，皆哭。」孔氏曰：「此皆不自往而遣使致己之命，若存之與亡並識，則遣設弔辭傷辭兼行。若但識生而不識亡，則惟設弔辭而無傷辭；若但識亡，惟施傷辭而無弔辭也；然弔辭乃使口致命，若傷辭當書之於版，使者讀之而奠致殯前也。」

○弔喪弗能賻，不問其所費；問疾弗能遺，不問其所欲；見人弗能館，不問其所舍；賜人者不曰「來取」，與人者不問其所欲。賻音附。遺，云貴切。舍去聲。

臨川王氏曰：「不問其所費所欲所舍。辭口惠而實不至也。不曰來取。不問其所欲。爲人養廉也。」

右記交游之禮，凡五節。

博聞强識而讓，敦善行而不怠，謂之君子。識如字，又音志。行，下孟切。

軾按：讓亦不怠意，蓋存一自足之見，則不復求博識矣。

○若夫坐如尸，立如齊，禮從宜，使從欲。夫音扶。齊，側皆切。使，色吏切。

鄭氏曰：「如尸親貌正，如齊磬且聽也。齊謂祭祀時。」澄曰：「齊謂祭者齊敬之容。蓋祭之日，爲尸者有坐而無立，故坐以尸爲法。主祭者有立而無坐，故立以祭者之齊爲法。『坐如尸立如齊』六字，大戴記曾子事父母篇之辭，曰：『孝子惟巧變，故父母安之。若夫坐如尸，立如齊，弗訊不言，言必齊色，此成人之善者，未得爲人子之道也。』記禮者取此六字，而誤留上文『若夫』二字。『坐如尸，立如齊』，敬以持己也。『禮從宜，使從欲』，義以制事也。」○軾按：如尸，謂如尸之坐而享祭，如齊謂如主人之立而祭尸。鄭氏訓「齊」曰「磬且聽也」，磬謂磬折，屈身而俯，若有聽者然。

○毋側聽，毋噭應，毋淫視，毋怠荒。遊毋倨，立毋跛，坐毋箕，寢毋伏。斂髮毋髢，冠毋免，勞毋袒，暑毋褰裳。噭，古弔切。倨，音據。跛，彼義切，又波我切。髢，徒細切。免如字。袒，徒早切。

孔氏曰：「凡人宜正立。不得傾欹側聽人之語。噭謂聲響高急，如叫之號呼。應答宜徐徐而和，不得高急也。淫謂流移，目當直瞻視，不得流動邪也。怠荒謂身體放縱，不自拘斂也。遊，行。倨，慢。身當恭謹，不得倨慢也。跛謂挈舉一足，一足踏地。立宜雙足並立，不得偏也。箕謂舒展兩足，狀如箕舌也。寢，卧也。卧，或側或仰而不覆也。古人重髮，以纚韜之，不使垂如髲也。免，脱也。冠常著在首，不可脱也。袒，露也。雖有疲勞之事，猒患其衣，而不得袒露身體。暑雖炎熱，而不得褰袪取涼也。」

〇登城不指，城上不呼。呼，火故切。

鄭氏曰：「不指不呼，爲惑人。」

將適舍，求毋固。將上堂，聲必揚。

黄氏曰：「凡求物于主人，隨其有無，毋必欲得也。」澄曰：「暮而求舍館，一宿而已，隨所在而安，不敢必求適意之所也。上堂而先揚其聲，使人知所回避也。」

户外有二屨，言聞則入，言不聞則不入。將入户，視必下。入户奉扃，視瞻毋回。户開亦開，户闔亦闔。有後入者，闔而勿遂。屨，紀具切。聞，音問，又如字。奉上聲。扃，古螢切。闔，胡臘切。

鄭氏曰：「言聞則入，視必下，不干掩人之私也。奉扃，敬也。開亦開，闔亦闔，不以後來變先，勿遂示，不拒人。」

毋踐屨，毋踖席，摳衣趨隅，必慎唯諾。踖，有亦切。摳，若侯切。趨，七俱切。唯，云癸切。諾，弩各切。

孔氏曰：「踐，蹋也。既并脱屨户外，其人或多。若後進者，不得蹋先入者屨。踖，猶躐也。席既地，當有上下；將就坐，當從下而升，以就己位。若發初從上爲踖席。摳，提也。衣，裳也。趨，猶向也。隅，猶角也。既不踖席，當兩手提裳之前，徐徐向席之下角，從下而升己位也。唯諾，應對也。坐定又謹于應對。」

○帷薄之外不趨，堂上不趨，執玉不趨。堂上接武，堂下布武，室中不翔。並坐不横肱，授立不跪，授坐不立。 薄，平博切。肱，古横切。

鄭氏曰：「幃薄之外，不見尊者。行自由，不爲容也。行而張足曰趨，堂上不趨，爲其迫也，堂下則趨；執玉不趨，志重玉也。武，跡也，跡相接，謂每移足，半躡之。中人之跡尺二寸，布武謂每移足，各自成跡，不相躡行也。張拱曰翔，室中不翔，亦爲其迫也。横肱爲害傍人。不跪不立，爲煩尊者俛仰受之。」孔氏曰：「帷，幔也。薄，簾也。禮天子外屏，諸侯内屏，卿大夫以簾，士以帷。臣來朝君，至屏而加肅，屏外不趨也。帷薄外不趨，謂大夫、士外不趨，内趨爲敬也。」

○離坐離立，毋往參焉，離立者不出中間。

鄭氏曰：「爲干人私也。離，兩也。」孔氏曰：「見彼二人並坐，或併立，恐密有所論。己不得往參預。二人併立，當己行路，則辟之，不得輒當其中間出也。」方氏曰：「兩相麗之謂離，三相成之謂參，彼坐立者兩人，而我一人往焉，則成三矣。」

○有憂者側席而坐，有喪者專席而坐。

吕氏曰：「側席，坐不安也。專席，不與人共坐也。有憂者，行不能正履，則坐不能安席可知矣。有喪者，致于哀慕，心不二事，則不與人共處可知矣。居倚廬，非喪事不言。既練居堊室，不與人居，皆專席之義也。先儒以側爲特，以專爲單，既無所據，而以側爲特。如禮所謂『側降』『側受』之類，所訓雖可，然與專席無别，則不可以『特』訓『側』也。」○廬陵胡氏曰：「側，不正也。漢王嘉傳喜、魏徐奕傳皆云，楚有子玉，則文公側席而坐。專，猶特也。」

○居喪不言樂，祭禮不言凶，公庭不言婦女。

鄭氏曰：「非其時也。」馬氏曰：「斬衰之喪，唯而不對；齊衰之喪，對而不言；大功之喪，言而不及議；小功之喪，議而不及樂，又況大于此而可言樂乎。古者易服而葬，周官蜡氏『凡大祭禮』，『禁凶服』，祭義『郊之祭，喪者不敢哭』，以爲交于神明者，不可以凶也，又況祭禮可言凶乎。男外女内，内言不出，外言不入，欲無相瀆而已，又況公庭可言婦女乎。居喪不言樂，后世猶有如衛孫文子者，公庭不言婦女，後世猶有如陳靈公者。」

○齊者不樂不弔。 齊，側皆切。樂，音洛。

吕氏曰：「齊者專致其精明之德，恍惚以與神明交者也。樂則散，哀則動，皆有害于齊也。」

〇鄰有喪，舂不相；里有殯，不巷歌。舂，書容切。相，息亮切。殯，必刃切。

方氏曰：「五家爲鄰，五鄰爲里，鄰近而里遠，鄰寡而里衆。近而寡者，其情昵；遠而衆者，其情疏，故哀不能無輕重、淺深之别焉。除喪而後祥，故未祥之前，通謂之有喪。啓殯而後葬，故未葬之前，通謂之有殯。於鄰言有喪，舂不相，則有殯可知；於里言有殯，不巷歌，則有喪必然矣。舂猶不相，則不巷歌可知。不巷歌，則容或相舂矣。」

適墓不歌，哭日不歌。望柩不歌，入臨不翔。臨喪不笑，執紼不笑。臨樂不歎，臨食不歎。柩，音舊。臨如字，或去聲。紼，音弗。

紼，引車索。孔氏曰：「哭日，謂弔人日，哭、歌不可共日，蓋弔之朝亦得歌樂，但弔以還，哭後乃不歌也。不翔，謂入臨人之喪，不得趨翔爲容。不翔則不歌，不歌則猶翔也。吉食奏樂，既樂故不宜歎。若助喪事而食，使充饑，不令廢事，亦不宜歎，歎則不飽也。」〇軾按：孔云弔之朝得歌樂，是猶東坡所謂「未聞歌則不哭也」，粗疏甚矣。至云喪食不歎，歎則不飽，此又與聖人之喪側不飽，顯相悖謬矣。

適墓不登壟，送喪不由徑，送葬不辟塗潦，助葬必執紼，揖人必違其位。壟，力勇切。辟，音避。

鄭氏曰：「墓，塋域。壟，冢也。『不登壟』者，爲其不敬。『不由徑』、『不辟塗潦』者，所哀在此。『助葬必執紼』者，葬，喪之大事。『揖人必違其位』者，禮以變爲敬。」

臨喪則必有哀色，介冑則有不可犯之色，故君子戒慎不失色於人。

孔氏曰：「若身被甲首冠冑，則使形勢高岸，有不可干犯之色，以稱其服也。君子接人，並使心色如一，不得色違於心，故云不失色於人。」

○介者不拜，爲其拜而蓌拜。爲，云僞切。蓌，子卧切。

陳氏曰：「鄢陵之戰，郤至不拜楚使。崤之役，蹇叔之子不拜其父。細柳之營，周亞夫不拜其君。」可謂知此矣。朱子曰：「蓌猶言有所枝柱，不利屈伸也。」

○貧者不以貨財爲禮，老者不以筋力爲禮。

鄭氏曰：「禮許儉，不非無也。年五十始杖，八十拜君命，一坐再至。」陳氏曰：「禮非貨財，不足以爲文，非筋力不足以爲儀。」吕氏曰：「君子之於禮，不責人之所不能備，不責人之所不能行。」

○禮不下庶人，刑不上大夫。上，時掌切。下，不上同。

鄭氏曰：「禮不下庶人者，謂遽於事，且不能備物。刑不上大夫者，不與賢者犯法，其犯法則在八儀輕重，不在刑書。」澄曰：「禮謂禮書，禮書所制之禮，上自天子始，而下及諸侯。又下及卿大夫，又下及士而止，不下及庶人也。刑，謂刑書，刑書所制之刑。下自庶人始。而上及於士而止。不上及大夫也。」

○刑人不在君側。

鄭氏曰：「爲怨恨爲害也。」

○犬馬不上於堂。

孔氏曰：「犬則執緤，馬則執靮以呈之，非摯幣故不牽上堂，羔雁之摯，乃上堂也。」

右記通用之禮，凡十五節。

卒哭乃諱。

孔氏曰：「古人生不諱，故卒哭前，猶以生事之，至於卒哭後，服已受變，神靈遷廟，乃神事之，且言之則感動孝子，故諱其名也。」

禮不諱嫌名，二名不偏諱。

鄭氏曰：「嫌名，謂音聲相近，若禹與雨，丘與區也。偏，謂二名不一一諱也。孔子之母名徵在，言『在』不稱『徵』，言『徵』不稱『在』」。

逮事父母則諱王父母；不逮事父母則不諱王父母。

鄭氏曰：「逮，及也。謂幼孤不及識父母，恩不至於祖名。孝子聞名心瞿，諱之由心。此謂庶人，適士以上。廟事祖，雖不逮事父母，猶諱祖。」庾氏蔚曰：「諱王父母之恩，正應由父，所以連言母者，婦事舅姑同事父母，且配夫爲體，諱敬不殊，故幼無父而識母者，則諱王父母也。」張子曰：「先君以獻武諱二山，是雖數世猶諱也。」澄曰：「鄭注以此爲庶人禮，謂適士以上諱祖，則諸侯、卿大夫諱祖可知矣。」

○君所無私諱，大夫之所有公諱。

鄭氏曰：「無私諱，謂臣言於君前，不辟家諱，尊無二也。大夫之所則辟君諱也。」呂氏曰：「玉藻云：『于大夫所，有公諱，無私諱。』此所謂私諱，大夫之私諱也，不辟之，嫌于君。『君所無私諱』者，謂己之私諱也，有所尊也，不得伸私恩也。」

夫人之諱，雖質君之前，臣不諱也。

鄭氏曰：「質，猶對也，臣於夫人之家，恩遠也。」

婦諱不出門。

孔氏曰：「門，謂婦宫門。婦家之諱。但於婦宫中不言爾。若於官外。則不諱也。故臣對君前，不諱夫人之諱。」田氏瓊曰：「雜記母之諱，宫中諱，妻之諱，不舉諸其側，此婦諱與母諱同者，雜記分尊卑，此據不出門，大略言之爾。」

大功、小功不諱。

孔氏曰：「古者期親則爲諱。」田氏瓊曰：「雜記：『卒哭而諱。王父母、兄弟、世父、叔父、姑、姊妹，子與父同諱。』父諱齊衰親也，然則大功、小功不諱矣。」熊氏云：「大功亦諱，小功不諱，若小功與父同諱，則亦諱之。」〇軾按：大功以下恩輕服殺，故不諱。田氏、馬氏所云，謂若父之所諱，己雖功服，亦必從父諱之。

廟中不諱，詩書不諱，臨文不諱。

鄭氏曰：「廟中謂有事於高祖，則不諱曾祖以下，尊無二也。於下則諱上。」何氏曰：「詩、書謂教學時也。」李氏曰：「箕子爲武王陳洪范曰『邦其昌』，臨文不諱也。」呂氏曰：「教學必以詩、書，有所諱，則學者終有惑也。文字所以示于衆，有所諱，則失事之實，必有害也。」

〇入竟而問禁，入國而問俗，入門而問諱。 竟與境同。

鄭氏曰：「皆爲敬主人也。禁，謂政教。俗，謂常行與所惡也。國，城中也。」孔氏曰：「諱主人祖先君名，欲爲避之，宜先知之。」

右記避諱之禮，凡三節。

君子將營宫室，宗廟爲先，廄庫爲次，居室爲後。凡家造，祭器爲先，犧賦爲次，養器爲後。廄，九又切。造，才早切。犧，許宜切。養，羊尚切。

鄭氏曰：「先宗廟，次廄庫，重先祖及國之用。家造，謂家始造事。犧賦，以税出牲。」孔氏曰：「賦斂邑民，供出牲牢，故曰犧賦。養器，供養人之飲食器也。」

無田禄者，不設祭器；有田禄者，先爲祭服。君子雖貧，不鬻祭器；雖寒，不衣祭服。爲宫室，不斬於丘木。鬻，音育。衣，於計切。

方氏曰：「無田禄者，不設祭器，故禮運以『祭器不假』爲非禮；有田禄者必具祭服，故王制以『祭器不假』爲禮。」吕氏曰：「孟子曰，惟士無田，則亦不祭，牲殺、器皿、衣服皆不備故也。不祭則薦而已，與庶人同，故不設祭器也。有田禄，則牲殺、器皿、衣服皆不可不備。祭器所以事其先，鬻之則無以祭，無以祭則不仁也；祭服所以接鬼神，衣之則褻，褻則不敬也。丘木所以庇其宅兆，爲宫室而斬之，是慢其先而濟吾私，亦不敬也。」

○祭服敝則焚之。祭器敝則埋之。龜筴敝則埋之。牲死則埋之。筴與策同。

孔氏曰：「服是身著之物，故焚之。牲器之類，並爲鬼神之用，雖敗不知鬼神用與不用，故埋之。埋之猶在，焚之則消，所以焚之、埋之異也。若不焚埋，人或用之，爲褻慢鬼神之物也。」

○軾按：鬼神所用之物，埋而不焚，敬之至也。鄭、孔謂不知鬼神用不用，謬甚。

○臨祭不惰。惰，徒卧切。

孔氏曰：「祭如在，故臨祭須敬，不得怠惰。」

○凡祭於公者，必自徹其俎。

鄭氏曰：「祭於公，助祭於君也，自徹其俎。臣不敢煩君使也。大夫以下，或使人歸之。」

○禮曰：「君子抱孫不抱子。」此言孫可以爲王父尸，子不可以爲父尸。

鄭氏曰：「以孫與祖昭穆同。」孔氏曰：「『禮曰』者，皆舊禮語也。『抱孫不抱子』，謂祭禮之禮必須尸，尸必以孫，今子、孫行並皆幼弱，則必抱孫爲尸，不得抱子爲尸。作記者既引禮，又自解云『此言孫可以爲王父尸，子不可以爲父尸』，故也。曾子問云：『尸必以孫，孫幼則使人抱之，無孫則取於同姓可也。』」方氏曰：「凡爲尸者，不必皆幼，必曰抱，以見禮之所在，不以幼而廢也。」王氏炎曰：「特牲禮注：『大夫、士以孫之倫爲尸。』言倫，明非已孫。」崔靈恩謂：「大夫用己孫爲尸，非也。」張子曰：「父於子尊嚴，故不抱。孫自有其父，故在祖則可抱，非謂爲尸而抱也。尸是孫行，反以子道事之，則事親之道，可以喻矣。」澄按：「張子之意，謂君子於生之時，爲祖者抱其孫，而爲父者不抱其子，故死而立尸以祭，可以孫行爲尸，而不可以子行爲尸也。然曾子問篇既有『孫幼則使人抱之』之文，則不若舊注之説爲當。〇軾按：此引禮文解所以子不爲尸之故。記者若曰，爲尸以孫，不以子者何也？禮文嘗言之矣。曰「君子抱孫不抱子」，父于子尊嚴，生且不抱，死得爲尸乎？若從舊注，抱孫不抱子且虛説，下二句是記者解禮文，謂抱孫者抱爲尸也，孫可以爲王父尸，子不可爲父尸，故云抱孫不抱子。此説亦通。

〇支子不祭。祭必告于宗子。

鄭氏曰：「不敢自專。」程子曰：「古所謂支子不祭者，唯使宗子立廟主之而已。支子雖不祭，至於齊戒致其誠意，則與主祭者不異。可與，則以身執事；不可與，則以物助，但不別立廟，爲位行事而已。

○凡祭，有其廢之，莫敢舉也；有其舉之，莫敢廢也。

鄭氏曰：「爲其瀆神也。廢舉，謂若殷廢農禮棄。後不可復廢棄祀農也。」吕氏曰：「廢之莫敢舉，如已毁之廟，已變置之社稷，不可復祀也。舉之莫敢廢，如已脩之壇墠而輒毁，已正之昭穆而輒變也。」

非其所祭而祭之，名曰淫祀，淫祀無福。

鄭氏曰：「妄祭，神不饗。」

○天子祭天地，祭四方，祭山川，祭五祀，歲徧。諸侯方祀，祭山川，祭五祀，歲徧。大夫祭五祀，歲徧。士祭其先。

鄭氏曰：「祭四方，謂祭五官之神於四郊也。句芒在東，祝融、后土在南，蓐收在西，玄冥在北，詩云『來方禋祀』。方祀者，各祭其方之官而已。五祀，户、竈、中霤、門、行也。」孔氏曰：「天地有覆載大功，天子王有四海，故得祭天地以報其功。諸侯既不得祭天地，又不得總祭五方之神，惟祀當方，故云方禮。山川在其地則祭之，無則不祭。大夫不得方祀，及山川，直祀五祀而已。士祭其先，不云歲徧者，以士祭先祖，歲有四時，更無餘神故也。」

○天子以犧牛，諸侯以肥牛，大夫以索牛，士以羊豕。索，所百切。

鄭氏曰：「犧，純毛也。肥，養於滌也。索，求得而用之。」孔氏曰：「大夫、士，天子大夫、士也，若諸侯大夫，即用少牢，士用特牲。其喪祭，大夫亦得用牛，士亦用羊豕，故雜記云『上大夫之虞也，少牢；卒哭，成事，祔，皆大牢；下大夫之虞也，犆牲，卒哭，成事，祔，皆少牢』，是也。據此諸侯不得用犧牛。祭義云『天子諸侯有養獸之官。犧、牷、祭牲必於是取之』者，蓋諸侯對卿大夫亦得云犧，若對天子則稱肥爾。其大夫牲體完全，亦有犧牲之稱，故上云大夫犧賦爲次，但不毛色純爾。按楚語觀射父云，大夫牛羊必在滌三月，小者犬豕不過十日。此大夫索牛，士羊豕，既不在滌三月，當十日以上，但不知其日數耳。」

○大饗不問卜，不饒富。

鄭氏曰：「大饗祭帝於明堂也，富之言備也，備而已，勿多於禮也。」吕氏曰：「冬至祀天，夏至祭地，日月素定，故不問卜，至敬不壇，掃地而祭，牲用犢，酌用陶，席用秸，視天下之物，無以稱其德，以少爲貴焉。故不饒富。」

右記祭祀之禮，凡十節。

外事以剛日，内事以柔日。

鄭氏曰：「順其出外爲陽，順其居内爲陰。」孔氏曰：「外事郊外之事，内事郊内之事。十日有五奇五耦，甲、丙、戊、庚、壬五奇爲剛，乙、丁、己、辛、癸五耦爲柔。」澄曰：「詩小雅吉日田獵之詩，而曰『吉日維戊』『吉日庚午』。春秋桓六年壬午大閲，莊八年甲午治兵，田獵兵師外事也，故戊、庚、壬、甲皆用剛日。桓八年己卯烝，丁丑烝，十四年乙亥嘗，閔二年乙酉吉禘于莊公，文二年丁卯大事于太廟，宣八年辛卯有事于太廟，昭十五年癸酉有事于武宫。儀禮少牢饋食『日用丁巳』，宗廟祭享，内士羊，丁、乙、辛、癸皆用柔日。」

○凡卜、筮日，旬之外曰遠某日，旬之内曰近某日。喪事先遠日，吉事先近日。

孔氏曰：「喪事，謂葬與二祥。哀非孝子所欲。但制不獲已，故卜先從遠日而起。左傳云：『卜葬先遠日，避不懷也。』謂如今月下旬，先卜來月下旬，不吉，卜中旬，不吉，卜上旬，是先遠日也。吉事謂祭祀、冠、昏之屬。少牢云：『若不吉則及遠日，又筮日如初』，是先近日也。」

曰：「爲日，假爾泰龜有常，假爾泰筮有常。」

鄭氏曰：「命龜、筮辭。」孔氏曰：「假，因也。爾，指龜蓍。泰大，中之大也。褒美龜筮，故謂泰龜、泰筮也。有常者，言爾泰龜泰筮，決判吉凶，分明有常也。」

○筮不過三，筮不相襲。

孔氏曰：「一卜不吉而凶，又卜以至於三。三若不吉，則止。筮亦然。」澄曰：「襲，因也，重也。謂一卜不吉，雖可再卜，再卜不吉，雖可三卜，然須俟他日。然後再卜三卜，不可於一卜再卜之日，而相因重複以卜。蓋誠不專一，且瀆神也，筮亦然。」

○龜爲卜，筴爲筮。卜筮者，先聖王之所以使民信時日，敬鬼神，畏法令也。所以使民決嫌疑，定猶與也。故曰：疑而筮之，則弗非也。日而行事，則必踐之。與音預。踐今讀如字。

卜筮之用有二，占日與占事也。用之以占日者，使民信時日也。用之以占事者，使民決嫌疑也。信與信如四時之信同。時日，謂當其時之日。法，謂法制。令，謂禁令。事似同而非同爲嫌。心有二而不決爲疑。猶與，二獸名，猶玃屬，或云犬子；與象屬，一作「豫」，二獸皆進退多疑，故人之遲疑不決者，曰猶與。凡享祀鬼神，設施法令，必須擇日。然人不自擇而問之筮，筮所得之日，乃神所告，故人信之而不敢輒易。享祀必以此日，是於鬼神敬而不敢褻也，設施必以此日，是於法令畏而不敢慢也。事已然者，或謂其可，或謂其否；事未然者，或謂如此，或謂如彼，兩有所嫌，而心疑不決，故其爲之之意猶與，以筮決其可否彼此之嫌。而心不復疑，則行之勇而不猶與也，故曰以下。引舊語爲證，踐猶踐言之踐，疑而筮之，申上文決嫌疑之義，謂有疑者，既卜筮而決之，則心知其是，不復以爲非也。不云卜，省文，日而行事。申上文信時日之義，謂卜筮得此日而行事，必須踐行而不敢違也。

右記卜筮之禮，凡四節。

凡僕人之禮，必授人綏，若僕者降等，則受，不然則否。若僕者降等，則撫僕之手，不然則自下拘之。 拘，古侯切。

鄭氏曰：「撫，小止之，謙也。自下拘之，由僕手下取之也。僕與己同爵則不受。」孔氏曰：「凡僕人謂爲一切僕，非但爲君僕時也。車上，既僕爲主，故爲人僕，必授綏與所升之人也。降等，謂士與大夫、大夫與卿御也。僕既卑降，則主人受取綏，不然謂僕者敵體，則主人宜謙，不受其綏也。又僕者雖卑，而受其綏不謙，猶當撫止僕手。若不聽自授，然後乃受也。不降等者，既敵不受，而僕者必授，則主人當却手從僕手下，自拘取之，示不用僕授也。」○軾按：兩不然。謂不降等者，凡僕人兼降等敵體。

○僕御婦人，則進左手，後右手。御國君，則進右手，後左手而俯。

孔氏曰：「僕在中央，婦人在左。僕御之時，進左手持轡，使形微相背。若進右手，則近相嚮，故後右手以遠嫌。御國君，則以相嚮爲敬，故進右手。既御，不得常式，故但俯俛。」

○君車將駕，則僕執策立於馬前。已駕，僕展軨效駕。奮衣由右上，取貳綏，跪乘，執策分轡，驅之，五步而立。君出就車，則僕并轡授綏，左右攘辟。車驅而騶，至於大門，君撫僕之手，而顧命車右就車。門閭、溝渠必步。 軨，力下切。上，時掌切。乘，繩證切，下並同。并，必證切。攘，如羊切。辟音闢，或音避。騶，齊勾切，又七須切。

孔氏曰：「將駕，謂始欲駕行時也。策，馬杖也。別有人牽馬駕車，僕執馬杖監駕立馬前，恐馬行也。已駕，駕竟也。展，視。軨，轄頭轊也。車行由轄，故具視之。效，白也。僕監視駕竟，而入白駕車也。僕入白駕竟，先出就車，於車後自振其衣去塵，從右邊升上。必從右者，君位在左，故辟君空位也。綏，登車索。綏有二，一是正綏，擬君之升，一是副綏，擬僕右之升，故僕振衣畢，取副綏而升也。跪乘者，僕先試車時，君未出，未敢依常而立，故跪乘以爲敬。轡，御馬索也。車有一轅，而四馬駕之。中央兩馬夾轅者，名服馬；兩邊者，名驂馬。每馬兩轡，四馬八轡，以驂馬内轡二系於軾前，其驂馬外轡，及夾轅兩服馬各二轡，分置兩手。今言『執策分轡』，謂一手執馬杖，以三轡置空手中，以三轡置杖手中也。分轡竟，則試驅行之，五步乃立。初跪而驅，今馬行五步，則倚立以待君出，蓋跪以見敬，而立則調試之也。君出就車。則僕并六轡及策。置一手中。一手取正綏授君令登車。此當右手并轡。左手授綏。轉身向後引君上也。避遠也。君已上車。車欲進行。故左右侍駕陪位諸臣。皆遷却以辟車。使不妨車行也。左右已辟。故驅車而進。則左右從者。疾趨從車行也。大門君之外門。車行至外門。君撫僕手。撫按止也。僕手執轡。車行由僕。君欲令駐車。故抑止僕手也。顧回顧也。車右勇力之士也。車行則有三人。君在左。僕人中央。勇士在右。車方驅時。勇士亦從驅在後。今至大門。方出履險阻。恐有非常。故回顧命車右上車也。門閭謂凡所過門閭。溝廣深四尺。渠亦溝也。步謂下車也。此車右勇士之禮。若至門閭溝渠。則車右必下車。所以然者。君子不誣十室。過門閭必式。君式則臣當下也。二則溝渠是險阻。恐有傾覆。故勇士亦須下扶持之。僕不下者。車行由僕。僕下則車無御。故不下也。○軾按：立，止也，驅車五步而停止也。

○國君不乘奇車，車上不廣欬，不妄指。立視五巂，式視馬尾，顧不過轂。國中以策彗卹，勿驅，塵不出軌。 不乘，平聲。奇，居宜切。欬，開代切。巂，惠圭切。轂音谷。彗音遂。卹，蘇没切。勿，舊音没。今讀如字，屬下句。軌，君美切。

鄭氏曰：「國君出入必正。奇車，獵、衣之屬。廣欬，爲若自矜。廣，猶弘也。立，平視也。巂，猶規也，謂輪轉之度。式視馬尾，小俛也。顧不過轂，爲椭在後。彗，竹帚。卹勿，搔摩也。」

澄曰：「彗，帚也，此作虛字用，猶云埽也。䘏與恤同音。依注讀爲蘇沒切，猶云拂也。彗䘏，謂埽拂之。䘏字句絕。勿，讀如字。驅謂以策策馬，令疾行也。勿驅二字爲句。以策彗䘏而勿驅者，言車行國中，宜徐不宜疾，但以馬策埽拂馬背，勿鞭之。兩轅中間相去之度爲軌。馬行不疾，則車塵不遠，故不出軌也。○軾按：勿驅爲句，較直截。

○入國不馳，入里必式，故君子式黄髮，下卿位。

鄭氏曰：「馳善躙人，不馳，愛人也。必式，不誣十室也。式黄髮，敬老也。下卿位，尊賢也。卿位，卿之朝位。君出過之而上車，入未至而下車。

○國君撫式，大夫下之，大夫撫式，士下之。

孔氏曰：「謂君臣俱行，君式宗廟，則臣宜下車。若士爲大夫之臣，亦如大夫之於君也。」呂氏曰：「下之敬重於式，所敬皆降一等也。」

○爲君尸者。大夫士見之則下之，君知所以爲尸者則自下之。尸必式，乘必以几。

孔氏曰：「爲君尸，謂臣爲君作尸者，已被卜吉，君許用者也。古者致齊，各於其家，散齊亦猶出在路，及祭日之旦，俱來入廟，故群臣得於路見君之尸，皆下車而敬之。君若於散齊之時在路見尸，亦自下車敬之。知散齊者，君致齊不復出行。若祭日，君先入廟，後乃尸至。尸在廟中尊伸，答主人之拜。今在路，其尊猶屈，不敢亢禮，君下而已，不可下車，故式爲敬，以答君也。乘必以几者，几案在式之上，尊者有所敬事，以手據之。几上有冪，君以羔皮，以虎緣之也。」○軾按：知猶見也。必式必以几者，尸敬君也。

○國君下宗廟，式齊牛。大夫士下公門，式路馬。齊，側皆切。

舊本作「下齊牛，式宗廟」。熊氏曰：「文誤。當以周禮齊右注爲正。」孔氏曰：「按齊右職注引曲禮云：『國君下宗廟，式齊牛。』公門，君之門也。路馬，君之馬也。敬君，故至門下車；重君物，故式路馬。」

○祥車曠左，乘君之乘車。不敢曠左。左必式。乘君平聲，下乘路同。

孔氏曰：「祥猶吉也。吉車謂生時所乘，葬時因爲魂車。鬼神尚右，故魂乘吉車也。車上貴左，左僕在右，空左以擬神也。乘車，謂君之次路。王者五路，玉、象、木、金、革。王自乘一路，餘四路皆從行臣。若乘此車，不敢空左，若曠左，則似祥車，近於凶時，故乘者自居左也。雖處左，而不敢自安，故恒憑式。乘車則君在左，若兵戎革路，則君在中央，御者居左。」馬氏曰：「乘君之乘車，不敢曠左，不敢虚君位也，左必式，不敢安君位也。」

○乘路馬，必朝服，載鞭策，不敢授綏，左必式。步路馬，必中道。以足蹙路馬芻有誅，齒路馬有誅。 朝，音潮。蹙，于六切。芻，初俱切。

孔氏曰：「乘路馬，謂臣行儀習禮獨行時也。路馬，君之車馬，臣雖得乘之，必朝服而自御。又不敢杖馬，但載杖以行也。君在則僕人授綏，今習儀者身既居左，自御而乘，雖有車右，不敢授綏與己也。既不曠左，故居左，但式以爲敬。步，猶行也。謂單牽君馬行時，必在中道正路爲敬也。芻，食馬草也；蹙，謂以足蹋之及論量君馬歲數，皆爲不敬，必被責罰也。」

○客車不入大門。婦人不立乘。

鄭氏曰：「不入大門，謙也。不立乘，異於男子。」孔氏曰：「公食大夫禮『賓之乘車在大門外西方』，注云『賓車不入廣敬也』。立，倚也。男子倚乘，婦人質弱，不倚乘而坐乘。」

○兵車不式。武車綏旌。德車結旌。 綏，耳佳切。

孔氏曰：「兵車，革路，武猛宜無推讓，故不爲式敬也。武車，亦革路，建戈刃云兵車，取其威猛云武車。旌謂車上旗旛，尚威武，故舒散如緌之垂然。何胤云：『垂放旌旗之旒以見美也。』德車，爲玉輅、金輅、象輅、木輅，四路不用兵，故曰德車。德美在内，不尚赫奕，故纏結其旒，著於竿也。何胤云：『以德爲美。故略於飾。』」

右記乘車之禮，凡十二節。

史載筆，士載言。

鄭氏曰：「史士從於會同，各持其職以待事也。筆謂書具之屬。言謂會同盟要之辭。」孔氏曰：「史謂國史，書録王事者。王若舉動，史必書之；王若行往，則史載書具而從之也。不言簡牘而言筆者，筆是書之主，則餘載可知。士，謂司盟之士。言，謂舊事。若尋舊盟，或用舊會之禮，應須知之，故載以自隨也。」

前有水，則載青旌。前有塵埃，則載鳴鳶；前有車騎，則載飛鴻；前有士師，則載虎皮；前有摯獸，則載貔貅。埃，烏來切。鳶，悦專切。騎，其寄切。摯，音至。貔，婢支切。貅，許求切。

鄭氏曰：「載，謂舉於旌首，以警衆也。所舉各以其類象。青，青雀，木鳥。」孔氏曰：「王行宜警備，善惡必先知之。又軍陣卒伍，行則並銜枚，無喧聲，若有非常，不能傳道，且人衆廣遠，難可周徧，故前有變異，則舉類示之。青旌，謂畫爲青雀旌，上舉示之。軍士望見，則知前值水也。鳶，鴟屬，鳴則風生，風生則塵埃起，故前有塵埃，則畫鴟爲開口，如鳴時於旌首而戴之。不言旌，從可知也。鴻，鴻雁也。雁行列與車騎相似，故前有車騎，則畫鴻於旌首而戴之。虎威猛，兵衆之象。若前有兵衆，則舉虎皮於竿首。摯獸，猛而能摯，謂虎之屬。貔貅是一獸，亦有威猛。若前有猛獸，則舉此貔貅，皆欲使衆見以爲防也。或云與虎皮並畫作皮於旌也。一云並戴其皮。貔一名豹，虎類也。爾雅云：「貔，白虎也。」

行，前朱鳥而後玄武，左青龍而右白虎。招搖在上，急繕其怒。 繕，音勁。

鄭氏曰：「以四獸爲軍陳，象天也。招搖星在北斗杓端，主指者。急，猶堅也。繕讀曰勁。又畫招搖星於旌旗上，以堅勁軍之威怒。」孔氏曰：「前明軍行逢值之禮。此明軍行象天文而作陳法也。前南後北，左東右西也。朱雀、玄武、青龍、白虎，四方宿名也。軍前宜捷，故用鳥；軍後須殿捍，故用玄武。玄武，龜也。龜有甲，能禦侮用也。左爲陽，陽能發生，象其龍，變生也。右爲陰，陰沈能殺，虎沈殺也。軍之左右，生殺變應，威猛如龍虎也。此陳法，但不知如何爲之。今之軍行，畫此四獸於旌旗，以標前後左右之軍陳。招搖，北斗第七星也。七星一天樞、二旋、三機、四權、五衡、六開陽、七搖光，一至四爲魁，五至七爲杓。招搖，即搖光也。北斗居四方宿之中，以斗末從十二月建而指之，則四方之宿不差。令軍行法之，亦作此北斗星舉之於上，在軍中，指正四方，使四方之陳不差，故云『在上』，並作七星而獨云『招搖』者，舉指者爲正也。勁，利也。其怒，士卒之怒也。軍行，既張四〔宿於〕四方，標招摇於中上，故軍旅士卒，起居舉動，堅勁奮怒，象天之行也。」○軾按：此節一首絶好古詩。「急繕其怒」四字，摹寫入神。予嘗閲兵，壁壘森嚴，旌旗四匝，中建大纛，鼓静金停，寂無人語，已而風動纛揚，如驚鴻乍起，急不可引。又如雷聲殷殷，山鳴谷應，奔濤駭浪，澎湃衝激，乃知「急繕其怒」四字之妙。

進退有度，左右有局，各司其局。

鄭氏曰：「度，謂伐與步數。局，部分也。」孔氏曰：「牧誓云：『不愆于六步七步，乃止，齊焉。四伐五伐，乃止，齊焉。』一擊一刺爲一伐。軍之在左在右，各有部分，不相濫也。軍行須監領，故主師部分，各有所司部分也。」○軾按：必部伍整齊，而後步伐不亂。然所以整齊部伍者，賴有司其局者也。

右記行軍之禮，凡一節。

君天下，曰「天子」；朝諸侯，分職授政任功，曰「予一人」。踐阼，臨祭祀，内事曰「孝王某」，外事曰「嗣王某」。臨諸侯，畛於鬼神，曰「有天王某甫」。朝音潮。畛，之忍切。

孔氏曰：「此論天子稱謂之辭。天下，謂七千里外四海之諸侯。天子者，上天之子，爲天所命，以四海難服，而夷狄唯知畏天，擯者稱天子尊名以威臨之。彼不識王化，無有歸往之義，故不稱王也。朝諸侯，謂七千里内諸侯。授政，謂授所縣象魏之法於諸侯也。任功，謂使人專掌委任之功，若『五侯九伯，女實征之』也。予一人者，言我是人中之一人，自謙損也。臣下謂之一人者，所以尊王也。以天下之大，四海之内，所共尊者，一人爾。踐履也。阼，主人之階也，謂即位履主階行事也。臨祭祀，謂臨郊廟之祭祀也。内事宗廟也，事親宜言孝，故升阼階，祭廟則云『孝王某』。某，天子名也。外事，郊社也。天地尊遠，不敢同親云『孝』，故云『嗣王某』，言此王繼嗣前王而立也。至若巡守徧於方嶽，臨視諸侯，凡所過山川，悉不親往。使祝致辭，故不稱名而曰『某甫』。『某』是天子字，稱天子字而下云甫者。甫是男子美稱，且假借美稱，以配成其字也。鄭注『鬼神謂百辟卿士』者，蓋謂天子所行過諸侯之國，則止於其廟，而使太祝告其廟之鬼神。即昔之爲百辟卿士者也。若過山川，亦使太祝往告。」呂氏曰：「眕，猶眕之相接然，與交際之際同義。」

崩，曰「天王崩」。復，曰「天子復」矣。告喪，曰「天王登假」。措之廟，立之主，曰「帝」。假，音遐。措，七故切。

鄭氏曰：「天王崩，史書策辭也。天子復矣，始死時呼魂辭也。不呼名，臣不名君也。諸侯呼字，告，赴也。登，上也。假，已也。上已者。若仙去云爾。立主曰帝，同之天神。春秋傳曰：『凡君，卒哭而祔，祔而作主。』」

天子未除喪，曰「予小子」。生名之，死亦名之。

鄭氏曰：「謙，未敢稱一人。」孔氏曰：「天子在喪，未踰年，稱名稱子。踰年之後，三年之内，稱『予小子』。三年除喪，然後稱王也。踰年稱王者，據臣子稱也。成王在殯，子釗稱『予一人』者，以麻冕黼裳即位，受顧命從吉，故暫稱一人也。」澄曰：「春秋，景王崩，悼王未踰年，入于王城，不稱天王，而稱王猛，所謂生名之也。死不稱天王崩，而稱王子猛卒，所謂死亦名之也。」

○軾按：天子未除喪，自稱曰「予小子」。史書則稱其名，生既稱名，故死得書曰某卒。

○天子建天官，先六大，曰大宰、大宗、大史、大祝、大士、大卜，典司六典。天子之五官，曰司徒、司馬、司空、司士、司冦，典司五衆。天子之六府，曰司土、司木、司水、司草、司器、司貨，典司六職。天子之六工，曰土工、金工、石工、木工、獸工、草工，典制六材。

鄭氏曰：「此蓋殷時制也，周則大宰爲天官，大宗曰宗伯，宗伯爲春官，大史以下屬焉。大士以神仕者，衆謂群臣也。五官於周，則司士屬司馬，大宰、司徒、宗伯、司馬、司寇、司空爲六官。六府主藏六物之税者，周則皆屬司徒，六工於周皆屬司空。土工，陶、旊也。金工，築、冶、鳧、栗、段、桃也。石工，玉人、磬人也。木工，輪、輿、弓、廬、匠、車、梓也；獸工，函、鮑、韗、裘也。惟草工職亡，蓋謂作萑葦之器。」吕氏曰：「殷人尊神先鬼，大宗以下，皆事鬼神、奉天時之官，故總謂之天官。大宰者，佐王代天工以治。大宗，掌事鬼神。大史，掌正歲年及頒朔。大祝，所以接神。士，即周司巫，所以降神。太卜，主問龜，所以求神。六者皆天事也。周官司士，則夏官之屬，此别出者，司士掌群臣之版。及卿大夫庶子之數，則所統者衆，與司馬、司徒、司空、司寇略等，所以並爲五官也。司徒之衆，則六卿六遂是也；司馬之衆，六軍是也；司空之衆，百工是也；司寇之衆，士師司隸之屬是也，故曰典司五衆。六府者，主藏之官，斂藏六者之入，以待國用者也。農以耕事貢九穀，則司土受之；山虞以由事貢木材，則司木受之；澤虞以澤事貢水物，則司水受之；圃以樹事貢薪芻疏材，則司草受之；工以飭材事貢器物，則司器受之；商以市事貢貨賄，則司貨受之。周官司土，則人倉人之職；司木，則山虞、林衡之職；司水，則澤虞、川衡之職；司草，則委人之職；司器、司貨，則玉府、内府之職。所入者，乃農圃虞衡工商之民所貢，故曰『典司六職』。六工者，飭材爲器，以待國用。所治之材，各不同，故曰典制六材。」

〇五官致貢曰享。

陳氏曰：「王制公、侯、伯、子、男凡五等，卿、大夫、上中下士凡五等。曲禮六大以下，皆謂之五官，然五官致貢，與五官之長。所謂五官者，諸侯而已，蓋以其有所候則曰侯，以其有所主則曰官，以物供上曰貢，以儀致貢曰享。周禮凡官府所供謂之獻，邦國所供謂之貢，則致貢曰享，爲諸侯之事明矣。」澄曰：「注疏諸家因上『六大』、『五官』之文，故釋此『五官』二字致誤。唯陳氏之説得之，蓋五官猶五侯也。公、侯、伯、子、男五等之侯，朝覲天子以貢其土物，皆先執圭以朝，乃以玉帛將其所貢之物，謂之享。」

○五官之長曰伯，是職方。其擯於天子也，曰「天子之吏」。天子同姓謂之「伯父」，異姓謂之「伯舅」。自稱於諸侯曰「天子之老」，於外曰「公」，於其國曰「君」。長，知兩切。擯，必刃切。

此言五官之長，謂天下五諸侯之長也。伯者，方伯也，分天下寫二方，設二伯，以各長其方之諸侯也，皆王之三公爲之，如周公、召公、畢公者。三公八命，加一命則爲九命之伯也。孔氏曰：「伯者，長也。『是職方』者，言二伯於是，職主當方之事也。擯，謂天子接賓之人。若擯者傳辭於天子，則稱此二伯爲『天子之吏』。三公與王同姓者，王呼爲『伯父』。伯者，長大之名；父乃同姓重親之稱也。『伯舅』，異族重親之名也。異族無父稱，故呼爲『伯舅』。二伯，若與九州及四夷之諸侯言，則自謂『天子之老』，繫於天子，威遠也。國外者其私土采地之外也，而猶在王畿之内。如周公食邑於周，嚮國外之人，其稱曰『公』也。其國采地内也，若采地内，臣民則稱曰君。既主分陜，又在王朝，嫌不正爲采地君。故明之也。」

九州之長，入天子之國，曰「牧」。天子同姓，謂之「叔父」。異姓，謂之「叔舅」。於外曰「侯」，於其國曰「君」。

孔氏曰：「每州之中選賢侯一人，加一命，使主一州爲牧。若入天子之國，則自稱曰『牧』。牧，養也，言其養一州之人也。伯不言入天子之國者，伯不出，故不言入爾。此不云『擯於天子』者，記者略之也。牧劣於二伯，故天子謂之『叔』，叔小也。若呼爲『伯』，則亂於二伯。外，謂其所封外，九州内也。稱曰侯，侯是本爵。若國内臣民言，稱爲君也。

其在東夷、北狄、西戎、南蠻，雖大曰「子」，於内自稱曰「不穀」，於外自稱曰「王老」。

吕氏曰：「九州之外，即四夷也，選諸侯而統之，如九牧之比。謂之『子』，所以别於中國也；『不穀』猶吉不肖；不稱『寡人』，辟中國諸侯也。『於外』者，非其國，而在所統四夷之中。『王老』猶言天子之老也。嫌其遠於王化，故以王明之。」葉氏曰：「能自養其類曰子。」劉氏曰：「楚子、吴子皆天子命之爲蠻夷衆國之牧者。」

庶方小侯，入天子之國，曰「某人」，於外曰「子」，自稱曰「孤」。

孔氏曰：「庶，衆也。小侯謂四夷之君，非爲牧者也。以其賤，故曰衆方也。若入王國，自稱曰某人，若牟人、介人也。外曰子者，此君在其本國外，四夷之中，自稱依其本爵。或子或男，今言子是舉其尊稱，若男亦稱男也。自言曰孤，孤者特立無德能也。」吕氏曰：「自稱曰孤，又下於不穀也。春秋楚子稱不穀，從其稱也。齊桓公對楚屈完稱不穀，以自卑之辭答楚也。魯弔宋災，宋閔公稱孤，列國有凶稱孤，自貶之稱也。」

〇諸侯見天子，曰「臣某侯某」。其與民言，自稱曰「寡人」。其年凶服，曰「適子孤」。臨祭祀，内事曰「孝子某侯某」，外事曰「曾孫某侯某」。見，賢遍切。適，音的。

孔氏曰：「謂五等諸侯見天子，而擯者將命之辭。『某侯』者，若言齊侯，下『某』是名。若伯、子、男，則云曹伯、許男某也。『寡人』，言寡德之人。『適子孤』，擯者告賓之辭。雜記云：『相者告曰：孤某須矣。』彼不云『適子』，此不云名，皆文不具也。稱孤稱名，皆謂父死未葬之前。外事，謂社稷、山川在封内者。天子外事言『嗣王某』，謂能繼天德而立也。諸侯不得稱『嗣侯』，但稱『曾孫』。謂是父祖重孫爾。」〇軾按：曾孫者，對祖宗之稱。外事不曰「嗣侯」而曰「曾孫」者，若謂敢言克嗣先業，庶藉祖考之庇，得無棄于社稷、山川之神耳。

死曰「薨」，復曰「某甫復矣」。

鄭氏曰：「薨亦史書策辭，某甫舉字。」

既葬見天子，曰類見，言謚曰類。

陳氏曰：「諸侯既葬，見天子，變禮也。有事於上帝，而非事天之常禮，曰類于上帝；有事於社稷宗廟，而非祭享之常禮，曰類于社稷宗廟；則嗣君之朝王。大夫之言謚，非朝聘之常禮，謂之『類』宜矣。」孔氏曰：「類見，謂諸侯世子，父死葬畢，見於天子也，未執玉而執皮帛。然春秋之義，三年除喪之後乃見。今云既葬者，謂天之巡守至竟，故得見也。若未葬，未正君臣，雖天子巡守亦不見也。『言謚』，就君請謚也。謚以表德，必由尊者所裁，故將葬之前，使人請於天子。『類』者，言此類聘問之禮而行也。」〇軾按：類見者，仿佛諸侯之禮而見也。言，請也。劉氏云：「類當爲誄，謂請誄而謚之也。」此解較直截。

〇諸侯使人使於諸侯。使者自稱曰「寡君之老」。使於使者，色吏切。

鄭氏曰：「繫於君以爲尊也。此謂諸侯之卿，上大夫。」

列國之大夫，入天子之國曰「某士」，自稱曰「陪臣某」，於外曰「子」，於其國曰「寡君之老」，使者自稱曰「某」。

鄭氏曰：「列國大夫，亦謂諸侯之卿也。三命以下，於天子爲士。曰『某士』者，若晉韓起聘於周，擯者曰『晉士起』是也。陪，重也。子，有德之稱。魯春秋曰：『齊高子來盟。』使者，謂使人於諸侯也。某，名也。」孔氏曰：「『外』，謂在他國時也。擯者則稱其姓而曰子。其國，自國中也。其君與民言，自稱曰『寡人』，故此卿與國中人語，自稱曰『寡君之老』也。若此卿爲使，在他國，與彼君語，則稱名。按玉藻：『上下大夫於他國，擯。』皆無稱名之事。但云大夫私事，使私人擯則稱名。私事使，若晉韓穿來言汶陽之田，謂以君命私行，非聘也。』彼以私事使，故稱名，故知此言使，謂使人於諸侯也。」〇軾按：子，美稱也。稱其姓而子之，敬主及使也。

〇天子當依而立，諸侯北面而見天子，曰覲。天子當宁而立，諸公東面，諸侯西面，曰朝。依，於豈切。宁，珍吕切。

鄭氏曰：「諸侯春見曰朝，受贄於朝，受享於廟。秋見曰覲，受之於廟。朝者，位於内朝而序進。覲者，位於廟門外而序入。」孔氏曰：「依，狀如屏風，以絳爲質，高八尺，東西當户牖之間，繡爲斧文。示威也。天子冕在廟，當依前南面而立。使上擯進諸侯。諸侯入廟門右，坐，奠圭玉而再拜。所以奠圭玉者，卑見於尊，尊贄不受也。擯者命升西階親授，諸侯於是坐，取圭玉，升堂。王受玉。諸侯降階，並北面再拜首。擯者延之，使升成拜。覲畢而亨，皆廟受之。宁，正門謂之應門，諸侯内屏，在路門之内。天子外屏，在路門之外，而近應門。王當宁以待，諸侯次第而進，諸公在西，諸侯在東，而朝王。地道貴右，故公在西。受朝竟，然後入廟受亨。」

諸侯未及期相見曰遇，相見於郤地曰會。諸侯使大夫問於諸侯曰聘，約信曰誓，涖牲曰盟。郤，丘逆切。涖，音利。

孔氏曰：「若未至前所期之日及非所期之地而忽相見，則並用遇禮相接，故曰遇，以遇禮簡易也。會，謂及期之禮，既及期，又至所期之地，則其禮閒暇也。遣大夫往相存問曰聘。聘，問也。約信者，以其不能自和好，故用言辭共相約束以爲信，如此相見，則用誓禮。盟者，殺牲血誓於神也。若約束而臨牲，則用盟禮。盟之爲法，先鑿地爲方坎，殺牲於坎上，割牲左耳，盛以珠盤，又取血盛以玉敦，用血爲盟書成，乃血讀書。盟牲所用，據韓詩『天子諸侯以牛豕，大夫以犬，庶人以雞』；毛詩說『君以豕，臣以犬，民以雞』；左傳『衛伯姬盟孔悝以豭』；而又云『諸侯盟，誰執牛耳』，戎右云『贊牛耳』，則人君盟當以牛也。」○軾按：舊注「郤」讀「隙」。隙，間也，謂兩國之間也。諸侯盟會，必于兩國壤地相接之處。遇，言期不言地；會，言地不言期，互見也。

○納女於天子，曰備百姓；於國君，曰備酒漿；於大夫，曰備埽灑。埽，悉報切。灑，所賈切。

孔氏曰：「婿不親迎，則女家使人致之。」呂氏曰：「古者因生以賜姓，如姬、姜、嬴、妘、姞之類，似因其母之號而賜之姓。納女於天子以廣繼嗣，凡賜姓者，皆天子之別子，所以謂之備百姓。」陸氏曰：「百姓，百斯男也。」方氏曰：「酒漿者，奉祭祀之物；埽灑者，有家之事，皆主人之謙辭，故每言備焉。備者，備其乏也。」○軾按：以下女上曰納，非必壻不親迎而謂之納也。

○天子之妃曰后，諸侯曰夫人，大夫曰孺人，士曰婦人，人曰妻。

孔氏曰：「妃，配也，王后以下通有配義，故以妃字冠之。特牲、少牢是大夫士禮，皆云『某妃配某氏』，尊卑通稱也。后，君也，配至尊。爲海內小君也。夫人之名，惟諸侯得稱。論語云：『邦君之妻，稱曰君夫人』是也。孺，屬也，言其爲親屬。婦，服也，言服事其夫。婦亦上下通號，春秋『逆婦姜』，諸侯亦呼婦也。妻，齊也。庶人賤，無别稱，判合齊體而已。通言之，貴賤悉曰妻也。」○軾按：孺訓「屬」者，謂屬于夫不專制也。

○天子有后、有夫人、有世婦、有嬪、有妻、有妾；公侯有夫人、有世婦、有妻、有妾。嬪，音貧。

昏義曰：「古者天子后立六宫、三夫人、九嬪、二十七世婦、八十一御妻，以聽天下之内治。」澄曰：「此以世婦先於嬪者，蓋后之下夫人最尊，嬪次尊，夫人之數三，嬪之數九，小數自三而九共爲十二，三夫人隔越一位有世婦二十七，其數今三十；九嬪隔越一位有御妻八十一，其數合九十大數，亦自三而九，共爲百二十。取其數之合，故移其位以相近。又夫人、世婦皆以兩字爲稱，嬪、妻、妾皆以一字爲稱，取其文之便，故因其類以相從也。」吕氏曰：「后以配天子，夫人視三公，其名與諸侯之妃同；世婦視大夫，其名與大夫之妻同；九嬪視九卿，位在世婦上；妻即御妻，視元士，名與士之妻同。妾則昏義所無，蓋賤者視庶人。」陳氏曰：「大夫娶一家而二家媵之，諸侯娶一國而二國媵之，天子娶一國而三國媵之，由后至御妻，百二十人，則天子一聘十二女可知也。天子之后至妾凡六等，諸侯之夫人至妾凡四等，降殺以兩也。」

〇夫人自稱於天子曰「老婦」，自稱於諸侯曰「寡小君」，自稱於其君曰「小童」，自世婦以下自稱曰「婢子」，子於父母則自名也。

鄭氏曰：「自稱於天子，謂畿内諸侯之夫人助祭。若時事見也，自稱於諸侯，謂饗來朝諸侯之時也。小童若云未成人也，婢之言卑也，於其君稱此，以接見體敵，嫌其當也。子名，父母所謂也，言子通男女。」〇軾按：世婦以下稱婢子，稱于其君也，不言于天子諸侯者，不與助祭大饗也。

〇君大夫之子，不敢自稱曰「余小子」；大夫士之子，不敢自稱，曰「嗣子某」，不敢與世子同名。

王氏曰：「君大夫之子，國君及大夫之子也。」澄曰：「國君及天子之大夫，其子自稱，當辟天子之子，諸侯之大夫典士。其子自稱當辟諸侯之子，國君及天子大夫之子，不敢與王世子同名；諸侯大夫士之子，不敢與國君世子同名。」

〇國君不名卿老世婦，大夫不名世臣姪娣，士不名家相長妾。娣，大計切。相，去聲。長，知兩切。

孔氏曰：「世婦，謂兩媵也，次於夫人而貴於諸妾。諸侯雖貴，猶宜有所敬。不得呼『卿老世婦』之名。姪，妻之兄女；娣，妻之妹，從妻來爲妾也，大夫不得呼世臣、貴妾名也。家相，助知家事者。長妾，妾之有子者。士不得呼此二等人名也。」熊氏曰：「士有一妻二妾，言長妾者，當爲娣也。」

○天子不言出，諸侯不生名，君子不親惡，諸侯失地，名，滅同姓，名。

鄭氏曰：「天子之言出，諸侯之生名，皆有大惡，君子所遠，出、名以絶之。春秋書『天王出居于鄭』、『衛侯朔入於衛』是也。失地、滅同姓，名亦絶之。」○軾按：此節重不親惡，親之猶言黨也，黨而諱之也。天子以天下爲家，本不可言出，諸侯死而告終，然後名之，生則本不可名，然有時不容不言出與名者，爲其惡也。惡而不言，出不書名，是黨之也。君子不黨，故諸侯失地、滅同姓，則名之。知諸侯之所以名，則天子之言出，可類推矣。」

○天子死曰「崩」，諸侯曰「薨」，大夫曰「卒」，士曰「不禄」，庶人曰「死」。在牀曰尸，在棺曰柩。

柩，音舊。

鄭氏曰：「自上傾壞曰崩。薨，傾壞之聲。卒，終也。不禄，不終其禄。死之言澌也，精神澌盡也。尸，陳也。柩之言究也。」

壽考曰卒，短折曰不禄。死寇曰兵。羽鳥曰降，四足曰漬。折，市設切。降，户江切，又音絳。漬，疾賜切。

呂氏曰：「大夫曰卒，士曰不禄，論其爵也。壽考曰卒，短折曰不禄，論其德也。兵者死於寇難之稱，有兵死而可褒者，如童汪踦能執干戈以衛社稷，孔子欲勿殤勇於死難者也。有兵死而可貶者，如冢人『凡死於兵者不入兆域』，戰陣無勇者也。」孔氏曰：「羽鳥，飛翔之物。降落，是死也。四足，牛馬之屬。一死，則餘者更相染漬而死也。」○軾按：士壽考亦言卒，大夫短折亦言不禄。凡年五十不爲夭，七十乃稱壽，前之以爵別者，謂未及壽而不至于短折者也。

○祭王父曰皇祖考。王母曰皇祖妣。父曰皇考。母曰皇妣。夫曰皇辟。辟，音璧。

孔氏曰：「王父，祖父也。王母，祖母也。」鄭氏曰：「皇，君也。考，成也。言其德行之成也。妣之言媲，媲於考也。辟，法也，妻所取法也。更設稱號。尊神異於人也。」

生曰父、曰母、曰妻，死曰考、曰妣、曰嬪。

鄭氏曰：「嬪，婦人有法度者之稱。」張子曰：「嬪，是婦人之美稱。夫死曰辟，於古不見有此稱。」

○凡祭宗廟之禮，牛曰一元大武，羊曰柔毛，豕曰剛鬣，豚曰腯肥，犬曰羹獻，雞曰翰音，雉曰疏趾，兔曰明親，魚曰商祭，鮮魚曰脡祭，脯曰尹祭，水曰清滌，酒曰清酌，稷曰明粢，黍曰薌合，粱

曰薌萁。稻曰嘉蔬。韭曰豐本。鹽曰鹹鹺。玉曰嘉玉。幣曰量幣。鬣，力輒切。腯，徒忽切。疏，色魚切。苦，老切。鮮，音仙。脡，它頂切。薌，音香。萁，音姬，一音期。鹺，才何切。量，音亮。

鄭氏曰：「號牲物者，異於人用也。元，頭也。武，迹也。腯，亦肥也。商，猶量也。脡，直也。尹，正也。嘉，善也。稻菰蔬之屬也，豐茂也。大鹹曰鹺。幣帛也。」孔氏曰：「凡祭謂貴賤悉然，牛肥則脚迹痕大，羊肥則毛細而柔弱，豕肥則毛鬣剛大，犬肥可獻祭鬼神也；雞肥則其鳴聲長，雉肥則兩足開張，趾相去疏也；兔肥則目開而視明也，自牛至兔八物，唯牛云一頭，以下不云數者，皆從其所用而言也。乾也，商祭者，祭用乾魚，量度燥濕得中而用之。脡祭者，鮮魚者熟則脡直，若餒則敗碎不直也。尹祭者，裁截方正而用之。清滌者，古祭用水，謂之玄酒，言其甚清皎潔也。清酌者，此酒甚清，可斟酌也。薌合者，穀秫者曰黍，既軟而相合，氣息又香也。粱，謂白粱、黄粱。」呂氏曰：「禽獸之獻，以肥腯爲美。魚腊鮮，以得宜爲美。水與酒，以潔清爲美。黍稷稻粱，以馨香明潔爲美。韭以苗之盛爲美。鹽以味之厚爲美。玉以不瑕爲美。幣以可制爲美。察羊與豕，視其毛與鬣。豚未成豕，難察其鬣，故直謂之腯肥。犬下牲也，可以爲羹而獻，則犬之肥也。凡煮肉謂之羹，八者皆以肥腯爲美也。魚腊、脯脩雖微，而必祭，庶羞雖美而不祭，故槁魚、鮮魚與脯三者，皆謂之祭。舉其盛也，脯謂之尹，亦謂之脩，有所正也。酒醴皆有清有醩，醩未沛者也。既沛爲清，酒之精者也。黍稷，食之正也。稻粱雖美，加食而已。

稷，五穀之長也。祭祀之飯，謂之粢盛。明者，精鑿之稱也，故曰明粢。黍可以爲酒，孰之則粘聚而不散，可摶而食之，故曰薌合。地美則本豐，本豐則萌必盛，故韭曰豐本。」○軾按：古今語音不必盡同，記載傳述未必無誤。一元大武，商祭、脡祭、尹祭等名，殊不可解，亦無容强爲疏釋也。

右記稱謂之禮，凡十七節。

内則第二

鄭氏曰：「内則記男女居室事父母舅姑之法。」孔氏曰：「以閨門之内，軌儀可則，故曰内則。」

后王命冢宰，降德于衆兆民。

王氏曰：「后王，謂天子也。」朱子曰：「注疏言諸侯司徒兼冢宰，是也。但此言后王之命，則實天子之冢宰爾。蓋太宰掌建邦之六典，二曰教典，則教民雖司徒之分職，而冢宰無所不統，故以其重者言之。」鄭氏曰：「德猶教也，萬億曰兆，天子曰兆民。」澄曰：「天子爲天下民之君師，治而教之，而冢宰六卿之長、佐天子者也。降，下也。德，得也。謂以人所同得於天之理，立爲教法，命冢宰降下其德教於衆兆民，俾效而法之也。所謂德教，如下文所載是也。」

○子事父母，雞初鳴，咸盥漱，櫛、縱、笄、總、拂髦。冠、緌、纓、端、韠、紳、搢笏。左右佩用，左佩紛帨、刀、礪、小觿、金燧，右佩玦、捍、管、遰、大觿、木燧。偪、屨著綦。盥音管，漱所切。櫛，側瑟切。

所，笄古兮切。總，子孔切。髦，音毛。緌，耳隹切。韠，音必。搢，音晉，又音薦。笏，音忽。紛，芳文切。帨，始鋭切，觿，許規切。燧，音遂。玦，音決。遰，時世切。偪，彼力切。著，陟略切。綦，其記切。

鄭氏曰：「縰，韜髮者也。總，束髮也，垂後爲飾。拂髦，振去塵著之。髦用髮爲之，象幼時鬌，其制未聞。緌，纓飾也。端，玄端，士服也。庶人深衣。紳，大帶。搢猶扱也，扱笏於紳。笏，所以記事也。左右佩用，事佩也。必佩者，備尊者使令也。紛帨者，拭物之巾也，今齊人有言紛者。刀、礪，小刀及礪礱。小觿，解小結也。觿貌如錐，以象骨爲之。金燧可取火於日。捍，謂拾也，言可以捍弦也。管，筆彄也。遰，刀韠也。木燧，鑽火也。偪，行縢。綦，屨繫也。」孔氏曰：「盥，謂洗手。漱，謂漱口。鄭云：『纚一幅長六尺，足以韜髮而結之。』盧云：『髻承冠，以全幅疊而用之』。笄，謂安髻之笄，以縰韜髮作髻，既訖，横施此笄於髻中，以固髻。總者，裂練繒爲之，束髮之本，垂餘於髻後。緌，謂結纓頷下以固冠。結之餘者，散而下垂，謂之緌也。紳笏之，制備於玉藻。此記所陳，皆依事先後，櫛訖加縰，縰訖加笄，笄訖加總，然後加髦著冠，冠畢然後服玄端。著，又加大帶也。」皇氏曰：「左旁用力不便，故佩小物。右廂用力爲便，故佩大物。晴則金燧取火於日，陰則以木燧鑽火。屨繫，謂屨頭施繫以爲行戒。」劉氏曰：「櫛理其髮，縰以韜之，笄貫其紒，總以束之，拂其髦以加於冠。謂子生三月，則翦其胎髮爲鬌。男左女右，迨其笄冠也，則綵飾之，加于冠。謂之髦者，不忘父母生育之恩。父母喪則徹之。玦者，護巨指以開弦也。捍者，著左臂以遂矢也。○軾按：縱同纚。士冠禮：「賓將加冠，先正纚，蓋以韜髮承冠也。」疏云：「『縱訖加笄，笄訖加總』者，意用布六尺。疊之如帶，以韜髮四周，露其中爲髻。髻，結也，結髮而盤于頂也。結必先韜者，韜髮四周，乃可豎其餘而盤之，故曰『韜髮作髻』。笄，今簪也。既作髻，乃以簪貫其中而固之。又『裂繒爲總』，以束所結之本，亦以固之也。先結後總者，欲垂其餘于纚外以爲飾也。髦以髮爲假髻，加于冠，注謂『象幼時鬌形』，以示人于雖長不忘孺慕也。鬌，垂也。子生三月，剪胎髮留囟門十字不剪，謂之羈角。漸長則垂于前，故曰鬌。髦似鬌，非即鬌也。」劉氏云：「以胎髮爲之，而加彩飾。」不知何據。項氏謂：「如今小兒。用一帶連雙髻。横繫額上。」此説近是今婦人額。另以黑繒爲團，綴其中，是猶髦之遺意歟？然其制，鄭、孔時已無聞，無庸强解。遰，刀鞘也，管訓筆彄，其制未聞。意古人以刀爲筆，彄則所以繫束之也。偪訓行縢。縢，約也，約束其足以利行，詩所謂「邪幅」是也。綦言「著」，謂以綦著屨而繫之也。或云「絇」，非是。

婦事舅姑，如事父母。雞初鳴，咸盥漱，櫛、縱、笄、總、衣、紳。左佩紛、帨、刀、礪、小觿、金燧，右佩箴管、線、纊，施縏袠、大觿、木燧，衿纓、綦屨。纊，音曠。縏，步于切。袠，陳乙切。衿，其鴆切。

鄭氏曰：「笄，簪也。衣紳，衣而著紳。縏，小囊也。縏袠言施，明爲箴管線纊有之。衿，猶結也。婦人有纓，示繫屬也。」朱子曰：「婦人不冠，則所謂『吉笄』，即爲固髻之用，亦名爲簪，而非如二弁之簪矣。」陳氏曰：「男女事父母，婦事舅姑，皆有纓以佩容臭，則與女子許嫁之纓不同。許嫁已纓，將嫁無所復施。既嫁夫説之矣，無所復用。則事舅姑之衿纓，非許嫁之纓也。」陳注：「箴管，箴在管中也。綦袠皆囊屬，施以貯線纊也。」

以適父母舅姑之所。及所，下氣怡聲，問衣燠寒，疾痛苛癢，而敬抑搔之。出入，則或先或後而敬扶持之。進盥，少者奉槃，長者奉水。請沃盥。盥卒授巾，問所欲而敬進之，柔色以温之。饘、酏、酒、醴、芼羹、菽、麥、蕡、稻、黍、粱、秫，唯所欲。棗、栗、飴、蜜以甘之，堇、荁、枌、榆、免、薧、滫、瀡以滑之，脂膏以膏之。父母舅姑，必嘗之而後退。燠，於六切。苛，音何。癢，以想切。搔，素刀切。少，去聲。奉，芳勇切。長，知兩切。温，音愠。饘，之然切。酏，羊支切。蕡，扶云切。秫，音述。飴，羊支切。堇，音謹。荁，音完。枌，扶文切。榆，音踰。免，音問。薧，苦老切。滫，思酒切。瀡，音髓。膏之，古報切。

鄭氏曰：「適，之也。怡，悦也。苛，疥也。抑，按。搔，摩也。先後之。隨時便也。槃，承盥水者。巾，以帨手。温，藉也。承尊者必和顔色。酏，粥也。芼，菜也。蕡，熬枲實。荁，堇類也。冬用堇，夏用荁。榆白曰枌。免，新生者。薧，乾也。秦人溲曰滫，齊人滑曰瀡。『必嘗之而後退』者，敬也。」孔氏曰：「藉，所以承藉於物，言子事父母，當和柔顔色，承藉父母，若藻藉承玉然。酏是薄粥，饘爲厚者。芼羹用菜雜肉爲羹也，三牲皆有芼，牛藿、羊苦、豕薇也。蕡，枲實也。棗、栗、飴、蜜以和甘飲食，用堇，用荁、枌、榆及新生乾薧相和，滫、瀡之令柔滑。凝者爲脂，釋者爲膏。沃之使香美，此等總謂調和飲食也。」方氏曰：「所，即寢室。自菽以下，其性其味各不同，故唯父母舅姑之所欲而進之也。於尊者唯所欲者，以因氣既衰，養之不可不順也。於孺子亦唯所欲者，以血氣未充，養之亦不可不順也。蓋養老慈幼之道，自下氣怡聲而下，養志也。自饘酏酒醴而下，養口體也。」澄曰：「疾痛苛癢，謂疾而有痛處，苛而有癢處，痛則抑之癢則搔之。」

〇男女未冠笄者，雞初鳴，咸盥漱，櫛、縰、拂髦、總角、衿纓，皆佩容臭。昧爽而朝，問「何食飲矣」。若已食則退，若未食，則佐長者視具。冠，去聲。朝，音潮。

鄭氏曰：「總角，收髮結之。容臭，香物也。以纓佩之，爲迫尊者，給小使也。具，饌也。」

〇凡內外，雞初鳴，咸盥漱，衣服，斂枕簟，灑埽室堂及庭，布席，各從其事。斂，上聲。簟，徒點切。灑，所買切，又所賣切。埽，素報切。

孔氏曰：「此總論子婦之外，卑賤之人及僕隸等。」方氏曰：「斂，收而藏之也，必斂枕簟以晝夜異用故也。『灑埽室堂及庭』，自內及外也。『各從其事』，若女服事于內。男服事于外之類。」

〇孺子蚤寢晏起。唯所欲食無時。 蚤音早。

鄭氏曰：「孺子，小子也，又後未成人者。」

〇由命士以上，父子皆異宮。昧爽而朝，慈以旨甘。日出而退，各從其事。日入而夕，慈以旨甘。

孔氏曰：「此論命士以上事親異於命士以下之禮。」程子曰：「爲命士以上，愈貴則愈嚴，故父子異宮。」鄭氏曰：「『異宮，崇敬也。」劉氏曰：「命士以上有禄矣，故父子皆異宮焉。『昧爽而朝』者，以其憂國而不專於養也，乃後群子而朝。夫孝愛其親者，弗崇虛敬也，必有旨美甘滑之養，以伸其慈愛之誠焉，故曰慈以旨甘也。『日出而退，各從其事』者，夙興以事其親，辨色以趣其職。日入以夕其親，遂視晚養焉。不有旨甘以達其慈，則曷異於無禄也。」〇軾按：雞鳴盥漱，不必遂至父母舅姑之所也。劉氏謂「貴子昧始朝，後于群子」，謬甚。又云「夙興以事其親，辨色以趨其職」，夫由家趨朝，辨色已至，不知所謂昧爽朝親者，又何時也。且雞鳴昧爽，記禮者甚言其早，若寢門未啓。老人方安穩恬腄，而群子婦相率畢至，驚擾囉聒，可謂孝乎？況舉家皇皇，披戴星月，終年如此，休息無時，保無勞且病乎？先王制禮，本乎人情，何至苦人以難若是。讀禮者慎毋以詞害志也。〇上文「飴蜜膏滑」已是旨甘，劉云「不有旨甘」，何異無禄，亦非。

○父母舅姑將坐，奉席請何鄉。將衽，長者奉席請何趾。少者執牀與坐。御者舉几，斂席與簟，縣衾，篋枕，斂簟而襡之。鄉去聲。衽，而審切。長，知兩切。少，詩照切。縣音玄。篋，曰協切。襡音獨。

孔氏曰：「早旦親起，侍御之人奉舉其几，以進尊者，使憑之。斂此所卧在下之席，與上襯身之簟，又縣其所卧之衾，以篋貯所卧之枕。簟既親身，恐其穢汙，故以襡韜藏之。席則否。」鄭氏曰：「將衽，謂更卧處。襡，韜也，須卧乃敷之。」

○父母舅姑之衣、衾、簟、席、枕、几不傳，杖、屨祇敬之，勿敢近。敦、牟、卮、匜，非餕莫敢用。與恒食飲，非餕莫之敢飲食。敦，音對。牟，木侯切。卮，音支。餕，音俊。

鄭氏曰：「傳，移也。牟讀曰堥。卮、匜，酒漿器。敦、牟，黍稷器，餕乃用之。恒，常也。旦夕之常食，餕乃食之。」孔氏曰：「衣、衾、簟、席、枕、几，侍御之人停貯常處，子婦不得輒傳移向它處。杖、屨是尊者服御之重，彌須祇敬之，勿敢偪近。敦，杯盂也。堥，土釜也。以木爲器，象土釜之形。卮，酒器。匜，盛水漿。此父母舅姑所用之物，子婦不得輒用。與，及也。接上敦牟之文，非但不敢用。及所恒飲食之饌，非因餕時莫敢飲食也。」

○父母在，朝夕恒食，子婦佐餕，既食恒餕。父没母存，冢子御食，群子婦佐餕，如初。旨甘柔

滑，孺子餕。

鄭氏曰：「御食，侍食也，謂長子侍母食也。侍食者不餕，其婦猶皆餕也。」孔氏曰：「子婦者，長子及長子之婦。佐餕者，食必須盡。以父母食不能盡，故子婦佐助餕食之使盡，勿使有餘而再設也。群子婦，謂冢子之弟及衆弟婦也。如初者，如上父母在。子婦佐餕之禮，無父故冢子侍母而食，冢婦既不得侍食，猶皆餕也。」陸氏曰：「群子婦佐餕，不言冢婦，冢婦不預也。蓋舅没則姑老，冢婦代政矣。」方氏曰：「旨甘柔滑，老幼之所宜食，故父母食之。孺子餕之。」〇軾按：恒餕者，每食必盡餕也。侍而食，以悦母勸飽也。冢婦不與餕，陸説是。

〇在父母舅姑之所，有命之，應「唯」敬對，進退、周旋慎齊。升降出入揖遊，不敢噦噫、嚏咳、欠伸、跛倚、睇視，不敢唾洟。寒不敢襲，癢不敢搔。不有敬事，不敢袒裼。不涉不撅。褻衣衾不見裏，父母唾洟不見。冠帶垢，和灰請漱。衣裳垢，和灰請澣。衣裳綻裂，紉箴請補綴。五日則燂湯請浴，三日具沐。其間面垢，燂潘請靧。足垢，燂湯請洗。少事長，賤事貴，其帥時。應，去聲。唯，云癸切。齊，側皆切。噦，於月切。噫，於界切。嚏音帝。咳，苦愛切。欠，丘歛切。跛，彼義切。睇，大計切。唾，土卧切。洟，吐細切，今音夷。袒，音但。裼，思歷切。撅，居衛切。褻，音屑。見，賢遍切。漱，素侯切。澣，户管切。綻，直限切。紉，女陳切。綴，貞劣、貞衛二切。燂，詳廉切。潘，芳燔切。靧，音悔。

鄭氏曰：「慎齊，齊，莊也。睇，傾視也。襲，謂重衣。不有敬事，不敢袒裼，父黨無容。撅，揭衣也。褻衣衾不見裏，爲其可穢。父母唾洟不見，輒刷去之。和，漬也。手曰漱，足曰澣。綻，猶解也。潘，米瀾也。帥，循也。時，是也。禮皆如此也。」澄曰：「有命之，謂或呼之，或問之也。呼之則應，其應也唯而不敢諾。問之則對，其對也敬而不敢慢。唯在應下者，因應而唯也。敬在對上者，未對已敬也。或進而趨尊者之前，或退而去尊者之側。進退之間，其周迴而旋轉，容顔皆謹慎而不肆，齊一而不二。於堂，或升階，或降階。於室，或出户，或入户。舉手爲容曰揖，舉足行步曰遊。當此六者之時，皆不敢有下文噦噫等類不恭之事。中虚氣逆而微有聲曰噦，中實氣滿而大有聲曰噫，肺受邪而鼻有聲曰嚏，肺受病而喉有聲曰咳。雖寒不敢於親之前而加衣，雖癢不敢於親之前而爬體。」方氏曰：「唾，口津也。洟，鼻液也。噦噫嚏咳，則聲爲不恭。欠伸跛倚睇視，則貌爲不恭。唾洟則聲貌俱爲不恭，故每不敢爲也。寒不敢襲，癢不敢搔，不敢適已之便也。子之於親，衣之寒燠則問之，體之苛癢則搔之。而已則雖寒不敢襲，雖癢不敢搔。父母之唾洟則不見，而已則不敢唾洟，其愛親敬親也至矣。」朱子曰：「尊長之前，有敬事，方敢袒裼。敬事如習射之類。射而袒裼，乃爲敬。非有敬事，而以勞倦袒裼，則是不敬。唯涉水而後撅，若不涉而撅，則爲不敬。如云勞毋袒，暑毋褰裳。若非敬事，雖勞亦不敢袒。若非涉水，雖盛暑亦不敢褰裳也。」孔氏曰：「冠帶尊，以手漱之，用力淺也。衣裳卑，以足澣之，用力深也。此據士，故冠帶得漱。晏子是大夫，故譏其澣衣濯冠也。此漱澣對文爲例爾，散則通也。曲禮云：『諸母不漱裳』，是裳亦漱也。詩周南箋云：『澣謂濯之爾』，是澣亦不用足也。

○子婦孝者敬者，父母舅姑之命，勿逆勿怠。若飲食之，雖不耆，必嘗而待。加之衣服，雖不欲，必服而待。加之事，人代之，已雖不欲，姑與之，而姑使之，而后復之。 飲，於鳩切。食音嗣。耆，市志切。

方氏曰：「惟孝故能於命勿逆，惟敬故能於命勿怠。勿逆则顺受也，勿怠则勤行也。必嘗而待，必服而待。姑与之，姑使之，而後复之，则顺受勤行可知。」應氏曰：「父母舅姑之命，或未合乎理，惟當順而不違。或不堪其勞，惟當勉而勿怠。味偶不甘而必嘗，衣偶不稱而必服。徐而待之，則親知其果非所安而不可强也。」孔氏曰：「尊者加已以事業，事業欲成，尊者又使人代已。事既向成，不欲它人代已，妨已之業。而且與代已者事，且使代已者爲之。待代已者休解，而後復本業於已身也。

○子婦有勤勞之事，雖甚愛之，姑縱之，而寧數休之。 數，音朔。

孔氏曰：「此尊者待卑者之禮。」

子婦未孝未敬，勿庸疾怨，姑教之。若不可教，而後怒之。不可怒，子放婦出，而不表禮焉。

鄭氏曰：「庸，用也。怒，譴責也。表，猶明也。猶爲之隱，不明其犯禮之過也。」孔氏曰：「不可怒，謂雖責怒之而不從命者子被放逐。婦被出棄，猶不顯言其過也。」○軾按：不表禮，注謂不表其失禮，子猶可也。婦出而不明其罪，何以服婦父母乎？且使無故放出者，得藉口禮文，而以無罪爲有罪，又何以訓乎？或又謂表禮二字平看，謂不表其惡，亦不加之禮也。雜記：「諸侯出夫人，至于其國，以夫人禮行。至，以夫人入。」使者將命，有司陳器，詎曰無禮，等于僕隸之斥逐乎？愚謂不表禮者，不表著放出之禮也。放出之禮維何，告之宗廟，告之族黨鄰里，曰是不足以承家，放出之無使復也。不如是者，冀其悔而不忍終絶也。

○父母有過，下氣怡色柔聲以諫。諫若不入，起敬起孝。説則復諫，不説，與其得罪於鄉黨州閭，寧孰諫。父母怒不説而撻之流血，不敢疾怨，起敬起孝。説，音悦。復，扶又切。

孔氏曰：「諫而使父母不悦，其罪輕。畏懼不諫，使父母得罪於鄉黨州閭，其罪重。二者之間，寧用孰諫，謂純孰殷勤而諫，若物之成孰然。」吕氏祖謙曰：「『下氣怡色柔聲』，此六字，非特事父母當然凡處已待人。能體此六字，則見孔子鄉黨氣象。」澄曰：「此一節有四小節。謂父母有過，則當下其氣、怡其色、柔其聲以諫，欲其婉順不迫。以冀父母之悦而從已，此第一節。如此以諫，而父母不從，則又益加孝敬以感動之，俟其悦而再諫，此第二節。上言悦則再諫，若其不悦，則將不諫乎？蓋不可也。與其不諫而使父母得罪於鄉黨州閭之人，寧熟諫而使己取怒於父母也。復諫者，再諫也。熟諫者，至三至四而猶未已，如火之熟物，必期變化生物之堅硬者至于軟脆也，此第三節。若父母怒己之言，其心不悦，而施棰撻於己。雖甚而至於流血，亦不敢有疾怨於父母，惟當益加孝敬以感動之，而圖熟諫也，此第四節。

○父母有婢子，若庶子庶孫，甚愛之，雖父母没，没身敬之不衰。

鄭氏曰：「婢子，所通賤人之子。」○軾按：大夫二妾，士一妾，皆有定數。有餘于定數之外者，則婢也。

○子有二妾，父母愛一人焉，子愛一人焉，由衣服飲食，由執事。毋敢視父母所愛，雖父母没不衰。

鄭氏曰：「由，自也，凡也。」

○子甚宜其妻，父母不悦，出。子不宜其妻，父母曰：「是善事我。」子行夫婦之禮焉，没身不衰。

鄭氏曰：「宜猶善也。」

○父母雖没，將爲善，思貽父母令名，必果。將爲不善，思貽父母羞辱，必不果。

鄭氏曰：「貽，遺也。果，決也。」方氏曰：「將者始之萌。果者終之成。」

○子婦無私貨，無私畜，無私器。不敢私假，不敢私與。畜，許六切。

鄭氏曰：「家事統於尊也。」澄曰：「貨，謂所儲資財之物。畜，謂所養畜牲之物。器，謂飲食等所用之物。假，謂以物借人。與謂以物遺人也。」

婦或賜之飲食、衣服、布帛、佩帨、茝蘭，則受而獻諸舅姑。舅姑受之，則喜如新受賜。茝，昌改切。

鄭氏曰：「或，謂私親兄弟。」澄曰：「佩謂雜佩。帨謂帨巾。茝一作芷，即香白芷也。蘭似澤蘭。二物皆香草。乾燥則囊而佩之於身，取其芳馨也。新猶初也。言爲人婦者，或有私親兄弟賜之飲食，賜之衣服，賜之布帛，賜之佩帨，賜之茝蘭。則皆受之。既受之後，持以獻於家之尊者。若尊者肯受已所獻，則其喜一如自已初受他人所賜之時。

若反賜之，則辭，不得命。如更受賜，藏以待之。

此承上文言獻諸舅姑，舅姑不受，而以此物回還賜其婦，則婦必辭於舅姑而不敢受。舅姑若不許其辭，則婦受之。如再受人賜，蓋既以獻諸舅姑。舅姑雖不受，而此物即是舅姑之物矣，不敢視爲已物也。故其受所回還之物，有如再受舅姑之賜，雖已受之，然惟飲食之物不可留。

若其餘可留之物，亦不敢私用，藏之以待舅姑乏而欲有所用之時，則將此物與舅姑用之也。

婦若有私親兄弟，將與之，則必復請其故賜，而后與之。復，扶又切。

請，謂請於舅姑。故賜，謂舅姑舊所回賜之物。承上文謂婦若將以舅姑所回賜之物，與其私親兄弟，其物雖是已所自藏，然亦不敢視同已物，故必復請於舅姑。舅姑既許，然後與之也。

○軾按：陳氏「故」字句，亦通。

○凡婦不命適私室，不敢退。

鄭氏曰：「婦侍舅姑者也。」方氏曰：「私室，婦室也。其視舅姑之室，若公所。」

婦將有事，大小必請於舅姑。

鄭氏曰：「不敢專行。」

舅没則姑老。

鄭氏曰：「傳家事於長婦。」澄曰：「『老』，與孟子『堯老而舜攝』，左傳『吾將老焉』、『桓公立乃老』之『老』同，謂謝事也。」

冢婦所祭祀賓客，每事必請於姑。

輔氏曰：「婦傳家事矣。祭祀賓客，禮之大者，亦必請於姑，然後行事。」鄭氏曰：「婦雖受傳，猶不敢專行也。」

介婦請於冢婦。

鄭氏曰：「介婦衆婦請於冢婦，以其代姑之事。」

舅姑使冢婦，毋怠不友無禮於介婦。舅姑若使介婦，毋敢敵耦於冢婦。不敢並行，不敢並命，不敢並坐。 不友，朱子讀「友」爲「取」，今如字。

鄭氏曰：「毋怠，謂雖有勤勞，不敢懈倦。善兄弟曰友，娣姒猶兄弟也。不敢並者，下冢婦也。命，謂使令。」澄曰：「謂冢婦所使令之人，介婦不敢使令之也。」朱子曰：「『不友無禮於介婦』，此句未詳，或疑『友』當爲『敢』。」項氏曰：「當連上文讀之，言舅姑若任使冢婦，冢婦毋得以尊自怠。而凌辱衆婦，令其代已也。不友，謂煩虐之。無禮，謂麾叱之。怠也，不友也，無禮也，三者皆以『毋』字統之。舅姑若使介婦，亦不得恃舅姑之命，而傲冢婦，故毋敢敵耦，不敢並行、並命、並坐也。兩『使』字，皆主使令言之。」〇軾按：敵耦，謂相抗。不敢並行三事，不敵耦之目也。

〇適子庶子，祗事宗子宗婦。 適，丁歷切。

鄭氏曰：「祗，敬也。宗，大宗。」孔氏曰：「適子，謂父及祖之適子，是小宗也。庶子，謂適子之弟。宗子，謂大宗子。宗婦，謂大宗子之婦。言小宗及庶子等，敬事大宗子及宗婦也。」

雖貴富，不敢以貴富入宗子之家。雖衆車徒，舍於外，以寡約入。

方氏曰：「不敢以支臨宗也。」澄曰：「雖衆車徒以下，釋上文不敢以貴富入宗子家之事。」

子弟猶歸器、衣服、裘衾、車馬，則必獻其上，而后敢服用其次也。若非所獻，則不敢以入於宗子之門。

孔氏曰：「猶，若也。歸，謂歸遺也。子弟若有功德，被尊上歸遺衣服、裘衾、車馬，則必獻其善者於宗子。」鄭氏曰：「非所獻，謂非宗子之爵所當服。」○軾按：萬氏謂「子弟」指宗子之爲子弟輩者，則必獻其上，又宗子之尊于我者。愚意「獻」猶歸也，歸宗子之物，必選上者。而後自用其次，於宗子之卑幼者猶然，其子尊者不待言矣。如此解亦通。

若富，則具二牲，獻其賢者於宗子。

鄭氏曰：「賢猶善也。」孔氏曰：「具二牲，其善者獻宗子使祭之。不善者私用自祭也。」

夫婦皆齊而宗敬焉，終事而后敢私祭。齊，側皆切。

宗敬，謂宗之而敬事之也。孔氏曰：「大宗子將祭之時，小宗夫婦。皆齊戒以助祭於大宗，而加敬。大宗終竟祭事，而后敢私祭祖禰。此文雖主事大宗子，其大宗之外，事小宗者亦然。」方氏曰：「宗之親爲正統，已之親爲旁出。正統之祭，公義也。旁出之祭，私恩也。終宗子之事，而后敢私祭。不以旁出先正統，不以私恩勝公義也。」

不敢以貴富加於父兄宗族。

鄭氏曰：「加，猶高也。」輔氏曰：「上文言『不以貴富入宗子家』，此又言『不專爲宗子』，於父兄宗族皆不可。」澄曰：「父謂諸父。兄謂諸兄。宗謂同爲大宗所統者。族謂九族五服之内。」方氏曰：「加與獻子加於人一等之加同。蓋彼賤而我貴，彼貧而我富。我以貴富服御入其門，是以貴富而加賤貧也。」

右記父子之禮，凡二十節。

禮始於謹夫婦，爲宫室，辨外内。男子居外，女子居内。深宫固門，閽寺守之。男不入，女不出。閽，音昏。

鄭氏曰：「閽掌守中門之禁，寺掌内人之禁令也。」

内言不出，外言不入。

方氏曰：「此與曲禮所言同。」劉氏曰：「内言不出，惡交於外也。外言不入，惡交於内也。」

男子入内，不嘯不指，夜行以燭，無燭則止。女子出門，必擁蔽其面，夜行以燭，無燭則止。嘯，音叱，或如字。

鄭氏曰：「嘯讀爲叱，叱嫌有隱使也。擁，猶障也。」

男不言內，女不言外。非祭非喪，不相授器。其相授，則女授以篚。其無篚，則皆坐奠之，而后取之。篚，非鬼切。

言，猶云講議也。奠，停地也。孔氏曰：「祭，嚴敬之處。喪，促遽之所。於此時，不嫌男女有淫邪之意，故得相授器也。」○軾按：男女之別，夫婦猶然，非專爲妨淫邪也。喪祭得相授器，所重在喪祭，他禮少殺也。

外內不共井，不共湢浴，不通寢席，不通乞假。男女不通衣裳。男女不同椸枷。湢，彼力切。椸，以支切。枷，音嫁。

鄭氏曰：「湢，浴室也。」劉氏曰：「不共井，嫌同汲也。不共湢浴，嫌相褻也。不通寢席，嫌相親也。不通乞假，嫌往來也。不通衣裳，惡淆雜也。」方氏曰：「言外內，男女在其中矣。而於衣裳特言男女者，男女之衣裳異制，尤不可通也。」澄曰：「衣裳是切身之物，尤不可通。雖衣裳所施所加之物，亦不可同，故又曰『不同椸枷』。謹男女之別，可謂至矣。椸枷以木爲之，如筍簴，懸衣於其上。爾雅曰：『竿謂之椸。』廣雅曰：『枷，杙也。』枷即下文所謂楎。」○軾按：此節謂姑姊妹之屬。〔一〕

〔一〕按杭世駿續禮記集說，朱軾此條按語應附於前一條經文之後。

不敢縣於夫之楎、椸，不敢藏於夫之篋、笥，不敢共湢浴。縣，音玄。楎，音輝。笥，息事切。

鄭氏曰：「楎，杙也。」孔氏曰：「植曰楎，横曰椸。椸以竿爲之。」澄曰：「上文言『外内不共湢浴，男女不同椸枷』，此言非特外内男女爲然，雖夫婦得相親者亦然。不但不共楎椸，亦不共篋笥。夫婦且如此，則非夫婦者，其明微厚别又當何如？」

夫不在，斂枕篋，簟席襡，器而藏之。少事長，賤事貴，咸如之。

鄭氏曰：「不敢褻也。」陸氏曰：「枕有篋，簟席有襡，皆器而藏之。不言枕，言枕篋，不言簟席，言簟席襡，嫌瀆也。」輔氏曰：「器而藏之，謂藏之於器。藏於器，畏瀆之甚也。『少事長，賤事貴』，雖曰皆如之，然有異焉。記者之辭不謹也，按篇首子婦之禮可知。」

○夫婦之禮，唯及七十同藏無間。間，去聲。

鄭氏曰：「衰老無嫌，及猶至也。」澄曰：「上文言『不敢藏於夫之篋、笥』，蓋謂年未七十者。」劉氏曰：「夫婦雖未七十同藏，未有可嫌者。聖人制禮，以爲天下之内則。夫婦必如此者，以爲男女内外之禮，敬則爲先焉。夫婦身先于上，而男女力行于下。以無嫌正有嫌也。用有情之難行，正人情之易制也。」

故妾雖老，年未滿五十，必與五日之御。與，音預。

鄭氏曰：「五十始衰，不能孕也。妾閉房，不復出御。御，謂侍夜勸息也。五日一御，諸侯制也。諸侯取九女，姪娣兩兩而御，則三日也。次兩媵，則四日也。次夫人專夜，則五日也。天子十五日乃一御。」孔氏曰：「此經據妾言之，然則妻雖五十以上，猶得御也。天子御法，女御八十一人當九夕，世婦二十七人當三夕，九嬪九人當一夕，三夫人當一夕，后當一夕。十五日徧。」

將御者，齊漱澣，慎衣服。櫛、縰、笄、總角、拂髦、衿纓、綦屨。 齊，側皆切。

鄭氏曰：「將御者，其往如朝也。角衍字。拂髦，或爲繆髦。」陸氏曰：「角非衍字。總角拂髦，女未笄之飾。今服以御，言若未足以當君子也。故邦君之妻，自稱曰小童。」方氏曰：「將御者，必齊漱澣者，所以致潔敬也。」輔氏曰：「『齊漱』以至『綦屨』，慎衣服必以之至也，不敢以美麗求寵，豈有爭妒之心哉？」

妻不在，妾御莫敢當夕。

鄭氏曰：「辟女君之御日。」孔氏曰：「謂卿大夫以下，大夫一妻二妾，則三日御遍。士一妻一妾，則二日御遍。妾常辟女君之御日，非但不敢當女君之御日，縱令自當君之御日，猶不敢當夕而往。故詩曰：『肅肅宵征，夙夜在公』，注云『妾御於君不當夕是也』。」方氏曰：「所以辟上僭之嫌也。」

雖婢妾，衣服飲食，必後長者。

方氏曰：「蓋不以賤廢尊卑上下之道也。」

○妻將生子，及月辰，居側室。夫使人日再問之，作而自問之，妻不敢見，使姆衣服而對。至于子生，夫復使人日再問之。夫齊，則不入側室之門。子生，男子設弧於門左，女子設帨於門右。三日，始負子，男射，女否。見，賢遍切。姆，茂、母二音。

鄭氏曰：「側室，謂夾室，次燕寢也。作，有感動也。齊則不入側室。若始時使人問也。弧者，示有事於武；帨，事人之佩巾，表男女也。負之，謂抱之而使向前也。」孔氏曰：「此明大夫以下生子之法。及月辰，謂生月之辰，初朔之日也。正寢之室在前，燕寢在後，側室又次燕寢，在燕寢之旁，故謂之側室。生子不於夫正室，及妻之燕寢。必於側室者，以正寢燕寢尊故也。」輔氏曰：「『夫使人日再問之』者，愛而不失於狎，敬而不失於疏。妻不敢見，雖病不敢忘禮。使姆衣服而對，雖遽不敢失禮。夫之於妻，其恩至矣。齊則不以恩掩義。三日負子，男射女否，教已行矣。」

○國君世子生，告于君。接以大牢，宰掌具。三日，卜士負之。吉者，宿齊。朝服寢門外，詩負之。射人以桑弧蓬矢六，射天地四方。保受乃負之，宰醴負子，賜之束帛。卜士之妻，大夫之

妾，使食子。接音捷，又如字，下同。射天地，食亦切。食子，音嗣。

孔氏曰：「此論國君世子生之法。婦人初産，必困病虚羸，故接以大牢。詩者，持也，以手承下而維持抱負之。男子上事天，下事地，旁禦四方之難。士昏禮：『禮賓酬幣以束帛』，此士負子，故還用士禮。」方氏曰：「卜士使負子，既得吉卜，然後宿齊朝服負之，敬也。射人代射天地四方，射者，男子之所當爲。子方生，使人代射，示其有志。然桑非弓幹之上者，蓬非矢材之勁者，以見雖有其志，未備其事，成人有漸也。保則受其子於士，乃負之。蓋士之負子，特斯須而已。宰以醴禮其負子之士，仍賜束帛以酬之。」皇氏曰：「士之妻、大夫之妾，隨課用一人。桓六年，左傳云：『卜士負之，士妻食之。』不云有大夫妾，文略也。」○軾按：「三日」二字，當在「接以大牢」之上。下節擇日，謂擇吉于三日之内也。

○凡接子擇日，冢子則大牢，庶人特豚，士特豕。大夫少牢，國君世子大牢。其非冢子，則皆降一等。大，音泰。少，去聲。

鄭氏曰：「凡接子擇日，雖三日之内，尊卑必皆選其吉焉。冢子，天子世子也。冢，大也。冢子，猶言長子，通於下也。庶人特豚，士將豕，大夫少牢，國君大牢，皆謂長子。非冢子，謂冢子之弟，及衆妾之子生也，皆降一等，謂天子諸侯少牢，大夫將豕，士特豚，庶人猶特豚也。」澄曰：「庶人長子，止用特豚。禮窮於此，無復可降。故庶子亦用特豚，不嫌與長子同也。」

○異爲孺子室於宫中。擇於諸母與可者，必求其寬裕、慈惠、温良、恭敬、慎而寡言者，使爲子師。其次爲慈母，次爲保母，皆居子室，它人無事不往。

鄭氏曰：「異爲孺子室者，特掃一處以處之。諸母，衆妾也。可者，傅御之屬也。子師，教示以善道者。慈母，知其嗜欲者。保母，安其居處者，士妻食乳之而已。此人君養子之禮也。它人無事不往，爲兒精氣微弱，將驚動也。」孔氏曰：「此謂三日負子之後，三月名子之前。諸侯養子之法，其三月之後亦當然也。此文雖據諸侯，其實亦兼大夫、士。但士不具三母爾，大夫以上，則具三母。故喪服小功章『君子爲庶母慈已者』，鄭注謂獨言『慈母』，舉中以見上下，是大夫有三母也。」劉氏曰：「寬則容德固多，裕則臨事不撓，慈則仁性豐盈，惠則恩意浹洽，温則言動粹和，良則心意純熟，恭則容止必莊，敬則誠明弗散。具此八善，而加之以畏慎，將之以寡言，婦人之全德也，然後可以爲子之師焉。若夫愛子以德，時其志意，體其寒温，察其好惡，相其寢興，順其長育者，慈母之職也。保護其體，衛養其氣，時其衣服，節其飲食，侍其寢寐，防其疾苦，而專詩負之者，保母之職也。弗正厥始，弗淑其習，烏能正厥性。俾近於聖賢，先王制禮及是，知所務矣。所以世有賢君，繼繼承承者，豈無所自哉？」澄曰：「子師，子之師也。慈母，則子之傅。保母，則子之保。子方生，而三母已具師傅保之職矣。及其長，則有少師、少傅、少保之官焉。」方氏曰：「『諸母』與曲禮『不漱裳』之『諸母』同。擇於諸母，將使之爲子師也。雖非諸母，而其德如下所言，可以爲人師者，亦擇之。故曰『與可者』。」

○三月之末，擇日翦髮爲鬌。男角女羈，否則男左女右。是日也，妻以子見於父，貴人則爲衣服。由命士以下，皆漱澣。男女夙興，沐浴衣服，具視朔食。夫入門，升自阼階，立于阼，西鄉。妻抱子出自房，當楣立東面。 鬌，丁果、大果二切。見，賢遍切，下並同。鄉，去聲。楣，音眉。

鄭氏曰：「鬌，所遺髮也。夾囟曰角。午達曰羈。貴人，大夫以上也。由，自也。朔食，天子大牢，諸侯少牢，大夫特豕，士特豚也。夫入門者，入則室之門也。大夫以下，見子，就側室見。妾子於內寢，辟人君也。」孔氏曰：「翦髮，所不翦者，謂之鬌。夾囟兩旁當角處，留髮不翦，曰角。翦髮留其頂上一縱一横，相交通達，不如兩角相對。但縱横各一在頂上，曰羈。羈者隻也。妻將生子居側室，夫入門，即入側室之門。側室在燕寢之旁，亦南向，故有阼階西階。但卿大夫之室，唯有東房。妻抱子出東房當楣東面立，與夫相對也。」方氏曰：「角則相對，以其偶也。羈則相午，以其奇也。或男耦女奇，取陰陽相須也。或男左女右，取陰陽相類也。」

姆先相曰：「母某，敢用時日，祗見孺子。」夫對曰：「欽有帥。」父執子之右手，咳而名之。妻對

曰：「記有成。」遂左還授師。子師辯告諸婦諸母名，妻遂適寢。咳，音孩。還，音旋。辯，音遍。

鄭氏曰：「某，妻姓，若言姜氏也。祗，敬也。欽，敬也。帥，循也。欽有帥，教之敬，使有循也。執右手，明將授之事也。記，猶識也。記有成，識夫之言，使有成也。帥，子師也。適寢，復夫之燕寢。」孔氏曰：「妻既抱子，當楣東面而立，傅姆在母之前而相佐其辭。孺，稚也，謂恭敬奉見稚子，夫對妻言當教之令其恭敬，使循善道。對訖，以一手執子右手，以一手承子之咳而名之。妻對夫言當記識夫言，教之使有成就。對訖，遂左向回還，轉身西南，以子授子師也。諸婦，同族卑者之妻。諸母，同族尊者之妻。後告諸母，欲名成於尊也。」陸氏曰：「夫對曰『敬』當有以帥之，妻對曰『記』當有以成之。帥之者，父道也。成之者，母道也。妻言遂適寢，妾言遂入御。妻言夫入食如養禮，妾言禮之如始入室。妻之辭莊，妾之辭瀆。言之法也。」○軾按：咳，嬰兒笑也。咳而名之者，父作嬰兒笑狀，喜之至，且以導其笑使若得名而喜者。

夫告宰名，宰辯告諸男名。書曰：「某年某月某日某生而藏之。」宰告閭史。閭史書爲二，其一藏諸閭府，其一藏諸州史。州史獻諸州伯，州伯命藏諸州府。夫入食，如養禮。

鄭氏曰：「宰，謂屬吏也。四閭爲族，族百家也。閭胥，中士一人。五黨爲州，州三千五百家也。州長中大夫一人，皆有屬吏。獻，猶言也。夫入，已見子入室也。其與妻食，如婦始饋舅姑之禮。」孔氏曰：「此謂卿大夫以下，故以名遍告同宗諸男也。若諸侯，既絶宗，則不告。諸男是卑者，尚告，則告諸又可知。書名而藏之，謂以簡策書子名，而藏之家之書府。見子既畢，夫從側室而入正室。養禮，謂婦始入室養舅姑之禮。按士昏禮：『婦盥饋舅姑特豚』，合升側載，右胖載之舅俎，左胖載之姑俎。大夫以上無文。」

〇世子生，則君沐浴朝服，夫人亦如之，皆立于阼階西向。世婦抱子，升自西階。君名之，乃降。

鄭氏曰：「子升自西階，則人君見世子於路寢也。見妾子就側室。凡子生皆就側室。」孔氏曰：「上文言卿大夫妻見適子之時。既有父執右手咳而名之及戒告之辭，故此於世子之禮，略而不言。其實亦執世子右手咳而名之及戒告也。」

〇適子庶子，見於外寢，撫其首，咳而名之。禮帥初，無辭。

鄭氏曰：「適子，謂世子弟也。庶子，妾子也。外寢，君燕寢也。無辭，辭謂欽有帥記有成也。」孔氏曰：「適子見於外寢，庶子則見於側室。但撫首咳名無辭之事同，故通文云『見于外寢』，其實庶子見於側室也。初謂前文『世子生。見於路寢，君夫人皆西向』，言見適子庶子威儀，依循初世子之法，但無敕戒之辭。然夫人所生之子，容可如世子見禮。若妾之見子，則不得與夫人同。當與卿大夫之妻見適子同，但不親抱子爾。」方氏曰：「適子庶子，止見於外寢，則世子見於路寢可知。」

○凡名子，不以日月，不以國，不以隱疾。

鄭氏曰：「不以日月，不以國，終使易諱。不以隱疾，諱衣中之疾難爲醫也。」陸氏曰：「又致曲，則不以山川。又加詳，則不以官，不以畜牲，不以器幣。故春秋傳曰：『以官則廢職，以山川則廢主，以畜牲則廢祀，以器幣則廢禮。晉以僖侯廢司徒，宋以武公廢司空，先君獻武廢二山。』」

大夫士之子，不敢與世子同名。

鄭氏曰：「尊世子也。其先世子生，亦勿爲改。」孔氏曰：「按春秋衛襄公名惡，其大夫有齊惡。齊惡先衛侯生，故知先生者不改也。」馬氏曰：「穀梁傳曰：『衛侯惡，又有衛齊惡。何爲君臣同名？君子不奪人名，不奪人親之所名，重其所從來也。』臣而與君同名，則特稱字而已。」

○妾將生子，及月辰，夫使人日一問之。子生三月之末，漱澣夙齊，見於内寢，禮之如始入室。君已食徹焉，使之特餕，遂入御。

鄭氏曰：「内寢，適妻寢也。禮，謂已見子，夫食而使獨餕也。如始入室，始來嫁時，妾餕夫婦之餘亦如之。既見子，可以御，此謂大夫士之妾也。凡妾稱夫曰君。」孔氏曰：「妾賤故謂夫爲君。常食衆妾共餕，今以其生子，故使特餕也。宫室之制，前有路寢，次有君燕寢，次夫人正寢。卿大夫以下，前有適室，次有燕寢，次有適妻之寢。此稱『内寢』，適妻寢也。按昏禮夫婦同牢之後，媵餕夫餘，御餕婦餘。彼謂正妻，若初嫁始來，夫婦共食。初來之妾，特餕其餘。今妾見子之後，夫婦共食，令生子之妾特餕其餘，亦如始來時，故云『亦如之』。前文大夫之妻，見子之後，遂適夫寢，未即進御。後『夫入食如養禮』，是夫始入與妻食，乃進御。此云見子『遂入御』，言其異正妻也。」陸氏曰：「此言『漱澣夙齊』，下言『沐浴朝服』，相備也。○軾按：見於内寢者，辟君且以别于適也。

○公庶子生，就側室。三月之末，其母沐浴朝服，見於君，擯者以其子見。君所有賜，君名之。衆子則使有司名之。

鄭氏曰：「擯者，傅姆之屬也。人君尊，雖妾，不抱子。有司，臣有事者也。」孔氏曰：「前文已云適子庶子見於外寢，異於世子。今更重出者，以前文庶子與適子連文，恐事事皆同適子，故此特云見庶子之法。按『子生皆就側室』，今特云『庶子就側室』者，舉庶子，則世子可知也。『擯者以其子見』，是擯者抱子也。其母朝服見君，故不自抱子。君所有賜，謂生子之妾，君所特有恩賜。偏所愛幸，則君自名其子。衆子謂衆妾之子。不特寵御，則使有司名其子也。」陸氏曰：「庶子言就側室，則世子不就側室。其母沐浴朝服，則君不沐浴朝服。據世子生，則君沐浴朝服，夫人亦如之。有世子，有適子，有庶子，有衆子。適子，世子之母弟也。衆子，庶子之弟。」○軾按：君所有賜，謂長妾有賜秩者。就側室，謂見子。前言庶子見於外寢者，謂庶長子生時，未有適子也。

○庶人無側室者，及有辰，夫出居群室。其問之也，與子見父之禮無以異也。

鄭氏曰：「夫雖辟之，至問妻及見子禮，同也。」孔氏曰：「無側室，故夫出辟之。若有側室，則妻在側室，夫自居正寢，不須出居群室也。」

○由命士以上及大夫之子，旬而見。冢子未食而見，必執其右手。適子、庶子，已食而見，必循其首。旬，音均，一如字。

鄭氏曰：「旬當爲均聲之誤也。有時適妾同時生子，子均而見者以生先後見之。既見乃食，亦辟人君也。冢子未食而見，適子庶子已食而見，急正緩庶之義。此謂天子諸侯尊别世子，雖同母，禮則異矣。」孔氏曰：「大夫命士適妾生子，皆以未食之前均齊見。先生者先見，後生者後見。雖見有先後，同是未食之前。冢子以下，言天子諸侯之子，其見則有食前食後之異。」陸氏曰：「言子既見之後，凡旬一見也。」朱子曰：「疑鄭説失之。旬如字，謂十日也。别記異聞，或不待三月也。承記大夫禮而又别其冢、嫡、庶子之異同。冢子之禮，仍與前同。唯適子庶子爲異爾。」澄按：「此節，鄭、孔同一義，陸一義，朱一義。三説俱未通暢，姑闕之。」○軾按：朱子解最直截。謂三月見子，既見而後入食。冢子庶子，其禮一也。又有一説。大夫命士之子，旬日而見，不待三月。冢子見而後入食，適子庶子，禮食而後見。其見而名之，或執其手，或循其首，則猶前也。此專爲命士及大夫言。記禮者，當禮經殘闕之後，綱羅舊聞，博採並記，未能折衷其孰是也。

○凡父在，孫見於祖，祖亦名之。禮如子見，無辭。

鄭氏曰：「見子於祖，家統於尊也。父在則無辭，有適子者無適孫。與見庶子同也。父卒而有適孫，則有辭，與見冢子同。父雖卒，而庶孫猶無辭也。」孔氏曰：「此卿大夫以下孫見祖之禮。父之於子，有傳重之事，故有告戒之辭。今孫見於祖，適子既在。其孫猶爲庶孫。與見庶子同。無所傳重，所以無辭。若其父既卒，則適孫與長子相似。當有辭也。若庶孫非適孫，父雖卒，見祖亦無辭。」

〇食子者，三年而出，見於公宫，則劬。大夫之子有食母，士之妻，自食其子。食子、食母，並音嗣。

鄭氏曰：「士妻、大夫之妾，食國君之子三年，出歸其家，君有以勞賜之。劬，勞也。大夫之子食母選於傅御之中，喪服所謂乳母也。士之妻賤，不敢使人。」

〇子能食食，教以右手。能言，男唯女俞。男鞶革，女鞶絲。食食，上如字，下音嗣。唯，子癸切。俞，以朱切。

方氏曰：「教以右手，取其强而已，男女所同也。」陳氏曰：「革帶大帶，皆謂之鞶。内則所謂『男鞶革帶』也，春秋傳所謂『鞶厲大帶』也。易言『鞶帶』，揚子言『鞶帨』，以至許慎、服虔、杜預之徒，皆以鞶爲帶。特鄭氏以男鞶革爲盛帨之囊。」鄭氏曰：「俞，然也。鞶，小囊。盛帨巾者，男用韋，女用繒。」

六年，教之數與方名。七年，男女不同席，不共食。八年，出入門户，及即席飲食，必後長者，始教之讓。九年，教之數日。數日，所主切。

數，一二三四五六七八九十也。方名，東西南北也。鄭氏曰：「不同席共食，蚤其别也。教之讓，示以廉恥也。數日，朔望與六甲也。」方氏曰：「出入門户，欲其行之讓。即席欲其坐之讓，飲食則欲其食之讓也。」

十年出就外傅，居宿於外，學書計。衣不帛襦袴。禮帥初，朝夕學幼儀，請肄簡諒。襦，音儒。袴，苦故切。肄，以二切。

鄭氏曰：「外傅，教學之師也。不用帛爲襦袴，爲大温傷陰氣也。禮帥初，遵習先日所爲也。肄，習。諒，信也。請習簡，謂所書篇數也。請習信，謂應對之言也。」孔氏曰：「帥，御也。行禮動作，皆帥循初日所爲。學幼儀者，從朝至夕，學幼少奉事長者之儀。」方氏曰：「書，六書也。計，九數也。數必計其多少，故又謂之計。自學書計而下，皆就外傅所學之事也。」馬氏曰：「書，文字也。以其奇耦剛柔雜比以相成，故曰文。以其始於一二而生之至無窮，故曰字。以其可以記事故曰書。文言其形，字言其法，書言其用。書爲六藝之亡，而以之教小學者，蓋學之所始也。」輔氏曰：「計者，數之總也。六年教數，一至十也。十年學計，百千萬億也。居宿於外，居日事也。與燕居、間居同。襦袴下服，不用帛，然則上衣猶用帛也。」陸氏曰：「十年以後，有學無教。」

十有三年，學樂，誦詩，舞勺。成童舞象，學射御。二十而冠，始學禮，可以衣裘帛，舞大夏，惇行孝弟，博學不教，内而不出。衣，於既切。

鄭氏曰：「成童十五以上，先學勺，後學象。文武之次也。大夏，樂之文武備者。」孔氏曰：「勺文舞，象武舞。以年幼習文武之小舞也。二十成人，血氣强盛，無慮傷損，故可以衣裘帛。

大夏是禹樂，禪代之後，在干戈之前。文武俱備，博學不教，謂廣博學問，不可爲師教人。內而不出，蘊畜其德在内，而不得出言爲人謀慮。」張子曰：「古者教童子，先以舞，欲柔其體也。心下則氣和，氣和則體柔。教胄子必以樂，欲其體和也。學者志則欲立，體則欲和。博學不教，内而不出，不敢遽爲成人之事也。」陸氏曰：「始學禮，言自今始爾。其餘不言始，有前此者矣。八年始教之讓，三十始理男事，四十始仕。」方氏曰：「舞勺則有文而無武，舞象則有武而無文。二十成人，然後舞備文武。教讓於八年，學幼儀於十年，則孝弟之道固已知之。及成人，然後惇而行之，以期於孰焉。」

三十而有室，始理男事，博學無方，孫友視志。四十始仕，方物出謀發慮，道合則服從，不可則去。五十命爲大夫，服官政，七十致事。 孫，音遜。

鄭氏曰：「室，猶妻也。男事，受田給政役也。孫，順也，順於友，視其所志也。物，猶事也。服官政，統一官之政也。致事，致其事於君而告老。」張子曰：「博學無方，猶知類通達。」朱子曰：「方物，方猶比也。」陸氏曰：「方物出謀，則謀不過物。方物發慮，則慮不過物。」孔氏曰：「四十壯而仕，出其謀計，發其思慮，以爲國也。」方氏曰：「事人之道，有合則有否，故有從必有去。合否在彼也，有命存焉。從去在我也，有義有焉。」○軾按：博學曰無方，孫友曰視志，省文互見。學，學於師也。無方猶云焉不學。師友原無一定，篤志求道者，隨在可以取益，故曰無方視志。

女子十年不出，姆教婉娩聽從，執麻枲，治絲繭，織紝組紃，學女事以共衣服。觀於祭祀，納酒漿、籩豆、菹醢，禮相助奠。婉，於阮切。娩，音晚。枲，思里切。紝，女金切。組，音祖。紃，音巡。共，音恭。菹，子餘切。醢，音海。相，息亮切。

男子未十年，亦居於内。十年則出就外傅，而居宿於外。女子雖十年以上，亦止居於内而不出也。姆，女師也。鄭氏曰：「不出，恒居内也。婉，謂言語。娩之言媚也，謂容貌。」輔氏曰：「婉有委曲之意，娩有遲緩之意。聽從，所謂以順爲正也。婦人之容德，莫此爲盛。執，與孔子執御之執同。治，有慎意。安於執麻枲，而慎於治絲繭，教也。始於容德，中於女工之事，終於祭祀之事，婦人之事盡是矣。」孔氏曰：「按九嬪注：『婦德貞順，婦言辭令，婦容婉娩，婦功絲枲。』則婉娩合爲婦容。鄭以『婉』爲婦言，『娩』爲婦容，『聽從』爲婦順，『執麻枲』以下爲婦功，以此備其四德。紝謂繒帛，組紃皆爲條，或云組是綬也。闊薄爲組，似繩者爲紃。」方氏曰：「不出，謂常居閨閣之内也。聽則有所受，從則無所違，皆女德也。執麻枲，績事也。治絲繭，蠶事也。織以機，紝以針。組，綬屬。凡此皆學女事以共衣服之用也。觀於祭祀，則欲其習熟是事，非特觀之而已。又且納酒漿籩豆菹醢等物，以致其禮，相助長者而奠之於神焉。」朱子曰：「納謂奉而入之。」澄曰：「籩豆菹醢者，籩豆其菹醢，謂以菹醢實於籩豆也。然菹醢實於豆者爾，實於籩者有脯脩等物，不言者，文從省也。納其酒漿，籩豆其菹醢，各有司之者，使女子觀之。至行禮之時，則相長者而助其奠於神位之前也。」

十有五年而笄，二十而嫁，有故二十三年而嫁。聘則爲妻，奔則爲妾。

鄭氏曰：「十五而笄，謂應年許嫁者。女子許嫁，笄而字之。其未許嫁，二十則笄。有故，謂父母之喪。聘，問也。妻之言齊也，以禮見問，則得與夫敵體。妾之言接也，聞彼有禮，走而往焉。以得接見於君子。」方氏曰：「聘言由彼而問此，奔言自此而趨彼。」

○凡男拜尚左手。凡女拜尚右手。

鄭氏曰：「左陽，右陰也。」孔氏曰：「漢時行之也。」

○道路男子由右，女子由左。

鄭氏曰：「地道尊右。」

右記男女之禮，凡十九節。

飯。

鄭氏曰：「目諸飯也。」

黍，稷，稻，粱，白黍，黃粱，稰，穛。稰，思吕切。穛，側角切。

孔氏曰：「此飯凡六種。下云『白黍』，則上『黍』是黃黍也。下言『黃粱』，則上『粱』是白粱也。按玉藻諸侯朔食四簋：黍、稷、稻、粱。天子乃加以麥、苽爲六。」鄭氏曰：「熟穫曰稰，生穫曰穛。」陸氏曰：「稰熟穫，若今晚稻。穛生穫，若今早稻。晚稻耐收，早稻食之而已。故説文云：『稰，糧也。穛，早熟穀也。』」澄曰：「此蓋據諸侯禮黍稷稻粱四飯而言，而下文又言黍粱別有白黃二色，稷稻各有稰穛二種也。」

○飲。

鄭氏曰：「目諸飲也。」

重醴，稻醴清糟，黍醴清糟，粱醴清糟。或以酏爲醴，黍酏，漿，水，醷，濫。重，直龍切。酏，羊支切。醷，於紀、於力二切。濫，力暫切。

鄭氏曰：「重，陪也。清，泲也。糟，醇也。致飲有泲者，有醇者，陪設之也。以酏爲醴，釀粥爲醴也。黍酏，酏粥也。漿，酢截也。水者，清新也。醷，梅漿。濫，以諸和水也。以周禮『六飲』校之，則濫，涼也。紀、莒之間，名諸爲濫。」孔氏曰：「稻黍粱三醴，各有清糟，以清糟相配重設。故云重醴。按周禮漿人『六飲』：一水，二漿，三醴，四涼，五醫，六酏。此別有『醷』，鄭司農之意，『醷』與『醫』一物。涼，今寒粥，若糗飯雜水也。涼與濫一物，謂以諸雜飯和水也。」澄曰：「『重醴』至『以酏爲醴』十九字，六飲之一，周官『三醴』是也。黍酏，六飲之二，周官『六酏』是也。漿，六飲之三，周官『二漿』是也。水，六飲之四，周官『一水』是也。醷，六飲之五，醷即醫，周官『五醫』是也。濫，六飲之六，濫即涼，周官『四涼』是也。」陸氏曰：「有清有糟，諸侯之禮，天子用清，大夫以下用糟。」陳氏謂：「已泲者爲清，未泲者爲糟。以酏爲醴，釀粥爲醴也。黍酏，以黍爲粥也。漿，醋水也。」

○酒。

鄭氏曰：「目諸酒也。」

清、白。

孔氏曰：「清，謂清酒。白，謂事酒、昔酒。二酒俱白，故以一白標之。配清酒則爲三酒。此無『五齊』者，五齊是祭祀獻神所飲，非人所常用故也。」

○羞。

鄭氏曰：「目諸羞也。」

糗餌、粉酏。糗，起九切。

大鄭氏曰：「糗，熬大豆與米也。粉，豆屑也。」鄭氏曰：「周禮『羞豆之實，酏食糝食』，『酏』當爲『餰』以稻米與狼臅爲餰是也。」孔氏曰：「粉稻米黍米，合蒸曰餌，餅之曰餈。爲餌餈之粘著，故以糗粉摶之。周禮『粉』下有『餈』，今無，更以『酏』益之。酏者，周禮『酏食』共『糝食』文連，則酏是糝之類。」陸氏曰：「糗餌，籩人所謂糗餌。言糗餌，則餈可知。粉酏，醢人所謂酏食。言粉酏，則糝可知。」陳氏曰：「周禮『羞籩之實，糗餌粉餈』，此『酏』字當讀爲『餈』。許慎云：『餈，稻餅也。』炊米擣之，粉餈，以豆爲粉，糝餈上也。糗，炒乾米麥也，擣之以爲餌。蓋先屑爲粉，然後溲之。餌之言堅潔若玉珥也。餈之言滋也。」

○膳。

鄭氏曰：「目諸膳也。」

膷、臐、膮、醢、牛炙，醢、牛胾、醢、牛膾、羊炙、羊胾、醢、豕炙，醢、豕胾、芥醬、魚膾、雉、兔、鶉、鷃。膷，音香。臐，許云切。膮，許堯切。炙，章夜切。胾，側吏切。膾，古外切。鶉，順倫切。鷃，音晏。

鄭氏曰：「此上大夫之禮，庶羞二十豆也。以公食大夫禮饌校之，則『膮』『牛炙』間，不得有『醢』。醢，衍字也。又以『鷃』爲『鴽』。」孔氏曰：「膳，豆上所盛美膳，謂羹與胾醢之屬。按公食大夫禮：二十豆，膷一，謂牛臛也；臐二，謂羊臛也；膮三，謂豕臛也；牛炙四，炙牛肉也。此四物共爲一行，是最在於北，從西爲始。醢五，謂肉醬也；牛胾六，謂切牛肉；醢七，牛膾八。此四物爲第二行，陳之從東爲始。羊炙九，羊胾十，醢十一，豕炙十二。此四物爲第三行，陳之從西爲始。醢十三，豕胾十四，芥醬十五。魚膾十六。此四物爲第四行，陳之從東爲始。以上十六豆，下大夫禮也。雉十七，兔十八，鶉十九，鷃二十。此四物爲第五行，陳之從西爲始。此是上大夫所加二十豆。○軾按：牛炙上「醢」字衍，下四醢字，俱蒙上。有牛炙，又有牛炙醢，牛胾、羊胾、豕炙皆然。

○食。

鄭氏曰：「目人君燕食所用也。」

蝸醢而苽食、雉羹，麥食、脯羹、雞羹，折稌、犬羹、兔羹，和糝不蓼。濡豚包苦實蓼，濡雞醢醬實蓼，濡魚卵醬實蓼，濡鼈醢醬實蓼。腶脩蚳醢，脯羹兔醢，麋膚魚醢，魚膾芥醬，麋腥醢醬，桃諸、梅諸、卵鹽。食，音嗣。蝸，力戈切。苽，音孤。折，之列切。稌，音杜。和，胡卧切。糝，三敢切。濡，音而，或如字。卵，音昆。腶，丁亂切。蚳，真共切。卵鹽，方管切。

鄭氏曰：「苽，雕胡也。稌，稻也。脯，謂析乾牛羊肉也。凡羹齊宜五味之和，米屑之糝，蓼則不矣。凡濡，謂烹之以汁和也。苦，苦荼也。以包豚，殺其氣。卵，讀爲鯤。鯤，魚子。腶脩，脯施薑桂也。蚳，蚍蜉子也。膚，切肉也。卵鹽，大鹽也。自蝸醢至此二十六物，似皆人君燕所食。其饌則亂。」方氏曰：「蝸，蝸牛也。其殻咼而首有角，其肉可爲醢。故周官鼈人共之，以授醢人也。脯羹，謂乾三牲之肉以爲羹。和糝不蓼，謂既和之以糝，則不加蓼也。蓼味辛，或用或否，以其性味各有所宜也。濡豚，曲禮所謂『濡肉』，蓋和之以湆者。醢醬，謂和濡雞之類以醢醬也。」澄曰：「苽食、麥食、折稌，食之物凡三。雉羹、脯羹、雞羹、犬羹、兔羹，羹之物凡五。脯羹再出。濡豚、濡雞、濡魚、濡鼈，濡之物凡四。蝸醢、蛾醢、兔醢、魚醢，醢之物凡四。醢醬、卵醬、芥醬，醬之物凡三。醢醬三出。腶脩、麋脯、魚膾、麋腥、桃諸、梅諸、卵鹽，七物各一。共爲二十六物。蝸醢一，苽食二，雉羹三，麥食四，脯羹五，雞羹六，折稌七，犬羹八，兔羹九，濡豚十，濡雞十一，醢醬十二，濡魚十三，卵醬十四，濡鼈十五，腶脩十六，蚳醢十七，兔醢十八，麋膚十九，魚醢二十，魚膾二十一，芥醬二十二，麋腥二十三，桃諸二十四，梅諸二十五，卵鹽二十六。皇氏以『濡雞』『濡鼈』之下『醢醬』，『濡魚』之下『卵醬』，皆和調之屬，爲它物設之，故不數。而『麋腥』之下『醢醬』，則分『醢』與『醬』爲二物。今按醢醬，釋醢以爲醬，即肉醬也，與卵醬芥醬爲類，謂二物者非。」○軾按：各句俱重下截，謂配食烹調之宜也。○「濡」注謂「烹之以汁和」，蓋烹豚熟即以所烹出之汁和而食也。

○牛脩、鹿脯、田豕脯、麋脯、麕脯，麋、鹿、田豕、麕皆有軒，雉兔皆有芼，爵、鷃蜩、范芝、栭蔆、椇、棗、栗、榛、柹瓜、桃李、梅、杏、柤、梨、薑、桂。麕，九倫切。軒音憲。芼、毛，去聲。蜩，音條。范，音犯。栭，音而。蔆，音陵。椇，音矩。榛，音臻。柹，音俟。柤，側加切。

鄭氏曰：「脯，皆析乾其肉也。軒，讀爲憲。憲，謂藿葉切也。芼，謂菜釀也。軒或爲胖。蜩，蟬也。范，蜂也。蔆，芰也。椇，枳椇也。柤，梨之味酸者。自牛脩至此三十一物，皆人君燕食所加庶羞也。周禮天子羞用百有二十品，記者不能次録。」孔氏曰：「麋鹿、田豕、麕，非但爲脯，又可腥食。腥食之時，皆以藿葉起之而不細切，故云『皆有軒』。不言牛者，牛唯可細切爲膾，不宜大切爲軒。雉羹、兔羹，皆有芼菜以和之。芝栭者，庾蔚云：『無華葉而生曰芝栭。』盧氏曰：『芝木芝也。』王肅云：『無華而實者名栭。』皆芝屬，則芝栭是一物。春夏生於木，可用爲菹，其有白者不堪食。賀氏云：『芝，木椹。栭，軟棗。』以芝栭爲二物。牛脩一，鹿脯二，田豕脯三，麋脯四，麕脯五，麋軒六，鹿軒七，田豕軒八，麕軒九，雉芼十，兔芼十一，爵十二，鷃十三，蜩十四，范十五，芝栭十六，蔆十七，椇十八，棗十九，栗二十，榛二十一，柹二十二，瓜二十三，桃二十四，李二十五，梅二十六，杏二十七，柤二十八，梨二十九，薑三十，桂三十一。大夫燕食有膾無脯，故此人君燕食也。按周禮、籩人、醢人，正羞唯有棗、栗、榛、桃，無以外雜物，故知所加庶羞也。天子庶羞多，不惟三十一物。作記之人，不能依次條録天子之事。但録諸侯燕食三十一物而已，亦不能依次也。」澄按：「賀氏以『芝栭』爲二物者，是所記蓋三十二物也。牛脩至范十五物，走飛之味。芝至栗十五物，草木之味。其末薑桂二物，則調和者也。」

〇大夫燕食，有膾無脯，有脯無膾。士不貳羹、胾。庶人耆老不徒食。

鄭氏曰：「尊卑差也。」孔氏曰：「此接上文『人君燕食』，因明大夫士庶人燕食不同。按鄭志云：『脯非食殽。』此燕得食脯者，謂食不專用脯以爲食殽。若有餘饌，兼之則得有脯。『士不貳羹、胾』者，謂士燕食也。若朝夕常食，則下云『羹食，自諸侯以下至於庶人無等』。」方氏曰：「燕食，謂燕饗之食，然與膳夫所言者異。彼特謂燕居之食爾。膾，脯羞也，故不得兼。大夫如此，則士可知。羹胾者，食之配。士雖降於大夫，然闕一不可，特不貳之而已。士如此，則大夫貳之可知。」黄氏曰：「膾脯是食之珍，而位至大夫。燕居常食，不得兼之。羹胾爲食之本，而士之燕居常食，亦不得兼之。降及庶人，唯耆老乃不徒食。徒者，空也，謂七十者無故可食肉矣，故云庶人無故不食珍。珍者，在庶人爲肉也。儻庶人無故可食珍，則有位者豈稱肉食哉？」澄按：「孔疏、方氏以『燕食』爲燕饗之食，黄氏以爲燕居之食，疑黄説爲是。」

〇羹食，自諸侯以下至於庶人無等。 食，音嗣。

鄭氏曰：「羹食，食之主也，庶羞亦異爾。」孔氏曰：「凡人所食，助以雜物醢醬。羹飯爲主，故無等差。按公食大夫禮：『下大夫十六豆，上大夫二十豆。』周禮掌客云：『上公食四十，侯伯食三十二，子男食二十四。』食謂庶羞美可食者，此『庶羞異』也。」方氏曰：「食爲主，羹爲配，人所日用者也。唯稱有無，隨其所宜，不制豐殺，而預爲之等。雖然，此特自諸侯以下而已。若夫四海之奉，一人之尊，又安得無等乎？所以言諸侯以下也。」

大夫無秩膳，大夫七十而有閣。天子之閣，左達五，右達五。公侯伯於房中五，大夫於閣三，士於坫一。 坫，丁念切。

鄭氏曰：「秩，常也。大夫五十始命，未甚老也。七十有閣，有秩膳也。閣以板爲之，庋食物也。達，夾室。大夫言於閣，與天子同處。天子二五，倍諸侯也。五者，三牲之肉及魚腊也。」孔氏曰：「宫室之制，中央爲正室，正室左右爲房。房外有序，序外有夾室。天子尊，庖廚遠，故左夾室五閣，右夾室五閣。諸侯卑，庖廚稍近，故降於天子，唯在一房之中而五閣也。天子腊用六牲，今云『五閣』，是不一牲爲一閣。魚、腊是常食之物，故知三牲及魚、腊也。大夫既卑無嫌，故亦於夾室而閣三。三者，豕、魚、腊也。士卑不得作閣，但於室中爲士坫庋食也。」陸氏曰：「大夫言於閣三，則蒙上房中可知。」澄曰：「士言於坫一，疑亦在房中，或北堂之角也。」〇軾按：大夫於閣，士於坫，兩『於』字下有脱簡。

○淳熬。煎醢加于陸稻上，沃之以膏，曰淳熬。淳，之純切，下同。熬，五高切。

鄭氏曰：「淳，沃也。熬，亦煎也。沃煎成之。」孔氏曰：「『陸稻』謂以陸地之稻米，熟之爲飯。煎醢使熬加于飯上，恐其味薄，更沃之以膏，使味相湛漬。」○軾按：沃之以膏，故曰淳。煎醢加于稻，故曰熬。

○淳毋。煎醢加于黍食上，沃之以膏，曰淳毋。毋，音模。食，音嗣。

鄭氏曰：「毋讀曰模，模象也，作此以象淳熬。」孔氏曰：「毋是禁辭，非膳羞之體，故讀爲模。言法象淳熬而爲之，但用黍爲異爾。食，飯也，謂以黍米爲飯。黍皆在陸，無在水之嫌，故不言『陸』。」陸氏曰：「凡食黍稷爲正，稻粱爲加。稻而煎醢加焉，沃之以膏，猶可。黍也如此，甚矣。」

○炮。取豚若將，刲之刳之，實棗於其腹中，編萑以苴之，塗之以謹塗。炮之，塗皆乾，擘之。濯手以摩之，去其皽，爲稻、粉。糔溲之以爲酏，以付豚。煎諸膏，膏必滅之，鉅鑊湯，以小鼎薌脯於其中，使其湯毋滅鼎，三日三夜毋絶火，而后調之以醯醢。炮，步交切。將，子郎切。刲，古圭切。刳，口孤切。編，必懸切。萑，音完。苴，子餘切。謹，音斤，又如字。乾，音干。擘，必麥切。去，起吕切。皽，章善切。糔，息酒切。溲，所九切。付，音賦。

鄭氏曰：「炮者，以塗燒之也。『將』當爲『牂』，牂，牡羊也。刲刳，博異語也。『謹』當爲『墐』，聲之誤也。墐塗，塗有穰草也。皽，謂皮肉之上魄莫也。糔溲，亦博異語也。糔，讀與『滫瀡』之『滫』同。薌脯，謂煮豚若羊於小鼎中，使之香美也。謂之脯者，既去皽，則解析其肉使薄，如爲脯然，唯豚全爾。豚、羊入鼎三日，乃納醯醢可食也。」孔氏曰：「萑，亂草也。苴，裹也。編連亂草，以裹匝豚牂。裹之既畢，塗之以穰草相和之塗。擘之，謂擘去乾塗也。手既擘泥不净，其肉又熱。故濯手摩之，去其皽膜，爲稻、粉、糔溲之爲酏，以付全豚之外，煎之於膏。若羊，則解析肉以粥和之。滅，没也。小鼎盛膏，煎熬豚牂，膏必没此豚牂也。大鑊盛湯，以小鼎之香脯，實於大鑊湯中。鑊中之湯，無得没此小鼎。若湯没鼎，恐湯入鼎中，令食壞也。三日三夜毋絶火，欲令用火微熱，勢不絶也。」○軾按：以酏付豚，言豚，牂可知矣。煎畢將豚牂析爲脯，置小鼎中，又以小鼎實大鑊中煮之。

○擣珍。取牛、羊、麋、鹿、麕之肉，必脄。每物與牛若一，捶反側之，去其餌，孰出之，去其皽，柔其肉。 擣，覩老切。脄，音每。捶，主縈切。

鄭氏曰：「胑，脊側肉也。捶，擣之也。餌，筋腱也。柔之爲汁和也，汁和亦醯醢與。」孔氏曰：「去其皽，皽爲皮莫。去其餌，餌爲筋腱，腱即筋之類。」○軾按：惟牛最大，然他物亦與之等，無多寡之分。

○漬。取牛肉必新殺者，薄切之，必絶其理，湛諸美酒，期朝而食之，以醢若醯醷。 湛，子潛切，又直蔭、將鴆切。期，音朞。

方氏曰：「漬。若濡肉之類。『醷』即前所言飲之『醷』。」鄭氏曰：「湛亦漬也。」陸氏曰：「期朝，猶言期年期月。期年謂周一年，期月謂周一月，期朝謂周一朝。」陳氏曰：「絶其理，横斷其文理也。」

○爲熬。捶之去其皽，編萑布牛肉焉。屑桂與薑，以灑諸上而鹽之，乾而食之。施羊亦如之，施麋、施鹿、施麕皆如牛羊。欲濡肉，則釋而煎之以醢。欲乾肉，則捶而食之。 灑，所買切。鹽，音豔，又如字。濡，音需。乾，音干。

鄭氏曰：「熬於火上，似今之火脯。欲濡、欲乾，人自由也。」孔氏曰：「釋，以水潤釋，而煎之以醢也。」○軾按：施猶布也。

○肝膋。取狗肝一，幪之以其膋。濡炙之舉燋，其膋不蓼。膋，連條切。幪，音蒙。燋與焦同。

鄭氏曰：「膋，腸間脂。『舉』或爲『巨』。此周禮『八珍』也。」孔氏曰：「第一淳熬，第二淳毋，第三、第四炮豚炮牂，第五擣珍，第六漬，第七熬，其八肝膋也。○軾按：幪者以膋付之遍，是即所謂濡也。

○糝。取牛羊豕之肉三如一，小切之，與稻米，稻米二，肉一，合以爲餌，煎之。

鄭氏曰：「此周禮『糝食』也。」孔氏曰：「『三如一』，謂牛羊豕之肉等分如一。『稻米二，肉一』，謂二分稻米，一分肉也。」

○取稻米，舉糔溲之，小切狼臅膏，以與稻米爲酏。臅，音獨。酏，之然切。

鄭氏曰：「此周禮酏食也。『酏』當從『餰』。狼臅膏，臆中膏也。以煎稻米，則似今膏矣。」孔氏曰：「酏是粥，非膏煎稻米，故改『酏』從『餰』。漢時膏餍以膏煎稻米，舉時事以説之。」

○肉腥，細者爲膾，大者爲軒。或曰，麋、鹿、魚爲菹，麕爲辟雞，野豕爲軒，兔爲宛脾。切葱若薤，實諸醯以柔之。軒，音憲。辟，必益切。

鄭氏曰：「爲膾爲軒，言細切大切異名也。膾者，必先軒之。所謂聶而切之，此軒、辟雞、宛脾，皆菹類也。釀菜而柔之以醯，殺腥肉及其氣。菹、軒，聶而不切。辟雞、宛脾，聶而切之。」孔氏曰：「凡大切，若全物爲菹，細切爲齏，其牲體大者菹之，其牲體小者齏之。麋、鹿、魚爲菹，及野豕爲軒，是菹也。麕爲辟雞，兔爲宛脾，是齏也。此『魚』與『麋鹿』相對，是魚之大者，故以爲菹。辟雞、宛脾，及軒之名，其義未聞。『切葱若薤，實諸醯以柔之』，亦與少儀文同。或用葱，或用薤，故云『切葱若薤』。肉與葱薤置諸醋中，故云『實諸醯』。物置醯中，悉皆濡孰，故云『柔之』。」

○膾，春用葱，秋用芥。豚，春用韭，秋用蓼。脂用葱，膏用薤。三牲用藙，和用醯，獸用梅。鶉羹、雞羹、鴽，釀之蓼，魴、鱮烝，雛燒，雉薌，無蓼。藙，魚氣切。和，胡卧切。鴽，音如。魴，音房。鱮，音叙。

鄭氏曰：「芥，芥醬也。脂，肥凝者。釋者曰膏。藙，煎茱萸也。用醯者，畜與家物自相和也。獸用梅者，亦野物自相和也。此皆言調和菜釀之所宜也。」孔氏曰：「上云魚膾芥醬，秋時用芥。芥辛，於秋宜也。鶉羹雞羹者，用鶉、用雞爲羹。鴽者，唯烝煮之而已，故文在『羹』下。釀謂切雜和之，言鶉羹、雞羹及烝鴽等三者，皆釀之以蓼。『魴、鱮烝』者，魴、鱮二魚，皆烝熟之。雛燒者，雛烏之小，火中燒之。雉者，文在『烝』『燒』之下，或燒或烝，或可爲羹，其用無定，故直云『雉』也。魴、鱮烝，及雛燒并雉等三者，調和唯以蘇荏之屬，無用蓼也。○軾按：葱之氣達，薤之性温，故宜春。芥蓼性辛，故宜秋。脂用葱，膏用薤，春夏無分也。

○牛宜稌，羊宜黍，豕宜稷，犬宜粱，雁宜麥，魚宜苽。

鄭氏曰：「言其氣味相成。」孔氏曰：「牛宜稌，犬宜粱，而上云『折稌』用『犬羹』者，此據尊者正食，上據人君燕食，以滋味爲美故也。」方氏曰：「牛土畜，土埶下，故宜稌，蓋稌利下濕者也。羊火畜，火炎上，故宜黍，蓋黍利高燥者也。豕能遁，遁則疾，故宜稷，蓋稷穀之疾者也。犬能守，守則强，故宜粱，蓋粱穀之强者也。雁隨陽，陽則舒而遲，故宜麥，蓋稷疾而麥遲故也。魚本陰，陰則柔而弱，故宜苽，蓋粱强而苽弱故也。」王氏昭禹曰：「膳食之宜，或以五行相生，或以五行同氣，或以五行相配，而爲宜。牛上畜，稌金穀，牛宜稌，則以土生金也。羊火畜，黍火穀，羊腚黍，則以火同氣也。豕水畜，稷土穀，豕宜稷，則以水配土也。犬金畜，粱土穀，犬宜粱，則以金生於上也。雁火禽，麥木穀，雁宜麥，則以火生於木也。魚水物，苽水穀，魚宜苽，則以水同氣也。」

○春宜羔豚，膳膏薌。夏宜腒鱐，膳膏臊。秋宜犢麛，膳膏腥。冬宜鮮羽，膳膏羶。 腒，其居切。鱐，所求切。臊，素刀切。麛，音迷。鮮，平聲。羶，升然切。

鄭氏曰：「腒，乾雉也。鱐，乾魚也。鮮，生魚也。羽，雁也。牛膏薌，犬膏臊，雞膏腥，羊膏羶，此八物，四時肥美也。爲其大盛，煎以休廢之膏，節其氣也。」方氏曰：「春木用事，脾土有所不勝，故以牛薌之土氣助養脾。夏火用事，肺金有所不勝，故以犬臊之金氣助養肺。秋金用事，肝木有所不勝，故以雞腥之木氣助養肝。冬水用事，心火有所不勝，故以羊羶之火氣助養心也。」○軾按：春食羔豚，以牛膏煎之，故云「膳膏薌」。膳，善也。必得調劑節宣之宜，而後可謂之善也。

○凡食齊視春時，羹齊視夏時，醬齊視秋時，飲齊視冬時。食，音嗣。齊，音劑。

方氏曰：「食齊，黍稷稌粱之類。羹齊，雉兔雞犬之類。醬齊，醓醢齏菹之類。飲齊，水漿醴涼之類。」鄭氏曰：「飯宜温，羹宜熱，醬宜涼，飲宜寒。」劉氏曰：「飯食欲温，故比春時。羹汁宜熱，故比夏時。醬齊宜涼，故比秋時。飲齊欲冷，故比冬時。」

○凡和，春多酸，夏多苦，秋多辛，冬多鹹，調以滑甘。

鄭氏曰：「多其時味以養氣也。」孔氏曰：「依經方春不食酸，夏不食苦，四時各減其味，與此不同。經方所云，謂時氣壯者，減其時味，以殺盛氣。此所云食以養人，恐氣虛羸，故多其時味以養氣也。」劉氏曰：「經方之減者，以少壯言。此以養老而補病扶衰，故欲其飲食春多酸，夏多苦，秋多辛，冬多鹹，參配四時，長養五藏之氣，以助乎五行也。調以滑甘者，四時仰土以成其能也。」方氏曰：「可否相濟謂之和，此言五味六和之所和也。甘滑四時之所同，然不可多也，不可寡也，調之使均而已。」黄氏曰：「春多酸，收發散也。夏多苦，堅解緩也。秋多辛，發收歛也。冬多鹹，軟堅栗也。四味一多，慮其不通焉。滑所以調之，慮其不和焉。甘所以調之，甘在内則養脾，在外則養肉。四行無土不可，四味無甘不可，此甘之所以調與，竅者氣之所由以通者也。竅不利則氣窮焉，此滑之所以調與。」

○肉曰脱之，魚曰作之，棗曰新之，栗曰撰之，桃曰膽之，柤梨曰攢之。 膽，丁敢切。攢，再官切。

鄭氏曰：「皆治擇之名也。」孔氏曰：「『脱之』，皇氏云：『治肉除其筋莫，取好處。』爾雅云：『肉去其骨曰脱。』郭云：『剥其皮也，作之。』皇氏云：『作，謂動摇也。凡取魚摇動之，視其鮮餒，餒者不食。』郭氏云：『今本作散之，謂削鱗也。新之，棗易有塵埃，恒治拭之使新。撰之。栗蟲好食，數數布陳，撰省視之。膽之，桃多毛，拭治去毛，令色青滑如膽。或謂苦如膽者，擇去之。攢之，柤梨恐有蟲，故一一攢看其蟲孔也。』」○軾按：脱，脱骨也。作，削鱗也。新，拭之使新也。撰，選擇也。膽，拭去其毛使光滑如膽也。攢，攢看其蟲孔也。

○牛夜鳴則庮，羊泠毛而毳，羶，狗赤股而躁，臊，烏皫色而沙鳴，鬱，豕望視而交睫，腥，馬黑脊而般臂，漏。庮，音由。泠，音零。毳，昌銳切。躁，早報切。皫，普保切。睫，音接。般，音班。漏，力侯切。

鄭氏曰：「皆爲不利人也。庮，惡臭也。泠毛，毳毛別聚旃不解者也。赤股，股裏無毛者也。皫色，毛變色也。沙，猶嘶也。鬱，腐臭也。望視，視遠也。般臂，前脛般般然也。『漏』當爲『螻』，如螻蛄臭也。」孔氏曰：「夜鳴謂好夜鳴。泠，謂毛本稀泠。毳，謂毛頭毳結。躁，謂舉動急躁。皫色，其色變無潤澤沙鳴，謂鳴而聲嘶。望視，謂豕視望揚。交睫，謂自睫毛交。黑謂馬脊黑，般謂色般般然。」方氏曰：「夜鳴非時而鳴。赤股者，赤色宣布著見。股無毛，則股著見矣，故以赤言。躁，言其性不靜。皫，如麃之美而色白。豕，俯首以食。首俯則下視，望視則首昂矣。莊子謂『豚之亢鼻』，蓋此類也。睫，目毛，以長故交。黑，言衆體皆異，而脊獨黑。般，猶疾之有瘢，在前脛故曰般臂。」澄曰：「夜鳴也，泠毛也，毳也，赤股也，躁也，皫色也，沙鳴也，望視也，交睫也，黑脊也，般臂也，此十一種，皆言其形之病也。庮、羶、臊、鬱、腥、漏，此六者，皆言其臭之惡也。有此病形者，必有此惡臭，其肉皆不宜食也。『鬱』周官作『貍』，『漏』周官作『螻』。」

○雛尾不盈握，弗食。舒雁翠，鵠鴞胖，舒鳧翠，雞肝，雁腎，鴇奧，鹿胃。鵠，胡篤切。鴞，于驕切。胖音判。鴇音保。奧，於六切。

孔氏曰：「此以下廣言不堪食之物。雛尾，小鳥尾盈一握，然後可食。若未盈握，不堪食也。舒雁，鵝也。翠，謂尾肉。胖，謂脅側薄肉。舒鳧，鴨也。奥，謂脾肶，藏之深奥處也。」澄曰：「鵝與鴨尾後之肉，鴇與鴞脅側之肉，雞之肝，雁之腎，鴇之奥，鹿之胃，凡此八者，皆不宜食。」

〇不食雛鼈。狼去腸，狗去腎，貍去正脊，兔去尻，狐去首，豚去腦，魚去乙，鼈云醜。 去，起吕切。尻，苦刀切。

鄭氏曰：「亦皆謂不利人也。雛鼈，伏乳者。乙，魚體中害人者。今東海魚，有骨名乙，在目傍，狀如篆乙，食之鯁人，不可出。醜，謂鼈竅也。」陸氏曰：「雛鼈，鼈之雛者。鼈固美矣，然猶不食雛者，它物可知。狼之腸直，去腸蓋以此。狗去腎以其熱與，俗云『凡腎，豕不如羊，羊不如狗。』今貍脊上一道如界。兔尻有九孔。豕俯，聚精在腦，醫方云『豕腦食之，昏人精神』。」方氏曰：「狐死正丘首，天性然也。人殺而取之，則殺氣聚乎首，故狐去首。爾雅言『魚腸』謂之『乙』，謂其形屈如乙字之文也。魚之餒必自腸始，故魚去乙。介屬之美莫如鼈，其肉爲美，其竅爲醜，故鼈去醜。」澄曰：「凡所去，蓋爲有害於人。解者推求其故，各以己意臆度，豈其然乎？雛鼈魚乙，後説近是。」

右記飲食之禮，凡二十八節。

凡養老，五帝憲，三王有乞言。五帝憲，養氣體而不乞言，有善則記之爲惇史。三王亦憲，既養老而后乞言，亦微其禮，皆有惇史。 有乞，音又。

鄭氏曰：「微其禮者，依違言之也。」孔氏曰：「五帝奉養老人，氣息身體，恐其勞動，故不乞言。老人有善，則記録之爲惇厚之史，使衆人法則也。三王亦法其德行，既行養老之禮，然後從而求乞善言。乞言之禮，亦依違求之，而不偪切，其善言皆有惇厚之史記録之。皆者，謂三代也。」

○凡五十養於鄉，六十養於國。七十養於學，達於諸侯。八十拜君命，一坐再至，瞽亦如之。九十者，使人受。凡自七十以上，唯衰麻爲喪。八十者一子不從政，九十者其家不從政，瞽亦如之。 瞽，音古。衰，七回切。

王制篇「養老」章「自有虞氏」至「其家不從政」，並是此篇之文，今存之於彼。而此一節內，王制「五十養於鄉上」無「凡」字，「使人受上」無「者」字，「唯衰麻爲喪」上無「凡自七十以上」六字，「其家不從政下」無「瞽亦如之」四字，爲文小不同，故兼存於此。其餘文同者，此不重出。

○凡父母在，子雖老，不坐。

家人有嚴君焉，父母之謂也。有尊者在上，故子之年雖老，亦不敢坐。

○曾子曰："孝子之養老也，樂其心，不違其志。樂其耳目，安其寢處。以其飲食忠養之，孝子之身終。終身也者，非終父母之身，終其身也。是故父母之所愛亦愛之，父母之所敬亦敬之。至於犬馬盡然，而況於人乎？"樂，音洛。養，羊尚切。

孔氏曰："因上陳養老之事，遂陳孝子事親之禮，謂安樂其親之心，不違其志。樂其耳目，安其寢處，以其飲食忠養之，是孝子事親之身終也。既云『孝子之身終』，作記之人，恐人不解，謂孝子事親，至親身終，故解云：終身也者，非終竟父母之身也，言父母雖没，終竟孝子之身。而行孝道，與親在無異。至於父母所愛敬，犬馬之屬，盡須愛敬，況於父母所敬愛之人乎？"鄭氏曰："賤喻貴也。"方氏曰："心無所事，則樂之而不詒其憂。志有所欲，則不違之以順其命。怡聲以樂其耳，柔色以樂其目，定於昏以安其寢，省於晨以安其處。忠，不欺也。養之以物，止足以養其口體。養之以忠，則足以養其志矣。是禮也，豈特終父母之身而行之乎？又且終其身而不敢怠焉，事死如事生，生則敬養，死則敬享，思終身弗辱也。"澄曰："老謂父母也，或以此『老』字爲近於親之老，非也。忠養，謂竭盡其心以養也。『忠養』之以上，曾子之言。『孝子之身終』以下，記者之言，謂如曾子所言之事，孝子之身至終如此行之也。父母既終之後，無復有怡悦心志耳目，及寢處飲食等事矣。但於父母所愛所敬之人與物，亦終身愛敬之，可見其以父母之心爲心，而未嘗須臾忘也。」

右記老老之禮，凡四節。前二節國之老老，君之尊敬其臣也。後二節家之老老，子之尊事其父母也。此章拾其遺，附于篇末，故章旨總以「老老」二字該之。

少儀第三

鄭氏曰：「少小也，記相見及薦羞小威儀。」張氏曰：「先儒訓『少』爲『小』，其意以爲所記者小節爾。聖人之道無大小，此爲小，孰爲大？少有副意，如太師之有少師，少者所以副大，儀者所以副禮也。」

聞始見君子者，辭曰：「某固願聞名於將命者。」不得階主。敵者，曰「某固願見」。見，賢遍切，下並同。

鄭氏曰：「君子，卿大夫若有異德者。」孔氏曰：「再辭曰『固』。聞名，謂名得通達。客實願見君子，不敢必斥見君子。但願將命者聞之而已。」○軾按：固願猶云實實願也。階所由進也，主謂司賓客之人不得階。主者，謂不得主賓客之人爲之引進也。

罕見曰「聞名」，亟見曰「朝夕」。瞽曰「聞名」。亟，去冀切。

鄭氏曰：「希相見，雖於敵者，猶爲尊主之辭，如於君子也。亟，數也。於君子，則曰『某願朝夕聞名於將命者』。於敵者，則曰『某願朝夕見於將命者』。瞽，無目也。以無目辭不稱見。」

孔氏曰：「前條明始相見，此明已相見而疏者。」○軾按：於敵者亦曰「聞名」者，今人舊識久疏，再見則自舉其名，蓋形貌久而變，或不能識，名則一聞即能記也。○亟，數也。常來見之人，其請見之辭，曰「願朝夕不時見也。」

○適有喪者曰「比」。童子曰「聽事」。適公卿之喪，則曰「聽役於司徒」。

孔氏曰：「前明吉禮相見，此明凶事相見也。比，謂比方其年力，以給喪事，若五十後反哭，四十待盈坎。童子不得與成人爲比，但來聽主人以事見使也。若適公卿貴者之喪，聽主人之見役，輕重唯命，不敢辭也。云於司徒者，國有公卿之喪，則司徒率其屬掌之。」○軾按：比讀去聲，喪乃凶事，非素親愛，誰肯與之，故適有喪者曰比。

○君將適他，臣如致金玉貨貝於君，則曰「致馬資於有司」。敵者曰「贈從者」。從，才用切。

孔氏曰：「前明吉、凶相見之禮，此以下明吉、凶送遺之禮，此明送吉也。君若朝會，出往他國，而臣奉財物以充路費，金玉、貸貝略舉其梗爾。君尊備物，不有乏少，故不言獻。恐君行有車馬，路中或須資給，故云此物以充馬資。有司主與君物者也。敵者，當言贈於左右從行者。」

○臣致襚於君，則曰「致廢衣於賈人」。敵者曰「襚」。親者兄弟不以襚進。 襚，音遂。賈，音嫁。

孔氏曰：「此明送凶。襚者，以衣送死人之稱。以衣送敵者，死曰『襚』。若臣以衣送君，死不得曰『襚』，但云『致廢衣』，言不敢必充君歛，但充廢致不用之列也。賈人者，識物價貴賤，主君衣服者也。不敢云與君，故云賈人也。然喪大記云『君無襚』，注云『無襚者，不陳不以歛進。』謂執之將命，親者相襚，直將進即陳之，不須執以將命。若非親，則擯者傳辭將進以爲禮節。」○軾按：進，將命也。不以襚進，不令者執此將命也。○親不止兄弟，舉一例其餘。

○臣爲君喪，納貨貝於君，則曰「納甸於有司」。 爲，云僞切，下同。

孔氏曰：「此臣爲君喪進物之辭。甸，田也。言此物田野所出，合獻入於君之有司，必云田所出者，臣受君地，明地物本由君出也，衣是送君，故與賈人。貨貝但供喪用，故付有司。」

○賵馬入廟門，賻馬與其幣，大白兵車，不入廟門。 芳，仲切。賻，音附。

孔氏曰：「此論賵、賻之異，以馬送死曰賵，以馬助生人營喪曰賻。幣，謂財貨，並助主人喪用之物。大白，兵車之旗，爲送喪之從車，所以得有大白兵車來助主人者。謂諸侯有喪，鄰國之君以此賻之，或家國自有也。」庾氏曰：「禮既祖訖，而後賵馬入，設於廟庭，入門者，欲以供駕魂車也。」鄭氏曰：「馬入廟門，以其主於死者，賻馬以下不入廟門，以其主於生人也。」

○賻者既致命，坐委之，擯者舉之，主人無親受也。

孔氏曰：「此明賻者授受之禮。坐，猶跪也。謂賻者既致命，跪而委物於地。主人者，舉而取之。吉時饋物主人自拜受，喪主於哀戚，不得拜受，使者舉之而已。」

○爲人祭曰致福，爲己祭而致膳於君子，曰膳，祔、練曰告。凡膳告於君子，主人展之，以授使者於阼階之南，南面，再拜稽首送；反命，主人又再拜稽首。其禮，大牢則以牛左肩、臂、臑折九個，少牢則以羊左肩七個，犆豕則以豕左肩五個。使，色吏切。臑，奴報切。折，之設切，下並同。少，支聲。犆，音特。

孔氏曰：「爲人祭，謂攝祭，致飲胙於君子，其將命之辭，謂致彼祭祀之福。若己自祭而致胙，則不敢云福，言致其善味爾。若已祔祥而致胙，又不敢云『膳』，但言以告，使知已祔祥而已。凡初遣膳告之時，主人自省親飲食多少備具，於阼階南稽首，拜送使者。使者反，亦在阼階南，南面再拜，稽首受命。其禮而下，明所膳禮數也。若得太牢祭者，則用牛膳。周人牲體尚右，右邊已祭，所以獻左也。周貴肩，故用左肩。九箇者，取肩自上斷折之至蹄，爲九段。臂臑，謂肩脚也。禮得少牢者，則膳羊左肩折爲七箇。若祭唯特豕，亦用豕左肩爲五段。」

○其以乘壺酒、束脩、一犬賜人：若獻入，則陳酒、執脩以將命，亦曰「乘壺酒、束脩、一犬」。其以鼎肉，則執以將命。其禽加於一雙，則執一雙以將命，委其餘。 乘，去聲。

鄭氏曰：「陳重者，執輕者，便也。」孔氏曰：「陳列於門外也，亦曰者，謂將命之辭也。雖陳酒、犬而單執脯致命，其辭亦曰：『乘壺、酒束、脩一犬也』，無脯而有酒肉，則陳酒而執肉以將命，加於一雙，謂或十或百，唯執一雙將命，其餘委於門外。」○慶源輔氏曰：「乘壺、酒束、修一犬，此例以多物獻人者，其以鼎肉，此例以一物獻人者，加於一雙，此例以一物獻人，物多不盡執者。」○軾按：言陳酒則陳犬可知矣。

犬則執緤，守犬、田犬則授擯者，既受，乃問犬名。牛則執紖，馬則執靮，皆右之，臣則左之。 緤，息列切。守，手右切，又如字。讀紖，丈引切。靮，丁曆切。

鄭氏曰：「緤、紖、靮皆所以繫制之者。守犬、田犬問名，畜養者當呼之。名，謂若韓盧、宋鵲之屬。」孔氏曰：「右之，以右手牽之。臣，謂征伐所獲民虜。左之，左手操其右袂。曲禮獻民虜者，操右袂是也。○軾按：食犬不授者，必繫之而使庖人受之。

車則説綏，執以將命。甲，若有以前之，則執以將命；無以前之，則袒櫜奉胄。器則執蓋。弓則

以左手屈韣執拊。劍則啓櫝，蓋襲之，加夫襓與劍焉。說，吐活切，下「說屨」同。袒，音但。櫜，音羔。奉，芳勇切。韣，音獨。拊，芳武切。櫝，音獨。夫、襓二音扶。下，如遥切。

鄭氏曰：「有以前之，謂他摯幣也。櫜，弢鎧衣也。冑，兜鍪也。袒其衣出兜鍪以致命。韣，弓衣也。櫝，劍函也。襲，却合之。襓，劍衣也，加劍於衣上。」孔氏曰：「拊，弓把也。左手屈弓衣，并於把，而執之，右手執簫以將命。曲禮云『右手執簫，左手承拊』，是也。啓，開也。先開劍函之蓋，而以蓋仰於函底之下。加函底於上，重合之，故云襲。又加劍衣函中，而以劍置衣上也。」○軾按：襲，衣也，重也，意劍在匣中，已有衣，獻人則開蓋出劍，重加衣飾而進之，故曰襲。下句申「襲」字意。襓，劍衣。夫發聲。與，與之也。作「于」字讀更明。注疏謂「以蓋却合于下」，似覺牽强。且曲禮進劍者左首，是必捧而進之，斷無置之櫝中之理。○又按：廣雅謂「襓，以木爲之」。孔氏云：「『襓』字從『衣』，當是以繒帛爲之，孔説較確。

笏、書、脩、苞苴、弓、茵、席、枕、几、頴、杖、琴、瑟、戈有刃者櫝、筴、籥，其執之，皆尚左手。刀，却刃授頴，削授拊。凡有刺刃者，以授人則辟刃。菱，子餘切。頴，京領切。却，去略切。穎，役頂切。削，音笑。刺，七智切，又七亦切。辟，匹亦切。

鄭氏曰：「苞苴，謂編束萑葦以裹魚肉也。茵，著蓐也。頴，警枕也。筴，蓍也。籥，如笛，三孔。皆，十六物也。拊，謂把。以利刃授人，則辟刃不以正鄉人也。」孔氏曰：「笏也，書也，修脯也，苞苴也，弓也，茵也，席也，枕也，几也，筴也，杖也，琴也，瑟也，戈有刃者櫝。戈之有刃，以櫝韜之也。筴也，籥也，執此諸物，皆左手在上而執之，右手在下而承之。若授人以刃，仰其刃，授之以刀環。頴，是頴發之義。刃之在手，禾之秀穗，枕之警動，皆謂之頴。事異意同。」

○受立授立不坐，性之直者，則有之矣。

孔氏曰：「坐，跪也。尊卑相授，以跪爲禮。尊者立，卑者受其所與之物；尊者立，卑者以物授之，此二事皆不坐，若坐則尊者屈身也。」○軾按：「性之直者」二句，爲膠執火禮者言，蓋謂受立、授立不坐。若有執尊卑授受以跪爲禮者，是膠固不通之論，不足與議禮也。直對委曲變通言。

贊幣自左，詔辭自右。

孔氏曰：「此論贊辭之異。贊，助也。爲君授幣之時，由君之左。爲君傳辭與人，則由君之右。」

○始入而辭，曰：「辭矣。」即席，曰：「可矣。」排闔，説屨於户内者，一人而已矣。有尊長在，則否。 排，薄皆切。闔，初臘切。長，知兩切，下同。

孔氏曰：「始入門，主人辭謝於賓。擯者告主人曰：『辭謝賓矣。』謂辭讓賓，令先入。至階之時，擯者亦應告主人曰：『辭讓賓先登。』此不言者，始入之文，包入門登階也。至賓主升堂，各就席而立。擯者恐賓主辭讓即席，故告之曰『可矣』。言止，不須辭也。賓主登席，衆入户内，雖尊卑相敵，猶推一人爲尊。排推門扉，説屨户内。先有尊長在堂或室，衆人後入，不得説屨户内也。」澄曰：「曰辭矣者，令主人讓賓也；曰可矣者，謂賓、主可登席也。」

○尊長於己踰等，不敢問其年。燕見不將命，遇於道，見則面，不請所之。喪俟事，不犆弔。侍坐，弗使，不執琴瑟，不畫地，手無容，不翣也。寢則坐而將命。畫，音獲。翣，所甲切。

鄭氏曰：「踰等。父兄黨也。」○軾按：不問年，嫌若欲序齒也。不使人傳命，嫌若賓主也。見則面，不則隱，不敢煩尊者也。不請所之，恐煩答也。凡敵者相見於路，問起居外，必詢所往，於尊者不請所之，則他事舉不問可知。不特弔，亦是不敢煩動意。侍坐至不翣，皆致敬也。坐而將命，不敢臨尊者也。○畫，指畫也。凡人論事多以手指畫。古人席坐，指畫近地，故曰畫地。與尊者言，不敢以手指畫也。不但不指畫，并不弄手爲容。人無所執持，多摇動其手，或以手撫手，或以指刮物，皆謂之弄。

侍射則約矢，侍投則擁矢，勝則洗而以請，客亦如之。不角，不擢馬。擢，直角切。

鄭氏曰：「約矢不敢與之拾取也。投，投壺也。擁矢不敢釋於地也。角，謂觵，罰爵也。」孔氏曰：「矢，箭也。凡射必計耦，先設楅在中庭。楅者，兩頭爲龍頭，中央共一身，而倚箭於楅身上。上耦前取一，次下耦又進取一，如是更進。客得四箭，而升堂，插三隻於腰，而手執一隻。若甲者侍射，則不敢更拾進取，但一時并取四矢，故云約矢。投壺禮，亦賓主各四矢。若柘若棘爲之，從委於身前坐，一一取之，若卑者侍投，則不敢釋置於地，手並抱之。擁，抱也。若敵射及投壺竟，司射命酌，而勝者當應曰『諾』。勝者弟子，酌酒南面以置豐上，不勝者揖讓升堂，北面，就豐上取爵，將飲之，而跪曰『賜灌』。勝者立於不勝者東，亦北面，跪而曰『敬養』。若卑者得勝，則不敢直酌當前，洗爵而請行觴，然後乃行也。客若不勝，則主人亦洗以請，所以優賓也。行罰用角爵。詩云『酌彼兕觥』是也。飲尊者及客，則不敢用角。投壺立籌爲馬，馬爲威武，射者所尚也。凡投壺，每一勝輒立一馬，至三馬而成勝。但頻勝三馬難得，若一朋得二馬，一朋得一馬，於是二馬之朋，徹取一馬者足以爲三馬，以成勝也。今若卑者，朋雖得二，亦不敢徹尊者，馬足成己勝也。」朱子曰：「此皆是卑者與尊者爲耦，若己勝而司射命酌，則不使他弟子酌酒以罰尊者，必自洗爵而請行觴。若耦勝則亦不敢煩他弟子酌而飲己，必日洗爵而請自飲也，注疏説恐非是。」

○請見不請退。朝廷曰退，燕遊曰歸，師役曰罷。朝，置遥切。罷，音皮。

孔氏曰：「卑者於尊所，有請見之禮。去必由尊者，朝還則稱曰退。論語『子退朝』、『冉有退朝』。若在燕及遊還，稱曰歸。燕遊褻，主於歸家也。」鄭氏曰：「罷之，言罷勞也。春秋傳曰『師還曰疲』。」朱子曰：「易曰『或鼓或罷』，與史記『將軍罷休就舍』之『罷』亦同。」

○侍坐於君子，君子欠伸，運笏，澤劍首，還屨，問日之蚤莫，雖請退可也。還，音旋。蚤，音早。莫，音暮。

孔氏曰：「志倦則欠，體疲則伸。運，動也。請君子摇動於笏。澤，謂光澤。玩弄劍首，則生光澤。還，轉也。尊者説屨於户内，是屨恒在側，故得自旋轉之也。及尊者忽問日之早晚，雖假令也，前言侍者不得請退。今若見君子有欠伸及以下諸事，皆是坐久體倦，欲起或卧意。侍者此時，假令請退，可也。」

右記見遺之禮，凡十四節。

燕侍食於君子，則先飯而後已。毋放飯，毋流歠，小飯而亟之，數噍。毋爲口容。客自徹，辭焉則止。飯，扶晚切，下同。亟，紀力切。數，色角切。噍，子笑、在笑二切。

孔氏曰：「先君子之飯，若嘗食然，君子食罷而後已，若勸食然。小飯，謂小口而飯。備噎。亟，謂疾速而咽，備見問也。數噍，謂數數嚼之，無得弄口以爲容。食訖，客欲自徹其俎，主人辭其徹俎，客則止而不徹。」

○凡飲酒，爲獻主者，執燭抱燋，客作而辭，然後以授人。執燭，不讓、不辭、不歌。燋，側角、子角二切。

鄭氏曰：「凡飲酒，主人親執燭，敬賓，示不倦也。」孔氏曰：「獻主，主人也。」○軾按：以燭繼書，本非所宜。主人愛客而留之，故親執燭以示留客之慇，然不讓、不辭、不歌，則亦草率數爵而止，非若後世長夜之飲。

○其未有燭，而後至者，則以在者告。導瞽亦然。

○尊者以酌者之左爲上尊，尊壺者面其鼻。

方氏曰：「設尊必面其鼻，示專惠也。」○軾按：上尊，尊之上也。尊者、尊壺者兩「尊」字，謂設尊與壺也。面，前也。以壺之鼻向前，猶尊者之以南爲上尊也。上與鼻一例，左與面一例，左其上，面其鼻，列尊壺之禮同也。

○客爵居左，其飲居右。介爵、酢爵、僎爵，皆居右。酢，音昨。僎，音遵。

鄭氏曰：「客爵，謂主人所酬賓之爵也，以優賓爾。賓不舉，奠於薦東。介爵、酢爵、僎爵，皆飲爵也。介，賓之輔也。酢，所以酢主人也。」○軾按：「飲」字當是「餘」字之誤，謂除尊賓而奠爵薦東外，其餘介爵、僎爵以及賓介酢主人之爵，皆居西也。末句補足上句。

○酌尸之僕，如君之僕。其在車，則左執轡，右受爵，祭左右軌、范，乃飲。軌、范，上媿美切，下音與洪範之範同。

孔氏曰：「僕既主尸車，故於車執轡受爵。尸位在左，僕立在右，故左執轡，右受爵祭酒也，君僕亦然。軌，謂轂末。范，謂軾前。」○軾按：如君之僕，言酌者之禮；在車四句，言僕之禮。

○小子走而不趨，舉爵則坐祭立飲。

孔氏曰：「小子但給役使，故宜驅走，不得趨翔爲容。趨，徐趨也。」○軾按：長者賜小子爵，小子受而坐祭立飲也。

○飲酒者、機者、醮者，有折俎不坐。機，其記切。醮，子笑切。

鄭氏曰：「已沐飲酒曰機。酌始冠日醮。折俎尊，徹之乃坐也。」孔氏曰：「飲酒者，機者、樵者是也。總以飲酒目之。折俎者，折骨體於俎也。折俎爲尊，機、醮小事爲卑，故不得坐也。○軾按：不坐，立飲也。機者、醮者得坐，若有折俎則不坐。

○取俎、進俎不坐。

軾按：取，即下節取祭進，下節祭而反也。

○其有折俎者，取祭肺，反之，不坐，燔亦如之，尸則坐。

孔氏曰：「俎既有足，故立而就俎，取所祭肺。升席坐祭。祭訖，反此所祭之物，加之於俎，皆立而爲之，故云『取祭，反之，不坐』，唯祭時坐爾。燔，謂燔肉。雖非折骨，其肉在俎，其取及祭、反時，亦不坐，故云如之。此皆謂賓客，若爲尸，尸尊。雖折俎，取祭、反之，皆坐也。○軾按：若云俎有足故立取，則尸何以坐，意折骨與燔，所設者盛，故立而取反也。

○凡羞有俎者，則於俎内祭。

陳氏曰：「羞在豆，則祭之豆間之地。俎長而横於人之前，故祭於俎内也。」○軾按：折俎燔肉，皆取祭。庶羞不便於取，故於俎内。

○羞首者，進喙，祭耳。喙，許穢切。

孔氏曰：「羞首，謂膳羞有牲頭者，則進口以嚮尊者。尊者若祭，先取牲耳祭之也。」

○羞濡魚者進尾，冬右腴，夏右鰭，祭膴。鰭，音祈。膴，火吴切。

鄭氏曰：「進尾，擗之由後，鯁肉易離也。乾魚進首，擗之由前，理易析也。冬右腴，氣在下。腴，腹下也。夏右鰭，氣在上。鰭，脊也。膴，大臠，謂刳魚腹也。」

○未步爵，不嘗羞。

鄭氏曰：「步，行也。」孔氏曰：「羞，殽羞也。殽羞本爲酒設，若爵未行而先嘗羞，是貪食矣。此謂無算爵之時。羞，庶羞，行爵之後始嘗之。若正羞脯醢折俎，未飲酒之前則嘗之。」

○凡羞有湆者，不以齊。湆，起及切。齊，才細切，下同。

孔氏曰：「湆，汁也。羞有汁，則有鹽梅齊和。若食者更調和之，則嫌薄主人味，故不以齊也。」

○凡齊，執之以右，居之於左。

軾按：「凡齊」爲句，齊調劑也，以鹽梅調羹也。執之非執鹽梅，執羹器也。曲禮「羹居人之右」，今將調劑，則以右手執羹器居之於左，以便調劑。

○牛羊之肺，離而不提心。 提，丁禮切。

孔氏曰：「祭肺之法，刳離之不絶心。心謂肺中央少許爾。」

○牛與羊魚之腥，聶而切之爲膾，麋鹿爲菹，野豕爲軒，皆聶而不切。麕爲辟雞，兔爲宛脾，皆聶而切之。切葱若薤，實之醯，以柔之。 聶，之涉切。菹，莊居切。軒，音獻。麕，俱倫切。辟，音璧，又補麥切。宛，烏阮切。

孔氏曰：「此明膾及齏菹麤細之異。聶而切之者，先牒爲大臠，而復報切之爲膾也。」鄭氏曰：「此軒辟雞宛脾皆菹類也。其作之狀以醯與葷菜淹之，殺肉及腥氣也。」方氏曰：「菹，酢菜也。醢人所謂青菹、茆菹是矣。彼以菜爲菹，此以麋鹿爲之者，特制造之法如之而已。膳夫通謂之醬者，以此聶而不切則大，聶而切之則小。」

○爲君子擇葱薤，則絶其本末。薤，何戒切。

孔氏曰：「本，根也。葱薤根不浄，末萎乾，故絶之。」

○君子不食圂腴。圂音豢。

鄭氏曰：「周禮圂作豢，謂犬豕之屬，食米穀者也。」孔氏曰：「腴，豬犬腸也。」

○未嘗，不食新。

鄭氏曰：「嘗謂薦新物於寢廟。」方氏曰：「秋祭曰嘗，以物新成而可嘗故也。未嘗，則親未嘗新矣。孝子其忍食之乎。月令每言『先薦寢廟』者以此，然新物不待秋而有。此止以嘗言者，以物成於秋故也。月令將於孟秋言嘗新者以此。」

○凡洗必盥。

鄭氏曰：「先盥乃洗爵，先自潔也。盥有不洗也。」

○洗盥執食飲者，勿氣，有問焉則辟咡而對。辟，匹亦切。咡，而志切。

方氏曰：「勿氣，屏氣也，凡以致恭而已。」○軾按：凡燕飲，禮恭，則洗而復盥。鄉飲酒禮主人獻賓，卒洗尊爵，降盥，乃實而進，若酬酢獻介，則殺矣。此言執食飲者，若是洗盥致敬，則執而進之時，必敬之至，而屏氣似不息也。

右記飲食之禮，凡二十三節。

問國君之子長幼，長則曰「能從社稷之事矣」，幼，則曰「能御」、「未能御」。問大夫之子長幼，長，則曰「能從樂人之事矣」；幼，則曰「能正於樂人」、「未能正於樂人」。問士之子長幼，長，則曰「能耕矣」；幼，則曰「能負薪」、「未能負薪」。 長，知兩切。

〇問品味，曰：「子亟食於某乎？」問道藝，曰：「子習於某乎？」，「子善於某乎？」 亟，去冀切。

方氏曰：「人之情，品味有偏嗜，道藝有異尚。問品味，不可斥之以好惡，而招其癖；問道藝，不可斥之以能否，而暴其短。」〇軾按：問品味者，問所嗜好之物也。惟好之，故亟食不厭。

〇士依於德，游於藝，工依於法，游於說。 説如字。

軾按：規矩，常法也。而有時不容盡泥者，常法之外，又別有説焉。不可不講也。

○問卜筮，曰：「義與，志與？」義則可問，志則否，不貳問。與，音余。

鄭氏曰：「義，正事也。志，私意也。」○軾按：曰字當是自審之詞。將問卜筮，必自度曰：「吾所問者義乎？志乎？見以爲義矣。」而有所未信，乃卜筮以決之。若志，則斷斷不可爲，何待於卜。不貳問者，如同此一事。這樣則公，那樣則私，始以這樣問，兆不吉則當暫止，不可又問那樣也。原本不貳問，在問卜筮上，文正改於問志則否下，最當。

○執玉、執龜筴不趨，堂上不趨，城上不趨。

鄭氏曰：「步張足曰趨，於重器，於近尊，於迫狹，無容也。」○軾按：堂上狹，不可趨，非必近尊者也。

○執虚如執盈，入虚如有人。

軾按：二句已盡聖賢心法，孔子出門如見賓，使民如承祭之意。

○凡祭於室中堂上無跣，燕則有之。跣，悉典切。

鄭氏曰：「祭不跣者，主敬也。燕則有跣，爲歡也。天子諸侯，祭有坐尸於堂之禮，祭所尊在室，燕所尊在堂，將燕降説屨，乃升堂。」

○汜埽曰埽，埽席前曰拚，拚席不以鬣，執箕膺擖。汜，芳劍切。埽，悉報切。拚，音糞。鬣，力涉切。擖，音葉。

孔氏曰：「汜，廣也。外内俱埽謂之埽，止埽席前曰拚。若拚席上，不得用埽地帚也。膺，人之胷前。擖，箕之舌也。持箕舌自嚮胷前，不得嚮尊者。」

○衣服在躬，而不知其名爲罔。

鄭氏曰：「罔，猶罔罔無知貌。」李氏曰：「冠圓冠者，知天時，履方履者，知地形。佩玦者，事至而能斷。先王之制衣服，豈徒然乎。夫衣服者，未嘗去者也。身者至近者也，以未嘗去之衣服，被乎至近之身，而有所未知，故曰罔罔者，神不明也。○軾按：衣服之不可不知，以在躬也。貌言視聽，吾身所自有，可罔罔不察乎。

○不疑在躬，不度民械，不願於大家，不訾重器。度，大洛切。訾，子斯切。

軾按：不疑在躬者，不使吾身有可疑之事也。若度民械，願大家，訾重器，則人疑之矣。民，人也。械，兵器也。度，度其多少也。大家，注謂大夫之家。願，望也。大家所有之物，我亦希望有之也。訾，猶度。度其器之貴賤輕重，如楚子問鼎之類是也。度與訾皆有願意，非分而願者，貪也。貪不已，將爲亂焉。使人疑其貪且亂，則禍及身矣。故曰不疑在躬。

不窺密，不旁狎，不道舊故，不戲色。

孔氏曰：「人當正視，不得窺覘隱密之處。旁，猶妄也。妄與人狎習，或致忿爭，因狎而致訟也。不戲色，當尊其瞻視，褻慢失敬也。」朱子曰：「旁，泛及也。泛與人狎習，不恭敬也。不道舊故，舊事既非今日所急，且或揚人宿過，以取憎惡，如陳勝賓客言勝故情，爲勝所殺之類是也。戲色，謂嘻笑侮慢之容。」

毋拔來，毋報往，毋瀆神，毋循枉，毋測未至，毋訾衣服成器，毋身質言語。拔，蒲末切。報，音赴。

鄭氏曰：「報讀爲赴疾之赴。拔赴，皆疾也。人來往所之，當有循漸，不可卒也。瀆，謂數而不敬。毋循枉，謂前日之不正，不可復遵行之。測，意度也。成，猶善也。訾衣服成器，則疾貧也。質，成也。聞疑則傳疑。若成之，或有所誤。」朱子曰：「拔來赴往，拔是急走，倒從這邊來。赴是又急，再還倒向那邊去。來往，只是向背之意。此二句文勢，猶云其就義若熱，則其去義若渴，言人有箇好事，火急歡喜去做，這樣人，不耐久。少間，心懶意闌，則速去之矣，所謂其進鋭者其退速也。或曰：毋拔來者，事來則應；毋報往者，事往則已，未來則拔而致之，歸往則追而報之，此世所謂生事也。○軾按：拔來報往，與瀆神對。一是鹵莽人，一是猶豫人，循枉與測未至對。循，追也。追咎人之已往也。測，逆意也。訾衣服成器者，已成之物而毀敗之。質語言者，未定之事，而質成之。〇此「訾」字與「訾重器」之「訾」不同。

〇言語之美，穆穆皇皇。朝廷之美，濟濟翔翔。祭祀之美，齊齊皇皇。車馬之美，匪匪翼翼。鸞和之美，肅肅雍雍。美，音儀。齊如字。皇，舊音往。壯，輔氏曰美如字口通，或云如字匪，讀如騑。

鄭氏曰：「『美』爲『儀』字之誤。」方氏曰：「穆穆者，敬以和。皇皇者，正而美。濟濟者，出入之齊。翔翔者，翕張之美。齊齊，言致齊而能定。皇皇，言有求而不得。匪匪，言行而有文。翼翼，言載而有輔。肅肅，言倡者之整。雍雍，言應者之和。」〇軾按：濟濟身容，翔翔手容。《論語》所謂「翼如」也。

〇賓客主恭，祭祀主敬，喪事主哀，會同主詡，軍旅思險，隱情以虞。詡，況矩切。

輔氏曰：「交際以禮相示，故以容貌之恭爲主。祭祀以誠感格，故以内心之敬爲主。内外無二致，恭敬無二理，行軍之道，以臨事而懼好謀而成爲上。思險謂臨事而懼，慮敗不慮勝也。隱情以虞，謂好謀而成，且兵事露則不神也。」〇軾按：會同以申號令，詞嚴義正，故曰詡險危也。隱，當作隱惻隱痛之隱。虞，憂虞也。兵凶戰危，常懷不測之憂。

○軍尚左，卒尚右，乘兵車，出先刃，入後刃。

鄭氏曰：「左陽也，陽主生。將軍有廟勝之策，故以左爲上，貴不敗績。右陰也，陰主殺，卒之行伍，以右爲上，示有死志。入後刃，不以刃嚮國也。」方氏曰：「軍以謀爲主而好生，卒以戰爲事而敢死。」

○武車不式，介者不拜。

鄭氏曰：「兵車不以容禮下人也，軍中之拜肅拜。」

○婦人吉事，雖有君賜，肅拜，爲尸，坐則不手拜。肅拜。爲喪主。則不手拜。

鄭氏曰：「肅拜，拜低頭也。手拜，手至地也。婦人以肅拜爲正。」○軾按：此節三段平看：吉事雖君賜，不手拜而肅拜；祭而爲尸，雖起而答拜，亦不手拜而肅拜；喪事雖爲主，非夫與長子之喪，亦不手拜而肅拜。

葛絰而麻帶。

孔氏曰：「此謂婦人既虞卒哭，其絰以葛易麻。婦人尚質，所貴在要帶有除無變，終始是麻。」

右記通用之禮，凡十五節。

爲人臣下者，有諫而無訕，有亡而無疾。頌而無諂，諫而無驕。怠則張而相之，廢則埽而更之，謂之社稷之役。諂，敕檢切。相，息亮切。更，音庚。

孔氏曰：「君政怠惰，臣當爲張起而助成之。君政廢壞，無可復張助者，則當埽蕩而更立新政也。」澄曰：「社稷之役，猶言社稷之臣。役，謂僕役。左傳云：『於先大夫無能爲役。』不曰『臣』而曰『役』，謙辭也。○軾按：疾，怨也。不用而去，亦不悻悻於色也。驕，矜也。由敢言者，意氣慷慨，多失於驕矜。寇萊公、汲長孺亦時有此病。

○事君者量而後入，不入而後量。凡乞假於人，爲人從事者亦然。然故上無怨而下遠罪也。量，音亮。乞，入聲。爲，云僞切。遠，去聲。

鄭氏曰：「量，量其事意合成否。」

○執君之乘車則坐，僕者右帶劍，負良綏，申之面，拕諸幦，以散綏升，執轡然後步。乘，繩證切，下七乘、五乘、三乘、乘馬同。拕，徒可切。幦，音覓。散，上聲。

鄭氏曰：「面，前也。幦，覆苓也。良綏，君綏也。負之由左肩上入右腋下，申之於前，以其末覆苓上也。步，行也。」○軾按：此與曲禮「君車將駕」節同，執君車即下執轡。曲禮所謂「執策分轡」也。坐，跪也。曲禮所謂跪乘也。曲禮「奮衣由右上」，取三綏，此曰「負良綏」，以散綏升。曲禮「驅之五步而立」，此曰「然後步」，皆僕爲君試車之禮也。右帶劍，恐左妨君也。取散綏，必先負正綏者，便于君升而執以授也。若敵者御，則並執之無事負矣。

○僕於君子，君子升下，則授綏，始乘則式，君子下行，然後還立。還，音旋。

孔氏曰：「僕御之禮，必授人綏，故君子升及下，僕者皆授綏也。僕者始乘，君子未至，御者則式以待君子升也。僕人之禮，若君子將升，則僕先升。君子下行，則僕後下，更還車而立，待君子去後，乃敢自安。或云君車將駕，則僕執策立於馬前，故君子將下車，則僕亦下車立於馬前。待君子下行，乃更還車，立以俟其去。」

○乘貳車則式，佐車則否。貳車者，諸侯七乘，上大夫五乘，下大夫三乘。

鄭氏曰：「貳車，佐車，皆副車也。朝祀之副曰貳，戎獵之副曰佐。」孔氏曰：「乘貳車佐車，僕乘副車，法也。朝祀尚敬，乘副車者式，戎獵尚武，乘副車者不式也。」

○有貳車者之乘馬、服車不齒。觀君子之衣服、服劍、乘馬弗賈。賈，音嫁。

方氏曰：「上言車馬，而不及衣服，下言乘馬，則車亦弗賈可知。大夫以上有貳車。貳車以位言之，君子以德言之。」輔氏曰：「齒與齒。君之路馬之齒同。○軾按：服車之服，乘也。服劍之服，佩也。

○國家靡敝，則車不雕幾，甲不組縢，食器不刻鏤，君子不履絲屨，馬不常秣。靡，音迷。幾，音祈。

孔氏曰：「君造作侈靡，賦税煩亟，則物凋敝。或以靡爲縻，謂財物縻散凋弊。車不雕畫漆飾以爲沂鄂，甲不用組以爲飾及紟帶，紟帶解縢，約也，謂以組連甲，及爲甲帶也。絲屨，謂絇繶純之屬，不以絲飾之。」

右記臣下之禮，凡七節。

玉藻第四

摘首章之首二字以名篇。

天子玉藻，十有二旒，前後邃延，龍卷以祭。邃，雖醉切。卷，音衮。

玉藻至邃延，言首服之冕。龍卷，言身服之衣。玉藻，以玉飾藻。藻，謂雜采之絲繩。旒，謂以絲繩貫玉而垂之，前後各有十二。邃，深邃也。延，冕上覆。謂染三十升布爲玄。以覆冕，其裏以纁。天子每旒各用十二玉，玉間相去一寸，旒長尺二寸，而垂齊肩。其下公九玉者九寸，侯伯七玉者七寸，子男五玉者五寸，皆短于此，則不深邃。唯天子之旒十二玉，自延前後而垂至肩，長則深邃也。天子玉五采，自上而下，朱、白、蒼、黄、玄，周而復始。公、侯、伯三采，朱、白、蒼。子、男二采，朱緑。後漢明帝時，用曹褒説，皆白旒，非古也。龍，謂畫龍于衣。卷與衮字同，謂龍形卷曲，謂服此以祭先王也。按：祭先王蓋服此冕而九章，祀天則服此冕而衣十二章云。詳見後篇楊氏復説。○軾按：鄭注「前後邃延者，言皆出冕前後而垂」，是「邃延」二字，俱形容十二旒之垂而長也。又曰「延冕上覆也」，則是以「延」爲「綖」，與上文不屬矣。方氏則謂

「邃延用以覆之」，延以前得名，邃以後得名。邃之方者，不變之體，延之員者，無方之用。是又以「邃、延」爲二物。若然，則前後二字，應只就邃、延説，不合謂旒之前後各垂也。細繹文義，邃訓深，延訓長，總謂旒之垂于前後者，深邃延長。

玄端而朝日於東門之外，聽朔於南門之外，閏月則闔門左扉，立于其中。端讀作冕。朝，音潮，下同。

鄭氏曰：「衣之冕十二旒，鷩衣之冕九旒，毳衣之冕七旒，布衣之冕五旒，玄衣之冕三旒。端當爲「冕」字之誤也。玄衣而冕，冕服之下。朝日，春分之時也。東門南門，皆謂國門也。每月聽朔，卒事，反宿路寢。閏月，非常月也。聽朔于門中，還處路寢門終月。凡聽朔必以特牲告。」孔氏曰：「按宗伯實柴祀、日、月、星辰，則日月爲中祀，而用玄冕者，以天神尚質。」〇軾按：上節冕旒龍衮以祭，敬祖也。此節玄端以朝日，敬天也。聽朔，勤民也。端，從鄭注作冕。「玄」、「冕」二字總冒下，言冕則衣可知矣。南門東門，皆國門。日出自東，故爲壇于東門外。春分日初長，乃候日出祭之。不言祭而言朝者，朝有事曰朝，夕有事曰夕，故秋分祭月，亦謂夕月。闔門之門，明堂門也。明堂在國城門之南。」方氏謂：「日月交於朔，陰陽會於南，故聽朔于南門外之明堂。愚意聽朔者，頒朔畢，又令百官奏此一月之政而行之。月令所謂「養幼少」、「存諸孤」、「命民社」、「命有司省囹圄」之類是也。闔左扉者，左，陽也。由左出入，正也。閏月非正月，故闔左扉。由右入，入雖由右，立而聽政，必于門中。此每月之常。閏月去然者，嫌于闔左扉，立或不于中也。又集説補正國語云：「大采朝日，少采夕月。孔晁云：『大采謂冕，少采謂黼衣。韋昭從鄭以大采爲玄冕於少采則無以言之矣。』周家朝日，王搢大圭，執鎮圭，而圭之藻藉，有五采五就。乘龍載大旂，而旂之象有日月交龍，其壇曰王宮，其燎則實柴。其牲幣則尚赤，其樂則黄鍾、大吕、雲門，禮與祀天神上帝者大概同矣。服不以冕，而以祀群小祀之玄冕，豈所謂稱也。」此説本馬氏，存之以備參考。

皮弁以日視朝，遂以食；日中而餕，奏而食。日少牢，朔月大牢。五飲：上水，漿、酒、醴、酏。卒食，玄端而居。動則左史書之，言則右史書之。御瞽幾聲之上下。 酏，以支切。

鄭氏曰：「上水，水爲上餘次之。幾，猶察也。察其哀樂。」孔氏曰：「天子既著皮弁視朝，遂以皮弁而朝食，所以敬養身體，至日中，還著皮弁。而餕朝之餘，餕餘之時，奏樂而食餕尚奏樂，即朝食奏樂可知也。月朔禮大，故加用大牢。趙商問膳，夫王日一舉，鼎十有二物，皆有俎，則三牲備，與此禮數不同。鄭謂禮記後人所集，與周禮或合或否。周禮六飲，此五飲，亦非周法也。左陽，陽主動，故左史記動作之事；右陰，陰主静，故右史記主誥之事。御者，侍也。瞽人審音，以之侍側。察樂聲上下哀樂，防君之失。政和則樂聲樂，政酷則樂聲哀。」山陰陸氏曰：「日中言奏而食，則夕食不以樂侑，然猶察也，故曰夕深衣，祭牢肉。周官王日一舉，鼎十有二，而此云日少牢，朔月大牢，則王日一舉，鼎十有二，用少牢與？朔月月半，然後三牲備爾。禮，君無故不殺牛，王雖尊，不應日殺，然則鼎十有二，不必皆大牢。楚語云『天子舉以大牢』者，蓋謂朔月、月半，以盛者言之也。

年不順成，則天子素服，乘素車，食無樂。

方氏曰：「憂民之憂，而以喪禮自貶也。」金華范氏曰：「自天子玉藻止食無樂，此天子之儀。人主天下之元首，而頭容必比德於玉，豈徒莊其首哉？十二，天數也。旒，必象焉。變化，天道也。龍卷象焉，尊祖配天。以是而祭。可以對越上帝，來格祖考矣。東者，日之所出，向明而治。閏必變而從時，皆天道也。皮弁以食，順以質也。餕食之餘，自損挹也。日少牢，崇儉也。朔月大牢，敬始也。朔言聽，受命於天也。朝言視，中以觀天下也。五飲水之爲上，原本而反始也。燕居而齊服，戒謹恐懼於不覩不聞也。言動有書，豈曰有所禁止哉。表儀天下也，幾聲以察治忽。聲音與政通，唯樂不可以僞爲也。年不順成，遽自貶損。憂以天下，禹湯之罪己也。吁，目之於色也，耳之於聲也，口之於味也，四肢之於安佚也。誰獨無是心哉？況享天下之奉乎？先王之視聽言動，莫不養之以禮。視朝聽朔，明目達聰，示法於人，受命于天。飲必上水，而淡薄之爲貴；食必奏樂，而非僻無自而入。齊服以燕處，端冕以事鬼神，一衣服飲食動作起居。仰不愧天，俯不怍人，故雍雍在宫，肅肅在廟，安而行之。周旋中禮，此聖人之於天道也，豈勉强而然耶？

○諸侯玄端以祭，裨冕以朝，皮弁以聽朔於大廟。端，音冕。裨，婢支切。

鄭氏曰：「端亦當爲冕。祭，祭先君也。裨冕，公、侯、伯、子、男毳。朝，朝天子也。皮弁聽朔，下天子也。」孔氏曰：「裨之言埤也。天子六服，大裘爲上，其餘爲裨，是以總名裨冕。」延平周氏曰：「服有六，冕止于五，大裘、龍衮同冕。其冕爲尊，而自降龍之下。其冕皆爲埤，故言裨冕，所以兼鷩冕與毳冕也。凡天子諸侯，路門之外，與其大廟，皆爲南門之外，而天子聽朔必于路門外。諸侯聽朔必于大廟者，正朔自天子出，而諸侯受天子之頒者也。路門者，天子布政之所，聽于路門外，示其正朔自天子也。諸侯聽于大廟者，神之也。」

朝服以日視朝於内朝。朝，辨色如入。君日出而視之，退適路寢聽政，使人視大夫，大夫退，然後適小寢釋服。

孔氏曰：「天子三朝，大僕掌燕朝之服位，燕朝，路寢之庭，一也。司士正朝儀之位，此王日視朝事于路門外，二也。朝士掌外朝之法，外朝在庫門之外，皋門之内，三也。諸侯三朝，内朝謂路寢，一也；外朝謂路寢門外，二也；此外朝亦曰内朝者，對中門外之朝爲内也，曰外朝者，對路寢之朝則爲外也。諸侯三門，中門外，大門内，又有外朝，是三也。入應門之内，則路門之外也。諸侯中門爲應門，外又有皋門，若魯則庫雉路。入者，入雉門也。」長樂陳氏曰：「朝辨色始入，所以防微，日出而視之，所以優尊也。詩曰『夜鄉晨』，言觀其旂。臣辨色始入之時也。又曰『東方明矣，朝既盈矣』，君日出而視之之時也。蓋尊者體盤，卑者體蹙，體蹙者常先，體盤者常後，故視學。衆至然後天子至。燕禮，設賓筵。然後設公席，則朝禮。臣入。然後君視之，皆優尊之道也。然朝以先爲勤，以後爲逸，退以先爲逸，以後爲勤。今朝而臣先於君，所以明分守，退而君後於臣，所以防怠荒。此所以使人視大夫，大夫退，然後適小寢釋服也。然則公卿、諸侯之朝王，其有先後乎？詩云：『三事大夫，莫肯夙夜。邦君諸侯，莫肯朝夕。』夫夙先於朝，夜後於夕，則公卿朝常先至，夕常後退。諸侯朝常後至，夕常先退。」○軾按：諸侯以天子朝日之玄冕祭，以天子視朝之皮弁聽朔，以天子燕服之玄端視朝，皆下于天子也。裨冕最上，以裨冕朝於天子，致敬也。又按辨色至日出，爲時無幾。君出，雖後於臣入，然未嘗緩也。君退，臣尚集議，有未達，則入而請。君適路寢，度量決計，有所疑，則召而問，迨決計已畢，可適小寢矣。猶必使人視大夫，如大夫未畢事，則留以待。意大夫之退，亦必君使人視，乃知君之事已畢，而後退也。君臣同心一德，以勤國事，此國之所以治也。釋服，釋朝服也。鄭注謂：『釋服，服玄端。』玄端，即朝服，而易其裳。朝服，玄冠、端衣、素裳，玄端則玄裳，或黄裳、雜裳。」

又朝服以食，特牲，三俎，祭肺。夕深衣，祭牢肉。朔月少牢，五俎四簋。夫人與君同庖。

鄭氏曰：「食必服朝服，所以敬養身也。三俎，豕魚腊，祭牢肉，異于始殺也。天子言日中，諸侯言夕，天子言餕，諸侯言祭牢肉，互相挾也。五俎，加羊與其腸胃也。朔月四簋，則日食稻粱各一簋而已。夫人與君同庖，不特殺也。」孔氏曰：「天子遂以食者，亦退于小寢釋服。至食時，又皮弁，互相明也。周人重肺，早起初殺之時，將食，先祭肺。至夕將食之時，切牢肉爲小段而祭之。異于始殺，故不祭肺也。天子言日中，諸侯亦當有日中；諸侯言夕，則天子亦當有夕。天子言餕，則諸侯亦餕。諸侯言祭牢肉，則天子亦祭牢肉也。四簋，黍稷稻粱也。諸侯夫人與君同庖，則后亦與王同庖可知。」○軾按：又朝服者，既釋矣，至食時又服之也。牛羊豕爲大牢，羊豕爲少牢。特牲，豕也，加魚腊爲三俎，又加羊腸胃爲五俎。四簋，朝食祭肺，周人尚肺也。夕食非始殺，故祭牢肉。若日中則餕餘不祭矣。夕深衣者，易玄端而衣深衣以食。至夕禮殺，且嚮晦燕息，食訖即以居也。此天子與諸侯同，君后同庖，不特殺，從省約也。天子亦同。

子卯稷食菜羹。至于八月不雨，君不舉，年不順成。君衣布搢本，關梁不租，山澤列而不賦，土功不興，大夫不得造車馬。食，音嗣。衣，於既切。

鄭氏曰：「稷食菜羹，忌日貶也。君不舉，爲旱變也。此謂建子之月不雨，盡建未月也。衣布以下，皆爲凶年變也。君衣布，若衛文公大布之衣、大帛之冠也。搢本，去珽荼。佩，士笏也。士以竹爲笏，飾本以象。關梁不租，此周禮也。殷則關恒譏而不征。列，遮列也。雖不賦，猶爲之禁，不得非時取也。造，謂作新也。○軾按：周八月，夏六月也。孟子「七八月之間旱，則苗槁是也。不雨，猶有待，未即爲災，故不舉而已。至災成，不止不舉已也。不順，氣不順也。不成，物不成也。氣不順，則水旱，故物不成。君衣布，致憂也。搢本，自貶也。不租不賦，寬民財，不興工，惜民力也。大夫不可徒行，車不造，則他可知也。

〇君無故不殺牛，大夫無故不殺羊，士無故不殺犬豕。君子遠庖廚，凡有血氣之類，弗身踐也。

遠，去聲。踐，鄭讀爲翦，又如字。

鄭氏曰：「故謂祭祀之屬，踐當爲翦。翦，猶殺也。」孔氏曰：「有故得殺，祭禮之屬，待賓客饗食亦在其中。弗身翦，故常時也。若祭祀，則楚語云『禘郊之事，天子自射其牲，又刲羊擊豕』，皆身自爲之也。」輔氏曰：「可以殺牲，猶無故而不殺。遠庖廚，不得已也。於得已焉，雖蚍蜉之微，弗身踐也。」陸氏曰：「踐讀如字，凡有血氣之類，蓋若螻蟻，吾能弗踐而已。不能禁人使弗踐，故曰弗身踐也。」

〇卜人定龜，史定墨，君定體。

鄭氏曰：「定龜，謂靈射之類。所當用者，定墨，視兆坼也。定體，視兆所得也。周公曰：『體王其無害。』」孔氏曰：「龜人云：『天龜曰靈屬，地龜曰繹屬，東龜曰果屬，西龜曰靁屬，南龜曰獵屬，北龜曰若屬。各以其方之色，與其體辨之。』色者，天龜玄，地龜黄，東青，西白，南赤，北黑也。體則俯者靈，仰者繹。前弇果，後弇獵，左睨靁，右倪若。定者，定其所當用，謂卜祭天用靈，祭地用射。春用果，秋用靁之屬。射，即繹也。占人云：『君占體，大夫占色，士占墨，卜人占坼。』體，兆象也。色，兆氣也。墨，兆廣也。坼，兆亹也。大坼稱爲兆廣，小坼稱爲兆。君定體者，謂五行之兆象。既得兆體，君定其體之吉凶。尊者視大，卑者視小也。」方氏曰：「周官占體、占色、占墨、占坼，其序與此不同者，彼以尊卑之序言，此以先後之序言也。」朱子曰：「占龜，土兆大横，木兆直，金兆從右邪上，火兆從左邪上，水兆曲。或曰火兆直，木兆從左邪上，以大小、長短、明暗爲吉凶。或占凶事，又以短小爲吉。」澄曰：「墨謂既坼之後，以黑塗之。坼大者，食墨粲然可見；坼微者，墨不能入，故但占其坼而已。」○軾按：體必君定者，福以德凝，必先自度也。

○君，羔幦虎犆；大夫齊車，鹿幦豹犆，朝車；士齊車，鹿幦豹犆。幦，音覓。犆，音直。齊，側皆切。

鄭氏曰：「幦，覆苓也。犆，讀如直道而行之直，謂緣也。羔幦、虎犆，此君齊車之飾。臣之朝車，與齊車同飾。」孔氏曰：「苓，即式也。車式以苓爲之，有豎者，有横者，幦以覆苓。詩大雅『鞹鞃淺幭』，毛傳云：『幭，覆式。幭，即幦也。』」澄曰：「朝車者，大夫之朝車也。蒙上文大夫字，謂大夫之齊車，用鹿皮爲幦，豹皮爲飾，而其朝車，及士之齊車，亦皆鹿幦豹犆也。言朝車者，恐人疑其朝車之與齊車異飾也。言士齊車者，恐人疑士之齊車，與大夫異飾也。故重出「鹿、幦、豹、犆」四字，而不殺其文云。

右記天子以下服食節適之禮，凡五節。

始冠緇布冠，自諸侯下達，冠而敝之可也。玄冠朱組纓，天子之冠也。緇布冠繢緌，諸侯之冠也。始冠，去聲。冠而同繢，户内切。緌，耳追切。

鄭氏曰：「緇布冠，本大古爾，非時王之法服也。玄冠朱組纓，緇布冠繢緌，皆始冠之冠也。玄冠，委貌也。諸侯布冠有緌，尊者飾也。上云緇布冠，自諸侯下達，則諸侯緇布冠可知。更云緇布冠繢緌，諸侯之冠者，爲緌起文也。諸侯唯繢緌爲異，其頍項青組纓等，皆與士同。」澄曰：「始冠，謂初加也。緇布冠，大古時冠。敝之，謂之而不復用。冠或三加，或四加，而自諸侯下達于大夫、士。初加之冠，皆用緇布冠。此冠非今時所用，特尊尚大古，故以此爲初加之冠。然初加之時，著之而已。一著之後，不復用，旋即棄去。凡物敝則棄去，此冠雖未敝，然一用旋棄，如已敝然，故曰敝之。自諸侯下達，天子則否。天子初加用玄冠，而以朱組爲纓，則異乎諸侯以下常著之玄冠也。諸侯初加，雖與大夫、士同用緇布冠，然以繪畫爲緌，則亦異乎大夫、士所用之緇布冠也。」

玄冠丹組纓，諸侯之齊冠也。玄冠綦組纓，士之齊冠也。齊，側皆切。綦，音其，又其記切。

鄭氏曰：「丹組纓，綦組纓，言齊時所服也。四命以上齊祭異冠。」孔氏曰：「諸侯玄冕祭，玄冠齊，孤則爵弁祭，亦玄冠齊，是齊祭異冠也。其三命以下，大夫則朝服以祭，士則玄端以祭，皆玄冠也。玄綦冠組纓，爲士之齊冠，是齊祭同冠也。」

縞冠玄武，子姓之冠也。縞冠素紕，既祥之冠也。垂緌五寸，惰游之士也。玄冠縞武，不齒之服也。比，婢支切。

澄曰：「子姓，子孫也。對有服之父而言則曰子，對所爲服之祖而言則曰孫，故兼言子姓。惰游，言惰其業而爲游民也。玄冠縞武，與子姓之縞冠玄武相反。玄冠同于衆人，特縞其武以示辱，非有喪而特縞其冠之武，言不齒之于人類也。」陳氏曰：「周官司寇『野刑，上功糾力』，縞冠素紕，垂緌五寸，蓋野刑之類也。惰游之責，輕于不齒，縞冠素紕，垂緌五寸，重於玄冠縞武。惰游之辱則重，而不齒之辱則輕。何也？蓋惰游者，一時之過；不齒之辱，不特一時而已。苟變惰游以趨職事，則縞冠垂緌，棄之可也。若夫玄冠縞武，或服之終身，或服之三年，先王豈忍重其辱于悠久哉？然則以重馭暫，義也。以輕馭久，仁也。義故民畏其威，仁故民懷其德。夫如是，孰不勵業而遷善乎。子姓之縞冠玄武，則凶其上；不齒之玄冠縞武，則凶其下。凶其上，以父之有服故也。凶其下，以下之自貶故也。」○軾按：子祥則孫除矣，故玄武。猶縞冠者，未全去也。惰游用祥冠而長其緌，不齒用子姓冠而更縞爲玄，更武爲縞。

居冠屬武，自天子下達，有事然後緌。大帛不緌。玄冠紫緌，自魯桓公始也。 屬，章欲切。

鄭氏曰：「居冠，燕居冠也，著冠於武，少威儀也。有事然後緌，燕無事者，去飾也。帛當爲白。大白，白布冠也。不緌，凶服去飾也。緌當用繢。」澄曰：「論語云『紅紫不以爲褻服』，又曰『惡紫之亂朱』。紫間色，非正色，故君子不用。○軾按：緌則不屬武，蓋冠已加武，則以纓繫武，結于頤下，而垂其餘。緌即餘之垂也。屬武不用纓繫，故不緌，或曰纓而不緌也。

○朝玄端，夕深衣。 朝，音潮。

孔氏曰：「謂大夫士也。」孔氏曰：「大夫、士早朝服玄端在私朝，夕服深衣在私朝及家也。以視私朝，故服玄端。若朝君，則朝服也。朝服其衣與玄端無異，但其裳以素爾。大夫莫夕，蓋亦朝服。士則用玄端，其私朝及在家，皆深衣也。

深衣三袪，縫齊倍要，衽當旁，袂可以回肘。 袪，起魚切。縫，音逢。齊，音咨。

鄭氏曰：「三袪，謂要中之數也。袪尺二寸，圍之爲三尺四寸。三之，七尺二寸也。縫，紩也。紩下齊倍要中，齊丈四尺四寸。衽，謂裳幅所交裂也。袂，可以回肘，二尺二寸之節也。」○軾按：袷二寸，袪尺二寸，要三袪，齊倍要，袂可回肘，此深衣之制也。下節長中繼揜，謂惟長衣、中衣，續袂反褶一尺，深衣則不續也。又按衽以掩裳際，凡衽皆當旁，於深衣云然者，嫌于深衣，衣與裳連，或可不用衽也。

長中繼揜尺。

孔氏曰：「長衣中衣制同，裏中著之曰中衣，若露著之曰長衣，幅廣二尺二寸，長衣中衣，以半幅繼續袂口，故揜餘一尺也。長衣揜必用素，中衣揜或布或素。隨其衣而然。」陸氏曰：「長衣練冠，長衣是也。中衣，繡黼丹朱，中衣是也。繼，接袖也。」○軾按：著于朝祭吉服之内爲中衣，著于凶服内爲麻衣，長衣則著于外，即練衣，非純凶也。

袷二寸，袪尺二寸，緣廣寸半。袷，音劫。緣，尹絹切。廣，去聲。

鄭氏曰：「袷，曲領也。袪，袂口也。緣，飾邊也。」澄曰：「此謂深衣也。」

○衣正色，裳閒色。閒，去聲。

鄭氏曰：「謂冕服玄上纁下。」孔氏曰：「玄是大色，故爲正。纁是地色。赤黄之雜。爲閒色。」

朝服之以縞也，自季康子始也。

方氏曰：「朝服以布，不以純，以緇不以縞。後世反之，始乎季康子之失禮。」

孔子曰：「朝服而朝，卒朔然後服之。」曰：「國家未道，則不充其服焉。」

方氏曰：「天子皮弁視朝，玄冕聽朔。卒朔事，然後視朝事，故卒朔然後服朝服。禮不盛，服不充，禮所以行道也。故國家未道，則不充其服焉，此亦孔子所言也。以承上文，故止言。」

纊爲繭，緼爲袍，襌爲絅，帛爲褶。 纊，音曠，古典切。緼，紆粉切。襌，音丹。絅，苦迥切。褶，音牒。

鄭氏曰：「繭，袍衣有著之異名也。纊，新綿。緼，舊絮也。絅謂有衣裳而無裏，褶謂有表裏而無著。」

以帛裏布，非禮也。 裏，音里。

鄭氏曰：「中外宜相稱。冕服，絲衣也。中衣用素，皮弁，服朝服，玄端，麻衣也。中衣用布。」孔氏曰：「皮弁服、朝服、玄端三衣，並用麻，即十五升布，故中衣不得用帛也。」周氏曰：「玄冕而上，衣用帛，則裏亦用帛。皮弁而下，衣用布，則其裏亦用布，欲其有純一之德也。」

士不衣織，無君者不貳采。 衣，去聲。下，以意求之。

鄭氏曰：「織染，絲織之。士衣，染繒也。不貳采，大夫去位，宜服玄端玄裳也。」孔氏曰：「織者，前染絲後織，此服功多色重，士賤不得衣之也。不貳采，是有采色，但不貳爾。大夫、士去國，三月之内，素服素裳，三月之後，則服玄端。」

非列采不入公門，振絺綌不入公門，表裘不入公門，襲裘不入公門。 振，之刃切。

鄭氏曰：「列采正服，振讀爲袗。襌也，表裘，外衣也。二者形且褻，皆當表之。襲裘不入者，衣裘必當裼也。」陸氏曰：「五等采謂之列采，猶五等爵謂之列爵。能成列者也。」方氏曰：「正服，則文采備焉。改謂之列。絺綌，據暑時言之；表裘，據寒時言之。絺綌固爲涼矣，必有表衣以蔽之。表裘固爲温矣，必有正服以被之，惡其簡也。」孔氏曰：「裼裘、襲裘謂裘上有裼衣。裼衣之上有襲衣。襲衣之上有正服。但露裼衣不露裼衣爲異爾。若襲裘，不得入公門也。」澄曰：「裼裘者，裼衣外之上服，直其領而露出裼衣也。襲裘者，裼衣外之上服，曲其領而掩蔽裼衣也。非列采與襲裘同，皆爲其不文也。袗絺綌與表裘同，皆爲其不敬也。」○軾按：振絺綌與表裘俱謂著于外爲不敬。襲裘謂不露裼衣，與不列采俱爲不文。事君之道，貴敬而文，故四者之服不入公門。

○唯君有黼裘以誓省，大裘非古也。 黼，音甫。省，鄭讀爲獮，先典切。一如字。

鄭氏曰：「僭天子也。天子祭上帝，則大裘而冕。大裘，羔裘也。黼裘，以羔與狐白雜爲黼文，省當爲獮。秋，田也。國君有黼裘誓獮田之禮。時大夫又有大裘也。」陳氏曰：「誓者，前期十日，大宰帥執事卜日遂戒，是也。省者，前祭一日，大宰及執事眡滌濯。宗伯大祭祀，省牲眡滌濯是也。家語合大裘黼裘爲一，曰『大裘黼之以象天』，鄭氏改省爲獮，曰黼裘以誓獮田。然大裘純色無白黑之文，獮田在秋，非用裘之日，二説誤矣。」○軾按：經意謂惟君得有黼裘，且不得用大裘，今則君臣皆大裘，其僭甚矣。「誓省」當從陳説。

君衣狐白裘，錦衣以裼之。君之右虎裘，厥左狼裘，士不衣狐白。裼，悉亦切。

鄭氏曰：「君衣狐白毛之裘，則以素錦爲衣覆之，使可裼也。袒而有衣曰裼，必覆之者，裘褻也。詩曰『衣錦絅衣，裳錦絅裳』，然則錦衣復有上衣明矣。天子狐白之上衣，皮弁服與。凡裼衣，象裘色也。右虎裘，左狼裘，衛尊者，宜武猛也。士不衣狐白，辟君也。狐之白者少，以少爲貴也。」○軾按：士不衣狐白，謂不獨君衣狐白，卿大夫皆得衣，惟士不衣耳。

君子狐青裘豹褎，玄綃衣以裼之；麛裘青豻褎，絞衣以裼之；羔裘豹飾，緇衣以裼之；狐裘，黄衣以裼之。錦衣狐裘，諸侯之服也。褎與袖同。綃，音消。麛，音迷。豻，音岸。絞，户交切。

鄭氏曰：「君子，大夫、士也。綃，綺屬也。染之以玄，于狐青裘相宜。狐青裘，蓋玄衣之裘也。豻，胡犬也。絞，蒼黄之色也。」孔子曰：「素衣，麛裘是也。豹飾，飾猶褎也。」孔子曰：「緇衣羔裘是也。黄衣大蜡時，臘先祖之服也。孔子曰『黄衣狐裘』是也，非諸侯則不用錦衣爲裼。」陳氏曰：「狐白以象德之成，狐青以象仁之發，故狐白錦衣爲人君之服，狐青以下爲君子之服。言君子則大夫、士同之也。」方氏曰：「玄綃衣，以裼祭祀之狐裘也。黄衣，以裼息氏之狐裘也。若錦衣以裼，則燕居之狐裘也。言綃，則錦衣以降，裼皆用綃可知。緇衣、黄衣，衣言色，而裘不言者，蓋狐有青、有白、有黄。前言青、言白者，以其與衣異故也。此特不言，則從其衣之黄可知。麛，鹿子也。麛裘，爲聽朔之服。羔，羊子也。羔裘，爲視朝之服。凡此言君，指天子諸侯，君子則兼大夫以上。」

犬羊之裘不裼，不文飾也不裼。裘之裼也，見美也。弔則襲，不盡飾也。君在則裼，盡飾也。服之襲也，充美也。是故尸襲，執玉、龜襲。無事則裼，弗敢充也。（見，賢遍切。）

鄭氏曰：「犬羊之裘質略，亦庶人無文飾，故不裼。裼主于有文飾之事。裘之裼，見美也者。君子於事以見美爲敬也，喪非所以見美故襲。君在則裼，謂臣子君所也。充美，充猶覆也。所敬不主于君則襲，尸尊則襲，執玉龜襲，重寶瑞也。無事則裼，謂已致玉龜也。」〇軾按：裼，易也。襲，歛也。裘外有裼，裼外有襲。裼與裘爲表，又與襲爲裏，取互相表裏之義，故曰裼。裼被裘，襲又被裼，取重復覆被之義，故曰襲。此裼襲正解也。若此節所謂裼，露見也。所謂襲，全覆也。未嘗無襲，但襲不盡裼。人見襲，亦見裼，故曰裼。未嘗無裼，但裼隱於襲，人不見裼，惟見襲，故謂襲。裼與襲之分，在見美不見美也。美屬裼，亦屬裘，意古人加衣于裘上，亦如今人表裘。微露邊袖及領，但不縫合耳。襲衣有二，一較短狹而直領，故裼之邊與領皆露。露裼即露裘矣，故曰見美。一較裼長廣而曲領，則裼全覆而不露，故曰不盡飾。」孔氏謂「裼爲閉露」，後人遂以裼爲袒，蓋因士喪禮有袒襲之文，而誤解此耳。不知士喪所謂袒襲者哀甚則袒，哀止則襲有事則袒。事畢則襲，非此裼襲之謂也。曲禮云「暑毋袒」，豈有當君前而袒，反以爲敬者乎？至國風「袒裼暴虎」，孟子「袒裼裸裎」，借作「露」字用耳。人臣事君主于悦愛，故見美而盡飾，爲尸執玉龜蒙上君在，君重祖考，故爲尸者不裼。重寶瑞，故執玉龜者不裼。無事，謂無爲尸執玉之事也。弔不裼，衣無飾也。大抵有吉事則裼，見君長則裼，故裼之時少，襲之時多也。

禮不盛，服不充，故大裘不裼，乘路車不式。

鄭氏曰：「禮盛者服充，大事不崇曲敬也。大裘、路車謂祭天也。周禮王祀昊天上帝，則服大裘而冕，乘玉路。」孔氏曰：「充，猶襲也。服襲是充美于内，唯盛禮乃然。聘及執玉龜皆襲，爲盛禮故也。故郊禮服大裘，則無别衣裼之。是禮盛服充，不見美也。路車，謂玉輅，郊天車，過門閭不式，亦禮盛不爲曲敬也。」澄曰：「按此章前後有四『充』字，雖記者雜取，非必出于一人一時之言。然其意亦不異。蓋充者，備也，滿也，備滿有盛之義焉。不充其服，如衛文公大布之衣，大帛之冠，自抑損而不備滿充盛其服也。服之襲也，充美也。鄭注謂『充猶覆也』，蓋襲衣掩覆裼衣，使其美深藏于内而不淺露，有如數仞之牆，不見宫廟之美，百官之富。是其美之在内備滿充盛者也。若露裼衣，而見其美，亦如及肩之牆，窺見室家，不得爲盛矣。臣子于君，不敢以充盛自處，惟自抑損，乃爲敬君。故臣以見美不充爲敬也。不敢充，服不充，亦同此義。大裘不裼，路車不式，亦謂郊天盛禮，不以一偏一曲之小敬爲事也。」

○笏，天子以球玉，諸侯以象，大夫以魚須文竹，士竹。本，象可也。須，音班。

孔氏曰：「璆琳美玉，球與璆同。魚須文竹，謂以鮫魚須文飾其竹也。士以竹爲本質，以象牙飾其邊緣，言可者，通許之辭。」澄曰：「魚須以文其竹，竹以本其象，文者其飾也。木者其質也，俱飾竹也，互言之爾。大夫竹質而魚須爲之飾，士象飾而竹爲之質也。陸氏説與注疏異，陳氏解竹本亦與陸同，今兼存之于後。」陳氏曰：「竹堅有節，以魚須飾之，卑者不敢用純也。竹本尤堅，故士笏用焉。象諸侯所以爲笏者也。大夫近尊，其勢屈，士遠尊，其禮伸，故士飾笏用焉。或謂竹本象者，以象飾其本誤矣。」陸氏曰：「竹有節而已，大夫則又有文焉。士以竹本爲正，若或用象亦許，故曰象可也。」○軾按：年不順成，君衣布搢本，不言竹而言本，可知此言竹本，乃竹之本也。陳説似當，「象可也」三字，又當以陸説爲準。

見於天子，與射，無説笏，入大廟説笏，無禮也。小功不説笏，當事免則説之。既搢必盥，雖有執於朝，弗有盥矣。凡有指畫於君前，用笏，造受命於君前，則書於笏。笏，畢用也，因飾焉。見，賢遍切。説，它活切。免，音問。造，七報切。

鄭氏曰：「言凡吉事，無所説笏。大廟之中，唯君當事説笏也。小功輕，不當事，可以搢笏。免悲哀哭踊之時，不在于記事，故説之。搢笏輒盥，爲必執事也，畢盡也。」孔氏曰：「笏畢用，謂事事盡用笏記之，故因記事所須，而飾以爲上下等級焉。」○軾按：見天子與射無説，他可知已。或曰：入太廟何以説？曰：此今人之違禮，非古也。古禮惟喪事説，然小功非當事而免，亦不説。或又曰：執事以盥爲敬，事非一事，則盥非一盥，盥則説矣。曰：將搢笏執事，必先盥，既盥之後，雖有事于朝，不復盥手，不盥故不説也。既搢必盥，謂在廟時。廟朝是一時事，如聽朔于廟，視朝于朝，受享于廟，受贄于朝之類，是也。

笏度二尺有六寸，其中博三寸，其殺六分而去一。殺，色介切。去，上聲。

鄭氏曰：「殺，猶杼也。天子杼上終葵首，諸侯不終葵首，大夫、士又杼其下首。廣二寸半。」孔氏曰：「天子、諸侯上首廣二寸半，其天子椎頭不殺也。大夫、士下首又廣二寸半，唯笏之中央同博三寸，云其中博三寸。明上、下二首不博三寸也。天子、諸侯從中以上，稍稍漸殺，至上首六分三寸，而去其一分，餘有二寸半，在大夫、士又從中以下，漸漸殺至下首，亦六分而去一。諸侯既南面之君，同殺其上。大夫、士北面之臣，故又杼其下也。按玉人云：『天子杼上，此云殺，殺，猶杼也。玉人云『天子終葵首』，則諸侯不終葵首可知。」陳氏曰：「天子之笏長三尺，以六寸爲椎首而計之，則于二尺六寸爲有餘，去椎首而計之，則于二尺六寸爲不足。蓋玉藻所言，非天子之笏。」陸氏曰：「笏度二尺六寸，此言諸侯之笏，降殺以兩，則大夫二尺四寸，士二尺二寸歟？」新安王氏曰：「大圭其長三尺，此言笏其度二尺有六寸，則不得爲大圭。況大圭天子服之，非臣下所得用。笏則自天子、諸侯至大夫士皆有之，其非大圭明矣。鄭乃以考工記『大圭之制爲笏』且記但言其殺六分去一，又安知天子、諸侯殺其上首，而大夫士殺其下首乎。且笏之度二尺有六寸，而共中博三寸不殺，則是上下皆殺也。其殺六分去一，則上下皆二寸有半也。其下六分去一，則便于搢插。其上六分去一，則便于操執而搢之也。何謂天子杼上終葵首，諸侯不終葵首，大夫士杼其下首乎？」〇軾按：王氏説最當。

天子搢珽，方正於天下也。諸侯荼，前詘後直，讓於天子也。大夫前詘後詘，無所不讓也。 珽，它頂切。荼，音舒。詘，丘勿切。

鄭氏曰：「珽亦笏也，謂之珽，言珽然無所屈也。或謂之大圭，長三尺，杼上終葵首。終葵首者，于杼上又廣其首，方如椎頭，是謂無屈。後則恒直。諸侯謂笏爲荼，荼讀爲舒遲之舒，舒懦者所畏在前也。詘，謂圜殺其首。諸侯唯天子詘焉。大夫奉君命出入者也。上有天子，下有已君，又殺其下而圜。」陸氏曰：「珽非大圭，大圭長三尺，此長六寸。大圭杼上終葵首，讓于天也，讓于先王也。珽，珽而已，無所屈焉。蓋王執鎮圭，搢大圭，以祀天，以朝日，以饗先王，執冒搢珽，以朝群臣，以見諸侯。諸侯稱荼，荼，緩也，言詘于天子而已。大夫無所不讓，是以不得謂笏爲荼，故曰天子御珽，諸侯御荼，大夫服笏。」馬氏曰：「先儒合珽大圭爲一，蓋惑于搢大圭、搢珽之文。」〇軾按：詘訓圜殺，謂殺其兩角爲圓形也。珽，廷也，廷故方，方故正，方正于天下，謂方正而無所屈于天下也。荼，訓舒，謂柔順能屈，異于剛方也。笏，忽也，以記事備遺忽也。陳氏謂尊者文其名，卑者命其實，故大夫以下俱曰笏，或謂詘曲也。前詘躬上，後詘躬下也。解亦通。

○天子素帶，朱裏，終辟。諸侯素帶，終辟。大夫素帶，辟垂。士練帶，率下辟。居士錦帶，弟子縞帶。并紐約用組，三寸，長齊于帶。紳長制，士三尺。有司二尺有五寸。子游曰：「參分帶下，紳居二焉，紳韠結三齊。」大夫大帶四寸。雜帶，君朱緑，大夫玄華，士緇辟，二寸，再繚四寸。凡帶，有率無箴功。肆束及帶，勤者有事則收之，走則擁之。辟，婢支切。率，音律。并，必正切。繚，音了。肆，音異。

鄭氏曰：「諸侯不朱裏，合素爲之，如今衣帶爲之，下天子也。大夫亦如之。率，繂也。士以下皆禪不合，而繂積，如今作幧頭爲之也。辟讀如裨冕之裨，裨謂以繒采飾其側。人君充之，大夫裨其紐及末，士裨其末而已。居士，道藝處士也。三寸，謂約帶紐組之廣也。長齊于帶，與紳齊也。紳，帶之垂者。有司，府史之屬也。三分帶下而三尺，則帶高于中也。結，約餘也。雜，猶飾也，即上之裨也。君裨帶，上以朱，下以緑終之。大夫裨垂，外以玄，内以華。華，黄色也。士裨垂之下，外内皆以緇。是謂緇帶，大夫以上以素，皆廣四寸。士以練，廣二寸，再繚之。凡帶，有司之帶也，亦繂之如士帶矣。無箴功，則不裨之。士雖繂帶，裨亦用箴功。凡帶不裨，下士也。肆讀爲肄。肄，餘也。餘束，約組之餘組也。勤，謂執勞辱之事也。孔氏曰：「并，並也。紐，謂帶之交結處。約者，以物穿紐，約結其帶。天子以下，並用組爲之。其濶三寸，約紐組餘長三尺，與帶垂者齊。帶之垂者，謂紳。紳，重也。重屈而舒申也。其制，士長三尺，司長二尺五寸，引子游之言，以證紳之長短。人長八尺，大帶之下，四尺五寸，分爲三分。紳居二分，長三尺也。紳，韠結三齊者。紳，謂紳帶。韠謂蔽膝。結，謂約紐餘組。三者俱長三尺，故云三齊也。大夫大帶四寸，謂合素爲之。廣四寸，雜帶，飾帶也。君用朱緑，大夫用玄華，士用緇也。士緇辟二寸，再繚四寸，謂用單練廣二寸。繚，繞也。再度繞要，亦四寸。有司之帶既禪，亦以箴紩緝其側。但繂纁之而已。無别裨飾之箴功，肆束及帶者，謂約束帶之餘組，及帶之垂者，若身充勤勞之事。當有事之時，則收斂之。爲其事之切迫，身須趨走，則擁抱之。收，謂斂之在手。擁，謂抱之于懷也。」周氏曰：「韠以蔽外，紳結以束内，君子内外交修，故紳結三齊。○軾按：辟，開也。紕其兩旁，有開而廣之義，故曰辟。帶，繚于要者爲鞶，垂于前者爲紳。終辟，則鞶與紳皆辟也。辟垂者，辟所垂之紳，不辟鞶也。辟下者，紳不全辟，但辟其下端也。諸侯之異于天子，但不朱裏。大夫之異於諸侯，止不終辟，皆有表裏。合複爲之，士以下則禪而不合，故用率。率者，循其經緯之理而纁之也。有司之帶，不言何以，同于士也。紳制，帶下三之二，約略言之也。帶下四尺，紳三尺，則二有餘。有司之二尺五寸，則二不足。帶之交合處有紐，組所以約結此紐也。雜，即辟也。士緇辟二寸，謂連辟爲二寸，可知大夫以上之四寸，亦連辟言之也。凡帶，兼居士弟子有司言，無箴工，無辟之箴工也。」○又按：山陰陸氏以雜帶另爲一條，謂素帶爲冕服之帶，雜帶爲爵弁、皮弁、玄端之帶。知然者，以士冠禮爵弁等服皆緇帶也。據此則是帶皆緇色。天子、諸侯以朱緑辟緇，大夫以玄加華彩辟緇，士以緇辟緇，二寸兼上下言，再繚四寸，謂雜帶再繞，敵大帶之一繞四寸也。此與注疏解異，有之備參。

○韠，君朱，大夫素，士爵韋。圜，殺，直。天子直，諸侯前後方，大夫前方後挫角，士前後正。

殺，色戒切。挫，坐卧切。

鄭氏曰：「韠之，言蔽也。凡韠，以韋爲之，必象裳色，此玄端服之也。天子、諸侯玄端朱裳，大夫素裳，唯士玄裳、黄裳、雜裳也。皮弁服皆素，圜、殺、直，目韠制也。天子四角直，無圜殺。公侯殺四角，使之方，變于天子也。所殺者，去上下各五寸。夫夫圜其上角，變于君也，以下爲前，以上爲後。士賤，于君同，不嫌也。正，直、方之間語也。天子之士則直，諸侯之士則方。」孔氏曰：「圜則前方後挫角，謂挫上角使圜，不令方也。殺則前後方，謂殺四角，上下各去五寸。所去之處，以物補飾之使方也。直則天子直，是也。雜記云『會去上五寸。紕以爵韋六寸，不至下五寸，純以素，繢以五采。』會，謂上領縫也。領之所用，蓋與紕同。會即上去五寸處，以爵韋爲領。其會之下，兩邊皆紕以爵韋。表裏各三寸，下所去五寸。紕所不至者，純以素也。制大略如此。正，謂不邪也，直而不謂之正，方而不亦謂之正，故去直方之間。」澄曰：「韠之制長三尺，上廣一尺，下廣二尺。天子自上之左右角廣一尺處，斜裁至下之左右角廣二尺處。盡其所裁，一直而無所屈，故曰直。諸侯自上之左右角，正裁而下，至五寸止，止處亦廣一尺，自下之左右角。正裁而上，至五寸止，止處亦廣二尺，又就上五寸之下廣一尺處，斜裁至下五寸之上廣二尺處止。上下各有五寸，皆不斜裁，故方。大夫自下之左右角正裁而上，至五寸止。止處廣二尺，就此廣處。左右皆斜裁之，至上左右角廣一尺處，盡其上端之左右。及左右之兩邊，各剡一寸，去其兩角，其下端裁方，與諸侯同。上端不裁方，但剡其兩角而已，故圜士之下端左右角亦裁方。上至五寸而止，止處廣二尺，亦就止處斜裁至上端廣一尺處，盡如大夫，但不剡圜二角，蓋後直而前方，故曰前後正。上端用爵韋、横紕、表裏各五寸，中間長二尺，亦用爵韋紕其左右二邊。表裏、各廣三寸，其下端用生帛横緣，表裏各五寸，其四角領紕邊比下緣相接處，用五采之績，斜襯其兩緣之交會處。」〇軾按：韠之制，惟吴文正公論最當，然于殺之義，尚有未盡。愚意上下五寸方，中一尺斜則從上之兩角，至斜裁一尺之末。方與斜之間，微有凹處，必别用物補之，此所謂殺也。孔氏云上殺五寸是領，下殺五寸是緣，如此則是諸侯韠有紕緣，而天子無之矣。若謂殺領緣之四角，另以物補之，則又不得謂之方矣。又按：制長三尺，上下各五寸，合中斜之一尺，共二尺。上紕五寸，下緣五寸，合爲三尺。至左右紕，吴云各三寸，竊意直紕長二尺，上接横紕，下接緣帛。若各寬三寸，則下緣必二尺六寸，上領亦一尺六寸矣。不應直長三尺，并領與緣言之，横廣一尺二尺，又除左右紕作算也，姑缺之以俟知者。

韠，下廣二尺，上廣一尺，長三尺。其頸五寸，肩革帶博二寸。

鄭氏曰：「頸五寸，亦謂廣也。頸，中央。肩，兩角。皆上接革帶以繫之。肩與革帶廣同。凡佩繫于革帶。」長樂陳氏曰：「天子之會龍火與山，諸侯會火，大夫會山。」鄭氏謂：「山取其仁，火取其明，龍取其變。天子備焉。韠長三尺，所以象陰陽，頸五寸，象五行。下廣二尺象地也，上廣一尺象天也。」澄曰：「中頸廣五寸。，左右肩各廣二寸。頸至左右肩，中間相去各五分，合爲一尺，與之上端同廣。」○軾按：頸與肩，乃安于上以爲繫者，鄭注甚明。頸在中，寬五寸，肩在兩旁，寬二寸，不言長，取足以繫而已。方氏乃謂上下大，中間小爲頸，未當。

一命緼韍幽衡，再命赤韍幽衡，三命赤韍葱衡。 緼，音温。韍，音弗。幽，音有。

鄭氏曰：「此玄冕爵弁服之韠。韍之言亦蔽也，尊祭服異其名爾。緼，赤黄之間色。所謂韎也。衡，佩玉之衡也。幽讀爲黝，黑謂之黝，青謂之葱。周禮公侯伯之卿三命，其大夫再命，其士一命。子男之卿再命，其大夫一命，其士不命。」孔氏曰：「上是玄端服之韠，此韠異于上。此據有孤之國。卿、大夫雖三命再命，皆著玄冕。若無孤之國，則三命、再命之卿大夫皆絺冕，不得唯玄冕也。爵弁則士所服。他服稱韠，祭服稱韍，異其名也。○軾按：韠，畢也。韍，芾也。韐，合也，一物而異名，可謂之韠，亦可謂之韍與韐，不必有尊卑之别也。其色稱裳，上節言玄端服。天子、諸侯玄衣、朱裳，大夫玄衣、素裳，士玄衣、玄裳，故韠色亦因以别。此節言爵弁服。爵弁、纁裳，故用緼與赤。若皮弁素積，則韠皆素矣。又按：鄭氏謂古者佃漁而食之，衣其皮。先知蔽前，後知蔽後，後王易之以布帛，而獨存其蔽前。不忘本也。又謂之上韠者，執事以蔽裳爲敬。二説可並存。韍又作芾。」方氏謂：「古者蔽前一巾耳，故云芾。芾，本用皮，後世間易以絲，故亦云紱。」

〇古之君子必佩玉，右徵、角，左宫、羽，趨以采齊，行以肆夏。周還中規，折還中矩，進則揖之，退則揚之，然後玉鏘鳴也。故君子在車則聞鸞和之聲，行則鳴佩玉，是以非辟之心無自入也。

徵，張里切。齊，疾私切。還，音旋。中，真仲切。辟，匹亦切。

鄭氏曰：「君子，士以上也，玉比德焉。徵、角、宫、羽，謂玉聲所中也。門外，謂之趨。齊當爲楚薺之薺。采齊，路門外之樂節。肆夏，登堂之樂節。周旋，反行也。宜圜，折還，曲行也。宜方，揖之謂小俛見于前也。揚之，謂小仰見于後也。鏘聲貌，鸞在衡，和在軾，自由也。」澄曰：「徵謂聲中林鍾律，角則中姑洗也，宫謂聲中黄鍾律，羽則中南吕也。林鍾爲徵，陰聲之首，故居右。徵三變生角，角間二律與徵近，故以徵配角。黄鍾爲宫，陽聲之始，故居左。宫三變生羽，羽二律與宫近，故以羽配宫。無商聲者，周樂不用商調也。」孔氏曰：「路寢門外，至應門，謂之趨，于趨之時，以采齊之樂爲節。路寢門内至堂，謂之行。于行之時，以肆夏之樂爲節。揖，俯也。行，前進則身小俯。揚，仰也。却退還行則身微仰也。進俯則佩向前垂而見之，退仰則佩向後垂而見之。然後佩離身，行摇動而佩自擊，所以玉聲得鏘鏘而鳴也。恒聞鸞和佩玉之正聲，是以非類邪僻之心，無由入于身也。鸞在衡，和在軾，此平常所乘之車，若田獵之車，則鸞在馬鑣，異于乘車。○軾按：規所以爲圓，矩之形勾曲。周還由南而北，又轉而南。其旋轉有似規，折還由南而北，又由北而東，其折轉有似矩。

君在不佩玉，左結佩，右設佩，居則設佩，朝則結佩，齊則綪結佩而爵。齊，側皆切。綪，側耕切。

鄭氏曰：「出所處而君在焉，則去德佩而設事佩，辟德示即事也。結其左者，若于事有未能也。結者，結其綬不使鳴也。此謂世子也。居則設佩，謂所處而君不在焉。朝于君則結佩，亦結左也。齊則綪結佩。綪，屈也，結又屈之，思神靈不在事也。爵者，齊服玄端。」○軾按：鄭注云「出所處而在」，「出」字對下「居」字所處，謂所到處，明非在朝也。不佩玉，去而不佩也。言不佩玉，則佩器可知矣。左結右設，俱謂事佩。注云「去德佩而設事佩」，辟德而示即事也。又去結其左者，若于事有未能也。蓋世子有代君之嫌，不惟不敢言德，即事亦未敢謂盡能勝任也。居，平居不在君前時也。設佩無不設也。朝，謂公朝。當冠裳蹌蹐之會，以世子側身其間，若盡去德佩，不惟于朝堂之儀有未合，亦非所以肅觀瞻而示群臣也。故德與事兼設，而結其左焉。設者爲朝，結者爲君也。朝則結佩句，緊承上文，謂居設佩，朝亦設佩，但有所結耳。注謂亦結左，蓋在左之德與事皆結也。齊則綪結，亦兼德事二佩。

凡帶必有佩玉，唯喪否。佩玉有衝牙，君子無故玉不去身，君子於玉比德焉。

鄭氏曰：「凡謂天子以至士，喪主于哀，故去飾。衝牙居中央，以前後觸也，故謂喪與灾眚。」孔氏曰：「凡佩玉必上繫於珩，下垂三道，穿以蠙珠。下端前後以懸於璜，中央下端懸以衝牙，動則衝牙前後觸璜而爲聲。所觸之玉，其形似牙，故曰衝牙。」

天子佩白玉而玄組綬，公侯佩山玄玉而朱組綬，大夫佩水蒼玉而純組綬，世子佩瑜玉而綦組綬，士佩瓀玟而緼組綬。孔子佩象環五寸而綦組綬。純，鄭讀爲緇。綦，音其，瓀，乳兖切。玟，音民。

鄭氏曰：「玉有山玄水蒼者，視其文色所似也。綬者，所以貫佩王相承受者也。純當爲緇，綦文雜色也。緼赤黄色。孔子佩象環，謙不比德，亦不事也。象有文理者也。環，取可循而無窮。」孔氏曰：「玉色似山之玄，而雜有文。似水之蒼，而雜有文。但尊者玉色純，公侯以下玉色漸雜，世子及士唯論玉質，不明玉色，則玉色不定也。瑜，是玉之美者，故世子佩之。承上天子諸侯，則世子，天子、諸侯之子也。然諸侯世子雖佩瑜玉，亦應降殺天子世子也。瓀玟，石次玉者。賤，故士佩之。綦或云青黑色，或云蒼艾色，故爲雜文也。象環五寸，法五行也。」陳氏曰：

「玉之貴者莫如白，賤者莫如瑶玟。山玄以象君德之静，水蒼以象臣職之動。山玄水蒼，其文也。瑜與瑶，其質也。瑶或作「礝」，以其多石故也。玟或作珉，以其賤故也。組綬之佩，謂之綬，以其貫玉相承受也。其飾，天子玄者道也；諸侯朱者事也；大夫蒼白者，德之雜；世子赤黄者，事之雜；士純則素而已，此天子至士佩綬之辨也。」

○王后褘衣，夫人揄狄，君命屈狄，再命褘衣，一命襢衣，士褖衣。褘，許韋切。揄，音摇。屈，音闕。再命褘衣，褘讀作鞠。襢，音展。褖，吐亂切。

鄭氏曰：「褘讀如翬，揄讀如摇，翬摇皆翟雉名，刻繒而畫之，著於衣以爲飾，因以爲名也。夫人，三夫人，亦侯伯之夫人也。王者之後，夫人亦褘衣。君，女君也。屈，周禮作「闕」，謂刻繒爲翟不畫也。此子男之夫人及其卿、大夫、士之妻命服也。褘，當爲『鞠』字之誤也。禮，天子、諸侯命其臣，后夫人亦命其妻以衣服，所謂夫尊于朝，妻榮于室也。子男之卿再命，而妻鞠衣，則鞠衣、襢衣、褖衣者，諸侯之慮，皆分爲三等，其妻以次受此服也。公之臣，孤爲上卿，大夫次之，士次之。侯、伯、子、男之臣，卿爲上，大夫次之，士次之。褖或作税。」方氏曰：「鞠衣而下，不言狄，以不畫狄故也。褘衣畫狄，而不言，以尊而無嫌故也。后之褘衣，猶王之大裘，乃至尊之所獨也。故曰王后褘衣。揄狄則諸侯公夫人之所同。猶上公與王同服衮也，故曰夫人揄狄。言諸侯夫人服此，則自侯、伯而下服屈狄可知。屈狄亦三夫人與三公之夫人所服。三夫人，君之内命婦也。三公之夫人，君之外命婦也，故曰君命屈狄。然降于諸公之夫人一等者，猶三公在朝則服鷩冕也。屈狄，爲君之命婦則鞠衣而下，皆臣之命婦服而已。若子男之卿再命，其婦則從夫之爵，故曰再命鞠衣。其大夫一命，故曰一命展衣。其士不命，故曰士褖衣。臣之命婦，不比于子男，而是爲言者，舉卑以見尊也，所言皆互相明爾。王后必以狄爲上何也？蓋狄之交有時，别有倫，守死而不犯分。婦人之德所宜，后之五路皆重翟者，其義亦若是。内之二十七世婦，以應外之二十七大夫，言世婦如此，則大夫而下其妻可知。」陸氏曰：「褘衣當冕，揄狄當鷩冕，闕狄當毳冕，鞠衣當希冕，襢衣當玄冕爵弁，褖衣當皮弁，宵衣當朝服玄端。」〇軾按：服有六，上得兼下，下不得兼上。惟王后翬翟，其九命以下摇翟。五命至三命闕翟。闕翟者，剪繒爲翟形，縫于衣上而不畫，故不言何翟也。〇又按：夫人不言命者，或位尊不待命。子男以下得命乃服，如今婦人冠帔必受封始服也。

唯世婦命於奠繭，其他則皆從男子。

孔氏曰：「世婦，謂天子二十七世婦以下也。獻繭，謂世婦及命婦入助蠶畢獻繭也。凡獻物必先奠于地，故云奠。凡夫尊于朝，妻榮于室，皆得各服其命服。今唯世婦及卿大夫之妻。雖已被命，猶不得即服命服，必又須經入助蠶。蠶畢獻繭，君親命之著服，乃得服爾，故曰命于奠繭。世婦以下女御亦然，其它謂后夫人、九嬪及五等諸侯之妻也。其夫得命，則其妻得著命服，不須奠繭之命，故云皆從男子。」周氏曰：「必命于奠繭，其意以爲有功于祭服，然後可以受此命也。」〇軾按：男子居是位，未必即得是命。若得命，則其妻即得著命服。上節君命，注謂女君之命，未當。

童子之節也，緇布衣錦緣，錦紳并紐，錦束髮皆朱錦也。

孔氏曰：「童子之節，謂童稚之子，未成人之禮節也。用緇布爲衣，尚質故也。用錦爲緇布衣之緣，又紳帶及約帶之紐，皆用錦，并以錦爲總而束髮。其飾皆用朱色之錦。童子尚華，示將成人有文德，一文一質之義也。」陳氏曰：「童子之帶非必全錦也。錦紳而已。錦紳非以其有備成之文也。親在致飾而已。」

童子不裘不帛，不屨絇，無緦服。聽事不麻，無事則立主人之北南面，見先生，從人而入。絇，其俱切。見，賢遍切。

方氏曰：「不裘即不衣裘裳是也。不帛，即不帛襦袴是也。不屨絇，未拘之以行戒也。不服麻，則以幼未能勝絰故也。」孔氏曰：「童子唯當室緦，不當室，則情不能至緦，故不服也。雖不緦，猶著免深衣無絰，以往給事。主人喪主也，此童子來聽使。若有事則使之，若無事則在主人之北南面而立。先生，師也。童子不能獨爲禮。若往見師，則隨成人而入也。」

親没不髦，五十不散送。 散，悉但切。

鄭氏曰：「不髦，去爲子之飾也。五十送喪不散麻，始衰不備禮也。」馬氏曰：「子生三月，剪髮爲髦，及事父母拂髦。故詩曰『兩髦』。大記：『諸侯小斂脱髦。』儀禮『士既殯脱髦』，蓋子之幼也，父母剪髮爲之鬌，及長也，因以爲飾，謂之髦。存而不忍棄，所以順父母之心。長而不忘幼，所以示人子之禮。及親始死，而猶幸其生焉，故不脱之。三日之後，則幸生之心已矣，脱之可也。蓋親存而髦，與常言不稱老同意。親没不髦，與衣純不以青同意。曲禮曰『五十不致毁』，喪大記曰『五十不成喪』，不致毁情也，不成喪禮也。」孔氏曰：「始死三日之前，要絰散垂，三日之後乃絞之，至葬啓殯以後，亦散垂。即葬乃絞，五十既衰，不能備禮，故不散垂。」

右記天子以下服飾制度之禮，凡十節。

凡自稱。天子曰「予一人」，伯曰：「天子之力臣」。諸侯之於天子，曰「某土之守臣某」，其在邊邑，曰「某屏之臣某」，其於敵以下曰「寡人」。小國之君曰「孤」，擯者亦曰「孤」。 守，去聲。

孔氏曰：「此以下明自稱及擯者傳辭之法。天子與臣下言，及遣擯者接諸侯，皆稱『予一人』，言我于天下祇是一人而已。若臣下稱一人，則謂率土之内，唯有此一人，尊之也。伯自稱于諸侯，言己是天子運力之臣。曲禮謂『二伯擯于天子，則云天子之吏也。』諸侯身對天子，自稱曰『某土之守臣某』。若諸侯上介，致辭于天子之擯者亦當然。其天子之擯，告天子，則曰『臣某侯某』。其在九州之外，邊鄙之邑，自稱于天子，曰『某屏之臣某』。若使上介告天子之擯亦當然。其天子之擯告天子，則曰『臣某子某』、『某男某』。曲禮云『其在東夷、北狄、西戎、南蠻雖大曰子，男者亦曰男也。諸侯於敵以下，自稱曰寡人。言以下，通及民也。小國，謂夷狄。子男之君，自稱及介傳命，云『某土之孤某』。擯者告天子，亦應云『某孤』也，其在國自稱亦曰孤。」

上大夫曰「下臣」，擯者曰「寡君之老」；下大夫自名，擯者曰「寡大夫」；世子自名，擯者曰「寡君之適」；公子曰「臣孽」；士曰「傳遽之臣」，於大夫曰「外私」。適，丁曆切。孽，音枿，五葛、五列二切。傳，陟戀切。遽，其庶切。

孔氏曰：「上大夫卿也，自于己君之前稱曰『下臣』。若出使他國。在于賓館。主國致禮上大夫，設擯禮待之。此擯者稱大夫爲『寡君之老』，雖以擯爲文，其實謂介接主賓之辭亦當然。擯，介通也。下大夫對己者稱名而不敢稱下臣，卑遠於卿也。出使設擯者以待主國，此擯者稱下大夫云『寡大夫』，不敢稱『寡君之老』。世子對己國之君稱名，擯者對他國之辭，曰『寡君之適』。枿是樹生之餘，公子曰『臣孽』，謂對己君也。若對他國，當云外臣。士位卑，給車馬役使，故稱『傳遽』，亦謂對己君也。大夫家臣稱『私』，此越王既不與大夫爲臣，故對大夫稱曰『外私』。」

大夫私事使，私人擯則稱名，公士擯，則曰『寡大夫』、『寡君之老』。大夫有所往，必與公士爲賓也。使，去聲。賓，必刃切。

鄭氏曰：「私事使，謂以君命私行，非聘也。若魯成公時，晉侯使韓穿來言汶陽之田歸于齊之類。公士擯，謂聘也。大聘使上大夫，小聘使下大夫，往之也。爲賓，謂作介也。」孔氏曰：「私人擯則稱名者，蓋以非公事正聘，故降而稱名也。正聘之時，則用公家之士爲擯。不用私人，稱下大夫曰『寡大夫』，上大夫曰『寡君之老』，大夫正聘，有所往適之時，必與公士爲賓，謂使公士作介也。」清江劉氏曰：「鄭云若晉侯使韓穿來言汶陽之田歸之于齊之類，非也。此乃謂若趙襄子使楚隆弔吴夫差之類，凡大夫聘而傳命，則當稱寡君。至于私臣擯，于君命不得言主，故名之也。楚隆之辭曰：『寡君之老無卹，使陪臣隆敢展謝之。』此則名者也。」

○君入門，介拂闑，大夫中棖與闑之間，士介拂棖。闑，魚列切。棖，音層。

孔氏曰：「入門，謂入大門。介，謂上介。稍近君，故拂闑。大夫之介，微遠于闑，故當棖與闑之間。士介卑，去闑遠，故拂棖。闑，謂門之中央所豎短木也。棖，謂門之兩旁長木，所謂門楔也。介者，副也。君必中門，當棖闑之中。主君在闑東，賓在闑西。主君上擯在君之後，稍近西而拂闑，賓之上介在賓之後，稍近東而拂闑，大夫擯介各當君後，在棖闑之中央。士之爲擯介者，各拂東西之棖。此記兩君相見之儀。下節謂卿大夫來聘者。」

賓入不中門。不履閾。公事自闑西。私事自闑東。

孔氏曰：「不中門，謂不當闑西棖闑之中。不履閾，謂足不踐履門限之上也。聘饗是奉君命而行，故謂之公事，自闑西用賓禮也。私覿私面，非行君命，故謂之私事自闑東者。從臣禮，示將爲主君之臣也。」

○君與尸行接武，大夫繼武，士中武。徐趨皆用是，疾趨則欲發，而手足毋移。圈豚行，不舉足，齊如流。席上亦然。端行，頤霤如矢。弁行，剡剡起屨。執龜、玉，舉前曳踵，蹜蹜如也。圈，舉遠切，又去阮切。豚，士本切。足齊，音咨。剡，以漸切。陸農師讀「圈豚」並如字，圈屬上句，豚屬下句。

鄭氏曰：「接武，尊者尚徐，蹈半迹。繼武，迹相及也。中武，迹間容迹也。○軾按：舊注謂接武、繼武、中武爲君、大夫、士與尸行之節。愚竊有疑焉。不言尸行，而言與尸行，不知行在尸後乎？在尸前乎？在尸前，緩則尸過之，急則尸不及也。在尸後，急則過尸，緩又不及尸也。假如大夫、士助祭于君，同與尸行，不知將何如也。細玩當是君行與尸行皆接武。尸尊，故與君同。大夫以下位愈卑行愈速也。徐，閒行也，趨有所事而前也。二者皆接武、繼武、中武也。趨與徐同，其爲緩趨可知。若有急事而疾趨，則數發起，不拘武之接與繼中，但手足無移耳。足無移者，不東以西，不南以北也。手無移者，張拱端好也。此言趨之節也。行較趨急，謂走也。圈豚行者，圈轉也。上轉而下，直轉而横，所謂周還折還是也。豚讀如字。」方氏謂：「豚性散，圈之則回旋而走也。不舉足者，曳地而不高舉，與下起屨對。足不舉，則衣無撥，齊如水之平流也。端謂一直而前，無所旋轉也。頤霤，身小折則頭臨前。頤如屋霤之下垂，其進則如矢之直也。弁行，疾走也。剡剡，身起也，字從火，如火之燄起向上，異于水之流下也。舉前曳踵，即不舉足之意，但更加敬慎耳。一説首段言徐趨，次段言疾趨。圈豚行，形容徐疾之狀。端行、弁行形容疾趨之狀亦通。」

右記天子以下稱謂進趨之禮，凡三節。

君子之容舒遲，見所尊者齊遬。足容重，手容恭，目容端，口容止，聲容静，頭容直，氣容肅，立容德，色容莊，坐如尸，燕居告温温。 齊，音咨，又側皆切。遬，音速。

鄭氏曰：「齊遬，謙慤貌。遬，猶蹙也。足容重，舉欲遲也。手容恭，高且正也。止容端，不睇視也。口容止，不妄動也。聲容静，不噦欬也。頭容直，不傾顧也。氣容肅，似不息也。正容德，如有予也。色容莊，勃如戰色。坐如尸，尸居神位，敬慎也。告，謂教使也。詩云『温温恭人』。」孔氏曰：「舒遲，閑雅也，雖常舒遲，若見所尊之人，則齊遬。齊，謂齊齊。遬，謂蹙蹙。言自斂持迫促，不敢自寬奢也。立則磬折，如人授物與己，己受得之形也。色欲常矜莊，燕居謂私燕所居，色尚和善，教人使人之時。唯須温温，不欲嚴慄。」○軾按：立容須兼諸美，若手足頭目間。一事有失，則立不足觀矣。故立容曰德，謂諸美皆備，儼然有德氣象也。

○凡行容惕惕，廟中齊齊，朝廷濟濟翔翔。 惕，音傷，又音。陽齊如字。濟，子禮切。

鄭氏曰：「惕惕直疾貌。凡行，謂道路也。齊齊，恭慤貌。濟濟翔翔，莊敬貌。」孔氏曰：「道路雖速疾，不忘于直。廟中對神，不敢舒散。齊齊，自收持嚴正之貌。濟濟，有威儀矜莊也。翔翔，行而張拱。」

○凡祭，容貌顔色，如見所祭者。

鄭氏曰：「如覩其人在此。」孔氏曰：「凡祭，謂諸祭也。容貌恭敬，顔色温和，似見所祭之人，謂祭如在也。」

○喪容纍纍，色容顛顛，視容瞿瞿梅梅，言容繭繭。 纍，良追切。顛，音田，又如字。瞿，紀具切。

鄭氏曰：「纍纍，羸憊貌。顛顛，憂思貌。瞿瞿梅梅，不審貌。繭繭，聲氣微也。」孔氏曰：

「纍纍，謂容貌瘦瘠。顛顛，謂顏色不舒暢也。瞿瞿，驚遽貌。梅梅，猶微昧也。孝子在喪，所視不審。繭繭，猶綿綿微細也。」

○戎容暨，言容詻詻，色容厲肅，視容清明。暨，其記切。詻，五格切。

鄭氏曰：「暨暨果毅貌，詻詻教令嚴也。厲肅，儀刑貌。清明，察于事也。」孔氏曰：「厲，嚴也。肅，威也。軍中顏色尚威嚴，瞻視之容，須清察明審也。」

○立容辨，卑毋讇，頭頸必中。山立，時行，盛氣顛實揚休，玉色。辨，彼檢切。讇，音諂。顛，音田。休，舊無音，今讀吁句切。

鄭氏曰：「辨讀爲貶，自貶卑，謂磬折也。顛，讀爲闐。揚，讀爲陽。盛身中之氣，使之闐滿，若陽之休物也。」澄曰：「休當讀爲呴，謂氣以温之也。考工記云『角之末休于氣』，舊注以此合上『戎容』四句共爲一節。今按上文記喪容，先總一句，乃分三句。記喪之色，喪之視，喪之言，記戎容亦然。先總一句，乃分三句記戎之言，戎之色，戎之視。喪容之哀，先觀顏色，故色容先于視言。戎容之嚴，先在號令，故言容先于色視。『立容』以下五句，于戎容無所當，宜別爲一節，以足履地而不行曰立。上文蓋古人坐之時少，立之時多。凡行禮皆立，乘車亦立，自晝夜燕居燕息外，無非立之時也，是以言之詳焉。辨卑與立容德同意，毋讇所以防其失也。立之容雖貴乎貶抑卑謙，而不可有屈己媚人之態，故曰毋讇。頭頸在一身衆體之上，立時宜正，不可偏側，故曰必中。立者如山，静重不動，設或有行，其動中節，故曰時行。心無愧怍，則氣盛不餒，而常闐滿塞實，故氣之充于體。如陽之烝煦，色之見於面，如玉之温潤。立容如是，足以該前之諸容矣。大學傳云：『德潤身心，心廣體胖。』朱子贊程伯子云：『陽休山立，玉色金聲。』其斯之謂歟？又按此章凡六節，具第一節總言諸容，以下五節，各言一容，第二節言行容，此第六節言立容。」

○君子之居恒當户，寢恒東首，若有疾風迅雷甚雨，則必變。雖夜必興，衣服冠而坐。

鄭氏曰：「當户，向明也。東首，順生氣也。衣服冠而坐，敬天怒也。」

○日五盥，沐稷而靧粱，櫛用樿櫛髮，晞用象櫛，進禨進羞，工乃升歌，浴用二巾，上絺下綌。出杅，履蒯席，連用湯，履蒲席。衣布晞身，乃屨，進飲。 靧，音禪。曁杅音于，連讀爲湅，力甸切。

孔氏曰：「盥，洗手也。沐，沐髮也。靧，洗面也。取稷粱之湯汁，洗面沐髮，並須滑故也，此大夫禮。人君沐靧皆粱也。樿，白理木也。櫛，梳也。沐髮爲除垢膩，故用白理澁木以爲梳。沐已燥，則髮澁，故用象牙滑櫛以通之。機，謂酒也。沐而飲酒曰機。羞，邊豆之實也。進羞之後，樂工乃升堂以琴瑟而歌，以新沐體虛，補益氣也。」澄曰：「記進機進羞，升歌于用象櫛之下，謂沐之後也。禮則無是。」方氏曰：「杅，浴盆，以木爲之，蒯，茅類。蒯澁而蒲軟，連之爲言續也。用湯謂用以洗足。浴既用湯，又用湯以洗足，故曰連。進飲而不進羞，工亦不升歌，殺于沐也。」慶源輔氏曰：「用中以除背垢，履蒯席以洗足。然則古浴不以人，沐浴在身之重事也，故著其法如此。衣布如今之浴衫，古所謂明衣也。晞身乃屨，屨服之末，進屨則衣服皆舉矣，故進飲焉。」○軾按：連用湯者，既出杅履草席，復用凈湯濡巾以拭。拭畢履蒲席，衣明衣，乃晞身畢服而屨焉。既衣布，又晞身者，浴畢急于衣，未及全晞。衣布乃通身俱晞也。舊注以連用湯爲洗足。未當。」

○將適公所，宿齊戒，居外寢，沐浴。史進象笏，書思對命。既服，習容觀、玉聲，乃出，揖私朝，煇如也。登車則有光矣。齊，側皆切。觀，去聲。煇，音暉。

鄭氏曰：「書思對命，思所思念，將以告君者也。對，所以對君者也。命，所受君命也。書之于笏，爲失忘也。」孔氏曰：「史謂大夫亦有史官也。按下大夫不得有象笏，或云有地大夫故用象。以笏書此思，對命三事也。既服者，著朝服已竟，私習儀容。又聽己佩鳴玉聲，與行步相中適也。習儀竟，行出至己之私朝揖其屬臣。揖竟，出登所乘之車而適君朝矣。」陸氏曰：「習容觀，爲有觀之者。習玉聲，爲有聽之者。」澄曰：「公所君之朝也。宿，謂前期一日也。沐浴而後齊戒，記于居外寢之下者，以補上文。言齊戒居外寢之先，必沐浴也。觀，示也。容觀，身容之示人者。玉聲，佩玉之鏘鳴者。既服下裳、上衣、束帶設佩竟，將出未出，先自行動。習試其容觀與玉聲，使人視之聽之，必容觀合儀玉聲中節，然後出揖私朝，而登車以適公朝也。煇如，謂昧之際，晨光猶熹微也。有光，謂質明之時，晨光已顯著也。」

右記卿大夫以下家居之禮，凡三節。

凡君召以三節，二節以走，一節以趨，在官不俟屨，在外不俟車。

鄭氏曰：「節，所以明信輔君命也。使人召臣，急則持二，緩則持一。」○軾按：召以三節者，以三爲度也。君使人召臣，以節爲信。孟子所謂「士以旂，大夫以旌」，是也。有急事，則一使方往，又一使隨後，此所謂一節、二節也。一節至，即趨往，如不及趨，或趨在途，而二節至，則必疾走以赴。不言三者，三亦不過走，且見不待三而已，是也。

○凡侍於君，紳垂，足如履齊，頤霤垂拱，視下而聽上，視帶以及袷，聽鄉任左。齊，音咨。鄉，去聲。

鄭氏曰：「紳垂則磬折也。齊，裳下緝也。袷，交領也。」孔氏曰：「凡者，臣無貴賤皆然。

紳，大帶也。身直則帶倚，磬折則帶垂。身折則裳前下緝委地，故行則足恒，如踐履裳下也。霤，屋簷也。身俯故頭臨前，垂頤如屋霤。垂，拱者。拱，沓手也。身俯，則宜手沓而下垂也。視下者，視高則傲，故下矚也。聽上，謂聽尊者語。宜諦聽，故仰頭而而鄉上以聽之也。視帶以及袷，視尊者之處也。視君之法，下不過帶，高不過袷。聽上及聽鄉任左，皆備君教使也。立者尊右，坐者尊左，侍君坐時，侍者在右，左耳近君，是以聽鄉皆以左爲任也。○軾按：人右耳目，不如左明，故聽欲真者，必側耳。君前不敢側，但任左耳微向君耳。

○侍坐則必退席，不退則必引而去君之黨。登席不由前，爲躐席。徒坐不盡席尺。讀書、食，則齊。 豆，去席尺。躐，音獵。

鄭氏曰：「引，却也。黨鄉之細者，謂旁側也。引而去者，辟君之親黨也。登席不由前升，必由下也。徒坐不盡席尺，示無所求于前。不忘謙也。讀書食則齊者，讀書聲當聞尊者。食爲汙席也。」孔氏曰：「黨鄉之屬，借以喻君之旁側所親也。言臣侍君坐，必退就側旁別席，若旁無別席可退，或雖有別席，君不命之使退。命令與旁側之親黨同席，則臣必謙卑。引却而去，離君之親黨，坐君親黨之下也。失節而踐爲躐，席應從下升。若由前升，是躐席也。徒坐，空坐也，謂非飲食及講問時也。不盡席之前畔有餘一尺。讀書、食，則坐近前，與席畔齊。豆去席尺者，又解食所以近前之意，以設豆去席一尺，不得不前坐就豆。〇軾按：躐，踐也。謂不踐前席，席以前爲正也。不盡席尺，無所求于前，以後爲謙也。若讀書與食，則必與席之邊齊。何也？食之豆去席一尺，故必齊席而坐，乃便食也。簡册之設，亦去席尺，故亦與席齊，記不言，可類推也。

〇君若賜之爵，則越席再拜稽首，登席祭之。飲，卒爵而俟，君卒爵，然後授虚爵。君子之飲酒也，受一爵而色洒如也，二爵而言言斯。禮已三爵，而油油以退。退則坐取屨，隱辟而后屨，坐左納右，坐右納左。洒，先典切，又西禮切。言言，魚斤切。辟，匹亦切。

鄭氏曰：「洒如肅敬貌，言言和敬貌，斯猶爾也。油油，説敬貌。以退。禮，飲過三爵，則敬殺，可以去矣。」孔氏曰：「先飲示賤者先即事，後授虚爵與相者，示不敢先君盡爵。此謂朝夕侍君得爵者，若大禮則君先飲而後臣飲。燕禮『公卒爵而後飲』，是也。此云再拜稽首而後受，燕禮則先受而後再拜。又云至三爵而退，明非大饗之飲。若燕禮非唯三爵而已。言讀爲誾，禮已三爵，言臣侍君小燕，唯止三爵。左傳云：『臣侍君燕，過三爵，非禮也。』坐，跪也。初跪脱屨堂下爲敬，故退而跪取屨，起而逡巡，隱辟以著之。納，猶著也。若坐左膝，則著右足之屨，坐右膝，則著左足之屨。」

唯君面尊。大夫側尊，用棜。士側尊，用禁。凡尊必上玄酒，唯饗野人皆酒。棜，於據切。

孔氏曰：「人君燕臣子，專其恩惠，故尊鼻向君。側，謂旁側。在賓主兩楹間，旁側夾之。士冠禮云『側尊一甒醴』，注云『無偶曰側』。與此側别棜今木轝，上有四周，下無足，斯禁亦無足，有似于棜。饗野人，謂蜡祭時也。野人賤，不得本古，又無德，故唯酒而無水也。○軾按：君面尊者，示惠自君出也。大夫士側尊者，不正向尊，避君之嫌也。方氏謂側尊用棜禁，則面用罍可知矣。

○若賜之食而君客之，則命之祭然後祭。先飯，辯嘗羞，飲而俟。若有嘗羞者，則俟君之食，然後食。飯，飲而俟。君命之羞，羞近者；命之品嘗之，然後唯所欲。凡嘗遠食，必順近食。君未覆手，不敢飧；君既食，又飯飧。飯飧者，三飯也。君既徹，執飯與醬，乃出授從者。飯，扶晚切，下並同。辯，音遍。飧，音孫。執飯，如字。從，去聲。

孔氏曰：「祭，祭先也。禮，敵者共食則先祭，降等之客則後祭。臣侍君而賜之食則不祭。若君以客禮待之，則雖得祭，又須君命之祭乃敢祭也。先飯，飯食也。君未食，而臣先食，偏嘗羞膳。示行臣禮，爲嘗食也。嘗羞畢，歠飲以俟君飧，臣乃敢飧也。禮食未飧，必先啜飲以利滑喉中，不令澁噎也。若有嘗羞者，此謂臣侍食，得賜食，而非君所客者也，故不得祭。君使膳宰自嘗羞，故不得嘗羞。既不祭不嘗，則俟君食後，己乃食也。飯飲者，飲之也。雖不嘗羞，亦先飲以俟君也。雖君已食，己乃後食，而猶未敢食羞，故又須君命。雖得君命，猶先食近其前者一種而止。若越次前食遠者，則爲貪好味也。品徧也，既未敢越次多食，故君又使徧嘗。己乃徧嘗之，後則隨己所欲，不復次第也。凡嘗遠食，必順近食，客與不客悉皆如此，故云凡也。意在嘗遠者，且從近始也。君未覆手不敢飧，侍食者悉然也。覆手者，謂食飽必覆手以循口邊，恐有殽粒汙著之也。飧，謂用飲澆飯于器中也。禮：食竟更作三飧，以勸助令飽實，使不虚也。君既食又飯飧者，君食畢竟而又飧，則臣乃敢飧，明不先君而飽也。三飯，謂三度飧也。君饌已徹，則臣乃自徹己饌以授從者。飯醬是食之主，故自執之。此謂不客者，若君與己禮食，則但親徹之，不敢授己之從者也。」嚴陵方氏曰：「品嘗與膳夫所謂品嘗食同義，命之品嘗之，然後唯所欲，則不敢有所擇也。必順近食，與羞近者同義覆手，謂釋已挾也。方其用匕挾而食，則致爪掌焉。及釋而不用則覆手而已。飧，夕食也。先儒以爲勸食者，蓋朝食爲一，則夕食爲再，以勸之使食，故因謂之飧也。君未覆手，不敢飧者，待君一食之竟。然後敢勸之使再也。如是者三，故曰飯飧者，三飯也。語有三飯之樂師，非謂是歟？」山陰陸氏曰：「飧，卒食也。一日二食以是爲卒，一食三飯，以是爲卒，故曰飯飧者，三飯也。又曰夕食爲飧。」○軾按：若賜之食至飲而俟。言君客之禮，若有嘗羞者至惟所欲，不客之禮。凡嘗羞以下總言之。徹飯醬授從者，雖不客之禮。然親徹則客不客一也。先飯者，先君而食也。食已飲而俟君之飧。食先君，飧不敢先君也。飯飲而俟者，飯畢亦飲而俟君飧也。君未覆手一段，申明兩俟字義。覆手，釋挾也。不敢飧，即飲而俟也。又飯飧，兼君臣，釋云『三飯也』者，正見飯飧是勸飽，臣不敢先君飽也。」

○凡侑食，不盡食。食於人不飽，唯水漿不祭，若祭，爲已偞卑。 偞，虚涉切。

方氏曰：「侑食，謂勸侑人食也。雖勸人食之使足，而己不敢自足也。食于人不飽，與共食不飽同義。不祭水漿，特于敵者爾。于尊者則不得不祭。首言凡侑食，則不主尊者可知。」

侍食於先生，異爵者後祭先飯。客祭，主人辭曰：「不足祭也。」客飧。主人辭以疏。主人自置其醬，則客自徹之。一室之人，非賓客，一人徹。壹食之人，一人徹。凡燕食，婦人不徹。 飯，扶晚切。

孔氏曰：「異爵，謂尊于己者。饌不爲己，故後祭先飯，示爲尊者嘗食也。客盛主人之饌具，故祭之。主人致辭云『不足祭』，謂疏食不足備禮也。客飧者，若食竟作三飯飧也。主人見客飧而致辭云『粗食傷客』，不足致飽，若欲使更食然也。主人敬客，自置其醬，則客宜報敬，故自徹之。曲禮『主人親饋』，是也。同事而合居一室，既無的賓主，故必少者一人徹饌。壹食，謂赴事一聚共食，則亦不人人徹，亦推一人徹也。」方氏曰：「先生則生在己先，謂尊者也。異爵，則爵與己異，謂貴者也。婦人弱不勝事，故不徹。」

○食棗、桃、李，弗致于核。瓜祭上環，食中，棄所操。凡食果實者後君子，火孰者先君子。核，行隔切。操，七刀切。先，去聲。

鄭氏曰：「弗致于核，恭也。上環，頭忖也。果實陰陽所成。非人事，故後君子。火孰備火齊不得，故先君子。」

○孔子食於季氏，不辭，不食肉而飧。

鄭氏曰：「以其待己及設饌非禮也。」孔氏曰：「凡客將食興辭，而孔子不辭者，必是季氏進食不合禮也。凡禮食先食胾，次食殽。至肩，乃飽而飧。孔子不食肉，仍爲飧者，是季氏饌失禮故也。」

○君賜車馬，乘以拜賜。衣服，服以拜賜。君未有命，弗敢即乘服也。君賜，稽首據掌致諸地。酒肉之賜，弗再拜。

陸氏曰：「拜賜句。君賜若車馬，乘以拜賜。若衣服服以拜賜。君未有命。弗敢即乘服。謂非經賜。雖有車馬衣服。不敢輒乘服也。若後世三品雖應服紫。五品應服緋必君賜而後服。鄭氏曰。乘服以拜。敬君惠也。據掌。以左手覆按右手也。致諸地。致首于地。酒肉之賜弗再拜。輕也。受重賜者拜受。又拜于其室。孔氏曰。凡受君賜。賜至則拜。至明日。更乘服所賜。往至君所又拜。重君恩也。稽首者。頭至地。據按也。謂却右手。而覆左手。按于右手之上也。致至也。致諸地。謂頭及手俱至地也。酒肉輕。但初賜至時則拜。至明日不重往拜也。

大夫拜賜而退，士待諾而退。又拜，弗答拜。大夫親賜士，士拜受，又拜於其室。衣服弗服以拜，敵者不在，拜於其室。

孔氏曰：「大夫往拜，至于門外，告君之小臣。小臣受其辭，入白于君。小臣入，則大夫乃拜之。拜竟即退，不待報，恐君召進答己也。士則外拜竟，又待小臣傳君之報諾出，又拜君之報諾也。弗答拜者，君不答士拜也。大夫親賜士，士初亦拜受。又往彼家拜。此非酒肉之賜，故再拜。君賜服，服以拜，大夫輕，故不服其所賜而往拜之。敵者相獻，既已拜受賜，則不復往彼家拜也。若獻時主人不在，留物置家，主人還，必往彼家拜謝。其室，獻者之家也。若朋友之饋，則論語云『非祭肉，雖車馬，不拜』。」

凡賜君子，與小人，不同日。

鄭氏曰：「愼于尊卑。」陳氏曰：「事不同，不可同日語。人不同，不可同日賜。故詩勞還卒，則歌出車。勞還役，則歌杕杜，凡以明貴賤，辨等列也。」

○凡獻於君，大夫使宰。士親，皆再拜稽首送之。膳於君有葷桃茢，於大夫去茢，於士去葷，皆造於膳宰。大夫不親拜，爲君之答己也。葷，許去切。茢，音列。去，上聲。造，七報切。爲，云僞切。

孔氏曰：「大夫尊，恐君拜己之獻，故不自往，而使己膳宰往獻。士賤，不嫌君拜，故身自親送。大夫雖使人，初於家亦自拜送，而宰將命，及士自送，至君門付小臣之時。宰及士，皆再拜而送之也。天子、諸侯之臣，獻孰食于君，恐邪氣干犯，故用辟凶邪之物覆之。大夫之臣以食獻大夫，則除去茢，有葷與桃也。士之臣吏以食獻士，又去葷，唯餘桃爾。桃，桃枝也。皆，皆于君、大夫、士也。造，至也。膳宰，主飲食官也。獻孰食者，操醬齊以致命。致命竟，而以所獻之食付主人之食官也。大夫自獻，則屈君答己，故不親也。此解大夫所以不自獻之義。」應氏曰：「臣子之致膳者，愛心也。熏祓不祥者，敬心也。」方氏曰：「桃以其性，葷以其氣，茢以其形，形不如氣，氣不如性，故貴賤多少之數。去一者去茢，去二者又去葷，唯桃不可去，無貴賤一也。皆造于膳宰者，不敢專達，必待主膳之人達之也。」

凡於尊者有獻，而弗敢以聞。

鄭氏曰：「有獻而弗敢以聞，謂獻辭也。少儀曰『君將適它，臣若致金玉貨貝于君，則曰：致爲資于有司』，是其類也。」孔氏曰：「凡謂賤者也，臣有獻于君，士有獻于大夫，不敢質言獻于尊者，但當云贈從者之屬也。」○軾按：弗以聞，即上節造于膳宰意。雖面見，不敢以告也。

〇有慶，非君賜不賀。士於大夫不承賀，下大夫於上大夫承賀。

鄭氏曰：「非君賜不賀，唯君賜爲榮也。承，受也。士有慶事，不聽大夫親來賀己，不敢變動尊也。」孔氏曰：「有慶，謂或宗族、親戚燕飲聚會，雖吉不相賀，唯受君賜爲榮，故相拜賀。」〇軾按：非賜不賀，亦謂不承賀也。

〇士於大夫，不敢拜迎而拜送，士於尊者，先拜，進面，答之拜則走。

鄭氏曰：「不敢拜迎，禮不敵，始來拜，則士辟也。士往見卿大夫，卿大夫出迎答拜，亦辟也。」孔氏曰：「大夫詣士，禮既不蔽，故士不敢迎而先拜。大夫雖拜，士則辟之也。按儀禮但是主人送賓，皆再拜，賓不答拜。賓既無答拜之禮，故士得拜送大夫也。士于尊者，謂士詣卿大夫，即先于門外拜之。拜竟，乃進面親相見也。若大夫出迎而答拜，則士走辟之。」〇軾按：迎字因下「送」字爲文，非迎于門外之迎。謂大夫詣士，士不敢拜也。禮非見國君，非弔喪無不答拜者，恐煩尊者之答，故不拜。拜送者，大夫已行，而後拜也。

士於君所言大夫，没矣，則稱謚若字，名士。與大夫言名士，字大夫。

鄭氏曰。君所大夫存亦名。孔氏曰。君前臣名。若大夫生。則士呼其名。大夫已没。而士于君前言則稱謚。無謚則稱字。士賤。雖已死猶呼其名。若士與大夫言及它大夫士。則士呼名。大夫呼字。若大夫士卒。則字士謚大夫。

於大夫所，有公諱，無私諱。凡祭不諱，廟中不諱，教學臨文不諱。

鄭氏曰：「公諱，若言語所避先君之諱也。凡祭，祭君神。不諱，謂祝嘏之辭。中有先君之名者，廟中上不諱下，教學臨文不諱，爲惑未知者。」孔氏曰：「士及大夫言，但諱君家，不自私諱大夫之父母。敬大夫，故不重敬也。祭社稷、山川、百神，祝嘏辭中，有先君之名不諱之；廟中有事于祖，則不諱父；有事于父則諱祖。教學謂師長也。若諱則疑誤後后，臨文，謂簡及讀法律之事，諱則失于事正。」〇軾按：士與大夫言，不諱大夫之父母者，知有公，不知有私也。爲此禮者，逆知後世有無君如六卿三家者而爲之防與。

右記爲臣之禮，凡十二節。

親在，行禮於人，稱父，人或賜之，則稱父拜之。

鄭氏曰「稱父，事統于尊。」

〇父命呼，唯而不諾，手執業則投之，食在口則吐之，走而不趨。

孔氏曰：「父命呼，父召子也，命謂遣人呼，非謂自喚，亦云爲父命所呼也。應之以唯而不稱諾，唯恭于諾也。急趨父命，故投業吐食也。趨緩于走，但急走往而不暇趨也。」

○親老，出不易方，復不過時，親瘠，色容不盛，此孝子之疏節也。 瘠，才細切。

方氏曰：「出不易方，有定所也。復不過時，無愆朝也。凡此慮貽親之憂疑而已，然孝子之事親，豈必老而後如是邪。蓋以親老者，尤不可不如此也。親病則致其憂，故色容不盛，文王世子所謂『色憂不滿容』是也。」澄曰：「疏節，猶言大大率也。鄭以爲非至孝，孔以疏簡之節，孝心不篤，義恐不然。」

○父没，而不能讀父之書，手澤存焉爾。母没，而杯圈不能飲焉，口澤之氣存焉爾。

鄭氏曰：「圈，屈木所爲，謂巵匜之屬，見親之器物。哀惻，不忍用也。」孔氏曰：「手澤，謂父平生所持手之潤澤在焉。口澤，謂母平生口飲潤澤之氣在焉。不能，謂不能忍爲此事也。」

右記爲子之禮，凡四節。

深衣第五

鄭氏曰：「名深衣者，以其記深衣之制也。深衣，連衣裳而純之以采。素純曰長衣，有表則謂中衣。」澄曰：「玉藻篇内已略記深衣之制。此則專記深衣而致詳焉。今以次玉藻之後。」孔氏曰：「餘服上衣下裳不連，此衣裳相連，被體深邃，故謂之深衣。」吕氏曰：「古者衣裳殊，所以别上下也。唯深衣衣連裳而不殊，蓋私燕之服爾。如冠之冠武殊。至于居冠，則屬武而不殊，皆尚簡便也。」

古者深衣，蓋有制度，以應規、矩、繩、權、衡。

古者深衣，明此衣古聖人之所作，非今始有也。凡布帛以刀裁其長短謂之制，以尺量其長短謂之度。應，猶中也，合也。規、矩、繩、權、衡，五則也。規者，所以爲圓；矩者，所以爲方；繩者，重其下而懸之以取直；權，稱錘也；衡，以横木爲稱，俾權與物鈞而取平者。深衣之應五則，見下文。

短毋見膚，長毋被土。毋音無。見，賢遍切。

此言裳之下際，衣有尺寸，裳無尺寸者，以人之長短不同也。隨人之身而定其長短，但毋令太短而露見其體膚，亦毋令太長而覆被于地上可矣。

續衽，鉤邊。衽，而審切。鉤，古侯切。

此言裳之旁際，續猶屬也。衽，謂裳之旁際，鉤謂覆而縫之，邊謂其旁之無布幅處，裳以六幅之布。交解裁之，爲十二片，每片一旁有布幅，一旁無布幅，將此兩旁相合縫之。縫畢，又將有布幅一旁，覆掩無布幅一旁，而重縫之，謂聯屬裳之旁衽者，必須鉤縫其所裁之邊也。左右各六片，依此法縫畢，唯當處二片，皆有布幅，則不須鉤邊，但削幅而已。

要縫半下。要，一遥切。縫，扶用切。

此言裳之上際。要者，裳之上際當要處也。下，即裳之下際。有齊處，布幅廣二尺二寸，六幅裁之爲十二片。狹頭廣八寸，濶頭廣一尺四寸，相合而縫，兩旁各縫入一寸。十二片狹頭當要者，廣七尺二寸，十二片闊頭在下者，廣一丈四尺四寸，要中之縫，比下際之廣爲一半也。

袼之高下，可以運肘。袼音各。肘，竹九切。

此言衣袖直下之度。運，轉動也。肘，臂節當腕，可屈處也。

袂之長短，反詘之及肘。袂，彌世切。詘，科鬱切。

此言衣袖横伸之度。袂者袖之末。左右各以布二幅爲袖。每幅除削幅二寸，共長四尺，人肩至肘一尺一寸，肘至掌後一尺一寸。掌後至中指端，約九寸弱，共三尺一寸弱。反屈及肘，又二尺弱，共爲五尺一寸弱，袖之四尺，并衣幅之旁，覆臂一尺一寸，内除削幅一寸，亦共五尺也。

帶，下毋厭髀，上毋厭脅，當無骨者。 髀，必婢切。又，步啓切。厭，於甲切。

此言衣帶高下之度，在髀骨之上，脅骨之下，正當二者中間無骨之處。

制：十有二幅，以應十有二月。袂圜以應規，曲袷如矩以應方，負繩及踝以應直，下齊如權衡以應平。 袷，音劫。踝，胡尾切。齊，音咨。

十有二幅，自鄭氏以來，皆謂裳之六幅，每幅分爲二。近年吴興敖繼公獨謂衣六幅，裳六幅，是爲十二幅。今按裳以六幅布裁爲十二片，不可言十二幅，又但言裳之幅，而不言衣之幅，尤不可。敖説良是衣裳各六幅。象，一歲十二月之六陽、六陰也。從袖口自下而上一尺處，于内縫之，以漸而殺使如規之圓。縫至袖下端近裏一尺處止。曲袷，交領也。禮服上衣之領垂而下，此深衣之領。右襟之末，斜交于左脇，左襟之末，斜交于右脇，二領既斜，則領不直垂，而兩領交會，自如矩之方，謂之曲袷。」孔氏曰：「負繩謂衣之背縫，與裳之後縫，上下相當，如繩之直，非謂真負繩也。裳之下齊，如權之衡，低昂平也。」

故規者，行舉手以爲容；負繩、抱方者，以直其政、方其義也。故易曰：「坤六二之動，直以方也。」下齊如權衡者，以安志而平心也。五法已施，故聖人服之。

鄭氏云：「政或爲正，與易文合，今從之。舉手爲容者，應接之恭，外無主角也。負直于後者，它心之正，内無斜倚也。抱方於前者，制事之義，外無虧缺也。安志平心者，存主之定，内無低昂也。言以者三，謂以之律己也，其五法。己施于衣，聖人所以服此衣而身其法也。」○軾按：三以字，與下節三取字相應。資之于彼爲取，用之于此爲以，取其無私而直平者，以正容宅中制事定志。凡持己待人，莫不如是。注分範物律己，未當。爲容，就一身容貌言，故曰行，曰舉手，猶論語所謂「動容貌」也。

故規矩取其無私，繩取其直，權衡取其平，故先王之。

爲圓爲右，必以規矩，易其法則不可成，以其無私也。繩以直物之不直，權衡以平物之不平，言取者三，謂取之範物也。其所取真可爲法，先王所以賫此法而制其衣也，聖人服之，謂有德而能稱此者。先王賫之，謂有位而能作此者。

故可以爲文，可以爲武，可以擯相，可以治軍旅，完且弗費，善衣之次也。相，去聲。

可以爲文，謂服之而擯相也。可以爲武，謂服之而治車旅也。完，謂完牢，而難敝壞。不費，謂易有而不傷財。方氏曰：「端冕可以爲文而不可以武，介冑可以爲武而不可以文。兼之者，唯深衣，然可以爲文，非若端冕可以視朝臨祭也。特可以贊禮爲擯相而已。可以爲武，非若介冑可以臨難折衝也。特可以運籌治軍旅而已。」鄭氏曰：「深衣者，用十五升布鍛濯灰治，純之以采，善衣朝祭之服也。自士以上，深衣爲之次，庶人吉服，深衣而已。」○軾按：深衣又名中衣，古人朝祭服必先著深衣于内，故曰可以文，可以武。

右記衣之制度。

具父母、大父母，衣純以繢。具父母，衣純以青。如孤子，衣純以素。大，音泰。純，音準。

鄭氏曰：「尊者存，以多飾爲孝。繢，畫文也。三十以下無父稱孤。」孔氏曰：「具父母，父母俱在也，大父母亦然。若其不具，一存一亡，不必純以繢，唯有父母而無祖父母，故飾少而純以青。若無父母，唯祖父母在，亦當然也。」

純袂緣，純邊，廣各寸半。緣，悦絹切。廣，去聲。

鄭氏曰：「純，謂緣之也。緣袂，謂其口也。緣，緆也。緣邊，衣裳之側。廣各寸半，則表裏共三寸矣。唯袷廣二寸。」孔氏曰：「緣字讀如緆，謂深衣下緣也。鄭注士喪禮下篇云：『在幅曰綼。在下曰緆。』」

右記純之制度。

月令第六

月令者，記一年十二月所行之政令也。古之王者，順陰陽運行之序，每月行事，各有不同，古制不存，無可考證。秦呂不韋集諸儒著呂氏春秋，採摭古制，間雜秦法，以爲前十二篇之首章。漢淮南王劉安因之作時則訓，記禮者又掇呂氏十二紀之首章，合爲一篇，名曰月令。然先儒謂小戴禮記無此一篇，後漢馬融增入，蓋采合成篇，或在其前，入戴記中。則自融始也。

孟春之月。

此謂立春後三十日也。唐月令曰：「立春之日，東風解凍，後五日，蟄蟲始振，後五日，魚上冰。雨水之日，獺祭魚。後五日。鴻雁來。後五日。草木萌動。

日在營室，昏參中，旦尾中。參，所林切。

鄭氏曰：「日月會於娵訾，而斗建寅之辰也。」〇軾按：中，南也。人君南面，故以南方爲中。日月會于營室，參尾昏旦見于南，可知爲建寅之月也。

其日甲乙。

甲乙者，木干也，立春以後七十二日。木王用事，故其日屬甲乙，天干有十，地支有十二，日月爲陽，而日者陽之陽也。故天干謂之十日，星辰爲陰，而辰者陰之陰也，故地支謂之十二辰。

其帝大皞，其神句芒。大，音泰，後大史等類並同。句，古侯切。芒音亡。

鄭氏曰：「此蒼精之君，木官之臣，自古以來，著德立功者也。大皞宓戲氏，句芒少皞氏之子曰重，爲木官。」孔氏曰：「大皞、句芒二人生時，木王主春，立德立功，及其死後，春祀之時，則祀之也。」陳氏曰：「迎青帝，則配以大皞；迎赤帝，則配以炎帝，配以大皞。則從以句芒。配以炎帝，則從以祝融。以至中央秋冬之禮，類皆如此。蓋五帝以德，五神以功，德則究其所秉之勢而本之也，功則推其所職之事而歸之也。

其蟲鱗。

東方角、亢、氐、房、心、尾、箕七宿，有龍之象，故凡動物之有鱗者屬木。馬氏曰：「蒼龍木屬也，其類爲鱗，故春則其蟲鱗。朱鳥火屬也，其類爲羽，故夏則其蟲羽。人土屬也，其類爲倮，故中央則其蟲倮。白虎金屬也，其類爲毛，故秋則其蟲毛。玄武水屬也，其類爲介，故冬則其蟲介。」

其音角。

鄭氏曰：「謂樂器之聲也。三分羽，益一以生角，角數六十四，屬木者，以其清濁中民象也。春氣和，則角聲調，凡聲尊卑，取象五行，數多者濁，數少者清，大不過宮，細不過羽。」孔氏曰：「不云其聲，而云其音者，單出曰聲，雜比曰音，音則樂細也。以春時調和，樂以角爲主，故云其音角。」

律中大簇。 中，去聲。簇，七豆切。

鄭氏曰：「律候氣之管，以銅爲之，中猶應也。大簇者，林鍾之所生，三分益一，律長八寸，凡律空圍九分。孟春氣至，則大簇之律應，應謂吹灰也。」孔氏曰：「上從其日甲乙，下終其祀户，皆總主三月一時之事。此律中大簇，惟主正月之氣，宜與東風解凍相連，必在於此處者角，是春時之音，律審正月之氣。音由氣成，以其音氣相須，故律角同處。正月之時候，氣飛灰應於大簇之管，又計大簇管數，倍而更半，鑄之爲鍾，名曰大簇之鍾，律在於前，鍾生於後。」蔡氏以爲「大簇鍾名，元有其鍾，後有其律，言律中此大簇之鍾」，非也。

其數八。

鄭氏曰：「木生數三，成數八，但言八者，舉其成數。」孔氏曰：「天一生水于北，地二生火于南，天三生木于東，地四生金于西，天五生七于中。陽無隅，陰無配，未得相成。地六成水于北，與天一并，天七成火于南，與地二并，地八成木于東，與天三并，天九成金于西，與地四并。地十成土于中，與天五并。舉成數者，金、木、水、火以成數爲功也。」

其味酸。其臭羶。

鄭氏曰：「木之臭味也。」

其祀户，祭先脾。

鄭氏曰：「春陽氣出，祀之於户内，陽也。凡祭五祀於廟用特牲，有主有尸，皆先設席於奥。祀户之禮，南而設主于户内之西，乃制脾及腎爲俎，奠于主北，又設盛于俎西。祭黍稷、祭肉、祭醴，皆三祭。肉脾一、腎再、既祭徹之，更陳鼎俎，設饌于筵前。迎尸，略如祭宗廟之儀。」

〇東風解凍，蟄蟲始振，魚上冰，獺祭魚，鴻雁來。上，上聲，後以意求。

鄭氏曰：「皆記時候也。振，動也。夏小正『正月啓蟄』，『魚陟負冰』。漢始亦以驚蟄爲正月中。此時魚肥美，獺將食之，先以祭也。雁自南方來，將北反其居。」方氏曰：「凍結於重陰堅栗之時，東風蓋發散之氣也。東風既解凍，則物之藏於密者，起而振，潛於深者，躍而上矣，故蟄蟲始振，魚上冰也。」

〇天子居青陽左个，乘鸞路，駕倉龍，載青旂，衣青衣，服倉玉，食麥與羊，其器疏以達。載音戴。上衣字去聲，後並同。

鄭氏曰：「皆所以順時氣也，青陽左个，大寢東堂北偏。鸞路有虞氏之車，有鸞和之節，而飾之以青。春言鸞，冬夏言色，互文。馬八尺以上謂龍，凡所服玉，謂冠飾及所珮者之衡璜也。麥實有孚甲，屬木。羊火畜也，時尚寒，食之以安性也。器疏者，刻鏤之，象物當貫土而出也。凡此車馬衣服，皆非周制。周禮，朝祀戎獵車服，各以其事，不以四時爲異。」孔氏曰：「麥實有孚甲屬木，黍秀舒散屬火，麻實有文理屬金，菽實孚甲堅合屬水，稷五穀之長，屬土。春時尚寒，故食火畜以助之，食菽與雞者，以氣尤熱，水能克火，木能抑土，故食北方之穀與東方之牲，以減其熱氣。秋氣既涼，又將向寒，不有其害，故食當方之穀牲也。冬氣極寒，故食火穀以減寒。寒勝於熱，故食當方之牲。」項氏曰：「麥自苗至實，皆在春時，故春三月食麥與羊。菽自種至實，皆在夏時，故夏三月食菽與雞。稷專受土氣，故中央之月食稷與牛，皆土類也。黍兼受水氣，故冬之三月食黍與，皆水類也。孟秋嘗稷，仲秋嘗麻，季秋嘗稻，獨食犬與麻者，百穀皆成，獨取其中氣者食之也。」方氏曰：「春木王之時，食麥與羊，是時之所生也。以麥火穀而羊火畜也，夏火王之時而食雞者，是物之所生也，以雞木畜也。秋金王之時而食麻，冬水王之時而食黍，是時之所勝，以麻木穀，而黍火穀也。夏食菽者，是物之所勝，以菽水穀也。中央土，則食稷與牛。秋食犬，冬食，是時物之類。以稷土穀，牛土畜，犬金畜，彘水畜也。所生者，所以相繼；所勝者，所以相治；同類者，所以相合，故能使四時之氣不戾，五臟之疾不生焉。春主發散，故其器疏以達，蓋疏則散，達則發也。夏主長大，故其器高以粗，蓋高則長，粗則大也。秋主刻制，故其器廉以深，蓋廉則制，深則刻也。冬主受藏，故其器閎以奄，蓋閎則受，奄則藏也。中央土，其器圜以閎者，圜若物由是以周旋，閎若物由是以出入萬物周旋出入於土者也。」澄按：所食穀之配五行，諸家説各不同，未明孰是，故兼存之。馬氏曰：「王者鄉明而治，故謂其堂曰明堂。而此曰春居青陽，夏居明堂，秋居總章，冬居玄堂，又裂爲太廟左右个，以配十有二月。爲大室以配中央，則非古也。古者天子以玉略祀，以金路賓，以象路朝，以革路即戎，以木路田，而此曰春乘鸞路，夏乘朱路，中央乘大路，秋乘戎路，冬乘玄路，則非古也。古者天子之馬六種，凡十有二閑，曰種，曰戎，曰齊，曰道，曰田，曰駑，朝祭毛之軍旅物之。而此曰春駕倉龍，是駕赤駵，中央駕黄駵，秋駕白駱，冬駕鐵驪，則非古也。古者天子之旂，大常象天，大旂象春，大赤象夏，大白象秋，大麾象冬，以五路序而載焉。其道車則載旞，其遊車則載旌，而此曰春載青旂，夏載赤旂，中央載黄旂，秋載白旂，冬載玄旂，則非古也。古者天子之服，祀天帝以大裘，饗先王以衮，饗先公饗射以鷩，祀四望山川以毳，祭社稷五祀以絺，群小祀以玄，六服異章，而玄衣纁裳也。而此曰春衣青，夏衣赤，中央衣黄，秋衣白，冬衣黑，則非古也。古者天子之玉，搢則大圭，執則鎮圭，佩之衡璜琚瑀，皆白玉也。冕旒弁之，皆五采也。而此曰春服倉玉，夏服赤玉，中央服黄玉，秋服白玉，冬服玄玉，則非古也。古者天子之膳，春以牛膏養脾，夏以犬膏養肺，秋以雞膏養肝，冬以羊膏養心，而膳食牛宜稌，羊宜黍，豕宜稷，犬宜粱，而此曰春食麥與羊，夏食菽與雞，中央食稷與牛，秋食麻與犬，冬食黍與彘，則非古也。古者天子之器，方圜多少，高下廣深，皆有度數。而義存乎其間，以義制器，則既有方矣。何可易哉？而此曰春疏以達，夏高以粗，中央圜以閎，秋廉以深，冬閎以奄，則非古也。古者周人以玉作六器，禮天地四方，而牲幣各放其色，豈後儒因是以曼衍而爲此説乎？或者吕不韋將以是始作秦制而不克用乎？意先王所以順四時而奉天者，蓋有道矣。豈弊焉於車旂器服之間爲哉？○軾按：明堂九室，制如井田，正中一室爲太廟太室。東、南、西、北四中室，爲青陽太廟、明堂太廟、總章太廟、玄堂太廟，俱謂太廟者，以饗神于是也。其四隅凹室，爲左右个。个，介也，以副于中室之側也。青陽之右，又爲明堂之左，左又爲玄堂之右，餘倣此。正中太室，夏季土王時居之。四時仲月，居四方中室，四隅四室，一歲兩月居之，孟春所居之青陽左个，即季冬所居之玄堂右个，東西南北，各如其向。先儒所論，太宰如此。又吴文正公謂此記所爲居，非言聽政，乃每日釋服退息而居之時。四時所居五處不同，禮經别無他文，惟天子有五小寢，是燕居之處。月令所記，或是取此。陳氏謂王大寢一在前，小寢五在後，大寢聽政，小寢燕息也。五小寢，一寢居中，四寢居四角。春居東北，夏居東南，秋居西南，冬居西北，土王之月居中。此説本孔氏曲禮疏，若以孔、陳之説，釋月令天子各月之居，則古制事宜，兩不背矣。

〇是月也，以立春。先立春三日，大史謁之天子曰：「某日立春，盛德在木，天子乃齊。立春之日，天子親帥三公、九卿、諸侯大夫以迎春於東郊。還反。賞公卿諸侯大夫於朝。」先，去聲。齊，側皆切，後同。還音旋，後同。

鄭氏曰：「大史，禮官之屬，掌正歲年以序事。謁，告也，迎春祭倉帝東郊之兆也。」孔氏曰：「立春爲正月節，有在十二月之時，云是月者，謂是月之氣，不謂是月之日也。凡言是月者，若事相連接，則因前是月，不別起文，若別事異端，則更云是月，他倣此。天以覆蓋生民爲德，春則爲生，天之生育盛德，在於木位，故云盛德在木也。天子有三朝，一是燕朝，在路寢。一是治朝，則此路寢門外應門之内，以其賞賜公卿大夫，宜在治事之朝故也。三是外朝，在庫門之外，皋門之内，大詢衆庶、聽斷罪人之處也。此云『賞公卿、諸侯大夫』；孟夏云『還反，行賞，封諸侯，慶賜遂行』；孟秋云『賞軍帥武人』；孟冬云『賞死事，恤孤寡』。四時所賞不同者，庾云『順時氣也。春，陽氣始著，仁澤之時，故賞朝臣及諸侯。至夏，陽氣尤盛，故慶賜轉廣。秋，陰氣始凝，故賞軍帥及武人。至冬，陰氣尤盛，故賞死事者，及其妻子也。』」

命相布德和令，行慶施惠，下及兆民。慶賜遂行，毋有不當。相，去聲，後同。毋音無。當去聲。

鄭氏曰：「相謂三公相王之事也。德謂善教，令謂時禁，慶謂休其善，惠謂恤其不足，遂猶達也。言使當得者皆得，得者無非其人。」〇軾按：德布爲令，令以行德。和，調也，行而適宜，使民各得其所。所謂敷政優優，不競不絿也。慶賜遂行者，不使膏屯而不下究，無有不當者，厚薄多寡，各得其宜。

乃命大史，守與奉法，司天日月星辰之行，宿離不貸，毋失經紀，以初爲常。宿音夙。離，去聲，又平聲。貸，吐得切。

鄭氏曰：「典，六典。法，八法也。經紀，謂天文進退度數。」方氏曰：「在人之六典八法，在天之日月星辰，莫不存乎書，故以是命大史。日循星以進退，月應日以死生，星者日所舍，辰者星所次，即堯典所言『曆象日月星辰』也。宿，言宿於此。離，言離於彼。日月星辰之宿，離有定數，不可貸，貸則司天者之過矣。丘氏曰：「星，謂二十八宿。辰，謂日月之舍。宿，留止。離，經歷。詩云『月離于畢』。大史歷候日月星辰所留止經歷，無令差貸也。」澄曰：「宿謂所居，離謂所麗，日月所居所麗，在何辰何星之第幾度，推算不可差貸，毋令失其所次之經紀。初，謂初始常謂不變，當依初始以來算曆之法而不改變也。」

○是月也，天子乃以元日祈穀于上帝。乃擇元辰，天子親載耒耜，措之于參保介之御間，帥三公、九卿、諸侯、大夫躬耕帝籍。天子三推，三公五推，卿、諸侯九推。反，執爵于大寢，三公、九卿、諸侯、大夫皆御，命曰勞酒。籍，在亦切。推，出隹、吐回二切。勞去聲。

鄭氏曰：「謂以上辛郊祭天也。耒，耜之上曲也。保介，車右也。置耒於車右與御者之間，人君之車，必使勇士衣甲居右而參乘，備非常也。介，甲也。帝籍爲天神借民力所治之田也。既耕而宴飲，以勞群臣也。大寢，路寢。御，侍也。」澄曰：「參保介謂車右也。參，謂參乘。保，謂護衛。介，謂甲士也。措耒耜于參保介及御者二人之間，而曰參保介之御。其立文，猶書立政，言有司及牧夫，而曰惟有司之牧夫也。」○軾按：「參保介之御間」，御，侍也。與下皆御之「御」同，謂置耒耜于參乘甲士所侍之處也。又吕氏春秋「參」字在「于」字上，謂措耒耜參錯于保介之間，更覺直截。

○是月也，天氣下降，地氣上騰，天地和同，草木萌動。王命布農事：命田舍東郊，皆修封疆，審端經術，善相丘陵、阪險、原隰。土地所宜，五穀所殖，以教道民，必躬親之。田事既飭，先定準直，農乃不惑。經，音徑。術，音遂。

天在上而其氣降下，地在下而其氣騰上，是天地之氣，兩相和同。交而爲泰，和同謂不乖異也，故草木萌生發動於其時。鄭氏曰：「此陽氣蒸達，可耕之候也。田，謂田畯主農之官也。舍東郊，順時氣而居，以命其事也。封疆，田首之分職。術，周禮作『遂』。夫間有遂，遂上有徑。遂，小溝也。步道曰徑。相視也。『田事既飭』以下，説所以命田舍東郊之意也。準直，謂封疆徑遂也。」孔氏曰：「春氣既和，王命群官分布檢校農事，以其耕作歲時之氣，起於東方，故令田畯舍國之東郊，以命其事，其諸侯都邑用畯，各舍國之東郊也。封疆，則九夫爲井，四井爲邑，各有封境界域，部分職事也。『術』、『遂』聲相近。遂廣深二尺，徑容牛馬，田畯舍於郊，令農夫皆脩理地之封疆，審正田之徑路及溝洫。田事既飭正，又先定準直。準，謂平均。直，謂繩墨。封疆有界限，徑遂有澗狹，皆先平均正直之，農乃不疑惑也。」方氏曰：「高謂之丘，平而可陵謂之陵，陂而不平者爲阪，水之所行者爲險，廣而平者爲原，下而濕者爲隰，非時脩則不是以盡其利，故丘陵、阪險、原隰，不可以不相。土地所宜者，所宜之物也。若山林之宜皁，川澤之宜橐是矣。五穀所殖者，所殖之土也。若黍之利高燥，稌之利下濕是矣。既曰土，又曰地者，蓋土則地之體，地則土之名，故周官大司徒言五地，而又言十有二土者以此。」〇軾按：「五穀」句，補足上文「宜」字。宜，即五穀種殖之宜也。「田事」以下，注謂説所以命田畯舍東郊之意，愚意飭田事，謂土地五穀之宜，準直謂封疆徑遂，「既」字、「先」字與「乃」字相應，謂所以如是者，蓋必田事既飭，準直先定，而後民有遵守而不惑也。

〇是月也，命樂正入學習舞。

鄭氏曰：「習舞，爲仲春將釋菜。」胡氏曰：「以春陽動，舞動容也。鄭謂『爲仲春將釋菜』。

按文王世子云『釋菜不舞』，則釋菜不爲舞也。下云『仲春習舞釋菜』，又『大胥春入學舍菜合舞』，釋菜、習舞不同，二者各是一事，故月令先習舞，大胥先舍菜。」陳氏曰：「周官大胥以春之時合舞。以秋之時合聲。文王世子以秋冬學羽籥，春夏學干戈，而月令季春大合吹，孟夏習合禮樂，仲夏脩樂器，蓋秦制也。」

乃修祭典，命祀山林川澤，犧牲毋用牝，禁止伐木。毋覆巢，毋殺孩蟲、胎、夭、飛鳥，毋麛，毋卵。毋聚大衆，毋置城郭。掩骼埋胔。覆，芳服切。夭，烏老切。麛，音迷。骼，音格。胔，才賜切。

鄭氏曰：「脩祭典，重祭禮，歲始省録也。毋用牝，爲傷妊生之類。禁止伐木，盛德所在也。自覆巢至麛卵，爲傷萌幼之類，聚衆置城郭，爲妨農之始。骨枯曰骼，肉腐曰胔，掩埋，爲死氣逆生也。」孔氏曰：「山林川澤，其祀既畢，餘月牲皆用牝，唯此月不用，爲傷妊也。若天地宗廟大祭，雖非正月，皆不用牝。」馬氏曰：「命祀山林川澤，百物之所自生也。毋聚大衆，毋置城郭，爲其害耕事也。掩骼埋胔，則推其所愛於其生者，以及其死者也。」〇軾按：蟲之孩者，凡物之胎者、夭者、烏之學飛者，皆不殺。獸之麛，鳥之卵，亦不殺不毁。此四時皆禁，而孟春尤謹，故特命戒之。

〇是月也，不可以稱兵，稱兵必天殃。兵戎不起，不可從我始。毋變天之道，毋絶地之理，毋亂人之紀。

鄭氏曰：「逆生氣，故必天殃。兵戎爲客不利，主人則可，故不可從我始。變天道，謂以陰政犯陽。絶地理，謂易剛柔之宜。亂人紀，謂仁之時而舉義事也。」孔氏曰：「起兵伐人者謂之客，敵來禦捍者謂之主。」方氏曰：「道有常也，故曰毋變，理可通也，故曰毋絶，紀欲定也，故曰毋亂。」○軾按：變道絶理亂紀，俱就稱兵言。

○孟春行夏令，則雨水不時，草木蚤落，國時有恐。行秋令，則其民大疫，猋風暴雨總至，藜、莠、蓬、蒿並興；行冬令，則水潦爲敗，雪霜大摯，首種不入。蚤，音早。猋，必遥切。種上聲。

鄭氏曰：「行夏令，巳之氣乘之也。草木早落，生日促也，國有恐，以火訛相驚。行秋令，申之氣乘之也。七月始殺，回風爲猋，藜莠蓬蒿並興，生氣亂，惡物茂也。行冬令，亥之氣乘之也，首種爲稷。」孔氏曰：「凡孟春失令，則三時孟月之氣乘之。仲季月失令，則仲季月之氣乘之。所以然者，以同爲孟仲季氣，情相通也。如其不和，則迭相乘入。雨水不時，謂雨少不得應時。巳來乘寅，四月純陽用事，故雨少。巳爲火，寅爲天漢之津，火畏水，終不來，但訛言以火相恐動爾。七月建申，陰氣始殺，殺氣乘寅，故人多大疫。寅爲風，申爲雨，兩相衝破，風被逆，故爲猋風；雨被逆，故爲暴雨。」澄曰：「亥屬水，亥氣乘陰，故水潦爲敗。雪霜，冬之盛陰，摯與至同。冬陰勝春陽，故雪霜大至。諸穀，稷最先種，春寒傷其種，故不收成。入，謂收成，而入于倉廩也。」萬斯大曰：「四時失令，謂天時之失令也。其咎應，則如今田家占驗也。」

右記孟春，凡十節。

仲春之月。

此謂驚蟄後三十日也。唐月令曰：「驚蟄之日，桃始華，後五日，倉庚鳴，後五日，鷹化爲鳩，春分之日，玄鳥至，後五日，雷乃發聲後五日，始電。」

日在奎，昏弧中，旦建星中。 奎，苦圭切。

鄭氏曰：「日月會於降婁，而斗建卯之辰也。」

其日甲乙，其帝大皞，其神句芒，其蟲鱗，其音角，律中夾鍾，其數八，其味酸，其臭羶，其祀户，祭先脾。

鄭氏曰：「夾鍾者，夷則之所生。三分益一，律長七寸二千一百八十七分寸之千七十五。仲春氣至，則夾鍾之律應。」

○始雨水，桃始華，倉庚鳴，鷹化爲鳩。

鄭氏曰：「皆記時候也。倉庚，鸝黄也。」方氏曰：「自上而下者皆曰雨，然北風凍之，則凝而爲雪，東風解之乃散而爲水。孟春東風既解凍矣，仲春于是始雨水。鷹好殺而擊以秋，鼠好貪而出以夜，皆陰類也。鳩鴽皆陽類也。卯辰者，陽之中，故仲春則鷹化爲鳩，季春則田鼠化爲鴽，蓋陰爲陽所化，物理如此。爵乳子而集以春，雉求雌而雊以朝，皆陽類也，蛤蜃皆陰類也。戌亥者，陰之極也，故秋則爵入大水爲蛤，孟冬則雉入大水爲蜃，蓋陽爲陰所化，物理如此。草腐則幽之類也，螢則明之類也，季夏則腐草爲螢，蓋離之明極于此故也，是皆化而已。於鷹鼠言化，于腐草爵雉則直言爲何哉，蓋因形移易曰化。鷹之爲鳩，鼠之爲鴽，皆因形移易而已，故言化。腐草則植物也，螢則動物也，爵雉飛物也，蛤蜃潛物也，植物爲動，飛物爲潛，則不特因形移易矣。而化固不足以言之，故皆直言爲而已。

○天子居青陽大廟，乘鸞路，駕倉龍，載青旂，衣青衣，服倉玉，食麥與羊，其器疏以達。

鄭氏曰：「青陽大廟，東堂大室。」

○是月也，安萌牙，養幼少，存諸孤。擇元日，命民社。命有司省囹圄，去桎梏，毋肆掠，止獄訟。少，去聲。省，所景切。去，上聲。掠，音亮。

鄭氏曰：「安養，存助生氣也。社，后土也，使民祀焉。日用甲，省減也。囹圄，所以禁守繫者。桎梏，械也。肆，謂死刑暴尸也。掠，謂捶治人，皆順陽寬也。」馬氏曰：「植物始茁爲萌，浸長爲牙。動物始生爲幼，未壯爲少，植物欲其無踐履，故曰安。動物欲其無殄滅，故曰養。孤者天民之窮，欲其無天絶，故曰存。」孔氏曰：「后土謂五官之后土，即社神也。句龍配社之人，又爲后土之官。郊特牲云：『祀社用甲，用日之始。』召誥：『戊午，社于新邑。』乃用戊者，周公告營洛邑，非常祭也。囹，牢也。圄，止也。所以止出入，罪人所舍，皆獄也。周曰圜土，殷曰羑里，夏曰均臺，秦曰囹圄，漢曰若盧。肆，陳也，謂陳尸而暴之。然春陽既動，理無殺人，何得更有死尸，蓋是大逆罪甚，容得春時殺之，殺則理之，禁其陳肆。應氏曰：『肆，縱也。肆掠，謂肆意笞箠也。蓋雖輕刑，不敢縱意也。肆固爲暴尸之刑，而與掠並言，則輕重不倫。且桎梏猶欲去之，而况敢暴尸乎。』」

○是月也，玄鳥至，至之日，以大牢祠于高禖，天子親往，后妃帥九嬪御，乃禮天子所御，帶以弓韣，授以弓矢，于高禖之前。禖，音梅，韣，音獨。

鄭氏曰：「玄鳥，燕也。燕以施生時來，巢人堂宇而孚乳。嫁娶之象也。媒氏之官以爲候，高辛氏之世，玄鳥遺卵，娀簡吞之而生契。後王以爲媒官嘉祥而立其祠焉。變媒言禖，神之也。周禮，天子有夫人，有九嬪，有世婦，有女御，獨云『九嬪』，舉中言也。御謂從往侍祠，天子所御，謂今有娠者。於祠，大祝酌酒，飲於高禖之庭，以神惠顯之也。帶以弓韣，授以弓矢，求男之祥也。王居明堂禮曰：『帶以弓韣，禮之禖下，其子必得天材。』」

○是月也，日夜分，雷乃發聲，始電。蟄蟲咸動，啓户始出。先雷三日，奮木鐸以令兆民曰：「雷將發聲，有不戒其容止者，生子不備，必有凶災。」

鄭氏曰：「發聲，發猶出也。主戒婦人有娠者也。容止，猶動静。」孔氏曰：「日夜分，謂晝夜各五十刻，據日出入爲限。雷是陽氣之聲，將上與陰相衝。季冬雷在地下，則雉應而雊。孟春動於地之上，則蟄蟲應而振出。至此升而動於天之下，其聲發揚也。以雷出有漸，故曰『乃』云。始電者，電是陽光，陽微則光不見。此月陽氣漸盛，以擊於陰，其光乃見，故云始電。户，謂穴也。蟲發所蟄之穴。蟄早者，孟春乃出。則左傳『啓蟄而郊』是也。蟄晚者，二月始出，故此云『蟄蟲咸動』。玉藻云：『迅雷甚雨則必變，雖夜必興，衣服冠而坐』，所以畏天威也。小人不畏天威，懈慢褻瀆，或至夫婦交接。君子制法，不可指斥言之，故曰：有不戒其容止者。言此時夫婦交接。生子支節性情必不備，其父母必有災也。」澄曰：「先雷謂於雷未發聲之前，而振鐸以令，使民咸知雷之將發聲也。心主於敬，則雖驟聞威震，不至失常。若不戒慎其容止於雷未發聲之前，使心有所主。娠婦將生子而不豫加警惕以備。則生子之際，忽值震驚，一時怖畏，或致駭亂神氣，害於産乳，因而喪生者有矣，故曰凶災。鄭注所謂主戒婦人有娠者。蓋若此，孔疏之言雖善，乃君子敬身之道，或非本文之意，故今明之。」○軾按：仲春之月，天子既禮所御于高禖，又奮木鐸以令娠婦，誠以嗣續所關綦重，貴賤一也。不備，則當從孔説。謂所生之子，形體性情不全也。

日夜分，則同度量，鈞衡石，角斗甬，正權概。甬音勇。概，古代切。

鄭氏曰：「因晝夜等而平當平也。同、角、正，皆謂平之也。丈尺曰度，斗斛曰量。三十斤曰鈞，稱上曰衡，百二十斤曰石。甬，今斛也。稱錘曰權。概，平斗斛者。」澄曰：「鈞，亦謂均平之也，非三十斤爲鈞之鈞。『同』、『鈞』、『角』、『正』四字共一義。角，如角力之角，謂比較其大小也。度之度長短者有五，分、寸、尺、丈、引也。量之量多寡者有五，龠、合、升、斗、斛也。衡之稱輕重者有五，銖、兩、斤、鈞、石也。衡之下但言石，於五者之中，舉其至重者言也。上曰量，下又曰斗甬者，先總言其器，後析言其名也。權者，衡之用。概者，量之用。唯度既不析其名，又不言其用者，度自用，而無爲之用者也。」

是月也，耕者少舍，乃脩闔扇。寢廟畢備，毋作大事，以妨農之事。

鄭氏曰：「舍，猶止也。因蟄蟲啓户，耕事少閒，而治門户也。用木曰闔，用竹葦曰扇。畢，猶皆也。凡廟，前曰廟，後曰寢。大事，兵役之屬。」馬氏曰：「耕者少舍，乃脩闔扇，亦啓其向之塞，闔其户之墐者而已。寢廟畢備，則以其所以養人者事神也。」方氏曰：「大事非若闔扇之小事，則於農事有所妨矣，故制之使毋。」澄曰：「闔扇，人所居也。寢廟，神所居也。脩闔扇而繼之以寢廟畢備，不敢勤於人而慢於神也。畢備者，無一不周完之謂。然耕者皆庶人，不當有廟，或疑是大夫士家。因農事之少間，而資其力以葺其家與？然當春爲此，雖功役省易，亦不知其合古制否也。」

〇是月也，毋竭川澤，毋漉陂池，毋焚山林。漉，音鹿。

鄭氏曰：「順陽養物也。畜水曰陂，穿地通水曰池。」方氏曰：「川澤之物，非竭其水，則不可以盡取，故於川澤曰竭陂池之物。漉之以網，則可以盡之矣。故於陂池曰漉，毋竭川澤，毋漉陂池。主漁者言之也。毋焚山林，主田者言之也，凡此皆所以遂生物。」

天子乃鮮羔開冰，先薦寢廟。鮮，音獻。

鄭氏曰：「鮮當爲獻，聲之誤也。獻羔，謂祭司寒也。祭司寒而出冰薦於宗廟，乃後賦之。」

上丁，命樂正習舞釋菜。天子乃帥三公、九卿、諸侯大夫親往視之。仲丁，又命樂正入學習樂。

上丁，上旬之丁。馬氏曰：「釋菜用丁，爲文明故也。」鄭氏曰：「樂正，樂官之長也。命習舞者，順萬物始出地鼓舞也。將舞，必釋菜於先師以禮之。夏小正曰：『丁亥，萬舞入學，親往視之。順時達物也。仲丁習樂者，習歌與八音，爲季春將合樂也。」孔氏曰：「孟春習舞，仲春又習舞，皆爲春陽既動，萬物出地，王者習舞，所以應之。此習舞與大胥春入學舍菜合舞一也。孟春習之，至仲春習而合之，是春秋常所合樂，非爲季春而習舞也。孟春習舞，及仲春習舞，仲丁習樂，并季春合樂，皆在大學。仲春釋菜合舞，季春大合樂，皆天子親往，餘則不。」

○是月也，祀不用犧牲，用圭璧，更皮幣。 更，平聲。

鄭氏曰：「爲季春將選而合騰之也。更，猶易也。當祀者，古以玉帛而已。」澄曰：「言是月有祈禱之小祀，不用犧牲，不忍殺物故也。當祀者，但用圭璧而已，亦或更之皮幣。更者，謂以之易犧牲也，而馬氏則曰非古也。」○軾按：小祀不用犧牲，視所祀之重輕，重以圭，輕以幣。此亦秦儀，非古禮也。

○仲春行秋令，則其國大水，寒氣總至，冦戎來征；行冬令，則陽氣不勝，麥乃不熟，民多相掠；行夏令，則國乃大旱，煖氣早來，蟲螟爲害。 掠，音略。

鄭氏曰：「大水寒氣，酉之氣乘之也。八月宿直昂畢，畢好雨，冦戎來征，金氣動，畢又爲邊兵也。陽氣不勝，麥乃不熟，子之氣乘之也。十一月爲大陰，民相掠，陰姦衆也。國旱氣煖，午之氣乘之也。蟲螟暑氣所生，爲災害也。」方氏曰：「多雨故其國大水也，水之氣爲寒，故寒氣總至冠戎來征，則感金氣而然也，凡此皆酉之氣乘之。麥以秋稼，至夏乃穡，仲春則向成矣，而陽氣不勝，故麥乃不孰也。民多相掠，則以陽氣不勝陰故也。凡此皆子之氣乘之，行夏令而陽亢，故大旱。大旱故煖氣早來，蟲螟則煖氣所生也。且螟食苗心，夏以盛德在火而心屬焉，則其爲害亦以類，故孟夏仲冬之行春令言蝗，仲夏之行春令言螣，各以類焉，凡此皆午之氣乘之。

右記仲春，凡十節。

季春之月。

此謂清明後三十日也。唐月令曰：「清明之日，桐始華；後五日，田鼠化爲鴽；後五日，虹始見；穀雨之日，萍始生；後五日，鳴鳩拂其羽；後五日，戴勝降于桑。」澄曰：「虹始見之第三日，至立夏前，凡十八日，土王用事。」

日在胃，昏七星中，旦牽牛中。

鄭氏曰：「日月會於大梁，而斗建辰之辰也。」

其日甲乙，其帝大皞，其神句芒，其蟲鱗，其音角，律中姑洗，其數八，其味酸，其臭羶，其祀戶，祭先脾。

鄭氏曰：「姑洗者，南吕之所生，三分益一，律長七寸九分寸之一。季春氣至，則姑洗之律應。」

○桐始華，田鼠化爲鴽。虹始見，萍始生。鴽音如。見，賢遍切。

孔氏曰：「鴽也，虹是陰陽交會之氣，純陰純陽，則虹不見。若雲薄漏日，日照雨滴，則虹生。」方氏曰：「虹者，天地訌潰之氣也。陰于陽所，乃見而出，陽方得中，則陰莫能干，至於辰則已過中矣，故爲陰所干而虹見也。氣以有所干而交，以無所干而辨，故虹以陰陽交而見，以陰陽辨而藏，季春則陰陽向乎交矣，故始見。孟冬則陰陽極乎辨矣，故藏不見也。萍爲陽之所浮者也，季春則陽生物之功極矣，故萍始生焉。」

○天子居青陽右个，乘鸞路，駕倉龍，載青旂，衣青衣，服倉玉，食麥與羊，其器疏以達。

鄭氏曰：「青陽右个，東堂南偏。」

○是月也，天子乃薦鞠衣于先帝。命舟牧覆舟，五覆五反，乃告舟備具于天子焉。天子始乘舟薦鮪于寢廟。覆，芝服切。鮪，爲軌切。

鄭氏曰：「鞠衣，黄桑之服。先帝大皞之屬，爲將蠶求福祥之助也。舟牧，主舟之官也。覆反者，備傾漏也。薦鮪，地時美物也。」孔氏曰：「鞠，草名，花色黄，與桑同色。」陳氏曰：「鞠衣，后服也。后服此，帥内外命婦而蠶，薦之於神，告將服之以蠶也，將耕祈穀於上帝，所以祈有秋；將蠶薦鞠衣于先帝，所以祈有春。」方氏曰：「必乘舟而後薦鮪者，示親漁也。先王之饗親，牲必親牽，殺必親射，以致其敬，所以乘舟而後薦鮪也。」

乃爲麥祈實。 爲，去聲。

鄭氏曰：「於含秀求其成也，不言所祈，承寢廟可知。」方氏曰：「孟夏農將登麥，故祈其實，慮稼穡之卒痒也。」

○是月也，生氣方盛，陽氣發泄，句者畢出，萌者盡達，不可以内，天子布德行惠，命有司發倉廩賜貧窮，振乏絶，開府庫，出幣帛，周天下，勉諸侯聘名士，禮賢者。 泄，息列切。句，古侯切。

鄭氏曰：「時可宣出，不可收斂也。句，屈也。生者芒而直者萌。振，猶救也。勉，猶勸也。聘，問也。名士，不仕者。」方氏曰：「由辰而前，句者非不出也，出之特未畢爾。萌者非不達也，達之未盡爾。至於辰乃言畢出盡産焉。春主發散，則出而外之時也；秋主揫斂，則入而内之時也。方春宜出之時，故言不可以内，自布德行惠而下，皆其事也發廩。所以賜貧窮、振乏絶，乏絶未至於貧窮，故於貧窮曰賜，則予之也；於乏絶曰振，則貸之而已。開府庫，所以出幣帛，將以聘名士禮賢者也。周天下言聘禮之廣，古者諸侯必歲貢士於天子，以是勉諸侯，則又欲諸侯之致力焉。」澄曰：「天子既自有所聘，有所禮矣。其賢士在諸侯境内者，又勸勉諸侯聘禮之。欲其所聘所禮，周於天下而一無所遺也。」

〇是月也，命司空曰：「時雨將降，下水上騰，循行國邑，周視原野，修利隄防，道達溝瀆，開通道路，毋有障塞。」行，去聲。

鄭氏曰：「溝瀆與道路，皆不得不通，所以除水潦，便民事也。」孔氏曰：「此爲雨決水，而云開通道路，言道達溝瀆之時，須循溝上道路。按周禮遂人職云：『溝上有畛，川上有路』，言溝上有路，是道路之總名也。」方氏曰：「循行，則行之有序也。周視，則視之無遺也。修利，則修而利之使無害。道達，則道而達之使無壅。開通，則開而通之使無窮，皆欲其毋有障塞而已。障言蔽，顯以爲隱，塞言窒，虚而爲實，凡此皆豫備水災之術也。」

「田獵罝罘、羅罔、畢翳，餧獸之藥，毋出九門。」罝，子斜切。罘，音浮。翳，於計切。餧，委爲切。

鄭氏曰：「爲鳥獸方孚乳，傷之逆天時也。獸罟曰罝罘，鳥罟曰羅罔，小而柄長謂之畢，翳射者所以自隱也。」陸氏曰：「王城面各三門，南北九經，東西九緯，若今朱雀門三經，經各一門是已。毋出九門，謂毋出此門也。」澄曰：「東、西、南、北各三門，則十二門也。而云九門者，蓋南三門，王之正門，平日此等之物，皆不敢由其門而出，不待此月始禁，其餘九門，則得出，但此月則禁爾。」

〇是月也，命野虞毋伐桑柘。鳴鳩拂其羽，戴勝降于桑。具曲植籧筐，后妃齊戒，親東鄉躬桑。禁婦女毋觀，省婦使，以勸蠶事。蠶事既登，分繭稱絲效功，以共郊廟之服無有敢惰。戴音帶。植，直吏切。籧，居呂切。鄉去聲。觀去聲。省，所景切。共，音恭。

鄭氏曰：「野虞，謂主田及山林之官。毋伐桑柘，愛蠶食也。鳴鳩飛且翼相擊，戴勝織紝之鳥，降于桑，皆蠶將生之候也。曲，薄也；植，槌也；皆養蠶器也。后妃親採桑，示帥先天下也。東鄉者，鄉時氣也。婦謂世婦，及諸臣之妻也。內宰職曰：『仲春，詔后帥外內命婦始蠶于北郊。』女，外內子女也。毋觀，去容飾也。婦使，縫線組紃之事。登，成也。敕往蠶者，蠶畢將課功以勸戒之。」方氏曰：「省婦使者，不煩以它役，欲一意於蠶事。分繭，所以使之繅。稱絲，所以使之織，效其功之多少，以共郊廟之服，無有敢惰，敬之至也。」

〇是月也，命工師，令百工，審五庫之量：金、鐵、皮、革、筋，角、齒、羽、幹，脂、膠、丹、漆，毋或不良。百工咸理，監工日號：「毋悖于時，毋或作爲淫巧以蕩上心。」監，平聲。號，去聲。

鄭氏曰：「工師，司空之屬官也。五庫，藏此諸物之舍也。量，謂物善惡之舊法也。幹，器之木也。凡輮幹有當用。脂，良善也。咸，皆也。於百工皆理治其事之時，工師則監之，日號令之，戒以二事。悖，猶逆也。時者，若弓人春液角，夏治筋，秋合三材，冬定體之屬。百工作器物。各有時，逆之則不善。淫巧，謂僞飾不如法。蕩，謂動之使生奢泰也。」孔氏曰：「五庫者，金、鐵爲一庫，皮、革、筋爲一庫，角、齒爲一庫，羽、箭、幹爲一庫，脂、膠、丹、漆爲一庫。此等之物，善惡先有舊法，當審察之，器之材樸，總謂之幹。周禮弓人『析幹』，止謂弓幹，與此異。此時天氣和適，百工造作器物，當依氣序，無得悖逆於時，使物不牢固。又所作器物，當依舊常，無得作淫。過巧妙，以蕩動在上，使生奢泰之心也。」方氏曰：「五庫之量，百工所治之材也，以其材各有所受，故謂之量。五庫以五材而得名，蓋金鐵之類，皆不離於五材也。先儒别而爲五，拘矣。工固有巧，過乎巧則爲淫，以其淫，故足蕩上心。此與孟冬皆言『毋或作爲淫巧，以蕩上心』者，此則因其作而戒之，彼則因其成而又戒之也。

○是月之末，擇吉日，大合樂，天子乃帥三公、九卿、諸侯、大夫親往視之。

鄭氏曰：「大合樂者，所以助陽達物，風化天下也。其禮亡。」方氏曰：「合，言備衆樂而合之也。帥公、卿、諸侯大夫親往視，以其大也。於大合吹而不帥之者，不若合樂之備也。於釋菜亦帥之者，謹其行禮之始也。」

○是月也，乃合累牛騰馬，遊牝于牧，犧牲駒犢，舉書其數。累，力追切。

鄭氏曰：「所合牛馬，謂繫在廄者。其牝欲遊，則就牧之牡而合之。」孔氏曰：「季春陽將盛，物皆産乳，故合以所累之牛，相騰逐之馬。遊此繫牧之牝，於牧田之中，就牡而合之。既遊牝於牧之後，畜皆在野，所有犧牲及小馬之駒，小牛之犢，皆書其見在之數。至秋畜産入時，知其舊數，欠少與否，及生息多少。」方氏曰：「累牛者，繫累之牛。騰馬者，騰躍之馬。牛善順，故以累言。馬善走，故以騰言。合牛馬而遊牝于牧，所以順陰陽之性，且欲其孳生之蕃也。牧蓋畜養之地。」○軾按：遊則皆遊，止言牝者，從其重也。畜産孳生，所重在母，故言雌先于雄，言牝先于牡。」

命國難，九門磔攘，以畢春氣。難，音那。磔，作伯切。

鄭氏曰：「此難，難陰氣也。陰寒至此不止，害將及人。命方相氏帥百隸索室毆疫以逐之，又磔牲以攘於四方之神，所以畢止其災也。」方氏曰：「難所以毆陰慝，以狂夫爲之。狂疾陽有餘，足以勝陰慝故也。裂牲謂之磔，除禍謂之攘，必於九門，欲陰慝之出也。凡此皆慮春氣之不得其終，故曰以畢春氣。此之難，難陰慝之作於春也。仲秋又難，則難陰慝之作於秋者也。季冬又難，則難陰慝之作於冬者也。獨夏不難，則以陽氣之盛時，陰慝不能作故也。」澄曰：「難者，聚衆戲劇，以盛其喜樂之氣，使人之和氣充盈，則足以勝天地之乖氣，比亦先王燮理之一事，而微其機，使百姓由之而不知也。」

○季春行冬令，則寒氣時發，草木皆肅，國有大恐；行夏令，則民多疾疫，時雨不降，山陵不收；行秋令，則天多沉陰，淫雨蚤降，兵革並起。

鄭氏曰：「寒氣時發，草木皆肅，丑之氣乘之也。肅，謂枝葉縮栗。大恐，謂以水訛相驚。疾疫不雨，未之氣乘之也。六月有暑，山陵不收，高者暵於熱也。沉陰淫雨，戌之氣乘之也。淫，霖也，雨三日以上爲霖。兵革，陰氣勝也。」孔氏曰：「寒氣來乘，水欲來至，季春是土，土能制水，故訛言相驚，水竟不至也。民多疾疫，人災也。時雨不降，天災也。山陵不收，地災也。沉陰淫雨，並天災也。兵革，人災也。」方氏曰：「冬之氣爲寒，故寒氣時發，草木皆肅，則寒氣之所栗故也。國有大恐，則寒氣之所制故也。亢陽之氣襲於人，故民多疾疫。陽亢而爲旱，故時雨不降。山陵之物不收，則以高者尤易被旱故也。天多沉陰，則感少陰之氣故也。陽爲暘，而陰爲雨，故淫雨蚤降，兵革並起，則金氣動故也。」

右記季春，凡十一節。

孟夏之月。

此謂立夏後三十日也。唐月令曰：「立夏之日，螻蟈鳴；後五日，蚯蚓出；後五日，王瓜生；小滿之日，苦菜秀；後五日，靡草死；後五日，小暑至。」

日在畢昏翼中，旦婺女中。

鄭氏曰：「日月會於實沈，而斗建巳之辰也。」

其日丙丁，

丙丁者，火干也。立夏以後七十二日，火王用事，故其日屬丙丁。

其帝炎帝，其神祝融。

鄭氏曰：「此赤精之君，火官之臣，自古以來，著德立功者也。炎帝，大庭氏也。祝融，顓頊氏之子。曰黎，爲火官。」

其蟲羽，

南方井、鬼、柳、星、張、翼、軫七宿。有鳥之象，故凡物之有忌者屬火。

其音徵，徵，張里切。

鄭氏曰：「三分宫，去一以生徵，徵數五十四。屬火者，以其微清，事之象也。夏氣和則徵聲調。」孔氏曰：「羽數最少爲極清，徵數次少爲微清。」

律中中吕，中吕音仲，

鄭氏曰：「中吕者，無射之所生，三分益一，律長六寸萬九千六百八十三分之萬二千九百七十四。孟夏氣至，則中吕之律應。」

其數七，

鄭氏曰：「火生數二，成數七，但言七者，亦舉其成數。」

其味苦，其臭焦。

鄭氏曰：「火之臭味也。」

其祀竈，祭先肺。

鄭氏曰：「夏陽氣盛熱於外，祀之於竈，從熱類也。竈在廟門外之東，祀竈之禮，先席於門之奥東面，設主於竈陘，乃制肺及心肝爲俎。奠于主西，又設盛於俎南，亦祭黍三，祭肺、心、肝各一，祭醴三，亦既祭徹之。更陳鼎俎，設饌於筵前，迎尸如祀户之禮。」孔氏曰：「唯云祭黍，或無稷也，配竈神而祭者，是先炊之人。」

○螻蟈鳴，蚯蚓出，王瓜生，苦菜秀。

鄭氏曰：「皆記時候也。螻蟈，蛙也。王瓜，萆挈也。」方氏曰：「蚯蚓，至陰之物，故感正陽之氣而出。王瓜，南方之果也。其色赤，感火之色而生。苦菜，南方之菜也，其味苦，化火之味而秀。」馬氏曰：「螻蟈鳴，則陰而伏者，乘陽而鳴也。蚯蚓出，則陰而屈者，乘陽而伸也。」

○天子居明堂左个，乘朱路，駕赤駵，載赤旂，衣朱衣，服赤玉，食菽與雞，其器高以粗。駵，音留。

鄭氏曰：「明堂左个，大寢南堂東偏也。菽實，孚甲堅合，屬木。雞木畜，時熱食之，亦以安性也。粗，猶大也，器高大者，象物盛長。」孔氏曰：「路與服言朱，駵與旂及玉言赤者，色淺曰赤，色深曰朱，路與衣服，人功所爲，染必色深，玉與駵馬，自然之性，皆不可深色。旌旂雖人功所爲，染之而不須色深，故亦云赤。」

○是月也，以立夏。先立夏三日，大史謁之天子曰：「某日立夏，盛德在火。」天子乃齊。立夏之日，天子親帥三公、九卿、大夫以迎夏於南郊。還反，行賞，封諸侯，慶賜遂行，無不欣說。先，去聲。說，音悅。

鄭氏曰：「迎夏，祭赤帝於南郊之兆也。」應氏曰：「封爵以是時出命，而田邑至秋始割，功之常者，待時而賞，其非常者，自不容緩。司馬法謂賞不踰時，是也。」

乃命樂師習合禮樂，命太尉贊桀俊，遂賢良，舉長大，養壯佼，行爵出禄，必當其位。佼，古卯切。

當，去聲。

鄭氏曰：「習合禮樂，爲將飲酎。大尉，秦官。三王之官，有司馬，無大尉。贊，猶出也。桀俊，能者也。遂，猶進也。此助長氣也。爵禄必當其位，使順之也。」澄按：「『養壯佼』三字，舊本在仲夏章，其『器高以粗』之下。朱子謂是簡脱，當屬此『舉長大』之下。今從之。傑俊賢良，尚其才德也。長大壯佼，尚其膂力也。孔氏曰：桀俊，謂多才藝。賢良，謂有德行。贊，是贊佐之義。或未仕沉滯，故出之；或職卑位下，故遂之。長大，謂長大之人。舉，謂用之。壯，謂容體盛大。佼，謂形容佼好。養之，以盛夏長養之時，助長氣也。」

○是月也，繼長增高，毋有壞墮，毋起土功，毋發大衆，毋伐大樹。壞音怪。墮，許規切。

鄭氏曰：「長高，謂草木盛蕃庶也。『起土功』、『發大衆』，爲妨農蠶之事。壞墮伐大樹，爲逆時氣也。」○軾按：長高謂隄坊，已于季春修利矣。至此又繼之增之，毋使壞墮也。

○是月也，天子始絺。

鄭氏曰：「初服暑服。」

命野虞出行田原，爲天子勞農勸民，毋或失時；命司徒巡行縣鄙，命農勉作，毋休于都。行，去聲，下同。爲，去聲。

鄭氏曰：「命野虞，重敕之。縣鄙，鄉遂之屬。主民者也，命農勉作，急趨於農。」

○是月也，驅獸毋害五穀，毋大田獵。

鄭氏曰：「爲傷蕃庶之氣也。」方氏曰：「四時之田，夏曰苗，以其爲苗除害也。故此言驅獸無害五穀，既曰驅獸，而又曰毋大田獵者，以雖可田獲，而不可大爲之也。若秋獮冬狩，則爲大矣。」

農乃登麥，天子乃以嘗麥，先薦寢廟。

鄭氏曰：「登，進也。麥之新氣尤盛，以彘食之，散其熱也。彘木畜。」方氏曰：「以彘嘗麥者，以水勝火也；仲夏以雛嘗黍者，以木生火也；仲秋以犬嘗麻者，以金勝木也；季秋以犬嘗稻者，以金合金也。勝所以治之，生所以養之，合所以和之，故食齊得其宜焉。」胡氏曰：「麥性蘊毒，故王制薦麥以魚，而此嘗麥以彘，宣其毒也，嘗穀必薦寢廟，一食不敢忘親。」

○是月也，聚畜百藥；靡草死，麥秋至；斷薄刑，決小罪，出輕繫。畜，丑六切。斷，丁亂切。

方氏曰：「藥之可採者，不必皆在孟夏，以繁廡之時，所可採者多也。凡物感陽而生者，則彊而立，感陰而生者，則柔而靡。靡草，至陰之所生也，故不勝，至陽而死。凡物生於春，長於夏，而成於秋，而麥獨成於夏，故是月言麥秋至，蓋於時爲夏，於麥爲秋也。刑，主國言，罪主人言。薄者，對厚之辭；小者，對大之辭；輕者，對重之辭。方正陽之月，於陰事未宜大有所施設也。祭統云『草艾則墨』，謂立秋後也。刑無輕於墨者，今以純陽之月斷刑決罪，似非。出輕繫，崇寬也。」

蠶事畢，后妃獻繭，乃收繭稅，以桑爲均，貴賤長幼如一，以給郊廟之服。

孔氏曰：「后妃獻繭者，謂后妃受内命婦之獻繭，非后妃獻繭於王。祭義曰：『世婦卒蠶奉繭，以示於君，遂以獻夫人。』是夫人不獻繭也。内命婦既獻繭，乃收外命婦之賦稅。收稅之時，以受桑多少爲之均齊，桑多則賦多，桑小則賦少。貴，謂公卿大夫之妻。賤，謂士之妻。長幼，謂婦老少，其受桑則貴賤異，貴者桑多，賤者桑少。計繭多少，爲十一之稅。所稅以共給天子郊廟之服。」皇氏曰：「外命婦既就公家之桑而養蠶，則繭常悉輸於公，所以唯稅其繭，餘得自入者。以其夫當有祭服以助王祭，故令繭得自入以供造也。」

○是月也，天子飲酎，用禮樂。酎，音紂。

鄭氏曰：「酎之言醇也。謂重釀之酒也。春酒至此始成，與群臣以禮樂飲之於朝，正尊卑也。孟冬云大飲蒸，比言用禮樂，互其文。」方氏曰：「孟夏之飲酎，以春作之事畢，而燕樂必用禮樂，於此特言之者，以用之於是爲盛也。」

○孟夏行秋令，則苦雨數來，五穀不滋，四鄙入保。行冬令，則草木蚤枯，後乃大水，敗其城郭。行春令，則蝗蟲爲災，暴風來格，秀草不實。 數，所角切。

鄭氏曰：「苦雨，五穀不滋，申之氣乘之也。四鄙人保，金氣爲害也。鄙，界上邑。小城曰保，草木蚤枯，長日促也。大水敗城郭，亥之氣乘之也。蝗蟲暴風，寅之氣乘之也。必以蝗蟲爲災者，寅月有啓蟄之氣。行於初暑，則當蟄者大出矣。格，至也。秀草不實，氣更生之，不得成也。」方氏曰：「陰氣所召，故苦雨數來。苦者，極備而爲人之所苦也，與詩所謂『甘雨』異矣。雨固足以滋五穀，然至於苦，則適以傷之，故不滋。鄙邑之在外者，保城之在内者，人自外入内，象秋氣也，感肅殺之氣，故草木蚤枯，大水敗城郭，以冬德所在故也。蝗殘物之末，不傷其本，春木盛之時也，故行春令，則蟲之爲災，特殘其末而已。春於方爲東，東方生風，故暴風來格，秀草不實，則以盛於末故也。」

右記孟夏，凡十節。

仲夏之月。

此謂芒種後三十日也。唐月令曰：「芒種之日，螳蜋生；後五日，始鳴；後五日，反舌無聲；夏至之日，鹿角解；後五日，蜩始鳴；後五日，半夏生。」

日在東井，昏亢中，旦危中。 亢，音剛。

鄭氏曰：「日月會於鶉首，而斗建午之辰也。」

其日丙丁，其帝炎帝，其神祝融。其蟲羽，其音徵，律中蕤賓，其數七。其味苦，其臭焦。其祀竈，祭先肺。 蕤，人誰切。

鄭氏曰：「蕤賓者，應鍾之所生，三分益一，律長六寸八十一分寸之二十六。仲夏氣至，則蕤賓之律應。」

○小暑至，螳蜋生，鵙始鳴，反舌無聲。 鵙，工役切。

鄭氏曰：「螳蜋，螵蛸母也。鵙，搏勞也。反舌，百舌鳥，皆記時候也。」孔氏曰：「搏勞五月鳴，將寒之候。詩『七月鳴鵙』。豳地晚，物候從其氣，反舌鳥春鳴，五月稍止其聲，數轉故名反舌。」方氏曰：「暑極於季夏，則未極之時，尚爲小，故於此言小暑。螳蜋，皆陰類也，故感微陰而生，感微陰而鳴焉。反舌能反覆其舌而爲百鳥語，其鳴也，感陽中而發，故感微陰而無聲焉。」

○天子居明堂大廟，乘朱路，駕赤騮，載赤旂，衣朱衣，服赤玉，食菽與雞。其器高以粗。

鄭氏曰：「明堂大廟，南堂當大堂也。」

○是月也，命樂師修鞀鞞鼓，均琴瑟管簫，執干戚戈羽，調竽笙竾簧，飭鍾磬柷敔。 鞀，大刀切。鞞，步西切。竽音于。竾音池。柷，昌六切。敔，音語。

鄭氏曰：「爲將大雩帝習樂也，修均執調飭者，治其器物，習其事之言。」淮南子「竾」作「箎」。孔氏曰：「鞀或爲鞉。鞉如鼓而小，持其柄摇之，旁耳還自擊。鞞者，雷鼓神祀之屬，以導樂作。鞞，裨也，裨助鼓節。鼓，廓也，張皮冒之，其中空廓。琴長三尺六寸六分，五弦。瑟長八尺一寸，二十七弦。管長尺，圍寸，併漆之，有底。管如籧而小，併兩而吹之。簫編二十二管，長尺四寸。干，盾也。戚，斧也。戈，鉤子戟。羽，鳥羽。周禮羽舞皇舞之屬。竽，三十六簧。笙十三簧。箎以竹爲之，長尺四寸，圍三寸，一孔上出寸三分，横吹之。或云八孔，或云箎七空。簧者，竽笙之名，氣鼓之而爲聲。鍾，大鍾謂之鏞，磬以玉石爲之，所以鼓柷謂之止，所以鼓敔謂之籈。脩者，脩理舊物。均者，均平其聲。執者，操持營爲。調者，調和音曲。飭者，整頓器物。」方氏曰：「脩之使治飭之使正，均之使平，調之使和，執之以待用。鞀鞞鼓之與鍾磬、柷敔，其聲質而一，故脩飭之而已。琴瑟、管簫、竽笙、竾簧，其聲文而雜，則必均調之焉。干戚戈羽無聲，特執之以待用可也。」

命有司，爲民祈祀山川百源，大雩帝，用盛樂。乃命百縣雩祀百辟卿士有益於民者，以祈穀實。 辟，必亦切。

鄭氏曰：「陽氣盛而常旱，山川百源，能興雲雨者也。衆水始所出爲百源，必先祭其本，乃雩。雩，吁嗟求雨之祭也。雩帝，爲壇南郊之旁，自鞀鞞至柷敔，皆作曰盛樂，凡它雩用歌舞而已。百辟卿士，古者上公若勾龍、后稷之類也。雩之正，當以四月。」孔氏曰：「四月純陽用事，故制禮此月爲雩。將爲雩祭，故先命有司祈祀山川百源，爲將雩之漸，重民也。旱暵，則舞雩，是用歌舞正雩，則非唯歌舞，兼有餘樂也。百辟卿士，身爲百辟，又爲王朝卿士者。」陳氏曰：「禮有先其大而後其小者，亦有先其小而後其大者，先其大而後其小者，異尊卑也，祫而後時祭，郊而後三望之類是也。先其小而後其大者，致敬文也，魯人將有事於上帝，必先有事於類宮；晉人將有事於河，必先有事於惡池，是也。二者之禮雖殊，其所以爲導尊則一。月令仲夏爲民祈祀山川百源，然後大雩帝，此致敬文之意也。大雩帝，然後命百縣雩祀，此異尊卑之意也。」方氏曰：「此言大雩帝，後言大饗帝。雩，所以祈也。饗，所以報也。祈必於仲夏者，以陰生於午，而物成之始也。報必於季秋者，以陽窮於戌，而歲功之終也。雩不皆於帝，唯雩於帝爲大雩；饗不皆於帝，唯饗於帝爲大饗。百辟，即諸侯也。卿士，即六卿也。百辟卿士，生有益於民者，死亦能有益於民，故命雩祀之，以祈穀實也。季春之祈實，爲麥而已，至此又祈實，則所祈者衆矣，故以穀該之。天子之雩及於上帝，百縣之雩，上於百辟卿士，於百辟卿士言祈穀實，則雩帝之所祈，又可知矣。」

○農乃登黍。是月也，天子乃以雛嘗黍，羞以含桃，先薦寢廟。

鄭氏曰：「登，進也。此嘗雛也，而云嘗黍，不以牲主穀也。黍，火穀，氣之主也。含桃，櫻桃也。」孔氏曰：「黍是火穀，於夏時與雛同薦之，黍非新成，直取舊黍。孟秋農乃登穀，注云『黍稷於是始熟』，明仲夏未熟也。按月令諸月無薦果之文，此獨『羞含桃』者，以此果先成，異於餘物，故特記之。其實諸果亦時薦。」方氏曰：「雛蓋雞也，以呂氏春秋見之。謂之雛者，雞以雛爲美也。若羊之類，則以大爲美爾。於配菽之食，則曰雞者，日之所食爲常，時之所嘗爲暫也。朱櫻受含陽之色，故以含言。羞者，以美物進也。」

令民毋艾藍以染，毋燒灰，毋暴布，門閭毋閉，關市毋索，挺重囚，益其食。暴，布上切。索，所白切。挺，大頂切。

鄭氏曰：「毋艾藍，爲傷長氣也，此月藍始可別。毋燒灰，爲傷火氣也，火之氣於是爲盛，火之滅者爲灰。毋暴布，不以陰功于大陽之事。門閭關市，順陽敷縱不難物，挺猶寬也。」孔氏曰：「商旅或隱藏其物，以辟征税。是月從長之時，故不搜索其物，挺重囚益其食，連文謂增益囚之飲食也。」馬氏曰：「毋閉，利宣也。毋索，不恃察以窮民隱也。益重囚之食，不以其罪，廢不忍人之政也。」方氏曰：「布，陰功之所成也。暴，謂暴之于日。暴布則以陰功于大陽之事矣。」○軾按：關市有索，秦人苛政也。

游牝别群，則縶騰駒，班馬政。

鄭氏曰：「游牝别群，孕妊之欲止也。縶騰駒，爲其壯氣有餘，相蹄齧也。馬政，謂養馬之政教也。廋人職曰：『堂十有二閑之政教，以阜馬，佚特，教駣』之簡其節。巫馬之治其疾，圉人之辨其□，以至圉師之所教。圉人之所養。莫不有政焉，故班之也，班則制而分之之謂歟。

○是月也，日長至，陰陽争，死生分。君子齊戒，處必掩身，毋躁；，止聲色，毋或進；，薄滋味，毋致和；，節耆欲，定心氣；，百官静事毋刑，以定晏陰之所成。 和，去聲。耆，市志切。晏，伊見切。

孔氏曰：「此月夏至，晝漏六十五刻，夜漏三十五刻，日長之極至也。死生分者，陰氣既起，故物半生半死，感陽氣長者生，感陰氣成者死也。君子，謂人君以下至在位士也。齊戒，所以敬道萌陰也。處猶居也，陰既始萌，君子居處不顯露，又不躁動，恐于陰也。歌舞華麗之事爲動，陰静故止之，既止聲色，故嬪房不得進御侍夕也。亦爲微陰始動，不可動於陰事也。從君子齊戒至無刑，皆是清静止息之事，所以正定身中晏陰之所成就。」澄曰：「君子，謂在上者。齊戒，謂如祭祀前之齊戒。其居處必掩藏其身，而不與物接也。毋躁，躁又特指身中之一端，蓋躁動尤爲不掩身之甚者也。止聲色，薄滋味，節耆欲，此掩身之目也。聲色謂其聲音悦耳而色美，如李、趙之善歌舞，止之而不御幸，毋令或進也。滋味，謂有滋液調適而味美，滋如必有草木之滋焉之滋。薄之而不求詳，毋令致和也。人之所欲，男女、飲食最大，耆欲總上二者，而又兼包其餘耆欲之小者也。聲色滋味，物也，欲而耆之者，我也，止色而不進，薄味而不和，所以節我之耆欲，節我之耆欲者，所以定我之心氣也。人身之氣與天地通，而心爲之帥，必定則氣定，能齊戒掩身，毋躁以定其心，斯能定其氣矣。定我之心氣，即是不擾亂天地之氣也。百官謂在下者，不但在上者當掩身，而在下者亦當静事。静事，謂無所作爲也。毋刑，刑又特指事中之一端。蓋行刑尤爲不静事之甚者也。晏，爾雅云柔也。凡内而掩身，外而静事皆是順時保養，以安定初生之柔陰，使漸至完成，而無所虧傷，故曰以定晏陰之所成。按：鄭注云「聲，謂樂也。」易及樂、春秋説，夏至人主與群臣從八能之士作樂五日，今止之，非也。朱子曰：「止聲色」，蓋亦處必掩身毋躁之義，若以止樂言則拘矣。月令之説，固多有未安，而注文以此爲非，失其指矣。

鹿角解，蟬始鳴，半夏生，木堇榮。解，欣買切。堇，音謹。

鄭氏曰：「又記時候也。半夏，藥草。木堇，王蒸也。」方氏曰：「鹿好群而相比，陽類也，故夏至感陰生而角解。麋多欲而善迷，陰類也，故冬至感陽生而角解。半夏者，蓋居夏之半而生，故因以爲名。堇言木堇，以别堇草，感微陰而榮，故其華朝榮暮隕。」

○是月也，毋用火南方，可以居高明，可以遠眺望，可以升山陵，可以處臺榭。

鄭氏曰：「陽氣盛，又用火於其方，害微陰也。高明謂樓觀，闍者謂之臺，有木者謂之榭，居高明以下，皆順陽在上也。」孔氏曰：「臺，積土爲之，所以觀望，有大殿無室，名曰榭。」方氏曰：「夏爲火王之時，南方火五之方，於王之時，而又用於王之方，則其氣大盛，而害微陰之生，故戒之。居高明，故可以遠眺望，欲遠眺望，故或升山陵，或處臺榭也。山陵自然高明之所也；臺榭，人爲高明之所也。順陽在上，故居處如此。臺榭之高，亦必升，特不若山陵之尤高，故言處而已。高明言居，臺榭言處，互言之也。」

○仲夏行冬令，則雹凍傷穀，道路不通，暴兵來至；行春令，則五穀晚孰，百螣時起，其國乃饑；行秋令，則草木零落，果實早成，民殃於疫。螣音特。

鄭氏曰：「陽爲雨陰起脅之，凝爲雹，子之氣乘之也。盜賤攻劫，亦雹之類。五穀晚熟，生日長，卯之氣乘之也。螣蝗之屬，言百者，明衆類並爲害。草木零落，酉之氣乘之也。八月宿直昴畢，爲大獄，主殺。果實早成，生日短也。民疫，大陸之氣來爲害也。」方氏曰：「行冬令，是以陰包陽也，故雹凍傷穀，道路不通，則冬爲閉塞。暴兵來至，則陰賊之感也。春主生，夏行春令，則生之日長。生之日長，故熟之時晚，螣食苗葉。春之氣盛於末，故蟲之爲害，及葉而已。五穀晚熟，而又百螣時起，故其國乃饑。草木零落，果實早成，皆秋之氣候也。當盛暑之月而感秋氣，則相薄而衆成疾。」

右記仲夏，凡八節。

季夏之月。

此謂小暑後三十日也。唐月令曰：「小暑之日，温風至；後五日，蟋蟀居壁；後五日，鷹乃學習；大暑之日，腐草爲螢；後五日，土潤溽暑；後五日，大雨時行。」澄曰：「鷹乃學習之第三日，至立秋前，凡十八日，土王用事。」

日在柳，昏火中，旦奎中。

鄭氏曰：「日月會於鶉火，而斗建未之辰也。」

其日丙丁，其帝炎帝，其神祝融，其蟲羽，其音徵，律中林鍾，其數七。其味苦，其臭焦，其祀竈，祭先肺。

鄭氏曰：「林鍾者，黃鍾之所生，三分去一，律長六寸，季夏氣至，則林鍾之律應。」

〇**温風始至，蟋蟀居壁，鷹乃學習，腐草爲螢。**螢，户扃切。

鄭氏曰：「皆記時候也。鷹學習，謂攫搏也。夏小正曰：『六月鷹始摯。』螢飛蟲，螢火也。」方氏曰：「温風即景風，景風至以夏至，而此於季夏言『温風始至』者，陽饒之意也。蟋蟀居壁，則羽翼未成。羽翼成，則在野矣。十月又入牀下，順時而蟄也。陰浸長，故鷙鳥學習攫搏也。」應氏曰：「物得氣之先，涼氣未至，而鳴陰之物已居乎壁，迎涼氣之微也。殺氣未肅，而鷙猛之鳥已習於摯，迎殺氣之微也。」馬氏曰：「腐草爲螢，木氣之餘乘火而化也。」〇軾按：温風始至，至極也，盡也，無以復加也。吕覽「温」作「涼」。

〇**天子居明堂右个，乘朱路，駕赤騮，載赤旂，衣朱衣，服赤玉，食菽與雞，其器高以粗。**

鄭氏曰：「明堂右个，南堂西偏也。」

〇**命漁師伐蛟，取鼉，登龜，取黿。命澤人納材葦。**鼉，太多切。黿音元。葦，千鬼切。

鄭氏曰：「四者甲類，秋乃堅成。周禮鼈人職云：『秋獻龜魚。』龜人又云：『取黿用秋時。』是夏之秋也。作月令者，以爲此秋，據周之時。周之八月，夏之六月，因書於此，似誤也。蛟言代者，以其有兵衛也。龜言登者，尊之也。鼉黿言取，羞物賤也。鼉皮又可以冒鼓，材葦之屬。此時柔韌，可取作器物也。」方氏曰：「四者皆水族，故命漁師。葦，荻之小者，其材可緯以爲薄。生於澤，故命澤人納之。」

○是月也，命四監，大合百縣之秩芻，以養犧牲，令民無不咸出其力，以共皇天上帝、名山大川、四方之神，以祠宗廟社稷之靈，以爲民祈福。共，音供。

鄭氏曰：「四監主山林川澤之官。百縣，鄉遂之屬地。有山林川澤者也。秩，常也。百縣給國養犧牲之芻，多少有常。民皆當出力爲艾之，使民艾芻養牲，以供祠神靈。爲民求福，明不虛取也。

○是月也，命婦官染采，黼黻文章，必以法故，無或差貸，黑黃倉赤，莫不質良，毋敢詐僞，以給郊廟祭祀之服，以爲旗章，以別貴賤等給之度。貸，它得切。別，彼列切。

鄭氏曰：「婦官，染人也。采，五色。質，正也。良，善也。所用染者，當得真采正善也。旗章，旌旗及章識也。」孔氏曰：「染采，染五色之采，白與黑謂之黼，黑與青謂之黻，青與赤謂之文，赤與白謂之章，染必以舊法故事，無得有參差貸變。此月暑濕，染帛爲宜，是秦法也。周則於夏，豫浸治染纁玄之色，至秋乃總染五色，云黼黻文章，云黑、黃、蒼、赤，互相備也。旌旗者，周禮司常九旗是也。章識者，周禮事名號，官府象其事，州里象其名，家象其號是也。」方氏曰：「掌染婦功，故謂之婦官。設色者，采藍以爲青，采沙以爲朱，故謂之采。衣服旌旗，貴者從隆，賤者從殺也，故言等。隆非有餘，殺非不足，故言給。有等有給，各隨宜而度之，故言度。若天子龍、諸侯黼之類，所以別衣服貴賤等給之度也。若王建大常，諸侯建旂之類，所以別旌旗、貴賤等給之度也。凡此順文明之時，故染文明之色爾。然周官染人，春暴練，夏纁玄，秋染夏，與此不同，蓋意各有所主也。」

〇是月也，樹木方盛，乃命虞人入山，行木，毋有斬伐。不可以興土功，不可以合諸侯，不可以起兵動衆，毋舉大事以摇養氣，毋發令而待，以妨神農之事也。水潦盛昌，神農將持功，舉大事則有天殃。行，下孟切。

鄭氏曰：「樹木毋有斬伐，爲其未堅韌也。土將用事，氣欲静，故興土功，合諸侯，起兵動衆，皆不可也。大事，謂興徭役以有爲。發令而待，謂出徭役之令，以預驚民也。民驚則心動，是害土神之氣。土神，稱曰神農者，以其主於稼穡也。水潦盛昌，神農將持功者，言土以受大雨澤，安静養物爲功，動之則致害也。孝經説曰：『地順受澤，謙虚開張，含泉任萌，滋物歸中。』」方氏曰：「木之生也，方盛於夏，則衰於秋矣。虞人，蓋山虞也。行，巡之也。毋斬伐，慮傷方盛之氣也。興土功，合諸侯，起兵動衆，皆大事也，故繼言毋舉大事。舉大事則人不安，且搖養氣矣。搖者，振而蕩之之謂。夫萬物作於春，而氣主生，長於夏，而氣主養，故謂之養氣。發令而待，謂預令之以事，而使民有所待也。以神農將特功於秋，發令而待，則妨神農之事也。神農者，農之神，夫興農功而相之於明者。人也，持農功而主之於幽者。神也，水潦盛昌，則百穀被其澤，而向乎成矣。故神農將持其功也。苟舉大事以妨其功，則違神逆天，而有天殃矣。

○是月也，土潤溽暑，大雨時行，燒薙行水，利以殺草，如以熱湯，可以糞田疇，可以美土疆。薙，它計切。疆，其兩切。

鄭氏曰：「潤溽，謂塗濕也。薙，謂迫地芟草也。此謂欲稼萊地，先薙其草，草乾燒之，至此月大雨，流水潦蓄於其中，則草死不復生，而地美可稼也。可以糞田疇、美土疆者，土潤溽，膏澤易行也。糞、美，互文爾。土疆，疆之地。」孔氏曰：「大雨欲其流，故云行。行猶通『被』也。周禮：薙人除田草，五月夏至，芟殺暴之，至六月合燒之，故云燒薙。其時大雨行於所燒田中，仍壅遏蓄之，以漬燒薙，故云行水也。先芟後燒，又蓄水浸漬，即草根爛死，是利益於殺田中之草也。日暴爛草田中之水，水熱而沫沸，如以熱湯漬之。糞，壅苗之根，言爛草糞田，可使田肥也。疆，磊塊難耕之地，此月止水漬之，乃壅糞之，可使田美也。」澄曰：「田疇，謂熟耕而其田有界域者。土疆，謂難耕而其土磽確者。」○軾按：土爲火蒸故潤，溽則不獨土也。凡金石木革之物，無不濡濕矣。「溽」字連下「暑」字讀，蓋火氣蒸鬱而爲溽，愈溽愈熱，愈熱愈溽，此大雨所以行也。

○季夏行春令，則穀實鮮落，國多風欬，民乃遷徙；行秋令，則丘隰水潦，禾稼不孰，乃多女災；行冬令，則風寒不時，鷹隼蚤鷙，四鄙入保。鮮音仙，又上聲。欬，苦代切。隼，息允切。鷙，音至。

鄭氏曰：「穀實鮮落，國多風欬，辰之氣乘之也。未屬巽，辰又在巽位，二氣相亂爲害，民遷徙，象風轉移物也。丘隰水潦，戌之氣乘之也。九月奎，奎爲溝瀆，與此月大雨并，而高下皆水也。禾稼不熟，傷於水也。女災含妊之類敗也。風寒，丑之氣乘之也。鷹隼蚤鷙得疾厲之氣也，四鄙入保，象鳥雀之走竄也。」方氏曰：「鮮落，即莊子所謂草木不待黄而落也。丑氣過盛，故實有所不勝，以多風，故人肺受疾而欬也。民乃遷徙者，以春主發散也。丘隰水潦，以金生水也。目丘隰以見高下，皆被其害，故禾稼不熟也。多女災者，以純陰之氣過盛，而反傷之也。因風而後寒，故曰風寒，異乎隆冬之無風而寒矣。當暑而寒，故曰不時。鷹隼善擊，必待秋焉以感疾厲之氣，故蚤鷙於夏也。春夏主出，秋冬主入，故四鄙入保。」陸氏曰：「國多風欬，變民言國，國通於上，若多疾病多瘧疾，多鼽嚏，多疥癘則言民爲宜。」

右記季夏，凡九節。

中央土。

此謂小暑第十三日，至大暑終，凡十八日也。歲三百六十日，以四時言，則九十日爲春，九十日爲夏，九十日爲秋，九十日爲冬。以五行言，立春至清明之第十二日終，凡七十二日，木王用事。立夏至小暑之第十二日終，凡七十二日。火王用事。立秋至寒露之第十二日終，凡七十二日，金王用事。立冬至小寒之第十二日終，凡七十二日，水王用事。季春清明第十三日，至穀雨終，凡十八日。季夏小暑第十三日，至大暑終，凡十八日。季秋寒露第十三日，至霜降終，凡十八日。季冬小寒第十三日，至大寒終，凡十八日。及此小暑第十三日，至大暑終，凡十八日，共七十二日，皆爲土王用事。然土雖分王於四季，而其正位，則在火金之間，以其在一歲之中，故曰『中央土』也。」孔氏曰：「木配春，火配夏，金配秋，水配冬，土則每時寄王十八日，雖分寄，而位本在未，宜處季夏之末，金火之間。」方氏曰：「木生火，火生土，土生金，金生水，土之位與其序適居中央。周人兆黄帝於南郊，迎土氣於季夏，亦以是爾。曆於立秋以前，言土王用事，即其時也。」

其日戊己，

戊己者，土干也。四時之木，各十八日，土王用事，故其日屬戊己。

其帝黄帝，其神后土，

鄭氏曰：「此黄精之君，土官之神，自古以來，著德立功者也。黄帝，軒轅氏也。后土，亦顓項氏之子，曰黎，兼爲土官。」

其蟲倮，倮，力果切。

倮，人類也，人類之貴於毛鱗介，猶土之尊於木、火、金、水也，故以蟲之倮者配土。孔氏曰：「大戴記云：『鱗蟲三百六十，龍爲之長；羽蟲三百六十，鳳爲之長；毛蟲三百六十，麟爲之長；介蟲三百六十，龜爲之長；倮蟲三百六十，聖人爲之長。』」

其音宫，

鄭氏曰：「聲始於宫，宫數八十一，屬土者，以其最濁，君之象也。季夏之氣和，則宫聲調。」

律中黄鍾之宫，

此句可削。孔氏曰：「黄鍾候氣之管，本位在子，土無候氣之法。此是黄鍾之宫聲，與中央土聲相應，非候氣也。賀云：『黄鍾是十一月管。』何緣復應此月，以土居中，故虚設律於其月。實不用，土寄王四季之末，故從四時之管，而不别候氣也。」澄按：若是言宫聲與土應，則上文「其音宫」一句盡之矣。何緣再出黄鍾律名，此句於義不通，故曰可削。

其數五。

鄭氏曰：「土生數五，成數十，但言五者，土以生爲本。」

其味甘，其臭香。

鄭氏曰：「土之臭味也。」陸氏曰：「香，牛膏也。於春言所生，於秋言所尅，於中央言其正，且木在上，燎之則焦，在下浸之則朽，於夏言焦，春在前也，於冬言朽，春在後也。」

共祀中霤，祭先心。 霤，力又切。

鄭氏曰：「中霤，猶中室也。土主中央，而神在室。古者複穴，是以名室爲霤，祀中霤之禮，設主於牖下，乃制心及肺肝爲俎。其祭肉，心肺肝各一，它皆如祀户之禮。」澄按：夏祭先肺者，謂先祭肺，而次祭心，又祭肝也。此先心者，謂先祭心，而次祭肺，又祭肝也。秋先肝者，謂先祭肝，而次祭肺，又祭心也。冬先腎者，謂先祭腎，次祭脾，又再祭脾也。春先脾者，謂先祭脾，次祭腎，又再祭腎也。五時之祭，所先不同，諸家以五行生尅求其義者皆鑿，惟曰以四時之位，五臟之上下次之者爲得。今借人身五臟上下之次明之，肺最在上，心次於肺，亦在上，故候肺、心二脈，皆在上部。脾在中，肝次於脾，亦在中。故候脾、肝二脈，皆在中部，腎最在下，故候腎脈在下部。四時之位，則夏至日近北極，去地最高。肺之位象之，故夏祭先肺也。夏至後，日漸南，夏末比夏至之日微下。心之位象之，故中央土王之時，祭先心也。秋分春分，日在赤道，平分天地之半，而當其腰。脾肝之位象之，故春祭先脾，秋祭先肝也。冬至日近南極，最下，腎之位象之，故冬祭先腎。」

○天子居大廟大室，乘大路，駕黄騮，載黄旂，衣黄衣，服黄玉，食稷與牛，其器圜以閎。圜，于權切。閎，音宏。

鄭氏曰：「大廟，大室中央室也。大路，殷路也。車如殷路之制，而飾之以黄。稷，五穀之長。牛，土畜也。器圜者，象土周布於四時，閎讀如紘，閎謂中寬，象土含物。」

右記季月土寄王之日，凡二節。

孟秋之月。

此謂立秋後三十日也。唐月令曰：「立秋之日，涼風至，後五日，白露降；後五日，寒蟬鳴；處暑之日，鷹乃祭鳥；後五日，天地始肅；後五日，禾乃登。

日在翼，昏建星中，旦畢中。

鄭氏曰：「日月會於鶉尾，而斗建申之辰也。」

其日庚辛，

庚辛者，金干也。立秋以後，七十日，金王用事，故其日屬庚辛。

其帝少皞，其神蓐收。少，詩召切。蓐，音辱。

鄭氏曰：「此白精之君，金官之臣，自古以來，著德立功者也。少皞，金天氏，蓐收，少皞氏之子，曰該，爲金官。」

其蟲毛，

西方奎、婁、胃、昴、畢、觜、參七宿，有虎之象，故凡動物之有毛者屬金。

其音商，

鄭氏曰：「三分徵益，一以生商，商數七十二，屬金者。以其濁次宫，臣之象也。秋氣和，則商聲調。」

律中夷則，

鄭氏曰：「夷則者，大吕之所生也。三分去一，律長五寸七百二十九分寸之四百五十一，孟秋氣至，則夷則之律應。」

其數九。

鄭氏曰：「金生數四，成數九，但言九者，亦舉其成數。」

其味辛，其臭腥，

鄭氏曰：「金之臭味也。」

其祀門，祭先肝。

鄭氏曰：「秋陰氣出，祀之於門外。陰也，祭先肝者，秋爲陰中，於藏直肝，祀門之禮，北面設主于門左樞，乃制肝及肺心爲俎，奠于主南，又設盛于俎東，其它皆如祭竈之禮。」

〇涼風至，白露降，寒蟬鳴，鷹乃祭鳥，用始行戮。

陸氏曰：「西風謂之涼風，猶東風謂之温風，温涼言其氣。」馬氏曰：「涼風至，則天地之仁氣散矣。白露降，時陰乘陽，而其候交矣。寒蟬鳴，則物之生於暑者，其聲變矣。『鷹乃祭鳥，用始行戮』，則時主殺，而物之司殺者，應是而動也。鷹至不仁也，猶祭然後食。」〇軾按：用始行戮者，謂既祭，乃行擊殺鳥也。

〇天子居總章左个，乘戎路，駕白駱，載白旂，衣白衣，服白玉，食麻與犬其，器廉以深。駱音洛。

鄭氏曰：「總章左个，大寢西堂南隅。戎路，兵車也。制如周革路，而飾之以白。白馬黑鬣曰駱，麻實有文理，屬金。犬，金畜也。器廉以深，象金傷害物入藏。」

〇是月也，以立秋，先立秋三日，大史謁之天子曰：「某日立秋，盛德在金。」天子乃齊。立秋之日，天子親帥三公、九卿、諸侯、大夫以迎秋於西郊。還反，賞軍帥武人於朝。先，悉薦切。帥，所類切。

鄭氏曰：「謁，告也。迎秋者，祭白帝於西郊之兆也。軍帥，諸將也。武人謂環人之屬，有勇力者。」

天子乃命將帥選士厲兵，簡練桀俊，專任有功，以征不義，詰誅暴慢，以明好惡，順彼遠方。詰，去吉切。好、惡並去聲。

方氏曰：「才足以將物而勝之謂之將，知足以帥人而先之謂之帥。士言其人，兵言其器。選士，則人無不能於事，厲兵則器無不利於用。桀俊簡之則無所不擇，練之則無所不熟，既選厲簡練之矣。苟非已試之效，則勝負猶未可知，故所任必在乎有功之人也。任有功矣，苟置疑貳於其間，則知者必不盡其謀，能者必不竭其力，故任之欲其專也。凡此欲以征不義也，無以覆之謂暴，不能敬上之謂慢。詰，以問其罪，誅以戮其人，所詰誅者暴慢，則好惡公而明矣。故曰以明好惡，好惡得其明，則合天下之所願而無逆矣，故曰順彼遠方。」鄭氏曰：「征之言正也。詰，謂窮治之，問其罪也。」

○是月也，命有司脩法制，繕囹圄，具桎梏，禁止姦，慎罪邪，務搏執。命理瞻傷，察創，視折，審斷，決獄訟，必端平，戮有罪，嚴斷刑，天地始肅，不可以贏。創，初良切。斷，丁亂切。

方氏曰：「脩則治其壞，繕則其事，具則完其器。法制，古之所有也，故曰脩。囹圄，禁人之地，於此有事焉，故曰繕。桎梏，禁人之器也，故曰具。姦存乎心，故止之。邪見乎行，故罪之。搏所以戮之，執所以拘之。於仲春，則省囹圄，去桎梏；於孟秋，則繕囹圄，具桎梏。先王奉時之道可見矣。前言命有司，後言命理者，以脩法制，非理之所專故也。先王之用刑也，既務搏執矣，又命瞻傷察創視折焉。其心仁矣，端言無偏頗之異，平言無輕重之差。審斷決，故獄訟必端平也。有罪然後戮，則不及於無辜；斷刑嚴，則莫敢輕犯。秋者，陰之始，冬者，陰之終，故於孟秋，言天地始肅，陽道常饒，饒則有餘而贏。陰道常乏，乏則不足而縮，人君實輔相天地，故曰不可以贏。」鄭氏曰：「順秋氣，政尚嚴也。理，治獄官也。有虞氏曰士，夏曰大理，周曰大司寇，創之淺者曰傷，端猶正也。肅，嚴急之言也。贏，猶解也。」陸氏曰：「蔡邕云：皮曰傷，肉曰創，骨曰折，骨肉皆絶曰斷，傷，瞻之而已，創然後察也；折視之而已，斷然後審也。」澄曰：「姦未發露而藏於内者止之，止之而曰禁，則非慢令也。邪已發露而顯於外者，罪之。罪之而曰慎，則非濫刑也。陸氏以『視、折、審、斷』爲句，優於舊注。斷，即王制所謂斷者也。傷之甚者爲創。察則加詳於瞻。折之甚者爲斷。審則加詳於視。命有司至務搏執。順天之義也。命理至端平。愛人之仁也。又總結之曰：『戮有罪，嚴斷刑。』蓋雖命有司以搏執，然所戮者有罪之人，未嘗及無辜也，則義之中有仁焉。雖命理官以端平，然苟或當刑，斷之必嚴，未嘗敢失出也，則仁之中有義焉。大此時所尚，以順天之義爲主，特以愛人之仁，行乎其間爾。所以然者，天地之氣始嚴急，故順天者亦當嚴急而不可以寬緩也。羸有寬緩之意。」

○是月也，農乃登穀，天子嘗新，先薦寢廟。

鄭氏曰：「黍稷之屬，於是始熟。」方氏曰：「穀，謂稷也，以稷熟於此，故農乃登也。然孟夏之麥，仲夏之黍，仲秋之麻，季秋之稻，皆穀也。止以穀言稷者，以其爲五穀之長也。稼稷之官，謂之后稷，土穀之神，謂之社稷者，以是。」孔氏曰：「按仲秋云以犬嘗麻，今不云牲者，記文略也。」

命百官始收斂窮，完隄防，謹壅塞，以備水潦，修宮室，壞牆垣，補城郭。壅，於勇切。坏，步回切。

鄭氏曰：「順秋氣，收斂物也。八月宿直畢，畢好雨，完隄防，謹壅塞，以備八月也。修宮室，坏牆垣，補城郭，象秋收斂，物當藏也。」

○是月也，毋以封諸侯，立大官，毋以割地行大使，出大幣。使，去聲。

鄭氏曰：「古者於嘗出田邑，此其月也。而禁封諸侯割地失其義。」孔氏曰：「鄭唯云不封諸侯及割地，失其義。則毋立大官，毋行大使，毋出大幣，爲得禮，以其收斂之月故也。」方氏曰：「割地謂益以地，使者使於四方，故言行。幣以藏於府庫爲入，反以予人，故言出。凡此皆非收斂之事，故言毋以止之，其曰大官、大使、大幣，則小者容或可矣。」

〇孟秋行冬令，則陰氣大勝，介蟲敗穀，戎兵乃來；行春令，則其國乃旱，陽氣復還，五穀無實；行夏令，則國多火災，寒熱不節，民多瘧疾。復，扶又切。

鄭氏曰：「陰氣大勝，亥之氣乘之也。介蟲敗穀，介甲也，甲蟲屬冬，敗穀者，稻蟹之屬。戎兵乃來，營室之氣爲害也。十月宿直營室，主武事。其國乃旱，寅之氣乘之也。雲雨以風除也，陽氣復還，五穀無實，能生而不能成也。國多火災，已之氣乘之也。瘧疾，寒熱所爲也。」方氏曰：「方一陰之時，而行重陰之令，故陰氣大勝。戎兵乃來，亦以陰大勝而主殺也。方陰中之時，而行陽中之令，則陽亢矣，故旱也。自夏徂秋，則陽往而陰來，以其旱，故陽氣復還也。萬物敷華於陽，而成實於陰，以陽氣復還，故五穀無實也。火王於南方，故行夏令，則國多火災，火之氣爲熱，水之氣爲寒，而此并寒熱不節者，蓋熱極生寒，陰陽之理然也。民多瘧疾，則以感寒熱之氣而被虐也。」

右記孟秋，凡八節。

仲秋之月。

此謂白露後三十日也。唐月令曰：「白露之日，鴻雁來；後五日，玄鳥歸；後五日，群鳥養羞；秋分之日，雷乃收聲；後五日，蟄蟲坏户；後五日，水始涸。」

日在角，昏牽牛中，旦觜觿中。 觜，子斯切。觿，户圭切。

鄭氏曰：「日月會于壽星，而斗建酉之辰也。」

其日庚辛，其帝少皞，其神蓐收其蟲毛。其音商，律中南吕，其數九，其味辛，臭腥，其祀門，祭先肝。

鄭氏曰：「南吕者，大簇之所生。三分去一，律長五寸三分寸之一。仲秋氣至，則南吕之律應。」

盲風至，鴻雁來，玄鳥歸，群鳥養羞。 盲，忙庚切。

鄭氏曰：「皆記時候也。盲風，疾風也。玄鳥，燕也。歸，謂去蟄也。凡鳥隨陰陽者，不以中國爲居。羞，謂所食也。」方氏曰：「玄鳥歸者，至以陽中，故歸以陰中也。羞，謂所美之食。養之，所以備冬藏也。」項氏曰：「群鳥至秋，與百穀俱成。人始取之以爲養羞，如雉、鷃、鶉、鳩、雁、鶩，今人皆至秋食之。周禮司裘仲秋行羽物以賜群臣，於古有證矣。此皆天候，不言人事，則孟秋農乃登穀，亦以人事爲一候也。鷹祭鳥於孟秋之第四候，則人羞之於仲秋之第三候，不亦可乎？」澄按：「群鳥養羞義，方説近是。蓋養羞猶詩言『蓄租』。養，謂不食而儲蓄之也。群鳥於此月，豫養其所美之食，以待冬寒無可取食之時而食之也。」

○天子居總章大廟，乘戎路，駕白駱，載白旂，衣白衣，服白玉，食麻與犬，其器廉以深。

鄭氏曰：「總章大廟，西堂大室也。」

○是月也，養衰老，授几杖，行糜粥飲食。糜，忙皮切。

鄭氏曰：「助老氣也。行，猶賜也。」張子曰：「老人氣衰津液少，不能乾食，故糜粥爲養老之具。」方氏曰：「行，徧行之也。几杖之禮重，非庶人之老可預，故唯於糜粥言行焉。几杖以養其體，糜粥以養其氣。」○軾按：老人陽衰，故於四陰之月養之。

乃命司服，具飭衣裳，文繡有恒，制有小大，度有長短。衣服有量，必循其故，冠帶有常。量，音亮。

鄭氏曰：「司服具飭衣裳，謂祭服也。文，謂畫也。祭服之制，畫衣而繡裳。衣服有量，謂朝燕及它服。凡此謂寒益至也。詩云：『七月流火，九月授衣。』於是作之可也。冠帶，因制衣服而作之。」孔氏曰：「具，備也。飭，正也。文繡有恒，恒則故也。及朝宴等之衣服，亦皆有量。必因循故法。不得更改别造。它服，謂戰伐田獵等之服。」澄曰：「文繡有恒，謂衣之繪六章，裳之繡六章，有定法也。制有小大，謂横而裁之之廣狹也，如衣用幾幅，袂用幾幅，裳用幾幅之類。度有長短，謂從而度之之長短也，如衣二尺二寸，帶下尺，裳及踝無被土之類。量，即是廣狹之制，長短之度也，但祭服既言制度矣，故此變言量。循其故，即若祭服之有恒，但祭服有文繡，此無文繡爾。冠帶不隨人身，而有大小長短之異，故不言制度量，而但言有常者，其法亦必有恒，循其故而不可改變也。

乃命有司，申嚴百刑，斬殺必當，毋或枉橈，枉橈不當，反受其殃。 當，去聲。橈，女教切，又上聲。

孔氏曰：「枉，謂違法曲斷。橈，謂有理不申。應重乃輕，應輕更重，是不當也。」方氏曰：「孟秋既命，嚴斷刑矣，至此又命之，故曰申嚴。刑有五而曰百者，據罪言之，斬者必殺，殺者不必斬，刑之所加，不止於斬殺，所命止及此者，以大辟尤重故也。枉則在上者不直，橈則在下者不申，使斬殺不當，則以枉橈故也。先王奉天如此，而有司或枉橈焉。是逆天也，逆天則天必災矣。」

○是月也，乃命宰祝循行，犧牲，視全具；按芻豢，瞻肥瘠；察物色，必比類；量小大，視長短，皆中度。五者備當，上帝其饗。 行，去聲。中，去聲。

鄭氏曰：「於鳥獸肥充之時，宜省群牲也。宰祝，大宰、大祝主祭祀之官也。養牛羊曰芻，犬豕曰豢。五者，謂所視也，所按也，所瞻也，所察也，所量也，此皆得其正，則上帝饗之。上帝饗之，而無神不饗矣。」孔氏曰：「絕色曰犧，體完曰全，食草曰芻，食穀曰豢，皆按行之也。瞻，亦視也。肥，充也。瘠，瘦也。物色，騂黝之别也。周禮陽祀用騂，陰祀用黝，望祀各以其方之色，已行故事曰比。品物相隨曰類，王方本異其色，是比也。大皞配東，亦用青，是類也。大，謂牛羊豕成牲者，小謂羔豚之屬。長短，謂天地之牛角繭栗，宗廟之牛角握之屬也。」陸氏曰：「五者備當，謂所行、所按、所察、所量、所視。蓋於循行犧牲言『視全具』，於按芻豢言『瞻肥瘠』，於察物色言『必比類』，各係上事言之。」澄曰：「一則全具，二則肥瘠，三則比類，四則小大，五則長短。行之、按之、察之、量之、視之，而五者皆中度，是謂備當。五者之目，陸氏説是。」

天子乃難，以達秋氣。 難，乃多切。

鄭氏曰：「此難，難陽氣也，陽暑至此不衰，害亦將及人。王居明堂禮曰：『仲秋九門磔襄，以發陳氣，禦止疾疫。』」孔氏曰：「秋時涼氣新至，發去陽之陳氣也。」澄曰：「難以消去殘暑煩鬱之氣，而達秋月清涼之氣於民間也。」熊氏曰：「季春云國難，謂天子諸侯有國爲難。此云天子乃難，以難陽氣，唯天子得難。諸侯以下不得難也。」

以犬嘗麻，先薦寢廟。

鄭氏曰：「麻始孰也。」

○是月也，可以築城郭，建都邑，穿竇窖，脩囷倉。竇，音豆。窖，音教。囷，丘倫切。

鄭氏曰：「爲民將入，物當藏也。穿竇窖者，入地圓曰竇，方曰窖。王居明堂禮曰：『仲秋，命庶民畢入于室。曰：時殺將至。毋罹其災。』」澄曰：「築城郭，建都邑，以居民也。穿竇窖，脩囷倉，以藏物也。」方氏曰：「凡此皆斂藏之事，故於建酉闔户之月言之。」

乃命有司，趣民收斂，務畜菜，多積聚。趣，音促。畜，丑六切。

鄭氏曰：「始爲禦冬之備。」方氏曰：「趣民，急趣之也。孟秋言命百官始收斂，以其物初成，至此則物既成，而收斂不可緩也，故趣之焉。詩言『我有旨蓄，亦以御冬』，不特菜而已。」澄曰：「既言務蓄菜，又言多積聚。言菜之外，它物皆當積聚而蓄之，以備御冬也。」

乃勸種麥，毋或失時，其有失時，行罪無疑。

鄭氏曰：「麥，接絶續乏之穀，尤重之。」

○是月也，日夜分，雷始收聲，蟄蟲坏户，殺氣浸盛，陽氣日衰，水始涸。坏，步回切。涸，户角切。

鄭氏曰：「又記時候也，雷始收聲在地中，動内物也。坏，益也。蟄蟲益户，謂稍小之也。涸，竭也。周語曰：『辰角見而雨畢，天根見而水涸。』辰角見，九月本也。天根見，九月末也。此甫八月中氣，雨未止，而云水竭，非也。」孔氏曰：「雷是陽氣，主於動，不唯地中潛伏而已。十一月一陽初生，復卦用事，震下坤上，震爲動，坤爲地，是動於地下，從此月始。户，謂穴也，蟄蟲以土增益穴之四旁，使通明處稍小。所以然者，陰氣將至，時氣尚温，猶須出入，故坏之稍小。十月寒甚，乃閉之也。

日夜分，則同度量，平權衡，正鈞石，角斗甬。

方氏曰：「鈞蓋三十斤之稱，仲春所謂鈞者，特言輕重之鈞而已。石蓋四鈞之稱，以其尤重而内實，故謂之石。」澄曰：「度量權衡總言之，下二句分言之。鈞石，五權中之二。斗甬，五量中之二也。平之、正之、角之，皆同之也。」

○是月也，易關市，來商旅，納貨賄，以便民事。四方來集，遠鄉皆至，則財不匱，上無乏用，百事乃遂。凡舉大事，毋逆大數，必順其時，慎因其類。易，以豉切。

鄭氏曰：「易關市，謂輕其税，使民利之。商旅，賈客也。匱，亦乏也。遂，猶成也。大事，謂興土功。合諸侯，舉兵衆也。季夏禁之，孟秋乃征伐。此月築城郭，季秋教田獵，是以於中爲之戒焉。」方氏曰：「凡物有數，皆出陽而入陰，所謂大數，不過陰陽出入而已。人君舉大事，不可逆此大數。數之所運爲時，時之所從爲類，必順陰陽之時而無違，慎因陰陽之類而無變也。舉事如此，四時所同，然當闔户之時，尤不宜妄舉，故於此申戒之。」○軾按：薄賦税以集商，商集而賦自充，此大賈居奇之故智也。若王政談而不征，法而不廛，何有于是。大數，謂陰陽消長盈虚之數。數運而爲時，時各不同，故曰類。毋逆則順而因矣。此語庶幾近道，然在不韋意中，亦不過徵賤、徵貴之術已耳。

○仲秋行春令，則秋雨不降，草木生榮，國乃有恐；行夏令，則其國乃旱，蟄蟲不藏，五穀復生；行冬令，則風災數起，收雷先行，草木蚤死。復，扶又切。數，色角切。

鄭氏曰："秋雨不降，卯之氣乘也。卯宿直房心，心爲大火，草木生榮，應陽動也。國有恐，以火訛相驚也。國旱，蟲不蟄，穀復生，午之氣乘之也。風災數起，子之氣乘之也。北風殺物，收雷先行，先猶蚤也。冬主閉，草木蚤死，寒氣盛也。"方氏曰："國乃有恐，少陽之所動也。其國乃旱，陽亢故也。五穀復生，盛陽作之也。風災數起，非以時動故也。雷以陽中發聲，陰中收聲，收雷先行，慝於陽也。雷風不節，故草木蚤死。"

右記仲秋，凡九節。

季秋之月。

此謂寒後露三十日也。唐月令曰："寒露之日，鴻雁來賓，後五日，雀入大水爲蛤；後五日，菊有黄華。霜降之日，乃祭獸；後五日，草木黄落；後五日，蟄蟲咸俯。」澄曰：「菊有黄華之第三日，至立冬前，凡十八日，土王用事。」

日在房，昏虚中，旦柳中。

鄭氏曰：「日月會於大火，而斗建戌之辰也。」

其日庚辛，其帝少皞，其神蓐收，其蟲毛。其音商，律中無射，其數九。其味辛，其臭腥，其祀門，祭先肝。

鄭氏曰：「無射者，夾鍾之所生，三分去一，律長四寸六千五百六十一分寸之六千五百二十四，季秋氣至，則無射之律應。」

○鴻雁來賓，爵入大水爲蛤，鞠有黄華，豺乃祭獸戮禽。

鄭氏曰：「皆記時候也。來賓，言其客止未去也。大水，海也。戮，猶殺也。」方氏曰：「桃華於仲春，桐華於季春，皆不言有。獨於鞠言之者，以萬物皆華於陽，獨鞠華於陰，故特言有。春秋傳曰：『有者，不宜有也。』桃華之紅，桐華之白，皆不言其色，獨鞠言其色，而曰黄華者，以華於陰中，黄色正，應陰之盛也。乃祭獸戮禽者。祭獸於天，然後戮禽而食。然於戮曰禽，凡可擒而獲者，皆戮之；祭曰獸，所祭者，唯可狩而獲者爾，以其特大也。」○軾按：仲秋言鴻雁來，來而未有止也，來而賓，則居停矣。注謂「客止」最當。

〇天子居總章右个，乘戎路，駕白駱，載白旂，衣白衣，服白玉，食林與犬，其器廉以深。

鄭氏曰：「總章右个，西堂北偏。」

〇是月也，申嚴號令，命百官貴賤無不務内，以會天地之藏，無有宣出。

孔氏曰：「此月之時，敕命百官，貴之與賤，無有一人不務内。收斂其物，順天地以深閉藏也。物皆收斂，時又閉藏，無得有宣露出散其物，以逆時氣。」方氏曰：「號令未嘗不嚴，特以天地嚴凝之氣盛於西北，故奉時氣以申之爾。夫藏冬事也，内之則于秋，不先内於秋，則冬無所藏也。季春言不可以内，季秋言無不務内，季春言發倉廩，季秋言無有宣出，皆所以順陰陽之理。」

〇軾按：會，順也。季秋天地閉藏，故順時令而内物。

乃命冢宰，農事備收，舉五穀之要，藏帝籍之收於神倉，祗敬必飭。

鄭氏曰：「備，猶盡也，舉五穀之要，定其租税之簿也。帝籍，所耕于畝也。藏祭祀之穀於神倉，重粢盛之委也。祗，亦敬也。」

○是月也，霜始降，則百工休。

鄭氏曰：「寒而膠漆之作不堅好也。」方氏曰：「雨露生物，霜成物，季秋則成物之功極矣。百工興事造業，以具人器，亦有成物之功焉。天地既成，人功其可不休乎。季春言百工咸理，蓋創始之時也。孟冬言工師效功，蓋成終之時也。將效功於孟冬，則休之於季秋宜矣。然古者於霜降固有所不休者，若弓人『冬析幹，寒奠體』之類是也。此記所言，亦其大致然爾。」

乃命有司曰：「寒氣總至，民力不堪，其皆入室。」

鄭氏曰：「總，猶猥卒也。」方氏曰：「陽氣散而成暑，陰氣聚而成寒。總者，聚也，故曰寒氣總至，以寒氣之至，則民力或有所不堪勝，故命之皆入室。詩曰『入此室處』，書言『厥民隩』，謂是矣。然寒氣者，冬之時。入室者，冬之事。此言之於季秋者，亦先期而命之爾。」

上丁，命樂正入學習吹。吹，昌睡切。

鄭氏曰：「入學習吹，爲將饗帝也。春夏重舞，秋冬重吹也。」

○是月也，大饗帝，嘗，犧牲告備于天子。

大饗帝者，以周禮言之，祀上帝於明堂，而以文王配也。嘗，宗廟秋祭之名，將舉二祭，其所用犧牲，當前期告備于天子。方氏曰：「以宗廟秋祭之犧牲，告備于天子，則以物成可嘗之時，尤所重故也。嘗如此，則大饗可知。仲秋之月，視全具矣。至此乃告備，然周之嘗以仲月而此於季月者，彼取時之中，此取時之盛。」

合諸侯，制百縣，爲來歲受朔日，與諸侯所税於民輕重之法、貢職之數，以遠近土地所宜爲度，以給郊廟之事，無有所私。

孔氏曰：「秦十月爲歲首，此月歲之終，故合此諸侯之法制。又命百縣爲來歲受朔日之政令，并授諸侯所税於民輕重之法，貢職之數。諸侯，謂畿外國。百縣，謂鄉遂。鄭注互文者，言諸侯亦受朔日，百縣亦合制也。税於民者，是積貯本國。貢職之數者，是輸納天子。言與者，兼事之辭。其定税輕重，入貢多少，皆以去京遠近之差，土地所宜之物爲節度。無有所私者，言既給郊廟重事，其百縣等物，無得有所偏私，不如法制也。」陸氏曰：「輕重之法，諸侯所取乎下者也。貢職之數，諸侯所共乎上者也。所貢之物各有職，故爲之貢職。法所以定數，數所以成法。上言法，下言數，互相備也。以遠近土地所宜爲度者，或以遠近所宜之事爲度，或以土地所宜之物爲度也。若周官『男服貢器物，衛服貢財物』之類，而王氏謂以詳責近，以略責遠者，蓋遠近所宜也。以給郊廟之事，無有所私者，言以事神，非以私於己也。」澄曰：「『合諸侯』是一句，『制百縣』是一句，舊注以『合諸侯制』爲句者非。」○軾按：合，同也。書所謂「同律度衡量」是也。制，即所合之法制。百縣，諸侯所統之縣也。季秋合制，以俟來歲受朔頒之也。又按：月令所記爲夏時，意不韋欲改建子爲建寅，故爲此書。頒朔于寅月，今制于戌月者，預爲之也。」

○是月也，天子乃教於田獵，以習五戎。

鄭氏曰：「教於田獵，因田獵之禮，教民以戰法也。五戎，謂五兵，弓矢、殳、矛、戈、戟也。」

班馬政，命僕及七騶咸駕，載旌旐，授車以級，整設於屏外，司徒搢扑，北面誓之。扑，普上切。

鄭氏曰：「馬政，謂齊其色，度其力，使同乘也。校人職曰：『凡軍事，物馬而頒之，僕戎僕及御夫也。七騶，謂趣馬。主爲諸官駕説者也。既駕之，又爲之載旌旗。司馬職曰：『仲秋教治兵，如振旅之陳，辨旗物之用，王載大常，諸侯載旂，軍吏載旗，師都載旜，鄉遂載物，郊野載旐，百官載旟是也。級，等次也。整，正列也。設，陳也。屏，所田之地，門外之蔽也。司徒搢扑，誓衆以軍法也。」孔氏曰：「班馬政者，謂班布乘馬之政令。既班馬政，乃命戎僕御夫及七騶等，皆以馬駕車。又載旌旂，既畢，授此七戎之車，以其尊卑等級。正其行列，設於軍門屏之外東西廂，以爲行陳。於是司徒在兩行之間，北而誓之也。七騶者，天子馬有六種，種别有騶，則六騶也。又有總主之人，并六騶爲七，載旌旐者。按周禮司常云：『日月爲常，交龍爲旂，通帛爲旜，雜帛爲物，熊虎爲旗，烏隼爲旟，龜蛇爲旐，全羽爲旞，析羽爲旌。及國之大閲，贊司馬班旂物，王建大常，諸侯建旂，孤卿建旜，大夫士建物，師都建旗，州里建旟，縣鄙建旐，道車載旞，斿車載旌。此仲冬大閱所建旌旂，鄭注所引司馬職，治兵實出軍之事，司徒地官，掌邦教，故司徒職云『施十二教，八曰以誓教恤，則民不怠』。司徒主誓，今田獵出車，亦於所獵之地，而搢扑北面誓之。」

天子乃厲飾，執弓挾矢以獵，命主祠祭禽于四方。

鄭氏曰：「厲飾，謂戎服，尚威武也。命主祠以所獲禽，祀四方之神。司馬職曰：『羅致禽以祀祊。』」孔氏曰：「厲飾，謂嚴厲容飾。戎服，韋弁服也。以秋冬之田，故韋弁服，若春夏，則冠弁服。主祠，典祭祀者。禽者，獸之通名。獵竟，命主祠祭禽。」

○是月也，草木黄落，乃伐薪爲炭。

鄭氏曰：「伐木必因殺氣。」

蟄蟲咸俯在内，皆墐其户。乃趣獄刑，毋留有罪。收禄秩之不當、供養之不宜者。 墐，其靳切。趣，音促。當，去聲。供養，並去聲。

鄭氏曰：「墐，謂塗閉之，辟殺氣。殺氣已至，有罪者即決之，禄秩之不當，恩所增加也；供養之不宜，欲所貪嗜。熊蟠之屬，非常食，天氣殺而萬物咸藏，可以去之也。」孔氏曰：「俯，垂頭也，前月但藏而坏户，至此月既寒，故垂頭嚮下，以隨陽氣。陽氣稍沉在下也。又塗其户穴，以辟地上陰殺之氣。春夏陽氣寬施許，人主從時，雖彼人不應得禄而王恩私與之，亦所權許。今秋陰氣急斂，禁罰必當，是春夏所權置者，今悉收停之也。供養不宜，謂非常之膳，不可得者也。」

〇是月也，天子乃以犬嘗稻，先薦寢廟。

鄭氏曰：「稻始熟也。」

〇季秋行夏令，則其國大水，冬藏殃敗，民多鼽嚏；行冬令，則國多盜賊，邊竟不寧，土地分裂；行春令，則煖風來至，民氣解惰，師興不居。鼽，音求。嚏，丁計切。解，古買切。

鄭氏曰：「其國大水，未之氣乘之也。六月宿直東井，氣多暑雨，國多盜賊，邊竟不寧，土地分裂。丑之氣乘之也。極陰爲外邊竟之象，大寒之時，地隆坼也。煖風來至，民氣解惰。辰之氣乘之也。巽爲風，辰宿直角，角主兵，不居，象風行不休止也。」方氏曰：「水潦盛昌，在於季夏，故行夏令。則其國大水，大水故冬藏殃敗，金數窮而氣窒，則爲鼽；氣行逆而發於聲，則爲嚏，皆肺疾也。肺屬金，而金生水。反爲水所勝，故民受是疾焉。盜賊皆至，陰之類也。國多盜賊，故邊竟不寧。土地分裂，則爲嚴凝之氣所坼故也。巽爲風，而春之氣煖，故行春令，則煖風來至。氣煖則解緩，寒則縮栗，以煖風來至故，民氣解惰，師興不居，則以少陽作之而動故也。」

右記季秋，凡十節。

孟冬之月。

此謂立冬後三十日也。唐月令曰：「立冬之日，水始冰；後五日，地始凍；後五日，野雞入大水爲蜃；小雪之日，虹藏不見；後五日，天氣上騰，地氣下降；後五日，閉寒而成冬。」

日在尾，昏危中，旦七星中。

鄭氏曰：「日月會於析木之而斗，建亥之辰也。」

其日壬癸，

壬癸者，水干也，立冬以後，七十二日，水王用事，故其日屬壬癸。

其帝顓頊，其神玄冥，

鄭氏曰：「此黑精之君，水官之臣，自古以來，著德立功者也。顓頊，高陽氏。玄冥，少皞氏之子，曰脩，曰熙，爲水官。」

其蟲介，

北方斗、牛、女、虚、危、室、壁七宿，有龜蛇之象。龜，介蟲也，故凡動物之有介者屬水。

其音羽，

鄭氏曰：「三分商，去一以生羽，羽數四十八，屬水者，以爲最清，物之象也，冬氣和，則羽聲調。」

律中應鍾，

鄭氏曰：「應鍾者，姑洗之所生，三分去一，律長四寸二十七分寸之二十，孟冬氣至，則應鍾之律應。」

其數六，

鄭氏曰：「水生數一，成數六，但言六者，亦舉其成數。」

其味鹹，其臭朽，

鄭氏曰：「水之臭味也，氣若有若無爲朽。」

其祀行，祭先腎。

鄭氏曰：「冬陰盛，寒於水，祀之於行，從辟除之類也。行在廟門外之西爲軷。壤厚二寸，廣五尺，輪四尺。祀行之禮，北面設主于軷上，乃制腎及脾爲俎。奠於主南，又設盛於俎東。祭肉，腎一脾再，其它皆如祀門之禮。」孔氏曰：「壇東西爲廣，南北爲輪。廣五尺，輪四尺，常祀行神之壇則然。若於國外祖道軷祭，其壇隨路所嚮，而爲廣輪尺數同也。禮畢，乘車轢而遂行，唯車之一輪轢爾。所以然者，兩輪相去八尺，今軷唯廣五尺，故知不兩輪俱轢。主須南嚮，故人北面設之，其主蓋以菩芻棘柏爲神主也。」

○水始冰，地始凍，雉入大水爲蜃，虹藏不見。

鄭氏曰：「皆記時候也。大水，淮也，大蛤曰蜃。」方氏曰：「冰即水也，水以陽釋冰，以陰凝凍，蓋地氣閉而陽不能熙也。孟冬者，重陰之始也，故水始冰，地始凍。」馬氏曰：「雉，火屬也。蜃，水屬也。陽不勝陰，而并與遷焉。故化虹以陰干陽故見，至是陽升陰降而弗通，故藏。」

○天子居玄堂左个，乘玄路，駕鐵驪，載玄旂，衣黑衣，服玄玉，食黍與彘，其器閎以奄。驪，力知切。

鄭氏曰：「玄堂左个，北堂西偏也。鐵驪，色如鐵，黍秀舒散屬火。寒時食之，亦以安性也。彘，水畜也。器閎而奄，象物閉藏也。」

○是月也，以立冬，先立冬三日，大史謁之天子曰：「某日立冬，盛德在水。」天子乃齊。立冬之

日，天子親帥三公、九卿、大夫以迎冬於北郊。還反，賞死事，恤孤寡。先，去聲。

鄭氏曰：「迎冬者，祭黑帝於北郊之兆也。死事，謂以國事死者，若公叔禺人、顔涿聚者也。孤寡，其妻子也。有以惠賜之，大功加賞。」孔氏曰：「還，還於郊。反，反於朝也。臣有爲國事死者，北郊還，因殺氣之盛，而賞其家後也。恤，謂以財禄供給之。公叔禺人死事見左傳哀公十一年；顔涿聚死事見哀二十三年及二十七年。

○是月也，命大史釁龜筴，占兆，審卦吉凶。筴，初格切。

孔氏曰：「釁，謂殺牲以血塗釁其龜及筴。」方氏曰：「物有釁，則祅作，以血厭其變焉，蓋除釁之謂也。除釁，謂之釁，猶治污謂之污，治亂謂之亂也。龜以卜而有兆，筮以筮而有卦。兆有象，故言占。卦有數，故言審。占兆審卦，則吉凶可得而知矣，釁之將以占審焉。大史，日官也，故以龜筴之事命之。」澄曰：「兆，謂龜所坼之兆也。卦，謂筮所得之卦也。既命大史，釁其龜筴，則以龜卜之，以筴筮之。而觀卜之所遇爲何兆，筮之所值爲何卦，於是推占其兆，測審其卦，而定其吉凶何如也。」

是察阿黨，則罪無有掩蔽。

鄭氏曰：「阿黨，謂治獄吏以私恩曲撓相爲也。」孔氏曰：「是察者，謂當是正審阿黨之事，則在下犯罪之人，獄吏不能掩蔽，故云無有掩蔽。」馬氏曰：「曲成曰阿，私附曰黨，掩者自上掩之，蔽者自旁蔽之。」

○是月也，天子始裘。

鄭氏曰：「九月授衣，至此可以加裘。」馬氏曰：「隕霜而冬裘具，故司裘以仲秋獻良裘，以季秋獻功裘，而至是天子始服矣。」

命有司曰：「天氣上騰，地氣下降。天地不通，閉塞而成冬。」上，時掌切。

鄭氏曰：「使有司助閉藏之氣，門户可閉，閉之；牕牖可塞，塞之。」方氏曰：「天氣上騰，地氣下降，則天地辨而各正其位矣。冬曰上天，爲是故也。以各正其位，故天地不通。閉，若門之閉。塞，若穴之塞。以其不通，故閉塞也。」

命百官謹蓋藏。命司徒循行積聚，無有不斂；坏城郭，戒門閭；脩鍵閉，慎管籥；固封疆，備邊竟；完要塞，謹關梁，塞徯徑。藏，去聲。行，去聲。積，子賜切。鍵，其偃切。要塞之塞，先代切。徯，音奚。

鄭氏曰：「謹蓋藏，謂府庫、囷倉有藏物也。積聚，謂芻禾、薪蒸之屬。坏，益也。鍵，牡。閉，牝也。管籥，搏鍵器也。固封疆，謂使有司循其溝樹，及其衆庶之守法也。要塞，邊城要害處也。梁，橋横也。徯徑，禽獸之道也。」孔氏曰：「城郭須牢厚，故言坏。門閭備擬非常，故云戒。鍵閉或有破壞，故云脩。管籥不可妄開，故云慎封疆。埋當險阻，故云固。邊竟防盜賊，故云備。要塞宜牢固，故云完。關梁禁禦姦非，故云謹。徯徑細小狹路，故須塞。皆隨事戒約，故設文不同。鄭注『鍵牡，閉牝』者，凡鏁器，入者謂之牡，受者謂之牝，若禽獸牝牡然。管籥，與鍵閉別文，則非鍵閉之物，故云搏鍵器。此物以鐵爲之，似樂器之管籥，搢於鏁内，以搏取其鍵也。按檀弓注云『管，鍵也』，則管、鍵一物，此爲別者。管是鍵之伴類，仍非鍵也。」何氏曰：「鍵是門扇之後，樹兩木，穿上端爲孔。閉者，謂將扃關門以内孔中。」澄曰：「『鍵』、『閉』二字，何氏説得之。管者，鏁之牝；籥者，鏁之牡。鄭注誤以鍵閉爲鏁之牝牡，遂別釋管籥爲搏鍵器，孔疏亦從其誤，是以徒費辭而義愈不明。此蓋因天地閉塞成冬，故命百官以謹蓋藏，又命司徒以歛積聚，又自坏城郭，至塞徯徑九事皆順天。地閉塞之時，而爲此閉塞之事也。」陸氏曰：「坏城郭，而門閭不戒，無益也。脩鍵閉，而管籥不慎，無益也。固封疆，而邊竟不備，無益也。完要塞，謹關梁，而徯徑不塞，無益也。」

飭喪紀，辨衣裳，審棺椁之薄厚，塋丘壟之大小、高卑、厚薄之度，貴賤之等級。

鄭氏曰：「此亦閉藏之具，順時飭正之也。辨衣裳，謂襲歛，尊卑所用也。所用又有多少。」孔氏曰：「其衣裳襲歛多少，及棺椁厚薄，具在喪大記。丘壟大小，按鄭注冢人云『漢律列侯墳高四尺，關内侯以下，各有等差』；又注檀弓云『墳高四尺』，蓋周之士制，外無文。」方氏曰：「丘壟，墳墓別名。大、小冢人所謂以『爵等爲丘封之度』是也。然皆以土塋之，故言塋。」澄曰：「飭喪紀，總下三者，衣裳、棺槨、丘壟，其目也。高卑之度，即丘壟之大小、薄厚之度，即棺槨之薄厚，丘壟大則高。小則卑，其高卑、薄厚皆有丈尺之度，其度之不同，皆以其爵之貴賤而爲之等級也。自蓋藏積聚及坏城郭以下九事，并此飭喪紀一事，凡十二事，皆爲順天時之閉塞而言。」

○軾按：「塋」當從呂覽作「營」。

○是月也，命工師效功，陳祭器，按度程，毋或作爲淫巧，以蕩上心。必功致爲上，物勒工名，以考其誠；功有不當，必行其罪，以窮其情。 當，去聲。

鄭氏曰：「霜降而百工休，至此物皆成也。」方氏曰：「功，即工之所成者。效，與效馬、效羊之效同義，蓋呈效之也。工所成器，以祭器爲主，按據此以驗彼也。近取諸身，而手有寸，長短之數所起也，是謂度。遠取諸物，而禾有黍，多少之數所起也，是謂程。按之者，欲其制之長短中度，功之多少中程也。」馬氏曰：「君子不敢以其私褻，同於其所尊敬，故陳祭器而不及燕器，度其器之洪纖曲直者有度，會其功之久近，勤惰者有程。功致者，功之至，其用功無所不極者也。然不可過，過則淫巧，先王所禁也。」

○是月也，大飲烝。

鄭氏曰：「十月農功畢，天子諸侯，與其群臣，飲酒於大學，以正齒位，謂之大飲。別之於它，其禮亡。今天子以燕禮，群國以鄉飲酒禮代之。燕，謂有牲體爲俎也。黨正職曰：『國索鬼神而祭祀，昌以禮屬民，而飲酒於序，以正齒位。』亦謂此時也。詩云『十月滌場，朋酒斯饗。曰殺羔羊，躋彼公堂。稱彼兕觥，萬壽無疆。』是頌大飲之詩。」孔氏曰：「烝，升也。升此牲體於俎之上，故云大飲烝。此是天子之禮。豳風『躋彼公堂』，乃諸侯之禮。國語云：『王公立飫，則有房烝。』此既大飲饗禮，當有房烝半體之俎。若黨正飲酒，雖饗而用肴烝。故宣十六年左傳云：『王饗有體薦，宴有折俎，公當饗，卿當宴。』馬氏曰：「是月歲功既登，物之可薦者衆，君子可以宴樂飲酒矣。」

大子乃祈來年于天宗，大割祠于公社及門閭，臘先祖五祀，勞農以休息之。獵，力合切。勞，力報切。

鄭氏曰：「此周所謂蜡祭也。天宗，謂日月星辰也。大割，大殺群牲割之也。臘，謂以田獵所得禽祭也。五祀，門户中霤竈行也。或言祈年，或言大割，或言臘，互文。勞農以休息之。黨正『屬民飲酒，正齒位』，是也。」孔氏曰：「臘，獵也。謂獵取禽以祭先祖五祀，此暫出田獵以取禽非仲冬大閲之獵也。」方氏曰：「祈來年，詩所謂興嗣歲也。此非歲終之時，而曰『祈來年』者，以陽主於子，故謂建子之月爲來年也。夫農於三時之務，亦已勞矣，至此勞之使休息。易曰『勞乎坎』，蓋謂是矣。」○軾按：孟冬祈來年，可知呂覽所紀，非改朔建亥之令也。方氏以子月爲來年，未免牽强。

天子乃命將帥講武，習射御、角力。

鄭氏曰：「爲仲冬將大閱，簡習之。凡田之禮，唯狩最備。」馬氏曰：「順陰義也，亥之時陰極矣。講武以厲其威，習射御以考其藝。角力以視其才，皆陰事也。」

○是月也，乃命水虞、漁師收水泉、池澤之賦，毋或敢侵削衆庶兆民，以爲天子取怨于下。其有若此者，行罪無赦。

鄭氏曰：「因盛德在水，收其稅。」方氏曰：「水虞，即周之澤虞也。漁師，即周之獻人也。收水泉、池澤之賦，必命是二官者，以其職故也。仲秋言行罪無疑，無疑未至于無赦也。失時之罪小，故止於無疑。取怨之罪大，故曰無赦。」

○孟冬行春令，則凍閉不密，地氣上泄，民多流亡；行夏令，則國多暴風，方冬不寒，蟄蟲復出；行秋令，則雪霜不時，小兵時起，土地侵削。復，扶又切。

鄭氏曰：「凍閉不密，地氣上泄，寅之氣乘之也。民流亡，象蟄蟲動也。暴風不寒，蟄蟲出，巳之氣乘之也。立夏巽用事，巽爲風，雪霜不時，申之氣乘之也。小兵起，土地侵削，申陰氣尚微，申宿直參伐爲兵。」方氏曰：「孟春東風解凍，此行春令，則凍閉不密，地氣上泄也。民多流亡，以春主發散也。風固四時之所常有，而暴則陽之所作，若孟夏行春令，則暴風來格，彼以行少陽之令，故來格而已。此以行盛陽之令，故又至於多也。以盛陽之所作，故方冬不寒，孟冬非隆冬，故言『方』。夫蟲以陰而蟄者也，方冬不寒，故蟄蟲復出。雪霜不時，寒氣遲也。小兵時起，金氣勝也。土地侵削，揫斂之所致也。

右記孟冬，凡十節。

仲冬之月。

此謂大雪後三十日也。唐月令曰：「大雪之日，鶡旦不鳴；後五日，虎始交；後五日，芸始生，荔挺出；冬至之日，蚯蚓結；後五日，麋角解；後五日，水泉動。」

日在斗，昏東辟中，旦軫中。 辟與壁同。

鄭氏曰：「日月坐於星紀，而斗建子之辰也。」

其日壬癸，其帝顓頊，其神玄冥，其蟲介，其音羽，律中黄鍾，其數六。其味鹹，其臭朽，其祀行，祭先腎。

鄭氏曰：「黄鍾者，律之始也，九寸。仲冬氣至，則黄鍾之律應。」

〇冰益壯，地始坼，鶡旦不鳴，虎始交。 鶡，苦割切。

鄭氏曰：「皆記時候也。鶡旦，求旦之鳥也。交，猶合也。」方氏曰：「前言水始冰，至此言冰益壯；前言地始凍，至此言地始坼。凍甚而主相坼，夜鳴而求旦，故謂之鶡旦。夜鳴則陰類，鳴而求旦，則求陽。感微陽之生而不鳴，則以得所求故也。虎陰物而交，亦感陽生故也。」

〇天子居玄堂大廟，乘玄路，駕鐵驪，載玄旂，衣黑衣，服玄玉，食黍與彘，其器閎以奄。

鄭氏曰：「玄堂大廟，北堂大室。」

〇飭死事。

孔氏曰：「因殺氣之盛，故飭死事。」鄭氏曰：「飭軍士戰必有死志。」方氏曰：「飭死事於是月者，豈非以教大閲故然乎？」朱子曰：「此三字衍文。呂氏春秋、淮南子時則訓、唐月令並無。」

命有司曰：「土事毋作，慎毋發蓋，毋發室屋及起大衆，以固而閉。地氣沮泄，是謂發天地之房，諸蟄則死，民則疾疫，又隨以喪。命之曰暢月。」 沮，讀如「沮如」之沮。喪如字，皇氏去聲。

鄭氏曰：「而，猶女也。暢，猶充也。大陰用事，尤重閉藏。」孔氏曰：「土功之事，毋得興作，毋得開發掩蓋之物，孟冬之謹蓋藏是也。此月陰氣凝固，陽須閉藏，若起土功，開蓋物，發室屋，起大衆，開泄陽氣，諸蟄則死，人必疾疫也。故約束有司，於此時堅固汝閉塞之事，勿令開動，若有開動，令地氣沮泄，則是發徹天地之房。房是人次舍之處，此天地壅蔽萬物，不使宣露，與房舍相似也。非但蟄死人疾，國有大喪，隨逐其後。命之曰暢月者，暢充也，言名此月爲充實之月，當使萬物充實不發動也。皇氏曰：『喪謂逃亡，人爲疾疫，皆逃亡也。』」方氏曰：「興土功，則地氣沮泄，所以戒之。發蓋，則物不得其藏。發室屋，則人不得其處。起大衆，則衆不得其靜。凡此皆非所宜，故亦戒之，所以固而閉也。而者，當有司之辭，蓋運閉之時，以示人者存乎天。謹閉之事，以奉天者存乎人，故以命有司焉。閉之，事或不固，則地氣沮泄，是謂發天地之房矣。」馬氏曰：「房者，物之所止而藏者也。自内漸外爲沮，自下達上爲泄。寒氣方盛，而發其所閉，則温必乘之，故諸蟄則死。民必疾疫，又隨以喪。」澄曰：「水在下而濕潤及上，謂之沮洳，水在内而浸淫達外，謂之泄漏。氣當藏入，而反發出，如水之沮洳泄涌，故曰沮泄。」

○是月也，命奄尹申宫令，審門閭，謹房室，必重閉，省婦事，毋得淫，雖有貴戚近習，毋有不禁。 重，直龍切。省，所景切。

鄭氏曰：「奄尹，主領奄豎之官也，於周則爲内宰。掌治王之内政宮令，幾出入及開閉之屬。重閉，外内閉也。省婦事，所以静陰類也。淫，謂女功奢僞。貴戚，謂姑姊妹之屬。近習天子所親幸者。」集説補正黄氏曰：「周宮禁之事，掌於内宰，以下大夫爲之。宮正、宮伯、宮人，皆上士、中士爲之，而又統于冢宰。凡嬪御閽寺之屬，皆在所統，非若後世專用奄豎，而大臣不得與聞宮禁之事也。陳氏以奄尹爲奄人之長，非是。」

乃命大酋，秫稻必齊，麴蘗必時，湛熾必潔，水泉必香，陶器必良，火齊必得，兼用六物，大酋監之，毋有差貸。 酋，在由切。秫，音述。必齊，如字。麴，音曲。蘗，魚列切。湛，子廉切。火齊，才細切。監，平聲。貸，它得切。

鄭氏曰：「酒孰曰酋。大酋者，酒官之長也。於周則爲酒人。秫稻必齊，謂孰成也。湛，漬也。熾，炊也。火齊，腥孰之調也。物，猶事也。差貸，謂失誤有善有惡也。古者穫稻而漬米麴，至春而爲酒。」孔氏曰：「是月始爲春酒，先須治擇秫稻，使齊得成孰，故云必齊。又須以時料理麴蘗，故云必時，其炊清米麴之時，必須清潔。所用水泉，必須香美，所盛陶器，必須良善。其炊米和酒之時，所用火齊，又須生孰得中。六物者，秫稻一，麴蘗二，湛熾三，水泉四，陶器五，火齊六也。用此六事作酒，大監督之，無使有參差貸變也。十月穫稻，於此月漬米麴，至春而爲酒，謂春成也，非春始釀。」澄曰：「秫，説文云『稷之黏』者。按稻粱之黏者，皆謂之秫。惟黍全黏，自應名秫。稻既别出，則此『秫』字，該黍、稷、粱三穀。齊，謂齊同。米粒完肥，顆顆如一也。麴櫱以及時造者爲善，故曰必晴。湛，謂漬米。熾，謂炊米。漬米以水淋汏，必去盡米塵，取木清不潘爲度。炊之時，亦不可令穢惡熏雜之，故湛熾皆言必潔。詩云『吉蠲爲饎』，言炊飯之潔也。炊飯既孰，則以麴櫱與飯和合一處，以水漚之。其水必清洌之泉，氣味芬芳者。」歐陽氏云：「釀泉爲酒，泉香而酒洌，故曰水泉必香。盛之須用陶器，木器之類，終不若陶器爲佳，故曰陶器必良。既和合釀在陶器之中，須煖氣温養之，以待其成孰。煖氣過盛，則傷於熱而敗。煖氣衰歇，則傷於寒而敗。自始釀至成孰，晝夜温養，如煉大藥者之火候，是謂火齊。非有質之火，乃無質之火也。齊如五齊之齊，謂有齊量，貴得温養輕重之宜，故曰火齊必得。」

天子命有司，祈祀四海、大川、名源、淵澤、井泉。

方氏曰：「凡此皆水神也。」鄭氏曰：「順其德盛之時祭之也。」馬氏曰：「盛德在水，故應是而祈焉，以爲民致福也。」某氏曰：「四海者，衆水之所聚。大川者，江河淮濟之類。名源者，江源出於岷山，河源出於崑崙。淮源自桐柏，濟源自沇水之類。淵澤者，水之所鍾而息者也。井泉者，汲取之無窮者也。仲冬之月，水歸於澤，而復其本源，故命有司祈祀之。」

〇是月也，農有不收藏積聚者，馬、牛、畜、獸有放佚者，取之不詰。畜，許六切。

鄭氏曰：「此收斂尤急之時，人有取者不罪，所以警懼其主也。」

山林藪澤，有能取蔬食、田獵禽獸者，野虞教道之；其有相侵奪者，罪之不赦。

鄭氏曰：「務收斂野物也。大澤，曰藪。草木之實爲蔬食。」孔氏曰：「木鍾曰澤，水希曰藪。今言大澤曰藪者，以有水處謂之澤。旁無水處，謂之藪。蔬食爲草木實者，山林蔬食，栗之屬。藪澤蔬食，菱芡之屬。」澄曰：「農家耕百畝之田，畜雞豚狗彘，以供其食。然皆人力所致，得之良難。今當農隙而取野中所生之草木禽獸以益其食，此不待用力而得之者，故官使虞人教之道之，以採取草木之實。獵取飛走之物，非農人所素習故也。」

○是月也，日短至，陰陽爭，諸生蕩。君子齊戒，處必掩身，身欲寧，去聲色，禁耆欲，安靜性，事欲静，以待陰陽之所定。齊，側皆切。去，上聲。耆，音耆。

鄭氏曰：「爭者，陰方盛，陽欲起也。蕩，謂物動，將萌芽也。寧，安也。」方氏曰：「此與仲夏所言互相備，以微陽方生，陰未退聽，陰陽爭而未定，故君子齊戒以待之。」澄曰：「仲夏言『毋躁』，此言『身欲寧』，即毋躁也。仲夏之『耆欲』，禁色與味二者，然色則全禁，故言止。止者，盡絶之也。盡絶之，故非但不得如常時進御，雖間或一時進御亦不可，故云『毋或進』。或，謂間或也。味則不全禁，故言薄。薄者，不令厚焉爾。不令厚，故許得聊略和調。但極致求詳，和調則不可，故云毋致和，致謂極致也。此仲冬言色而不言味，蓋冬寒之時，滋味自可如常，不必令薄。色能戕生，戒之者宜重；味能養生，戒之者差輕也。安静性即定心氣，事欲静，即百官静事也。身欲寧者，不擾於内，安静性以上，皆爲身之欲寧故也。事欲静者，不擾於外，此言待陰陽之所定。定者，謂陽之進而陰不能阻，喜之也。仲夏言『定晏陰之所成』，成者，言陰之進而不言陽之不能阻，閔之也。」馬氏曰：「陽伏而陰尚自若，故争。凡争者，未定故也。夏爲正陽，而陰始間之。冬爲正陰，而陽始間之。方盛者方衰，方微者方長，有争之道焉。於冬至曰『諸生蕩』，言陽之來足以勝陰。於夏至曰『死生分』，言陰之來，不過與陽爲敵而已。」

芸始生，荔挺出，蚯蚓結，麋角解，水泉動。解，音蟹。

鄭氏曰：「又記時候也。芸，香草也。荔挺，馬也。水泉動，潤上行。」孔氏曰：「結，猶屈也。蚯蚓在穴，屈首下向，陽氣動則宛而上首，故結而屈也。麋爲陰獸，情淫而遊澤，冬至解角，從陰退之象。鹿爲陽獸，情淫而遊山，夏至解角，從陽退之象。」熊氏曰：「芸荔挺，俱香草，故應陽氣而出也。鹿是山獸，夏至得陰氣而解角。麋是澤獸，冬至得陽氣而解角。」

日短至，則伐木取竹箭。

鄭氏曰：「此其堅成之極時。」馬氏曰：「萬物之材，敷榮則柔，收斂則堅，故於是時可以伐木取竹箭。」方氏曰：「木大故云伐，竹箭小故云取。」

是月也，可以罷官之無事，去器之無用者。去，上聲。

鄭氏曰：「謂先時權所建作者也，天地閉藏，而萬物休，可以罷去也。」

塗闕廷門閭，築囹圄，此所以助天地之閉藏也。

鄭氏曰：「順時氣也。」澄曰：「闕謂門之中間空闕處，人所由以出入者也。廷，謂門之內外閒曠之地，無室廬處也。塗者，蓋謂畚土以填補其地之凹陷。門，謂各家寢廟之門。閭，謂二十五家巷口之門。塗者，蓋謂埏填以窒塞其門之罅隙。囹圄，四面有垣牆。壞者，築之。此皆閉塞掩藏之事也。」

○仲冬行夏令，則其國乃旱，氛霧冥冥，雷乃發聲；行秋令，則天時雨汁，瓜瓠不成，國有大兵；行春令，則蝗蟲爲敗，水泉咸竭，民多疥癘。 雨汁，去聲。瓠，户故切。

鄭氏曰：「國旱，午之氣乘之也。氛霧者，霜露之氣，散相亂也。雷發聲，震氣動也。午屬震。天時雨汁，瓜瓠不成，酉之氣乘之也。西宿直昴畢，畢好雨。雨汁者，水雪雜下也。子宿直虛危。內有瓜瓠，蝗蟲爲敗，當蟄者出，卯之氣乘之也。水泉咸竭，大火爲旱也。疥癘之病，孚甲象也。」方氏曰：「氛霧皆旱氣所使，雷乃發聲，盛陽薄之也。以雪雜水，如物之有汁，故謂之雨汁以行秋令。嚴凝之氣未固也。瓜瓠不成，則以柔脆爲金氣所傷也。國有大兵，與『小兵時起』同義，然氣有淺深，故於孟冬言小，仲冬言大。蝗蟲爲敗，與孟夏蝗蟲爲災同義。災者，祥之對，而以氣之兆言；敗者，成之對，而以事之跡言。夏爲陽，故言其氣；冬爲陰，故言其事。木泉咸竭，以感發散之氣也。疥癘，則虛陽作之也。」

右記仲冬，凡九節。

季冬之月。

此謂小寒後三十日也。唐月令曰：「小寒之日雁北鄉；後五日，鵲始巢；後五日，野雞始雊。大寒之日，雞始乳；後五日，征鳥厲疾；後五日，水澤腹堅。」澄曰：「野雞始雊之第三日，至立春前，凡十八日，土王用事。」

日在婺女，昏婁中，旦氐中。 氐，丁兮切。

鄭氏曰：「日月會於玄，而斗建丑之辰也。」

其日壬癸，其帝顓頊，其神玄冥，其蟲介，其音羽，律中大吕，其數六。其味鹹，其臭朽，其祀行，祭先腎。

鄭氏曰：「大吕者，賓之所生也，三分益一，律長八寸二百四十三分寸之百四，季冬氣至，則大吕之律應。」

○雁北鄉，鵲始巢，雉雊，雞乳。鄉，音向。雊，古豆切。乳，如住切。

鄭氏曰：「皆記時候也。雊，雉鳴也。詩曰：『雉之朝雊。』」孔氏曰：「雁北鄉，此據早者，若晚者，易説云：『二月驚蟄，乃北鄉。』鵲始巢，此據晚者。若早者，詩緯推度災云：『復之日鵲始巢。』雉雊、雞乳，易通卦驗云：『在立春節。』立春或在此月也。」馬氏曰：「雁北鄉，順陽而復也。雉，火畜也，感於陽而後有聲。雞木，畜也，麗於陽而後有形。」方氏曰：「乳，字乳也。」

○天子居玄堂右个，乘玄路，駕鐵驪，載玄旂；衣黑衣，服玄玉；食黍與彘。其器閎以奄。

鄭氏曰：「玄堂右个，北堂東偏。」

○命有司大難旁磔，出土牛，以送寒氣。難，乃多切。磔，竹百切。

鄭氏曰：「此難，難陰氣也。」孔氏曰：「季春唯國家之難，仲秋唯天子之難，此則下及庶人，故云大難。旁磔者，謂四方之門，皆披磔其牲，以禳除陰氣。出土牛者，此時彊陰既盛，年歲已終，陰氣不去，凶邪恐來歲爲人害。其時月建丑，丑爲牛，又土能剋水，故特作土牛，以畢送寒氣也。此時寒實未畢，而注云『畢』者，意欲其畢爾。」方氏曰：「牛，土畜，又以土爲之。水用事之極，欲勝水者必以土，故出是以送寒氣也。」

征鳥厲疾。

鄭氏曰：「殺氣當極也。征鳥，題肩也。齊人謂之擊征，或名曰鷹。仲春化爲鳩。」孔氏曰：「亦命有司辭也。征鳥，即鷞鳩鷹隼之屬。厲，嚴猛。疾，捷也。時殺氣盛極，故鷹隼之屬，取鳥捷疾嚴猛也。」

乃畢山川之祀，及帝之大臣、天之神祇。祇，音祁。

鄭氏曰：「四時之功成於冬，孟月祭其宗，至此可以祭其佐也。帝之大臣，句芒之屬；天之神祇，司中、司命、風師、雨師。」孔氏曰：「按孟冬，祈來年于天宗，謂蜡祭。蜡祭，百神皆祭，則嶽瀆山川亦祭也。不言者，文不具爾。至此又更祭山川，山川少於嶽瀆。是孟月祭其宗，此月祭其佐也。五帝爲宗，大臣句芒等爲佐。天神、人鬼、山川，皆有宗有佐也。」方氏曰：「終功之時，故徧報之，自孟冬祈來年于天宗，故至是及帝之大臣。天之神祇，地祭始於公社，故至是及于山川，以一歲之祀事畢於此，故言乃畢也。天神曰祇者，祇蓋同出而有別之稱，日月之類，雖同出于天，而有别焉，故亦可謂之祇也。」

○是月也，命漁師始漁，天子親往。乃嘗魚，先薦寢廟。

鄭氏曰：「天子必親往視漁，明漁非常事，重之也，此時魚潔美。」孔氏曰：「仲秋犬嘗麻，季秋犬嘗稻，皆不云天子親往。蓋四時薦新是常事，魚非常祭之物，故重之。」馬氏曰：「此潛之詩，所謂季冬薦魚也。魚者，牲類也。宗廟之祭，牲用親獵，則漁必親往，不亦宜乎。」

冰方盛，水澤腹堅。命取冰。

鄭氏曰：「腹，厚也。此月日在北陸，冰堅厚之時也。」孔氏曰：「於是極寒，冰實至盛，而云方盛者，月半以前也。月半後，大寒乃盛。」方氏曰：「水以陰凝而堅，曰腹堅，則其堅達于内，非待水面而已。」冰以入，令告民，出五種。

命聲計耦耕事，脩耒耜，具田器。 種，上聲。

鄭氏曰：「冰既入，而令田官告民。出五種，明大寒氣過，農事將起也。耜者，耒之金也，廣五寸。田器，鎡錤之屬。」孔氏曰：「耒者，以木爲之，長六尺六寸，底長尺有一寸，中央直者，三尺有三寸。句者，二尺有二寸。底，謂耒下嚮前曲。接耜者，耜以金鐵爲之。鎡，今之鋤類。孟子云：『雖有鎡錤』，云之屬，以田器非一也。」澄曰：「五種，謂五穀之種，稷、黍、粱、稻、菽也。出者，就囷倉所藏處。出之於外，以待來春將種之也。計，謀度也。脩，整理也。具，備辦也。謀度來年耦耕之事，而預先整理備辦所以耕之具也。」

命樂師大合吹而罷。 合，古答切。吹，去聲。

鄭氏曰：「歲將終，與族人大飲作樂于大寢，以綴恩也。言罷者，此用禮樂于族人最盛，後年若時，乃復然也。凡用樂必有禮，用禮則有不用樂者。王居明堂禮曰：『季冬命國爲酒。以合三族。君子説。小人樂。』」孔氏曰：「云罷者，以一年頓停，至後年季冬乃復如此也。」

乃命四監收秩薪柴，以共郊廟及百祀之薪燎。共，音供，下同。

鄭氏曰：「四監，主山林川澤之官也。大者，可析謂之薪。小者，合束謂之柴。薪施炊爨，柴以給燎。」澄曰：「言薪柴又言薪燎，燎即柴也。」方氏曰：「秩薪柴于歲終，命收之，所以備來歲之用。」

○是月也，日窮于次，月窮于紀，星回于天，數將幾終，歲且更始，專而農民，毋有所使。幾，音機。

鄭氏曰：「言日月星辰運行，于此月皆周匝于故處也。次，舍也。紀，會也，而猶女也，言專一女農民之心，令之豫有志于耕稼之事，不可徭役之。徭役之，則志散失柴也。」孔氏曰：「去年季冬，日次于玄枵，從此每月移次它辰，至此月窮盡，還次玄枵，故云日窮于次。去年季冬，月與日相會于玄枵，自此月與日會于它辰，至此窮盡還復會于玄枵，故云月窮于紀。二十八宿，隨天而行，每日雖周天一匝，早晚不同，至此月復于故處，與去年季冬早晚相似，故云星回于天。幾，近也。以去年季冬至今年季冬，三百五十四日，未滿三百六十六日。未得正終，唯近于終，故云數將幾終。脩月令之人，爲國家戒令之法，謂此月既終。歲且更始，在上者當專一女農之事，無得興起造作，有所使役也。此是制禮者，總爲戒約之辭。凡月令之内，不云『乃命某官』者，皆是禮家總禁也。」

天子乃與公卿、大夫共飭國典，論時令，以待來歲之宜。

鄭氏曰：「飭國典者，和六典之法也。周禮以正月爲之建寅而縣之，今用此月，則所因于夏禮也。」孔氏曰：「調和飭正之，六典則治典、教典、禮典、政典、刑典、事典也。」澄曰：「國典者，經國之典法，常而一定者也。時令者，隨時之政令，變而從宜者也。論，猶云集議。國典有定，故飭正其舊而已。時令無常，故須商論所宜而行也。凡來歲所宜之事，一一商論於今，以待來歲行之。來歲之宜，謂時令也。而必先飭國典何哉？蓋國典者常法，時令雖各時所行不同，然無一不由于國典，故先飭國典，乃論時令也。」

乃命大史次諸侯之列，賦之犧牲，以共皇天上帝社稷之饗。

鄭氏曰：「此所與諸侯共者也，列國有大小，賦之犧牲，大者出多，小者出少。饗，獻也。」

乃命同姓之邦，共寢廟之芻豢。

鄭氏曰：「此所與同姓共者也。芻豢，猶犧牲。」孔氏曰：「皇天社稷，與天下共之，故通賦天下國家也。寢廟，先王與同姓國共之，故别又命同姓國供之也。芻是牛羊，豢是犬豕。天地不用犬豕，社稷大牢，有豕而無犬，故没其芻豢，而徒云犧牲。宗廟備六牲，故云芻豢。」

命宰歷卿大夫至于庶民，土田之數，而賦犧牲，以共山林名川之祀。

鄭氏曰：「此所與卿大夫庶民共者也。歷，猶次也。」孔氏曰：「宰，小宰也。卿大夫，謂畿内有采地者。庶民受田，准土田多少之數賦之犧牲，以供山林名川之祀。不云士者，上舉卿大夫，下舉民，則士在其中，省文爾。」澄曰：「歷卿大夫至于庶民，土田之數，謂枚數臣民之土田，以定其數之多少也。此庶民，謂畿内鄉遂之民，及公邑之民也。」

凡在天下九州之民者，無不咸獻其力，以共皇天上帝、社稷寢廟、山林名川之祀。

鄭氏曰：「雖有其邦國采地，此賦要由民出。」澄曰：「上文言天帝社稷之牲，賦之諸侯，寢廟之牲，賦之同姓之邦；山林名川之牲，賦之卿大夫至于庶民，此言『凡在』，則總上三者而言也。蓋諸侯之列，同姓之邦，及卿大夫等所供，亦皆出于民力，故言所以供皇天、上帝、社稷、寢廟、山林、名川之祀者，是天下九州之民，無不咸獻其力也。」

○季冬行秋令，則白露蚤降，介蟲爲祆，四鄙入保；行春令，則胎夭多傷，國多固疾，命之曰逆；行夏令，則水潦敗國，時雪不降，冰凍消釋。夭，烏老切。

鄭氏曰：「白露蚤降，介蟲爲妖，戌之氣乘之也。九月初，尚有白露。月中乃爲霜，丑爲鼈蟹，四鄙入保，畏兵辟寒象也。胎夭多傷，辰之氣乘之也。夭，少長也。此月物甫萌芽，季春乃句者畢出，萌者盡達。多傷者，生氣早至，不充其性也。國多固疾，生不充性，有久疾也。命之曰逆，衆害莫大于此。水潦敗國，時雪不降，冰凍消釋，未之氣乘之也，季夏大雨時行。」方氏曰：「冬之序爲後于秋，而言蚤者，以建亥爲正言之，則冬爲先也。介蟲之性，辨于物，斂藏之氣不厚，故反爲妖也。四鄙入保，蓋畏兵之象，秋爲金也。疾謂之固，則其疾久而不瘥也。夫冬者歲之終，春者歲之始，而行歲終之令，故命之曰逆。水潦盛昌，蓋夏之時然也，故行夏令。則水潦敗國，冬者雪之時，故謂之時雪。時雪不降，冰凍消釋，則盛陽爍之也。」

右記季冬，凡七節。

柳子厚曰：「呂氏春秋十二紀，漢儒論以爲月令，措諸禮，以爲大法。然而政令之作，有俟時而行之者。孟春修封疆，端徑術，相土宜，無聚大衆。季春利隄防，達溝瀆，止田獵，備蠶器，合牛馬。孟夏無起土功，無發大衆，勸農勉人。仲夏班馬政，聚百藥。季夏行水殺草，土功兵事不作。孟秋納材葦，仲秋勸種麥，季秋休百工，具衣裘，舉五穀之要。合秩芻，養犧牲，蓄菜伐薪爲炭。孟冬築城郭，穿竇窖，脩囷倉，謹蓋藏，勞農以休息之，收水澤之賦。仲冬伐木取竹箭。季冬講武習射御，出五穀種，計耦耕，具田器，合諸侯，制百縣。輕重之法，貢賦之數，斯周俟時而行之，所謂敬授人時者也。其餘郊廟百祀，亦古之遺典，不可以廢，亦有不俟時而行之者。布德和令，行慶施惠。養幼少，省囹圄，賜貧窮，禮賢者，行爵出禄，選士厲兵。任有功，誅暴慢，明好惡，脩法制，養衰老，恤孤寡，舉阿黨，易關市，來商旅，正貴戚近習，罷官之無事者，去器之無用者，斯固不俟時而行之者也。變天之道，絶地之理，亂人之紀，舍孟春則可以有事乎？作淫巧以蕩上心，舍季春則可以爲之乎？」又曰：「返時令，則有飄風暴雨、霜雪水潦、大旱沉陰、氛霧寒煖之氣，大疫、風欬、鼽嚏、瘧寒、疥癘之疾，螟蝗、五穀、瓜瓠、果實不成，蓬蒿藜莠並興之異，女災胎夭、多傷水火之訛，寇戎來入相掠、兵革並起、道路不通、邊境不寧、土地分裂、四鄙入堡、流亡遷徙之變。若是者，特瞽史之語，非出于聖人者也。」顧氏臨曰：「月令當取其體天行事之大意，先王亦有至日閉關之事。一歲之内，因天時提撕，事務又整頓一巡，非是尋常俱不理會。若有合即施行者，亦豈一一待時方行。夫子遇迅雷風烈變，若柳子厚之論，則是平時何嘗不敬。豈待迅雷風烈，方敬也。其言行春令則應若此，行夏令則應若彼，誠有拘處。」張子曰：「月令大率秦法也，然採三代之文而爲之，不無古意，未易可破。柳子厚論亦未安，若春行賞，秋行止舉大綱如此。如冬日飲湯，夏日飲水，豈必曰冬日不得飲水，夏日不得飲湯也。」

王制第七

王制者，王者治天下之法制也。漢文帝令博士諸生采集秦以前古書所載而作此篇。然雜取傳記，其間與周官及孟子不能悉同，故鄭注或謂之殷制，或謂之夏制，亦意之而已矣。

王者之制禄爵，公、侯、伯、子、男，凡五等。諸侯之上大夫卿、下大夫、上士、中士、下士，凡五等。

鄭氏曰：「二五，象五行剛柔十日。」

○制：三公一命卷，若有加，則賜也，不過九命；次國之君不過七命，小國之君不過五命。卷，音袞。

鄭氏曰：「卷、衮，通。三公八命矣，復加一命，則服龍衮，與王者之後同。多於此則賜，非命服也。」澄曰：「『不過九命』，謂大國公爵也。王者之後及天子三公出封畿内者，皆九命，服九章九旒之衮冕。『次國之君』，謂侯、伯也，及天子之卿出封者，皆七命，服七章七旒之鷩冕。『小國之君』，謂子、男也，及天子之大夫出封者，皆五命，服五章五旒之毳冕。然侯亦大國也，而不過七命，何也？蓋侯在公之下、伯之上，其爵七命，雖下同次國之伯，其禄受地百里，則上同大國之公。故得與公同稱大國者，從其禄之重者而稱也。按此記文蓋謂天子之三公八命，服鷩冕而已，其或制加一命爲九命，而服卷冕。此乃王者之後、上公所服，而非天子三公所得服。若有加此者，則出於君賜之特恩，故云『若有加，則賜也』，所謂『三公出封，加一等』是也。三公，朝之重臣，出封之時，特恩所賜，然亦不過九命。注、疏以龍卷之外有所加爲特賜，非也。夫人臣之服至於龍袞極矣，無容再有所加，龍卷之外有加，則是十二章也，天子豈可以賜其臣哉？」○軾按：小國五命，次國七命，大國不過八命，而有九命者，三公出封，君賜特加一命服卷。人臣之榮，于此已極，無可復加矣。草廬論最當。

大國之卿不過三命，下卿再命。小國之卿與下大夫一命。

鄭氏曰：「不著次國之卿者，以大國之下互明之。此卿命則異，大夫皆同。」孔氏曰：「大國上卿三命，下卿再命，則知次國之卿再命，下卿一命，小國上下卿並皆一命也。」

○天子三公、九卿、二十七大夫、八十一元士。

鄭氏曰：「此夏制也。」孔氏曰：「王制之文，鄭皆以爲殷法，此獨云夏制者，以明堂位殷官二百，與此百二十數不相當。周官又三百六十。」澄按：記者雜取諸書成篇，故不皆與周制同，今難追考矣。

大國三卿，皆命於天子，下大夫五人，上士二十七人。次國三卿，二卿命於天子，一卿命於其君，下大夫五人，上士二十七人。小國二卿，皆命於其君，下大夫五人，上士二十七人。

澄按：下文「小國之上卿，位當大國之下卿，中當其上大夫，下當其下大夫」，則是小國亦有上、中、下三卿。而此云小國二卿，鄭氏疑爲文脱，誠然。

其有中士、下士者，數各居其上之三分。分，陸農師讀去聲。

山陰陸氏曰：「上士二十七人，而未有中士、下士之數，故言之如此。三分讀如去聲，謂上士二十七人，則中士、下士各八十一人。」

○次國之上卿，位當大國之中，中當其下，下當其上大夫。小國之上卿，位當大國之下卿，中當其上大夫，下當其下大夫。

鄭氏曰：「此諸侯卿使大夫頫、聘並會之序。其爵位同，小國在下，爵異，固在上爾。」孔氏曰：「『爵同』謂同作卿，則小國之卿在大國之卿下。『爵異』謂大國是大夫，小國是卿，則小國之卿固當在大國大夫之上。」

右記制爵，凡四節。

天子之田方千里，公侯田方百里，伯七十里，子男五十里。不能五十里者，不合於天子，附於諸侯，曰附庸。

天子之三公之田視公侯，天子之卿視伯，天子之大夫視子男，天子之元士視附庸。

○凡四海之内九州，州方千里。州建百里之國三十，七十里之國六十，五十里之國百有二十，凡二百一十國。名山大澤不以封，其餘以爲附庸、間田。八州，州二百一十國。間，音閑，後同。

鄭氏曰：「名山大澤不以封者，與民同財，不得障管，亦賦稅之而已。」陳氏曰：「名山大川，皆天子使吏治之，而入其貢賦，九州川浸山藪，各有職方，不屬諸侯之版。春秋諸侯或兼而擅之，齊斡山海，晉私郇瑕，宋有孟諸，楚有雲夢，皆不入於王官。故孔子作春秋，虎牢不係鄭，沙麓不係晉，緣陵不係杞，楚丘不係衛，蓋别天子之守地也。」○軾按：海内之地九州，王畿居其一，餘八州。州二百二十國，合一千六百八十國，并畿内之九十三國，爲一千七百七十三國。

此節言畿外之制。

天子之縣内，方百里之國九，七十里之國二十有一，五十里之國六十有三，凡九十三國。名山大澤不以盼，其餘以禄士，以爲間田。盼，音班。

孔氏曰：「『其餘以禄士，以爲間田』者，謂九十三國之餘，下文所云是也。以九十三國封公卿大夫，故此特云『以禄士』。以禄士者，謂無地之士，給之地以當其禄，不得爲采邑也。若公卿之子，父死之後，既不世爵，得食父禄，則此禄士包之也。凡禄士之外，並爲間田，則周禮之『公邑』也。不云附庸者，以縣内無附庸也。畿外諸侯有附庸，故間田少。畿内每須肦賜，故間田多。」陸氏曰：「周官公所受田，在大都之疆地。卿所受田，在小都之縣地。大夫所受田，在家邑之稍地。此所謂『縣内』，舉中言之也。然則元士受地，於公邑之甸地可知。」

凡九州，千七百七十三國。天子之元士、諸侯之附庸不與。與，音預。

○方千里者，爲方百里者百，封方百里者三十國，其餘方百里者七十。又封方七十里者六十，爲方百里者二十九，方十里者四十，其餘方百里者四十，方十里者六十。又封方五十里者百二十，爲方百里者三十，其餘方百里者十，方十里者六十。名山大澤不以封，其餘以爲附庸間田。諸侯之有功者，取於間田以禄之；其有削地者，歸之間田。

此覆解上文八州封國之制也。

天子之縣内方千里者，爲方百里者百。封方百里者九，其餘方百里者九十一。又封方七十里者二十一，爲方百里者十，方十里者二十九，其餘方百里者八十，方十里者七十一。又封方十里者六十三，爲方百里者十五，方十里者七十五，其餘方百里者六十四，方十里者九十六。

此覆解上文縣内封國之制也。

〇千里之外設方伯。五國以爲屬，屬有長；十國以爲連，連有帥；三十國以爲卒，卒有正；二百一十國以爲州，州有伯。八州，八伯，五十六正，百六十八帥，三百三十六長。八伯各以其屬屬於天子之老二人，分天下以爲左右，曰二伯。長，之兩切。帥，色類切。卒，子忽切。

鄭氏曰：「屬、連、卒、州，猶聚也。伯、帥、正，亦長也。凡長，皆因賢侯爲之。殷之州長曰伯，虞、夏及周皆曰牧。老，謂上公。周禮曰：『九命作伯。』春秋傳曰：『自陝以東，周公主之；自陝以西，召公主之。』」孔氏曰：「屬是繫屬，連是連接，卒是卒伍，州是聚居，故總云聚也。伯、帥、正俱是長，但異其名，因其州内賢侯爲之長，非州外别取州牧也。」澄曰：「方伯，謂東方、西方二伯也。千里之外，八州諸侯，州各有牧以統之於外矣。八牧所牧之州，其四在西方，其四在東方，又以王朝三公設爲二伯以總之於内焉。西方諸侯，西伯總之；東方諸侯，東伯總之。周書言『大保率西方諸侯，畢公率東方諸侯』是也。『千里之外設方伯』者，謂千里之外，八州之侯，設方伯於内以總之，非謂所設方伯在千里之外也。下云『州有伯』，此伯乃一州之牧爾，以其統一州之諸侯，猶方伯總一方之諸侯也，故州牧亦可名曰州伯。」

天子使其大夫爲三監，監於方伯之國，國三人。監，古蹔切。監於，古銜切。後同。

澄按：孟子言：「周公使管叔監殷。」書序亦言：「三監及淮夷叛。」説三監者，或以爲武庚、管叔、蔡叔，或以爲管叔、蔡叔、霍叔，皆非也。蓋武王分殷之故地爲邶、鄘、衛三國，而使管叔、蔡叔、康叔君之。管叔君邶，蔡叔君鄘，後因叛而廢其國，唯衛康叔之國獨存。書言「王啓監」，周官言「立其監」，監者，皆謂諸侯之君，非謂别以人而監侯國也。此記蓋因邶、鄘、衛爲殷地之三監而誤。既云「監方伯之國」，而疏云三八二十四人，則是監州伯之國矣，誤稱州伯爲方伯也。崔謂周於牧下置二伯，其説愈謬。夫二伯爲八州牧之統，豈於牧下而置哉？注疏之説皆無稽。陵陽李氏曰：「牧、伯皆諸侯之賢者，天子所親倚，豈復使内臣監之？」

○天子百里之内以共官，千里之内以爲御。 共，音恭。

馬氏曰：「『百里之内』，云王城五十里，而四面相距，則百里也。『千里之内』，云王城五百里，而四面相距，則千里也。官者，官府之所用，其用輕，故取百里近地所出者給之。御者，天子之所用，其用重，故取千里遠地所出者給之。」澄曰：「按周之法，則百里之内乃近郊之地，士、工、商所受田以及國外之場圃、國中之廛里，所取亦寡，豈特以是而共官之用乎？千里之内，則大都、小都、家邑、公邑以至六遂、六鄉，有供王之賦，有農田之税，御用之物，蓋於此乎取也。然記者不知何據而云。」長樂陳氏曰：「周官大府：『關市之賦，以待王之膳服。邦中之賦，以待賓客。四郊之賦，以待稍秣。家削之賦，以待匪頒。邦甸之賦，以待工事。邦縣之賦，以待幣帛。邦都之賦，以待祭祀。山澤之賦，以待喪紀。』或以其地之所便，或以其地之所宜，或以其類之所從，然皆未嘗以遠物待乎近，以近物待乎遠。豈以近者供官，遠者爲御乎？又大宰之制國用，必合王府之財爲之調度乃可，豈官府之所供止於百里，膳服之御必千里乎？」臨川王氏曰：「此一説，不知是何時，於經亦不見。恐於事亦難如此。蓋當合王府之財而通其調度，乃可也。」

千里之内曰甸，千里之外曰采、曰流。

此約禹貢「五服」之文而爲記。「千里之内曰甸」，所謂「五百里甸服」也，一面各五百里，東西南北相距爲千里之内。「千里之外」，謂自侯服至荒服也。侯服之別有三：曰采、曰男邦、曰諸侯。綏服之別有二：曰揆文教、曰奮武衛。要服之別有二：曰夷、曰蔡。荒服之別有二：曰蠻、曰流。内之近者始於采，外之遠者終於流，故舉其始終二者以包七者於中也。

○制：農田百畝。百畝之分，上農夫食九人，其次食八人，其次食七人，其次食六人，下農夫食五人。庶人在官者，其禄以是爲差也。分，去聲。食，音嗣。下同。差，初佳、初宜二切。

諸侯之下士視上農夫，禄足以代其耕也。中士倍下士，上士倍中士，下大夫倍上士，卿四大夫

禄，君十卿禄。次國之卿三大夫禄，君十卿禄。小國之卿倍大夫禄，君十卿禄。

鄭氏曰：「此班禄尊卑之差。」

○諸侯之下士禄食九人，中士食十八人，上士食三十六人，下大夫食七十二人，卿食二百八十八人，君食二千八百八十人。次國之卿食二百一十六人，君食二千一百六十人。小國之卿食百四十四人，君食千四百四十人。次國之卿命於其君者，如小國之卿。

此覆解上文班禄之制。

天子之大夫爲三監，監於諸侯之國者，其禄視諸侯之卿，其爵視次國之君，其禄取之於方伯之地。

方氏曰：「前言『監於方伯之國』，此言『監於諸侯之國』，其實一也。以其監方伯，故其禄取之於方伯之地。『禄視諸侯之卿』者，以大夫之位，所養不大厚也。『爵視次國之卿』者，以三監之職權不可不重也。」澄按：三監古無之，記者蓋誤。又因上文言君、卿、大夫、士之禄所食多寡而生此文，殆不足信，方氏從而臆説爾。

方伯爲朝天子，皆有湯沐之邑於天子之縣内，視元士。 爲，去聲。朝，音潮。

鄭氏曰：「湯沐之邑，給齋戒潔清之用。浴用湯，沐用潘。」孔氏曰：「按前文云『不能五十里曰附庸』，又云『天子元士視附庸』，湯沐之邑視元士，亦五十里以下。左氏説，諸侯有功德於王室，京師有朝宿之邑，泰山有湯沐之邑。魯，周公之後，鄭，宣王母弟，有湯沐邑，其餘則否。而公羊説謂諸侯朝天子，皆有朝宿之邑。許慎以爲若如此，則周千八百諸侯，盡京師地不能容之，不合事理之宜。」

〇天子之縣内諸侯，禄也。外諸侯，嗣也。

鄭氏曰：「選賢置之於位，其國之禄如諸侯，不得世。外諸侯有功乃封之，使之世也。」葉氏曰：「内之公、卿、大夫，其受田視公、侯、伯、子、男，固亦通稱爲諸侯也。内世禄，而公卿大夫之子，必賢而後得世爵。外世爵，而諸侯之子，自非大惡，猶得襲位。蓋公卿大夫有功德出封爲諸侯，是外之世爵者，乃内之世禄臣也。至諸侯有功德，亦入而爲公卿，是在内之世禄者，或在外之世爵諸侯也。〇軾按：畿内之地，公卿食邑也。畿外之地，諸侯世守也。可見天子富有天下，未嘗私其所有。下節世子世國，即外諸侯嗣也；大夫不世爵，即内諸侯禄也。兩節通結爵禄之制。」

諸侯世子世國，大夫不世爵，使以德，爵以功。未賜爵，視天子之元士，以君其國。諸侯之大夫不世爵禄。

鄭氏曰：「世子世國，象賢也。大夫謂縣内及列國諸侯爲天子大夫者，不世爵而世禄。辟賢也。」澄曰：「『未賜爵』，承上文『世國』者言之，謂諸侯之世子雖得世國，然世國之初，天子未賜爵，則猶未得爲諸侯也。『諸侯之大夫』，承上文『不世爵』者言之，謂天子之大夫，雖不世爵，而猶得世禄，若諸侯之大夫則并禄亦不得世矣。」

右記制禄，凡八節。

古者以周尺八尺爲步，今以周尺六尺四寸爲步。古者百畝，當今東田百四十六畝三十步。古者百里，當今百二十一里六十步四尺二寸二分。

鄭氏曰：「按禮制，周猶以十寸爲尺。蓋六國時多變亂法度，或言周尺八寸，則步更爲八八六十四寸。以此計之，古者百畝當今百五十六畝二十五步；古者百里，當今百二十五里。」説文曰：「咫，八寸，周尺也。」此云「周尺八尺爲步」，今以周六尺四寸爲步，六尺四寸及八尺爾，此八寸尺之證也。隋書所載歷代尺有十五種，蓋古尺廢，後世長短異同之論遂不一也。延平周氏曰：「後世之尺，或以黍，或以忽，或以指。然地之生黍有小大，蠶之吐絲有巨細，人之手有長短，此步尺所以異同也。」方氏曰：「『東田』，即詩言『南東其畝』也。」

方一里者，爲田九百畝。方十里者爲方一里者百，爲田九萬畝。方百里者爲方十里者百，爲田

九十億畝。方千里者爲方百里者百，爲田九萬億畝。

鄭氏曰：「一里，方三百步。億，今十萬。萬億，今萬萬也。」孔氏曰：「『步百爲畝』，是長百步，濶一步。『畝百爲夫』，是一頃也，長濶皆百步。『夫三爲屋』，是三頃也，濶三百，長一百步；『屋三爲井』，是九百畝也，長濶皆三百步，是爲方一里。一个十里之方，爲田九萬畝；十个十里之方，爲田九十萬畝。方百里者，爲百个十里之方，其田九百萬畝。一億是十萬，十億是百萬，九百萬即是九十億畝也。尹文子云『百姓千品，萬官億醜，皆以數相十』，此小億也。毛詩傳云『數萬至萬曰億』，此大億也。一个百里之方，爲田九十億畝；十个百里之方，爲田九百億畝。方千里者，爲百个百里之方，其田九千億畝。若以萬言之，當云九萬萬畝。此云『九萬億畝』，億、萬字相交涉，遂誤『萬萬』爲『萬億』。皇氏曰：『億數不定，或以萬萬爲億，或以十萬爲億，或以一萬爲億。此云萬億者，衹是萬萬也。六國時或將萬爲億，故云萬億。』」

自恒山至於南河，千里而近。自南河至於江，千里而近。自江至於衡山，千里而遥。自東河至於東海，千里而遥。自東河至於西河，千里而近。自西河至於流沙，千里而遥。西不盡流沙，南不盡衡山，東不盡東海，北不盡恒山，凡四海之内，斷長補短，方三千里，爲田八十萬億一萬億畝。斷，音短。

鄭氏曰：「恒山至南河，冀州域。南河至江，豫州域。江至衡山，荆州域。東河至東海，徐州域。東河至西河，亦冀州域。西河至流沙，雍州域。方三千里，爲田八十萬億一萬億畝，九州之大計也。」孔氏曰：「一州方千里，九州方三千里，三三如九，爲方千里者九。一个千里有九萬億畝，九个千里，九九八十一，故有八十一萬億畝。記文於『八十』整數之下云『萬億』，是八十个萬億；又云『一萬億』，言又有一个萬億也。」方氏曰：「『一萬億畝』之上重有『萬億』二字，蓋衍文爾。」皇氏曰：「『千里而近』者，言其地稍近，不滿千里也。『千里而遥』者，言其地稍遠，不啻千里也。」

方百里者，爲田九十億畝，山陵、林麓、川澤、溝瀆、城郭、宫室、塗巷，三分去一，其餘六十億畝。

分，去聲。去，上聲。

鄭氏曰：「以一大國爲率，其餘所以授民也。山足曰麓。」方氏曰：「九十億畝，三而分之，則各三十億畝，去其一分，以容宫室塗巷之類，則餘六十億畝爲可耕之田。四海之内，不皆如此，大略然也。」

〇古者公田藉而不税，市廛而不税，關譏而不征，林麓川澤以時入而不禁，夫圭田無征，田里不粥，墓地不請。 藉，在亦切。粥，音育。

竹木曰林，林屬於山爲麓，注瀆曰川，水鍾曰澤。林麓川澤，不禁民之取，以時入，如獺祭魚，然後入澤梁也。田地里邑，既受之於公，民不得粥賣。冢墓之地，公家所給，族葬有常，不得輒請求餘處。澄曰：「夫田，謂餘夫所受二十五畝之田。圭田，謂卿以下所受五十畝之圭田也。無征，謂既不税其所受，亦不令助耕公田也。」

〇司空執度，度地居民。山川沮澤，時四時，量地遠近，興事任力。度度，上如字，下大洛切。沮，將慮切。

鄭氏曰：「司空，冬官卿，掌邦事者。量地，謂制邑井之處。興事，謂築邑、盧、宿、市。」孔氏曰：「執丈尺之度，以量度其地，而居處其民，觀山川高下，沮澤浸潤之處。山燥，川與沮澤濕。沮地是有水草之處，草所生爲萊，水所生爲沛。又當以時候此四時，知其寒煖。『九夫爲井，四井爲邑』，堪造邑井之處，謂平原之地、沃衍之所也。若山林藪澤，則不堪邑井。事言『興』，則用力重難，謂築邑城，又筑盧與宿及市也。『凡國野之道，十里有盧，三十里有宿，五十里有市』。」〇軾按：『度地』者，即度其山川沮澤之高下燥濕，四時氣候之寒暖也。『量地遠近』，即下節邑居『參相得』意。『興事任力』，謂興農事，而使得用力于田畝也，即下節『無曠土、游民』意。

○凡使民，任老者之事，食壯者之食。用民之力，歲不過三日。食，上音嗣，下如字。

孔氏曰：「役法功程，老則功少，壯則功多。雖壯者限以老者之功程，寬其力也。廩餼牲體，壯者食多，老者食少。雖老者給以壯者之食料，饒其食也。使民治城郭道渠，不得過三日。周禮均人：『豐年旬用三日，中年旬用二日，無年旬用一日。』年歲不同，雖豐不過三日也。」

○凡居民，量地以制邑，度地以居民。地、邑、民居，必參相得也。無曠土，無游民，食節事時，民咸安其居。樂事勸功，尊君親上，然後興學。樂，音洛。

地邑有廣狹，民居有稀稠，必參合量度，使之相稱，各得其宜。若地廣民稀，則有曠土矣；地狹民稠，則有游民矣。邑制之所容莫非民，民居之所至莫非邑，則邑亦可言度，居亦可言量矣。兩之爲並，三之爲參。地也，民也，長短多少，不可相失也。無曠土，則地無遺利；無游民，則人無遺力。食節則無不足之患，事時則無不及之務，居民之道，亦期其如此而已，故效至於民咸安其居也。鄭氏曰：「興學，立小學、大學。」孔氏曰：「如此然後得興學，民富而可教也。」

○凡居民材，必因天地寒煖燥濕。廣谷大川異制，民生其間者異俗：剛柔、輕重、遲速異齊，五味異和，器械異制，衣服異宜。修其教，不易其俗；齊其政，不易其宜。燥，素老切。異齊，才細切。和，去聲。

鄭氏曰：「因天地寒煖燥濕者，使其材堪地氣也。」澄曰：「民材，謂人之生質也。地之氣所應不同，而天氣或寒或煖；天之氣所感不同，而地氣或燥或濕。因天地之寒煖燥濕，而各使生質之能堪其氣者居之。兩山之間，谺然而深，水流注川者曰谷，廣谷，則兩山相去稍遠，其中有隰皋之地可居。大川，謂大川之上亦有可居者，即墳衍之地也。異制，謂有山有川之處，其高深之形勢各異，若裁制而成然。俗者，民間習尚之所安也。凡居民者，中土平原之地爲正。廣谷大川，地形地勢之制既異，則其間之民受此地氣而生者，其民俗之習尚自與平原之民異也。剛柔、輕重、遲速，謂氣禀之異。禀陽之多者剛，禀陰之多者柔。輕重，有陽而輕陰而重者，亦有陰而輕陽而重者。遲速，有陰有遲陽而速者，亦有陽而遲陰而速者。人之氣禀，大概有此六者。齊如五齊之齊，雖不齊同，而各有分齊也。和謂調和，制謂制作，宜謂所便也。氣禀不同，故口所嗜之味，各有所宜，而異其調和；身所用之器，各有所宜，而異其制作。體所被之衣服與五味之和、器械之制，皆爲各有所宜而異。異和異制，亦異宜也，故以『異宜』終之，貫上二句。修謂其教皆明，無所廢缺。教，即下章『七教』是也。齊謂其政並舉，無所參差。政，即下章『八政』是也。以廣谷大川而言，則地産有異，而其習尚之所安，各異其俗，故雖導之以七教，然亦不改易其所安之俗，使之各得以安其所安也。以剛柔、輕重、遲速而言，則天禀有異，而其身口之所便，各異其宜，雖故正之以八政，然亦不改易其所便之宜，使之各得以宜其所宜也。此居民材之大凡也。」

中國、戎夷五方之民，皆有性也，不可推移。東方曰夷，被髮文身，有不火食者矣；南方曰蠻，雕題交趾，有不火食者矣；西方曰戎，被髮衣皮，有不粒食者矣；北方曰狄，衣羽毛穴居，有不粒食者矣。中國、夷、蠻、戎、狄，皆有安居、和味、宜服、利用、備器。五方之民，言語不通，嗜欲不同。達其志，通其欲，東方曰寄，南方曰象，西方曰狄鞮，北方曰譯。衣，去聲。鞮，丁兮切。

孔氏曰：「五方謂中國、四夷，舉戎夷，則蠻狄可知。文身，謂以丹青文飾其身。雕，刻也。題，額也。雕題，謂以丹青雕刻其額。非唯雕額，亦文身也。漢書地理志云：『越俗斷髮文身，以辟蛟龍之害。東方南方皆近海，故俱文身也。』趾，足也。蠻卧時，頭向外，而足在内相交，故云『交趾』。不云被髮，斷髮故也。『有不火食』，言亦有火食者。四方無絲麻，唯食禽獸，故衣皮。東方、北方多鳥，故衣羽。正北多羊，故衣毛。凝寒至盛，林木又少，故穴居。中國四夷雖異，各有所安之居、所和之味、所宜之服、所利之用、所備之器，其事雖異，各自充足也。水土各異，故言語不通；好惡殊別，故嗜欲不同。帝王立此傳語之人，曉達五方之志，通傳五方之欲，使相領解。寄者，傳寄外内言語。象，言放象外内之言。狄鞮者，鞮，知也，通傳夷狄之語，與中國相知。譯者，陳也，陳説外内之言。此通傳四方語官也。」長樂陳氏曰：「寄、象、鞮、譯，周官象胥是也。『達其志，通其欲』，象胥所謂『協其言辭傳之』。寄言其寓於此，象言其像於彼，鞮言其屨，譯言其語，凡此皆互見也。周官韎師、旄人、鞮鞻氏教四夷之樂，其名官，韎以其所服，旄以其所執，鞮鞻言其所屨。」

右記度地居民，凡六節。

六禮：冠、昏、喪、祭、鄉、相見。七教：父子、兄弟、夫婦、君臣、長幼、朋友、賓客。八政：飲食、衣服、事爲、異别、度、量、數、制。 别，彼列切。

儀禮有士冠禮、士昏禮、喪服、士喪禮、士虞禮；士之祭，有特牲饋食禮；卿大夫之祭，有少牢饋食禮；鄉有鄉飲酒禮、鄉射禮；相見有士相見禮。七教，即五教也，兄弟别出爲長幼，朋友别出爲賓主。鄭氏曰：「八政，飲食爲上，衣服次之。事爲，謂百工技藝也。異别，五方用器不同也。度，丈尺也。量，斗斛也。數，百十也。制，布帛幅廣狹也。」

○司徒修六禮以節民性，明七教以興民德，齊八政以防淫，一道德以同俗，養耆老以致孝，恤孤獨以逮不足，上賢以崇德，簡不肖以絀惡。 絀，音出。

鄭氏曰：「司徒，地官卿，掌邦教者。逮，及也。簡，差擇也。」澄曰：「此言司徒之所以教，即舜之命契者也。」孔氏曰：「所稟之性，恐其失中，故以六禮節之。德者，得也。恐人不德，故以七教興之。八政，禁令之事，以防淫過之失。貴賤同，故不云民。齊一所行所得之道德，以同國之風俗。敬養耆老，所以致敬孝之心。哀恤孤獨，所以逮及不足。」方氏曰：「六禮不修，其壞性，非禮節之則流。七教不明，則隱德，非教以興之則廢。政以正民，其可差忒乎？則在乎齊，使之無過行，故曰『防淫』。道，人所共由，德，人所同得，其可以二乎？則在乎一。使之無異習，故曰『同俗』。養耆老，則推愛親之心，於是爲至。恤孤獨，則損有餘之心，無所不及。六十曰耆，七十曰老，耆老在所養，則耄期可知。無父曰孤，無子曰獨，孤獨在所恤，則鰥寡可知。賢者難於進，故上之；不肖者惡其雜，故簡之。」○軾按：修禮四句，教民之法也。養老恤孤，以身先之也。致孝，興起其孝也。不足，即孤獨。逮，徧及也。上恤孤，則民不倍，凡天下之孤獨無不得其所矣。上賢簡不肖，示勸懲也。

命鄉簡不帥教者以告，耆老皆朝於庠，元日習射上功，習鄉上齒，大司徒帥國之俊士與執事焉。不變，命國之右鄉簡不帥教者移之左，命國之左鄉簡不帥教者移之右，如初禮。不變，移之郊，如初禮。不變，移之遂，如初禮。不變，屏之遠方，終身不齒。帥，音率。朝，音潮。與，音預。屏，必政切。

此言司徒之所教而不成者。鄭氏曰：「帥，循也。不循教，謂敖狠不孝弟者。移之左右，使轉徙其居，覬其見新人有所化也。」孔氏曰：「此論紬惡之事。初入學一年之終，司徒命此鄉學簡擇不率教者以告司徒，司徒乃命鄉内耆老、大夫致仕爲父師、少師者及年老有德行不仕者，皆聚會于鄉學之庠，爲此不率教之人習射禮，中者在上，故云『上功』。又習鄉飲酒禮，令老者居上，故云『上齒』。欲使不率教之人，觀其上功，自勵爲功；觀其上齒，則知尊長敬老。大司徒率領國之英俊士與在射執行事焉，言國之俊士，則非唯鄉内之人也。使俊士與之以爲榮，惡者慕之而自勵。又間一年而考校之，不變者，右鄉移左，左鄉移右，亦復習射鄉禮，故云『如初』。五年之時，更不變，移之郊，又爲之習禮，亦鄉大夫臨之。七年之時，又不變，移之遂，遂大夫亦帥國之俊選於遂學行禮。九年之時，又不變，屏之九州之外。」澄曰：「入鄉學第一年之終，簡不帥教者告之司徒。第二年之正月，司徒命鄉大夫爲之習射飲禮，使之觀感，變其傲狠不孝弟之惡。教之至第三年之終，考校而不變，則右鄉移之左，左鄉移之右。第四年正月，鄉大夫又爲習射飲禮。教之至第五年之終，考校而不變，則移之郊，郊學蓋在鄉遂之間。第六年正月，鄉大夫又於郊學習射飲禮。教之至七年之終，考校又不變，則移之遂。第八年正月，遂大夫又於遂學習射飲禮。教之至第九年之終，考校又不變，則屏之遠方矣。」

命鄉論秀士，升之司徒，曰選士。司徒論選士之秀者而升之學，曰俊士。升於司徒者，不征於鄉；升於學者，不征於司徒，曰造士。選，去聲。

此言司徒之所教而成者。孔氏曰：「此論崇德之事。大司徒之官命鄉大夫論量考校此鄉學之人，有孝友多才藝秀異之士，升於司徒。先名唯在鄉，今移名於司徒，其身猶在鄉學。未即貢舉入官也。司徒論選士之秀者而升之學，則身升於大學，非唯升名而已。征，謂力役供學及司徒細碎之徭役。選士雖升名司徒，猶給鄉之徭役。俊士身雖升學，猶給司徒徭役。若其學業既成，皆免其徭役者，是謂造成之士也。」○軾按：選，選之也。俊，俊之也。俊雖才德出衆之稱，然必司徒論而升之，乃成其爲俊也。造，造之也。三者皆就上言，而因以爲士之目，猶今舉人、貢士，本謂舉此人、貢此士，而即以爲舉人、貢士之目也。造士合上二者言之，選士、俊士皆可謂之造士。選士，謂行造之士。俊士，則造成之士也。

樂正崇四術，立四教，順先王詩、書、禮、樂以造士。春、秋教以禮、樂，冬、夏教以詩、書。王大子，王子，群后之大子，卿、大夫、元士之適子，國之俊選皆造焉。凡入學以齒。 適，多歷切。

此言樂正之所以教，即舜之命夔者也。雖掌教胄子，而司徒所教之造、俊亦與。孔氏曰：「此明習業之事。樂正之官，當光揚尊崇此四術以爲教。謂敷暢義理，贊明旨趣，使學者知之。術者，道路之名，詩、書、禮、樂是也。順者，依順古先王之道，以詩、書、禮、樂之教造成此士。四術不可暫闕，春教樂，兼有禮；秋教禮，兼有樂；夏教詩，兼有書；冬教書，兼有詩，皆以其術相成，但逐其陰陽以爲偏主爾。自王大子以至於國之俊選皆造焉者，皆從其詩、書、禮、樂之教也。天子之子則適庶皆與，諸侯而下則庶子不與者，隆殺之別也。選士方升於司徒，亦得與在學之教者，又無内外之別也。學所以明人倫，人倫莫先於孝弟，故入學者必以齒，曰『凡』，則無貴賤，皆以齒矣。以大子而與俊選相爲齒，所謂『行一物而三善皆得』也。」○軾按：教必以漸，時而禮、樂，時而詩書。以者，以此爲主，非習其一，而盡置其餘也。春、秋、冬、夏云者，隨舉言之，非謂冬、夏必不以禮、樂，春、秋必不以詩、書也。

將出學，小胥、大胥、小樂正簡不帥教者，以告於大樂正，大樂正以告於王。王命三公、九卿、大夫、元士皆入學。不變，王親視學。不變，王三日不舉，屏之遠方。西方曰棘，東方曰寄，終身不齒。 棘，蒲北切，一讀如字。

此言樂正之所教而不成者。鄭氏曰：「出學，謂九年大成學止也。所簡者，謂王大子、王子、群后之大子、卿大夫元士之適子。大胥、小胥，皆樂官屬也。大樂正告於王，王命皆入學，亦謂使習禮以化之。不變，王入，親爲之臨視，重棄賢者子孫也，此習禮皆於大學。不舉，去食樂，重棄人也。棘，當爲『僰』，僰之言偪，使之偪寄於夷狄。不屏於南北，爲其大遠。」延平周氏曰：「棘，急也，示其雖屏之，欲棘於悔過。寄者，示其雖屏之，將寓於此爾。屏而必謂之棘與寄者，恩也。卒不免於不齒者，義也。」方氏曰：「以視學之禮化之，而又不變，則終不變矣，故三日不舉，將以棄之也。舉，與食日舉以樂之舉同義，將棄之而不舉，則自貶損，以責其教之不至故也。棘、寄，皆以待貴者之禮，有別於賤者，故然爾。賤者至於四不變，然後屏之，貴者止於二不變遂屏之者，陳氏謂先王以衆庶之家爲易治，以世禄之家爲難化。易治，故鄉遂之所考，常在三年大比之時；難化，故國子之出學，常在九年大成之後。以三年之近而考焉，必四不變而後屏之。以九年之遠而簡焉，則雖一不變，屏之可也。」長樂陳氏曰：「不變者，雖王子亦屏遠方，其公於教化而不私其子。此三代之王，所以後世無及也。」

大樂正論造士之秀者，以告於王，而升諸司馬，曰進士。

此言樂正之所教而成者。鄭氏曰：「可進受爵禄也。」孔氏曰：「此文承王子、公卿大夫之子下，似專據王子等，其實鄉之入學爲造士者，亦同於此。下文更不見鄉人及邦國所貢之士，故知此中兼之也。但鄉人既卑，節級升之，故爲選士、俊士，至於造士，若王子與公卿之子，本位既尊，不須積漸，學業既成，即爲造士。於是大樂正總論此造士以告於王，升諸司馬也。」方氏曰：「鄉論秀士而升之司徒，司徒論選士而升之學，所以屬於大樂正也。故大樂正又論造士之秀以告於王，而升諸司馬焉。造士之秀，則於成才之中又秀出者也，升諸司馬，則以將使之臨政，故隸於政官之長也。以其成才，將使臨政，則可以進於王所，故以進士名之。」

司馬辨論官材，論進士之賢者，以告於王而定其論。論定然後官之，任官然後爵之，位定然後禄之。辨論、其論、論定，並平聲，又去聲。任，音壬。

此總言以司徒、樂正之所教而成者官之也。孔氏曰：「大樂正論造士之秀者，以告於王。王必以樂正所論之狀，授與司馬。司馬得比所論之狀，乃更論辨之，觀其材能高下，知其堪任何官，是準擬其官以其材，故云官材也。司馬辨論之後，不堪者屏退，論量進士之賢者，以告於王。其告王之時，正定其論，各署其所長。若長於禮者，署擬於禮官；長於樂者，署擬於樂官。既論擬定，然後試之以所能之官，堪任此官，然後爵命之。既受爵命，使有職位，然後與之以禄也。」

○大夫廢其事，終身不仕，死以士禮葬之。

孔氏曰：「廢其事，不堪任大夫也。」澄曰：「此因上文任官而後爵之之言，因及不任其官，則黜其爵之事。大夫老而致仕者，生時雖已不居大夫之位，然未嘗奪其大夫之爵也，故死時仍得葬以大夫之禮。若廢其事而終身不復得仕，則是大夫之爵已奪，不得復名之曰大夫矣。故死之時，亦不得復以大夫禮葬，而但以士禮葬之也。」

○有發，則命大司徒教士以車甲。

此因上文司徒升造士而司馬官其材，因及司馬發車甲而司徒教其士之事。鄭氏曰：「有發，謂有軍師發卒。」孔氏曰：「國有軍旅，以發士卒，是司馬之事。王則命大司徒教以乘兵車及衣甲之儀容。必司徒者，以司徒主人又主教，故與司馬相參也。」

○凡執技論力，適四方，臝股肱，決射御。凡執技以事上者，祝、史、射、御、醫、卜及百工。凡執技以事上者，不貳事，不移官，出鄉不與士齒。仕於家者，出鄉不與士齒。臝，力果切。

鄭氏曰：「臝股肱，謂擐衣出其臂脛，使之射御決勝負，見勇力也。不貳事，欲專其事也。不與士齒，賤也。於其鄉中則齒，親親也。仕於家亦賤，故亦不與士齒。」孔氏曰：「執技之士，凡有三條。上條論課試武藝之事，言此唯論力以事上，故適往四方境界之外，則使之擐露臂脛，角材力，決射御勝負，以見武勇。中條論執技之人有七：祝一，史二，射三，御四，醫五，卜六，百工七。射御已言，此重云者，見其色目也。下條論執技之人，欲使專一其所有之事。」張子曰：「『臝股肱，決射御』，此執技以有事於外者也。若祝、史、射、御、醫、卜及百工，此執技以事君於內者也。」長樂陳氏曰：「德成而上，藝成而下，此執技者，不與士齒之意也。仕於公曰臣，仕於家曰僕，公臣與家僕雜居齊齒爲非禮，此仕於家者，不與士齒之意也。仕於家者，非技也，於此言之者，因其類也。」○軾按：凡執技論力適四方者，尚武。若事君于內，雖射御亦不專藉武力，貴嫻習巧便已耳。重言「凡執技以事上者」，見執技不止祝、史數者已也。執技論力，不言不貳不移，可知也。不與士齒，賤末技也。「仕于家者」一段，謂仕于家之執技者，不與士齒，是事于君者則齒也，此又一說，記禮者附記于此。

○凡官民材，必先論之，論辨然後使之，任事然後爵之，位定然後禄之。

司馬辨論官材，既如此矣，此言「凡官民材」，則凡論官民材之道也。彼言官之，此言使之；彼言任官，此言任事。其義一也。孔氏曰：「雖考問知其實，未明其幹能，故任以事。事又幹了，然後正其秩次。除授位定，然後與之以禄。」

爵人於朝，與士共之。刑人於市，與衆棄之。是故公家不畜刑人，大夫弗養，士遇之塗弗與言也。屏之四方，唯其所之，不及以政，亦弗故生也。

鄭氏曰：「必共之者，審慎之也。屏，猶放去也。已施刑，則放棄之，役賦不與，亦不授之以田，困乏又無賙餼也。」孔氏曰：「既與衆棄之，故天子、諸侯之家不畜，大夫不養，士逢之於塗不與言。放逐棄去，不于及以政教之事。田里所以安其身，賙餼所以養其命，是皆爲生之具，今並不與，是不故欲使其生也。」

右記教士官人，凡六節。

司寇正刑明辟，以聽獄訟，必三刺，有旨無簡不聽，附從輕，赦從重。辟，婢亦切。刺，七智切。

鄭氏曰：「司寇，秋官卿，掌刑者。三刺以求民情，一曰訊群臣，二曰訊群吏，三曰訊萬民。簡，誠也。有其意無其誠者，不論以爲罪。附，施刑也。求出之，使從輕。雖是罪可重，猶赦之也。」孔氏曰：「司寇當正定刑書，明斷罪法，使刑不差二，法不傾邪，以聽天下獄訟。必三刺者，言刑法宜謹，不可專制。刺，殺也，謂欲殺犯罪之人，其一問可殺與否於群臣，謂公卿大夫士。其二問可殺與否於群吏，謂庶人在官者。其三問可殺與否於庶人，謂萬姓衆來觀者。此三刺雖以殺爲本，其被刑不殺者，亦當問之。『有旨無簡不聽』者，旨，意也。求民情，既得其所犯之罪，雖有旨意，無誠實之狀，則不聽之，不論以爲罪也。『附從輕』者，施刑之時，此人所犯之罪，在輕重之間，可輕可重，則當求可輕之刑而附之，罪疑惟輕是也。『赦從重』者，所犯之罪，本非故爲，而入重罪，放赦之時，從重罪之上而赦之，其意輕故也，尚書『眚災肆赦』是也。」方氏曰：「簡所以書獄辭，與書所謂『五刑不簡』之簡同。」山陰陸氏曰：「聽訟若無簡書可書之實狀可據，則不聽也。」

〇凡制五刑，必即天論，郵罰麗於事。 論，如字，一音倫。

方氏曰：「五刑不簡，然後正乎五罰。五罰不服，然後正乎五過。罰輕於刑，過又輕於罰，此以郵罰言者，輕且如此，其重可知矣。言以郵罰爲序，亦先輕也。」〇軾按：論作倫，理也。即天倫者，用刑必依乎天理之公也。郵作尤，過責也。麗，依也，就事論事也。

○凡聽五刑之訟，必原父子之親，立君臣之義以權之；意論輕重之序，慎測淺深之量以別之；悉其聰明，致其忠愛以盡之。疑獄，氾與衆共之[一]；衆疑，赦之。必察小大之比以成之。別，彼列切。氾，孚劍切。比，必利切。方，如字[二]。

鄭氏曰：「權，平也。意，思念也。淺深，謂俱有罪，本心有善惡也。盡之，盡其情也。小大，猶輕重也。已行故事曰比。」長樂陳氏曰：「原父子之親，則以恩掩義。立君臣之義，則以義掩恩。悉其聰明，則得其情。致其忠愛，則哀矜而勿喜。獄疑與衆共之，呂刑所謂『胥占』是也。衆疑赦之，呂刑所謂『刑罰之疑有赦』是也。輕重言其罪，淺深言其情，大小言其辟。」方氏曰：「比之爲言附也，呂刑所謂『上下比罪』是矣。」○軾按：人之所以爲人，恩與義二者盡之矣。五刑之屬三千，皆爲無恩、無義者設。君臣、父子，特舉其大耳，以是二者權衡所聽之訟，而定其刑，刑無不平矣。然同一背恩違義而事有輕重，情有淺深，又不可不虛心慎重以別之。別之如何，悉其聰明以求之，致其忠愛以孚之，如是而後人不能欺，亦不忍欺，而輕重淺深無不各得其情，所謂「意論」「慎測」者此也。如此而猶有疑者，與衆共質之，衆疑則赦之。其無疑者，察

[一]「氾」，原作「汎」，據禮記經文改。注同。
[二]「方」，疑當作「成」。

其大罪，比以大刑，小罪比以小刑，以成獄詞，而遞告焉。大小即輕重、淺深，無疑而猶察者，察其合于何辟也。此節論聽訟之法，史、正、司寇、三公之聽皆然。成獄辭，史以獄成告於正。正德之，正以獄成告於大司寇。大司寇聽之棘木之下，大司寇以獄之成告於王。王命三公參聽之，三公以獄之成告於王。王三又，然後制刑。

史，司寇吏也。正，鄉師之屬。王之外朝，左九棘，孤卿大夫位焉；右九棘，公、侯、伯、子、男位焉；面三槐，三公位焉。大司寇聽之棘木之下，即此外朝也。

孔氏曰：「成獄辭者，獄史初責覈罪人之辭已成定也。史以成辭告於正，正得史告罪成之辭，而又聽察也。正聽已竟，又以獄成之辭告於大司寇。大司寇與公卿在朝槐棘之下聽獄訟成，以告於王也。王既得司寇之告成辭，而刑辟不可謬妄，故又命三公與司寇及正更共相參而聽之也。三公參聽得其情實，以獄成辭告於王。王得三公之告，則以三事命寬宥之：一宥不識者，不審也，若仇讎當報甲，見乙誤以爲甲而殺之；二宥過失者，若舉刃欲斫伐而軼中人；三宥遺忘者，若間帷薄，忘有在焉，而以兵矢投射之。王恐有此三事致罪，故令宥之，若不當三事造罪者，然後制刑。」

○凡作刑罰，輕無赦。刑者侀也，侀者成也，一成而不可變，故君子盡心焉。 侀，音刑。

鄭氏曰：「法雖輕，不赦之，爲人易犯也。變，更也。」孔氏曰：「此文起例，故云『凡作刑罰』

也。此非疑獄，故雖輕不赦。若輕者輒赦，則犯者衆也。『刑者侀也』，上『刑』是刑罰之刑，下『侀』是侀體之侀，言刑罰之刑加人侀體。『侀者成也』，言侀體之侀，是人之成就容貌，容貌一成之後，若以刀鋸鑿之，斷者不可續，死者不可生，故云『不可變』。君子盡心以聽刑，悉其聰明，致其忠愛是也。」

析言破律，亂名改作，執左道以亂政，殺。作淫聲、異服、奇技、奇器以疑人，殺。行僞而堅，言僞而辨，學非而博，順非而澤以疑衆，殺。假於鬼神、時日、卜筮以疑衆，殺。此四誅者，不以聽。

行，去聲。

鄭氏曰：「析言破律。巧賣法令者也。亂名改作，謂變易官與物之名，更造法度也。左道，若巫蠱及俗禁。淫聲，鄭、衛之屬也。異服，若鷸冠、瓊弁也。奇技、奇器，若公輸般請以機窆。『行僞』至『而澤』，皆謂虛華、捷給、無誠者也。『假於鬼神、時日、卜筮』，今時持喪葬、築蓋、嫁取、卜數文書，使民倍禮違制者[一]。四誅不以聽，爲其爲害大而辭不可明。」孔氏曰：「左道謂邪道。地道尊右，右爲貴，故正道爲右，不正道爲左。巫蠱，蠱者損壞之名，巫行邪術損害人，若武帝時，江充埋桐人於太子宮是也。俗禁，若前漢張竦行辟反支，後漢郭躬傳有陳伯子者，出

[一]「違」，原作「遺」，據禮記王制改。

辟往亡，入辟歸忌是也。鄭、衛多淫風，故謂淫聲，桑間、濮上之音亦是。鄭子臧好聚鷸冠，楚子玉爲瓊弁、玉纓，皆異服也。公輸般請以機窆者，指其人巧，謂之奇技；指其機窆，謂之奇器，故奇技、奇器，總謂般也。行此詐僞，而守之堅固，不肯變改。言談僞事，而辭理明辨，不可屈止。習學非違之書，而又廣博順。從非違之事，而能光澤文飾。假於鬼神、時日、卜筮者，執持邪術妄説，禍福妖祥吉凶，恐懼人以求財利者。鄭注『築蓋』，謂築垣牆、蓋舍宇。」○軾按：析，剖碎割裂也。亂，變易也。律令有文詞，析之則律破；法度有名目，亂之故改作。

○凡執禁以齊衆，不赦過。

鄭氏曰：「亦爲人將易犯。」

有圭璧、金璋不粥於市，命服、命車不粥於市，宗廟之器不粥於市，犧牲不粥於市，戎器不粥於市，用器不中度不粥於市，兵車不中度不粥於市，布帛精麤不中數、幅廣狹不中量不粥於市，姦色亂正色不粥於市，錦文、珠玉、成器不粥於市，衣服、飲食不粥於市，五穀不時、果實未孰不粥於市，木不中伐不粥於市，禽獸魚鼈不中殺不粥於市。粥，音育。中，去聲。

方氏曰：「金璋，蓋以金飾之璋，即考工記所謂『大璋、中璋，黄金勺，青金外』者是也。言圭璧、金璋，則琥璜之類可知。命服，謂君所命之服，若『再命受衣服』者是矣。命車，謂君所命之車，若『三命受車馬』者是矣。戎器不粥，而兵車之中度則得粥之者，以丘乘出車賦，而兵車之粥不可禁故也。姦色，謂若紅紫之類；正色，謂若玄黄之類。孔子惡紫之奪朱，則姦色固能亂正色，以其不正，足以生姦也。錦文，猶月令之言『文繡』，言錦則繡可知，言文則章可知。珠玉未成器而得粥於市者，以用之爲器，然後見其爲奢也。衣服、飲食，人之所日用者不可不粥，此亦禁其侈靡者而已。」鄭氏曰：「戎器，軍器也。粥，賣也。圭璧、金璋至戎器，皆尊物，非民所宜有也。用器不中度至姦色，凡以其不可用也。用器，弓矢、耒耜、飲食器也。度，丈尺也。數，升縷多少。錦文、珠玉、成器、衣服、飲食不粥於市，不示民以奢與貪也。成，猶善也。五穀果實未成，不利人。木伐之非時、禽獸魚鼈殺之非時，皆不中用，故皆不粥於市，周禮『仲冬斬陽木，仲夏斬陰木，春獻鼈蜃』，月令『季冬始漁』。」孔氏曰：「圭璧、金璋及犧牲、戎器皆是尊貴所合蓄之物，非民所宜有，防民之僭僞、賊亂也。飲食器者，既夕禮敦、杅之屬。布帛精麤者，若朝服之布十五升、斬衰三升、齊衰四升之類是也。廣狹者，布廣二尺二寸，帛廣二尺四寸，若不中度數，並不粥於市。衣服、飲食與珠玉連文，據華美者不得粥之，若常飲食則得粥，但不得群聚爾。周禮司虣禁『屬游飲食於市』是也。前言圭璧、金璋，是貴者之器，非民所宜有。此錦文、珠玉，是華麗之物，富人則有，但不得聚之過多，故云不粥於市，不示民以奢也。飲食不粥者，不示民以貪也。」○軾按：兵車，田賦所出車也。姦色，另是一種艷畢之色也，若紅紫爲婦人女子之服，可不禁也。衣服、飲食蒙上成器，謂不止玩好之器不粥，雖以錦文、珠玉爲衣服及飲食之具，亦不得粥也。

關執禁以譏，禁異服，識異言。

鄭氏曰：「關，竟上門。譏，訶察。」孔氏曰：「司關之官執此戒禁之書，以譏察出入之人，禁身著異服者，又識口爲異言之人，防姦僞，察非違。」

右記制刑明禁，凡五節。

大史典禮，執簡記，奉諱惡。惡，烏路切。

鄭氏曰：「簡，記。策，書也。諱，先王名。惡，忌日。若子、卯。」○軾按：下節鄭注云：「歲終群臣奏歲事，諫王所當改爲也。」愚意此節亦是歲終所奏，太史平日記王言動之善惡于簡，歲終則執而奉進。諱惡者，不善之舉，人情所諱言惡聞也。奉不獨諱惡，止言諱惡者，所重在是，蓋以諫也。「天子受諫」句，陳氏集説接「諱惡」下爲一節，似當。

○天子齊戒受諫。司會以歲之成質於天子，冢宰齊戒受質。大樂正、大司寇、市三官以其成從質於天子。大司徒、大司馬、大司空齊戒受質，百官各以其成質於三官。大司徒、大司馬、大司空以百官之成質於天子，百官齊戒受質，然後休老勞農，成歲事，制國用。齊，側皆切，下同。會，古外切。勞，去聲。

鄭氏曰：「歲終群臣奏歲事，諫王所當改爲也。」孔氏曰：「以其歲終天子舊來所施之事，或有不便，須有改爲，百官以此上諫於王。天子以其事重，故先齊戒而後受其諫也。司會總主群官治要，故以一歲治要之成質於天子。質，平也，謂奏上文簿，聽天子平量之也。冢宰貳王治事，故亦齊戒，贊王受群官所平之事，謂共王論定也。大樂正、大司寇、市三官各以其當司成要隨從司會平於天子。以周法言之，司會總主群官簿書，則司徒、司馬、司空簿書亦司會掌之，質於天子。所以下文司徒、司馬、司空各質於天子，不由司會，唯大樂正、大司寇、市三官從司會質於天子者，司會總主治要，先質於王，若今時先申帳目。樂正、司寇、司市當司事少，即徑從司會以質於王；其司徒、司馬、司空總主萬民，其事既大，雖司會進其治要，仍須各受質屬官，親自質於天子。百官齊戒受質者，以司徒、司馬、司空質於天子，天子平斷畢，當須報於下。百官齊戒受天子所平之要，然後休老勞農，即十月蜡祭飲酒勞農也。斷定計要，一歲事成，乃制來歲之國用，故云『制國用』受也〔一〕。」

〔一〕「受」字衍。

○冢宰制國用，必於歲之杪。五穀皆入，然後制國用。用地小大，視年之豐耗，以三十年之通，制國用，量入以爲出。 杪，芒小切。量，音亮。

鄭氏曰：「制國用，如今度支經用。杪，末也。小大、豐耗，謂小國大國，豐凶之年，各以歲之收入，制其用多少，多不過禮，少有所殺也。通三十年之率，當有九年之蓄。出，謂所當給焉。」○軾按：年有豐耗之别，又有大豐、小豐，大耗、小耗之别。小耗猶可減省足用，大耗則省無可省，必藉豐年之所留餘，以資經用。故制用者，必計三十年之通。如一年豐，可得百萬，一年小歉，止六十萬，一年大歉，止四十萬，計三年中共二百萬，即以此二百萬分爲三年之用。算至三十年，則豐凶不齊、有餘不足之數，概可知矣。

祭用數之仂，喪用三年之仂。喪、祭，用不足曰暴，有餘曰浩。祭，豐年不奢，凶年不儉。 仂，音勒，一音力。

鄭氏曰：「祭則算今年一歲經用之數，用其什一。喪大事，故用三歲之什一。暴，猶耗也。浩，猶饒也。不奢不儉，常用數之仂也。」

國無九年之蓄曰不足，無六年之蓄曰急，無三年之蓄曰國非其國也。三年耕必有一年之食，九年耕必有三年之食。以三十年之通，雖有凶旱水溢，民無菜色，然後天子食，日舉以樂。

鄭氏曰：「菜色，食菜之色。民無食菜之飢色，天子用日舉樂以食。」應氏曰：「非謂旱乾水溢亦不廢樂也，謂既有三十年通制之備，雖凶災而民不病，則常時可以日舉樂爾。若夫偶值凶年，則雖有備，而亦豈敢用樂乎？」

右記質成制用，凡三節。

有虞氏養國老於上庠，養庶老於下庠。夏后氏養國老於東序，養庶老於西序。殷人養國老於右學，養庶老於左學。周人養國老於東膠，養庶老於虞庠。虞庠在國之西郊。

鄭氏曰：「上庠、右學，大學也，在西郊。下庠、左學，小學也，在國中王宫之東。東序、東膠亦大學，在國中王宫之東。西序、虞庠亦小學也，西序在西郊。周立小學於西郊。周之小學爲有虞氏之庠制，是以名庠云，其立鄉學亦如之。或上西、或上東、或貴在國、或貴在郊，異者，四代相變爾。」孔氏曰：「熊氏云：『國老，謂卿大夫致仕者。庶老，謂士也。』皇氏云：『庶老兼庶人在官者。』其致仁之老，大夫以上當養從國老之法，士養從庶老之法。虞、殷尚質，貴取物成，故大學在西，小學在東。夏、周貴文，取積漸長養，故大學在東，小學在西。』」

○有虞氏皇而祭，深衣而養老。夏后氏收而祭，燕衣而養老。殷人冔而祭，縞衣而養老。周人冕而祭，玄衣而養老。 冔，向甫切。

鄭氏曰：「皇，冕屬，畫羽飾焉。凡冕服，皆玄上纁下。凡養老之服，皆其時與群臣燕之服。有虞氏質，深衣而已；夏而改之，尚黑而黑衣裳；殷尚白而縞衣裳；周則兼用之，玄衣素裳。其冠則牟追、章甫、委貌也。」方氏曰：「祭非無衣也，然主冠言之者，蓋冠在首，有尊尊之義焉，而祭所以推尊尊之義故也。養老非無冠也，然主衣言之者，蓋衣在體，有親親之仁焉，而養老所以明親親之仁故也。」

○凡養老，有虞氏以燕禮，夏后氏以饗禮，殷人以食禮，周人修而兼用之。食，音嗣。

鄭氏曰：「凡飲，養陽氣；凡食，養陰氣。陽用春夏，陰用秋冬，兼用之，備陰陽也。」孔氏曰：「『凡養老』者，皇氏云：『人君養老有四種。一是養三老、五更；二是子孫爲國難而死，王養死者父祖；三是養致仕之老；四是引户校年，養庶人之老。』熊氏曰：『天子視學之年，養老一歲有七，謂四時皆養老，凡四也，又文王世子云「凡大合樂，必遂養老」，注云「大合樂，謂春入學舍菜合舞，秋頒學合聲」，通前爲六。又季春大合樂，天子視學亦養老，世子云「凡視學，必遂養老」，是總爲七也。』『有虞氏以燕禮』者，盧氏云：『燕禮，脱履升堂。』崔氏云：『燕者，殽烝於俎，行一獻之禮，坐而飲酒，以至於醉。有虞氏帝道弘大，故養老以燕禮。』『夏后氏以饗禮』者，崔氏云：『饗則體薦而不食，爵盈而不飲，依尊卑爲獻，取數畢而已。夏貴禮敬，故養老以饗禮。』『殷人以食禮』者，崔氏云：『不飲酒，享大牢，以禮食之。殷人質素，故養老以食禮。』『周人脩而兼用之』者，謂周人脩三代之禮。春夏養老之時，用虞氏燕禮、夏后氏饗禮。秋冬養老之時，用殷人食禮。周極文，故兼用之也。」

五十養于鄉，六十養于國，七十養於學，達於諸侯。八十拜君命，一坐再至，瞽亦如之。九十使人受。

孔氏曰：「五十始衰，故養於鄉學。六十漸衰，養禮彌厚，故養於國中之小學。七十大衰，養禮轉重，故養於大學。此養老之事，非唯天子之法，乃通達於諸侯也。至於年八十，衰弱，不堪來學受養，君以饗食之禮，使人就家致之。其受君命之時，理須再拜，不堪爲勞，一坐於地而首再至於地也。瞽人無目，恐其傾倒，拜君命亦當如此。」方氏曰：「九十筋力尤衰，又不必親拜，特使人代受其命可也。」劉氏曰：「養於鄉者，鄉飲酒之禮，五十者始預於養也。六十養於國者，有命賙餼老者，則及之矣。養於學者，則君就行焉。」

五十異粻，六十宿肉，七十貳膳，八十常珍，九十飲食不離寢，膳飲從於遊可也。粻，陟良切。離，去聲。

孔氏曰：「五十始衰，粻宜自異，不可與少壯者同也。六十轉老，故恒宿肉在帳下，不使求而不得也。膳，善食也。七十恒令善食有儲副，不使有闕也。八十常使有珍奇養食。九十飲食無時，或急求須得，故不離於寢。美善之膳，水漿之飲，從於所遊之處可也。」〇軾按：常珍，常食亦珍也。

六十歲制，七十時制，八十月制，九十日修，唯絞、紟、衾、冒，死而后制。絞，户交切。紟，其鴆切。

年既衰老，預爲送終之具。歲制，謂棺也，不易可成，故歲制。然此謂大夫以下爾，人君即位爲椑，不待六十也，其椁則死後爲之。時制，謂一時可辨，是衣物之難得者，七十年轉老，所須辦轉切。月制，謂一月可辦，衣物易得者。九十棺衣皆畢，但日日脩理之，爲近於終故也。絞、紟、衾、冒四物易成，故生不逆爲，須亡乃制也，故檀弓曰「一日二日而可爲也者，君子弗爲也」。馬氏曰：「『五十異粻』而下，養生之禮也。『六十歲制』而下，送死之禮也。」

五十始衰，六十非肉不飽，七十非帛不煖，八十非人不煖，九十雖得人不煖矣。

鄭氏曰：「煖，温也。」方氏曰：「三十曰壯，四十曰强。壯强則盛極矣，盛之極，則趨於衰而已，故五十爲始衰之年。自此以往，宜有以扶其衰。九十雖得人不煖，則以衰之極，養之宜無所不至故也。」

五十杖於家，六十杖於鄉，七十杖於國，八十杖於朝，九十者，天子欲有問焉，則就其室，以珍從。從，才用切，又如字。

長樂陳氏曰：「大夫七十而後賜之杖，五十而杖者，蓋杖於家鄉國者不待賜，杖於朝，則非賜不可也。九十就其室，所以尊之。以珍從，所以養之也。」

七十不俟朝〔一〕，八十月告存，九十日有秩。

孔氏曰：「此謂大夫士老年而聽致事者，朝君之時，入門至朝位，君出，揖之即退，不待朝事畢也。告，謂問也，八十者君每月使人致膳，告問存否。九十極老，君則日使人以常膳致之。」方氏曰：「日有秩，日有常賜也，酒正之秩膳是矣。」

五十不從力政，六十不與服戎，七十不與賓客之事，八十齊喪之事弗及也。與，音預。

孔氏曰：「上文歲制及杖於家之屬兼大夫士及庶人之老，此五十不從力政，則唯據庶人力政，謂築城、治道。其大夫士六十未致仕，若爲軍將，當與服戎，謂庶人從軍爲士卒。」馬氏曰：「力政、服戎，此免於公者也。賓客、齊喪，此免於私者也。蓋代之以子孫矣。」

五十而爵，六十不親學，七十致政，唯衰麻爲喪。

鄭氏曰：「爵，謂賢者命爲大夫。不親學，不能備弟子禮。致政，還君事也。」方氏曰：「五十曰艾，服官政，故受爵。受爵，則服官政也。六十曰耆，指使，故不親學。學所以事人，非所以使人也。七十曰老而傳，故致政。外則致其政於君，内則傳其事於子孫也。唯衰麻爲喪，與曲

〔一〕「俟」，原作「候」，據禮記經文改。

禮『唯衰麻在身』同義，然此齊衰之事猶及也，所以異於八十者歟？」

〇凡三王養老，皆引年。八十者，一子不從政；九十者，其家不從政；廢疾非人不養者，一人不從政；父母之喪，三年不從政；齊衰、大功之喪，三月不從政；將徙於諸侯，三月不從政；自諸侯來徙家，期不從政。不養，如字，又去聲。期，音朞。

鄭氏曰：「已而引户校年，當行復除也。老人衆多，非賢者不可皆養。廢，廢於人事。」長樂陳氏曰：「有其德而非其年，則未可以養；有其年而非其德，則不可以養。特言『引年』者，養老以年爲主也。老者、病者在所養，喪者在所恤，徙者在所寬，此所以或復其家、或復其子、或復其身也。」孔氏曰：「將徙於諸侯，謂大夫采地之民，徙於諸侯爲民，以其新徙，當須復除，但諸侯地寬役少，爲人所欲，故唯三月不從政。自諸侯來徙於家者，謂諸侯之民來徙於大夫之邑，以大夫地狹役多，欲令人貪之，故期不從政。」〇軾按：引，引重也。凡養老必兼年、德，然所重究在于年，故雖庶民中無德之老，亦必復其子、復其家，使之得所養焉。廢疾以下，因言養老而類及之。

少而無父者謂之孤，老而無子者謂之獨，老而無妻者謂之矜，老而無夫者謂之寡。此四者，天下之窮而無告者也，皆有常餼。少，去聲。矜與鰥同。

鄭氏曰：「鰥，廪也。」中山成氏曰：「有室無父不爲孤，壯而無子不爲獨，四十無妻不爲鰥，三十無夫不爲寡。聖人深意，先王制禮，憂民之極，則以老少年齒爲限也。」

瘖、聾、跛躄、斷者、侏儒，百工各以其器食之。 瘖，於今切。跛，彼我切。躄，必亦切。食，音嗣。

鄭氏曰：「侏儒，短人也。器，能也。」孔氏曰：「瘖，謂口不能言。聾，謂耳不聞聲。跛躄，謂足不能行。斷者，謂支節解絶。侏儒，謂容貌短小。此等既非老無告，不可與常鰥，然有疾病，又不可不養，故同於百工雜技藝之人，各因其器能，供官役使，以廪餼食之。按晉語文公問八疾，胥臣對云『戚施植鎛』，謂使擊鍾也；『蘧篨蒙璆』，謂使擊玉磬也；『侏儒扶盧』，謂使持戟柄也；『矇瞍循聲』，謂使歌詠琴瑟也；『聾聵司火』，謂使主然火也；『其童昏、嚚瘖、僬僥，官師所不材，宜於掌土』，是各以器食之。外傳不云『跛躃』，此不云『蘧篨』『戚施』，設文不具。外傳瘖與僬僥置於掌土，此瘖與侏儒『以器食之』者，今古法異也。」方氏曰：「百工，凡執一藝者是也。先王之時，瘖者以之掌土，聾者以之司火，刖者以之守囿，刖則跛躃、斷者之類也。侏儒以之扶盧，以至陶者之治埴，匠者之治木，冶氏之攻金，玉人之攻玉，所謂各以其器食之也。先王之政如是，所以使在下者無廢才，在上者無虚用，而人人各得其養也。器者，隨其小大長短而用之，孔子所謂『使人也器之』是矣。」

○道路，男子由右，婦人由左，車從中央。

鄭氏曰：「道有三塗，遠別也。」長樂陳氏曰：「男女嫌於無別，故男右女左，車患於阽危，故從中央。設弧帨，男門左，女門右。拜，男尚左，女尚右。髾，亦男左女右。祭則君在阼，夫人在房。此陰陽之禮也。道路則男右女左者，地道尊右故也。」

父之齒隨行，兄之齒雁行，朋友之不相踰。

鄭氏曰：「謂於塗中。」澄曰：「父之齒，謂年與父相若者。隨行，隨從其後而行，當其背而正對也。兄之齒，謂年與兄相若者。雁行，如雁飛之次而行，在其側而斜退也。朋友，謂年與已相若者。不相踰，曲禮所謂『肩隨』，謂兩肩相並，少者微後，不踰過其前也。」

輕任并，重任分，班白者不提挈。 并，必性切。

鄭氏曰：「并、分，皆謂以與少者。」孔氏曰：「任，謂擔負。俱有擔負，老少並輕，則并與少者擔之。老少並重，不可并與少者一人，則分爲輕重，重與少者，輕與老者。」○軾按：「輕仁」六字當在「提挈」之下。任，即提挈也。不得已而分，其偶然也。

君子耆老不徒行，庶人耆老不徒食。

山陰陸氏曰：「無車而行爲徒行，無肉而食爲徒食。」

右記養老恤窮，凡六節。

天子五年一巡守。守，去聲，下同。

鄭氏曰：「天子以海内爲家，時一巡省之。五年者，虞制也。周制則十二歲一巡守。」孔氏曰：「堯典云：『五載一巡守。』白虎通云：『三歲一閏，天道小備；五歲再閏，天道大備，故五年一巡守。』夏與殷六年一巡守，取半一歲之律吕。周官大行人云『十有二歲，王巡守殷國』，象歲星周也。

歲二月，東巡守，至於岱宗，柴而望祀山川，覲諸侯，問百年者就見之。命大師陳詩，以觀民風；命市納賈，以觀民之所好惡，志淫好辟；命典禮考時月定日，同律、禮樂、制度、衣服，正之。山川神祇有不舉者爲不敬，不敬者君削以地；宗廟有不順者爲不孝，不孝者君絀以爵；變禮易樂者爲不從，不從者君流；革制度衣服者爲畔，畔者君討。有功德於民者，加地進律。賈，音嫁。好、惡，並去聲。辟，匹亦切。

鄭氏曰：「柴。祭天告至也。覲，見也。陳詩，謂采其詩而視之。市，典市者。賈，謂物貴賤厚薄也。質則用物貴，淫則侈物貴。民之志淫邪，則所好者不正也。舉，猶祭也。不順，謂若逆昭穆。流，放也。討，誅也。律，法也。」孔氏曰：「宗，尊也。岱爲五嶽之首，故尊。燔柴以祭上天，而後望祀山川。覲，謂見東方諸侯。見諸侯之後，問百年者就見之，若未至方嶽，於道路有百年者，王亦先見之。大師陳詩，大師是掌樂之官，令各陳其國風之詩，以觀君政之善惡。命典市之官進納物賈之書，以觀民之所好惡，若民志淫邪，則愛邪僻之物，由在上教之不正，此以民俗知君上善惡也。典禮之官，於周則大史也。考校四時及十二月之大小，時有節氣早晚，月有弦望晦朔，考之使各當其節。又正定甲乙定日也，陰陽之律、玉帛之禮、鐘鼓之樂及制度、衣服，各有等差，當正之使正也。山川是外神，不舉則爲不敬。山川在其國竟，故削以地。宗廟是内神，不順則爲不孝。宗廟可以表明爵等，故絀以爵。禮樂雖爲大事，非切急所須，故以爲不從，君惟流放。制度、衣服，是政治之急，故以爲畔，君須誅討。此四罪，先輕後重。」長樂陳氏曰：「柴望先於覲諸侯，尊神也。見百年先於陳詩、納賈，貴老也。陳詩、納賈，所以觀在下之所尚。考時月至於制度、衣服，所以觀在上之所行。言禮與制度，則衣服舉矣。又言衣服者，蓋民德之不壹，僭亂之所起，常在於衣服之間，尤在致詳也。不敬則無禮，不孝則不仁，不從與畔則不道。無禮未至於不仁，不孝未至於不道，此所以削地而後絀爵，而後流討也。」馬氏曰：「進律，進以爵也。進爵皆以法而進之。若子男以五爲節，則進之以七；侯伯以七爲節，則進之以九。此所以謂之律也。」

五月南巡守，至於南嶽，如東巡守之禮。

八月西巡守，至於西嶽，如南巡守之禮。

十有一月北巡守，至於北嶽，如西巡守之禮。

歸假於祖禰，用特。假，音格。禰，乃禮切。

鄭氏曰：「假，至也。特，特牛也。祖下及禰，皆一牛。」

○天子將出征，類乎上帝，宜乎社，造乎禰，禡於所征之地。受命於祖，受成於學。出征執有罪，反，釋奠於學，以訊馘告。禡，馬怕切，又音百。訊，音信。馘，古獲切。

鄭氏曰：「類、宜、造，皆祭名，其禮亡。禡，師祭也，爲兵禱，其禮亦亡。受命於祖，告祖也。受成於學，定兵謀也。釋菜奠幣，禮先師也。訊、馘，所生獲、斷耳者。詩曰：『執訊獲醜。』又曰：『在頖獻馘。』」孔氏曰：「非時祭天謂之類，若以攝位巡守事告天，亦謂之類，不皆爲師祭。受命於祖，謂出時不敢自專，有所稟承。祖禰皆告，以祖爲尊，故特言祖，即上文『造乎禰』也。造禰，據出行之時告行而言；受命，據征伐之事本初時受命而言。受成於學，謂在學謀論兵事好惡可否，其謀成定，受此成謀於學也。出師征伐，執有罪之人，還反而歸，釋菜、奠幣於學，謂以訊馘告先聖、先師也。訊，言也，是生而可言問者。」

○天子將出，類乎上帝，宜乎社，造乎禰。諸侯將出，宜乎社，造乎禰。造，七報切。

孔氏曰：「此將出，謂巡守初出時也。類乎上帝，祭告天地。宜乎社者，隨宜而告。巡行方事誅殺封割，應載社主，令誅罰得宜也。『造乎禰』者，造，至也，謂至祖父廟也。皇氏云：『行必有主，無則主命載於齊車。書云「用命賞於祖」是也。出辭別，先從卑起，最後至祖，仍取遷主則行也。』諸侯將出朝王及自相朝、盟會、征伐之事，不得告天，故從社始，亦載社主。及造乎禰，亦告祖載主也。」

○諸侯之於天子也，比年一小聘，三年一大聘，五年一朝。 朝，音潮，下同。

鄭氏曰：「比年，每歲也。小聘使大夫，大聘使卿，朝則君自行。然此大聘與朝，晉文霸時所制也。虞、夏之制，諸侯歲朝。周之制，侯、甸、男、采、衛、要服六者，各以其服數來朝也。」澄曰：「書言『五載一巡守，群后四朝』，謂不當巡守之年，每年一方之諸侯來朝，周而復始，則是各方諸侯每五年而一朝京師也。」

○天子無事與諸侯相見，曰朝。考禮、正刑、一德，以尊於天子。

鄭氏曰：「事，謂征伐。」孔氏曰：「諸侯相與朝王之時，考校禮儀，正定刑法，專一道德，以尊崇天子。不言樂者，禮中兼之。」長樂陳氏曰：「周官『凡諸侯之邦，交歲相問也，殷相聘也，世相朝也』，若夫天子無事，則與之相朝，不特世而已。考禮，所以杜其僭僻；正刑，所以防其淫暴；一德，所以同其趣向。如此，則禮刑正而無異政之國，道德一而無異教之民，此尊天子之道也。」澄曰：「諸侯見於天子者也，不可言天子與諸侯相見，相見，乃敵體之辭。此蓋言天子無事之時，諸侯得與諸侯相見，其禮曰相朝。若天子有兵事、喪事，則諸侯奔趨王事，而無暇於自相朝也。舊注以此曰朝爲朝天子，獨陳氏據穀梁傳以爲諸侯相朝之朝，比舊注爲優。」

○天子賜諸侯樂，則以柷將之；賜伯、子、男樂，則以鼗將之。柷，昌六切。鼗，音桃。

鄭氏曰：「柷、鼗，皆所以節樂。將，謂執以致命。」孔氏曰：「凡與人物，置其大者於地，執其小者以致命於人。將，行也，謂執以行命。按漢禮器制度：『柷狀如漆筩，中有椎，將作樂，先擊之。鼗如小鼓，長柄，傍有耳，搖之使自擊。』柷之節樂，節一曲之始，其事寬，故以將諸侯之命。鼗所以節一唱之終，其事狹，故以將伯子男之命。」

諸侯賜弓矢然後征，賜鈇鉞然後殺，賜圭瓚然後爲鬯。未賜圭瓚，則資鬯於天子。鈇，芳于切，又音斧。鉞，音越。瓚，才旦切。鬯，敕亮切。

鄭氏曰：「得其器，乃敢爲其事。瓚，鬯爵也。鬯，秬酒也。」孔氏曰：「賜弓矢，謂八命作牧者。侯伯有功德加命，得專征伐當州之內。若九命爲二伯，則得專征一方五侯九伯也。七命以下，不得弓矢之賜，則以兵屬於得專征伐者。賜鈇鉞，謂上公九命者賜鈇鉞，然後得專討。晉文公雖受賜弓矢，不受鈇鉞，不得專殺，故執衛侯歸之於京師。賜圭瓚，亦謂上公九命者，若未賜圭瓚，則用璋瓚。鬯者，釀秬黍爲酒，和以鬱金之草，謂之鬱鬯。不以鬱和，則直謂之鬯而已。」

天子命之教，然後爲學。小學在公宫南之左，大學在郊。

方氏曰：「命之教，然後爲學，所以一道德也。」王氏曰：「學固不可一日無，然其教不可不資之天子。資之天子，道德所以一也。」

天子曰辟廱，諸侯曰頖宫。辟，音璧。頖，音泮。

孔氏曰：「辟廱，築土雝水之外，圓如璧。頖宫，頖之言半，以南通水，北無也。」澄曰：「按詩大雅靈臺篇言『於樂辟廱』，文王有聲篇言『鎬京辟廱』，魯頌泮水篇言『在泮飲酒』，然皆未有以見其必爲學宫之名也。」

右記巡守朝聘，凡六節。

天子、諸侯無事，則歲三田：一爲乾豆，二爲賓客，三爲充君之庖。無事而不田曰不敬，田不以禮曰暴天物。乾，音干。庖，步交切。

鄭氏曰：「三田者，夏不田，蓋夏時也。周禮，春曰蒐，夏曰苗，秋曰獮，冬曰狩。乾豆，謂腊之以爲祭禮豆實也。庖，今之廚也。不敬者，簡祭祀，略賓客。」孔氏曰：「無事謂無征伐、出行、喪凶之事，則一歲三時田獵。獵在田中，又爲田除害，故稱田也。禹以夏是生養之時，又觸其夏名，故不田，此取春秋緯運斗樞之文。又云歲三田，謂乾豆以下三事也。一爲乾豆，豆實非脯，而云乾者，謂作醢及臡，先乾其肉，上殺者也。二爲賓客，中殺者也。三充君庖，下殺者也。范甯云：『上殺中心，死速，乾之以爲豆實；次殺射髀骼，死差遲，故爲賓客；下殺中腸污泡，死最遲，故充庖廚。』又毛傳云：『自左膘而射之，達於右腢，爲上殺；射右耳本，次之；射左髀，達於右髃，爲下殺。先宗廟，次賓客，尊神敬賓也。田不以禮，則殺傷過多，暴害天物也。」○軾按：三不田，經文明言三事，夏不田之説誤也。

天子不合圍，諸侯不掩群。天子殺則下大綏，諸侯殺則下小綏，大夫殺則止佐車，佐車止則百姓田獵。綏，鄭讀爲「緌」。

馬氏曰：「此田以禮之事也。」鄭氏曰：「合圍掩群，爲盡物也。綏當爲『緌』。緌，有虞氏之旌旗，注毛牛尾於杠首，所謂大麾也。下，謂弊之。佐車，驅逆之車。」孔氏曰：「天子四時田獵，皆得圍，但不合爾。若諸侯唯春田不圍，夏秋冬皆得圍，亦不合爾，故曲禮云『國君春田不圍澤』。此諸侯是畿内諸侯，爲天子大夫者，故曲禮云『大夫不掩群』。以熊氏説，綏是登車之索，緌是旌旗之無旒者，周謂之大麾，周春夏田用。綏弊，謂仆於地也。初殺時，則抗之，已殺獵止，則弊之。故詩傳云：『天子發，抗大綏。諸侯發，抗小綏』。綏以表天子諸侯之獲也。驅逆之車，驅出禽獸使趨田。逆要不得令走。按大司馬云『車弊』，謂驅獸之車止也。大夫殺則止佐車，則天子、諸侯殺未止佐車也。天子殺，然後諸侯殺；諸侯殺，然後大夫殺；大夫殺，然後百姓田獵。」方氏曰：「合圍，謂合藪澤而圍之。掩群，則掩禽獸之群而已。田車之有綏，田者執之以升降也。田車之有佐，田者用之以驅逆也。既殺而獲禽獸，則下綏，示不復有升降之節也。止佐車，示不復爲驅逆之備也。於大夫言佐車，則天子諸侯所下之綏，皆正車也。以大綏言天子，以小綏言諸侯，以佐車言大夫，所以别歟？佐車止，則百姓田獵者，蓋尊卑先後之序也。言百姓而不及士，士卑，與百姓不必爲序也。曰田，又曰獵，其實一也。」廬陵胡氏曰：「綏，登車索也。已殺，獵止之時，不復驅車，故下之，謂執綏不抗而弛綏也。詩傳云：『天子發，抗大綏。諸侯發，抗小綏。』抗，謂不下也。按明堂位『夏后氏之綏』，鄭云『綏當作緌』，彼論旌旗以綏爲緌可也，此論獵止弛綏，及止佐車，皆是一類，不必易爲緌也。」

獺祭魚，然後虞人入澤梁。豺祭獸，然後田獵。鳩化爲鷹，然後設罻羅。草木零落，然後入山林。昆蟲未蟄，不以火田。不麛，不卵，不殺胎，不殀夭，不覆巢。罻，音尉，一音鬱。麛，音迷。卵，力管切。殀夭，上於表切，下烏老切。覆，芳服切。

鄭氏曰：「取物必順時候也。罻，小網也。麛，卵。胎、夭，未成物，重傷之也。殀，斷殺。少長曰夭。覆，敗也。」孔氏曰：「昆蟲未蟄，謂未十月時，十月則火田矣。從十月以後至仲春皆得火田，故司馬職云春『火弊』也。」

右記田，凡一節。

天子七日而殯，七月而葬。諸侯五日而殯，五月而葬。大夫、士、庶人三日而殯，三月而葬。

鄭氏曰：「尊者舒，卑者速。春秋傳曰：『天子七月而葬，同軌畢至；諸侯五月，同盟至；大夫三月，同位至；士踰月，外姻至。』」孔氏曰：「天子、諸侯位尊，送終禮物，其數既多，身在於喪，許其申遂，故日月緩也。大夫及士既卑，送終之物，其數簡少，又職唯促遽，義許奪情，故日月促也。必至三日者，冀其更生。三日不生，亦不生矣。」

三年之喪，自天子達。

庶人縣封，葬不爲雨止，不封，不樹。喪不貳事。縣，音玄。封，彼念切。不爲，于僞切。不封，如字。

鄭氏曰：「縣封，當爲『縣窆』，至卑不得引紼下棺。雖雨猶葬，以其禮儀少。封，謂聚土爲墳。不封、不樹，卑無飾也。周禮曰：『以爵等爲丘封之度與其樹數。』則士以上乃皆封樹。貳之言二也，庶人終喪，無二事，不使從政也。」孔氏曰：「士雖無碑，猶有二綍。庶人賤，唯縣繩下棺，故云『縣窆』。威儀既少，日又促遽，將葬之時，不爲雨止，不積土爲封，不標墓以樹，卑不須顯異也。有爵者乃有封丘，王公曰丘，諸臣曰封。漢律：『列侯墳高四丈，關内侯以下至庶人各有差。』『孔子合葬於防，崇四尺』，蓋周之士制也。其樹數，白虎通云：『天子松，諸侯柏，大夫栗，士槐。』」

自天子達於庶人，喪從死者，祭從生者。支子不祭。

朱子曰：「制爲禮法，以及天下，使葬用死者之爵，祭用生者之禄。」孔氏曰：「盧植云：『按小記：「士祔於大夫則易牲。其妻，爲大夫而卒，而後其夫不爲大夫而祔於其妻，則不易牲。」又雜記：「上大夫之虞也，少牢；卒哭成事、祔，皆大牢。下大夫之虞也，犆牲；卒哭成事、祔，皆少牢。」是喪中之祭，虞、祔、練、祥，乃從死者之爵。除服後吉祭，則以子孫官禄祭其父祖，故云「從生者」。』」長樂陳氏曰：「宗子雖不祭〔一〕，而有所謂祭，故宗子爲士，庶子爲大夫，則以上牲祭於宗子之家。」○軾按：祭從生者，謂適長子也，適長爲士，支子爲大夫，亦祇以士，不以大夫，以支子不祭故也。上牲祭于宗子之家，非常祭也。除服以子官者，三年之内。不忍死其親也。

〔一〕「宗子」誤，當做「支子」。

〇喪，三年不祭，唯祭天地社稷，爲越紼而行事。紼，音弗。

孔氏曰：「私喪卑，天地社稷尊，雖遭私喪，既殯已後，若有天地社稷之祭即行之。未葬之前，屬紼於輴，以備火災。祭天地社稷，須越躐此紼而往祭所，故云『越紼』。六宗、山川之神則否，其宫中五祀，在喪内則亦祭之，但祭時不須越紼，蓋五祀宫中之神，喪時朝夕出入所祭，不爲越紼也。」藍田吕氏曰：「人事之重，莫重於哀死，故有喪者之毁，如不欲生。大功之喪，業猶可廢。喪不貳如此，則祭雖至重，亦有所不可行。蓋祭而誠至則忘哀，祭而誠不至，不如不祭之爲愈。後世哀死不如古人之隆，故多疑於此。」張子曰：「居喪廢祭，禮有『緦不祭』之文，方喪之初，雖功、緦，如何可祭？又豈可三年廢祖先之祭？久而哀殺，可齊則便可祭。以人情酌之，三年之喪，期可祭；朞之喪，既葬可祭；緦、功之喪，踰月可祭。當服祭服祭之，各以其盛服祭，祭罷反喪服。至如古者卒哭練乃祔，似有喪服入廟之禮，然今則不可，須三年除喪乃祔，越紼而行事，則是猶在殯宫，於時無由可致齊，又安能脱喪服衣祭服？縱天地之祀不可廢，則止可使冢宰攝爾。昔者英宗初即位，有人以此問正叔，正叔謂古人居喪百事皆如禮，雖廢祭祀可也。今人百事皆如常，特於祭祀廢之，則不若無廢爲愈也。子厚正之曰：『父在，子爲母喪，則不敢見其父，不敢以非禮見也。今天子爲父之喪，以此見上帝，是以非禮見上帝也，故不如無祭。』」

右記喪，凡一節。

天子七廟：三昭、三穆與大祖之廟而七。諸侯五廟：二昭、二穆與大祖之廟而五。大夫三廟：一昭、一穆與大祖之廟而三。士一廟。庶人祭於寢。

鄭氏曰：「此周制。七者，大祖及祧與親廟四。大祖，后稷也。諸侯大祖，謂始封之君。大夫大祖，謂別子始爵者，大傳曰『別子爲祖』是也。雖非別子，始爵者亦然。士一廟，謂諸侯之中士、下士名曰宮師者。上士二廟。庶人祭於寢，適寢也。」

天子、諸侯宗廟之祭，春曰礿，夏曰禘，秋曰嘗，冬曰烝。天子犆礿，祫禘，祫嘗，祫烝。諸侯礿則不禘，禘則不嘗，嘗則不烝，烝則不礿。諸侯礿犆，禘一犆一祫，嘗祫，烝祫。礿，今讀曰祠。禘，今讀曰礿。後並同。犆音特。

鄭氏曰：「此蓋夏、殷之祭名。周則改之，春曰祠，夏曰礿，以禘爲殷祭。」澄曰：「按此春夏祭名，是記者之誤，章内『礿』『禘』二字雖未改易，礿皆當讀爲祠，禘皆當讀爲礿。犆，謂分祭於各廟。祫，謂合祭於祖廟。記者以天子惟春時分祭，夏秋冬三時並合祭，諸侯四時之祭，每年必缺其一，一年止有三祭，春秋亦如天子之犆，秋祭、冬祭亦如天子之祫，惟夏祭或犆或祫不同。今既無從考據，疑古制未必然，蓋記者妄傳輕信而云也。」

大夫、士宗廟之祭，有田則祭，無田則薦。

延平周氏曰：「有田則祭，無田則薦，言牲殺、器皿、衣服不備，不敢以祭也。」鄭氏曰：「有田者，既祭又薦新。祭以首時，薦以仲月。士薦牲用特豚，大夫以上用羔，所謂『羔豚而祭，百官皆足』。」

庶人春薦韭，夏薦麥，秋薦黍，冬薦稻。韭以卵，麥以魚，黍以豚，稻以雁。

鄭氏曰：「庶人無常牲，取與新物相宜而已。」孔氏曰：「相宜者，謂四時之間，此牲此穀，兩物俱有，非謂氣味相宜，若牛宜稌、羊宜黍之屬也。」長樂陳氏曰：「卵、魚、豚、雁，以時之所宜論，則春宜豚，冬宜鮮。此則秋以豚，夏以魚。以物之相宜論，則羊宜黍，豕宜稷，雁宜麥，魚宜苽。此則黍以豚，麥以魚。蓋魚之於夏、豚之於秋、雁之於冬，尤多而易得，庶人之薦，不過致其易得者。月令『季秋薦稻』，稻常穫於十月，而天子以前此者爲貴，故與庶人異。」

○天子祭天地，諸侯祭社稷，大夫祭五祀。天子祭天下名山大川，五嶽視三公，四瀆視諸侯。諸侯祭名山大川之在其地者。天子、諸侯祭因國之在其地而無主後者。

馬氏曰：「天地，氣形之最大者也。而天子者，域中之所尊，故祭天地。社稷，土穀之神也。而諸侯者，爲天子守土，故祭社稷。大夫則有家，故祭五祀。在上者可以兼下，在下者不可以兼上。名山大川，有功於民，民之所取材用也。天子君天下，而其所報者衆，故祭天下之名山大川。諸侯君一國，而所報者寡，故祭名山大川之在其地者。」鄭氏曰：「視三公、視諸侯，視其牲器之數也。諸侯祭名山大川，若魯人祭泰山、晉人祭河是也。」澄曰：「祭法云：『大夫以下，成群立社，曰置社。』蓋大夫以下，所得祭者民社，不得祭國社也。」孔氏曰：「天子置都之所及諸侯所封之内，皆因古昔先王、先公所居之地，今其地子孫滅而無主後者，則天子、諸侯祭之。」

天子社稷皆大牢，諸侯社稷皆少牢。祭天地之牛角繭栗，宗廟之牛角握，賓客之牛角尺。大，音泰。少，詩照切。

方氏曰：「太牢具牛、羊、豕，以其大，故曰太。少牢則羊、豚而已，以其小，故曰少。天子之社稷主天下之土穀，故用大牢以祭。諸侯之社稷主一國之土穀，故用少牢以祭。」山陰陸氏曰：「繭栗言雖如栗，亦可以著。」鄭氏曰：「握，謂長不出膚。」孔氏曰：「四指曰扶，扶則膚也。」

〇諸侯無故不殺牛，大夫無故不殺羊，士無故不殺犬、豕，庶人無故不食珍。

鄭氏曰：「故，謂祭饗。」

庶羞不踰牲，燕衣不踰祭服，寢不踰廟。

鄭氏曰：「羞不踰牲，謂祭以羊，則不以牛肉爲羞也。」張子曰：「不踰，不豐於牲也。傳者以品之不踰，非也。牲體少而羞掩豆是之謂『踰牲』。『庶羞不踰牲』，謂多少，不謂用羊而不用牛也。」石林葉氏曰：「庶羞常薦而踰牲，燕衣常用而踰祭服，寢所常安而踰廟，禮皆不與也。」

大夫祭器不假，祭器未成，不造燕器。

長樂陳氏曰：「無田禄者不設祭器，故禮運以祭器不假爲非；有田禄者必具祭器，故王制以祭器不假爲禮。君子營宫室，則先宗廟。造器，則先祭器。」〇軾按：惟不假，故必先造。

右記祭，凡三節。

文王世子第八

方氏曰：「諸侯世子世國，大夫不世爵。故自諸侯以上之適子，然後謂之世子。此篇所言，主于世子之事，而文王之爲世子，可爲法於後世，故以名篇。」

世子之記曰：朝夕至于大寢之門外，問於内豎曰：「今日安否何如？」内豎曰：「今日安。」世子乃有喜色。其有不安節，則内豎以告世子，世子色憂，不滿容。内豎言「復初」，然後亦復初。朝夕之食上，世子必在視寒煖之節；食下，問所膳，羞必知所進，以命膳宰，然後退。若内豎言「疾」，則世子親齊玄而養，膳宰之饌，必敬視之；疾之藥，必親嘗之。嘗饌善，則世子亦能食，嘗饌寡，世子亦不能飽，以至于復初，然後亦復初。豎，上主切。食上，時掌切。齊，側皆切。養，羊尚切。

鄭氏曰：「世子之禮亡，此存其記也。朝夕，朝朝暮夕也。内豎，小臣之屬，掌外内之通命者。節，謂居處故事。復初，憂解也。在，察也。問所膳，問所食者。羞必知所進，必知親所食也。親，猶自也。養疾者齊玄，玄冠、玄端也。饌必敬視，爲疾者之食，齊和所欲或異。藥必親嘗，試毒味也。嘗饌善，謂多於前。復初，復常所服也。」孔氏曰：「食上謂饌獻。食下，謂食畢徹饌而下。」○軾按：不安節，節，常也，謂飲食啓居，不能如常也。不滿容，容貌不充美也。問所膳者，問所食何物多，何物寡也。羞，即所食之物，膳多者宜多進，寡者寡進。問所膳，即知所進之宜多宜寡也。知之則以命宰膳之人，使知所進也。饌必敬視，謹疾也。平時上食必察，至疾時尤加謹焉。嘗饌善，善，多也，饌多則疾漸愈，故子心喜而能食。

右記世子之禮。

文王之爲世子，朝於王季日三。雞初鳴而衣服，至於寢門外，問内豎之御者曰：「今日安否何如？」内豎曰：「安。」文王乃喜。及日中又至，亦如之。及莫又至，亦如之。其有不安節，則内豎以告文王。文王色憂，行不能正履。王季復膳，然後亦復初。食上，必在視寒煖之節；食下，問所膳。命膳宰曰：「末有原！」應曰：「諾。」然後退。朝，音潮。衣，去聲，又如字。莫，音暮，後皆同。

末，猶勿也。原，再也。戒膳宰，勿以原物再進也。孔氏曰：「子朝父母，每日唯一，故内則云：『昧而朝，日入而夕。』朝禮具，夕禮簡。』今三朝禮同，是聖人之法。」

武王帥而行之，不敢有加焉。文王有疾，武王不説，冠帶而養，文王一飯亦一飯，文王再飯亦再飯。説，他活切。飯，扶晚切，下皆同。

旬有二日乃間。文王謂武王曰：「女何夢矣？」武王對曰：「夢帝與我九齡。」文王曰：「女以爲

何也？」武王曰：「西方有九國焉，君王其終撫諸。」文王曰：「非也。古者謂年齡，齒亦齡也。我百，爾九十，吾與爾三焉。」文王九十七乃終，武王九十三而終。女音汝，後同。

澄曰：「此蓋周末之時，有一等雜書之言，以爲武王嘗侍文王之疾，至旬有二日，乃瘳，而文王因問武王有何也，其説皆謬妄不足深辨，作記者又不能精擇，而以附綴文武爲世子之事。」

○文王之爲世子也。

鄭氏曰：「題上事也。」澄曰：「按，古書之體多如此，皆撮其事之綱，以題于所紀事之後。此句舊本誤在下章『成王有過則撻伯禽』之下，今移置此章末。」

右記文武爲世子之禮，凡二節。

成王幼，不能涖阼，周公相，踐阼而治。抗世子法於伯禽，欲令成王之知父子、君臣、長幼之道也。成王有過，則撻伯禽，所以示成王世子之道也。涖，音吏。相，去聲。長，知兩切，後皆同。

方氏曰：「涖阼，臨朝也。阼者，主人所有事之階，故適子冠於阼以著代。繼體之君，臨朝行事，謂之涖阼。涖言臨之，踐言履之。成王主也，故曰涖。周公相之，故曰踐。此輕重之别也。」○軾按：抗世子法于伯禽，注謂舉世子法以教伯禽，使成王見之，而知父子君臣長幼之道。若然，是周公恐成王之拒教，而不親加之訓也。不則欲成君之德，而已不居誨君之名也。責難陳善者，人臣之分，矧負扆踐阼之大臣，而避誨君之名，何以爲後世臣子訓乎？彼太甲顛覆典刑，伊尹且訓之放之，成王之失德，不如太甲，何至拒周公之教？果教之而拒，即日撻伯禽，庸有濟乎？假無伯禽，周公將不善成王乎？竊意周公踐阼而治，無暇朝夕納誨，乃使伯禽與成王居，日抗世子法以導之。抗，舉也，任也，法授于周公，而抗于伯禽，故成王有過，周公撻之，謂其不能輔君，有負厥任也。而所以感悟成王者亦即在是矣。大抵師保疑丞之訓迪，不如左右朝夕之勸導爲易入。彼瞽矇之諷誦豳詩，亦猶伯禽之抗世子法也。

仲尼曰：「昔者周公攝政，踐阼而治，抗世子法於伯禽，所以善成王也。聞之曰：『爲人臣者，殺其身有益於君則爲之。況于其身以善其君乎！周公優爲之。』」于，鄭讀爲迂，或如字。

此引夫子之言，以證上文所記之事。鄭氏曰：「于讀爲迂，迂猶廣也，大也。」胡氏曰：「漢書匈奴傳云：『于者，廣大之貌。』」澄按：「如胡說，則于讀如字。」○軾按：君德成則功高名顯，故曰廣大其身。優爲者，爲之易易也。是故知爲人子，然後可以爲人父。知爲人臣，然後可以爲人君。知事人，然後能使人。成王幼，不能涖阼，以爲世子則無爲也，是故抗世子法於伯禽，使之與成王居，欲令成王之知父子、君臣、長幼之義也。此言爲世子之時，當教之以爲人子、爲人臣、爲人幼之義。蓋知爲人子之義，然後它日可以爲人之父。知爲人臣之義，然後它日可以爲人之君。知爲人幼而事人之義，然後它日可以爲人之長而能使人也。成王年幼，不能涖阼階以行天子之事，必須教之以爲世子之法。然欲以成王爲世子而教之，則今既不爲世子而爲天子矣。無爲，猶言不爲也，是故舉世子所當學之法，加之於伯禽之身，使之與成王同居處。成王每日親見伯禽所學爲世子之法，則自能知父子君臣長幼之義也。父子君臣長幼之義，即所謂世子法也。上文言道，此文言義。道，謂所由之路；義，謂所宜之理，其實一也。○軾按：雖天子必有尊親，如舊注，是必爲世子，而後教以爲人臣子之道。爲天子者，五倫可不備也，有是理乎？愚意以爲世子則無爲謂周公以成王幼而爲君，前此未嘗習爲世子法也。

○周公踐阼。

鄭氏曰：「亦題上事。」澄曰：「舊本錯簡，在下文『世子之謂也』下。」

右記成王學世子之禮，凡二節。

凡三王教世子，必以禮樂。樂，所以修内也；禮，所以修外也。禮樂交錯於中，發形於外，是故其成也。懌，恭敬而温文。

孔氏曰：「樂以和諧性情，禮以敬正容體。樂雖由中，從中而見外。禮雖在外，從外而入中。交間錯雜於中，宣發形見於外。内外有樂，心悦貌和，故懌内外有禮。貌恭心敬，温潤文章，故恭敬而温文。」馬氏曰：「樂修外，禮脩内，教之始也，此禮樂之分也。禮交錯於中，則不止於修外，樂發形於外，則不止於修内，此禮樂之合也。」方氏曰：「兩相合謂之交，兩相雜謂之錯。温則不暴，文則不野。懌，言樂之成如此。恭敬而温文，言禮之成如此。」

立大傅、少傅以養之，欲其知父子君臣之道也。大傅審父子君臣之道以示之，少傅奉世子以觀大傅之德行而審喻之。大傅在前，少傅在後。入則有保，出則有師，是以教喻而德成也。師也者，教之以事而諭諸德者也。保也者，慎其身以輔翼之，而歸諸道者也。大，音泰。少去聲。行，下孟切。

真氏曰：「前言禮樂者，教世子之具。此言師傅者，教世子之人。養者，從容啓迪其本然之善，使之自然開悟也。然其道無它，不過君臣父子之大倫而已。大傅以審示言，謂脩於身以示之也。少傅以審喻言，謂開説其義以曉之也。大傅以身教，少傅以言教，二者互相發也。師也者，教世子以事而喻諸德，謂教之以事親之事，則知孝之德，教之以事長之事，則知弟之德，天下無事外之德也。保則安護世子之身，輔之翼之，使歸諸道。耳目口體，不以欲而動，即所謂道。天下無身外之道也。」朱子曰：「養謂涵育薰陶，俟其自化也。」〇軾按：大傅擬而言，議而動，事事求合乎當然之則，故曰審。少傅之審喻，言之慎且悉也。

記曰：「虞、夏、商、周，有師保，有疑丞，設四輔及三公，不必備，唯其人，語使能也。」

孔氏曰：「記者古有此記。記曰：『至惟其人。』皆古記之語。語使能一句，是作記者解之也。」澄曰：「周之時，大師、大傅、大保曰三公。虞之時，前疑、後丞、左輔、右弼曰四輔。周之師，即虞之疑。周之保，即虞之丞。周之傅，即虞之輔弼。夏商或與虞同，或與周同，不可考。記者總虞、商、周言之，故曰『設四輔及三公』。言虞之設四輔，及周之設三公，皆不必備其官。及者，非謂既設四輔，又設三公也。師保之間不言傅，疑丞之間不言輔弼者，從省以便文也。」鄭氏曰：「記所云，謂天子也。語，言也，得能則用之，無則已，不必備其官也。小人處其位，不如且闕。」長樂陳氏曰：「有聖人之能，有賢者之能，所謂使能者，兼聖賢而言。」朱子曰：「師保疑丞，疑字曉不得，想只是有疑即問之意。」

君子曰：「德德成而教尊，教尊而官正，官正而國治，君之謂也。」

君子有德之稱，上既引古記之言，此又引有德者之言以足前義。二「德」字，其一衍，謂師傅保得人，則所教之人，其德完成。受教者之德成，則教者爲有功。而教者之道尊隆，教者之道尊，則所教之人，能求賢審官，而百官無不正。百官無不正，則君明臣良，政事修舉，而其國無不治。如此，則可以爲人君矣。故曰「君之謂也」。

○君之於世子也，親則父也，尊則君也。有父之親，有君之尊，然後兼天下而有之。是故養世子不可不慎也。

凡天下之爲人父者於其子，雖有父之親，而無君之尊也。凡天下之爲人君者于其臣，雖有君之尊，而無父之親也。唯君之於世子，其親則父，其尊則君。既爲之父，又爲之君，然後能兼天下尊親二者而有之。有之，謂有父之親，有君之尊也。彼但有父之親，而無君之尊者，猶不可不知教其子，況兼親尊二者而有之者，其于教世子而可以不慎乎！慎，謂盡其心，盡其道，而不敢忽慢簡略也。鄭氏曰：「處君父之位而不能教其子，則其餘不足觀矣。」

行一物而三善皆得者，唯世子而已，其齒於學之謂也。故世子齒於學，國人觀之曰：「將君我而與我齒讓，何也？」曰：「有父在則禮然。」然而衆知父子之道矣。其二曰：「將君我而與我齒讓，何也？」曰：「有君在則禮然。」然而衆著於君臣之義也。其三曰：「將君我而與我齒讓，何也？」曰：「長長也。」然而衆知長幼之節矣。故父在斯爲子，君在斯謂之臣，居子與臣之節，所以尊君親親也。故學之爲父子焉，學之爲君臣焉，學之爲長幼焉，父子君臣長幼之道得而國治。學之音效。

方氏曰：「齒讓者，序齒而相讓也。父在斯爲子，以其天合，故直言爲。君在斯謂之臣，以其人合，故止言謂之也。」

語曰：「樂正司業，父師司成，一有元良，萬國以貞，世子之謂也。」

新安王氏曰：「樂正司業，下文所謂大樂正授數是也。父師司成，所謂大傅少傅，有保有師，以成世子之德者也。而鄭氏以爲司徒之屬師氏，誤矣。」鄭氏曰：「司，主也。一，一人也。元，大也。良，善也。貞，正也。」孔氏曰：「樂正主大子詩書之業，父師成就其德行。一人，謂世子一人有大善，則萬國以正也。」

○教世子。

鄭氏曰：「亦題上事。」澄曰：「舊本錯簡在『一獻無介語可也』下。」

右記三王教世子之禮，凡三節。

凡學世子及學士必時。學世子、學士並音效，下並同。

前章言教世子之法備矣，此章兼言教士，故于章首發凡，并言二事。鄭氏曰：「學士，謂司徒論俊選所升於學者，四時各有宜。」孔氏曰：「時，謂四時，即下春夏干戈、春誦夏弦之類是也。」

春夏學干戈，秋冬學羽籥，皆於東序。小樂正學干，大胥贊之；籥師學戈，籥師丞贊之。胥鼓

南。春誦夏弦，大師詔之；瞽宗秋學禮，執禮者詔之；冬讀書，典書者詔之。禮在瞽宗，書在上庠。大胥如字。大師，音泰，大樂正同。

學與詔，皆教也。鄭氏曰：「干戈，萬舞，象武，用春夏動作之時學之；羽籥，籥舞，象文，用秋冬安静之時學之。小樂正、大胥、籥師丞，皆樂官之屬。南，南夷之樂也。旄人教夷樂，則以鼓節之，詩云「以雅以南，以籥不僭」是也。春誦，謂歌樂也。夏弦謂以絲播詩。陽用事，則學之以聲。陰用事，則學之以事。因時順氣，於功易成也。周立三代之學，學書於有虞氏之學，典謨之教所興也。學舞於夏后氏之學，文武中也。學禮、樂於殷之學，功成治定，與已同也。」孔氏曰：「夏后氏之學在上庠，即周之大學，爲夏之制也。虞書有典有謨，故就其學中而教之，即周之小學也。夏后氏上受舜禪是文，下有湯代是武，以此二者之間，故鄭云『文武中，以兼有文舞武舞』故也。湯放桀，武王伐紂，殷周革命，事類相似，故鄭云『功成治定與已同也』。」澄曰：「按詩云『以雅以南』，謂詩之二雅二南也。此云胥鼓南，亦謂大胥以鼓而節二南之樂歌爾。」天台陳氏曰：「詩以南與雅合言，南屬文明之方，所謂治安之風也。若以南爲夷樂，安得如詩所謂不僭者哉。」

○凡祭與養老乞言、合語之禮，皆小樂正詔之於東序。

鄭氏曰：「學以三者之威儀也。養老乞言，養老人之賢者，因從乞善言可行者也。合語，謂鄉射、鄉飲酒、大射、燕射之屬也。鄉射記曰：『古者於旅也語。』」孔氏曰：「此一凡包三事也，三事皆有威儀，故小樂正詔告世子及學士於東序。合語者，謂合會義理而語說也，祭末及養老，亦皆合語。故詩楚茨論祭祀之事，云：『笑語卒獲。』是祭有合語也。養老既乞言，自然合語，此先言祭與養老乞言，別云合語，則合語非祭與養老，故知是鄉射、鄉飲、大射、燕射等旅酬之時合語也。」○軾按，合語者，燕飲和樂，合歡笑語也。

大樂正學舞干戚。語說，命乞言，皆大樂正授數。大司成論說在東序。說，如字。論，平聲，又去聲。

鄭氏曰：「學以三者之義也。戚，斧也。語說，合語之說也。數，篇數。」孔氏曰：「小樂正既教以三者之威儀，大樂正又教以三者之義理。學以干戚，謂祭也，祭則舞干戚。語說，謂合語也。命乞言者，大樂正命此世子及學士於老者而乞言也。干戚語說乞言三者，皆大樂正之官，授世子及學士等篇章之數也。小樂正教威儀，詔之東序大樂正授數，亦在東序也。」新安王氏曰：「論說者，即舞干戚語說乞言之數，爲講論而詳說之也。上所謂干戈羽籥之舞、弦誦之歌、書禮之文無一不盡，而非教者爲之論說。則習其事，不明其義，誦讀其言，不明其指歸，與不學無異。大司成所以在東序爲之論說也，大司成，即大司樂也，不謂之大司樂，而謂之大司成者，以世子及國子之德業，大司樂教之使成也。所謂樂正司業，即此大樂正授數是也。所謂父師司成，即太傅在前，少傅在後。入則有保，出則有師，以成世子之德者也。而鄭氏以爲司徒之屬師氏，誤矣。」澄曰：「鄭注以大司成爲師氏。考之周官，師氏雖爲教官之屬，掌以德行教國子，及以中失之事教國子弟，而凡貴游子弟學焉，然不言教於國學之中。此章所記，皆是國學之教。大樂正，即周官大司樂也。大司樂掌建國之學政，凡有道者有德者使教焉。其下樂師亦掌國學之政，大胥小胥亦然。所謂大司成，疑王氏之説爲得。蓋三者之禮，皆由大樂正授以篇章之數，小樂正依所授之數而教詔之。教詔者，其事也。大樂正又爲之論説義理，使之通曉開悟，爲能成其德，故以大司樂爲司成。既言大樂正授數，而又特言大司成論説，蓋授數猶未離乎業，於論説始可言成也。成猶成於樂之成，謂教之之至，使其德周完全備無虧欠也。」

○凡侍坐於大司成者，遠近間三席，可以問。終則負牆，列事未盡，不問。

鄭氏曰：「間，猶容也。容三席，則得指畫相分别也。席之制，廣三尺三寸三分，所謂函丈也。負牆，却就後席相辟也。列事未盡不問，錯尊者之語，不敬也。」孔氏曰：「此論國子侍坐於大司成之儀，負牆而坐避後來問者，尊者序列其事未終盡，不可輒有咨問。」

○凡語于郊者，必取賢斂才焉。或以德進，或以事舉，或以言揚。

鄭氏曰：「語，謂論説于郊學。大樂正論造士之秀者，升諸司馬，曰進士，謂此。」孔氏曰：

「取其賢者，斂其才者，以爵之。德，謂有德。進，謂爵之。事，謂解世事，或吏治之屬。舉，謂用之。言，謂能言語應對，堪爲使命。揚，亦進舉之類，互言之也。」澄曰：「語謂合語，郊謂郊學。按王制不率教者，自鄉移之郊，自郊移之遂，則郊學蓋在鄉學之外，遂學之內。鄭氏以此爲大樂正論造士之秀而升諸司馬。今按大樂正掌國學之教，何爲出就郊學？疑是六遂之士，已升於郊學。而可升於鄉學者，鄉大夫就郊學行鄉飲酒之禮，於旅酬之時而合語。因以審擇士之賢者才者，而取斂之。取賢謂以德進也，斂才謂以事舉以言揚也。曰進、曰舉、曰揚，皆謂升之於鄉學也。」石林葉氏曰：「六鄉有庠，六遂有序，郊則在鄉遂之間也。自鄉而退者移於此，則漸遠國中之教，而有所改。自遂而升者由於此，則未見國中之教，而有所慕。」

曲藝皆誓之，以待又語。三而一有焉，乃進其等，以其序，謂之郊人，遠之，於成均以及取爵於上尊也。遠之，去聲。

孔氏曰：「學士中，雖無前三事，而有曲藝，皆且令謹習以待後語，若春待秋時也。三事若有一善，乃進於衆，雖得進於衆，猶不得同爲俊選。名曰郊人，言猶在郊學也。」澄曰：「曲，謂一偏。曲藝，謂射御書數之屬。誓，蓋戒勵之使勉於學。三，即上文德與事言也。士在郊學者，有德行政事言語，則進而舉揚之。若但有一曲之藝，而無是三者，則勉之使學，以待在後又語而考察之。考察三者之中，或有其一，即進其品等於曲藝之上。然所進非一人，又自有高下爲先後之序也。成均及取爵於上尊未詳，鄭氏以成均爲天子之大學，孔疏謂飲酒之禮。尊者酌於堂上之尊，卑者酌於堂下之尊，蓋是鄉學之秀士，已升於司徒爲選士者，於天子視學飲酒之時，亦得取爵於堂上之尊以相旅。選士升於大學爲俊士者，始得謂之成均之士。今郊學又語之時，曲藝者雖已進等，然猶未升鄉學，仍在郊學，故但謂之郊人，以明其未爲鄉學之士也。視彼鄉學以選士得升於大學，而爲成均之俊士者，相去尚遠，故曰『遠之』。視彼秀士，得升爲司徒之選士。可以取爵於上尊者，相去亦尚遠，故蒙上『遠之』二字而曰『以及』也。」

○始立學者，既興器用幣，然後釋菜。不舞，不授器，乃退儐於東序。一獻，無介語，可也。興，虚覲切，儐，必刃切。

鄭氏曰：「謂天子命之教，始立學官者也。興當作釁，字之誤也。禮樂之器，成則釁之，用幣告先聖先師以器成，又釋菜告先聖先師將用也。釋菜禮輕，釋奠則舞，舞則授器，司馬之屬司兵、司戈、司盾，祭祀授舞者兵也。」孔氏曰：「四時釋奠，不及先聖，此用幣釋菜及先聖者，以始立學者，必釋奠先聖先師。此亦始立學及器成，重於四時常奠也。釋菜雖作樂不爲舞，故不授舞者所執干戈之器。大胥云『春舍菜合舞』，彼謂欲合舞先釋菜，非釋菜之時則合舞也。釋菜虞庠而退乃儐禮其賓於東序，其禮既殺，唯行一獻，無介無語，如此於禮可也。諸侯唯立時王之學，此云東序，謂諸侯有功德，若魯得立三代學也。」熊氏云：「用幣則無菜，用菜則無幣。月令釋菜不及先聖者，以其四時入學釋菜，故不及先聖也。王制『釋奠於學』，注以爲釋菜奠幣。彼是告祭之禮，故謂釋奠，亦不及先聖也。凡釋奠有六，始立學釋奠一也。四時釋奠有四，通前五也。王制師還釋奠于學六也，釋菜有三，春入學釋菜合舞一也，此釁器釋菜二也。學記皮弁祭菜三也，秋頒學合聲無釋菜之文，則不釋菜也，釋幣唯一，即此釁器用幣是也。」廬陵胡氏曰：「儐禮其賓於東序，唯一獻無介，但語可也。」朱子曰：「語即上文合語之語，言可也，明釋菜時未可語，禮尚嚴也。」

〇凡始立學者，必釋奠于先聖先師，及行事，必以幣。

鄭氏曰：「釋奠者，設薦饌酌奠而已，無迎尸以下之事。先聖，周公若孔子。」孔氏曰：「諸侯始立學，釋奠先聖先師，則天子亦然。天子四時釋奠先師，不及先聖，則諸侯亦然。立學重，故及先聖。常奠輕，唯祭先師。如立學用幣，則四時奠不用幣也。」長樂陳氏曰：「四時釋奠，止於先師，始立學釋奠，則及先聖者。德之小者，親而不尊，故其祭數。德之大者，尊而不親，故其祭疏。宗廟天地之祭，其疏數不同，亦此意也。」

○凡學，春官釋奠于其先師，秋冬亦如之。

鄭氏曰：「官，謂詩、書、禮、樂之官。周禮曰：『凡有道者、有德者，使教焉，死則以爲樂祖，祭于瞽宗。』此謂先師之類。若漢，禮有高堂生，樂有制氏，詩有毛公，書有伏生，億可以爲之也。不言『夏』，夏從春可知。」孔氏曰：「凡學，謂禮、樂、詩、書之學。官，即所教之官也。教書之官，四時於虞庠釋奠先代明書之師。教禮之官，四時於瞽宗釋奠先代明禮之師。若春誦夏弦，則大師釋奠也。教干戈，則小樂正樂師等釋奠也。教禮者，則執禮之官釋奠也。其教雖各有時，其釋奠則四時各學備而行之。後世釋奠祭亡。」方氏曰：「釋奠止言三時，而不及夏者，絃誦一師，夏則因春故也。」

○凡釋奠者，必有合也，有國故則否。

劉氏曰：「合，謂合樂也，春釋菜合舞，秋頒學合聲，釋奠則并合之，以侑神也。有國故，謂凶札師旅，唯是不合。」朱子曰：「以下文考之，有合當爲合樂，國故當爲喪紀凶札之類。」長樂陳氏曰：「國有故則否，與典禮曰『歲凶祭祀不縣』同意。」

○凡大合樂，必遂養老。

鄭氏曰：「大合樂爲春入學舍菜合舞，秋頒學合聲，是時天子則視學焉。遂養老，謂用其明日也。鄉飲酒鄉射之禮，明日乃息司正，徵唯所欲，以告於先生君子可也，是養老之象類。」孔氏曰：「周禮大胥：『春合舞，秋合聲。』雖無天子視學之文，而月令：『季春大合樂，天子親往。』則知春合舞、秋合聲之時，天子亦親視學也。」長樂陳氏曰：「後言天子視學，遂適東序養老，則視學、養老皆同日也，鄭氏謂用其明日誤矣。」

天子視學，大昕鼓徵，所以警衆也。

此所謂慮之以大也，養老所以教孝弟，徵召衆學士皆至，欲使人人知孝弟之行也。孔氏曰：「天子視學，謂仲春合舞、季春合樂、仲秋合聲。大昕者，大，猶初也，凡物初爲大，末爲小。昕，猶明也，謂視學之晨。徵，猶召也。昕明擊鼓，警動衆人令起。」鄭氏曰：「早昧爽擊鼓以召衆也。警，猶起也。周禮：『凡用樂，大胥以鼓徵學士。』」

衆至，然後天子至，乃命有司行事，興秩節，祭先師先聖焉。

此所謂愛之以敬也。孔氏曰：「衆至，謂衆人聞鼓聲而起，先至會聚之處，然後天子始至，尊者體盤故也。天子既至，乃命有司行釋奠之事。有司，即詩、書、禮、樂之教官也，于時天子視學在虞庠中。」鄭氏曰：「興，猶舉也。秩，常也。節，即禮也。使有司舉常禮祭先師先聖，不親祭之者，視學觀禮爾，非爲彼報也。」

有司卒事，反命。始之養也，適東序。釋奠於先老，遂設三老五更群老之席位焉。更，江衡切。

此所謂行之以禮也。鄭氏曰：「卒事反命，告祭畢也。祭畢，天子乃入。之養，之養老之處也。凡大合樂，必遂養老，是以往焉。於先老親奠之者，已有所事也。三老五更各一人，名以三五者，取象三辰五星，皆年老更事致仕者也。天子以父兄養之，示天下孝弟也。群老無數，其禮亡以鄉飲酒言之，則席位之處，三老如賓，五更如介，群老如衆賓也。」孔氏曰：「蔡邕以更字爲叟，叟老稱，又以三老爲三人，五更爲五人。」

適饌省醴，養老之珍具，遂發咏焉。退，修之以孝養也。養，羊尚切。下孝養同。

此所謂修之以孝養也。鄭氏曰：「適饌省醴，親視其所有也。發咏，謂以樂納之。退修之，謂既迎而入。獻之以醴，獻畢而樂闋。」孔氏曰：「布席既畢，天子親適陳饌之處，省視醴酒，并其珍具。出迎三老五更，將入門之時，遂作樂，發其歌咏以納之也。三老五更即位於西階下，天子乃退，酌醴獻之，以修行孝養之道也。」

反，登歌清廟。既歌而語，以成之也。言父子、君臣、長幼之道，合德音之致，禮之大者也。下管象，舞大武，大合衆以事，達有神，興有德也。正君臣之位、貴賤之等焉，而上下之義行矣。

此所謂紀之以義也。孔氏曰：「反，謂反席，三老五更群老，初受獻畢，皆立於西階下東面，今皆反升就席。清廟之詩，美文王有君臣父子長幼之德。旅之時，論說君臣父子長幼之道，會合清廟所美之事，以成就其升歌清廟之意也。德音，謂清廟之詩，是文王道德之音。致，極也。下管象、舞大武者，登歌之後，笙人立於堂下，管中奏此象武之曲，庭中舞此大武之舞。大武即象也，按詩『維清奏象舞』，是武王作樂稱象也。大會聚學士以舞象之事，明周之有神有德也。登歌清廟，文王詩也，君詩在上。下管象，武王詩也，臣詩在下。是正君臣之位，貴賤之等，以此教上下，衆知之，是上下之義行於衆庶也。」澄曰：「絃以歌清廟之詩，堂上之樂也。既歌以下，釋堂上用樂之意。蓋清廟之詩，是美文王有聖德，能盡人倫之道。歌詩既畢，行旅酬禮，乞言於老，而老者有語，其語皆是言父子君臣長幼之道，與清廟詩所美文王德音之極致相恊合。語及于此，乃禮之最大者。管以節大武之舞，堂下之樂也。合大衆以下，釋堂下用樂之意。蓋大武之舞，是象武王有武德，能受天命之事，大合衆士以此事，使咸知周家有天神之眷祐，武王有盛德以代商也。達，謂通達，使人知之。興，謂興起，使人見之，正君臣之位，貴賤之等，以明上下之義，又總釋堂上堂下之樂也。」○軾按：登歌清廟而語，語者，講說父子君臣長幼之道，與德音之盛相協，可見養老之禮爲至大，故曰成之。成之者，成就天子養老之美也。下管象而舞大武，大武，武王之樂也。發揚蹈厲之盛，足以感動人心。天子大合衆士，以事養老，使聞武樂而興起于德，達有神者，謂樂之達人，有莫知其然而然者也。正君臣之位三句，另爲一條，揚鳳閣說義，謂向略君臣貴賤之分，而養老矣，今合語之後，天子南面，老更北面，而君臣之義正焉。天子升自阼階，老更降自西階，而貴賤之等秩焉。夫君臣之位，貴賤之等，正義之所在也，兹皆有以正之，是昔形之播告，而今施之踐履。故曰「上下之義行也」。此説較舊注爲穩。

有司告以樂闋，王乃命公、侯、伯、子、男及群吏，曰：「反，養老幼于東序。終之以仁也。」

鄭氏曰：「闋，終也。所告者，謂無算樂。群吏，鄉遂之官。王於燕之末，而命諸侯時朝會在此者，各反養老如此禮，是終其仁心也。」孔氏曰：「王自養老，是仁恩也。又令諸侯州里養老，如王家之禮，是終竟其仁心也。」長樂陳氏曰：「言養老不及幼，及命諸侯群吏，則兼幼言之者。耆老孤子。先王未嘗不兼養，然其所重特老者而已。」

是故聖人之記事也，慮之以大，愛之以敬，行之以禮，修之以孝養，紀之以義，終之以仁。是故古之人一舉事而衆皆知其德之備也。古之君子舉大事，必慎其終始，而衆安得不喻焉。兑命曰：「念終始典于學。」兑，音悦。

孔氏曰：「一舉養老之事以示天下，而衆皆知在上之德備具。其備具者，即慮之以大而下是也。慮之以大，是慎其始，終之以仁，是慎其終。養者之事，既慎其始終一一露見，盡以示衆，則衆何得不曉喻焉。」鄭氏曰：「喻，猶曉也。典，常也。念事之終始常於學，學禮義之府。」澄按：「説命所云學習之學，此記所引借爲學宮之學，蓋此章所記，自教世子及學士以至養老，皆學中之禮也。」○軾按：記，述也，繼述先代養老之禮也。自儀節言之謂之禮，自飲食言之謂之孝養，秩然不紊者義也，油然以洽者仁也。敬即義，愛即仁，其道則教孝教弟，天下之至大曰慮，養老以教孝弟，爲天下人心風俗計也。敬曰愛，愛爲敬本，敬以行愛也。禮曰行，習其文也。養曰修，整潔備具也。義曰紀，謹其條理節次也。仁曰終，自始至終，無非恩意之浹洽也。文正分承上文各節，似可不必。

右記學禮，凡九節。

庶子之正於公族者，教之以孝弟、睦友、子愛，明父子之義，長幼之序。

此總下文七才之目也。鄭氏曰：「庶子，司馬之屬，掌國子之倅，爲政于公族者。正者，政也。」澄曰：「善事親之孝，即父子之義也。善事兄之弟，即長幼之序也。睦友子愛，皆孝弟之推。睦者和於族，友者和于弟，子者慈于子，愛者慈于幼。或云子讀爲慈。」

其朝于公，内朝則東面北上，臣有貴者以齒。庶子治之，雖有三命，不踰父兄。其在外朝，則以官，司士爲之。朝音潮。

此目之第一條也。鄭氏曰：「内朝，路寢庭。治之，治公族之禮也，唯於内朝則然，其餘會聚之事，則與庶姓同。外朝，路寢門外之外庭。司士，亦司馬之屬也，掌群臣之班，正朝儀之位也。」孔氏曰：「公族若朝于公之内朝。則西方東面北上。皆同姓之人。不得踰越父兄。謂以昭穆長幼爲齒。父兄雖賤而在上，子弟雖貴而處下。庶子治之，謂治此公族朝于内朝之時，不計官之大小，故雖有三命之貴，而列位不得踰越在無爵父兄之上。其餘非内朝，則並計官也，此内朝庶子治之。其外朝，則司士爲之也，公族朝於外朝，與異姓同，處其位次，則以官之上下，不以齒也。」山陰陸氏曰：「治之者以義，爲之者以禮也。」

其在宗廟之中，則如外朝之位，宗人授事，以爵以官。其登餕、獻、受爵，則以上嗣。

此目之第二條也。鄭氏曰：「宗人，掌禮及宗廟也。以爵，貴賤異位也。以官，官各有所掌也，若司徒奉牛，司馬奉羊，司空奉豕上嗣，君之嫡長子，以特牲饋食禮言之。受爵，謂上嗣舉奠也。獻，謂舉奠洗爵酌入也。餕，謂宗人遣舉奠盥祝命之餕也，大夫之嗣無此禮，辟君也。」孔氏曰：「公族，若在宗廟之中，則其立位如外朝之位。宗人授百官之事，隨爵之尊卑，貴者在前，賤者在後。又以官之職掌，各供其事。按周禮：『司徒奉牛牲，司馬奉羊牲。』五行傳：『牛屬土，雞屬木，羊屬火，犬屬金，豕屬木。』司空冬官位屬木，故奉豕。又按周禮：『雞人屬宗伯，羊人屬司馬，犬人屬司寇。』據諸侯三卿言之，故不云雞犬也。其登餕獻受爵，不用衆官，唯用上嗣。按特牲禮：『尸食之後，主人、主婦、賓長等獻尸，三獻禮畢。』主人獻賓，及獻衆賓畢，主人酬賓，賓奠不舉。主人獻長兄弟，及獻衆兄弟，内兄弟等訖，長兄弟洗觚酌尸爲加爵，衆賓長又加爵。

畢，嗣子乃舉奠。奠者，初尸未入之前，祝酌奠于鉶南，尸入祭奠不飲，至此乃嗣子舉之。大夫之嗣子不舉奠，則此舉奠，唯天子諸侯及士之子禮爾。特牲又云：『嗣舉奠盥入，北面再拜稽首。尸執奠，嗣子進受，復位，再拜稽首，尸答拜，嗣子卒觶拜尸，尸答拜，所謂受爵也。』又云：『嗣舉奠洗酌入，尸拜受，嗣子答拜。』所謂獻也。又無算爵之後，禮畢，尸謖而出，宗人遣嗣子及長兄弟相對而餕，所謂餕也。特牲禮之所言，先受爵而後獻，獻而後餕。今此記先云餕者，以餕爲重。舉重者從後以向先，逆言之也。登，謂登堂無事之時，嗣子在堂下。餕時登堂，獻時亦登堂受爵之時亦登堂，此一登之文，包此三事也。餕時雖有長兄弟以上嗣爲主。」

其公大事，則以其喪服之精麤爲序，雖於公族之喪亦如之，以次主人。

此目之第三條也。鄭氏曰：「大事謂死喪。主人，主喪者。次主人，明主人恒在上，主人雖有父兄，猶不得下齒。」孔氏曰：「按喪服君爲臣，雖皆斬衰，其庶子列次之時，則以其本服之精麤爲序，衰麤者在前，衰精者在後。精麤謂衰服縷布精麤也。非但公喪如此，雖于公族之內，有死喪之事，相爲亦如之。」方氏曰：「送死足以當大事，故謂之大事。服輕則于喪者爲疏，服重則于喪者爲親，以精麤爲序也。」

若公與族燕，則異姓爲賓，膳宰爲主人，公與父兄齒。族食，世降一等。

此目之第四條也。鄭氏曰：「異姓爲賓，爲同宗無相賓客之道。膳宰爲主人，君尊不獻酒也。與父兄齒，親親也。族食世降一等，親者稠，疏者希。」孔氏曰：「此明公與族人燕食之禮，庶子掌之也。燕飲必立賓以行禮，異姓爲賓，必對主人。君尊不宜敵賓，故使供膳之宰以爲主人，使得抗禮酬酢也。公既不爲主，族人又不爲賓，故列位在父兄之坐上，與族人相齒，見親親也。族食，謂與族人燕食也，族人既有親疏，燕食亦隨世降殺。假令本是齊衰，一年四會食，若大功，則一年三會食，小功則一年二會食，緦麻則一年一會食，是世降一等也。若與異姓燕飲，則宰夫爲膳主。」

其在軍，則守於公禰。公若有出疆之政，庶子以公族之無事者守於公宮，正室守大廟，諸父守貴宫貴室，諸子諸孫守下宫下室。

此目之第五條也。鄭氏曰：「在軍，謂從軍者。公禰，行主也行以遷主。言禰，在外親也。出疆，謂朝覲會同也。正室，適子也。大廟，大祖之廟。」孔氏曰：「此明庶子從行在軍，及公行庶子留守之事。公禰，謂遷主，載在齊車，隨公行者。庶子官既從在軍，故守于公齊車之行主也。遷主而呼爲禰，既在國外，故依親親之辭。若出軍庶子不從公行，則掌留守。云庶子以公族之無事者守於公宮，與下文爲總。正室守大廟以下，則各言其別。無事，謂不從行及無職事者。正室，謂公卿大夫之適子。諸父諸子諸孫，亦謂卿大夫之諸父子孫也。不云兄弟者，諸兄從諸父，諸弟從諸子也。」澄曰：「貴宫貴室，下宫下室，舊説不通。按春秋傳：『諸侯之廟，始祖稱大廟，群公稱宮。』則此貴宮，蓋謂群公之廟。下宮謂群公之下者。昭穆四親廟，稱貴宮。親廟之外，别立廟，如魯仲子之宮之類，則稱下宮也。宮統言，室則以宮之中一室言也。貴宮之室，曰貴宮貴室。下宮之室，則曰下宮下室。此後申釋前文，但言貴室下室，而不復言貴宮下宮，可見宮與室之非二矣。鄭注以貴宮貴室總爲路寢，下宮爲親廟，下室爲燕寢，一貴則宮室混爲一，一下則宮室分爲二。又親廟貶稱下宮，而但子孫守之，路寢反稱貴宮，而以諸父守之，是尊已所居，而卑祖禰也，義殊未安。方氏以貴宮貴室爲昭廟，下宮下室爲穆廟，昭穆等爾，何乃尊昭而稱爲貴，卑穆而稱爲賤乎？山陰陸氏以貴宮貴室，若魯公廟，下宮下室，若群公廟，似矣。然魯公廟，實僭倣周之文世室武世室，他國無之。又且四親廟，豈可貶之而以下爲稱乎？盧陵胡氏以貴宮下宮，皆人所居，貴室下室，則親廟高祖以下，亦未爲是。蓋君出之時，庶子官但以族人守宮廟而已，若君之所居，無容族人守之也。公宮是總言大廟，貴宮下宮五廟，共爲都宮，故總謂之公宮也。」

五廟之孫，祖廟未毁，雖爲庶人，冠、取妻必告，死必赴，練、祥則告。族之相爲也，宜弔不弔，宜免不免，有司罰之。至于賵、賻、承、含，皆有正焉。冠取、相爲之爲，並去聲。賵，芳鳳切。賻音附。承，鄭讀爲贈。含，胡暗切。

此目之第六條也。鄭氏曰：「赴，告於君也，實四廟孫，而言五廟者，容顯考爲始封子也。

弔，謂六世以往。免，謂五世。承讀爲贈，聲之誤也。正，正禮也。」孔氏曰：「祖廟未毁，謂同高祖。高祖以下，唯有四廟。今云五廟，容顯考爲始封子。高祖爲四世，其五世祖，是始封之君。自五世以下，其廟不毁，故爲五廟也。從六世以至百世，但有弔禮。四世同高祖，有緦麻之親，五世則親盡，但有袒免。賵，車馬。賻，財帛。含，珠玉。襚，衣服。皆贈喪之物，總謂之贈。贈，送也。正，謂庶子之官，正之以禮，使賵賻隨其親疏也。」澄曰：「按士喪禮，含、賻、賵、贈四者，各有其禮。贈，謂贈以幣帛，在將葬之時。孔疏謂『賵賻含襚，總稱曰贈』，非也。長樂陳氏『承』讀如字，不改爲贈，而曰：『實於口者謂之含，承于身者謂之承，凡玉可以爲渠眉疏璧者，皆承也。』亦未見其勝於舊説。」

公族其有死罪，則磬于甸人。其刑罪則纖剸，亦告于甸人。獄成，有司讞于公。其死罪，則曰：「某之罪在大辟。」其刑罪，則曰：「某之罪在小辟。」公曰：「宥之。」有司又曰：「在辟。」公又曰：「宥之。」有司又曰：「在辟。」及三宥，不對，走出，致刑于甸人。公又使人追之曰：「雖然，必赦之。」有司對曰：「無及也。」反命于公。公素服不舉，爲之變。如其倫之喪，無服。親哭之。公族無宫刑。甸，大遍切。纖，讀爲殲，又之林切，又子廉切，告讀爲鞫。讞，魚列切。辟，婢亦切。剸，之免切。

此目之第七條也。長樂陳氏曰：「公之于族，示之以孝悌睦友子愛之道，所以教其善；示之以廟朝之禮，所以教其敬；示之以喪服之禮，所以教其哀；示之以燕食之禮，所以致其親；

示之以宮室之守，所以教其忠；示之以赴告弔免，所以教其義。教之已盡，而猶犯焉，然後隨之以刑可也。其死罪，則縊之于甸人。其刑罪，則纖剸者，亦告于甸人，不忍與衆棄之也。必于甸人者，以甸人共祭薦之物故也。」鄭氏曰：「縣縊殺之曰磬。甸人，掌郊野之官。不於市朝者，隱之也。纖，讀爲殲。殲，刺也。剸，割也，宮、割、臏、墨、劓、刖，皆以刀鋸刺割人體也。告，讀爲鞠，讀書用法曰鞠。成，平也。讞之言白也。辟，亦罪也。宥，寬也，欲寬其罪出於刑也。又，復也。對，答也。先者君每言宥，則答之以將更寬之，至于三，罪定不復答，走往刑之，爲君之恩無已也。罪既正，不可宥，公又使人追之曰『必赦之』，重刑殺其類也。反命，白已刑殺也。素服于凶事爲吉，于吉事爲凶，非喪服也。君雖不服臣，卿大夫死，則皮弁錫衰以居，往弔當事則弁絰，於士蓋疑衰，同姓則緦麻以弔之。今無服者，不往弔也。倫，謂親疏之比也，素服亦皮弁矣。親哭之者，不往弔，爲位哭之而已。君子臣，使有司哭之。」澄曰：「鞠，窮治也。」孔氏曰：「素服，衣裳皆素也。凶事用布，今用素爲吉。吉時皮弁服，白布衣，素積裳，以采爲領緑。今衣裳皆素爲凶，非如喪服五服之限。云素服，不言素冠，故知亦皮弁。」程子曰：「如其倫之喪無服，明無罪者有服也。」朱子曰：「此素服下，脱『居外不聽樂』五字。親哭之下，脱『於異姓之廟』五字。當補之。」

公族朝于内朝，内親也。雖有貴者以齒，明父子也。外朝以官，體異姓也。

長樂劉氏曰：「作記者，既載文王周公所行之法于前，自此至不翦其類也，又以其意解釋厥義于後。」澄曰：「此覆釋目之第一條。」

宗廟之中以爵爲位，崇德也。宗人授事以官，尊賢也。登餕、受爵以上嗣，尊祖之道也。

澄曰：「德，謂有德。賢，謂優於其事。此覆釋目之第二條。」

喪紀以服之輕重爲序，不奪人親也。

方氏曰：「喪在彼也，而我以禮數紀之，謂之喪紀。奪者對予之名，不奪則予之，使無失其爲親也。」孔氏曰：「不計爵之尊卑，以服之本輕者爲下，本重者爲上，是不奪人本親之恩。」澄曰：「此覆釋目之第三條。」

公與族燕則以齒，而孝弟之道達矣。其族食世降一等，親親之殺也。殺，色戒切。

方氏曰：「君與族燕以齒，則不敢以君之位而加于父兄。然親親不可以無殺，故世降一等焉。」澄曰：「此覆釋目之第四條。」

戰則守於公禰，孝愛之深也。正室守大廟，尊宗室，而君臣之道著矣。諸父諸兄守貴室，子弟守下室，而讓道達矣。

鄭氏曰：「上言父子孫，此言兄弟，互相備也。行主，君父之象。」孔氏曰：「在軍載主以行，示不自專，使庶子官主守而尊之，此是孝愛之深。適子是宗室之正，大廟是祖之正，使適子守太廟，是尊宗廟之室。臣下不敢以庶賤之人，守君所重，是君臣之道著明也。貴者守貴，賤者守賤，賤者讓于貴者，不相陵犯，是讓道達也。」澄曰：「此覆釋目之第五條。」

五廟之孫，祖廟未毀，雖及庶人，冠、取妻必告，死必赴，不忘親也。親未絶而列於庶人，賤無能也。敬弔、臨、賻、賵，睦友之道也。

孔氏曰：「君不以貴，仍統於親，故族人有事告赴，是不忘親也。既與君有親，何得爲庶人，蓋賤其無能也。君敬重弔臨賵賻，不使闕失者，是親睦和友之道也。」澄曰：「此覆釋目之第六條。」

古者庶子之官治而邦國有倫，邦國有倫而衆鄉方矣。 鄉，許亮切。

方氏曰：「如上所言，皆庶子之官所治也。凡言邦國者，諸侯之國也。倫者，先後不可亂之謂。方者，道之方也。」鄭氏曰：「鄉方，言知所鄉。」孔氏曰：「此合結庶子官之義，而先結于此者，以邦國之功，不宜與罪惡相連也。」澄曰：「七者之目，方釋其六，而先以此總結之，然後別釋第七條之目于后者，以刑殺其親非美事，故離而言之也。」

公族之罪，雖親不以犯有司正術也，所以體百姓也。刑于隱者，不與國人慮兄弟也。弗弔，弗爲服，哭于異姓之廟，爲忝祖，遠之也。素服居外，不聽樂，私喪之也，骨肉之親無絶也。公族無宮刑，不翦其類也。 爲服、爲忝祖，並云爲切。遠之，去聲。

鄭氏曰：「犯，猶于也。術，法也。」孔氏曰：「國立有司，以法齊治一切。今不可以私親之罪，而壞有司之正法。雖公族之親猶治之，與百姓爲一體。故曰『所以體百姓也』。異姓刑之于市，同姓刑于甸師隱僻之處者，不與國人謀慮兄弟也。弗弔弗服，哭於異姓之廟，爲其犯罪忝辱先祖，故遠之也。素服居外，以其實是己親，私心喪之也，所以然者，骨肉之親，無斷絶之理故也。」澄曰：「此覆釋目之第七條。」

右記族禮，凡一節。

明堂第九

按：大戴記明堂篇云：「明堂者，天子之路寢也。」又云：「或以爲明堂者，文王之廟也。」按：諸家論明堂紛紜不一，更無定説。雖大戴所記一篇之内，自爲異同。而惟此兩節近是，故特取之。大凡寢廟之制，皆前堂後室。前堂向明，故曰明堂。天子有三朝，而燕朝在路寢之明堂，每日退朝聽政之所，不於此見諸侯。秋冬諸侯來朝，天子在大廟之明堂，負扆而立。若此篇所記。諸侯朝位，蓋周公營洛邑時制爲此禮。大朝享，則於洛邑文王廟之明堂受之也。

昔者周公朝諸侯于明堂之位：天子負斧依，南鄉而立。朝音潮，下同。依，於豈切。鄉，去聲。

考之書，周公相成王，伐奄而歸，四國多方之諸侯，皆至宗廟，周公伐成王誥諸侯，而有多方之書，蓋成王之三年也。及成王七年之三月，周公制禮作樂之事備，乃會侯甸男采衛五服之諸侯，營洛邑。其時王不在洛，諸侯以侯國會王朝三公之禮見周公而已，此外則不見。周公伐王受諸侯之朝，此記言周公朝諸侯于明堂之位，蓋是周公制作之時，定此朝位。天子，謂王也。舊注謂周公攝王位朝諸侯，非也。鄭氏曰：「負之言背也，斧爲斧文屏風於户牖之間。」

三公中階之前，北面，東上；諸侯之位，阼階之東，西面，北上；諸伯之國，西階之西，東面，北上；諸子之國，門東，北面，東上；諸男之國，門西，北面，東上。

此中國五等諸侯朝位，在門内。

九夷之國，東門之外，西面，北上。八蠻之國，南門之外，北而，東上。六戎之國，西門之外，東面，南上。五狄之國，北門之外，南面，東上。九采之國，應門之外，北面，東上。四塞世告至。

塞，先代切，又先則切。

此四夷遠國朝位在門外。孔氏曰：「按職方云，四夷、八蠻、七閩、九貉、五戎、六狄。爾雅云，九夷、八狄、七戎、六蠻，謂之四海。數不同者，文異爾。九州之外，夷狄爲四方蕃塞，每世一至，或新王即位，或已君初即位，皆來朝也。」

此周公明堂之位也。明堂也者，明諸侯之尊卑也。

此總結上文，因釋明字之義。然明者，取南鄉光明之義。曰明諸侯尊卑者，非也

右記明堂諸侯朝位。

昔殷紂亂天下，脯鬼侯以饗諸侯，是以周公相武王以伐紂。相，去聲。

武王崩，成王幼弱，周公踐天子之位以治天下。六年，朝諸侯於明堂，制禮作樂，頒度量，而天下大服。七年，致政於成王。量，去聲。**成王以周公爲有勳勞於天下，是以封周公於曲阜，地方七百里，革車千乘。**乘，繩證切。**命魯公世世祀周公以天子之禮樂。**

是以魯君孟春乘大路，載弧韣，旂十有二旒，日月之章，祀帝于郊，配以后稷，天子之禮也。韣音獨。

鄭氏曰：「大路，殷之祭天車也。弧，旌旗所以張幅也，其衣曰韣。天子之旌旗，畫日月。」孔氏曰：「弧以竹爲之，其形爲弓，以張縿之幅。」

季夏六月，以禘禮祀周公於大廟，牲用白牡，尊用犧、象、山罍，鬱尊用黄目，灌用玉瓚大圭，薦用玉豆、雕篹，爵用玉琖仍雕，加以璧散、璧角，俎用梡、嶡。升歌清廟，下管象，朱干玉戚，冕而舞大武。皮弁，素積，裼而舞大夏。昧，東夷之樂也。任，南蠻之樂也。納夷蠻之樂於大廟，言廣魯於天下也。大廟音泰，後同。犧如字。舊，素何切。罍音雷。瓚，才旦切。篹，祖管切，又酸上聲。梡，音欵。嶡，居衛切。任，而林切。

孔氏曰：「牲用白牡者，尊敬周公，不用已伐之牲，故用殷牲。尊用犧象山罍者，用天子之尊也。犧，犧尊也。周禮春夏之祭，朝踐堂上薦血腥時，用以盛醴齊，君及夫人所酌以獻尸也。

象，象尊也。周禮春夏之祭，堂上薦朝事竟，尸入室饋食時，用以盛盎。齊，君及夫人所酌以獻尸也。山罍，謂夏后氏之尊，天子於追饗朝饗之祭，再獻所用。今褒崇周公，禘祭雜用山尊，不知何節所用也。鬱尊用黄目者。鬱，謂鬱鬯酒。黄目，嘗烝所用。尊崇周公，於夏禘用之。灌用玉瓚大圭者。灌，謂酌鬱鬯獻尸求神也。以玉飾瓚，故曰玉瓚。薦用玉豆者，謂所薦菹醢之屬。以玉飾豆，故曰玉豆。籩形似筥，亦薦時所用籩用竹，不可刻飾，故雕鏤其柄也。爵用玉琖仍雕者。爵，君酌酒獻尸杯也。琖，夏后氏爵名，以玉飾，故曰玉琖。加以璧散璧角者。加，謂尸入室饋食竟。夫人酌盎齊亞獻，名爲再獻，又名爲加，以其非正獻，故謂之加。于時薦加籩加豆也。此時夫人用璧角，内宰所謂瑶爵也。瑶是玉名，璧是玉之形制。爵是總號，角是爵之所受。名異而實一也。其璧散者，夫人再獻訖，諸侯爲賓，用之以獻尸，雖非正加，是夫人加爵之後，故此總稱加。先散後角，便文也。俎用梡嶡，兩代俎也。升，升堂也。升樂經於廟堂，而歌清廟詩也。下，堂下也。管，匏竹，在堂下。云下管。堂下吹管，以播象武之詩也。朱干玉戚者，赤盾而玉飾斧也。冕而舞大武者，王著衮冕，執赤盾玉斧而舞，武王伐紂之樂也。上云下管象，謂吹大武詩。此云舞大武，謂爲大武之舞也。皮弁，三王之服。裼，見美也。大夏，夏禹之樂也。王又服皮弁，裼而舞夏后氏之樂也。六冕是周制，故用冕而舞周樂。皮弁是三王服，故用皮弁舞夏樂也。周樂是武，武質故不裼。夏家樂文，故裼也。若諸侯之祭，各服所祭之冕而舞，祭統冕而總干以樂皇尸是也。周公德廣，非唯用四代之樂，亦爲蠻夷所歸，故賜奏蠻夷之樂於庭也。唯言夷蠻，則戎狄可知，納夷蠻之樂皆於大廟奏之者。廣魯，欲使如天子，示於天下也。」○軾按：畫牛爲飾曰犧，畫象爲飾曰象，畫山爲飾曰山罍，以黄金飾之而加鏤刻曰黄目。目者，疏刻而有條理也。玉瓚大圭，以玉爲瓚，圭爲柄也。仍，又也。以玉飾爵，而又雕之也。

君卷冕立于阼，夫人副褘立于房中。君肉袒迎牲于門，夫人薦豆、籩。卿大夫贊君，命婦贊夫人，各揚其職，百官廢職服大刑。而天下大服。卷，音衮。褘，音輝。

孔氏曰：「前明祀周公所用器物，此明祀周公之時，君與夫人卿大夫命婦竹禮之儀。當祭之時，命百官各揚舉其職。如有廢職不供，服之以大刑以此祭周公。文物備具，禮儀整肅，百官供命，而天下大服。明周公之德宜合如此。」澄曰：「服大刑，謂以大刑加於其身也。大服者，天下之人，見周公饗此盛祭，皆以爲當然，無不心服也。」

是故夏礿、秋嘗、冬烝、春社、秋省，而遂大蜡，天子之祭也。礿音藥。省讀爲獮，蜡，鋤稼切。

澄曰：「自孟春乘大路以下，言魯之得郊祭。郊者，祭天於南郊以祈穀，而以后稷配也。自季夏六月以下，言魯之得禘祭。禘者，祭文王於周公之廟，而以周公配也。君卷冕以下，爲夏礿秋嘗冬烝起文，言魯之君夫人。四時得服王之卷冕后之副褘，而以天子之禮祭周公於大廟也。蓋礿祠烝嘗，祭名雖與諸侯同，而用天子祭禮，則與諸侯異。與夫春蒐之祭社，秋獮之祀方，冬月之八蜡，魯皆得以如天子也。」〇軾按：夏礿也，秋嘗也，冬烝也，春社也，秋省也，十二月大蜡也，皆用天子之禮也。不言春祠，脱文也。秋省，陳氏謂省斂。蓋因省斂而祭四方之神，詩所謂以社以方是也。

大廟，天子明堂。庫門，天子皋門。雉門，天子應門。

孔氏曰：「周公大廟，似天子明堂。魯之庫門，似天子皋門。魯之雉門，似天子應門。制度高大如天子，不必事事皆同也。」

振木鐸於朝，天子之政也。

鄭氏曰：「天子將發號令，必以木鐸警衆。」

山節、藻棁、復廟、重檐、刮楹、達鄉、反坫、出尊、崇坫、康圭、疏屏，天子之廟飾也。棁，專悦切。復音福，重平聲。檐，以占切。刮，君八切。達鄉，去聲。康音抗。屏，並徑切。

鄭氏曰：「山節，刻欂盧爲山也。藻棁，畫侏儒柱爲藻文也。復廟，重屋也。重檐，重承壁材也。刮，刮摩也。鄉，謂夾户牕也。每室八牕爲四達。反坫，反爵之坫也。出尊，當尊南也，唯兩君爲好。既獻，反爵於其上，禮君尊于兩楹之間。崇，高也。康讀爲亢龍之亢，又爲高坫，亢所受圭奠于上焉。屏謂之樹，今浮罳也，刻爲雲氣蟲獸，如今闕上。」〇軾按：達鄉八牕，洞達相對也。反坫出尊者尊在内，而反坫在尊之外也。崇坫，所以置圭。康，高也。高舉所受之圭于崇坫上也。

鸞車，有虞氏之路也。鉤車，夏后氏之路也。大路，殷路也。乘路，周路也。鉤，古侯切。乘去聲。

鄭氏曰：「鸞，有鸞和也。鉤，有曲輿者也。大路，木路也。乘路，玉路也。」孔氏曰：「此明魯有四代車，其制各別，路即車也。鉤，曲也。輿則車牀，曲輿謂曲前闌也，虞質未有鉤矣。」

有虞氏之旂，夏后氏之綏，殷之大白，周之大赤。綏，注讀爲緌。

鄭氏曰：「綏當爲緌，讀如冠蕤之蕤。有虞氏當言緌，夏后氏當言旂。此蓋錯誤也。緌謂注旄牛尾於杠首，所謂大麾。書云武王左黄鉞，右秉白旄以麾。周禮王建大旂以賓，建大赤以朝，建大白以即戎。建大麾以田也。」孔氏曰：「此論魯有四代旌旗。」

夏后氏駱馬黑鬣，殷人白馬黑首，周人黄馬蕃鬣。駱，音洛。蕃，音煩。鬣，力輒切。

孔氏曰：「此明魯有三代之馬。夏尚黑，故用黑鬣，駱白黑相間也。殷尚白，頭黑而鬣白，從所尚也。二代俱以鬣爲所尚。蕃，朱也。周尚赤用黄，近赤也。

夏后氏牲尚黑，殷白牡，周騂剛。騂，息營切。

孔氏曰：「魯用三代牲。」

泰，有虞氏之尊也。山罍，夏后氏之尊也。著，殷尊也。犧、象，周尊也。著，直略切。

孔氏曰：「此明魯用四代尊。有虞氏尚陶，故泰用瓦。罍，猶雲雷也，畫爲山壇之形也。

著，無足而底著地。殷尊無足，其餘泰、罍、犧、象並有足也。」

爵，夏后氏以琖，殷以斝，周以爵。斝，音嫁，又上聲。

孔氏曰：「此明魯有三代爵，並以爵爲形故并標名於其上琖以玉飾之。殷亦爵形，而畫爲采稼。斝，稼也。周爵或以玉爲之，或飾之以玉。」

灌尊，夏后氏以雞夷，殷以斝，周以黄目。

方氏曰：「灌尊所以實祼鬯之尊也。」孔氏曰：「此明魯有三代灌尊。彝，法也。與餘尊爲法，故稱彝。雞彝者，或刻木爲雞形，而畫雞於彝。斝，畫爲禾稼。黄目，以黄金爲目。」鄭氏曰：「夷讀爲彝。」

其勺，夏后氏以龍勺，殷以疏勺，周以蒲勺。勺，市灼切。

方氏曰：「勺，用以酌酒者。」孔氏曰：「龍勺，勺爲龍頭。疏，謂刻鏤，通刻勺頭。蒲，謂合蒲。刻勺爲鳧頭，其口微開，如蒲草本合而末微開也。」陸氏曰：「龍勺爲龍頭，蒲勺爲鳧頭，疏勺爲雉頭。」

土鼓，蕢桴，葦籥，伊耆氏之樂也。拊搏，玉磬，揩擊，大琴，大瑟，中琴，小瑟，四代之樂器也。蕢音塊。桴音浮。葦，云鬼切。籥，音藥。拊，音甫。搏，音博。揩，音戛。

孔氏曰：「此明魯用古代樂，及四代樂器。土鼓，謂築土爲鼓。蕢桴，以土塊爲桴。葦籥，謂截葦爲籥。」鄭氏曰：「伊耆氏，古天子有天下之號也。四代，虞、夏、商、周也。」方氏曰：「古者以土爲鼓，未有革之聲故也。以由爲桴，未有斲木之利故也。以葦爲籥，未有截竹之精故也。拊搏揩擊，與書言戛擊鳴球搏拊琴瑟同義。玉磬琴瑟，皆堂上之樂。琴言中不言小，瑟言小不言中，互相備也。」陸氏曰：「拊取聲淺，搏取聲深。揩取聲淺，擊取聲深。」○軾按：當是揩擊玉磬搏拊大琴云云，經文誤爾。

魯公之廟，文世室也。武公之廟，武世室也。

鄭氏曰：「此二廟，象周文王武王之廟也。世室者，不毁之名也，魯公伯禽也。武公，伯禽之玄孫也，名敖。」輔氏曰：「觀此篇所載成王之賜伯禽，未必如是之備，亦有魯君因仍而僭用之者矣。」新安王氏曰：「此言尤不可信。周公爲魯大祖，而開國實係魯公，然其廟不毁，不可援文王爲比。若武公乃伯禽玄孫，毁廟復立，季氏爲之也。且季氏立已毁之廟者，有二。煬公之廟毁而復立，煬公以弟繼兄者也。武公之廟毁而復立，武公舍長立少者也。二者皆季氏不臣之心。春秋書立武宫、立煬宫，以罪季氏。鄭不考其故，乃曰世室不毁之廟。夫昭穆遞遷，則毁武公之廟禮也。毁而復立，非禮也。而比之於武之世室，甚乖春秋之旨。」

米廩，有虞氏之庠也。序，夏后氏之序也。瞽宗，殷學也。頖宫，周學也。頖，音判。

孔氏曰：「此明魯得立四代之學。魯之米廩，是有虞氏之庠。魯有虞庠，爲廩以藏粢盛。」

鄭氏曰：「庠序，亦學也。瞽宗，樂師瞽矇之所宗也。」

崇鼎、貫鼎、大璜、封父龜，天子之器也。越棘、大弓，天子之戎器也。璜，音黄。

鄭氏曰：「崇貫封父，皆國名。文武伐崇，古者伐國，遷其重器以分同姓。大璜，夏后氏之璜，越國名也。棘，戟也。」

夏后氏之鼓足，殷楹鼓，周縣鼓。縣，音玄。

鄭氏曰：「足，謂四足也。楹，謂之柱，貫中上出也。縣，縣之簨虡也。」

垂之和鐘，叔之離磬，女媧之笙簧。媧，古蛙切。

方氏曰：「郊特牲曰，以鐘次之，以和居參之也，故謂之和鐘。樂記曰，石聲磬，磬以立辨。辨者，離之音也，故謂之離磬。笙以象物生之形，簧則美在其中，故謂之笙簧。」

夏后氏之簨虡，殷之崇牙，周之璧翣。簨，音笋。虡，其知切。翣，所甲切。

孔氏曰：「此明魯有三代樂縣之飾。筍飾以鱗，此并云簨虡者。蓋夏時簨虡之上，皆飾以鱗，至周乃别。」鄭氏曰：「簨虡，所以縣鐘磬也。横曰簨，飾之以鱗屬。植曰虡，飾之以嬴屬羽屬。簨以大版爲之，謂之業。殷又於龍上，刻畫之爲重牙，以掛縣紘也。周又畫繒爲翣，戴以璧，垂五采羽於其下，樹於簨之角上，飾彌多也。周頌曰設業設虡，崇牙樹羽。」方氏曰：「其崇如牙，夏后氏有簨虡，而未有崇牙。商有崇牙，而未有璧翣。至周然後三者兼備焉，此皆漸致其文也。」

有虞氏之兩敦，夏后氏之四璉，殷之六瑚，周之八簋。敦音對，又音堆。璉，力展切。瑚，音胡。

鄭氏曰：「皆黍稷器，制之異同未聞。」方氏曰：「曰敦、曰璉、曰瑚、曰簋，所命之名不同，或兩、或四、或六、或八，則漸增其數也。」陸氏曰：「兩敦，黍、稷；四璉，黍、稷、稻、粱；六瑚，黍、稷、稻、粱、麥、苽；八簋，黍、稷、稻、粱、白黍、黄粱、稰、穛。」澄按：「簋是盛黍稷之器，其盛稻粱名簠。」

俎，有虞氏以梡，夏后氏以嶡，殷以椇，周以房俎。椇，俱甫切。

孔氏曰：「梡有四足，虞氏未有餘飾。嶡，足間有横，周謂此俎之横者爲距。椇枳之樹，其枝多曲橈，殷俎似之。周俎頭各有兩足，足下各别爲跗，足間横者似堂之壁。横下二跗，似堂之東西頭各有房。」〇軾按：梡，完也。四足完備而已，無他飾也。嶡，蹷也，蹷之義爲趺。人趺什，則足横于地謂足下設二横木，距兩足之間也。椇，孔氏謂椇枳之樹枝多曲橈，殷俎似之。陳祥道禮書圖，殷俎與夏同但足微曲耳。竊意四足，如樹之幹，其下蹶距横斜，多如樹枝，不似夏之止用二也。房，如房屋形也。禮書圖，房制如嶡，但于足之腰，又加横木，注云如房之有户闥也。細玩孔疏，似足下施横距，横距下，又各安二足，横距之上似堂，下似房也。

夏后氏以楬豆，殷玉豆，周獻豆。楬，苦瞎切。獻，素何切，又如字。

鄭氏曰：「楬無異物之飾，獻，疏刻之。」

有虞氏服韍，夏后氏山，殷火，周龍章。 韍，音弗。

孔氏曰：「此論魯有四代制。虞氏直以韋爲韍，未有異飾。夏后氏畫之以山，殷增以火，周人加龍以爲文章。」方氏曰：「有山有火，而又加之以龍，則其文成矣，於周特言章焉。章者，文之成也。」

有虞氏祭首，夏后氏祭心，殷祭肝，周祭肺。

方氏曰：「有虞氏祭首，尚用氣也，氣有陰陽之異以陽爲主爾。首者，氣之陽也。至於三代，則各祭其所勝。夏尚黑勝赤，故祭心。心於色爲赤也。殷尚白勝青，故祭肝，肝於色爲青也。周尚赤勝白，故祭肺，肺於色爲白也。」

夏后氏尚明水，殷尚醴，周尚酒。

鄭氏曰：「此皆其時之用，非尚也。」孔氏曰：「夏后氏尚質，故用水。殷人稍文，故用醴。周人轉文，故用酒。」

有虞氏官五十，夏后氏官百，殷二百，周三百。

鄭氏曰：「周之六卿，其屬各六十，則周三百六十官也。此云三百者，記時冬官亡。昏義曰，天子立六官、三公、九卿、二十七大夫、八十一元士，凡百二十，蓋謂夏時也。以夏周推前後之差，有虞氏官宜六十，夏后氏宜百二十，殷宜二百四十，不得如此記。」孔氏曰：「此明魯兼有四代之官，魯是諸侯，按大宰職，諸侯唯有三卿五大夫。故公羊傳司徒司空之下，各有二小卿，司馬之下，一小卿，是三卿五大夫。今魯雖被褒崇，何得備四代之官與三百六十職。蓋成王褒崇於魯，使魯雜存四代官職名號，非謂魯盡備其數也。記者盛美於魯，因舉四代之官本數言之。」方氏曰：「周官三百六十，此止言三百，亦以其大數而已。先儒遂以冬官之亡爲言，豈其然乎？」輔氏曰：「魯百里之國，決不能盡備四代之官，此皆夸辭也。以此例上，所言可知也。」陸氏曰：「車旂言四代，馬言三代，尊言四代，其爵其彝其勺言三代，籩俎言四代，豆言三代，祭言四代，其牲其酒言三代，鼓言四代，學言四代，官言四代。重者舉四，亦言之法，若樂言伊耆氏之土鼓，女媧之笙簧，與四代之樂矣。其鼓其簨虡，舉三代可也。」

有虞氏之綏，夏后氏之綢練，殷之崇牙，周之璧翣。 綏音緌。綢，土刀切。

鄭氏曰：「綏亦旌旗之緌，夏綢其杠，以練爲之旒。殷又刻繒爲崇牙，以飾其側，亦飾彌多也。此旌旗及翣，皆喪葬之飾。周禮大喪葬，巾車執蓋，從車持旌，御僕持翣，旌從遣車，翣夾柩路左右前後。天子八翣，皆戴璧垂羽。諸侯六翣，皆戴圭。大夫四翣，士二翣，皆戴緌。」孔氏曰：「此明魯有四代喪葬旌旗之飾，夏既綢杠以練，又以練爲旒。殷刻繒爲崇牙之形，以飾旌旗之側。周尚文，更取它物飾之，不用牙也。周以物爲翣，翣上戴璧，陳之以郭柩車。前文崇牙璧翣，是飾簨虡，此是喪葬之飾。」方氏曰：「公西赤志孔子之喪曰，飾棺，牆置翣，設披周也。設崇，殷也。綢練設旐，夏也。正謂是矣。」陳氏曰：「喪禮旌旗之飾，亦有崇牙。棺牆之飾，亦有璧。婁與簨虡同者，爲欲使勿之有惡爾。」

凡四代之服器、官，魯兼用之，是故魯王禮也，天下傳之久矣。君臣未嘗相弑也，禮、樂、刑、法、政、俗，未嘗相變也，天下以爲有道之國，是故天下資禮樂焉。

孔氏曰：「記者既陳四代服器官於前，此結之於後，美大魯國。伊耆氏之樂，女媧之笙簧，非唯四代，據其多者言之爾。亦有但舉三代者，然四代服器，魯家每物之中得用之，不謂事事盡用也。作記時，是周末，唯魯獨存周禮，故以爲有道之國。左傳云，諸侯宗魯於是觀禮，是天下資禮樂也。」鄭氏曰：「王禮，天子之禮也。傳，傳世也。資，助也。此蓋盛周公之德爾。春秋時，魯三君弑，云君臣未嘗相弑，政俗未嘗相變，亦近誣矣。」王氏曰：「周公有人臣所不能爲之功德，而報之以人臣所不得用之禮樂。」程子曰：「周公之功固大矣，皆臣子之分所當爲，魯安得獨用天子禮樂哉？」澄按：周末無識之儒，不知魯用天子禮樂之爲非，方且極推其盛以爲夸，以其意在於夸也，故其言多有非實者。而石林葉氏又欲爲之掩護，以爲成王、伯禽無失禮，作明堂位者無失辭，其誤亦甚矣。

右記魯用天子禮樂。

喪大記第十

鄭氏曰：「喪大記者，記人君以下，始死、小斂、大斂、殯葬之事。」方氏曰：「喪無非大事也。然禮有大小，此篇所記，以大者爲主，故名喪大記。」澄曰：「此篇是每章各記一事之大節，非是逐句補記行事之小節，故云大記。」

疾病，外内皆埽。君、大夫徹縣，士去琴瑟。寢東首於北牖下。廢牀，徹褻衣，加新衣，體一人。男女改服，屬纊以俟絶氣，男子不死於婦人之手，婦人不死於男子之手。埽，悉報切。縣，音玄。去，起吕切。首，手又切。褻，息列切。屬，音燭。纊，音曠。

鄭氏曰：「疾困曰病，外内皆埽，爲賓客將來問疾也。徹縣去琴瑟，聲音動人，病者欲静也。凡樂器，天子宫縣，諸侯軒縣，大夫判縣，士特縣。去琴瑟者，不命之士。寢東首於北牖下，謂君來視之時也。牖下，或爲墉下。廢牀，廢去也。人始生在地，去牀庶其生氣反。徹褻衣，則所加者，新朝服矣，互言之也。加朝服者，明其終於正也。體一人，體手足也，四人持之，爲其不能自屈伸也。男女改服，爲賓客將來問病，亦朝服也。庶人深衣。纊，新綿易動摇，置口鼻之上以爲候。男子不死于婦人之手，婦人不死於男子之手，君子重終，爲其相褻。」應氏曰：「埽庭及堂，正家之常道，於此又皆埽者，肅外内以謹變，致潔敬以謹終也。樂琴瑟，自其疾即不作，則聲音固已久閉於耳矣。徹而去之，亦不欲接於目也。」李氏曰：「東首，所以歸魂於陽；北牖下，所以反魄於陰，使之各歸其真宅。」方氏曰：「北牖與郊特牲北墉同，欲君南面而視之故也。」○軾按：此與儀禮文小異。儀禮云：「疾者齊，養者皆齊。」二句最得禮意。鄭注云：「齊，正性情也。疾者正，養者亦不敢不正。去褻衣，惡其污，遠婦人，爲其褻，此疾者之正也。外内埽，潔其地改服，潔其身，此養者之正也。樂散心志，撤去之，猶祭而齊則不樂。此爲疾者，亦爲養者也。寢東首于北牖下，不待疾劇而然。廢牀屬纊，在彌留之頃，望其生，故廢牀。惟恐其絶，故屬纊。俟其絶，俟字當是「候」字之誤。候，占也。猶醫家候脈，候其生，非候其死也。持體者，若欲持而留之也。體一人，當在「男子」二句之上，舊注多未合。

君、夫人卒於路寢，大夫、世婦卒於適寢。内子未命則死於下室，遷尸於寢。士之妻皆死於寢。

適，當歷切。

鄭氏曰：「死者必當正寢，君謂之路寢，大夫謂之適寢，士或謂之適室。寢、室通爾。變『命婦』言『世婦』者，明尊卑同也。世婦以君下寢之上爲適寢。内子，卿之妻也。下室，其燕處也。」孔氏曰：「諸侯有三寢。一正者曰路寢；二曰小寢。夫人亦有三寢，一正二小。適寢，猶今聽事處，其制異。諸侯、大夫與妻，皆死於適寢。世婦，是諸侯之次婦。大夫妻曰命婦，而云世婦。命婦尊與世婦敵，故互言。命婦死於正寢，則世婦死女君次寢之上也。卿之妻未爲夫人所命，則死在下室。至小斂後，遷尸還正寢也。士之妻，各死正室，夫妻皆然，故云皆也。士喪禮云：『死於適室』，此云『卒於適寢』，是寢、室通也。」澄曰：「此記止是記君大夫、士與其正妻死處，不及其次妻。世婦謂大夫之正妻，非言諸侯次婦，以其名稱與諸侯次婦同，故注疏因而言其死處也。天子適后之次稱夫人，故諸侯以天子之次婦爲適妻之稱。諸侯適夫人之次稱世婦，故大夫以諸侯之次婦爲適妻之稱，遞降一等也。內子，即大夫之正妻，未受夫人所命，則未可稱世婦，故但稱內子。內子，蓋已命未命之通稱世婦，亦內子也。」

○復。有林麓則虞人設階，無林麓則狄人設階。

鄭氏曰：「復，招魂復魄也。階，所乘以升屋者。虞人，士林麓之官也。狄人，樂吏之賤者。階，梯也之類。」孔氏曰：「死者封內若有林麓，則虞人設階梯而升屋，官職卑小，不合有林麓，故狄人設之類爲階梯也。」方氏曰：「設階必以虞人者，以階之材，必取諸林麓，而虞人則掌林麓之官也。無林麓，則無虞人，故以樂吏之賤者代之。」

小臣復，復者朝服。君以卷，夫人以屈狄，大夫以玄赬，世婦以襢衣，士以爵弁，士妻以税衣，皆

升自東榮，中屋履危，北面三號，捲衣投於前，司服受之，降自西北榮。卷與衮同。屈，音闕。赬，敕貞切。襢，知顔切。税，它亂切。號，户高切。捲，幾勉。

鄭氏曰：「小臣，君之近臣也。近其上以有朝服而復，敬也。復用死者之祭服，以其求於神也。君以卷，謂上公也。夫人以屈狄，互言耳。上公以衮，則夫人用褘衣，而侯伯以鷩。其夫人用褕狄，子男以毳，其夫人乃用屈狄矣。赬，赤也。玄衣赤裳，所謂卿大夫自玄冕而下之服也，其世婦亦以襢衣。榮，屋翼。升東榮者，謂卿大夫士也。天子、諸侯言東霤。危，棟上也。號，若云『臯某復』也。司服以篋待衣於堂前。」孔氏曰：「小臣，君之親近臣，冀君魂來依之。大夫士以下，亦用近臣也。君以卷，謂上公以冕而下。夫人以屈狄，謂子男之夫人。男子舉上公，婦人舉子男之妻，男子舉上以見下，婦人舉下以見上，是互言也。大夫招魂，用玄冕、玄衣、纁裳，故云玄赬也。世婦，大夫妻。其上服唯襢衣，言世婦，亦見君之世婦，服與大夫妻同也。士以爵弁，士助祭上服也。六冕，則以衣名冠，諸侯爵弁，則以冠名衣。今言爵弁，但用其衣，不用其弁也。士妻以税衣，六衣之下也。皆升自東榮者，復者升東翼而上也。天子、諸侯四注爲屋，東西兩頭爲屋簷霤下，故言霤。大夫以下，但南北二注而爲直頭，頭即屋翼，自此升也。中屋履危者，當屋東西之中，履屋上高危之處而復也。北面，求陰之義，鬼神所嚮也。三號者，一號於上，冀神在天而來；一號於下，冀神在地而來；一號於中，冀神在天地之間而來也。三招既竟，捲斂所復之衣，從屋前投與司服之官。司服待衣於堂前者，前謂陽生之道，復是求生也。如雜記所言，則每衣三號，降自西北榮者，復者投衣畢，往西北榮而下也。初復是求生，故升東榮而上，求既不得，不忍虛從所求不得之道還，故就幽陰而下也。」

其爲賓，則公館復，私館不復。其在野，則升其乘車之左轂而復。乘，繩證切。轂，工木切。

鄭氏曰：「私館，卿、大夫之家。不復，爲主人之惡。」○軾按：私館不復者，不可升他人之屋而復也。

復衣不以衣尸，不以斂。婦人復，不以袡。衣尸，於既切。斂，力驗切。袡，而廉切。

鄭氏曰：「不以衣己，不以襲也。復者，冀其生也。若以其衣襲斂，是用生施死，於義相反。士喪禮云：『以衣衣尸，浴而去之。』袡，嫁時上服，非事鬼神之衣也。」孔氏曰：「絳襈衣，下曰袡。」

凡復，男子稱名，婦人稱字。

鄭氏曰：「婦人不以名行。」孔氏曰：「殷以上，貴賤復同呼名。周則天子，稱天子，諸侯稱某甫，且字矣。大夫、士稱名，婦人並稱字。」

唯哭先復，復而後行死事。

孔氏曰：「氣絶，孝子即哭，哭訖乃復，是哭先于復也。復而不生，乃行死事，謂正尸於牀，及浴、襲之屬也。」

右記初終復，凡二節。

始卒，主人啼，兄弟哭，婦人哭踊。

鄭氏曰：「悲哀有深淺也，若嬰兒中路失母，能勿啼乎。」孔氏曰：「主人，孝子男子、女子也。哀痛嗚咽，不能哭，故啼也。有聲曰哭，兄弟情比主人爲輕，故哭有聲也。婦人，衆婦也。宗婦亦啼，衆婦人輕則哭也。婦人雀踊，而此云踊者，通自上諸侯並踊也。」

既正尸，子坐於東方。卿、大夫、父、兄、子姓立於東方。有司、庶士哭於堂下，北面。夫人坐於西方。内命婦、姑、姊妹、子姓立於西方。外命婦率外宗哭於堂上，北面。

鄭氏曰：「正尸者，謂遷尸牖下，南首也。子姓謂衆子孫也。其男子立於主人後，女子立於夫人後。世婦，爲内命婦，卿大夫之妻爲外命婦。外宗，姑、姊妹之女。孔氏曰：「此明人君初喪哭位。按既夕禮『設牀第當牖』。士喪禮『將含，商祝入，當牖北面』，故知正尸牖下南首也。」山陰陸氏曰：「卿、大夫序於父、兄、子姓之上，國事先君，臣也。諸侯爲卿、大夫服，而不服父、兄、子姓。以此，序内命婦在上，豈諸侯爲内命婦服，視卿、大夫服歟？」應氏曰：「男東、女西，陰陽之大分也。喪遽哀迫，人雜事業，先謹男女之辨，而各以類從，則紛糾雜亂者有倫矣。主東賓西，内外之大統也。男主居東之上，而内之家長，雖若母，亦在其西，則示一國一家之有主，而内外族姓之尊卑，咸有所統攝矣。」

大夫之喪，主人坐於東方，主婦坐於西方，其有命夫命婦，則坐，無則皆立。

鄭氏曰：「命夫、命婦來哭者，同宗父、兄、子姓，姑、姊妹、子姓也，凡此哭者，尊者坐，卑者立。」孔氏曰：「此明大夫初喪哭位，哭位之中，有命夫、命婦，雖卑於死者，以其位尊，故坐哭。若其無命夫、命婦，雖尊於死者，亦立哭，此是爲喪來哭者，若有弔者，當立哭，不得坐也。不言父兄、子姓及姑、姊妹、哭位者，約上文君喪，及下文上喪，略可知也。」

士之喪，主人、父、兄、子姓，皆坐於東方。主婦、姑、姊妹、子姓，皆坐於西方。

鄭氏曰：「士賤，同宗尊卑皆坐。」

凡哭尸於室者，主人二手承衾而哭。

鄭氏曰：「承衾哭者，哀慕若欲攀援。」

○君之喪，未小歛，爲寄公、國賓出。大夫之喪，未小歛，爲君命出。士之喪，於大夫不當歛則出。 爲，云僞切。

鄭氏曰：「父母、姑死悲哀，非所尊不出也。出者，或至庭，或至門。國賓聘大夫，不當歛，其來非斂時。」孔氏曰：「此明君大夫、士未小斂之前，主人出迎賓之節。寄公，失位之君也。國賓，鄰國大夫來聘者。世子迎寄公及國賓，士出迎大夫，皆至庭。大夫於君命，至門。世子於天子之命士，於君命，亦然。士之喪，大夫來弔，不當小斂之時，主人無事則出迎；若當小斂之時，則擯者以主人有事告，不出迎也。但云『斂』不云『襲』者，未襲之前，唯爲君命出，其餘則不出，故士喪禮未襲之前，『君使人弔，主人迎於寢門外。』『君使退，主人哭拜送於外門外，於時賓有大夫則拜之，非特出迎賓也。雜記云『士喪當袒，大夫至，絶踊而拜之』，亦謂斂後，正斂時不出也。」

凡主人之出也，徒跣，扱衽，拊心，降自西階。君拜寄公、國賓于位。大夫於君命，迎於寢門外。使者升堂致命，主人拜于下。士於大夫親弔，則與之哭，不逆於門外。跣，悉典切。扱，初洽切。衽，而審切。拊，音撫。

鄭氏曰：「拜寄公、國賓於位者，於庭鄉其位而拜之。此時寄公位在門西，國賓位在門東，皆北面。小斂之後，寄公東面，國賓門西，北面。士於大夫親弔，謂大夫身來弔士也。與之哭，既拜之，即位西階東面哭。大夫特來，則北面。」孔氏曰：「前經明出迎賓遠近，此更辨拜迎委曲之儀降自西階，不忍當主位也。寄公在門西者，寄公有賓義也。國賓在門東者，本是吉使，行私弔之禮，故從主人之位，皆北面者。凡賓弔北面是其正，尸在堂上，故鄉之也。寄公小斂後，稍依吉禮，就賓位東面鄉主人也。國賓亦以小斂後，漸吉新賓位，但爵是卿、大夫，猶北面也。士之喪，大夫身親來弔，士不出迎大夫於門外，其大夫若與士俱來，則立於西階下之南東面。主人降西階下，南面拜之。拜訖，即西階下位。在大夫之北，與大夫俱東面哭。若大夫獨來，不與士相隨，則大夫北面，必北面者，凡特弔皆北面也。」

夫人爲寄公夫人出，命婦爲夫人之命出，士妻不當斂，則爲命婦出。

鄭氏曰：「出拜之於堂上也，此時寄公夫人命婦位在堂上北面。小斂之後，尸西東面。」孔氏曰：「前明男子迎賓，此明婦人迎賓也。出謂出房，婦人不下堂人。但出房而拜於堂上也。婦人尊卑與夫同，故所爲出者亦同也。君之喪，外命婦率外宗哭於堂上北面，故此時在堂上北面也。小斂之後，遷尸於堂，故從婦人之位，在尸西東面也。」

右記哭位迎賓，凡二節。

始死，遷尸於牀，幠用斂衾。去死衣，小臣楔齒用角柶，綴足用燕几，君、大夫、士一也。幠，荒胡切。去，起吕切。楔，桑結切。綴，貞劣切。又，貞衛切。

孔氏曰：「尸初在地，冀生氣復，既不生，故遷於牀。離初死處近南當牖，前所謂正尸也。幠，覆也。斂衾者，大斂之衾被也。遷尸在牀，用斂衾覆之。楔齒也，柶以角爲之，長六寸，兩頭曲屈。將含，恐口閉急，故使小臣以柶柱張尸齒，令開也。尸應著屨，恐是辟戾，亦使小臣側几於足。令几脚南出，綴拘尸足兩邊，令直。不辟戾也。既夕禮『綴足用燕几，校在南，御者坐持』，是也。自始死至此，貴賤同。」〇軾按：古禮，如楔齒、綴足之類。迂而無當者不少，予嘗逐條論之，今主注經，故不復及。

〇管人汲，不説繘，屈之。盡階，不升堂，授御者。御者入浴，小臣四人抗衾，御者二人浴。浴水用盆，沃水用枓，浴用絺巾，挋用浴衣，如它日。小臣爪足，浴餘水棄於坎。其母之喪，則内御者抗衾而浴。説，吐活切。繘，均必切。抗，苦浪切。枓，音斗，又音主。挋，音震。

鄭氏曰：「抗衾者，蔽上重形也。挋，拭也。爪足，斷足爪也。」孔氏曰：「管人，主館舍者。汲，謂汲水。繘，汲水瓶索也。遽促於事，故不説去瓶索，但縈屈執之於手中，以水從西階而升。盡階不上堂，用盆盛浴水，用枓酌盆水。沃尸，用盤於牀下盛浴水。絺是細葛，除垢爲易。用生時浴衣拭尸肉，令燥。如它日，謂如平生尋常之日也。浴竟，小臣剪尸足之爪。坎者，甸人所掘階間取土爲竈之坎。内御，婦人也。内外宜别，故母喪用内御舉衾，事事如前，唯浴用人不同爾。」方氏曰：「管人，主管籥之人也，非竈亦其所司，故使之汲水焉。枓以木爲之。」

〇管人汲，授御者。御者差沐於堂上。君沐粱，大夫沐稷，士沐粱。甸人爲垼於西牆下，陶人出

重鬲。管人受沐，乃煮之。甸人取所徹廟之西北厞薪，用爨之。管人授御者沐，乃沐。沐用瓦盤，挋用巾，如它日。小臣爪手剪須，濡濯棄于坎。差，七何切。坄，音役。重，平聲。鬲，音歷。煮，諸許切。厞，扶味切。爨，七切。濡，奴亂切。濯，直孝切。坎，口感切。

鄭氏曰：「差，淅也，淅飯米，取其潘以爲沐也。浴沃用枓，沐於盤中，文相變也。士喪禮沐稻，此云『士沐粱』，蓋天子之士也。以差率而上之，天子沐黍與？」孔氏曰：「粱稷，皆謂用其米取汁而沐也。甸人，主郊野之官。坄，土竈。將沐，甸人爲土坄竈於西牆下，以煮沐汁。陶人作瓦器之官。重鬲，謂縣重之。是瓦瓶，受三升，以沐米爲粥，實於瓶，以疏布冪口。繫，縣之，覆以葦蓆也。淅於堂上，管人亦升，盡等，不上堂，就御者受淅汁。往西牆于坄竈鬲中煮之。甸人取復魄人所徹正寢西北厞，以然竈，煮沐汁。爨然也，煮汁孰，管人取以升階，授堂上御者。御者乃爲尸沐，瓦盤貯沐汁，用巾拭髮及面。挋，晞也，清也。事事如平生。小臣剪手爪治須，象平生也。濡，謂煩撋其髮。濯，謂不净之汁。所濡濯汁棄坎中。巾櫛浴衣，亦并棄之。坎南順廣尺，輪二尺，深三尺，南其壤。此沐汁棄於坎，則浴汁亦然。沐與浴俱有枓有盤。浴云用枓，沐云用盤，故云文相變。〇軾按：士亦沐粱，士卑無嫌也。

〇君設大盤，造冰焉。大夫設夷盤，造冰焉。士併瓦盤，無冰。設牀，襢第，有枕。含一牀，襲一牀，遷

尸於堂，又一牀，皆有枕席。君、大夫、士一也。造，七報切。併，步頂切。襢，之善切。第，側里切。含，胡暗切。

鄭氏曰：「造，猶内也。襢第，袒簀也，謂無席如浴時牀也。禮，自仲春之後，尸既襲，既小斂，先内冰盤中，乃設牀於其上，不施席而遷尸焉，秋涼而止。士不用冰，以瓦爲盤，併以盛水耳。漢禮：大盤廣八尺，長丈二，深三尺，赤中。夷盤小焉。周禮天子夷盤，士喪禮君賜冰亦用夷盤，然則其制宜同之。」孔氏曰：「造冰者，造内其冰於盤中，夷盤亦内冰，小於大盤，置冰於下，設牀於上。夫席襢露第簀，浴時無席。爲漏水也，設冰無席，爲通寒氣也。含襲遷尸，此三節各有牀，皆有枕席，唯含一時暫徹枕，使面平。含竟，並有枕。含襲及堂，皆有席也。注云『既襲』，謂大夫。既小斂，謂士。皆其死之明日。若天子、諸侯，三日而設冰也。」○軾按：士無冰，用水，故盤以瓦，取無滲漏，瓦盤小，故併用二。

○君錦冒黼殺，綴旁七。大夫玄冒黼殺，綴旁五。士緇冒赬殺，綴旁三。凡冒，質長與手齊，殺三尺。自小斂以往用夷衾，夷衾質殺之裁，猶冒也。冒，莫報切。黼，音甫。殺，色戒切。裁，才再切。

孔氏曰：「冒，謂襲後小斂前所用以韜尸也。冒制如直囊，作兩囊，各縫合一頭。又縫連一邊，一邊不縫，兩囊皆然。上者曰質，下者曰殺。其用之，先以殺韜足而上，後以質韜首而下。君質用錦，殺用黼。綴旁七者，不縫之邊，上下安七帶，綴以結之也。大夫綴旁五，士旁三者，尊卑之差也。上玄下纁，象天地也，以此推之，士赬殺，則君大夫畫殺爲斧文也。凡冒，謂通貴賤也。冒之質，從頭韜至下，長短與手相齊。殺從足韜上，長三尺，自小斂以往，往後猶也。小斂前有冒，小斂後衣多，故用夷衾覆之。『夷衾質殺之裁，猶冒也』者，言夷衾上齊於手，下三尺，所用繪色，及長短制度，如冒之質殺，但不復爲囊及旁綴也。」

右記沐浴含襲，凡五節。

小斂於户内，大斂於阼，君以簟席，大夫以蒲席，士以葦席。簟，徒占切。葦，云鬼切。

鄭氏曰：「簟，細葦席也。三者下皆有莞。」孔氏曰：「此明君、大夫、士小斂、大斂所用之席。士卑不嫌，故得與君同用簟也。」

○小斂：布絞，縮者一，横者三。君錦衾，大夫縞衾，士緇衾，皆一。衣十有九稱，君陳衣於序東。大夫、士陳衣于房中，皆西領北上。絞、紟不在列。絞，户交切。稱，尺證切。紟，其鴆切。

鄭氏曰：「絞，既斂所用束堅之者。縮，從也。衣十有九稱，法天地之終數也。士喪禮『小斂，陳衣於房中，南領西上』，則大夫異。今此同，蓋亦天子之士也。絞、衾不在列，以其不成稱，不連數也。小斂無紟，因絞不在列見之也。或曰縮者二。」孔氏曰：「以布爲絞，從者一幅，竪置於尸下，横者三幅亦在尸下。從者在横者之上，每幅之末，析爲三片，以結束爲便也。君、大夫、士各用一衾，故云皆一。舒衾於此絞上。君、大夫、士同用十九稱，衣布於衾上，然後舉尸於衣上，屈衣裹，又屈衾之，然後以絞束之。天數終於九，地數終於十，人既終，故以天地之數斂之也。」

大斂：布絞，縮者三，横者五。布紟，二衾。君、大夫、士一也。君陳衣於庭，百稱，北領西上。大夫陳衣於序東，五十稱，西領南上。士陳衣於序東，三十稱，西領南上。絞、紟如朝服。絞一幅爲三，不辟。紟五幅，無紞。辟，補麥切，又音壁。紞，當覽切。

鄭氏曰：「二衾者，或覆之，或薦之。如朝服者，謂布精麤。朝服十五升，小斂之絞，廣終幅，析其末以爲堅之强也。大斂之絞，一幅三析用之，以爲堅之急也。紞，以組類爲之，綴之領側，若今被識矣。生時禪被有識，死者去之，異於生也。士喪禮「大斂亦陳衣於房中，南領，西上」，與大夫異，今此同，蓋亦天子之士。」孔氏曰：「布絞縮者三，謂取布一幅，裂作三片，直用之，兩頭裂，中央不通。横者五，謂又取布二幅，分裂作六片，用五片横於縮下。布紟者，禪被也。皇氏云『紟，置絞束之下，擬用舉尸。』今按：記文紟在絞後，當在絞上，以絞束之。二衾者，小斂君、大夫、士各一衾，至大斂各加一衾。其衾所用，與小斂同。但此衾一是始死覆尸者，一是大斂時復制。士既然，明大夫以上亦然。君陳衣百稱者，衣多，故陳在庭爲榮。按雜記篇注襲禮，大夫五，諸侯七，上公九，天子十二稱，則此大斂，天子當百二十稱，上公九十稱，侯、伯、子男七十稱。今云君百稱者，舉上公全數言之。北領，謂尸在堂也。西上，由西階取之便也。大夫、士小斂，衣少統於尸，故北上。大斂衣多，故南上，亦取之便也。絞之與紟二者，布精麤皆如朝服十五升，絞以一幅之布，分爲三，不辟，辟，擘也。辟讀爲擘，假借字也。小斂之絞全幅，析裂其末爲三。大斂之絞既小，不復擘裂其末也。小斂絞，用全幅者，以衣少，欲得堅束力强也。大斂一幅分爲三片者，凡物細則束縛牢急，以衣多故須急也。紞，綴衿之領側。若被識者，領謂被頭，側謂被旁，識謂記識，言綴此組類於領及側，如今被之記識也。」澄曰：「絞一幅爲三不辟者，辟讀如闢。開也，蓋小斂之絞，縮一横三者，曰一曰三，皆以布之全幅爲數也。大斂之絞，縮三横五者，曰三、曰五，皆以布之小片爲數也。横絞之五，既是以兩幅之布，通身裁開爲六小片，而用其五片矣。縮絞之三，亦是以一幅之布，裁開其兩端爲三，但中間當腰處，約計三分其長之一，不剪破爾。其横縮之絞八片，皆狹小，故結束處，不用更辟裂之也。若小斂横縮之絞，是全幅之布，則其末須是剪開爲三，方可結束也。但其剪開處不甚長，非如大斂之縮絞，三分其長之二，皆剪開也。紟五幅者，蓋用布五幅，聯合爲一，如今單布被，斂衾直鋪，布紟横鋪，斂時先緊捲布紟，以包裹斂衾。然後結束縮絞之三，縮絞結束畢，然後結束横絞之五也。」

小斂之衣，祭服不倒。君無襚。大夫士畢主人之祭服，親戚之衣受之，不以即陳。 襚，音遂。

孔氏曰：「小斂十九，陳不著之，但用裹尸，要取其方，而衣有倒領在足間者。唯祭服尊，領不倒在足也。君無襚者，君斂悉用己衣，不陳用它人襚送者。大夫、士降於君，小斂則先畢盡用己正服，乃用賓客襚者也。祭服言衣之美者，若親屬有衣相送，大功以上，襚不將命，自即陳於房中。小功以下及同姓，皆將命受之，而不以即陳列也，如皇氏意，臣有致襚於君之禮，但君不陳，不以斂。熊氏曰：『小斂之時，君無以衣襚大夫、士，雖有不以斂，至大斂則得用君襚，其義俱通，故兩存焉。』」盧陵胡氏曰：「此謂小斂，君不以衣襚大夫、士，若大斂則君襚。」澄曰：「鄭、皇、孔氏義同。熊氏以『大夫士』爲句，雖奇而鑿，且此章每節皆言君與大夫、士三者之禮，如熊說則此節不言君禮，而但言大夫、士禮，與前後節立文之例不合。孔氏兩存其義，猶或有疑，胡氏專主其說則偏矣。君無襚者，謂君之小斂，但有己衣無襚衣，雖有襚衣不用也。大夫、士則先盡用自己之正服，乃繼用它人之襚服。親屬謂小功以下，若大功以上之襚，不將命。自即陳於房中者，用之以繼主人之正服，而斂。以下親戚之襚，則須將命喪主，但受之雖用以斂，而未必盡用，故不以即陳也。」○軾按：畢，主人之祭服畢。盡也，謂盡用己服，乃用襚衣繼之，止言祭服者，舉美者以該其餘。

小斂，君、大夫、士皆用複衣、複衾。大斂，君、大夫、士祭服無算。君褶衣、褶衾，大夫、士猶小斂也。 複，音福。褶，音牒。

鄭氏曰：「褶，袷也。君衣尚多，去其著也。算，數也。所有祭服，大斂皆用之，無限數也。大夫、士猶小斂，則複衣、複衾也。據主人之衣，故用複，若襚亦得用之，故士喪禮云。襚，以褶也。」○軾按：著者，著纊于衣内，則不著纊也。

袍必有表，不襌，衣必有裳，謂之一稱。 袍，步毛切。襌，音單。

鄭氏曰：「袍，褻衣，必有以表之，乃成稱也。」孔氏曰：「袍有衣以表之，不使襌露也。死則冬夏並用，袍上並加表。熊氏云：『士襲用褻衣，小斂有袍，大斂亦有袍，若大夫襲亦有袍。雜記『子羔之襲繭衣裳』，是也。公則襲及大小斂，皆不用褻衣。雜記『公襲無袍繭』，襲輕尚無，大小斂無可知。』陸氏德明曰：「衣單，複具曰稱。」

凡陳衣者實之篋，取衣者亦以篋，升降者自西階。 篋，古協切。

鄭氏曰：「取，猶受也。」澄曰：「篋盛之者，示慎重不輕褻之意。自西階者，主人雖死，視之如生，不敢由主人之階也。」

凡陳衣不詘，非列采不入，絺、綌、紵不入。 詘，丘勿切。紵，直吕切。

鄭氏曰：「不屈，謂舒而不卷也。列采，謂正服之色。絺、綌、紵，當暑之褻衣也。襲尸重形，冬夏用袍，及斂，則用正服。」孔氏曰：「此謂大夫以下，若公則襲亦不用袍。列采，謂五方正色，非雜色。絺是細葛，綌是麤葛，紵是紵布。不入，不入陳之也。」

小斂、大斂，祭服不倒，皆左衽，結絞不紐。紐，女九切。

孔氏曰：「此明斂衣之法，前已言小斂不倒，大斂亦不倒。此又方小斂者，爲下諸事出也。衽，衣襟也。生鄉右，左手解抽帶便也。死則襟向左，示不復解也。結絞不紐者，生時帶並爲屈紐，使易抽解，若死則無復解，故絞束畢結之，不爲紐也。」鄭氏曰：「衽向左，反生時也。」

○君之喪，大胥是斂，衆胥佐之。大夫之喪，大胥侍之，衆胥是斂。士之喪，胥爲侍，士是斂。胥，舊讀爲祝，今如字。

鄭氏曰：「胥樂官也，不掌喪事。胥當爲『祝』字之誤也。侍，猶臨也。大祝之職，大喪贊斂。喪祝，卿大夫之喪掌斂。士喪禮『商祝主斂』」。孔氏曰：「大祝是接神者，故君喪使斂。衆祝，喪祝也。賤，故副佐大祝也。大夫卑，故大祝侍之。侍，謂臨檢之也。君應有侍者，不知何人也。喪祝卑，故親斂士之喪，喪祝臨之，士之朋友來助斂也。士喪禮『士舉遷尸』是也。商祝，祝習商禮者。」澄曰：「大胥非謂樂官之大胥。按周官大祝之下，有胥四人，所謂大胥者，大祝之胥也。喪祝之下，有胥四人，所謂衆胥者，衆祝之胥也。大祝之爵，爲下大夫，喪祝之爵，爲上士。非能親執斂役者，故雖身親莅事，而各以其下之胥服勞。侯國之祝，其命數，大祝當降國卿一等，衆祝當降二等。胥各四人，當亦如王朝之數。國君之斂，大胥四人親斂，衆胥二人佐之，以足六人之數。祝官臨檢，記雖不言，孔疏謂君應有侍者，不知何人，蓋大祝也。大夫之斂，則大胥二人臨檢，衆胥四人親斂，士之斂，則衆胥二人臨檢。士之友，四人自斂。」

斂者既斂，必哭。

孔氏曰：「斂者，謂大祝衆祝之屬。」

士與其執事，則斂。

鄭氏曰：「斂者，必使所與執事者，不欲妄人褻之。」

斂焉，則爲之壹不食。

孔氏曰：「生經有恩，死又爲之斂，爲之廢一食。」澄曰：「上言既斂必哭，蓋通爲大胥、衆胥及士而言。此言一不食，蓋專爲士之生嘗共事，死又與斂者，言其情厚於大胥、衆胥等也。」

凡斂者六人。

孔氏曰：「凡者，貴賤同也。兩邊各三人，故用六人。」

凡斂者袒，遷尸者襲。

鄭氏曰：「袒者，於事便也。」○軾按：袒取便于執事，斂畢，遷尸則襲。

右記小斂、大斂，凡三節。

小斂，主人即位於户内，主婦東面，乃斂。卒斂，主人馮之踊，主婦亦如之。主人袒，説髦，括髮以麻；婦人髽，帶、麻於房中。馮，音憑。袒，音但。説，它活切。髦，音毛。髽，側爪切。

孔氏曰：「此明人君、大夫、士小斂之節。初時尸在牖下，主人在尸東，今小斂當户内，故主人在户内，稍東，西面。斂訖。主人馮尸而踊，主婦亦馮尸踊。曏小斂。主人不袒，今方有事，故袒衣也。髦者，幼時剪髮爲之，至年長則垂著兩邊，明人子事親，恒有孺子之義。若父死説左髦，母死説右髦，二親並死，則並説之。小斂竟，喪事已成，故説髦。括髮以麻，以用也。人君小斂，説髦竟，括髮用麻。士既小斂亦括髮，但未説髦爾。婦人髽，亦用麻。帶麻，麻帶也，謂婦人要絰。男子説髦，括髮，在東房。婦人髽，帶麻於西房，與男子異處。」鄭氏曰：「士既殯，説髦，此云小斂，蓋諸侯禮也。士之既殯，諸侯之小斂，於死者俱三日。婦人之髽，帶麻於房中，則西房也。天子諸侯，有左右房。」吕氏曰：「婦人不俟男子襲絰，先帶麻者，以其無絞帶、布帶，且質略少變，故因髽而襲絰也。」長樂黄氏曰：「士喪禮小斂馮尸，主人括髮袒，衆主人免于房。婦人髽於室。士喪禮記曰『既馮尸，主人絞帶，衆主人布帶』，則小斂馮尸之後，括髮免髽之時，主人已絞帶，衆主人已布帶，婦人已帶麻，特主人未襲絰爾。又喪服斬衰章疏云：『婦人亦有絞帶布帶，以備喪禮』。」吕氏云：「無絞帶布帶，當考。」

徹帷，男女奉尸夷於堂。降拜。奉，芳勇切。

孔氏曰：「此明士之喪，小斂訖，徹帷夷尸之節，初死恐人惡之，故有帷。小斂，衣尸畢，有飾，故除帷也。諸侯及大夫賓出，乃徹帷，見下文。夷，陳也。小斂竟，相者舉尸將出户，陳於堂。孝子男女親屬，扶捧之至堂也。降，下也。適子下堂拜賓也。」方氏曰：「夷之爲言移也。」○軾按：帷尸，不欲人褻之也。

君拜寄公、國賓，大夫、士拜卿大夫於位，於士旁三拜。夫人亦拜寄公夫人於堂上，大夫内子、士妻特拜命婦、氾拜衆賓於堂上。 氾，芳劍切。

鄭氏曰：「衆賓，謂士妻也。尊者，皆特拜，拜士與其妻皆旅之。」孔氏曰：「此明小斂訖，拜賓也。君謂嗣君，小斂畢，尸出堂，嗣君下堂，拜寄公國賓，並就其位鄉而拜之也。大夫、士是先君之臣，同服斬衰，小斂訖，出庭列位，故嗣君出拜之。卿大夫則就其位鄉而拜之。士賤，不人人拜之，每一面三拜，士有三等故也。旁，猶面也。夫人拜於堂上，婦人無下堂也。大夫、内子、士妻，夫人亦拜之。卿妻曰内子，大夫妻曰命婦，不云命婦者，見卿妻與命婦同也。特拜命婦，特猶獨也。謂人人拜之，尊故也，拜内子亦然。衆賓，士妻賤，故氾拜之，亦旁三拜也。此刻唯舉君喪拜賓，不云大夫、士者，文不具也。大夫、士之喪，拜賓亦然，故士喪禮謂『主人拜賓，夫人特拜，士旅之』是也，以上皆皇氏説。熊氏云：『大夫、士拜卿、大夫者，是卿、大夫、士家自遭喪，小斂後，拜卿、大夫於位，士旁三拜，大夫、内子、士妻，亦謂大夫、士妻家自遭喪。小斂後，拜命婦，及拜士妻之禮，大夫士各自遭喪并言之者，以大夫、士家小斂後，拜賓同故也。』此君、大夫、士之喪，小斂後拜賓，與上文未小斂時文類，其義愈於皇氏。」○軾按：從熊説，則文氣順適。君有喪，拜寄公于堂下，知其堂下者，即下堂上可知。不言旅拜、汎拜者，寄公、國賓皆偶有之，不待言也。夫人止言拜寄公夫人，婦人不越疆而弔，無國女賓也。君不言拜卿、大夫、士，夫人不言拜卿、大夫、士妻者，即下大夫、士之禮，可推也。大夫、士家有喪，大夫拜卿、大夫于位，拜士則旅之。士有喪，拜卿、大夫于位，于士則旅之。大夫内子、士妻亦然，不言卿有喪，文不具也。

主人即位，襲、帶、絰、踊，母之喪，即位而免。乃奠。弔者襲裘，加武，帶，絰，與主人拾踊。免，音問。拾，其劫切。

鄭氏曰：「即位，阼階下之位也。有襲絰乃踊，尊卑相變也。母之喪，即位而免。記異者，禮：斬衰括髮，齊衰免，以至成服而冠。爲母重，初亦括髮，既小斂則免。乃奠。小斂，奠也。始死，弔者朝服裼裘如吉時。小斂則改襲而加武與帶絰矣。武，吉冠之卷也。加武者，明不改冠，亦不免也。檀弓曰：『主人既小斂，子游趨而出，襲裘帶絰而入。』」孔氏曰：「主人拜賓時袒，今拜畢。襲衣加要帶、首絰，於序東復位乃踊也。士喪禮先踊乃襲絰，此先襲絰乃踊，士爲卑，此據諸侯爲尊，故注云『尊卑相變』。爲父喪，拜賓竟而即阼階下位，又序東帶絰，猶括髮。若爲母喪，至拜賓竟，即位時不復括髮，以免代之。免以襲絰，至大斂乃成服，所以異於父也。拜賓、襲絰、踊竟後，始設小斂之奠。弔者襲裘加武者。未小斂之前，弔者裘上有裼，衣上有朝服，開朝服露裼衣。今小斂之後，弔者以上朝服，揜襲裘上裼衣也。加武者，主人既素冠素弁，弔者故加素弁於武也。帶絰者，帶謂要帶，絰謂首絰。以朋友之恩，故加帶絰。若無朋友之恩，則無帶唯絰而已。拾踊，拾更也。主人先踊，婦人踊，弔者踊，三者三是與主人更踊也。凶冠武與冠連，不別有武，免亦無武，今云加武，明不改作凶冠，亦不作免也。」山陰陸氏曰：「鄭氏謂有襲絰乃踊，尊卑相變，然則袒括髮，括髮袒，亦相變。加武者，不以居冠弔，居冠屬武。」

君喪，虞人出木、角，狄人出壺，雍人出鼎，司馬縣之，乃官代哭。大夫官代哭，不縣壺。士代哭不以官。君堂上二燭，下二燭，大夫堂上一燭，下二燭。士堂上一燭，下一燭。

鄭氏曰：「代，更也。未殯哭不絕聲，爲其罷倦。既小斂，可爲漏刻分時而更哭也。木給爨竈，角以爲水斗，壺漏水之器也。冬漏以火爨鼎，沸而後沃之，此挈壺氏所掌也。大夫不縣壺下君也。士代哭不以官，自以親疏哭也。燭所以照饌也，滅燎而設燭。」孔氏曰：「此論君及大夫、士小斂後代哭之異。虞人主山澤之官，故出水與角，狄人樂吏，主挈壺漏水之器，故出壺雍人主亨飪，故出鼎。冬月水凍，則漏遲無準，故取鼎煖水，用虞人木爨煮之也。司馬，夏官卿也，其屬有挈壺氏，故司馬自臨視縣漏器。挈壺氏云『凡喪縣壺以代哭者』，縣漏分時。使均其官屬，更次相代而哭也。有喪則於中庭終夜設燎至曉，滅燎而日光未明，故須燭以照祭饌也。」〇軾按：代非取其哭，而未有不哭者，故曰代哭。若哭不絕聲，謂主人兄弟哀甚，哭聲不絕也。鄭注似謂未殯哭聲不可絕，故使人更代爲之。謬甚。又官代，乃官自相代。主人兄弟，不在所代之列。

賓出，徹帷。哭尸於堂上，主人在東方，由外來者在西方，諸婦南鄉。

鄭氏曰：「賓出，徹帷，君與夫人之禮。士卒，斂即徹帷。由外來，謂奔喪者也。無奔喪者，婦人猶東面。」孔氏曰：「賓出後乃除帷，人君及大夫禮舒也。哭尸以下，通明小斂後尸出在堂時法。哭尸於堂，主人位在尸東，婦人位在尸西，如室中，若於時有新奔喪從外來者，則居尸西方，欲異於在家也。奔喪未小斂而至，則在東方，與在家同也。諸婦南鄉，謂主婦以下在家者。婦人位本在西方東鄉，今既有外新奔者，故移避之而近北鄉南也。」

婦人迎客送客不下堂，下堂不哭。男子出寢門，見人不哭。其無女主，則男主拜女賓於寢門內。其無男主，則女主拜男賓於阼階下。子幼，則以衰抱之，人爲之拜，爲後者不在，則有爵者辭，無爵者人爲之拜。在竟內則俟之，在竟外則殯葬可也。喪有無後，無無主。 人爲，云僞切，下同。竟，與境同。

鄭氏曰：「婦人所有事，自堂及房；男子所有事，自堂及門，非其事處而哭，猶野哭也。出門見人。，謂迎賓也。拜者，皆拜賓於位也。爲後者有爵，攝主爲之辭於賓爾，不敢當尊者禮也。」孔氏曰：「此明小斂之後，男主、女主迎送弔賓，及拜賓之位，又廣明喪主不在之義。婦人質，故送迎敵者不下堂，有君夫人弔，則主婦下堂，至庭，稽顙而不哭也。男子遭喪，敵者來弔，不出門。若有君命，則出門，亦不哭也，故士喪禮『君使人弔，徹帷，主人迎於寢門外，見賓不哭』是也。其無女主以下，明喪無主，使人攝者禮。若有主則男主拜男賓，女主拜女賓。無女主，則男主拜女賓於寢門内，少遠階下，而猶不出門也。無男主，則使女主拜男賓於阼階下位。鄉云女有下堂，謂此也。子雖幼小，則以衰抱之爲主，而代之拜賓也。爲後者不在，則有爵者辭，謂主有官爵。出行不在，而家有喪。其攝主無官爵，則辭謝於賓云已無爵，不敢拜賓也。無爵者，人爲之拜，謂不在之主，無官爵，其攝主之人爲主拜賓也。」

右記小斂，凡一節。

君將大斂，子弁絰，即位於序端。卿、大夫即位於堂廉楹西北面，東上。父兄堂下，北面。夫人、命婦尸西，東面。外宗房中，南面。小臣鋪席，商祝鋪絞、紟、衾、衣，士盥於盤，上士舉遷尸於斂上。卒斂，宰告，子馮之踊，夫人東面，亦如之。鋪，普吴切，又音敷。

鄭氏曰：「子弁絰者，未成服。弁如爵弁而素。大夫之喪，子亦弁絰。」孔氏曰：「此明君大斂之節，成服則著喪冠，弁絰是未成服，君、大夫、士皆然。此雖謂大斂，其小斂亦同也。序，謂東序。端。謂序之南頭。卿、大夫，謂群臣也。堂廉，謂堂基南畔廉陵之上。楹，謂南近堂廉者。子既在東序端，故群臣列於基上東楹之西也。父兄、諸父、諸兄不仕者，以其賤，故在堂下，鄉北。以東爲上也。若士亦在堂下。外宗，君之姑、姊妹之女及姨舅之女也。輕，故在房中而鄉南。鋪席，謂下筦上簟。敷於阼階上，供大斂也。商祝鋪絞、紟、衾、衣等，致于小臣所鋪席上以待尸也，士亦喪祝之屬。周禮：『商祝上士二人，中士四人，下士八人。』將舉尸，故先盥手於盤上也。斂上，即斂處。宰告者，斂畢，大宰告孝子也。孝子得告，馮尸而起踊，夫人亦馮尸而踊。馮竟，乃斂於棺。」

大夫之喪，將大斂，既鋪絞、紟、衾、衣，君至，主人迎，先入門右，巫止於門外。君釋菜。祝先入，升堂。君即位於序端，卿、大夫即位於堂廉，楹西，北面東上。主人房外南面，主婦尸西東面。遷尸。卒斂，宰告主人，降北面於堂下。君撫之，主人拜稽顙。君降，升主人馮之，命主婦馮之。

鄭氏曰：「先入右者，入門而右也。巫止者，君行必與巫，主辟凶邪也。釋菜，禮門神也。必禮門神者，君非問疾、弔喪不入諸臣之家也。主人房外南面，大夫之子尊，得升視斂也。」孔氏曰：「此明大夫斂節。主人。適子也。出門迎君，望見馬首，不哭不拜，而先還入門右北面，以待君至。巫止門外者，君臨臣喪，巫祝桃茢至門，恐主人惡之，且禮敬主人，故不將巫入。對尸柩，巫止而祝代入，故先君而入門，升自阼階也。君隨祝後而升堂，即位於東序之端，阼階上之東，是適子臨斂處也。主人房外南面者，鄉者在門右，君升，則主人亦升。立君之北，東房之外，面向南，俱欲視斂也。遷尸者，鄉鋪絞、紟、衣，而君至。今列位畢，故舉尸於鋪衣上也。主人得告斂畢，降西階堂下，鄉北立，待君之撫而拜之。君臣情重，方爲分異，故斂竟君以手撫按尸，與之別。主人在堂下拜稽顙，以禮君之恩。君降者，撫尸畢而下堂。升主人者，君命升之也。主人升自西階，由足西面馮尸，不當君所，君又命主婦馮之。士喪禮子不得升，大夫之子尊，得升視斂也。」

士之喪，將大斂，君不在，其余禮猶大夫也。

鄭氏曰：「其餘，謂卿大夫及主婦之位。」孔氏曰：「此明士斂之節，士喪，卑，君不視斂，故君不在。其餘鋪衣、列位、男女之儀，悉如大夫也。」

鋪絞、紟踊，鋪衾踊，鋪衣踊，遷尸踊，斂衣踊，斂衾踊，斂絞、紟踊。

孔氏曰：「此明孝子貴賤踊節。」澄曰：「貴賤，謂君大夫士之禮皆同。」

君撫大夫，撫內命婦；大夫撫室老，撫姪娣。君、大夫馮父母、妻、長子，不馮庶子。士馮父母、妻、長子、庶子，庶子有子，則父母不馮其尸。凡馮尸者，父母先，妻子後。君於臣撫之。父母於子執之。子於父母馮之。婦於舅姑奉之。舅姑於婦撫之。妻於夫拘之。夫於妻、於昆弟執之。馮尸不當君所。凡馮尸，興必踊。 拘，音俱，又古侯切。

鄭氏曰：「撫以手按之也。内命婦，君之世婦。馮，謂扶持服膺也。君於臣撫之，至夫於妻、於昆弟執之。此恩之深淺，尊卑之儀也。馮之類，必當心，馮尸不當君所，不敢與尊者所馮同處也。凡馮尸，必坐。興必踊，悲哀之至。」孔氏曰：「此明撫尸馮尸之節，大夫貴，故君自撫之。大夫以室老爲貴臣，以姪娣爲貴妾，死則爲之服，故並撫之也。君、大夫自主父、母、妻、長子四人喪，故同馮之。馮父母，撫妻子，并云馮，通言爾。士賤，故馮及庶子無子者。君、大夫庶子，雖無子不得馮也。凡馮尸者，凡主人也，父母先，妻子後，謂尸之父母、妻子也。君尊於臣，但以手撫按尸心，身不服膺也。父母于子執之，當心上衣也。子於父母馮之，服膺心上也。婦於舅姑尊，故奉當心上衣也。舅姑於婦，亦手按尸心，與君爲臣同也。妻於夫拘之，微引心上衣，輕於馮，重于執也。夫於妻子、昆弟，亦執心上衣也。不當君所者，君已馮心，則餘人馮者，宜少辟之。凡馮尸必哀殞，故起必踊泄之。馮者爲重，奉次之，拘次之，執次之。尊者則馮奉，卑者則撫執，執雖輕於撫，而恩深，故君於臣撫。父母於子執，是兼有尊卑深淺也。士喪禮君坐撫當心，此云馮尸不當君所。明君不撫，得當君所也。」澄曰：「總言之皆謂之馮尸，分言之，則有馮奉拘撫執五者之異，撫在拘執之間。」山陰陸氏曰：「言執若不能捨也，言奉若舅姑在焉，拘之婦人從一，若猶有所拘焉。」

右記大歛，凡一節。

君於大夫、世婦，大斂焉；爲之賜，則小斂焉。於外命婦，既加蓋而君至。於士，既殯而往。爲之賜，大斂焉。

方氏曰：「小斂在先，大斂在後，喪事以速爲敬，故大斂而往者，禮之常，小斂而往者，爲之賜也。」鄭氏曰：「爲之賜，謂有恩惠也。加蓋而至，於臣之妻略也。」孔氏曰：「君於大夫大斂是常，小斂是恩賜，世婦謂内命婦，爲之恩賜，則小斂而往。君于外命婦恩輕，故既大斂入棺，加蓋之後而君至也。」

夫人於世婦，大斂焉；爲之賜，小斂焉。於諸妻，爲之賜，大斂焉。於大夫、外命婦，既殯而往。

孔氏曰：「於諸妻，謂姪娣及同姓女也，同士禮，故爲之賜大斂焉。若夫人、姪娣，尊同世婦，當大斂，爲之賜小斂焉。夫人於大夫及外命婦，既殯而往，但有一禮。無恩賜，差降之事也。」

大夫士既殯而君往焉，使人戒之。主人具殷奠之禮，俟於門外，見馬首，先入門右。巫止于門外，祝代之先。君釋菜于門内。祝先，升自阼階，負墉南面。君即位於阼，小臣二人執戈立於前，二人立於後。擯者進，主人拜稽顙。君稱言，視祝而踊，主人踊。大夫則奠可也。士則出俟於門外。命之反奠，乃反奠。卒奠，主人先俟於門外。君退，主人送於門外，拜稽顙。

鄭氏曰：「殷，猶大也。朝夕小奠，至月朔則大奠。君將來，則具大奠之禮以待之。榮君之來也，祝負墉南面，直君北，房户東也。小臣執戈先後君，君升而夾階立。大夫殯即成服，成服則君亦成服，錫衰而往弔之。擯者進，當贊主人也，始立門東北面。稱言，舉所以來之辭也。視祝而踊祝，相君之禮，當節之也，迎不拜。拜送者，拜迎，則爲君之答己。」孔氏曰：「君于大夫，雖視大斂，或有既殯之後而始往，與士同也。君將往，使人豫戒主人，主人重君之來。先備月朔大奠之禮，待于門外。見君馬首，先君而入，祝先道，君升阼階，在君之北，立于房户之東，皆負壁而鄉南。墉，壁也。君位于阼者，主人不敢有其室也。執戈，辟邪氣也。擯者進于孝子前，告使行禮。喪贊曰相，此云擯者，以君之弔禮，故以擯言。主人於庭中，北面拜而稽顙，君舉弔辭，祝以相君先踊，君乃視祝而踊。君踊畢，主人乃踊。君來弔士與大夫，其禮不同。大夫者，君既在阼，主人在庭踊畢，則釋此殷奠于殯可也。言對人君可爲此奠，士卑不敢留君待奠，故先出俟君于門外。君使人命反設奠，士乃反入設奠。主人奠畢，又先出門待君。君退，主人門外送之而拜，大夫士同。」

夫人弔於大夫、士，主人出迎於門外，見馬首，先入門右。夫人入，升堂即位，主婦降自西階。拜稽顙於下。夫人視世子而踊，奠如君至之禮。夫人退，主婦送于門内，拜稽顙。主人送于大門之外，不拜。

鄭氏曰：「視世子而踊，世子從夫人，夫人以爲節也。世子之從夫人位，如視從君。」孔氏曰：「孝子迎君之妻，亦如迎君禮。先入門右，門，亦大門也。主婦，臣妻也。夫人來弔，故婦人爲主人。世子夫人之世子，隨夫人來也。大人來弔，則世子在前道引，其禮奠如君至之禮者，亦先戒，乃具殷奠。夫人即位哭後。主婦拜竟，而設奠事如君弔禮。主婦送于門內，門，寢門也。婦人迎送不出門，故夫人去，於路寢門内拜送之。主人送于大門外，喪無二主，主婦已拜，故主人不拜。」應氏曰：「君臣之際，猶家人也。君於外、内婦既殯入一，夫人於大夫、士之家亦往弔之。主人迎而先入門右，夫人升而自阼階，待夫人，猶待君也。主婦拜稽顙於下，執妾禮，猶臣禮也。夫人之行，世子實侍之。君視祝而踊，夫人則視世子而踊也。退則送于門外，婦人迎送不下堂，而特至門者，爲所奠變也。其來也，主人迎于門外，送亦如之，所以代主婦而伸敬也。門外者，男子之所有事，婦人迎送不出門，雖對所尊而不敢變也。」

大夫君，不迎于門外，入即位于堂下。主人北面，衆主人南面，婦人即位于房中。若有君命、命夫命婦之命、四鄰賓客，其君後主人而拜。

鄭氏曰：「入即位於下，不升堂而立阼階之下西面。下正君也。衆主人南面於其北，婦人即位于房中。君雖不升堂，猶辟之也。後主人而拜者，將拜賓，使主人陪其後，而君前拜。不俱拜者，主人無二也。」孔氏曰：「大夫下臣稱大夫爲君，故曰『大夫君』。不迎于門外，貶於正君也。主人北面者，其君即阼階下位，故適子辟之，所以在君之南北面也。婦人之位在堂，君雖不升堂，猶辟於房中。正君來禮亦如此，不言大夫君之妻來者，當同夫人禮也。前君臨大斂，云『主婦尸西』，以大斂哀深，故不辟君。今謂殯後也，當此大夫君來弔時，或有本國之君命，或有國中大夫、命婦之命，或有昔經使四鄰之國，卿大夫遣使來弔。若有此諸賓在庭，則此大夫君代主人拜命及拜賓，以喪用尊者拜賓故也。然大夫君不敢同於國君，專代爲主，故以主人陪置君之後。君先拜，主人後拜，不同時拜也。」

大夫士，若君不戒而往，不具殷奠，君退必奠。

孔氏曰：「君來不先戒，當時雖不得殷奠，君去後必設殷奠告殯。」鄭氏曰：「榮君之來也。」

君弔，見尸柩而后踊。

鄭氏曰：「君弔塗之後，雖往不踊。」皇氏曰：「前文既殯君往，視祝而踊，謂既殯未塗，得有踊也。」

君弔則復殯服。

鄭氏曰：「謂臣喪既殯後，君乃始來弔。復，反也，反其未殯未成服之服，新君事也。復或爲服。」孔氏曰：「臣喪，大斂與殯之時，君有故不得來，至殯後，主人已成服，而君始來弔，于時主人則復殯時未成服之服，其服苴絰、免布、深衣也。不散帶，爲人君變，貶於大斂之前，既啓之後也。」

君於大夫疾，三問之；在殯，三往焉。士疾，壹問之；在殯，壹往焉。

鄭氏曰：「所以致殷勤也。」應氏曰：「古之君臣，猶一體也。頭目手足，疾痛慘楚。彼此無不相應，君臣猶一家也。父兄子弟，古凶休戚，上下無不相關，視之如一體，故疾則君三問、再問。喪則如有或撫、或踴，真若吾手足之虧折焉。視之如一家，故君喪則大夫、士位乎東，世婦、士妻位乎西，不翅父兄之痛也。及臣之有故，則君視之，夫人視之，世子視之。真若子弟之失亡焉。」

右記弔臨，凡一節。

君大棺八寸，屬六寸，椑四寸。上大夫大棺八寸，屬六寸。下大夫大棺六寸，屬四寸，士棺六寸。 屬，音燭。椑，步歷切。

君謂侯、伯、子男。鄭氏曰：「大棺，棺之在表者也。檀弓曰：『天子之棺四重，水、兕革棺被之，其厚三寸；杝棺一，梓棺二，四者皆周。』此以内説而出也，然則大棺及屬用梓，椑用杝，以是差之，上公革棺不被，三重也。諸侯無革棺，再重也。大夫無椑，一重也。士無屬，不重也。庶人之棺四寸。上大夫，謂列國之卿也。趙簡子云：『不設屬、椑。』時僭也。」孔氏曰：「天子四重之棺，大棺八寸，屬六寸，椑四寸。水、兕革棺共六寸，合厚二尺四寸也。上公棺則去水皮，所餘三重，合厚二尺一寸。侯、伯、子男則又去兕皮，但餘三棺爲二重，合厚一尺八寸也。上大夫云椑四寸，所餘大棺八寸，屬六寸，爲一重，合厚一尺四寸。下大夫大棺與屬各减二寸，厚一尺也。士則不重，唯大棺六寸。檀弓從内而説，以次出外，此先云大棺及屬，乃始云椑，是從外向内而説。」

君裏棺用朱、緑，用雜金鐕。大夫裏棺用玄、緑，用牛骨鐕。士不緑。 鐕字，今南切。

孔氏曰：「裏棺謂以繒貼棺裏也，以朱繒貼四方，緑繒貼四角。鐕，釘也。雜金鐕者，尚書云：『貢金三品，黄、白、青色。』舊説云用金釘，又用象牙，釘雜之，以琢朱緑著棺也。大夫四面玄，四角緑，用牛骨鐕，不用牙金也。士悉用玄，亦用牛骨鐕。定本『緑』字皆作『琢』。琢，謂鐕琢朱繒貼著於棺也。」澄按：「定本近是，蓋裏棺兼用緑色，無義疏説分二色，貼四方，貼四隅，亦無義，且未詳何據。若依定本以『緑』爲『琢』，則朱玄句絶。琢字屬下句，士用玄裏棺，與大夫同，但不用釘琢之爲異爾。」〇軾按：但於文義無礙，不必改字。

君蓋用漆，三衽三束；大夫蓋用漆，二衽二束；士蓋不用漆，二衽二束。

鄭氏曰：「用漆者，塗合牝牡之中。衽，小要也。」孔氏曰：「用漆，謂漆其衽合縫處也。衽爲燕尾，合棺縫際也。束，謂以皮束棺也。棺兩邊各三衽，每當衽上，輒以牛皮束之，故云三衽三束。大夫、士横衽有二，每衽有束，故云二衽二束。士卑不用漆，衽束與大夫同。」〇軾按：衽束義，詳檀弓。

君、大夫鬊爪實于綠中，士埋之。鬊，音舜。

鄭氏曰：「綠，當爲角，聲之誤也。角中，謂棺内四隅也。鬊，亂髮也。將實爪髮棺中，必爲小囊盛之，此綠或爲簍。」孔氏曰：「綠即棺角，士賤以物盛髮爪而埋之。」澄按：「古讀角，盧谷切。與綠同音同聲，故誤用綠字。簍，魯口切。與角雖不同聲，而亦同音也。或謂綠，即綠。貼棺中四角之處，故云綠中。此説似可通，但上文若依定本，改『綠』爲『琢』，則又不然矣，且當從鄭注爲角。」

○君殯用輴，欑至于上，畢塗屋。大夫殯以幬，欑置于西序，塗不暨于棺。士殯見衽，塗上，帷之。輴，敕倫切。欑，才完切。幬，音道。暨，其器切。

鄭氏曰：「欑，猶菆也。屋，殯上覆如屋者也。幬，覆也。暨，及也。此記參差。以檀弓參之，天子之殯，居棺以龍輴，欑木題湊象椁，上四注如屋以覆之，盡塗之。諸侯輴不畫龍，欑不題湊象椁，其它亦如之。大夫之殯，廢輴，置棺西牆下，就牆欑其三面塗之。不及棺者，言欑中狹小，裁取容棺。帷之，鬼神尚幽暗也。士達於天子皆然。」孔氏曰：「凡殯之禮，天子先以龍輴置於客位殯處，然後從阼階舉棺於輴中，輴外以木菆聚輴之四邊，木高於棺，乃從上加緧黼於棺上，然後以木題湊。題，頭也。湊，鄉也，謂以木頭相湊鄉内也。象椁上之四注以覆之，如屋形，以泥塗之，於屋之上，又加席三重於殯上。其諸侯殯時，則置棺輴内，亦菆木輴外，木高於棺，後加布幕於棺上，又菆木於上，雖不題湊象椁，亦中央高似屋形，但不爲四注。大夫殯以幬，謂棺衣幬覆之，大夫幬覆，則王侯並幬覆也。西序，屋堂西頭壁也。大夫不輴，又不四面欑，以一面倚西壁，而三面欑之，又上不爲屋也。塗不暨于棺，王侯塗之而欑廣，去棺遠；大夫欑狹，裁使塗不及棺爾。士掘肂見衽，其衽之上出之處，亦以木覆而塗之，故謂塗上。帷，幛也。朝夕哭，乃徹帷。」○軾按：不暨于棺，猶云其不及棺也。幾希，欑塗，義詳檀弓。

○熬，君四種八筐，大夫三種六筐，士二種四筐，加魚、腊焉。熬，五羔切。種，章勇切。腊，音昔。

鄭氏曰：「熬者，煎穀也，將塗設於棺旁。所以惑蚍蜉，使不至棺也。士喪禮曰：「熬黍、稷各二筐，又曰設熬，旁一筐，大夫加以粱，君四種，加以稻，四筐則手足皆一，其餘設於左右。」孔氏曰：「火熬其穀使香，欲使蚍蜉聞其香氣。食穀，不侵尸也。魚腊，謂乾腊。特牲士腊用兔，少牢大夫用麋，天子諸侯無文。當用六獸之屬，亦爲惑蚍蜉。」

○飾棺，君龍帷，三池，振容，黼荒，火三列，黻三列，素錦褚，加僞荒，纁紐六，齊五采，五貝，黼翣二，黻翣二，畫翣二，皆戴圭，魚躍拂池。君纁戴六，纁披六。大夫畫帷，二池，不振容，畫荒，火

三列，黼三列，素錦褚，纁紐二，玄紐二，齊三采，三貝，黻翣二，畫翣二，皆戴綏，魚躍拂池。大夫戴前纁後玄，披亦如之。士布帷，布荒，一池，揄絞，纁紐二，緇紐二，齊三采，一貝，畫翣二，皆戴綏。士戴前纁後緇，二披，用纁。黼，音弗。褚，張吕切。僞，鄭注讀爲帷。齊如字，又才細切。翣，所甲切。戴，丁代切。披，彼義切。綏，讀爲緌。揄，音遥。

鄭氏曰：「飾棺者，以華道路及壙中，不欲衆惡其親荒蒙也。在旁曰帷，在上曰荒，皆所以衣柳也。士布帷布荒者，白布也，君大夫加文章焉。黼荒，緣邊爲黼文畫荒，緣邊爲雲氣，火黻爲列於其中爾。僞，當爲帷，或作于，聲之誤也。大夫以上有褚以襯覆棺，乃加帷荒於其上。紐，所以結連帷荒者也。池以竹爲之，如小車笭，衣以青布，柳象宫室，縣池於荒之爪端，若承霤然云。君大夫以銅爲魚，縣於池下。揄，揄翟也。青質五色，畫之於絞繒而垂之，以爲振容。象水草之動摇，行則魚上拂池。雜記曰：『大夫不揄絞，屬於池下。』是不振容也。士則去魚。齊象車蓋。甤，縫合雜采爲之，形如瓜分然。綴具絡其上及旁，戴之言值也，所以繫棺束柳材使相值，因而結前後披也。漢禮，翣以木爲筐，廣二尺，高二尺四寸，衣以白布。畫者，畫雲氣，其餘名如其象。柄長五尺，車行使人持之而從。既窆，樹於壙中。檀弓曰『周人牆置翣』，是也。綏，當爲緌，讀如『冠甤』之甤，蓋五采羽，注於翣首也。」孔氏曰：「帷，柳車邊障也。王侯畫龍以象君德。池者，織竹爲籠，掛於荒之爪端，象平生宫室有承霤也。天子生有四注屋，四面承霤，柳亦四池，諸侯屋亦四注，而柳降一池，闕於後一，故三池也。振容者，振動也。容，飾也，以絞繒爲之，長丈餘如幡。畫幡上爲雉，縣於池下，爲容飾。車行則幡動也。黼、荒、火三列。黻三列者，荒謂柳車上覆鼈甲也，緣荒邊爲白黑黼文，於黼文之上。荒之中央，又畫火黻各三行。列，行也。火形如半環，黻兩『已』相背也。素錦褚者，素白也。褚，屋也。於荒下用白錦爲屋，在路象宫室也。加僞荒者，帷是邊牆，荒是上蓋，褚覆竟，而加帷荒於褚外也。纁紐六者，上蓋與邊牆相離，故以纁爲紐連之。旁各三，凡六也。齊五采、五貝者，鼈甲上當中形圓如車蓋，高三尺，徑二尺餘。凡車蓋四面有垂下豵，今此齊形，上象車蓋，旁象蓋豵，上下縫合五采繒，列行相次，如瓜内之子，以穰爲分限，又連貝爲五行，交絡齊上也。黼翣二，黻翣二，畫翣二，皆戴圭者。翣形似扇，在路則障車，入椁則障柩。二畫黼，二畫黻，二畫雲，翣兩角皆戴圭玉。禮器云：『天子八翣，諸侯六，大夫四。』魚躍拂池者，凡池必有魚，故此車池。縣振容，又縣銅魚於振容間。若車行，則魚跳躍上拂池也。君纁戴六，纁披六者，事異飾棺，故更言君也。棺横束有三，每束兩邊屈皮爲紐。三束有六紐，用纁帛戴索，連繫棺束之紐，與外畔柳材。使相當值，謂連棺著柳，故有六戴。纁披亦和絳帛爲之。將一頭結此戴，出一頭於帷外，人牽之。每戴繫之，故亦有六也。謂之披者，若牽車，登高則引前以防軒車，適下則引後以防翻車，欹左則引右，欹右則引左，使車不傾覆也。大夫帷畫雲氣，二池前後各一池，或云兩邊而已。畫荒，謂畫雲氣火黻，錦褚與君同。紐用四，不一色，故二纁二玄也。齊三采，絳黄黑也。貝亦降二也。翣降兩，黼翣角不圭，止用五彩羽作緌。無絞雉，而魚躍拂池，戴不並用纁，其數與披同四也。士唯一池在前，亦畫揄雉於絞，在於池上，紐降用玄比緇。四紐，連四旁也。與大夫同一具者，一行絡之爾。翣降二黻，前纁後緇者，戴當棺束，通爾邊爲四戴也。二披用纁，通兩旁則亦四披也。」山陰陸氏曰：「天子八翣皆戴璧，諸侯六翣皆戴圭，大夫四翣，士二翣，皆戴緌。戴玉者，必戴緌。戴緌者，不必戴玉緌，旐也。」○陳氏集注：「齊者，躋之義，以當中而言，謂鱉甲上當中形圓如車之蓋處，以五采繒衣之。」

君葬用輴，四綍二碑，御棺用羽葆。大夫葬用輴，二綍二碑，御棺用茅。士葬用國車，二綍無碑，比出宮。御棺用功布。輴，鄭注音輇，市專切，下同。王如字。綍，音弗。比，必利切。

鄭氏曰：「大夫廢輴。此言輴，非也。輴常爲輇聲之誤也。『輇』字或作『團』，是以又誤爲『國』。輇車，柩車也，尊卑之差也。在棺曰綍，行道曰引，至壙將窆。又曰綍而設碑，是以連言之。碑，祖楹也，御棺居前爲節度也。士言比出宮用功布，則出宮而止，至曠無矣。『綍』或爲『率』。」孔氏曰：「此明葬時在路尊卑載柩之車，及碑綍之等，輴、國皆當爲輇。輇則蜃車，在路載柩，尊卑同用蜃車。諸侯紼有四條，碑有二所，天子則六綍四碑。羽葆，以鳥羽注於柄木如蓋，而御者執之。大夫二綍二碑，各一孔。樹於壙之前後，綍各穿之也。士二綍無碑，手縣下之。大夫用茅，自廟至墓。士卑，御自廟至大門牆内而止，出路便否，至墓不復御也。羽葆、功布等，其象皆如麾，此論在道之時，未論窆時，當云引而云紼與碑者。初在塗，後遂窆，故鄭云連言之。至窆時下棺，天子殯用龍輴，至壙，去蜃車，更載以龍輴。以此約之，諸侯殯以輴，葬用輇明矣。大夫朝廟用輴，殯與葬不用輴也。士朝廟得用輁軸，若天子元士，葬亦用輁軸。天子用大木爲碑，謂之豐碑，諸侯則樹兩大木爲碑，謂之桓楹。此稱君二綍二碑，謂每一碑，樹兩楹也。」

凡封，用綍，去碑負引。君封以衡，大夫、士以咸。君命毋譁，以鼓封。大夫命毋哭，士哭者相止也。 封，鄭作窆。咸，鄭讀爲緘，音華。

鄭氏曰：「封，周禮作『窆』。窆，下棺也。封，或皆作斂。檀弓曰：『公輸若方小斂，般請以機封。』謂此斂也。然則棺之入坎爲斂，與斂尸相似。咸讀爲緘。凡柩車及壙，說載除飾，而屬紼於柩之緘，又樹碑於壙之前後，以紼繞碑間之鹿盧，輓棺而下之。此時棺下窆，使輓者皆繫紼而繞要，負引，舒縱之，備失脫也。用紼去碑者，謂縱下之時也。衡，平也。人君之喪，又以木橫貫緘耳，居旁持而平之，又擊鼓爲縱舍之節。大夫、士旁牽緘而已。庶人縣窆，不引紼也。禮，唯天子葬有隧。齊人謂棺束爲緘繩，咸，或爲械。」孔氏曰：「此論尊卑下棺之制，至壙說載除飾之後，解此蜃車之綍，以繫於柩緘束之繩。又將一頭繞碑間鹿盧，所引之人在碑外背碑而立。負引者漸漸應鼓聲而下，故云用綍去碑負引也。諸侯禮大，物多棺重，恐柩不正，下棺之時，輥以大木爲衡，貫穿棺束之緘，平持而下，備傾頓也。大夫士無衡，使人以紼直繫棺束之緘，下於君也。君下棺時，命令衆人無得喧，以鼓爲縱舍之節，每一鼓漸縱綍也。大夫卑，直命人使無哭耳。士又卑，哭者自相止也。諸侯四綍二碑，前後二綍，各繞前後二碑之鹿盧，其餘兩紼於壙之兩旁，人輓之而下也。天子則六綍四碑，前後各重鹿盧，每一碑用二綍，前後用四，其餘兩綍，繫於兩旁之碑。諸侯不重鹿盧，前碑後碑各一紼，其餘二綍在旁，人持而下棺耳。用紼去碑，謂前後紼耳，在旁之紼無碑也。」

君松椁，大夫柏椁，士雜木椁。

鄭氏曰：「椁，謂周棺者也。天子柏棺以端，長六尺。夫子制於中都，使庶人之椁五寸。五寸，謂端方也。此謂尊者用大材，卑者用小材耳。自天子、諸侯、卿、大夫、士、庶人六等。其椁長自六尺而下，其方自五寸而上，未聞其差所定也。抗木之厚，蓋與椁方齊。天子五重，上公四重，諸侯三重，大夫再重，士一重。」孔氏曰：「諸侯用松心爲椁材，大夫以柏爲椁，不用松心。士又卑，用雜木也。按檀弓『柏椁以端長六尺』，注云『其方蓋一尺』，以此差之，諸侯方九寸，卿方八寸，大夫七寸，士六寸，庶人五寸，雖有此約，無正文可定也。」○軾按：此葬而周棺之椁也。

棺椁之間，君容柷，大夫容壺，士容甒。 柷，昌六切。甒，音武。

鄭氏曰：「間可以藏物，因以爲節。」孔氏曰：「此明棺椁之間，廣狹所容，柷如漆桶，是諸侯棺椁所容也。壺是漏水器，大夫所掌。甒盛酒之器，士所用也。」方氏曰：「柷方二天四寸，深一尺八寸，壺大一石，甒五斗，則其所容之大小可知。君必以柷，與狄人設階同義。」

君裹椁虞筐，大夫不裹椁，士不虞筐。

鄭氏曰：「裹椁之物，虞筐之文，未聞也。」澄曰：「此蓋言君之椁，有物裹之，而又有虞筐。大夫雖不裹椁而猶有虞筐也，士則并虞筐亦無。」○軾按：裹椁猶前言棺裹。筐，謂熬以防螻蟻，故曰虞筐。

右記殯葬，凡四節。

君之喪三日，子、夫人杖。五日既殯，授大夫、世婦杖。子、大夫寢門之外杖，寢門之内輯之。夫人、世婦在其次則杖，即位則使人執之。子有王命則去杖，國君之命則輯杖。聽卜、有事於尸，則去杖。大夫於君所則輯杖，於大夫所則杖。輯，側立切。去，起吕切。

鄭氏曰：「三日者，死之後三日也。爲君杖不同日，人君禮大，可以見親疏也。輯，斂也。斂者，謂舉之不以拄地也。夫人、世婦次於房中，即位堂上，堂上近尸殯。使人執杖，不敢自持也。子於國君之命輯杖，下成君，不敢敵之也。卜，卜葬、卜日也。凡葬祭，虞而有尸，大夫於君所輯杖，謂與之俱，即寢門外位也。獨焉則杖。君，謂子也。於大夫所杖，俱爲君杖不相下也。」孔氏曰：「此人君禮也。子杖，通女子在室者，若嫁爲它國夫人則不杖。嫁爲卿大夫妻，同五日杖也。喪服四制『七日授士杖』。君之女及内宗、外宗嫁爲士妻及女御，皆七日杖也。子大夫，子兼適庶及世子。寢門，殯宫門也。子大夫廬在寢門外，得持杖拄地行，以至寢門。殯柩在門内神明所在，故入門輯斂之，不敢拄地也。若庶子至寢門則去杖，不得持入。此大夫與子同者，謂大夫特來，不與子相隨也。若與子相隨，子杖則大夫輯，子輯則大夫去杖。下文云『大夫於君所輯杖』是也。夫人、世婦在其次，則杖者次，謂西房居喪之地，則得持杖、拄地。即位則使人執之，以堂上有殯也。子有王命去杖者，世子尊天子之命，對之不敢杖也。國君之命輯杖，謂鄰國使人來弔。世子未敢比成君，故斂杖也。有事於尸，謂虞及卒哭祔祭。敬卜及尸，故去杖也。大夫於君所輯杖者，君謂世子，前云子，後云君，嫌是别人，故鄭云『君謂子』也。若大夫與世子，俱在門外位，則大夫輯杖，敬嗣君也。大夫與大夫俱在門外，是兩大夫相對，同爲君杖，不相降，故並得杖拄地也。」

大夫之喪，三日之朝既殯，主人、主婦、室老皆杖，大夫有君命則去杖，大夫之命則輯杖。内子爲夫人之命去杖，爲世婦之命授人杖。 朝，如字。爲，云僞切。

鄭氏曰：「大夫有君命去杖，此指大夫之子也。而云大夫者，通實大夫有父母之喪也。授人杖，與使人執之同也。」孔氏曰：「此明大夫杖節。大夫死後三日既殯，應杖者悉杖也。大夫嗣子而云大夫者，兼通子爲大夫有父母喪也。有君命則去杖，對君命亦然也。大夫之命，謂嗣子對彼大夫之使，則斂杖自卑下也。兩大夫自相對，則不去杖。内子。卿妻也。有夫及長子喪。君夫人有命弔己，則去杖。若有君之世婦命弔，内子敬之，則使人執杖以自隨。卑於夫人，故隨而不去也。記云：大夫之喪，不舉命婦，而舉内子、卿妻者，互文也，欲見卿喪與大夫同。」山陰陸氏曰：「内子爲夫人之命，去杖輯杖，於此取中焉。在去杖與杖之間，爲世婦之命，授人杖，不言使人，執之，卑也。」

士之喪，二日而殯。三日之朝，主人杖，婦人皆杖，於君命、夫人之命，如大夫。於大夫、世婦之命，如大夫。

鄭氏曰：「士二日而殯者，下大夫也。士之禮，死與往日，生與來日，此二日於死者，亦得三日也。婦人皆杖，謂主婦，容妾爲君、女子子在室者。」孔氏曰：「此明士之杖節，二日而殯，除死日爲二日也。三日，殯之明日也。士之子於君命，其妻於夫人之命，如大夫禮，皆去杖也。若士之子於大夫之命，其妻於世婦之命，如大夫於大夫之禮。大夫之命則輯杖，世婦之命，則授人杖也。」

子皆杖，不以即位。

孔氏曰：「皇氏云：『子謂大夫、士之庶子也。不以即位，避適子也。』人君適子，入門輯杖，猶得即位。庶子宜在門外之位去之，故無即門外之位禮也。大夫士之適子則得哭殯、哭柩，如下所説。其庶子則宜與人君之庶子同。並不得以杖即位。言與去杖同。不得輯也。」鄭氏曰：

「子謂凡庶子也，不以即位，與去杖同。」

大夫、士哭殯則杖，哭柩則輯杖。

孔氏曰：「大夫、士謂大夫士之適子，既攢塗之後，哭殯可以杖。將葬，既啓之後，對柩爲尊，則斂，去其杖。」鄭氏曰：「哭殯，謂既塗也。哭柩，謂啓後也。大夫、士之子於父，父也，尊近，哭殯可以杖。天子、諸侯之子於父，父也，君也，尊遠，杖不入廟門。」

棄杖者，斷而棄之於隱者。斷，當管切。

孔氏曰：「杖雖大祥棄之，猶恐人褻慢，斷之不堪它用。棄於幽隱之處，使不穢污。」

右記喪杖，凡一節。

君之喪，子、大夫、公子、衆士皆三日不食。子、大夫、公子食粥，納財，朝一溢米，莫一溢米，食之無算。士疏食水飲，食之無算。夫人、世婦、諸妻皆疏食水飲，食之無算。食，音嗣。

鄭氏曰：「納財，謂食穀也。二十兩曰溢。於粟米之法，一溢爲米一升二十四分升之一。諸妻，御妻也。同言無算，則是皆一溢。米，或粥或飯。」孔氏曰：「此明君喪食之禮。財，謂穀也。每日納所食之米，朝唯一溢，莫唯一溢。作之無時，當須豫納，故云納財。按律曆志，合龠爲合，則二十四銖合重一兩，十合爲一升，升重十兩，二十兩曰溢，則米二升，與此不同。古秤有二法，説左傳者云『百二十斤爲石』，則一斗十二斤，爲一百九十二兩，一升爲十九兩有奇。今一兩爲二十四銖，則二十兩爲四百八十銖，計十九兩有奇爲一升，則總有四百六十銖八參，以成四百八十銖，唯有十九銖二參在，是爲米一升二十四分升之一。此大略而言之也。居喪困病，不能頓食，隨須則食，故云無算。士賤病輕，故疏食。疏，麤也。食，飯也。麤米爲飯，亦水爲飲。夫人、世婦、諸妻，皆婦人質弱，恐食粥傷性，故言疏食水飲也。」

大夫之喪，主人、室老、子姓皆食粥，衆士疏食水飲，妻妾疏食水飲，士亦如之。

鄭氏曰：「室老，其貴臣也。衆士，所謂衆臣。士亦如之，如其子食粥，妻妾疏食水飲。」孔氏曰：「此大夫禮也。子姓，謂孫也。不云衆子，主人中兼之。按喪服傳云：『卿大夫室老，士貴臣，其餘皆衆臣。』按檀弓主人、主婦歠粥。主婦，謂女主也。」〇軾按：士亦如之，謂士之喪，猶大夫之禮也。

既葬，主人疏食水飲，不食菜果，婦人亦如之，君、大夫、士一也。練而食菜果，祥而食肉。

孔氏曰：「此明君、大夫、士既葬至練祥之食，節既哀殺，可以疏食，不復用一溢米也。」鄭氏曰：「果，瓜桃之屬。」

食粥於盛，不盥，食於篹者，盥。食菜以醯、醬。始食肉者，先食乾肉，始飲酒者，先飲醴酒。篹，悉管切。

鄭氏曰：「盛，謂今時杯杅也。簋，竹筥也。歠者不盥，手飯者盥。」孔氏曰：「此明食之雜禮，歠粥不用手，故不盥。以手就簋取飯，故盥也。練而食菜果者，食之時以醯、醬也。始食肉，始飲酒，謂祥後也。然間傳曰『父母之喪』、『大祥有醯醬』，『禫而飲醴酒』，二文不同，蓋記者所問之異。」

期之喪，三不食。食疏食，水飲，不食菜果。三月既葬，食肉飲酒。期，終喪不食肉，不飲酒。父在，爲母爲妻。

孔氏曰：「期之喪。謂大夫士旁期之喪。三不食者。謂義服。其正服則二日不食。見間傳。鄭氏曰。食肉飲酒。亦謂既葬。澄曰。上言期之喪者。謂不杖期。下言父在爲母爲妻者。謂杖期。故不同也。

九月之喪，食飲猶期之喪也。食肉飲酒，不與人樂之。樂，音洛。

孔氏曰：「此論大功喪食之節，猶期之喪，謂事同期也。」

五月、三月之喪，壹不食，再不食，可也。比葬，食肉飲酒，不與人樂之。比，必利切。

孔氏曰：「此明五月、三月喪食之節。壹不食，謂緦麻。再不食，謂小功，及殤降之緦麻，義服小功。壹不食，故緦并言之。」

叔母、世母、故主、宗子，食肉飲酒。

鄭氏曰：「義服恩輕也，言故主者，關大夫君也。」孔氏曰：「若是諸侯，當云舊君。主者，大夫之稱也。」

不能食粥，羹之以菜可也。有疾，食肉飲酒可也。五十不成喪，七十唯衰麻在身。

鄭氏曰：「不成喪，成猶備也。所不能備，謂不致毀，不散送之屬也。七十居處飲食，與吉時同。」

既列，若君食之，則食之。大夫、父之友食之，則食之矣。不辟粱肉，若有酒醴，則辭。君食，音嗣，下父之友食之，皆同。辟，音避。

孔氏曰：「己有喪，尊者賜食，葬後情殺，可從尊者奪也。君食之，謂君食臣也。大夫，謂大夫食士也。父友，謂父同志也。其人並尊，若命之食，則可從之食也。雖以粱米之飯及肉命食，孝子食之，若飲酒醴，則變見顏色，故辭而不飲。」

右記喪食，凡一節。

父母之喪，居倚廬，不塗，寢苫，枕凷，非喪事不言。君爲廬宮之，大夫、士襢之。苫，始占切。枕，之鴆切。凷，苦内切。襢，音善。

鄭氏曰：「宮，謂圍障之也。襢，袒也，謂不障。」孔氏曰：「此論君、大夫、士遭喪居廬之禮。廬者，中門之外，東牆下，倚木爲廬，以草夾障，不以泥塗之也。孝子居於廬中，寢卧於苫，頭枕於甴。若非喪事，口不言説。君廬，外以帷障之，如宮牆。大夫、士其廬袒露，不帷障也。」

既列，柱楣塗廬，不於顯者。君、大夫、士皆宮之。柱，張主切。楣，音眉。

鄭氏曰：「不於顯者，不塗見面。」孔氏曰：「既列情殺，故柱楣稍舉，以納日光。又以泥塗辟風寒，不塗廬外顯處也。既葬，故大夫、士得宮之。」〇軾按：倚廬者，兩木相倚，上合下開，夾草爲障。簷就地，後有障，前北向，不設户。既葬，去倚廬，傍東牆爲披屋，有柱有梁，外剪簷草，内以泥塗，不于顯者，取避風寒，不爲飾也。

凡非適子者，自未葬以於隱者爲廬。適，音的。

孔氏曰：「凡非適子，謂庶子也。既非喪主，故於東南角隱處爲廬。」鄭氏曰：「於隱者爲廬，不欲人屬目，蓋廬於東南角，既葬猶然。」

既葬，與人立，君言王事，不言國事，大夫、士言公事，不言家事。

鄭氏曰：「此常禮也。」孔氏曰：「此明居喪常禮。未葬，不與人並立。君，諸侯也。王，天子也。既葬可並立，則諸侯可言天子事，猶不私言己國事。公，君也。在大夫、士亦得言君事，未可言私事。曾子問『練不群立』，據無事之時，此有事須言，故與人立也。」

君既葬，王政入於國。既卒哭而服王事。大夫、士既葬，公政入於家。既卒哭，弁絰帶，金革之事無辟也。辟，音避。

鄭氏曰：「此權禮。弁絰帶者，變喪服而弔服，輕可以即事也。」孔氏曰：「國家有事，孝子不得遵常禮，故從權也。葬竟，未卒哭，王事入於己國。既卒哭，則出爲王服金革之事。公政，謂國之政令，入大夫家，卒哭則有變服。今服弔服，以從金革之事，無所辟也。變服重，弔服輕，故從戎便，國君當亦弁絰也。然此云弁絰帶。弁絰，謂終止服。帶，謂喪服。異凡弔也。」

既練，居堊室，不與人居。君謀國政。大夫、士謀家事。堊，烏路、烏角二切。

孔氏曰：「練後漸輕，故君、大夫、士，得謀己國家事也。」方氏曰：「既練，君謀國政，異乎既葬之不言國事矣。大夫、士謀家事，異乎既葬之不言家事矣。或言政，或言事者，主在上則曰政，兼在下則曰事。」

既祥，黝堊。祥而外無哭者，禫而内無哭者，樂作矣，故也。黝，於糾切。禫，大感切。

方氏曰：「黝堊，蓋潔其地，使微青，塗其牆，使純白，以吉之先見，故致飾以變其凶。若既練，所居之室以堊，則以表哀素之心爾。非致飾也。」鄭氏曰：「黝堊，堊室之飾也。地謂之黝，牆謂之堊。外無哭者，於門外不哭也。内無哭者，入門不哭也。禫踰月而可作樂，樂作無哭者。」孔氏曰：「祥，大祥也。黝，黑也。平治其地令黑也。堊，白也。新塗堊牆壁，令白，稍飾故也。外，即中門外。堊，室中也。祥之日，鼓素琴，故中門外不哭。若有弔者，則入即位哭也。内，中門也。禫已縣八音於庭，是樂作矣，故門内不復哭也。」鄭注『禫踰月』，定本『禫』作『祥』。」

禫而從御，吉祭而復寢。

鄭氏曰：「從御，御婦人也。復寢，不復宿殯宫也。」孔氏曰：「吉祭而復寢者，謂禫祭之後，同月之内值吉祭之節，行吉祭訖而復寢，不待踰月。若不當四時吉祭，則待踰月吉祭，乃復寢。按：間傳『既祥，復寢』，謂不宿中門外，復於殯宫之寢。此復寢，謂平常之寢，文同義别，故鄭云不復宿殯宫也。」〇軾按：杜預以「御」爲「御事」，陳氏集注從之，然下文既云「御于内」，不應此另爲一義。竊意鄭注婦人御云者，謂使婦人得近而供事，如陳壽使婢凡藥，使在禫月，誰得非之。下兩御内，俱當作此解。又按吉禘見春秋，先儒之論不一。愚謂遭喪不祭，追遠之意。久不伸，釋服合祭，非專爲新死者設也，故謂之禘。蓋禫後特祭，非四時常祭也。祭畢復寢，謂至是則喪畢而全吉矣。

期，居廬，終喪不御於内者，父在爲母、爲妻。

此期，杖期也，故終喪不御於内，與不杖期不同。

齊衰期者，大功布衰九月者，皆三月不御於内。

此期，不杖期也，故與大功九月者同。皆三月不御於内而已。然亦旁親之不杖期爾。若正統之不杖期，當與上文杖期者同。

婦人不居廬，不寢苫。喪父母，既練而歸。期九月者，既葬而歸。

鄭氏曰：「歸，謂歸夫家也。」孔氏曰：「女子出嫁，爲祖父母及兄弟爲父後者皆期。九月，謂本是期而降在大功者。按喪服女子爲父母『卒哭，折笄首』，鄭注謂『卒哭，喪之大事畢，可以歸夫家』。此云既練，歸不同者。熊氏云：『卒哭，可以歸，是可以歸之節，其實歸時在練後也。』」

公之喪，大夫俟練，士卒哭而歸。

鄭氏曰：「此公，公士大夫有地者也。其大夫、士歸者，謂素在君所食都邑之臣。」皇氏曰：「素，先也。君所食都邑，謂公士、大夫之君。采地，言公士、大夫在朝廷而死，此臣先在其君所食之采邑。君喪而來服，至小祥而各歸也。」孔氏曰：「公士、大夫有地之君，其臣下呼此有地大夫之君爲公，故曰公之喪。大夫、士者，此君下之臣也。知此公是有地之公。士大夫者，以其臣大夫待練。士待卒哭而歸，故知非正君。按雜記『大夫次於公館以終喪，士練而歸』。彼謂正君，與此殊也。」山陰陸氏曰：「言俟者，哀之殺早矣。據父母既練而歸，曰既，哀有餘也。」〇軾按：此與雜記不同記者，各記所聞，戴記此例甚多，舊注强爲分别，不足信。

大夫、士父母之喪，既練而歸，朔日、忌日則歸哭于宗室。諸父、兄弟之喪，既卒哭而歸。

鄭氏曰：「歸，謂歸其宫也。忌日，死日也。宗室，宗子之家也，謂殯宫也。命士以上，父子異宫。」孔氏曰：「大夫士，謂庶子爲大夫、士也。此明庶子遭喪歸家之節。父子異宫，故有父母之喪，至小祥各歸其宫也。適子則終喪在殯宫，諸父、諸兄弟並期爲輕，故至卒哭而各歸。賀氏云：『此弟謂適弟，則庶兄爲之次，至卒哭乃歸。下云兄不次於弟，謂庶弟也。』」○軾按：誰非人子，適長方朝夕堊室，不與人居。而庶子獨棄几筵而歸，于心安乎。婦人于父母之喪，既練而歸，今以三年斬衰，同於降服之女，情乎理乎。此經文之駁雜不足信者。

父不次於子，兄不次於弟。

鄭氏曰：「謂不就其殯宫爲次而居。」孔氏曰：「喪既畢，故尊者不居其殯宫次也。」

右記喪次，凡一節。

雜記第十一

此篇汎記諸侯、大夫、士喪之雜禮，其事瑣碎不一之謂雜，又兼它事。非喪禮者亦附記焉，故名雜記。

復，諸侯以褒衣、冕服、爵弁服。褒，保毛切。

鄭氏曰：「復，招魂復魄也。冕服者，上公五，侯伯四，子男三。褒衣，始命爲諸侯，及朝覲加賜之衣也。」孔氏曰：「諸侯用褒衣，又以冕服爵弁服而復也。冕服者，上公自衮冕而下，故爲五；侯伯自鷩冕而下，故爲四；子男自毳冕而下，故爲三也。凡服各依其命數，則上公五冕之外，更加爵弁服以下皮弁、冠弁之等，而滿九。侯伯冕服之外，亦加爵弁以下，而滿七。子男冕服之外，加爵弁、皮弁而滿五，其褒衣君特所褒賜，則宜在命數之外也。或是冕之最上者。」

夫人税衣、揄狄，狄、税素沙。税，它喚切。揄，音遥。

鄭氏曰：「言其招魂用税衣，上至揄狄也。狄、税素沙，言皆以白紗縠爲裏。素沙，若今紗縠之帛，六服皆袍制，不禪，以素沙裏之。如今袿袍襈重繒矣。」孔氏曰：「此明婦人復衣，婦人衣有六，夫人謂諸侯伯夫人也。狄税言揄狄以下至於税衣。不禪，謂衣裳有表有裏，似漢時袿袍下之襈，以重繒爲之也。」〇軾按：婦人六服，曰：褘狄、揄狄、闕狄、鞠衣、襢衣、褖衣，上得兼下，此夫人謂諸侯夫人，得服揄狄以下。故注云：税衣上至揄狄，税即褖也。下句言此五服皆以素沙爲裏。婦人之服不禪。取陰成於偶也。

内子以鞠衣、襃衣，素沙。下大夫以襢衣。其餘如士。襢，張戰切。

鄭氏曰：「内子，卿之適妻也。下大夫，謂下大夫之妻。襢，周禮作『展』。王后之六服，唯上公夫人亦有褘衣。侯伯、夫人自揄狄而下，子男夫人自闕狄而下，卿妻自鞠衣而下，大夫妻自展衣而下，士妻税衣而已。襃衣者，始爲命婦見，加賜之衣也。」孔氏曰：「此明卿大夫以下之妻復衣，始命爲内子。上所襃賜之衣曰襃衣，即鞠衣也。復時亦用此衣，亦以素紗爲裏。其餘如士，謂鞠衣、襢衣之外。其餘褖衣，如士之妻。士妻既用褖衣而復，則内子、下大夫妻等亦用褖衣也。」〇軾按：言鞠衣，則兼襢税可知，襃衣當在三服之上。君所特賜者，諸侯夫人不言襃衣，即有賜亦不過揄狄，不得賜王后之褘狄。下大夫襢衣之外，止得兼士之褖，更無別衣也。

復，西上。

孔氏曰：「凡招魂皆北面而招，以西頭爲上。」〇軾按：復之人如命數，如再命用二人，其立之位，以西爲上，西陰故也。

○諸侯行而死於館，則其復如於其國。如於道，則升其乘車之左轂，以其綏復。綏，耳佳切。

鄭氏曰：「館，主國所致舍。主國館賓，與使有之，得升屋招，用褒衣。如於其國也。道，道上廬宿也。升車左轂，象升屋東榮。綏，當爲緌，緌謂旌旄也。去其旒而用之，異於生也。」孔氏曰：「五等諸侯朝覲天子，及自相朝會，死於主國有司所受館舍，則復魄之禮，與在己本國同。若諸侯在道路死，升其所乘車左邊轂上，而復魄。車轅向南，左轂。左，東也。不於道路廬宿之舍復者，廬宿供衆賓，非死者所專有也。若在國中招魂，則用其上服。今在路死，則招用旌旄之綏，亦異魂魄望見識之而還也。王喪於國，亦用綏。周禮夏采云『建綏於四郊』，是也。」廬陵胡氏曰：「禮言數處，鄭皆讀爲『緌』。竊謂王制、明堂位、夏采所云，讀作『緌』可也。此復魄既在車，當以執綏之綏，杜子春説是。鄭意蓋謂夏采建綏以復，不知彼王禮也。」○軾按：在道謂行而未止，雖有廬宿，乃一夕所次，故復於車而不於舍。前云供待衆賓，則館亦未必專爲此諸侯設也。

其輤有裧，緇布裳帷，素錦以爲屋，而行。至於廟門，不毁墻，遂入。適所殯，唯輤爲説於廟門外。輤，千見切。裧，昌占切。説，吐奪切。

鄭氏曰：「輤，載柩將殯之車飾也。將葬載柩之車飾曰柳。裧，謂鼈甲邊緣。緇布裳帷，圍棺者也。裳帷用緇，則輤用赤矣。輤象宮室，屋其中小帳襯覆棺者，若未大斂，其載尸而歸，車飾皆如之。廟，所殯宮也。裳，帷也。適所殯，謂兩楹之間，去輤乃入廟門，以其入自有宮天之驕子也。凡柩自外來者，正棺於兩楹之間，尸亦俟之於此，皆因殯焉。異者，柩人自門，升自西階，尸入自門。升自阼階。其殯必於兩楹之間者，以其不死於室而自外來，留之於中，不忍遠也。」廬陵胡氏曰：「裳用緇，則輤與褑皆赤也，以玄纁對爾。鄭謂輤如綪旆之綪，取蒨赤也。按大夫以白布爲輤，豈亦因染赤得名乎？柩車飾，經惟此一文，則知未大斂前車飾亦然。」○輤按：輤，蒨也，以赤布衣車蓋也。褑，襜也，謂輤之邊緣垂下爲襜也。帷，圍也。用緇布圍繞四旁。上接於輤，如裳之續衣，故曰裳帷。屋，小帳也，以素錦爲之。在棺外帷內。喪大記素錦褚，加帷荒，輤猶荒，屋猶褚也。

大夫、士死於道，則升其乘車之左轂，以其綏復。如於館死，則其復如於家。

鄭氏曰：「綏，亦緌也。大夫復於家，以玄冕，士以爵弁服。」

大夫以布爲輤而行，至於家而説輤，載以輲車，入自門，至於阼階下而説車，舉自阼階，升適所殯。 輲車，市專切。

鄭氏曰：「大夫輤言用布，白布不染也。不言裳帷，俱用布無所别也。至門，亦説輤乃入，言載以輲車，入自門，明車不易也。爲輇，許氏説文解字曰：『有輻曰輪，無輻曰輇。』周禮又有蜃車。天子以載柩，蜃、輇聲相近，其制同乎。輇崇蓋半，乘車之輪，諸侯言不毁墻，大夫、士言不易車，互相明也。不易者。不易以輴也。廟中有載柩以輴之禮，此不爾。」孔氏曰：「大夫以白布爲輤，不以蒨草染之。初死及至家皆以輲車，至家説輤，唯輲車在，故云載以。説車，説去其車也。舉自阼階下而升，適兩楹之間所殯之處。此謂尸，若柩則升自西階也。天子諸侯，載柩以蜃車，其殯時則易以輴；大夫、士在路載以輲車，至家説載，亦載以輲車，故鄭云『車不易』也。凡在路載柩，天子以下至士皆用蜃車，其制與輲車同，周禮遂師共蜃車之役，是天子也。既夕云『遂匠納車於階間。』注云『蜃車』，是士也。此云輲車，謂大夫也，諸侯不言可知。其蜃車之形，車之轝狀如牀，中央有轅，前後出設輅轝。輅轝上有四周，下則前後有軸，以輇爲輪，迫地而行。其輪卑有似於蜃，故鄭云半乘車之輪。乘車，輪六尺有六寸，半之得三尺三寸也。輲車不用輻爲輪，天子、諸侯殯皆用之。天子菆塗龍輴，謂畫輴轅爲龍。諸侯殯亦用輴，車轅不畫龍，大夫殯不用輴。士殯掘肂見衽，是亦廢輴也。其朝廟大夫以上皆用輴，士朝廟用輁軸，輴與輁軸所以異者，大夫、諸侯以上，有四周謂之輴。輁軸則無四周，軸狀如轉轔，刻兩頭爲軹，輁狀如長牀，穿程前後著金而關軸焉。」廬陵胡氏曰：「大夫無爲屋之文，則是素錦帳同諸侯矣。」

士輤，葦席以爲屋，蒲席以爲裳帷。

　鄭氏曰：「言以葦席爲屋，則無素錦爲帳。」孔氏曰：「士輤用葦席屈之以爲輤棺之屋，蒲席以爲裳帷，圍繞於屋傍也。然大夫無以它物爲屋之文，則是用素錦爲帳矣。既有素錦爲帳，帳外上有布輤，旁有布裳帷。士之葦席屋之外，旁有蒲席裳帷，則屋上當以蒲席爲輤覆於上，但文不備也。」方氏曰：「大夫以布爲輤，則諸侯用帛可知。士以葦席爲屋，則不得用素錦矣。蒲席爲裳，則不得用緇布矣。此皆降殺之別也。」○軾按：士輤葦爲句，以葦席爲輤，異於大夫之用白布以席爲屋。蒲席爲裳帷，異於諸侯、大夫之用素錦緇布。輤言葦，屋言席，互見也。

○爲君使而死，公館復，私館不復。公館者，公宮與公所爲也。私館者，自卿大夫以下之家也。爲，云僞切。使，色事切。

軾按：公宮，謂公家之館。公所爲，謂君使人爲之主而館之。

右記復，凡三節。

君，訃於它國之君，曰：「寡君不禄，敢告於執事。」夫人，曰：「寡小君不禄。」大子之喪，曰：「寡君之適子某死。」大，音泰。適，音的。

鄭氏曰：「君夫人不稱薨，告它國君，謙也。」孔氏曰：「曲禮云：『諸侯曰薨。』士曰不禄，夫人尊與君同，以告它國之君及夫人，不敢從君及夫人之禮，謙退同士稱。按曲禮：『壽考曰卒，短折曰不禄。』臣子於君父，雖眉壽考終，猶若短折然，故云不禄。卒是終没之辭，若君薨而訃曰卒，是壽終矣，斯無哀惜之心，非臣子之辭。鄰國書以卒者，言無老幼皆終成人之志，所以相尊敬，不敢指斥鄰國君身，故云告終執事。夫人大子，皆當云告於執事，不言者，略也。」山陰陸氏曰：「凡諸侯同盟則訃，不同盟蓋不訃也。君雖壽考，猶以不禄訃，臣子之意也。」

凡訃於其君，曰：「君之臣某死。」父、母、妻、長子，曰：「君之臣某之某死。」長，之兩切。

孔氏曰：「某之某，上某是生者臣名，下某是臣之親屬死者。」

大夫訃於同國，適者，曰「某不禄」。訃於士，亦曰「某不禄」。訃於它國之君，曰：「君之外臣寡大夫某死。」訃於適者，曰：「吾子之外私寡大夫某不禄，使某實。」訃於士，亦曰「吾子之外私寡大夫某不禄，使某實。」適，音敵。實，音至。一，如字。

鄭氏曰：「適，讀爲匹敵之敵，謂爵同者。實，當爲『至』，周秦人聲之誤也。」孔氏曰：「此明大夫訃告之禮。同國敵者，謂大夫位相敵者。大夫既尊於士，士處亦稱不禄。稱某者，或死者名，或死者官號，而訃者得稱之。訃於它國之君，故云外臣。自謙退無德，故云寡大夫。尊敬它君，故云某死。訃於它國大夫，私有恩好，故曰外私。以訃大夫，某辭得申，故云某不禄。以身訃告，故云使某訃大夫。其辭得申，故云某不禄。以身訃告，故云使某至。訃於士與大夫同。」方氏曰：「士曰不禄，非士亦曰不禄者，謙辭也。與死者有恩私，故曰外私。使某實，謂以事實來告。」劉氏曰：「實者以異國傳聞疑言，使人實之也。」

士訃於同國大夫，曰「某死」。訃於士，亦曰「某死」。訃於它國之君，曰「君之外臣某死」。訃於大夫，曰「吾子之外私某死」。訃於士，亦曰「吾子之外私某死」。

孔氏曰：「此論士喪相訃告之稱。士賤，訃大夫及士，皆云某死。若訃它國之君及大夫、士，等云某死，但於它君、大夫、士，稱外臣外私爾。」

右記訃，凡一節。

天子飯九貝，諸侯七，大夫五，士三。 飯，扶晚切。

鄭氏曰：「蓋夏時禮也。周禮，天子飯含用玉。」孔氏曰：「典瑞云：『大喪，共飯玉、含玉。』大戴説天子飯以珠，含以玉。諸侯、大夫、士飯以珠，含以貝，皆非周禮，並夏殷之法。左傳成十七年，子叔聲伯夢食瓊瑰；哀十一年，齊陳子行，命其徒具含玉，此等皆是大夫，而以珠玉爲含者，以珠玉是所含之物，故言之，非謂當時實含用珠玉也。」山陰陸氏曰：「士喪禮，貝三，實於笄。此士三之證也。」按：珠玉曰含，玉貝亦曰含，則散言之，飯含，通也。鄭氏謂蓋夏時禮，周禮天子飯含用玉，誤矣。典瑞言玉職也，貝非所言。大戴禮「天子飯以珠，含以玉；諸侯飯以珠；大夫士飯以珠，含以貝。」典瑞「大喪，共飯玉、含玉」，則珠有以玉爲之者矣，玉府所謂「珠玉」是也。諸侯言飯不言含，則蒙上含以玉可知，然則飯以珠不必言矣。其言之，則以天子珠兼以玉，諸侯以珠而已。稽命徵曰：「天子飯以珠，含以玉；諸侯飯以珠，含以璧，相備也。相備而天子言玉。諸侯言璧。璧，器也。」廬陵胡氏曰：「春秋時，子叔聲伯、陳子行臣飯含僭君，疑衰周時禮。鄭謂此等夏殷禮，無所依據。又檀弓飯用米貝，鄭不疑於夏殷，獨疑此何也。」

〇鑿巾以飯，公羊賈爲之也。

鄭氏曰：「記士矣，禮所由始也。士親飯必發其巾，大夫以上，賓爲飯焉，則有鑿巾。」孔氏曰：「飯，含也。大夫以上貴，故使賓爲其親含，恐尸爲賓所憎穢，故設巾覆尸面，而當口鑿穿之，令含得入口也。士賤不得使賓，子自含其親，但露面而含耳。鑿巾則是自憎穢其親，故爲失禮也。」山陰陸氏曰：「禮，士含巾不鑿，至公羊賈始鑿之以含，君子有取焉，禮因時損益，故有先王未之有者。」〇軾按：含襲之時何時也？過此以往，欲覩親面可得乎？制於禮者，孝子無如之何。禮得不巾而巾之，非人死斯惡之意乎？山陰之論誤矣。

〇公襲：卷衣一，玄端一，朝服一，素積一，纁裳一，爵弁一，玄冕一，褎衣一，朱緑帶，申加大帶於上。卷，音究。

孔氏曰：「此明襲用衣稱，公襲以上服在内，公身貴，故以上服親身。欲尊顯加賜，故褎衣最外，而細服居中也。玄端者，燕居玄端、朱裳也。朝服者，緇衣素裳，目視朝之服也。素積者，皮弁視朔之服。纁裳者，冕服之裳亦可鷩毳，任取中間一服也。爵弁一者，玄衣、纁裳，此始命之服，重本故二通也。玄冕，冕之下又取一也。褎衣最上，華君賜也。自卷衣至此，合爵、弁二通，合九稱。朱緑帶者，以素爲之，飾以朱緑，此衣之小帶，散在於衣，非是總束其身。已用此朱緑小帶結束之，重加大帶於革帶之上。大帶用素爲之，士則二采，大夫、諸侯皆五采，即率帶也。申加者，謂於革帶之上，重加此大帶也。」鄭氏曰：「尊卑襲數不同，公襲九稱，則諸侯七稱，天子十二稱，與士襲三稱，子羔襲五稱。朱緑帶者，襲衣之帶，亦以素爲之。飾之雜以朱緑，異於生也。申，重也，重於革帶也。革帶以佩，必言重加大帶者，明雖有變，必佩此二帶也。」

○率帶，諸侯大夫皆五采，士二采。 率，音律。

鄭氏曰：「此謂襲尸之大帶。率，繂也，繂之不加箴功。大夫以上更飾以五采，士以朱緑，襲事成於帶，變之所以異於生。」孔氏曰：「率，謂爲帶但攝帛邊而熨殺之，不加箴功，異於生也。吉時大帶，唯有朱緑玄華，無五采，以五采飾之，亦異於生也。此士，天子之士也。諸侯之士，則士喪禮用緇帶，鄭以襲衣與生同，惟帶與生異，凡襲事，著衣畢，加帶乃成，故注云『成於帶』。謂尸襲竟而著此帶也。」山陰陸氏曰：「言大夫以上襲尸，其帶皆以五采絲率之，非襲尸無率也。據士練帶，率下辟。」

〇子羔之襲也，繭衣裳與稅衣、纁衻爲一，素端一，皮弁一，爵弁一，玄冕一。曾子曰：「不襲婦服。」衻，而占切。

鄭氏曰：「繭衣裳者，若今大襡也。纊爲繭，緼爲袍，長之以稅衣，乃爲一稱。稅衣，若玄端而連衣裳者，大夫而以纁爲之緣，非也。唯婦人纁衻，禮以冠名服。此襲其服，非襲其冠，曾子譏襲婦服而已。玄冕又大夫服，未聞。子羔曷爲襲之。」孔氏曰：「此明大夫襲衣稱數，子羔賤，故卑服親身。繭衣裳者，纊爲繭，謂衣裳相連而綿纊著之也。稅謂黑衣也，亦衣裳連，纁絳也，衻裳下緣也。以絳爲緣，繭衣既褻，故用稅衣表之，合爲一稱，故言繭衣裳與稅衣[一]、纁衻爲一也。素端以素爲衣裳，此第二稱也[二]，既不褻並無別衣表之也。皮弁第三稱也，十五升白布爲衣，積素爲裳也。爵弁，第四稱玄衣纁裳也。玄冕第五稱，大夫之上服也。纁衻是婦人之服，子羔襲用之，故曾子譏之。子羔爲大夫無文，故注云『未聞』。」

[一]「故言繭衣裳與」，書版漫漶，根據文淵閣四庫全書本吴澄禮記纂言辨補。

[二]「此第二稱也」，書版漫漶，根據文淵閣四庫全書本吴澄禮記纂言辨補。

〇冒者何也？所以揜形也。自襲以至小斂，不設冒，則形。以襲而后設冒也。斂，去聲。

鄭氏曰：「言設冒者，爲其形，人將惡之也，襲而設冒，言「后」，衍字爾。〇軾按：三日而斂，異其生也。冒與斂何異？冒以掩形，恐人之惡之。不知惡之者何人也？既設帷矣，人不得而見之而惡之。若爲人子，方痛恨音容之不可復，而忍避其形乎？凡此皆禮家駁雜之論，未足信也。

〇小斂環絰，公大夫、士一也。

鄭氏曰：「環絰者，一股，所謂纏絰也，士素委貌。大夫以上，素爵弁而加此絰焉，散帶。」孔氏曰：「環者，周回纏繞之名，故知是一股纏絰，若兩股相交謂之絞。親始死，孝子去冠，至小斂不可無飾。士素委貌，大夫以上素弁，而貴賤悉得加環絰，故云一也。〇軾按：既曰一股，安得有纏之名，意必用麻一股爲質，而另以麻纏束之，使緊實也。

〇公視大斂，公升，商祝鋪席，乃斂。

鄭氏曰：「喪大記云：『大夫之喪，將大斂，既鋪絞、紟、衾，君至。』此君升，乃鋪席，則君至爲之改，始新之也。」孔氏曰：「公，君也。明君臨臣喪大斂禮也。臣喪大斂，君未至之前，主人雖已鋪席布絞、紟、衾。聞君至，則主人撤去之。君來升堂時，商祝更鋪席，待君至乃斂。榮君來，爲新之也，亦示事若由君也。商祝，主斂事者。」

〇小斂大斂啓，皆辯拜。辯，音徧。

鄭氏曰：「嫌當事來者，終不拜，故明之也。此既事，皆拜。」孔氏曰：「禮凡當小斂、大斂及啓攢之時，唯有君來，則止事而出拜之。若它賓客至，則不止事。事竟，乃即堂下之位悉徧拜，故云皆辯拜也。然士若當事而大夫至，則士亦爲大夫出。下云『大夫至，絶踊而拜之』是也。」

〇當袒，大夫至，雖當踊，絶踊而拜之。反，改成踊，乃襲。於士，既事成踊，襲而后拜之，不改成踊。

鄭氏曰：「尊大夫，來至則拜之，不待事已也，更成踊者，新其事也。於士，士至也。事謂大小斂之屬。」孔氏曰：「此明士有喪，大夫及士來弔之禮。按檀弓云：『大夫弔當事而至，則辭焉。』謂大、小斂時，主人不出，故辭大夫也。此是斂已竟，當其袒踊，故絶踊而拜之也。反改成踊，反還也。改，更也。拜大夫竟，反還先位，更爲踊而始成踊也。乃襲，謂更成踊訖，乃襲初袒之衣也。既事，既猶畢也，當主人有大小斂諸事而士來弔，則主人畢事竟而成踊，不即出拜也。士言既事，則大夫亦然。大夫言絶踊，則士固不絶踊也。成踊畢而襲，襲畢乃拜之，不更爲成踊也。」

○公七踊，大夫五踊，婦人居間；士三踊，婦人皆居間。

鄭氏曰：「公，君也。始死及小斂、大斂而踊，君、大夫、士一也，則皆三踊矣。君五日而殯，大夫三日而殯，士二日而殯。士小斂之前不踊，君、大夫大斂之朝乃不踊。婦人居間者，踊必拾，主人踊，婦人踊，賓乃踊。」孔氏曰：「此明諸侯至士初死在室殯踊節，及貴賤踊數。公、諸侯去死日五日而殯，則合死日六日也。七踊者，始死一踊，明日襲之時又一踊，襲明日朝又一踊，明日小斂朝一踊爲四也；其日晚小斂時又一踊，是小斂日再踊，就於前三日爲五也；小斂明日朝又踊爲六也，至明日大斂之朝不踊，當大斂時乃踊，凡七也。大夫三日殯，合死日爲四日，始死一，明日襲朝一，又明日小斂日，小斂明日大斂一。凡五也。士二日殯。合死日數三日也，始死一，小斂朝不踊，至小斂時一，又明日大斂一，凡三也。婦人與丈夫更踊居賓主之中間也。然親始死，及動尸舉柩，哭踊無數。今云七、五、三者，謂爲禮有節之踊，每踊輒三者，三爲九而謂爲一也。」方氏曰：「爲貴者踊則多，爲賤者踊則少，此重輕之別也。」

○孔子曰：「伯母、叔母疏衰，踊不絶地。姑姊妹之大功，踊絶於地。如知此者，由文矣哉！由文矣哉！」

鄭氏曰：「由，用也。言知此踊絶地、不絶地之情者，能用禮文哉。能用禮文哉。美之也。伯母、叔母，義也。姑姊妹，骨肉也。」山陰陸氏曰：「疏衰大功，文也。踊絶不絶，情也。伯叔母之喪，文至而情不至。姑姊妹之喪，文不至而情至。知此者，則凡於禮知由於内也。」澄曰：「喪禮有情有文，誠於中者情也，形於外者文也。伯母、叔母之疏衰期，其文隆於大功矣。然義服之情，輕於骨肉，故踊不絶地，其哀淺也。姑姊妹之大功九月，其文殺於疏衰矣。然骨肉之情，重於義服，故踊絶於地，其哀深也。知此二者，則知哀之深淺，由乎其中之情也，豈由乎外之文矣哉？陸説優於鄭注。」

○嫂不撫叔，叔不撫嫂。

鄭氏曰：「遠别也。」澄曰：「嫂之於叔，叔之於嫂，生不通問，死不制服，皆遠之也。故於大斂之後，不撫其尸。」

○君不撫僕妾。

鄭氏曰：「略於賤也。」澄曰：「君撫大夫及内命婦，大夫君撫室老及姪娣，仕家曰僕，僕賤於室老者，妾賤於姪娣者，故恩不及之。」

右記飯襲斂踊撫，凡十三節。

喪冠條屬，以别吉凶。三年之練冠，亦條屬右縫，小功以下左，緦冠繰纓。 屬，音别，彼列切。縫，音逢。繰，音澡。

鄭氏曰：「條屬者，通屈一條繩，若布爲武，垂下爲纓，屬之冠，象大古，喪事略也。别吉凶者，吉冠不條屬也，吉冠則纓武異材焉。右縫者，右辟而縫之。小功以下左辟，象吉輕也。繰纓，當爲澡麻帶絰之澡，謂有事其布以爲纓。」孔氏曰：「此明喪冠輕重之制，吉冠則纓與武各别。喪冠則纓與武共材，屬猶著也。條屬謂一條繩屈之爲武，垂下爲纓，以著冠也。三年練冠，小祥之冠也，雖微入吉，亦猶條屬，與凶冠不異。吉冠則襵上辟縫嚮左，左爲陽，陽吉也。凶冠縫嚮右，右爲陰，陰喪所尚也。小功以下輕，故縫同吉嚮左也。緦衰，纓不治布，而其纓則澡治也。」山陰陸氏曰：「繰讀如蠶澡之繰。繰纓，散絲纓也，即言絲嫌不散。」○軾按：儀禮既夕記冠六升外縪，纓條屬厭。條屬者，以一條繩從額上約之至項後交過前，各至耳畔綴之爲武，而垂其餘以結於頤，故又謂纓。纓即冠口圈之餘，所謂纓武同材是也。武在冠外，故曰屬。屬，著也。别於吉冠之武在冠内，又另以物爲纓也。右縫解，見檀弓。

大功以上散帶。

鄭氏曰：「小功緦輕，初而絞之。」孔氏曰：「小斂之後，主人拜賓，襲絰於序東，小功以下皆絞之，大功以上散此帶垂，不忍即成之，至成服乃絞。」

○朝服十五升，去其半而緦，加灰，錫也。去，起吕切。

鄭氏曰：「緦精麤與朝服同，去其半，則六百縷而疏也。又無事其布，不灰焉。」孔氏曰：「緦麻於朝服十五升布之内，抽去其半，以七升半用爲緦麻服之衰服也。取緦布，又加灰治之則曰『錫』，言錫爲滑易也。云加灰錫，明緦衰不加灰，治布也。」○軾按：陳氏加灰爲句，最當。但此所謂緦乃弔服，非緦麻三月之緦也。三月之緦，不治絲，亦不治布。此弔服之緦，則治其絲使潔凈細實，如朝衣之絲。故曰『朝十五去半』，謂用朝衣之絲織之。但一簆一縷，去十五升之半耳。緦既有事其縷，則無俟更治其布。若錫則不用澡潔之絲，但於布面塗之以灰，以别於緦麻三月之緦，故曰「加灰錫」也。古者弔服有三，王爲三公六卿錫，其最重也。爲諸侯緦，則稍輕，爲大夫士疑，則又輕矣。疑者，擬也。錫有事其布，緦有事其縷，疑則布縷皆有事，惟用十四升，不如吉服之十五升。謂其與吉服相去不遠，故名疑。

○大夫之哭大夫，弁絰。大夫與殯，亦弁絰。大夫有私喪之葛，則於其兄弟之輕喪則弁絰。與，音預。

孔氏曰：「謂成服以後，大夫往弔哭大夫，則身著錫衰，首加弁絰。若未成服前，與殯之時，身亦弁服而首加弁絰也。私喪之葛，謂妻子之喪，至卒哭，以葛代麻之後。於此之時，遭兄弟之輕喪緦麻，大夫降一等，雖不服，以骨肉之親，亦著弔服弁絰而往，不以妻子私喪之末服臨兄弟也。若成服後，則錫衰；未成服之前，身著素裳，而首加弁絰。」

○凡弁絰，其衰侈袂。

鄭氏曰：「弁絰服者，弔服也。其衰，錫也，緦也，疑也。侈猶大也。袂之小者，二尺二寸，大者半而益之，則侈袂三尺三寸。」孔氏曰：「弔服首著弁絰，身著錫衰、緦衰、疑衰。此三衰，大夫以上，大作其袂，若士則其衰不侈也。故周禮司服有玄端、素端，明士不侈，故稱端。

○執玉不麻，麻者不紳，麻不加於采。

孔氏曰：「尋常執玉行禮，不得服衰麻。著麻要絰者，不得復著大帶，故在喪以絰代紳。弁經之麻，不得加於玄衣、纁裳之采也。」鄭氏曰：「吉凶不相干也。麻謂絰也。紳，大帶也。喪以要絰代大帶，采玄纁之衣。采者不麻，謂弁絰者必服弔服也。」

○端衰、喪車，皆無等。

鄭氏曰：「衣衰言『端』者，玄端吉時常服，喪之衣衰當如之。喪車，惡車也。喪者衣衰及所乘之車，貴賤同，孝子於親一也。」孔氏曰：「端，正也。吉時玄端服，身與袂同，以二尺二寸爲正，而喪衣亦如之，以其綴六寸之衰於心前，故曰端衰。等，等差也。喪之衣衰及惡車，天子至士制度同，無等差之别也。喪輛五等：木車，始遭喪所乘；素車，卒哭所乘；藻車，既練所乘；龍車，大祥所乘；漆車，禫所乘。」

○古者貴賤皆杖，叔孫武叔朝，見輪人，以其杖關轂而輠輪者，於是有爵而后杖也。朝，音潮。輠，胡瓦、胡罪、胡管三切。

鄭氏曰：「記庶人失禮所由始也。叔孫武叔，魯大夫叔孫州仇也。輪人，作車輪之官。」孔氏曰：「關，穿也。輠，迴也。作輪之人，以扶病之杖，關穿車轂中，而迴轉其輪，於是有爵而后杖，以其爵位既尊，其杖不鄙褻而許用也。」

○爲長子杖，則其子不以杖即位。

鄭氏曰：「辟尊者。」孔氏曰：「其子，長子之子，祖在不厭孫，其孫得杖，但與祖同處，不得以杖即位。」

爲妻，父母在，不杖，不稽顙。

鄭氏曰：「尊者在，不敢盡禮於私喪。」孔氏曰：「此謂適子爲妻，父母見存，不敢爲妻杖，又不可爲妻稽顙。按喪服，大夫爲適婦爲喪主，父爲己婦之主，故父在不敢爲婦杖。父没母存，爲妻雖得杖，而不得稽顙。以杖與稽顙連文，不杖屬父在，不稽顙屬母在，故云『父母在，不杖不稽顙』。而范宣子申禮論云：『在有二義，一者生存爲在，二者旁側爲在。此云母在，謂在母之側，爲妻不杖。按爲母削杖，而問喪云：父在不敢杖，尊者在故也。是在，謂在側之在。』此范氏之釋。但父母在之文相連爲一，而父爲存在之在，母爲在側之在，范義未安。」山陰陸氏曰：「適子爲妻如此，則庶子，父雖在，以杖即位可也。」

母在，不稽顙。稽顙者，其贈也拜。

鄭氏曰：「言獨母在，於贈拜得稽顙，則父在贈拜不得稽顙。」孔氏曰：「前明父母俱在，故不杖不稽顙。此明父没母在，爲妻得有稽顙。尋常拜賓之法。母在，爲妻子不稽顙，但父没母在，稍降殺於父。它人以物來贈己，其恩既重，拜謝此贈之時，得稽顙也。入云其贈也拜。」方氏曰：「父母在，則爲妻不杖不稽顙，爲尊者厭，不敢盡禮於私喪也。父没母在，爲妻亦不稽顙，則容杖矣。然於拜贈之時，亦稽顙焉，凡以别於父在之時也。」

○**國禁哭，則止，朝夕之奠，即位自因也。**

鄭氏曰：「禁哭。謂大祭祀時，雖不哭，猶朝夕奠。自因，自用故事。」孔氏曰：「止，謂止而不哭。自因，謂孝子於殯宫朝夕兩奠之時，即阼階下位，自因其故事而設奠也。」

○**朝夕哭，不帷。**

鄭氏曰：「緣孝子心欲見殯、肂也，既出則施其，鬼神尚幽闇也。」

無柩者，不帷。

鄭氏曰：「謂既葬也，棺柩已去，鬼神在室，堂無事焉，遂去帷。」孔氏曰：「葬後神主，祔廟還在室，則在堂無事，故不復用帷。」

○**童子哭不偯，不踊，不杖，不菲，不廬。**偯，引豈切。菲，扶味切。

鄭氏曰：「童子未成人，不能備禮也，當室則杖。」孔氏曰：「當室，謂十五以上，若世子生則杖，故曾子問云：『子衰、杖』，成子禮也。』皇氏云：『童子當室，則備此王事。』問喪云：『當室則免而杖。』舉重言也。」

右記冠衰絰杖哭，凡十一節。

有殯聞外喪，哭之它室。

鄭氏曰：「哭之它室，明所哭者異也。哭之爲位。」孔氏曰：「有殯謂父母喪。未葬，柩在殯宮者也。外喪，謂兄弟喪在遠者也。它室別室，若聞外喪，哭於殯宮，則嫌是哭殯。於別室哭之，明所哭者爲新喪也。」

入奠，卒奠出，改服即位，如始即位之禮。

孔氏曰：「明日之朝，著重喪之服。入奠殯宮，及下室。卒奠而出，改己重喪服，著新死未成服之服，即它室之位，如昨日聞喪即位時也。」

○大夫、士將與祭於公，既視濯而父母死，則猶是與祭也。次於異宮，既祭，釋服出公門外，哭而歸，其它如奔喪之禮。如未視濯，則使人告。告者反而后哭。與，音預。

鄭氏曰：「猶亦當爲由。」孔氏曰：「此明大夫、士與祭於公而有私喪之禮，猶是與祭者。既與祭於公，祭日前，既視濯之後，而遭父母喪，則猶是吉禮而與於祭也。其時止次異宮，不可以吉與凶同處也。未視濯前，遭父母之喪，則使人告君，必待告君者反，而后哭父母也。」廬陵胡氏曰：「猶是，言自若也。」

如諸父昆弟、姑姊妹之喪。則既宿則與祭。卒事出公門。釋服而后歸。其它如奔喪之禮。如同宫則次於異宫。

鄭氏曰：「宿則與祭，出門乃解祭服，皆爲差緩也。」孔氏曰：「既宿，謂祭前三日將致齊之時，既受宿戒。雖有期喪，則與公家之祭，若諸父、昆弟、姑姊妹等同宫而死，則既宿之後，出次異宫。按前遭父母之喪，既視濯而與祭。此期喪，宿則與祭。前遭父母之喪，既祭，釋祭服乃出公門。此期喪，出門乃解祭服，以期喪緩於父母。」山陰陸氏曰：「歸而后哭，亦以此。」

○凡異居始聞兄弟之喪，唯以哭對可也。

鄭氏曰：「惻隱之痛，不以辭言爲禮也。」

其始麻，散帶絰，未服麻而奔喪，及主人之未成絰也。疏者與主人皆成之，親者終其麻帶絰之日數。

鄭氏曰：「散帶垂，與居家同也。凡喪小歛而麻。疏者，謂小功以下也。親者，大功以上也。疏者及主人之節則用之，其不及亦自用其日數。」孔氏曰：「大功以上兄弟，其初聞喪，始服麻之時，散垂要之帶絰。若小功以下服制，則糾垂不散也。若聞喪，未及服麻而即奔喪；道路既近，至在主人未成經時，謂未小斂之前也。疏者值主人成服之節，則與主人成之，親者雖值主人成服。未即成之，必終竟其麻帶絰，依禮日數滿而后成服。日數，奔喪之後，至三日而成服也。按奔喪禮，聞喪即襲絰、絞帶不散，彼謂有事未即奔喪故也。又奔喪禮，至即絞帶不散垂，彼謂來遲，此即來奔，故至猶散，麻以見尸柩故也。

○聞兄弟之喪，大功以上，見喪者之鄉而哭。

鄭氏曰：「奔喪節也。」孔氏曰：「此明奔兄弟喪之法。見喪者之鄉而哭，謂親兄弟同氣及同堂兄弟也。奔喪禮云：『齊衰望鄉而哭，大功望門而哭。謂降服大功者如此，則兄弟之名通輕重也。』」

○適兄弟之送葬者弗及，遇主人於道，則遂之於墓。

鄭氏曰：「言骨肉之親，不待主人也。」孔氏曰：「此兄弟通緦小功也。適，往也。謂往送五服之親，不及喪柩在家，主人葬竟已還，送葬之人值於路，不得隨孝子歸，仍自獨往于墓也。」

○凡主兄弟之喪，雖疏亦虞之。

鄭氏曰：「喪事虞祔乃畢。」孔氏曰：「疏謂小功緦麻，彼既無主，雖服緦小功之疏，亦爲之主虞祔之祭。按小記云：『大功者，主人之喪有三年者，則必爲之再祭。』」

○**姑姊妹，其夫死而夫黨無兄弟，使夫之族人主喪，妻之黨，雖親弗主。**

鄭氏曰：「主喪不使妻之親，而使夫之族人。婦人，外成故也。」

夫若無族矣，則前後家，東西家，無有，則里尹主之。

鄭氏曰：「喪無，無主也。里尹，閭胥里宰之屬。諸侯弔於異國之臣，則其君爲主。里尹主之，亦斯義。」孔氏曰：「按周禮，六遂之内，二十五家爲里，里置一宰，下士也。」

或曰：主之而附於夫之黨。

此另記一説，謂妻之黨自主之而祔於其夫之黨，亦可也。朱子曰：「古法既廢，鄰家里尹，決不肯祭它人之親，則從宜祀之别室，其可也。」

○**主妾之喪，則自附，至於練祥，皆使其子主之，其殯祭不於正室。**

鄭氏曰：「祔自爲之者，以其祭於祖廟。」孔氏曰：「妾既卑賤，得主之者，謂女君死，攝女君也。祔祭於祖姑，尊祖故自祔也。妾合祔於妾祖姑，無妾祖姑，則祔於女君。雖攝女君，猶下正適，故殯之與祭，不得在正室。妾祖姑無廟，於廟中爲壇祭之。若不攝女君之妾，則不得爲主，別爲壇，不在祖廟中，而子自主之也。」

〇士之子爲大夫，則其父母弗能主也。使其子主之，無子則爲之置後。 爲之，云僞切。

鄭氏曰：「置後謂暫爲喪主。」

〇大夫爲其父母、兄弟之未爲大夫者之喪，服如士服。士爲其父母、兄弟之爲大夫者之喪，服如士服。 爲其，云僞切。

鄭氏曰：「大夫雖尊，不以其服服父、母、兄弟，嫌若踰之也。士，謂大夫庶子爲士者也。己卑，又不敢服尊者之服。今大夫喪禮逸，與士異者，未得而備聞也。春秋傳：『齊晏桓子卒，晏嬰粗衰斬，苴絰、帶杖、菅履，食粥，居倚廬，寢苫枕草。其老曰：非大夫之禮也。曰：唯卿爲大夫。』此平仲之謙也。言己非大夫，故爲父服士服爾。粗衰斬者，其縷在齊斬之間，謂縷如三升半，而三升不緝也。斬衰以三升爲正，微細焉則屬於粗也。然則士與大夫爲父服異者，有粗衰、斬枕草矣。其爲母五升縷而四升，爲兄弟六升縷而五升乎？唯大夫以上乃服備、儀盡飾，士以下則以臣服君之斬衰爲其父，以臣從君而服之齊衰爲其母與兄弟，亦以勉人爲高行也。大功以下，大夫士服同。」王氏曰：「喪禮，自天子以下無等。春秋之特，尊者尚輕簡，喪服禮制遂壞，群卿專政，晏子惡之，故服粗衰枕草，於當時爲重。孟子謂：『三年之喪，齊疏之服，飦粥之食，自天子達於庶人，三代共之。』此記謂端衰、喪車皆無等。平仲不以己之是駮人之非，遜辭以辟咎也。其大夫與士異者，大夫以上在喪斂時弁絰，士冠素委貌。」

○大夫之適子，服大夫之服。

鄭氏曰：「仕至大夫，賢著而德成，適子得服其服，亦尊其適象賢。」孔氏曰：「父官至大夫，適子雖未仕，得服夫大夫之服，爲其能象似父之賢也。」○軾按：此適子，謂大夫有家繼世者。適子雖未受君命爲大夫，亦得服大夫之服。然父母之喪，無貴賤一。周人貴貴，其流弊乃施於尊親，毛裏之恩，不敵爵命之榮，天理人心澌滅幾盡。至春秋戰國，覬覦攘奪，骨肉仇讎，其所由來者久矣。

○大夫之庶子爲大夫，則爲其父母服大夫服，其位與未爲大夫者齒。爲其，云僞切。

鄭氏曰：「雖庶子，得服其服，尚德也。使齒於上，不可不宗適。」孔氏曰：「大夫庶子仕至大夫，由其身有德行，所以得服大夫之服。其行位之處，齒列於適子之下，年雖長於適子，猶在適子之下。使適子爲主，若年少於適子，則固在下，是宗適也。」

○違諸侯，之大夫，不反服。違大夫，之諸侯，不反服。

鄭氏曰：「其君尊卑異也。違，猶去也。去諸侯，仕諸侯；去大夫，仕大夫，乃得爲舊君服。」孔氏曰：「去諸侯，謂不便其君，及辟讎也。之，往也。已本是諸侯臣，往仕大夫，是自尊適卑，不可反服於前之尊君也。本是大夫臣，今仕諸侯，是自卑適尊。若猶服卑君，則爲新君之恥，故亦不反服舊君。若所仕尊卑敵，則反服舊君服齊衰三月。」方氏曰：「或違尊而之卑，或違卑而之尊，皆不敢反服於舊君者，以尊卑異體故也。」清江劉氏曰：「此言違而仕者，則不反服舊君，避新君也。然則違而未仕者，聞舊君之喪則反服爾。春秋傳所謂『未臣』焉，有伐其國者，反死之可矣。既臣焉而反死之，則不可。」

○孔子曰：「管仲遇盜，取二人焉，上以爲公臣，曰：『其所與遊，辟也，可人也。』管仲死，桓公使爲之服。宦於大夫者之爲之服也，自管仲始也。有君命爲爾也。」

孔氏曰：「管仲於盜中簡取二人，薦上以爲桓公之臣，謂此盜人，所與交遊，是邪辟之人，故爲盜。其人性行是堪可之人也。依禮，仕于大夫，升爲公臣，不合爲大夫著服。管仲死，桓公使此二人著服，自此升爲公臣者，皆服臣於大夫之服，記失禮所由。」山陰陸氏曰：「爲其所爲主服，與違大夫之諸侯不同，蓋世衰道微，君不能教，始服其師，君不能舉，而所爲主者有服矣。」○

軾按：拔諸盜而升之公，知己之恩不可忘，爲之心喪，如弟子之於師可也。」

〇外宗爲君夫人，猶内宗也。爲，云僞切，後同。

鄭氏曰：「皆謂嫁於國中者，爲君服斬。夫人齊衰，不敢以其親服服至尊也。外宗，謂姑姊妹之女、舅之女、從母皆是也。内宗，五屬之女也，其無服而嫁於諸臣者，從爲夫之君。嫁於庶人，從爲國君。」孔氏曰：「君内宗爲君悉服斬衰，爲夫人齊衰。外宗之女爲君及夫人，與内宗同，故云『猶内宗』也。按：禮族人不敢以其戚戚君，則異族者亦不可以戚戚君，故不以其親服服至尊也。鄭知嫁於國中者，以經云爲君夫人，是國人所稱號故也。國外當云諸侯。古者大夫不外取，故君之姑姊妹，嫁于國内大夫爲妻，是其正也。舅之女及從母在國中，非正也。諸侯不内取，舅女及從母，不得在國中。諸侯雖曰外取，舅及從母，元在它國，而舅之女及從母，不得來嫁與己國卿大夫爲妻，以卿大夫不外取也。内宗、外宗嫁在它國，皆爲本國諸侯服斬，或云在它國則不得也。此外宗與喪服『外宗爲君』别也。故鄭注，彼云『外宗是君之外親之婦』，此外宗惟據君之宗。」

〇女君死，則妾爲女君之黨服，攝女君，則不爲先女君之黨服。

鄭氏曰：「妾於女君之親，若其親然。」孔氏曰：「雖是徒從而抑妾，故爲女君黨服，防覬覦也。攝女君差尊，故不爲先女君之黨服。」

右記聞喪奔喪主喪服喪，凡十六節。

諸侯使人弔，其次含襚賵臨，皆同日而畢事者也。其次如此也。含，胡暗切。襚，音遂。賵，芳鳳切。臨如字。

孔氏曰：「諸侯使人弔鄰國，先行弔禮，宣君命，人以飲食爲急，故含次之。食後須衣，故襚次之，有衣即須車馬，故賵次之。君事既畢，則臣行私禮，故臨在後，事雖多，同一日畢也。」鄭氏曰：「言五者相次同時。」〇軾按：諸侯使人弔鄰國之喪，不獨宣命而弔己也。凡含襚賵臨，皆當依次卒事于弔之日，但先後之序不可紊，必弔而後含，含而後襚，襚而後賵，賵而後臨也。

〇弔者即位於門西，東面，其介在其東南，北面西上，西於門。主孤西面，相者受命，曰：「孤某使某請事。」客曰：「寡君使某。如何不淑！」相者入告，出曰：「孤某須矣。」弔者入，主人升堂西面，弔者升自西階，東面致命曰：「寡君聞君之喪，寡君使某，如何不淑！」子拜稽顙。弔者降，反位。相，去聲。

鄭氏曰：「弔者即位於門西，立門外，不當門也。主孤西面，立於阼階下也。相者受命，受主人命以出也。不言擯者，喪無接賓也。淑，善也。如何不善，言君痛之茂，使某弔也。稱孤某者，其君名。君薨稱『子某』，使人知適嗣也。須矣，不出迎也。子，孤子也，降反位者，出反門外位。無『出』字，脱。」孔氏曰：「此明弔禮，門西，謂主國大門之西。凶事異於吉，故其介在東南北面，西上，以使在門西故也。相者，相主人傳命者也。孤，謂嗣子也，某爲嗣子之名，異於吉禮。不出迎，故云『須矣』。主人升堂，謂從阼階升也。子拜稽顙，不云『孤某』而稱子者，客既有事於擯，故稱子以對擯之辭也，以下皆然。若對賓之辭則稱『孤某』。」鄭云「喪無接賓」，故不言擯而言相，此對例爾，若通而言之，吉事亦云「相」，凶事亦稱「擯」。陳注：「介非，其長近正使，故曰西上。西於門，亦不當門也。」

含者執璧將命曰：「寡君使某含。」相者入告，出曰：「孤某須矣。」含者入，升堂致命，子拜稽顙。含者坐委於殯東南，有葦席，既葬蒲席。降，出反位。宰夫朝服即喪屨，升自西階，西面坐取璧，降自西階，以東。

鄭氏曰：「含玉爲璧制，其分寸、大小未聞。言降出反位，則是介也。春秋有既葬歸，含賵襚，無譏焉，皆受之於殯宫。朝服告鄰國之禮也。即，就也。以東，藏於内也。」孔氏曰：「此明含禮。含者，坐委所含之璧於殯之東南席上。未葬之前，有葦席承之，既葬以後，則以蒲席承之。宰夫朝服即喪屨，宰謂上卿，『夫』衍字。朝服者，吉服也。以鄰國執玉而來，執玉不麻，故著朝服。不敢純凶待鄰國也，以在喪不可純吉，故即喪屨也。此遭喪已久，故嗣子親受禮。宰著朝服，若新始遭喪，則主人不親受，使大夫受於殯宮。此弔者既爲上客，又賵者是上介，則此含者襚者，當是副介末介，但含襚於死者爲切，故在先陳之。」

襚者曰：「寡君使某襚。」相者入告，出曰：「孤某須矣。」襚者執冕服，左執領，右執要，入，升堂致命曰：「寡君使某襚。」子拜稽顙，委衣於殯東。襚者降，受爵弁服於門內霤，將命，子拜稽顙如初。受皮弁服於中庭，自西階受朝服，自堂受玄端。將命，子拜稽顙皆如初。襚者降，出，反位。宰夫五人，舉以東，降自西階，其舉亦西面。 要，一遥切。

鄭氏曰：「委衣於殯東，亦於席上所委璧之北，順其上下。授襚者以服者，賈人也。其舉亦西面，亦襚者委衣時。」孔氏曰：「此明襚禮。按上文含者稱『執璧』，下文賵者稱『執圭』，此襚者當稱『執衣』。不云者，文不備也。鄭注『順其上下』，謂上者在前，下者在後也。云『委衣於殯東』，又云『受爵弁、受皮弁、玄端皆如初』，是皆在殯東西面而鄉殯。今云『舉者亦西面』，是亦如襚者西面也。其服重者使執而入，爵弁受于內霤，皮弁受于中庭，朝服受于西階，玄端受於堂，既受處不同，則陳於壁北，亦重者在南。凡諸侯相襚，衣數無文，據此其服有五，又先路褒衣，不以襚，以外無文。」山陰陸氏曰：「所受服轉卑，故其所授轉高也。據爵弁服、纁裳、皮弁服、素積、玄端、玄裳，爵弁服尊矣，受於門內霤；皮弁次之，受於中庭；朝服又次之，自西階受；朝服、玄端卑矣，自堂上受玄端。」○軾按：冕服最上，襚者由門外自執升堂致命。次爵弁，賈人執之於門內注水之霤處。襚者，委冕服訖，降至門內霤，賈人授之，襚者受而升堂致命。次皮弁，賈人執之進入中庭。次朝服，賈人執之升階。次玄端，賈人執之升堂。俱候襚者前致委訖，反至其處，受而致之。中庭遠於門而近階，俱須降，階與堂言自，不待降也。

上介賵，執圭將命曰：「寡君使某賵。」相者入告，反命曰：「孤某須矣。」陳乘黃、大路於中庭，北輈；執圭將命，客使自下由路西。子拜稽顙，坐委於殯東南隅，宰舉以東。乘，去聲。

鄭氏曰：「輈，轅也。自，率也。下，謂馬也，馬在路之下。覲禮曰：『路下四亞之，客給使者，入設乘黃於大路之西，客入則致命矣。使，或爲使。」孔氏曰：「此明賵禮。乘黃，謂馬也。大路，謂車也。陳四黃之馬於大路之西，於殯宮中庭。北輈者，大路輈轅北嚮也。客使，謂客之從者。爲客所使，故曰客使。自下由路西者，由左也，陳路北轅既竟，賵客執圭升堂致命，而客之從者，率馬設在車之西，大路亦使設之也。」○軾按：客使自下由西，當是客使解下駕路之乘黃，設於路之西，委於殯東南隅，委所執之圭也。宰舉以東，使還歸之。」

凡將命，鄉殯將命，子拜稽顙，西面而坐委之。宰舉璧與圭，宰夫舉襚，升自西階，西面坐取之，降自西階。賵者出，反位於門外。鄉，許亮切。

軾按：凡將命者，總上弔、含、襚、賵四者。注云「說不見」者，謂如贈賻上文所未言，皆如此儀也。記意重在朝宰與宰夫之升降。「賵者」二句，陳氏謂當屬前章下最當。

上客臨，曰：「寡君有宗廟之事，不得承事，使一介老某相執綍。」相者反命，曰：「孤某須矣。」臨者入門右，介者皆從之。立於其左，東上。宗人納賓，升受命於君，降曰：「孤敢辭吾子之辱，請吾子之復位。」客對曰：「寡君命某，毋敢視賓客。敢辭。」宗人反命曰：「孤敢固辭吾子之辱，請吾子之復位。」客對曰：「寡君命某，毋敢視賓客。敢固辭！」宗人反命曰：「孤敢固辭吾子之辱，請吾子之復位！」客對曰：「寡君命使臣某，毋敢視賓客，是以敢固辭。固辭不獲命，敢不敬從！」客立於門西，介立於其左，東上。孤降自阼階拜之，升哭，與客拾踊三。客出，送於門外，拜稽顙。 綍音弗。拾，其劫切。

鄭氏曰：「上客，弔者也臨。視也，言欲入視喪所不足而給助之。謙也。其實爲哭爾，臨者入門右，不自同於賓客，賓三辭而稱使臣爲也。爲者，將從其命。孤降自阼階拜之。拜客謝其厚意，不迎而送，喪無接賓之禮。」

○諸侯相襚以後路與冕服，先路與褒衣不以襚。

鄭氏曰：「不以己之正者施於人，以彼不以爲正也。後路，貳車。貳車行在後也。」孔氏曰：「襚謂以物送死用。後路，謂上路之後次路也。冕服，謂上冕之後次冕也。先路褒衣，是己車服之上，不可以施人。以彼不以爲正服所用也。」澄曰：「冕服以襚，後路以賵，但言相襚者，包賵在其中也。」

○**婦人非三年之喪，不踰封而弔。如三年之喪，則君夫人歸。夫人其歸也，以諸侯之弔禮。其待之也，若待諸侯然。夫人至，入自闈門，升自側階，君在阼，其它如奔喪禮然。**

鄭氏曰：「踰封，越竟也。君夫人歸，奔父母喪也。其歸也，以諸侯弔禮。其待之若待諸侯。謂夫人行道車服，主國致禮。入自闈門，升自側階，不自同於賓客也。宫中之門曰闈門，爲相通者也。側階，旁階。其它謂哭、踊、髽、麻。」孔氏曰：「父母三年之喪，雖君之夫人，歸往奔喪也。非三年喪則不歸，女子出適爲父母期。云『三年』者，以本親言也。按喪大記：『夫人弔於大夫、士，入自大門，升自正階。』今此不然，以女子不同於女賓之疏也。主國之君，在阼階待之，不降階而迎。言其它如奔喪禮，嫌夫人位尊，與卿大夫妻奔喪禮異。故明之。側階，謂東旁之旁階。」

○**其國有君喪，不敢受弔。**

鄭氏曰：「辟其痛傷己之親如君。」孔氏曰：「此謂國有君喪，而臣又有親喪，則不敢受它國賓來弔也。以義斷恩，哀痛主於君，不私於親。」

右記弔含襚賵臨，凡五節。

大夫之喪，大宗人相，小宗人命龜，卜人作龜。 相，息亮切。

鄭氏曰：「卜葬及日也，相主人禮也。命龜，告以所問事也。作龜，謂揚火灼之以出兆。」孔氏曰：「大夫謂卿，大宗謂大宗伯，小宗謂小宗伯。皇氏云：『大、小二宗，並是其君之職，來爲喪事，故宗伯肆師云：凡卿大夫之喪相其禮。』應氏曰：『君喪之用，大宰、大宗、大祝。若曾子問所記是也。而亦以贊大夫之喪，其待之厚矣。夫臣子之喪，其力有不能盡具者，皆仰之於公。又俾有司贊其事，所謂體群臣者，此類是也。』」

○大夫卜宅與葬日，有司麻衣、布衰、布帶，因喪屨，緇布冠不蕤；占者皮弁。

鄭氏曰：「有司，卜人也。麻衣，白布深衣而著衰焉。及布帶緇布冠，此服非純吉，亦非純凶，皮弁則純吉之尤者也。占者尊於有司。卜求吉，其服彌吉。」陸氏曰：「據士冠禮：『筮日，有司如主人服，即位於西方。東面北上。』有司，群吏有事者也，鄭氏謂卜人。誤矣。」○軾按：鄭注「布深衣、著衰」謂著長六寸、廣四寸之衰於衣上也。衰凶衣吉，故謂非純吉純凶。

如筮，則史練冠長衣以筮，占者朝服。

鄭氏曰：「此謂下大夫若士也。筮史，筮人也。長衣，深衣，純以素也。長衣練冠，純凶服也。朝服，純吉服也。」孔氏曰：「士喪禮云：『筮宅卜日，士不合用卜，故用筮。』以筮輕，故用純凶服，占者用朝服也。按士喪禮：『族長涖卜，及宗人吉服。』彼謂士之卜禮，服玄端，此據筮禮，故朝服。按士虞禮注云：『士之屬吏，爲其長弔服加麻。』此史練冠長衣者。此文兼大夫，其臣爲大夫布帶繩屨，故史練冠長衣。若士之卜，史當從弔服，不得練冠長衣也。」

祝稱卜葬、虞，子孫曰「哀」，夫曰「乃」，兄弟曰「某」，卜葬其兄，弟曰「伯子某」。

鄭氏曰：「祝稱葬、虞者，葬虞，祝稱主人之辭也。孫，謂爲祖後者，稱曰：『哀孫某葬其祖某甫。』夫曰：『乃某葬其妻某氏。』兄弟相爲，稱名而已。」孔氏曰：「謂葬擇日，而人祝龜所稱主人之辭也。虞用葬日，故并言葬虞。子葬父，則稱：『哀子某葬其父某甫。』乃者，言之助也。妻卑，故假助句以明夫之尊也。弟爲兄，則祝辭云：『某葬兄伯子某。』兄爲弟，則云：『某葬其弟某。』」○軾按：曰「哀」、曰「乃」、曰「某」，主人之稱也。「葬其兄」二句，明所葬者之稱，弟於兄稱「伯子某」，兄於弟稱「弟某」，可知子孫稱祖父，則曰「祖父某號」，夫於妻則曰「妻某氏」。

○士喪有與天子同者三，其終夜燎及乘人專道而行。乘，去聲。

鄭氏曰：「乘人，謂使人執引也。專道，人辟也。」孔氏曰：「柩遷之夜須光明，故竟夜燎也。乘人，謂人引車不用馬也。既夕禮云：『屬引專道，謂喪在路，不辟人也。』三事爲重，故與天子同。」

○升正柩，諸侯，執綍五百人，四綍皆銜枚，司馬執鐸，左八人，右八人；匠氏執羽葆御柩。大夫之喪，其升正柩也，執引者三百人，執鐸者左右各四人，御柩以茅。引，以慎切。

鄭氏曰：「升正柩者，謂將葬朝於祖，正棺於廟也。五百人，謂一黨之民。諸侯之大夫，邑有三百户之制。廟中曰綍，在塗曰引，互言之。御柩者居前道正之，大夫、士皆二綍。」孔氏曰：「此明諸侯、大夫送葬正柩之禮，執鐸之差。將葬，朝於祖廟，柩升廟之西階。既夕禮云：『升自西階。正柩於兩楹間。』是也。銜枚，止喧囂也。司馬夏官主武，故執金鐸率衆，左右各八人，夾柩以號令於衆也。匠人，工人也。以鳥羽注於柄頭，如蓋，謂之羽葆。匠人主宫室，故執羽葆。居柩前御行於道，指揮爲進止之節也。周禮喪祝御柩，謂王禮也。此云匠人，諸侯禮也。按周禮注：『六鄉主六引，六遂主六綍。』此云執綍，應舉六遂而言。」方氏曰：「大夫禮殺於諸侯，故以茅，取其色白，宜於凶禮，且以表哀素之心焉。楚軍前茅，亦以兵凶器也。」

○君若載而后弔之，則主人東面而拜，門右北面而踊，出，待反而后奠。

鄭氏曰：「主人拜踊于賓位，不敢迫君也。君即位車東，出待不敢必君留也。君反之，使奠。」孔氏曰：「臣喪朝廟柩已下堂，載在柩車，而君來弔，君位於車東，故主人在車西東面而拜。門，謂祖廟門。右，西邊也。若門外來，則右在東，此據車門内出，故右在西。孝子拜君竟，從位立近門内西邊，北面而哭踊爲禮也。出待者，孝子哭踊畢，而先出門待君，以君來則拜迎，去則拜送。今君弔事竟，不敢必君久留，故孝子先出待君出也，反而后奠者，君使人命孝子反還喪所，而后設奠告柩知之。或謂此在廟載柩車時，奠謂反設祖奠也。」

○大夫之喪，既薦馬。薦馬者哭踊，出，乃包奠而讀書。

鄭氏曰：「嫌與士異，記之也。既夕禮曰：『包牲取下體。』又曰：『主人之史請讀賵。』」孔氏曰：「此明大夫將葬，柩朝廟後，欲出之時也。按士喪禮下篇云：『薦馬凡有三：柩初出至祖廟，設奠，爲遷祖之奠，訖，乃薦馬，一也；至日側祖奠又薦馬，二也；明日將行遣奠時，又薦馬，三也。此薦馬下云『包奠而讀書』，於既夕禮爲第三薦馬時也。薦，進也。馬是牽車爲行之物，孝子見進薦馬，是行期已至，故感之而哭踊。馬出，乃取遣奠牲下體包裹之，以遣送行也。苞者，象既饗而歸賓俎，士則羊、豕各三箇必取下體者。下體能行，亦示將行也。有遣車者，亦先包之。書，謂凡送亡者，賵入椁之物書也。讀之者，省録之也。」○軾按：薦，進也，陳也。馬入而陳於庭，示將行也，故孝子見而哭踊。「薦馬者」三字疑衍。出，謂馬出也。馬出於門外待駕，乃包奠而讀書。既夕記「書賵於方」，方，板也，謂書賵奠賻贈之人名與物於板。柩將行，史於柩前讀之。

○或問於曾子曰：「夫既遣而包其餘，猶既食而裹其餘與？君子既食，則裹其餘乎。」曾子曰：「吾子不見大饗乎？夫大饗，既饗，卷三牲之俎，歸於賓館，父母而賓客之，所以爲哀也。子不見大饗乎？」夫，音扶。遣，棄戰切。與，音余。卷，軌轉切。

鄭氏曰：「言遣既奠而又包之，是與食於人，已而裹其餘將去何異與？君子寧爲是乎？言傷廉也。既饗歸賓俎，所以厚之。言父母，家之主，今賓客之，是孝子哀親之去也。」孔氏曰：「大饗賓客既畢，主人領三牲俎上之肉歸於賓館，己家父母，今日既去，遂同賓客之疏，是孝子所以悲哀也。重結前文以語或人。」

○遣車視牢具，疏布輤，四面有章，置於四隅。章，音障。

鄭氏曰：「言車多少，各如所包遣奠牲體之數也。然則遣車載所包遣奠而藏之者與？遣奠，天子大牢包九箇，諸侯亦大牢包七箇，大夫亦大牢包五箇，士少牢包三箇，大夫以上乃有遣車。輤其蓋也，四面皆有章蔽以隱翳牢肉。」

○載粻，有子曰：「非禮也，喪奠脯醢而已。」

鄭氏曰：「粻，米糧也，言死者不食糧也。遣奠本無黍稷。」孔氏曰：「遣車載粻，有子譏其爲失。遣奠之饌無黍稷，故遣車不合載粻，喪奠脯醢而已。亦有子之言，言遣奠用牲體，是脯醢之義。然既夕、士禮，藏筲有黍稷麥者，遣奠之外别有也。」澄曰：「有子之意，言常時喪奠，只用脯醢而已者，蓋以死者不食糧也。故遣奠亦只用牲體而不用黍稷，牲體與常時脯醢之義同，皆是用肉。」

○大夫不揄絞屬於池下。揄，音遥。絞，户交切。屬，音燭。

鄭氏曰：「謂池飾也。揄，揄翟也。采青黄之間曰絞，屬猶繫也。人君之柳，其池繫絞繒於下，而畫翟雉焉，名曰振容。又有銅魚在其間。大夫去振容，士去魚，此無人君及士，亦爛脱。」孔氏曰：「此明大夫葬時車飾。諸侯以上，則畫揄翟於絞，屬於池下，其池上則畫於揄，得有揄絞也。故喪大記士亦有揄絞，與大夫同，但不得屬於池下。」

〇**魯人之贈也，三玄二纁，廣尺，長終幅。**廣，古曠切。長，直亮切。

鄭氏曰：「言失之也。士喪禮下篇曰：『贈用制幣，玄纁束。』」孔氏曰：「記魯失也，贈謂以物送亡人於椁中。魯人雖三玄二纁而用廣尺長終幅，不復制幣之丈八尺，則失禮也。」

〇**醴者，稻醴也。甕、甒、筲、衡，實見間，而后折入。**甒，音武。筲，所交切。衡，户剛切。間，如字。折，之設切。

鄭氏曰：「此謂葬時藏物也。衡當爲『桁』，所以庪甕、甒之屬，聲之誤也。實見間，藏見外、椁内也。折，承席也。」孔氏曰：「此是送葬所藏之物，醴是稻米所爲。甕者，盛醯醢。甒者，盛醴酒。筲者，盛黍稷。衡者，以大木爲桁。置於地。所以庪舉甕、甒之屬。實見間者，見，謂棺外之飾，言實此甕、甒、筲等於見外、椁内二者之間也。實物椁内既畢，然後以承席加於椁上。按既夕禮『乃窆，藏器於旁，加見。』注云：『器，用器，役器也。加見者，器在見内也。』又云『藏包筲於旁』。注云：『在見外也。』則見内是用器役器，見外是明器也。此是士禮。大夫以上則有人器明器也。人器實，明器虚。按既夕禮注云：『折，猶庪也。方鑿連木爲之，蓋如牀而縮者三，横者五，無簣。窆事畢，加之壙上，以承抗席，故謂承席。』」陸氏德明曰：「見，棺衣也。」賈氏曰：「見，棺飾也。飾則帷荒，以帷荒加於柩棺，柩不復見，惟見此帷荒，故名『帷荒爲見』。」由陰陸氏曰：「以實見間，非止此四物。以此四物該之，衡讀如字，其桁之横者也。棺」〇軾按：有闕文。見爲内，亦屬可疑。

○非從柩與反哭，無免於堩。免音問。堩，古鄧切。

鄭氏曰：「言喪服出入，非此二事皆冠也。免，所以代冠。人於道路，不可以無飾。堩，道路。」孔氏曰：「若葬遠反哭，在路側著冠，至郊乃著免，故小記云：『遠葬者比反哭者，皆冠，及郊而后免。』是也。」

○弔非從主人也，四十者執紼，鄉人五十者從反哭，四十者待盈坎。

孔氏曰：「弔喪者本是來助事，非爲空隨從主人而已。既助主人，故使年二十以上至四十强壯者，皆執紼。鄉人，同鄉之人也。五十始衰，故待主人窆竟反哭。從孝子反也，四十强壯不得即反，故待土滿坎而反。若非鄉人，則無問長少，皆從主人歸。」

○相趨也，出宫而退。相揖也，哀次而退。相問也，既封而退。相見也，反哭而退。朋友，虞、附而退。封音窆，又如字。

鄭氏曰：「此弔者恩薄厚、去遲速之節也。相趨，謂相聞姓名，來會喪事也。相揖，嘗會于它也。相問，嘗相惠遺也。相見，嘗執摯相見也。附，皆當爲『祔』。」孔氏曰：「相趨本不相識，情既輕，故柩出廟之宫門而退。相揖恩微深，故待出至大門外哀次而退。相問恩轉深，故窆竟而退。相見恩轉厚，故葬竟孝子反哭至家而退。朋友疇昔情重，故至主人虞祔乃退。然與死者相識，亦當有弔禮。知生者弔，知死者傷。注云『弔』，則知是弔生人也。」

右記葬前宅以後之事，凡十三節。

士三月而葬，是月也卒哭。大夫三月而葬，五月而卒哭。諸侯五月而葬，七月而卒哭。士三虞，大夫五，諸侯七。

鄭氏曰：「尊卑恩之差也。天子至士，葬則反虞。」孔氏曰：「大夫以上，葬與卒哭異月者。以其位尊，念親哀情，於時長遠。士職卑位下，禮數未申，故葬罷即卒哭。檀弓云：『葬日虞，弗忍一日離也。』不顯尊卑是貴賤同然。」山陰陸氏曰：「卒哭遲速不同，則以其德服喪有隆殺也。」

○上大夫之虞也，少牢，卒哭成事附，皆大牢。下大夫之虞也，犆牲，卒哭成事附，皆少牢。 少、大皆去聲。犆音特。

鄭氏曰：「卒哭成事附言皆，則卒哭成事，附與虞異矣。下大夫虞以犆牲，與士虞禮同異。」

○重既虞，則埋之。 重，平聲。

鄭氏曰：「就所倚處埋之。」孔氏曰：「按既夕禮：『初喪朝禰廟，重止於門外之西不入，謂將饗祖廟若過之然也。明日自禰廟隨至祖廟庭，厥明將出之時，重出自道左倚之。就所倚之處埋之，謂于祖廟門外之東也。」

○暢，臼以椈，杵以梧，朼以桑，長三尺，或曰五尺。畢用桑，長三尺，刊其柄與末。 暢，敕亮切。臼，其救切。椈，弓六切。杵，昌吕切。朼，音七長、直亮切。

鄭氏曰：「杵、臼，所以擣鬱也。椈，柏也。朼，所以載牲體者。此謂喪祭。吉祭朼用棘畢。畢，所以助主人載者。刊，猶削也。」孔氏曰：「此明吉凶、暢臼及朼畢之義。暢，謂鬱鬯也。椈柏，爾雅釋木文。梧，桐也。以柏爲臼，以桐爲杵。擣鬱鬯爲柏香。桐潔白，於神爲宜也。牲體從鑊，以朼升之于鼎。從鼎以朼載之於俎。知吉祭朼用棘者。特牲記『朼用棘心』是也。主人舉肉，則用畢助主人舉肉。用桑者，亦喪祭也。吉時亦用棘，末頭亦削之，朼亦當然。」長樂陳氏曰：「匕之别有四，有黍稷之匕，有疏匕，有喪匕，三匕以棘，喪匕以桑。廩人之所概，黍稷之匕也。饔人之所概，牲體之匕也。牲體之匕，桃匕也。其制，則黍稷之匕，小於桃匕，桃匕小於疏匕。何則？敦之量不過三豆，而高不過一尺，則黍稷之匕小矣。挹之以桃匕，然後注於疏匕者三，則疏匕大矣。畋器曰畢，然器亦曰畢，皆象畢星也。詩曰：『兕觥其觩』，『角觩其觩』，『有捄棘匕』，『有捄天畢』。捄者，曲而長也，則畢之狀可知矣。鄭氏云『畢狀如匕，喪匕用桑，而畢亦桑。』則吉匕用棘而畢亦棘。匕畢同材，然桑黄棘赤，各致其義。舊圖謂匕、畢皆漆之。誤矣。特牲：『主人及佐食舉牲鼎，宗人執畢先入，贊者錯俎加匕。』鄭氏謂：『主人親舉，則宗人執畢導之。』以畢臨匕載，備先脱也。少牢及虞禮無匕何哉？少牢大夫不親舉，虞祭主人未執事也。」

○祭稱孝子、孝孫，喪稱哀子、哀孫。

鄭氏曰：「各以其義稱。」孔氏曰：「祭，吉祭也。謂自卒哭以後之祭吉，則申孝子之心。祝辭云『孝也』。或子、或孫隨其人喪。謂自虞以前凶祭也。痛慕未申，故稱哀子、哀孫。士虞禮稱哀子，卒哭乃稱孝子。」

○自諸侯達諸士，小祥之祭，主人之酢也。嚌之，衆賓兄弟則皆啐之。大祥主人啐之，衆賓兄弟皆飲之，可也。 酢，音昨。嚌，才細切。啐，七内切。

鄭氏曰：「嚌啐，皆嘗也。嚌至齒，啐入口。」孔氏曰：「此明喪祭飲酒之儀。正祭之後，主人獻賓長，賓長酢主人，主人受酢則嚌之。衆賓及兄弟，祭末受獻之時啐之，差輕故也。大祥，主人受賓酢啐之，衆賓兄弟受獻皆飲之可也。知此主人之酢，非受尸酢者。以士虞禮主人、主婦獻尸受酢之時，皆卒爵。虞祭比小祥爲重，尚卒爵。小祥祭主人受尸酢，何得惟嚌之而已。神惠爲重，受尸酢，雖在喪亦卒爵。賓禮爲輕，受賓酢但嚌之。」皇氏云：「主人之酢，謂受尸酢。與士虞禮違非也。」

○凡侍祭喪者，告賓祭薦而不食。

鄭氏曰：「薦，脯醢也。吉祭，告賓祭薦。賓既祭而食之，喪祭賓不食。」孔氏曰：「侍，謂相於喪祭禮者。喪禮不主飲食，故相者告賓。但祭其薦，不食之也。此謂練祥祭，虞祔不獻賓也。」方氏曰：「祭之而不食者，哀而不忍故也。」

○祥，主人之除也，於夕爲期，朝服。祥因其故服。

鄭氏曰：「爲期，爲祭期也。至明日而祥祭亦朝服。始即吉，正祭服也。喪服小記曰『除成喪者，其祭也朝服、縞冠』是也〔一〕。祭猶縞冠，未純吉也。既祭，乃服大祥素縞麻衣。釋禫之禮

〔一〕「小」，原作「下」，誤，據禮記篇目改。

云『玄衣黄裳』，則是禫祭玄冠矣。黄裳者，未大吉也。既祭，乃服禫服、朝服、綅冠。踰月吉祭，乃玄冠朝服。既祭，玄端而居，復平常也。」孔氏曰：「祥，謂祥祭。主人除服之節，於祥祭前夕，預告明日祥祭之期，此時主人著朝服，謂緇衣素裳，其冠則縞冠也。明旦祥之時，主人因著其前夕故朝服也。朝服玄冠，今縞冠，故曰『未純吉』。祥祭雖吉，哀情未忘，加著縞冠、素紕、麻衣。鄭引間傳『大祥，素縞麻衣』是也。禫禮，玄衣、黄裳、玄冠。大吉當玄衣、素裳，今用黄裳，故云未大吉也。禫祭後著朝服綅冠，踰月吉祭，乃玄冠朝服。則天子諸侯以下，各衣本官吉祭之服也。從祥至吉服有六：祥祭，朝服縞冠，一也；祥訖，素縞麻衣，二也；禫祭，玄冠黄裳，三也；禫訖，朝服綅冠，四也；踰月吉祭，玄冠朝服，五也；既祭，玄端而居，六也。」山陰陸氏曰：「嫌於夕爲期，嘗朝服矣。詰朝不復反喪服。故云爾。然則祥之日，猶服練服，及祭易之。所謂除成喪者，其祭也朝服、縞冠是也。祭已又易之，所謂『大祥，素縞麻衣』是也。」

○子游曰：「既祥，雖不當縞者，必縞，然後反服。」

鄭氏曰：「謂有以喪事贈賵來者，雖不及時，猶變服服祥祭之服以受之，重其禮也。其于此時始弔者，則衛將軍文子之爲之是矣。反服，反素縞麻衣也。」孔氏曰：「既祥，謂大祥後，弔者來晚，不正當祥祭縞冠之時。主人必須反著此祥祭縞冠受來弔者之禮，然後反服大祥素縞麻衣之服。」山陰陸氏曰：「此言親喪雖既祥，猶有他喪未除，今以祥故，無所不用縞。縞，既祥之服也。然後反服，反他喪之服。」〇軾按：注疏以縞爲朝服縞冠之縞，陸氏以縞爲素縞麻衣之縞，陸説較穩。

〇凡喪服未畢。有弔者，則爲位而哭，拜踊。

鄭氏曰：「客始來，主人不可以殺禮待之。」孔氏曰：「未畢，謂喪服將終，猶有餘日未滿。有人始來弔，當爲位哭踊，不以殺禮待新弔之賓也。言凡者，五服悉然。」

〇有父之喪，如未没喪而母死，其除父之喪也。服其除服，卒事反喪服。

鄭氏曰：「没，猶竟也。除服，謂祥祭之服也。卒事，既祭，反喪服，服後死者之服。」張子曰：「如有服則服其服，雖緦小功之服，亦服新而脱舊以往，時暫故也。反則如常。」方氏曰：「服除，服而後反喪服，示前喪有終也。」

雖諸父昆弟之喪，如當父母之喪，其除諸父昆弟之喪也，皆服其除喪之服。卒事，反喪服。

鄭氏曰：「雖有親之大喪，猶爲輕服者除，骨肉之恩也。唯君之喪不除私服。言當者，期大功之喪，或終始皆在三年之中，小功緦麻則不除，殤長中乃除。」孔氏曰：「此亦謂重喪葬後之時也。曾子問曰：『大夫、士有私喪，可以除之矣。』而有君服焉。其除之也如之何。孔子曰：『有君喪服于身，不服私服，又何除焉？』是有君服不得除已私服。其私，謂父母以下及諸父昆弟皆不得除也。服問云：『緦之麻不變小功之葛，小功之喪不變大功之葛。』據此言之，是尋常小功緦麻，不得易大功以上之服。故知有大功以上之服，不得爲小功緦麻除服也。又服問云：『殤長、中，變三年之葛。』既變三年之葛，明在大功服中，爲殤長中著服，而又爲之除也。」

如三年之喪，則既顈其練祥皆行。 顈，苦迥切。

鄭氏曰：「言今之喪既服顈，乃爲前三年者變除而練、祥祭也。此謂先有父母之服，今又喪長子者。其先有長子之服，今又喪父母，其禮亦然。然則言未没喪者，已練、祥矣。顈，草名。無葛之鄉，去麻則用顈。」庾氏云：「鄭注先有長子之服，今又喪父母，當云又喪母，不得並稱父。依禮，父在不得爲長子三年也。後喪既顈，前喪練、祥皆行。若後喪既殯，得爲前喪虞祔。」山陰陸氏曰：「凡喪服皆麻，練而葛，蓋禫而後顈。顈，吉服也。知然者，以被顈鑿，衣錦尚絅知之也。三年重服，故雖當既顈，其練祥猶行。鄭氏謂未没喪者，已練、祥矣，鄉當父母之喪未練、祥也。然則既顈在禫之後明矣。」澄按：古字聲同者多借用，故檾麻之檾，與單縠之褧，並通作『顈』。鄭氏以顈爲代葛之檾，是矣。陸氏以此爲單縠之褧，而謂顈乃禫後之吉服，且引詩『衣錦尚褧』，儀禮『被潁黼』爲證。詩之『褧衣』，禮之『潁黼』，皆婦人之服，加于正服之上，以禦道路之塵者，至夫家則脱去，豈可指爲男子常服之吉服哉？若欲言禫後言服，何不言玄冠而乃言潁乎？陸農師於禮注正救甚多，但時或好新尚奇，以破鄭説，而不自知其失當也。」〇軾按：據舊注，謂而有三年之喪，後喪在前喪未練之前，若既潁而值前喪一期再期，則練、祥皆行。此與父喪未没，母死，服除、服卒，事反喪服何異？若云此在練前，彼在練後，無論本文明言練、祥皆行，即祥吉於練，祥且可，練何待言？愚意此謂後喪未卒哭，值前喪練、祥不得行，至後喪變麻後，可補行也。

有三年之練冠，則以大功之麻易之，惟杖、屨不易。

鄭氏曰：「謂既練而遭大功之喪者也。練除首絰，要絰。葛，又不如大功之麻重也。言練冠、易麻，互言之也。惟杖屨不易，言其餘皆易也。屨不易者，練與大功俱用繩爾。」孔氏曰：「此謂遭三年之喪，至練時首絰已除，故特云冠。若初死者是降服大功，則以此大功之麻易三年之練也。此特據降服大功，其餘七升、八升、九升之大功，則不得易三年之練也。大功無杖，無可改易。斬衰既練要絰，與大功初死要絰粗細同，斬衰是葛，大功是麻，故鄭云『不如大功之麻重』也。云『練冠易麻互言』之者，麻謂絰帶，大功言絰帶。明三年練亦有絰帶，三年練云冠，明大功亦有冠，是大功冠與絰帶，易三年冠及絰帶，故云『互言之』。」

○父母之喪，將祭而昆弟死，既殯而祭。如同宮，則雖臣妾，葬而后祭。祭主人之升降散等，執事者亦散等。雖虞、祔亦然。

鄭氏曰：「將祭，謂練、祥也。言若同宮，則是昆弟異宮也。古者昆弟異居同財，有東宮，有西宮，有南宮，有北宮。有父母之喪，當在殯宮，而在異宮者，疾病或歸。主人適子，散等栗階，爲新喪，略威儀。」孔氏曰：「將祭，謂將大、小祥祭。而有兄弟死，則殯後乃祭。兄弟輕，故殯後便可行吉事，此謂異宮者耳。若同宮，雖臣妾之輕卑死，猶待葬後，乃行父母祭也。喪服傳曰：『有死于宮中，則爲之三月不舉祭，祥祭已涉於吉尸柩至凶，故不可以相干。』虞祔則得爲之，若喪柩即去者則亦祭，不待三月也。古祭則涉級聚足，喪祭則栗階，此二祥祭，宜涉級爲有兄弟喪。少威儀，故散等也。散，栗也。等，階也。助執祭者亦栗階，主人至昆弟虞祔，而行父母二祥祭。執事者亦栗階。栗階，謂升一等而後升，不連步也。故燕禮記云：『栗階不過二等。』注云：『其始升，猶聚足連步，越二等，左右足各一發而升堂。』」○軾按：昆弟死而值父母練、祥，若異宮則殯而後祭。同宮則列而後祭，言雖臣妾葬而祭者，見兄弟不待言也。故下文祭主人之升降，專爲有昆弟之喪言。○又按：此與既顈、練、祥皆行同，謂不獨後喪與前喪同者，必待既顈，即兄弟之輕喪，亦異宮。俟殯，同宮俟葬，乃得爲前重喪祭也。」

○有父母之喪尚功衰，而附兄弟之殤，則練冠，附於殤，稱「陽童某甫」，不名神也。

鄭氏曰：此兄弟之殤，謂大功親以下之殤也。斬衰、齊衰之喪，練皆受以大功之衰，此謂之功衰。以是時而祔大功親以下之殤，輕不易服。冠而兄爲殤，謂同年者也。兄十九而死，已明年因喪而冠。陽童，謂庶殤也。宗子則曰陰童。童，未成人之稱也。某甫，且字也。尊神不名，爲之造字。孔氏曰：此明已有父母之喪，練後得祔兄弟小功之殤也。已有父母喪，猶尚身著功衰。今兄弟有殤，在小功者當須祔祭，則不改練時之服，身著練冠，祔祭於殤也。大功正服，則變三年之練。故鄭知大功親以下之殤，言以下兼小功也。已是祖之適孫，若祔大功兄弟長殤，得在祖廟，若祔小功，兄弟長殤，則是祖之兄弟之後，所以得祔者。已是曾祖之適，其小功兄弟同曾祖。今小功兄弟當祔於從祖之廟，其小功兄弟身及父是庶人，不合立祖廟，則曾祖、適孫爲之立壇，祔小功兄弟之長殤於從祖，立神而祭也。當祔祭此殤之時，其祝辭稱此殤曰陽童，又稱此殤曰某甫。所以不呼其名者，尊神之也，故爲之造字，稱曰某甫。曾子問庶子之殤，祭於室白，故曰陽童。宗子殤死，祭於室奥，則曰陰童。檀弓云五十以伯仲是正字。二十之時曰某甫，是且字，言且爲之立字也。鄭云冠而兄爲殤，謂同年者。此鄭自難云：弟冠而兄得爲殤，謂弟與兄同年十九也。云兄十九而死，已明年因喪而冠者，此新死之兄既是小功之服，不合變三年之練，而得有因喪冠者。謂已明年之初，用父母喪之練節而加冠，以後始祔兄弟也。云爲之造字者，以冠始有字，此兄去年已死，未得有字，祔時爲之造字也。張子曰：有父母之喪尚功衰，謂未祥，猶衣所練之功衰，未衣麻衣也。吕氏曰：上言有三年之練冠，則以大功之麻易之，唯杖屨不易。此謂三年既練，遭大功之喪，當易練冠練衣而服大功之衰，又加首絰，以麻易葛帶，所不易者，杖屨而已。然此三年者，统言父母君長子及爲人後及適孫爲祖之類，若父母之喪，既練而祔兄弟之殤，則杖屨與練冠俱不易。此一節於三年練冠中特爲父母立例，蓋大功之衰有重於三年之練冠。故所不易者，唯有杖屨，兄弟之殤，雖亦大功。然既殤且祔，宜輕於父母之練，故比之三年，所不易者，又有練冠也。功衰者，卒哭所受，六升之服也。既練曰功衰者，爲下練冠立文也。言尚者，明受功衰之日已遠，故知爲練服也。若哭兄弟之殤，則必易練冠，蓋殤之喪，雖無卒哭之税，至於祔，宜有殺矣。

〇王父死，未練祥而孫又死，猶是附於王父也。

鄭氏曰：「未練、祥，嫌未祫祭，序於昭穆爾。王父既附，則孫可祔焉。」山陰陸氏曰：「猶之言嫌不祔也。未練、祥嫌卒哭，據周卒哭而祔，嫌未卒哭曰未練，足矣。今曰未祥，亦嫌未祥可以祔也。」

○男子附於王父則配，女子附於王母則不配。

鄭氏曰：「配謂并祭王母，不配則不祭王父也。有事於尊者，可以及卑，有事於卑者，不敢援尊，配與不配祭饌如一，祝辭異，不言以某妃配某氏爾。女子，謂未嫁者也，嫁未三月而死，猶歸葬於女氏之黨。」○軾按：女子附王母不配，則婦之附姑，不配可知。

○大夫附於士，士不附於大夫，附於大夫之昆弟，無昆弟則從其昭穆，雖王父母在亦然。

鄭氏曰：「大夫附於士，不敢以己尊自殊於其祖也。士不祔于大夫，自卑别於尊者也。大夫之昆弟，謂爲士者也。從其昭穆，中一以上，祖又祖而已。附者祔于先死者。」

婦附於其夫之所附之妃，無妃則亦從其昭穆之妃。妾附於妾祖姑，無妾祖姑則亦從昭穆之妾。

夫之所附祖也。所附之妃，婦爲祖姑。孔氏曰：「婦之所附，義與夫同。孫婦附祖姑，無妃謂無祖姑，亦間一以上，附於高祖之妃。無，則附於高祖之祖妃。若其祖有昆弟之妃，班爵同者亦附之。應氏曰：『重昏姻之正耦，故婦與妾之祔，各以其類。無之，則越次而間升。』」

公子附於公子。

鄭氏曰：「不敢戚君。」孔氏曰：「公子之祖爲君，公子不敢附之。附於祖之兄弟爲公子者。」

○君薨，大子號稱子，待猶君也。

鄭氏曰：「謂未踰年也。雖稱子，與諸侯朝會如君矣。魯僖公九年葵丘之會，宋襄公稱子而與諸侯序。」孔氏曰：「大子君存稱世子，今君既薨故稱子，與諸侯並列，其待之禮猶如正君，若踰年則稱君也。」

○大夫次於公館以終喪，士練而歸，士次於公館。

鄭氏曰：「公館，公宫之舍也。練而歸之士，謂邑宰也。練而猶處公館，朝廷之士也。唯大夫三年無歸。」孔氏曰：「大夫恩深禄重，故爲君喪居廬，終喪乃還家。邑宰之士恩輕，又爲君治邑，久不歸即廢職，故至小祥反其所治邑。朝廷之上雖輕，而無邑事，故亦留公館三年也。」○軾按：士亦次公館，但練而歸，不如大夫以終喪。

大夫居廬，士居堊室。

鄭氏曰：「謂未練時也。士居堊室，亦謂邑宰，朝廷之士居廬。」孔氏曰：「大夫位尊恩重，故居廬。上位卑恩輕，故居堊室。士若非邑宰，當以大夫同居廬。」○軾按：此「士」字，及上節兩「士」字，均謂朝廷之士，注以爲邑宰未當。

○卿大夫疾，君問之無算。士，壹問之。君於卿大夫，比葬不食肉，比卒哭不舉樂。爲士，比殯不舉樂。比，必利切。

孔氏曰：「按喪大記『君於大夫疾，三問之』，此無算，謂有師保恩舊之親。或三問謂君自行，無算謂遣使也。」

右記葬後終喪以前之事，凡二十節。

曾申問於曾子曰：「哭父母有常聲乎。」曰：「中路嬰兒失其母焉。何常聲之有？」

鄭氏曰：「嬰，猶鷖彌也。言其若小兒亡母啼號，安得常聲乎？所謂哭不偯。」盧陵胡氏曰：「孔子不取弁人孺子泣，而此取嬰兒哭者，此泛問哭，故舉重。謂始死時也，彼在襲斂，當哭踊有節，故異。」

○孔子曰：「少連、大連善居喪，三日不怠，三月不解，期悲哀，三年憂，東夷之子也。」少，去聲。解，佳買切。

鄭氏曰：「言其生於遠裔而知禮也。怠，惰也。解，倦也。」孔氏曰：「三日不怠，謂親之初喪。三日内水漿不入口之屬。三月不解者，未葬前朝夕奠。及哀至則哭之屬，期悲哀，謂練以來常悲哀，朝夕哭之屬。三年憂者，以服未除，憔悴憂戚。」

○子貢問喪。子曰：「敬爲上，哀次之，瘠爲下。顔色稱其情，戚容稱其服。」「請問兄弟之喪」。子曰：「兄弟之喪，則存乎書策矣。」稱，尺證反。

孔氏曰：「言疏者禮文具載，故云存乎書策。齊斬之喪，謂父母也，父母至親。哀容體狀，經不能載。顔色稱其情，當須毁瘠也。戚容稱其服，當須憔悴也。」張子曰：「持喪敬，則必哀，哀則必瘠。恣適非所以居喪，稍不敬則哀之矣。或謂三年致哀，於君子所養得無損乎？是君子之所養也，居喪以敬爲上，敬則一於禮也。」方氏曰：「敬足以盡禮，故爲上。哀足以盡情，故次之。瘠足以盡容，故爲下。顔色在乎面目，而面目者情之所見也。故顔色稱其情，戚容兼乎四體，而四體者服之所被也。故戚容稱其服，顔色稱其情者，以外稱内也。戚容稱其服者，以本稱末也。情有悲哀降殺之别，服有齊斬重輕之殊，外不稱内之隆殺則爲僞，本不稱末之輕重則爲野矣。」山陰陸氏曰：「凡居親之喪，哀戚常浮於敬，故哭泣之哀。顔色之戚，有圖不能，書不能載者矣。故孔子言之如此。兄弟之喪存乎書策，若親之喪，求情於言意之表可也。」○軾按：喪以哀爲主，敬與瘠皆哀也。哀而盡禮，凡附身附棺者，必誠必信，勿之有悔，方謂之敬。瘠非不敬也，但恐毁甚不勝喪，於禮有或缺焉耳。敬與瘠皆不可無，但敬尤爲上，若敬而不瘠，是敬爲虚文，而非哀之敬矣。禮「五十不致毁」，毁即瘠也。五十，但不致耳。若年未六十而不瘠，戚容稱服之謂何？是孔子所謂吾何以觀之者已。

○妻視叔父母，姑、姊妹視兄弟，長、中下、殤視成人。長，之兩切。

鄭氏曰：「視也，所比者哀容居處也。」孔氏曰：「明服雖有異，其哀戚輕重，各視所正之親。妻居廬而杖，抑之視叔父母、姑、姊妹出適，服輕，進之視兄弟，長、中、下殤服輕，上從本親，視其成人也。」方氏曰：「言累重雖稍異，而哀戚略同也。」○軾按：姑、姊妹之服，輕於昆弟，殤服降於成人，而情之哀痛則一也。若妻與伯叔母，其服制哀情，未可同日語矣。而云「妻視叔父母」，爲厚於妻子、薄於伯叔者言之也。

○視君之母與妻，比之兄弟，發諸顔色者，亦不飲食也。

孔氏曰：「謂君之母與君之妻，輕重之宜，比於己之兄弟。若酒食不發見於顔色者，則得飲食之。」鄭氏曰：「發於顔色，謂醲美酒食，使之醉飽。」方氏曰：「服君之母妻，比己之兄弟，則服君之服，比己之親可知。」

〇縣子曰：「三年之喪如斬，期之喪如剡。」剡，以漸切。

鄭氏曰：「如斬如剡，言痛之惻怛有淺深也。」

〇三年之喪，言而不語，對而不問。廬堊室之中，不與人坐焉。在堊室之中，非時見乎母也。不入門，疏衰皆居堊室。不廬，廬，嚴者也。見，賢遍切。

鄭氏曰：「言，言己事也。爲人説爲語，在堊室之中，以時事見乎母，乃入門。則廬時不入門也。廬，哀敬之處，非有其實則不居。」〇軾按：不入門，不言廬，文不備也。注謂在廬時不見母非是。父歿母哀甚而病毁，爲人子者，忍三月不一面乎？時見，謂當見時則入而見，不常見也。

〇凡喪小功以上，非虞附練、祥，無沐浴。

鄭氏曰：「言不有飾事，則不沐浴。」孔氏曰：「自小功以上，恩重哀深，自宜云飾，沐浴自是飾，非此數條祭祀，則不自飾也。言小功以上，則至斬同。練、祥不主，大功、小功也。若三年之喪，則士虞禮云『沐浴不櫛』。鄭注云：『期以下櫛可也』。又士虞禮云：『明日以其班附，沐浴櫛。』注云：『彌自飾，大夫以上亦然。』」方氏曰：「有祭則不可以不齊戒，齊戒則不可以不沐浴。」

○孔子曰：「身有瘍則浴，首有創則沐，病則飲酒食肉，毁瘠爲病，君子弗爲也。毁而死，君子謂之無子。」瘍，音羊。創，七羊切。

鄭氏曰：「毁而死，是不重親。」○軾按：無子，猶云不可爲子。

○喪食雖惡，必充飢。飢而廢事，非禮也；飽而忘哀，亦非禮也。視不明，聽不聰，行不正，不知哀。君子病之，故有疾飲酒食肉，五十不致毁，六十不毁，七十飲酒食肉，皆爲疑死。爲，云僞切。

方氏曰：「禮所以執中，而廢事，飽而哀，皆非中道，故皆爲非禮。然送死所以當大事，則而廢事，尤非禮矣。君子病之，以其不足以當大事也。」鄭氏曰：「病猶憂也，疑猶恐也。」

功衰，食菜果，飲水漿，無鹽、酪。不能食食，鹽、酪可也。酪，音洛。食食，下音嗣。

鄭氏曰：「功衰，齊、斬之末也。酪，酢截。」山陰陸氏曰：「齊斬之末者，齊衰既葬，斬衰之既練之後。」方氏曰：「食菜果飲水漿，皆聖人之中制，故天下無難能之病焉。」吕氏曰：「功衰亦卒哭之受服。間傳：『父母之喪，既虞卒哭，疏食水飲，不食菜果。』其飲不加鹽酪不能食，食鹽酪可也者。如喪大記：『不能食粥，羹之以菜可也。』蓋人所不能，亦不可勉也。」

○有服，人召之食，不往。大功以下，既葬適人，人食之，其黨也食之，非其黨弗食也。食之，音嗣。其黨也，食之弗食，並如字。

鄭氏曰：「往而見食，則可食也，爲食而往，則不可。黨猶親也。非親而食，則是食於人無數也。」

○喪者不遺人。人遺之，雖酒肉，受也。從父昆弟以下，既卒哭，遺人可也。爲，云爲切，下同。

鄭氏曰：「言齊斬之喪重，志不在施惠于人。」方氏曰：「心有所樂，然後以物遺人。喪以哀爲主，故不遺人。人遺之，雖酒肉受者，却之爲不故也。」

○三年之喪，如或遺之酒肉，則受之，必三辭。主人衰絰受之。如君命，則不敢辭，受而薦之。

孔氏曰：「三年之喪受酒肉，雖受之，猶不得食也，尊者食之。乃得食肉，猶不得飲酒。」鄭氏曰：「受酒肉必衰絰正服，明不苟於滋味。受而薦之於廟，貴君之禮。」

○非爲人喪，問與？賜與？三年之喪，以其喪拜；非三年之喪，以吉拜。爲，云僞切。

鄭氏曰：「言非爲人喪而問之與？而賜之與？此上滅脱，未聞其首云何。問，遺也。久無事曰問。稽顙而後拜曰喪拜，拜而后稽顙曰吉拜，謂受問受賜者也。」孔氏曰：「平敵曰問，卑下則賜。與，語助也。」○軾按：問如問疾。非爲喪而弔也。賜與，如遺酒肉，非爲喪而賵賻也。於有喪之人而問之與賜與之，其人而三年之喪也，雖非爲其喪而來，其人亦必以喪拜拜之。若非三年喪則吉拜，吉拜照常拜賜之拜，非拜而後稽顙之謂也。問與，「與」字，如論語「與命」、「與仁」之「與」。

○疏衰之喪，既葬，人請見之則見，不請見人。小功，請見人可也。大功不以執摯。唯父母之喪，不辟涕泣而見人。 辟，音避。

鄭氏曰：「言重喪不行求見人爾，人來求見己，亦可以見之矣。不辟涕泣，言至哀無飾也。」

○軾按：疏衰見於人而不見人，小功可請見人，大功雖可往見，而不可執摯。特見，凡從未見及久不見之人。請見之則執摯，若常見之人，但往而見之耳。疏衰不但不以執摯，並不往見人，若父母之喪，雖見人不避涕泣，不執摯，不請見，無論矣。

○三年之喪，祥而從政。期之喪，卒哭而從政。九月之喪，既葬而從政。小功、緦之喪，既殯而從政。

鄭氏曰：「以王制言之，此謂庶人也。從政，從爲政者教令，謂給徭役。」孔氏曰：「王制云：『父母之喪，三年不從政。齊衰大功，三月不從政。』與此不同者，此庶人，依士禮，卒哭與既葬同三月，故王制省文總云『三月』也。若大夫、士三年之喪，期不從政，是正禮也。卒哭，金革之事無辟，是權禮也。」

○三年之喪，雖功衰，不弔，自諸侯達諸士。如有服而將往哭之，則服其服而往。

鄭氏曰：「功衰，既練之服也。諸侯服新死者之服而往哭，謂所不臣也。」孔氏曰：「三年之喪，小祥後，衰與大功同，故曰功衰。衰雖外輕，而痛猶内重，故不得弔人也。自諸侯達諸士，謂貴賤同也。功衰雖不弔人，如有服，謂自有五服之親喪，則往哭之。將往哭，則不著己功衰，而依彼親之節以服之，申於骨肉之情故也。然諸侯絶期，不應有諸親始死服。今云服而往，當是敵體，及所不臣者，謂始封君不臣諸父昆弟也。」

期之喪，十一月而練，十三月而祥，十五月而禫。練則弔。

軾按：期喪十三月者，自死之日至初忌之前日，已周十二月。迨初忌日，即是十三月也。凡期皆十三月祥而除。惟父在爲母，夫爲妻，父爲適長子。三者之期，哀餘於制，故祥後中月而禫。使孝子仁人，得少伸不忍之情也。十一月而練者，謂其不可驟奪，故先輕之。輕之者，將欲奪之也。然則練而弔，亦示以哀當殺之意歟。

既葬大功，弔哭而退，不聽事焉。期之喪未葬，弔於鄉人，哭而退，不聽事焉。功衰弔，待事，不

執事。小功緦，執事不與於禮。與，音預。

鄭氏曰：「聽，猶待也。事，謂襲、斂、執紼之屬。期之喪，謂爲姑、姊妹無主，殯不在己族者，不與於禮，謂饋奠也。」孔氏曰：「身有大功之喪，既葬，往弔它喪，弔哭既畢則退，不待主人襲斂之事。期喪、練、弔亦然。期之喪，謂姑、姊妹無主，爲之服期，未至於葬，往弔鄉人之喪，亦哭畢則退，不待襲斂也。此姑、姊妹期喪，既葬，受以大功衰，謂之功衰。此後若弔於鄉人，其情稍輕於未葬，得待襲斂，但不親自執事。前云大功既葬，始得弔人，此期喪未葬，已得弔人。知此期服輕，是姑、姊妹無主，在他族成婦日久，殯在夫族者也。執事，擯相也。緦、小功服輕，故未葬便可弔人，亦爲彼擯相，但不得取彼饋奠爾。」呂氏曰：「功衰字下脱一『不』字，此謂卒哭之受服。」澄按：「從孔疏，其義爲長。」

○以喪冠者，雖三年之喪可也。既冠於次，入、哭、踊三者三，乃出。冠，去聲，下同。

鄭氏曰：「言雖者，明齊衰以下，皆可以喪冠也。始遭喪，以其冠月，則喪服因冠矣。非其冠月，待變除、卒哭而冠。次，盧也。」孔氏曰：「將冠值喪，當成服時，因喪服加冠，非但輕服得冠，雖有三年重喪，亦可因喪服而冠，故云可也。冠於次，謂加冠於盧次之中。若齊衰以下，加冠於次舍之處。冠後入於喪所，哭而跳踊，每哭一節三踊，如此者三。凡九踊，乃出就次所。夏小正，冠用二月。若正月遭喪，則二月不得因喪而冠，必待變除受服之節。○軾按：此爲適長之爲主人者言，喪服有衰有冠，年已及冠，身爲喪主，可不冠而拜賓饋奠乎。加以喪冠，賓以喪賓，祝以盡哀盡禮，入哭而告。踊而出，此禮之一定而不易者。疏謂非冠月遭喪，必待受服而冠未當。

○大功之末，可以冠子，可以嫁子。父小功之末，可以冠子，可以嫁子，可以取婦。己雖小功，既卒哭，可以冠、取妻，下殤之小功則不可。

張子曰：「疑『大功之末可以冠子可以嫁子』十二字爲衍。宜直云『父小功之末，父小功，則是己緦麻之末也』，故可以冠取。蓋冠取者固已無服矣。凡卒哭之後，皆是末也。己雖小功，既卒哭，可冠取妻，是己自冠取也。」范氏曰：「五服之制，各有月數，月數之内，自無吉事，故曰衰麻非所以接弁冕也。春秋左氏傳：『齊侯使晏子請繼室於晉。叔向對曰：寡君之願也，衰絰之中，是以未敢請。時晉侯有少姜之喪耳。禮貴妾緦，而叔向稱在衰絰之中，推此而言，雖輕喪之麻，猶無昏姻之道也。而敦本敬始之義，每於昏冠見之矣。雜記云：大功之末，可以嫁子，小功之末，可以取婦。下云：己雖小功，卒哭可冠、取妻也。尋此二文爲男女失時，或繼嗣未立者爾。非通例也。己有緦麻之喪，於祭亦廢，昏亦不通矣。況小功乎。」○軾按：此就父言父，就子言子，大、小功之服，有父有子無者，有子有父無者，有父輕子重者，有子輕父重者，父可冠子取婦，而子不可冠，不可取妻，不得冠取也。即己可冠取妻，而父不可冠，子取婦亦不得冠取也。此記謂大功之末，可以冠子、嫁子。若小功末，可以冠子、嫁子，亦可以取婦矣。二段補出「父」字，起下文「己」字，謂小功之末，不但可取婦，己亦可取妻。惟降服之下殤小功，則父與己皆不可，此爲冠取失時者言，故但云可以，非謂禮當如是也。

○父有服，宫中子不與於樂。母有服，聲聞焉，不舉樂。妻有服，不舉樂於其側。大功將至，辟琴瑟。小功至，不絶樂。與，音預。聞，音問，又如字。辟，音避，又音闢。

鄭氏曰：「宫中子，與父同宫者也。禮，由命士以上，父子異宫。不與於樂，謂出行見之，不得觀也。將至，來也。辟琴瑟亦所以助哀。」孔氏曰：「若異宫則得與於樂。崔氏云：『父有服，齊衰以下之服也。若重服，則期後猶有子姓之冠，自不當與於樂。』」山陰陸氏曰：「自士上達，父有服，作樂者，宫中雖不聞，子不敢與也。母有服，聲聞焉，不敢舉樂。妻有服，於其側，不舉爾。所謂不與於樂，非直不舉也。」長樂陳氏曰：「父有服，宫中子不得與於間樂，況舉樂乎？母有服不得以舉樂，雖聲聞焉，可也。妻有服，不舉樂於其側，不於其側，雖舉之可也。母殺於父，而妻又殺於母也。樂不止於琴瑟，琴瑟特常御者而已。大功之親有服，其將至，則雖辟琴瑟可也。

未至則不辟矣。小功之親有服，雖至不絶樂。若夫已有小功之喪議而及樂，又禮之所棄也。」

〇卒哭而諱。王父母、兄弟、世父、叔父、姑、姊妹。子與父同諱。母之諱，宫中諱。妻之諱，不舉諸其側。與從祖昆弟同名則諱。從。才用切。

鄭氏曰：「自卒哭，鬼神事之，尊而諱其名。王父母以下之親諱，是謂士也。父爲其親諱，則子不敢不從諱。天子、諸侯諱群祖。母之所爲其親諱，子孫於宫中不言。妻之所爲其親諱，夫於其側亦不言也。孝子聞名心瞿，凡不言人諱者，亦爲其相感動也。子與父同諱，則子可盡曾祖之親也。從祖昆弟在其中，於父輕不爲諱，與母妻之親同名，重則諱之。」孔氏曰：「卒哭前猶以生禮事之，卒哭後去生漸遠，故諱其名。王父母，謂父之王父母，於己爲曾祖父母，正服小功，不合諱。以父爲之諱，子亦同父諱之。兄弟，謂父之兄弟，於己爲伯叔，正服期，父亦爲之期，是子與父同有諱也。世父、叔父是父之世父、叔父，於己是從祖，正服小功。姑，謂父之姑，於己從祖姑，在家正服小功，出嫁緦麻，二者皆不合諱。以父爲之諱，故己從父而諱也。姊妹謂父姊妹，於己爲姑，在家正服期，出嫁大功九月，是己與父同爲之諱，此等是子與父同諱也。鄭注『子不敢不從諱』，據王父母、世父、叔父及姑己不合諱者言之。父之兄弟及姊妹，已爲合諱，不假從父而諱也。鄭注是謂士也，士謂父身，以父身是士，故諱王父。若是庶人子，不逮事父母，則不諱王父母也。天子七廟，諸侯五廟，故知諱群祖。妻之所爲其親諱，但不得在側言之，於宫中遠處得言之。母與妻二者之諱，與己從祖昆弟同名，則爲之諱。不但宫中旁側，其在餘處皆諱之也。父爲王父諱，於子則爲曾祖。父之伯叔及姑，是子曾祖之親。故注云：『子與父同諱。』則子可盡曾祖之親也。從祖昆弟，共同曾祖之親，故注云『在其中』。」澄曰：「注云，從祖昆弟，於父輕不爲之諱，與母妻之親同名重則諱之者，蓋己之從祖昆弟，父之從父昆弟之子也。於父爲子行屬，卑且疏。父服小功，其服輕，父不爲諱，故子亦不從諱。若此從祖昆弟之名，與母妻之親，名同而相重，則爲母妻之親諱，而因爲之諱爾。非正爲從祖昆弟而諱也。」

○君子不奪人之喪，亦不可奪喪也。

孔氏曰：「它人居喪，任其行禮，不可抑奪。自己居喪，當須以禮，不可自奪其喪。使不如法，不奪人喪，恕也；不奪己喪，孝也。」

○親喪外除，兄弟之喪内除。

鄭氏曰：「親喪日月已竟，而哀未忘，兄弟之喪。日月未竟。而哀已殺。」孔氏曰：「親喪，謂父母之喪。外謂服也，服隨日月漸除，而心哀未忘。兄弟，謂期服，及小功、緦也。内，謂心也。服制未釋而心哀先衰，由輕故也。」長樂黄氏曰：「若日月未竟而哀先殺，是不終喪也。內除外除，皆言日月已竟。服重者，外雖除而内未除。服輕者，不唯外除而内亦除也。」○軾按：黄氏論最當，然所謂兄弟，乃大功兄弟也。

○免喪之外，行於道路，見似目瞿，聞名心瞿，弔死而問疾，顔色戚容，必有以異於人也。如此而后，可以服三年之喪，其餘則直道而行之是也。瞿，俱遇切。

孔氏曰：「除喪之後，若見它人形狀似其親，則目瞿然。聞它人所稱名與父名同，則心中瞿然。上云『目瞿』，此應云『耳瞿』。耳狀難名，惻隱之慘，本瞿於心，故直云心瞿。異於人，謂殊異於無喪之人，餘行皆應如此。以弔死問疾是哀痛之處，身又除喪，戚容應甚，故舉弔死問疾言也。其餘，謂期親以下，直道而行。直依喪之道理而行也。父在爲母雖期年，亦從上三年之内也。」廬陵胡氏曰：「路隋父死，母告以貌類父，終身不引鏡，近於目瞿。劉温叟父名岳，終身不聽絲竹，近於心瞿。」○軾按：親喪固所自致，其餘則有先王之禮在，率而行之即是，故曰「直道而行之」是也。子貢問兄弟之喪，子曰「兄弟之喪，則存乎書策矣」，亦此意也。

右記喪禮情文之中，凡二十三節。

恤由之喪，哀公使孺悲之孔子學士喪禮，士喪禮於是乎書。

鄭氏曰：「時人轉而僭上，士之喪禮已廢矣，孔子以教孺悲，國人乃復書而存之。」方氏曰：「喪禮將亡，待孺悲學之，然後書。明禮之不廢，亦有所因也。」山陰陸氏曰：「儀禮士喪禮是歟。」

○泄柳之母死，相者由左。泄柳死，其徒由右相。由右相，泄柳之徒爲之也。 相，息亮切。

鄭氏曰：「亦記失禮所由也。泄柳，魯穆公時賢人。相，相主人之禮。」孔氏曰：「相，主人之禮法，相者由左。」山陰陸氏曰：「由右相，雖非古，在可以然之域。凡言自某始記失禮所由始也，即言爲之，君子有取焉。據七月而禘，獻子爲之也。鑿巾以飯，公羊賈爲之也。由右相，泄柳之徒爲之也。」○軾按：相由右，禘以七月，猶之可也。若飯含鑿巾，則仁人孝子之所不忍出矣。

右記喪禮存失之由，凡二節。

贊大行曰：「圭，公九寸，侯伯七寸，子男五寸，博三寸，厚半寸，剡上左右各寸半，玉也。藻，三采六等。」

鄭氏曰：「贊大行者，書名，説大行人之禮者。藻，薦玉者也。三采六等，以朱、白、蒼畫之再行也。子男執璧，作此贊者失之。」孔氏曰：「周禮有大行人篇，掌諸侯五等之禮。作記之前，人有書贊明大行人之事，記者引之。剡，殺也。殺上左右角各寸半，謂圭也。五等諸侯，圭璧雖異，而俱以玉爲之，故云玉也。藻，謂以韋衣板以藉玉者。三采，朱、白、蒼也。六等，六行也。謂三色，每色爲二行，是三采六等。按聘禮記云：『朝天子圭與繅，皆九寸，繅三采六等。』典瑞云公、侯、伯皆『三采三就』，子男『皆二采再就』，謂一采爲一就。其實采别二就，三采則六等，二采則四等。又云『瑑圭、璋、璧、琮，繅皆二繅一就，以頫、聘』，此謂卿大夫二采共一就也。天子五采五就，則十等也。」山陰陸氏曰：「聘禮記云：『所以朝天子，圭與藻皆九寸』，『問諸侯，朱緑藻八寸』，蓋上言所以朝之玉，下言以聘它國者也。藻八寸，則圭亦八寸可知，故曰瑑圭、璋八寸，璧琮八寸，以頫聘。子男執璧以朝，以圭聘頫。今此言圭，則子男聘頫之玉也。所謂博三寸，厚半寸，剡上左右各半寸，主於言之，其餘以是爲差。」長樂陳氏曰：「玉之藉以繅，而繅之長眡玉。玉五采五就，色不過五也。公、侯、伯皆三采三就，降殺以兩也。子男二采，而大夫聘玉亦二采者，禮窮則同。『繅』或作『藻』，冕繅織絲爲之，則圭繅亦然。鄭氏與杜預皆謂韋爲之。亡據。」

〇韠長三尺，下廣二尺，上廣一尺，會去上五寸。紕以爵韋六寸，不至下五寸，純以素，紃以五采。長、廣並去聲。純，音準。紃，音馴。

鄭氏曰：「會，謂上領縫也。領之所用蓋與紕同，在傍曰紕，在下曰純。素，生帛也。紕六寸者，中執之，長裹各三寸也。純紕所不至者五寸，與會去上同。紃施諸縫中，若今時絛也。」孔氏曰：「韠，韍也。長三尺，與紳齊也。下廣上狹，象天地數。旁緣謂之紕，上緣謂之會，以其在總會之處，故謂之會，韠之領縫也。此縫去上畔廣五寸，謂會上下廣五寸。紕，謂會縫之下，韠之兩邊。紕以爵韋闊六寸，倒攝之。兩廂各三寸也。不至下五寸者，謂紕韠之兩邊。不至韠之下畔闊五寸，純以素者，謂紕所不至之處。横純之以生帛，此帛上下亦闊五寸也。紃，絛也。五采之絛，施之於縫之中，會之所用無文。純紕既用爵韋，故鄭知與紕同也。純之上畔，去韠下畔五寸，會之下畔，去之上畔五寸，以其俱五寸，故鄭云『與會去上同也』。」〇詳見玉藻。

〇大白冠，緇布之冠，皆不緌。委武，玄、縞而后緌。

鄭氏曰：「不緌，質無飾也。大白冠，太古之布冠也。委武，冠卷也。秦人曰委，齊東曰武。玄，玄冠也。縞，縞冠也。」孔氏曰：「大白冠，白布冠也。緇布冠，黑布冠也。二冠無飾，故皆不緌。此緇布冠，謂大夫、士之冠，其諸侯則緇布冠、繢緌。玄、縞二冠，既先有别卷，後乃可緌，故云而後緌。大祥，縞冠亦有緌。前云練冠，亦條屬右縫，則知縞不條屬。既别安卷。灼然有緌也。衛文公大白冠，自貶損也。」馬氏曰：「冠以莊其首，緌以致其飾，冠不緌者，上古質也。冠以緌者，後代文也。文公以亡國爲喪服，故以大白始冠。欲其重始，而取上世之冠。故以緇布，此皆不緌者也。玄冠或以朱組纓，或以丹組纓。縞冠或以玄武，或以素紕，此皆緌者也。」山陰陸氏曰：「委，委貌也。玄，所謂縞冠、玄武。縞所謂玄冠、縞武，如是而後緌。先儒謂玄冠，委貌也，然則縞冠素委貌歟？素委貌，蓋素端之冠。」○軾按：陸説較明。委武、玄縞謂或玄冠、縞武或縞冠、玄武。縞冠、玄武，子姓之冠也。玄冠、縞武，不齒之冠也。此二冠雖賤而微凶，猶得有緌也。然以委爲委貌，則非。委貌，士祭服。大士朝服，與子姓、不齒冠並論可乎？委即武，當從鄭注。

○大夫冕而祭於公，弁而祭於己。士弁而祭於公，冠而祭於己。士弁而親迎，然則士弁而祭於己可也。 迎，去聲。

鄭氏曰：「大夫爵弁而祭於己，唯孤爾。」孔氏曰：「冕，絺冕也。祭於己，自祭廟也。助祭爲尊，故服絺冕。自祭爲卑，故服爵弁。士以爵弁爲上，故用助祭。玄冠爲卑，故用自祭，不敢同助君之服也。作記之人，以士爵弁親迎，親迎輕於祭，尚用爵弁，則士爵弁自祭己廟，於禮可用。然親迎配偶，一時之極，故許其攝盛服爾。祭祀須依班序，許其著弁，其理不可。儀禮少牢上大夫自祭用玄冠。此云弁而祭於己，與少牢異，故鄭云『唯孤爾』，知非卿者。以少牢禮有卿賓尸，下大夫不賓尸，明卿亦玄冠不爵弁也。」崔氏云：「孤不悉絺冕，若王者之後，及魯之孤，則助祭用絺。若方伯之孤，助祭則玄冕，以其君玄冕，自祭不可踰之也。」馬氏曰：「祭之至重者助於公，祭之有常者祭於己，卿大夫之服自玄冕而下，士之服自爵弁而下，則大夫以玄冕爲極，而士以爵弁爲極也。非祭於公，安敢用哉。然士弁而親迎，昏可用弁，則祭於己亦可用弁。此記禮者之所疑也。蓋昏者合二姓之好，爲萬世之始，以其至大之禮，行於一時之間，可以攝盛服而用弁。苟弁而祭於己，非特嫌其同於公，而又著其輕於昏矣。故士之弁而祭於公者，正也。弁而親迎者，權也。弁而祭於己則不可。士可弁而祭於己，則大夫亦可冕而祭於己矣。」

〇女雖未許嫁，年二十而笄，禮之，婦人執其禮，燕則鬈首。 鬈，音權。

孔氏曰：「女子十五許嫁而笄，則主婦及女賓爲笄禮。主婦爲之著笄，女賓以醴禮之。若未許嫁，至二十而笄，則婦人禮之。無主婦女賓，不備儀也。既笄後，尋常燕居，則去其笄而鬈首，謂分髮爲鬌紒也。既未許嫁，雖已笄，猶爲少者處之。」〇軾按：婦人執其禮。婦人正謂主婦女賓。重在「執禮」二字，謂雖未許嫁，必以禮爲之笄也。所以不待許嫁而笄者，欲早責以成人之道也。而不備儀可乎？燕則鬈首者，謂有事時則笄，無事則不笄，非既笄輒釋，直待嫁而後笄也。若云已笄猶以少者處之，則是不以成人之道責之矣。笄何爲乎？

〇納幣一束，束五兩，兩五尋。

鄭氏曰：「納幣，爲昏禮納徵也。十箇爲束。貴成數。兩，兩者合其卷，是謂五兩。八尺曰尋，五兩五尋，則每卷二丈也，合之則四十尺。今謂之匹，猶匹偶之云與？」孔氏曰：「一束，十箇也，兩箇一兩，合爲一卷，有四十尺五尋也。」〇軾按：四尺爲一箇，八尺爲兩箇。束五兩，五箇兩箇也，不言十箇而言五兩，取配偶之義，亦猶今人布帛以聯計也。兩五尋，是申言五兩之數。謂其爲兩，不過五尋而已。

〇婦見舅姑，兄弟、姑、姊妹皆立於堂下，西面，北上，是見已。見諸父各就其寢。見，賢遍切。

鄭氏曰：「婦來爲供養也，其見主於尊者，兄弟以下在位，是爲已見，不復特見也。諸父，旁尊。各就其寢。亦爲見時不來也。」陳氏集注：「立於堂下，則婦人入也，已過其前，此即是見之矣。」

〇諸侯出夫人，夫人比至於其國，以夫人之禮行。至，以夫人入，使者將命曰：「寡君不敏，不能從而事社稷、宗廟，使使臣某敢告於執事。」主人對曰：「寡君固前辭『不教』矣。寡君敢不敬須以俟命。」有司官陳器皿，主人有司亦官受之。比，必利切。使者、使臣，並色事切。

鄭氏曰：「行道以夫人之禮者，棄妻致命其家乃義絶。前辭『不教』，謂納采時已以未教辭。器皿，其本所齎。」孔氏曰：「夫人有罪，諸侯出之，令歸本國。禮尚謙退，不指斥夫人之罪，故使者將命云：『寡君才知不敏，不能隨從夫人共事社稷宗廟。使使臣某告在下之執事。』須，待也。俟，亦待也。敬須待君命也，使人得主人答命，使從己來有司之官。陳夫人嫁時所齎器皿之屬，以還主國，主國亦使有司領受之，並云『官者』，明付受悉如法也。」

妻出，夫使人致之，曰：「某不敏，不能從而共粢盛，使某也敢告於侍者。」主人對曰：「某之子不肖，不敢辟誅，敢不敬須以俟命。」使者退，主人拜送之。如舅在則稱舅，舅没則稱兄，無兄則稱夫。主人之辭曰：「某之子不肖。」如姑、姊妹亦皆稱之。共，音供。盛，音成。辟，音避。

鄭氏曰：「肖，似也。不似，言不如人。誅，猶罰也。稱舅稱兄，命當由尊者出也。姑、姊妹見棄，亦曰『某之姑、某之姊若妹不肖』。」方氏曰：「夫婦之道，合則納之以禮，不合則出之以義。人倫之際，有所不免也，故先王亦存其辭焉。」

○夫人之不命於天子。自魯昭公始也。

鄭氏曰：「周之制，同姓百世昏姻不通。吴大伯之後，魯同姓，昭公取於吴，謂之吴孟子，不告於天子。自此後取者遂不告於天子，天子亦不命之。」孔氏曰：「王后無畿外之事，故天子命畿外諸侯夫人，若畿内諸侯及卿大夫之妻，則天子諸侯命其臣，后夫人命其妻也。」

○凡婦人從其夫之爵位。

鄭氏曰："婦人無專制，生禮死事，以夫爲尊卑。"

○孟獻子曰："正月日至，可以有事於上帝。七月日至，可以有事於祖。"七月而禘，獻子爲之也。

孔氏曰："正月，周正月建子之月也。日至，冬至日也。有事於南郊祭帝。七月，周七月建午之月也。日至，夏至日也，有事謂禘，祭於祖廟。魯禘於孟月，於夏是四月，於周爲六月。獻子以二至相當，以天對祖，乖失禮意。獻子爲之，記其失所由也。"澄曰："魯之郊上帝，亦但得郊於建寅之月。禘則用建巳之月，獻子二言皆非。魯之郊禘本非禮，獻子欲移其祭月，則失禮愈甚矣。"山陰陸氏曰："僖公蓋嘗用七月禘於大廟也。"

○子貢觀於蜡。孔子曰："賜也樂乎？"對曰："一國之人皆若狂，賜未知其樂也。"子曰："百日之蜡，一日之澤，非爾所知也。張而不弛，文武弗能也。弛而不張，文武弗爲也。一張一弛，文武之道也。"蜡，鋤駕切。樂，音洛。

鄭氏曰："蜡，索也。歲十二月，合聚萬物而索饗之祭也。國索鬼神而祭祀，則黨正以禮屬民，而飲酒於序，以正齒位。於是時，民無不醉者，如狂矣。曰『未知其樂』，怪之也。蜡之仁不主先嗇，大飲烝勞農以休息之，言民皆勤稼穡，有百日之勞，喻久也。今一日使之飲酒燕樂，是君之恩澤，非汝所知，言其義大也。張弛，以弓喻人也。弓弩久張之則絶其力，久弛之則失其體。」孔氏曰：「蜡，謂王者於亥月報萬物，休老息農。又各燕會飲酒於黨學中，故子貢往觀之。民勤稼穡其實一年，而云百日，舉其成數，以喻久也。張，謂張弦。弛，謂落弦。張而不弛，則絶其弓力，喻民久勞亦損民力。弛而不張，則失弓往來之體，喻民久休息則志驕逸。若調之以道，化之以理，張弛以時，勞逸以意，則文武得其中道也。」吕氏曰：「自秋成至於十二月，有百日，在百日中索，是鬼神以脩蜡禮，故曰百日之蜡。至十二月乃祭，祭而遂息田夫，故曰一日之澤。」澄曰：「使民常勞則民將不堪，上之人不能强民之從也，故曰文武弗能。使民久逸，則民將廢業。上之人不爲此以縱民之情也，故曰文武弗爲。」

○孔子曰：「凶年則乘駑馬，祀以下牲。」

鄭氏曰：「自貶損亦取易供也。駑馬六種最下者下牲。少牢，若特豕、特豚也。」孔氏曰：「校八馬有六種。種馬、戎馬、齊馬、道馬、田馬，此五路所乘。駑馬負重載遠所乘，凶年人君自貶，乘駑馬也。天子諸侯常祭大牢，凶荒則用少牢，諸侯之卿大夫常祭用少牢，降用特豕，士常祭用特豕，降用特豚。如此之屬，皆爲下牲。」方氏曰：「馬不良謂之駑，牲非純全謂之下。」山陰陸氏曰：「下牲，蓋猶用其本牲之下者也，故祭凶年不儉。」

○孔子曰：「管仲鏤簋而朱紘，旅樹而反坫，山節而藻梲，賢大夫也，而難爲上也。晏平仲祀其先人，豚肩不揜豆，賢大夫也，而難爲下也。君子上不僭上，下不偪下。」紘，音宏。梲，章悦切。

鄭氏曰：「難爲上，言其僭天子諸侯也。鏤簋，刻爲蟲獸也，冠有笄者爲紘，紘則在纓處兩端，上屬下不結。旅樹，門屏也。反坫，反爵之坫也。山節，薄櫨刻之爲山。梲，侏儒柱。畫之爲藻文。難爲下，言其偪士庶人也。豚，俎實。豆徑尺，言并豚兩肩不能覆豆，喻小也。

○孔氏曰：「吾食於少施氏而飽，少施氏食我以禮。吾祭，作而辭曰：『疏食不足祭也。』吾飧，作而辭曰：『疏食也，不敢以傷吾子。』」食，音嗣，並同。

鄭氏曰：「少施氏，魯惠公子施父之後，貴其以禮待己而爲之飽也。時人倨慢，若季氏則不以禮矣。」孔氏曰：「吾祭，謂孔子祭也。作，起也。飧，强飯以答主人之意。」方氏曰：「賓祭與飧，主人皆作而辭有禮也。飧者，食後更飧。傷，謂傷兼。」張子曰：「後世唯務簡便，至如賓主相與爲禮。安然不動，復何相勸相敬之意，但以酒食相與醉飽而已。古人必自進籩豆几席，酌拜，所以其敬也。未世雖宗廟之饗，父母之養意猶有所闕孔子食於少施氏而飽，少施氏有禮也。食於季氏，孔子雖欲行禮，季氏必是不知，故不辭不食肉而飧。凡禮必施之於知禮者，若爲不知，禮亦難行。」

○廄焚，孔子拜鄉人爲火來者。拜之，士壹，大夫再，亦相弔之道也。爲，云僞切。

鄭氏曰：「拜之者，謂其來弔己。宗伯職曰：『以弔禮哀禍災。』」孔氏曰：「廄焚，孔子爲廄爲火焚，孔子拜鄉人來慰問者，雖非大禍災，亦是相哀弔之道也。」澄曰：「士一，大夫再，言士來者，一拜以謝之。大夫來者，再拜以謝之也。」

○哀公問子羔曰：「子之食奚當？」對曰：「文公之下執事也。」當如字。

鄭氏曰：「問其先人始仕食禄以何君時。」方氏曰：「文公之下執事也，此下宜更有辭，簡脱爾。」○軾按：下執事，謙言先人曾爲文公之小臣。

○過而舉君之諱，則起與君之諱同，則稱字。

孔氏曰：「過，謂過誤也。」鄭氏曰：「舉猶言也，起立者失言而變自新。稱字，謂諸臣之名也。」

○内亂不與焉，外患不辟也。與，音預。辟，音避。

鄭氏曰：「謂卿大夫也。同僚將爲亂，己力不能討，不與而已。至於鄰國爲寇，則當死之也。」孔氏曰：「力不能討，謂不與國政。若與國政，力能討而不討，則責之。」澄曰：「内亂不與焉，謂亂之輕小者爾。爲亂者於己有兄弟之親，則誅之逐之。有當國政者，在己以親親之恩，不與聞其事可也。若亂之重且大者，管叔啓武庚而叛周，則周公以弟誅其兄，石厚輔州吁而殺君，則石碏以父殺其子，豈得不與乎？」

○君子有三患：「未之聞，患弗得聞也。既聞之，患弗得學也。既學之，患弗能行也。君子有五恥：居其位，無其言，君子恥之。有其言，無其行，君子恥之。既得之而又失之，君子恥之。地有餘而民不足，君子恥之。衆寡均而倍焉，君子恥之。」其行，去聲。

方氏曰：「三患之所言者道，五恥之所言者事。」澄曰：「得學得行，猶幼而學之之學，壯而欲行之之行。行，謂見用於時，得行其學也，非行而至之行。既得之而又失之。按論語言『雖得之，必失之』，此以學言也。又言『既得之，患失之』，此以位言也。大學言『得衆得國，失衆失國』，孟子言『得其民得其心』『失其民失其心』，此以土地人民言也。此下言地有餘而民不足，衆寡均而倍焉，則此句亦是以土地人民言。孟子所謂『廣土衆民，君子欲之』是也。三患之君子，兼該無位有位之人，五恥之君子，兼該北面之臣，南面之君。」孔氏曰：「人須多識，若未聞知，患不得聞，不撫養其民，使民逃散。役民衆寡，彼已均等，它人功績，倍多於已，由不能勸課督率，故皆恥之。」鄭氏曰：「恥民不足者，古者量地以制邑度地以居民，地邑居民，必參相得也。衆寡均，謂俱有役事，人數等也。倍焉，彼功倍於己也。」

右附記雜事雜辭，凡二十節。

喪服小記第十二

喪服者，儀禮正經之篇名。正經之後有記，蓋以補經文之所不備，此篇内所記喪服一章，又以補喪服經後記之所未備者也。其事瑣碎，故名小記。以別於經後之記，記喪服一章外，又廣記喪禮雜事，亦皆瑣碎。比前篇喪大記之所記，則爲小也。小記亦猶雜記，小記所記之事小，雜記所記之事雜，喪大記之所記，視二篇則爲大也。但雜記中記喪服者鮮，故承喪大記之後，止稱雜記。此篇記喪服者詳，故以「喪服」二字冠小記之上而名篇。

復與書銘，自天子達於士，其辭一也。男子稱名，婦人書姓與伯仲，如不知姓，則書氏。

鄭氏曰：「此謂殷禮也。殷質，不重名，復則臣得名君。周之禮，天子崩，復曰皋天子復，諸侯薨，復曰皋某甫復，其餘及書銘則同。」孔氏曰：「書銘，謂書亡人名字，天子書於大常，諸侯以下書於旌旗，士與天子同也。婦人復則稱字，此云書姓及伯仲，是書銘也。姓謂如『魯姬』、『齊姜』，伯仲隨其次也，此亦殷禮，周之文未必有伯仲，當云夫人也。氏如孟、孫三家之屬。鄭注『其餘及書銘則同』，謂周卿大夫以下書銘與殷同也。」

○男子冠而婦人笄，男子免而婦人髽。其義：爲男子則免，爲婦人則髽。冠，戈亂切，免，音問。髽，側巴切。

鄭氏曰：「别男女也。」孔氏曰：「吉時男子首有吉冠，女首有吉笄。若親始死，則男去冠，女去笄。若成服，爲父則男六升布爲冠，女箭篠爲笄。爲母，則男七升布爲冠，女榛木爲笄。若遭齊衰之喪，首飾亦别，當襲斂之節。男子著免，女子著髽。免者，以布廣一寸，自項中而前交於額上。郤繞紒，如著幓頭矣。髽有二種：一是斬衰麻髽，二是齊衰布髽，皆露紒。喪服往往寄異以明義，或疑免髽亦有旨，故解之以其義。言於男子則免，婦人則髽。男去冠，猶婦人去笄，無復别義也。」方氏曰：「喪之或免、或髽者，豈有它哉？特以辨男女之義而已。」

○斬衰：括髮以麻。爲母，括髮以麻，免而以布。爲，云僞切。後以意求之，並同。

孔氏曰：「斬衰者，主人爲父之服也。括髮者，爲父未成服之前所服也。禮親始死，子布深衣，去冠，而有笄縰、徒跣，扱上衽，至將小斂，去笄縰，著素冠，視斂訖，投冠而括髮。括髮者，以麻自項以前交於額上，郤繞紒，如著幓頭焉。爲母，初喪至小斂後，括髮與父禮同，故亦括髮以麻也。免而以布，此謂爲母與父異者。小斂後至尸出堂，子拜賓時，猶與爲父不異。至拜賓後，子往即堂下之位，踊襲、絰于序東復位，此時則異也。鄭注『又哭』，是此時也。若爲父，此時猶括髮，而踊襲、絰帶以至大斂而成服。若母喪，於此時則不復括髮，乃著布免踊而襲絰帶以至成服也。」鄭氏曰：「母服輕至免可髾。」儀禮注疏以男子括髮與免，及婦人髽，皆云如「著幓頭然」。所謂幓頭，即如今之掠頭編子，自項而前，交於額上，却繞髾也。呂氏曰：「免以布爲卷幘，以約四垂短髮，而露其髾於冠。禮謂之闕項冠者，必先著此闕項，而後加冠，故古者有罪免冠而闕項存，因謂之免。音免，以其與冕弁之冕，其音相亂，故改音『問』。」○軾按：括髮、免、髽三者。名異而制一。始死去冠而露笄纚，斂訖，并笄纚去之，故髮須括。括，收也，收髮使不散也。注謂「以麻自項而前，交於額，郤繞於髾」。麻亦布也，以未成布，故謂麻。免髽亦以括髮，其制同。免則改用已成之布。謂之免者，以不冠得名。髽亦以麻爲之。王廷相曰：「括髮免髽，皆髮在内，而以麻與布裹其外。男主外，故以外物爲稱，自麻與布言之也。女主内，故以内物爲稱，自髮言之也。」鄭注謂「廣一寸」，馬季長謂「廣四寸」，然取括髮，則一寸不足，馬説爲當。愚意用布濶四寸，兩頭漸殺，長足自項交前繞於髾，又析其末可以結，斯三者之制一也。男子有括髮，又有免。婦人止一髽，婦人質，不變也。

○遠葬者比反哭者皆冠，及郊而后免，反哭。 比，必利切。

孔氏曰：「葬在遠處郊野之外，不可無飾，故葬訖欲反哭之時，皆著冠。至郊而後去冠著免，反哭於廟。」

○既葬而不服虞，則雖主人皆冠，及虞則皆免。報，音赴。

鄭氏曰：「不報虞，謂有故不得疾虞。雖主人皆冠，不可久無飾也。皆免，自主人至緦麻也。」山陰陸氏曰：「既葬而不報虞，此言過期而葬也，蓋葬日虞，如期而葬，則如期虞也。不及時而葬，渴葬也；過時而葬，慢葬也，故禮使後其虞以責子道。」○軾按：檀弓：「葬日虞，不忍一日離也。」葬已踰期矣，而又後其虞，是失禮之中又失禮也。先王教孝，當不如是。此記所云，或葬後有故而不及虞，或葬先母虞待父也。

爲兄弟，既除喪已，及其葬也，反服其服。報虞，卒哭則免，如不報虞則除之。

鄭氏曰：「謂卜力以下。」

○緦、小功，虞、卒哭則免。

鄭氏曰：「棺柩已藏，嫌恩輕，可以不免也。言則免者，則既殯先啓之間，雖有事不免。」孔氏曰：「緦小功之喪，棺柩在時，則當著免。今至虞卒哭之時，棺柩雖藏已久，亦著免也。嫌虞與卒哭，棺柩既掩不復著免，故特明之。」

○君弔，雖不當免時也，主人必免，不散麻。雖異國之君，免也，親者皆免。

孔氏曰：「凡大斂之前著免，大功以上散麻，大斂以後著冠，不散麻，糾其垂也。至將葬啓殯之後，已葬之前亦免，大功以上亦散麻。若君弔，雖不當免時，必爲之著免，不散麻帶，貶於大斂之前，及既啓之後也。若它國君來，與己國君同。」

主人爲之著免，大功以上親者，皆從主人之免，敬異國君也。己君來弔，親者亦免可知。

孔氏曰：「弔必皮弁、錫衰，一謂此弔異國臣；若自弔己臣，則素弁、環絰、錫衰也。一云自弔己臣而未當事，則皮弁、錫衰，至當事乃弁絰爾。主人必免者，諸侯來弔，主人必爲之重禮。凡五服，大功以上爲重，重服自始死至葬爲免。卒哭後，乃不復免也。小功以下爲輕，輕服自始死至殯爲免，殯後不復免，至葬啓殯後而免，以至卒哭，如始死。今若人君來弔，雖非服免時，必爲免以尊人君故也。此必免，謂大功以上。」山陰陸氏曰：「據此，凡諸侯弔，皆皮弁、錫衰。言必者，著諸侯弔無内外，皆當如此。然則天子弔服與諸侯異歟？天子重絰，諸侯重衰，天子弔服，皮弁加環絰；諸侯弔服，皮弁錫衰。凡弔主人服而後弔，弔而後爲之服，若王弔三公六卿，主人成服，王皮弁服加環絰以弔，及其爲之服也，皮弁緦衰以居，出亦如之。當事則弁絰。」鄭氏曰：「必免者，尊人君，爲之變也。未喪服，未成服也，既殯成服。」

○諸侯弔於異國之臣，則其君爲主。

鄭氏曰：「君爲之主弔，臣恩無已也。子不敢當主，中庭北面，哭不拜。」孔氏曰：「按士喪禮：『君弔，主人中庭拜稽，顙，成踊。』彼爲主人，故中庭拜。今鄰國君弔，君爲主拜賓，則主人不拜。曾子問稱：『季桓子之喪，衛君來弔，魯君爲主，季桓子拜而稽顙。』故譏其二主。」

○大夫不主士之喪。

孔氏曰：「士死無主後，其親屬有爲大夫者尊不得主之。」○軾按：此亦可疑，假而大夫之外别無親，將奈何。

○士不攝大夫，士攝大夫，唯宗子。

鄭氏曰：「士之喪雖無主，不敢攝大夫以爲主。宗子尊，可以攝之。」孔氏曰：「士喪無主，不敢使大夫兼攝爲主，士卑故也。宗子爲士而無主後，可使大夫攝主之也。」山陰陸氏曰：「若應大夫主喪，雖無大夫，士不得攝。」澄曰：「陸説於文爲順，此一節蓋言大夫死無主後，其親屬有爲士，而無爲大夫者。士之位卑，不可攝大夫。而主已死，大夫之喪，唯宗子爲士，雖是位卑，而宗子分尊，故可以士而攝主大夫之喪也。上言大夫不可主士之喪，此則言士不可主大夫之喪，注疏説與上文大夫不主士之喪義重，非是。宗子謂主喪之人，非謂已死之人也。」

○男主必使同姓，婦主必使異姓。

鄭氏曰：「謂爲無主後者爲主也。」孔氏曰：「婦人外成，適於它族，不得自與己同宗爲主。夫家爲異姓。」庾氏曰：「喪有男主以接男賓，女主以接女賓，若父母之喪，則適子爲男主，適婦爲女主。今或無適子、適婦，遣他人攝主，若攝男主，必使喪家同姓之男，婦主必使喪家異姓之女。」

○大功者，主人之喪有三年者，則必爲之再祭，朋友虞祔而已。

鄭氏曰：「謂死者之從父昆弟，來爲喪主。有三年者，謂妻若子幼少，大功爲之再祭，則小功、緦麻爲之練祭可也。」孔氏曰：「大功，從父兄弟也。主人之喪者，謂死者無近親，而從父昆弟爲之主喪也。有三年者，謂死者有妻若子，妻不可爲主，而子猶幼小，未能爲主，故大功者主之，爲之練祥再祭。朋友疏於大功，但虞祔而已。親重者爲之遠祭，親輕者爲之近祭，故大功爲之祥練，小功緦麻爲之練，朋友但爲之虞祔也。」魏田氏瓊曰：「劉德議問朋友虞祔，謂：『主幼而爲虞祔也，若都無主族，神不歆非類，當爲虞祔否。』答曰：『虞，安神也。祔，以死者祔於祖也。』朋友恩舊歡愛，固當安之祔之，然後義備，但後日不常祭之爾。」○軾按：子少則以衰抱之，何待大功朋友爲之主乎。此所言主人之喪者，謂寡妻幼子，力不能營辦喪祭。大功同財，朋友亦有通財之義，故必爲之資助。且爲之代拜賓，非無後攝主比也。

〇婦之喪，虞、卒哭，其夫若子主之；祔則舅主之。

鄭氏曰：「婦謂凡適婦、庶婦也。虞、卒哭祭婦，非舅事也，祔於祖廟，尊者宜主焉。」

〇主人未除喪，有兄弟自它國至，則主人不免而爲主。

鄭氏曰：「親質不崇敬也。」孔氏曰：「主人未除喪者，謂在國主人之喪服未除，有兄弟自它國至，謂五屬之親，從遠歸奔者也。免必有時，若葬後唯君來弔，雖非時亦免。崇敬，欲新其事故也。若兄弟非時而奔，則主人不須免也。」〇軾按：惟君至免，非君則不免，舉兄弟以該其餘也。

〇養有疾者不喪服，遂以主其喪。非養者，入主人之喪，則不易己之喪服。養尊者必易服，養卑者否。 養，羊尚切。

鄭氏曰：「養有疾不喪服，求生主吉，惡其凶也。遂以主其喪，謂養者有親也，死則當爲之主。其爲主之服，如素無喪服。入主人之喪，入猶來也。謂養者無親於死者，不得爲主，其有親來爲主者，素有喪服而來爲主，與素無服者異。素無服，素有服，爲今死者當服，則皆三日成也。養尊者，謂父兄。卑，謂子弟之屬。」孔氏曰：「此論自有喪服，養親族疾患者之法。己先有喪服，養此有疾親屬，則不著喪服。疾者既死，無主後，此養者爲之主。養時既去其服，今疾者身死，己爲之主，還與素無服同也。非養者，謂親屬病時，不得來爲養。死時來爲主。己有喪服，既前不養，今來爲主，亦不易己之喪服也。來爲喪主者，身本吉，無喪服。既來爲主，則爲此死者，服始死之服。若本有喪服，今來爲喪主，仍以先喪之服主之，故鄭云與素無服者異也。己身本有服及本無服，若與死者有親，則三日成服，皆爲死者服其服也。本有服重，而新死者輕，則爲一成服而反前服也。若新死者重，則仍服死者新服也。身本吉而來爲主，則計今親而依限服之也。養尊者必易服，養卑者否。此廣結前文養有疾者不喪服之文，前不分尊卑，故此明之。」○軾按：所養者，亦五服之旁親，以其尊也，故釋己服而養之。所謂己喪，期、大功以下，既葬卒哭，斬衰既練而後，故得爲旁親養。若未練未葬，則使人養而已，不親養己所服之喪，或疾者之所不服，或疾者有服而已除服，故養者釋服而養之。若所養者亦有喪而服，則養者不必不喪服。即所養者別有喪服，而非喪己之喪。但彼既喪服，養者亦不必不喪服。所養者死，而爲之服其服。或輕於己本有之服。或同於本有之服，或反重於本有之服，重則服其服，同而己服已變而受，亦服其服。若同而己服未變，或輕於己服，則于後死者。初成服，及當事拜客，服其服，不當事拜客，仍服己服，故曰『遂以主其喪』。主，謂拜賓爲主時也。不易己服者，謂初入爲主也。初者，本無服則素服，有服則不易服，至新死者三日成服，則釋本有之服而服其服。成服後，己服重者，亦惟當事拜賓服其服。不拜賓，仍服己重服。若本月之服輕於新服，或己變殺，則常服己死之新服。惟當己喪變除時，服己喪之服。

右記復銘免弔主喪，凡十七節。

奔父之喪，括髮於堂上，袒，降、踊，襲絰于東方。奔母之喪，不括髮，袒於堂上，降、踊，襲免于東方，絰即位，成踊，出門，哭止，三日而五哭三袒。

鄭氏曰：「凡奔喪，謂道遠已殯乃來也。爲母不括髮，以至成服。一而已，貶於父也，即位己下，於父母同也。三日五哭者，始至，訖夕反位哭，乃出就次，一哭也。與明日又明日之朝夕而五哭。三袒者，始至袒，與明日又明日之朝而三也。」孔氏曰：「括髮於堂上，殯宫堂上不笄纚者，奔喪異於初死也。袒，謂堂上去衣，降堂階東而踊，爲踊故袒。既畢襲，謂掩所袒之衣，帶絰東序東。奔母之喪，初時括髮，至又哭以後，至成服，括髮，袒於堂上降踊，與父同。父則括髮而加絰，母則不括髮而加免，此是異於父也。著免加絰以後，即位於阼階之東而更踊，故云成踊。其即位成踊，父母同於此之時。賓來弔者則拜之。奔喪禮，所謂反位拜賓成踊是也。出殯宫之門，就於廬，故哭者止。初死在家之時，哭踊無節。今聞喪已久，奔喪禮殺，故三日五哭異於家也。此謂已殯而來，若未殯而來，與在家同，不得減殺也。」山陰陸氏曰：「上言絰於東方。絰，首絰也。今此言免于東方，絰爲要絰爾。」

○奔兄弟之喪，先之墓而後之家，爲位而哭。所知之喪，則哭於宫而后之墓。

鄭氏曰：「兄弟先之墓，骨肉之親，不由主人也。宫，故殯宫也。」孔氏曰：「兄弟之喪，骨肉自然相親，不由主人，故先往之墓。若所知由主人，乃致哀戚，故先哭於宫也。」

○哭朋友者，於門外之右南面。

鄭氏曰：「變於有親者也。門外，寢門外，曰右西邊也。南面，向南爲主以對答弔客。」

○無事不辟廟門，哭，皆於其次。 辟，婢亦切。

鄭氏曰：「廟，殯宫，鬼神尚幽闇也。哭皆於次，無時哭也，有事則入即位。」孔氏曰：「此論在殯無事之時。闢，開也。朝夕人即位哭，則暫開之，無事則不開也。次謂倚廬，凡葬前晝夜無時哭，則皆於廬次之中。有事，謂賓客來弔。若朝夕哭，及適子受弔並入門，即位而哭。」

〇父不爲衆子次於外。

鄭氏曰：「於庶子略，自若居寢。」孔氏曰：「衆子，庶子。次，謂中門外次也。」

〇爲父母長子稽顙，大夫弔之，雖緦，必稽顙。

鄭氏曰：「喪尊者及正體，不敢不盡禮也。雖緦必稽顙，尊大夫，不敢以輕待之也。」孔氏曰：「重服先稽顙而后拜。父母長子並重，其餘期以下，先拜后稽顙。此謂平等來弔。若大夫弔士，雖是緦麻之親，亦必先稽顙而后拜。」〇軾按：檀弓：「稽顙而后拜，頎乎其至也。」又曰：「稽顙，隱之至也。」蓋拜爲賓，稽顙爲己，故非重喪不稽顙。今云大夫弔，雖緦，亦稽顙者，蓋因尊者來弔，觸動哀思，非爲大夫致敬也。

〇婦人爲夫與長子稽顙。其餘則否。

鄭氏曰：「謂婦人恩殺於父母。」孔氏曰：「婦人爲夫與長子，亦先稽顙而後拜，其餘否者，謂父母也。以愛重它族，其恩減殺於父母。」

右記奔喪喪次喪拜，凡七節。

斬衰之葛與齊衰之麻同。齊衰之葛與大功之麻同，麻同皆兼服之。齊，音咨。

鄭氏曰：「兼，謂服麻又服葛也。兼服之文，主於男子。」孔氏曰：「此明前遭重喪，後遭輕喪，麻葛兼服之義。斬衰既虞，受服之葛首絰要帶，與齊衰初喪麻絰帶同；齊衰變服之葛，與大功初死之麻同，皆兼服之者。皆上斬衰、齊衰、大功麻葛之事也。斬衰既虞，遭齊衰新喪，男子則要服齊衰之麻帶，首服斬衰之葛絰。婦人則首服齊衰之麻絰，要仍服斬衰之麻帶。婦人上下皆麻，故鄭云『兼服之文，主於男子』。」山陰陸氏曰：「謂若斬衰卒哭，男子變要絰以葛，若又遭齊衰之喪，則以齊衰之麻易葛帶，其首絰猶是斬衰之麻。女子更首絰以葛，若又遭齊衰之喪，則以齊衰之麻易葛絰，其要絰猶是斬衰之麻。是之謂兼服。何也？斬衰之葛，與齊衰之麻同故也。下倣此。鄭氏謂『服麻又服葛』，誤也」〇軾按：喪服首絰大搤，五分去一爲帶，五服遞減五分之一。齊衰首絰，大如斬衰之帶。大功首絰，大如齊衰之帶，而卒哭受服，亦各減五分之一，故曰斬衰之葛與齊衰之麻同。兼服當從陸氏解，所謂易服易輕者是也。以後喪之麻，易前喪受服之葛，而大小之制，仍不改乎前，是以麻包葛，非服麻又服葛包。

〇齊衰三月，與大功同者，繩屨。

鄭氏曰：「雖尊卑異，於恩有可同也。」孔氏曰：「大功以上，同名重服，齊衰爲尊，大功爲卑，雖尊卑則異。大功與齊衰三月，於恩有可同者，三月爲恩輕，九月恩稍重，所以衰服殊。而屨同，以表恩也。繩屨，謂以麻繩爲屨。」

〇下殤小功，帶澡麻不絶本，詘而反以報之。澡，音早。詘，音屈。

鄭氏曰：「報，猶合也。下殤小功，本齊衰之親，其絰、帶，澡率治麻爲之。不絶其本，屈而上至要，合而糾之，明親重也。凡殤散帶垂。」孔氏曰：「殤服澡麻爲絰帶，而斷麻根本，示輕也。若本期親，在下殤降小功者，則但首絰無根，而要帶猶有根，示其重故也。凡殤不糾要垂，皆散其帶，而此下殤則不散垂。挽麻鄕下屈反鄕上，故云屈而反也。屈向上，然後中分麻爲兩股，合而糾之，以垂向下，故云報也。」〇軾按：小功，澡麻斷本；下殤之小功，澡麻不斷本，異於正小功也。凡殤皆散帶垂。喪服傳曰：喪成人者，其文縟；喪未成人者，其文不縟，故殤之絰不樛垂，蓋未成人也。傳意謂凡喪大功以上，小斂後散帶垂，至成服乃樛之，樛之則服成矣。今爲殤不成人，其服亦若終弗成者，而散垂不樛，此記言服隆二等之下殤，則若不忍不成，又若不忍成也。故屈而反以報之，異於他殤之不樛也。注疏反報之義未明，愚意報扱也。以其下垂者，反屈而扱于要間，是不散亦不樛也。然則大功之降一等二等者，何以不然。曰「情稍疏也」。長中殤之降一等者何不然。曰「止降一等也」。九月七月，較五月爲少伸也。

○絰殺五分而去一。殺，色界切。去，起吕切。

孔氏曰：「喪服傳：『首絰大搹，去五分一以爲帶。』首尊要卑，卑宜小，故五分而去一。」澄按：喪禮經傳記中，絰、帶並言，則以首絰爲絰，而要絰爲帶，亦有以要絰爲絰，而絞帶爲帶者。若單言絰，則或謂首絰，或謂要絰，各隨所指。此記絰殺，蓋兼首、要二絰而言，謂絰之殺，五分首絰之大而去其一，以爲要絰也。下文如絰，則專指要絰。

杖大如絰。

鄭氏曰：「如要絰也。」

○苴杖，竹也。削杖，桐也。苴，七俱切。

孔氏曰：「苴者，黯也，至痛内結，必形色外章，心如斬斫，故貌必蒼苴。所以衰裳絰杖，俱備苴色也。必用竹者，以其體圓性貞，四時不改。明子爲父有終身之痛，故斷而用之，無所厭殺也。削者，殺也。必用桐者，明外雖被削，而心本同也。且桐隨時凋落，此謂母喪，示外被削殺，服從時除，終身之心，與父同也。」賈氏曰：「父者子之天，竹圓亦象天，竹内外有節，象子爲父，亦有内外之痛。此爲父所以杖竹，桐外無節，經時而變，象家無二尊，屈於父，削之使方者，取母象於地，此爲母所以杖桐也。」

○虞杖不入於室，祔杖不升於堂。

孔氏曰：「此論哀殺，去杖之節。」鄭氏曰：「哀益衰，敬彌多也。虞於寢，祔於祖廟。」方氏曰：「喪禮，先虞而後祔。虞，特杖不入於室，已至於祔，則雖堂，杖亦不升焉。蓋哀雖衰而敬愈不衰也。室内而堂外，故於室曰入。堂高而陛卑，故於堂曰升。論語亦曰入室升堂。」

○庶子不以杖即位。

鄭氏曰：「下適子也。位，朝夕哭位也。」孔氏曰：「適庶俱有父母之喪，適子得執杖進阼階哭位，庶子至中門外而去之也。」

○父不主庶子之喪，則孫以杖即位可也。

鄭氏曰：「祖不厭孫，孫得伸也。」孔氏曰：「父主適子喪，有杖。適子子，以祖爲其父主，故辟尊不敢俱以杖即位。今此父不主庶子喪，故庶子子得以杖即位。祖雖尊貴，不厭孫也。」

○父在，庶子爲妻以杖即位可也。

陸氏曰：「蓋父不主庶子之喪，則雖父在，庶子爲妻以杖即位可也。其曰可也。，則不以杖即位亦可。」

○母爲長子削杖。

鄭氏曰：「嫌服男子當杖竹也，母爲長子服，不可以重於子爲己也。」方氏曰：「杖桐非所以服男子，然母爲長子則杖之者，以其所以服我者而報之也。」

○婦人不爲主而杖者，姑在爲夫杖。爲主，如字。

鄭氏曰：「姑不厭婦。」孔氏曰：「舅主適婦喪，則厭適子，使不杖。今有姑主子喪，恐姑爲主，則亦厭婦，故明之。夫是移天之重，姑在婦雖不爲主而杖也。」

○女子子在室，爲父母，其主喪者不杖，則子一人杖。

鄭氏曰：「女子子在室，亦童子也。無男昆弟，使同姓爲攝主。不杖，則于一人杖，謂長女也。許嫁及二十而笄，笄爲成人，成人正杖也。」孔氏曰：「女子言重喪不嫁，則有出適人之端，非復在室。雖未許嫁，已二十而笄，猶男子之冠，非復童子。禮，童子不杖，成人則正杖。女子在室是童女也。由主喪者不杖，故此童女一人杖。若主喪者杖，則此童女不杖也。」

○箭笄終喪三年。

孔氏曰：「箭笄，女在室爲父也。惡笄，爲母也。」鄭氏曰：「笄所以卷髪，帶所以持身，婦人質，於喪所以自卷持者，有除無變。」

○齊衰，惡笄以終喪。

孔氏曰：「惡笄，榛木爲笄也。婦人質，故要絰及笄不須更易，至服竟方除，故云以終喪。」

○與諸侯爲兄弟者，服斬。

鄭氏曰：「謂卿大夫以下也，與尊者爲親，不敢以輕服服之。言諸侯者，明雖在異國，猶來爲三年也。」孔氏曰：「鄭恐彼此俱諸侯，爲之服斬，故注云謂卿大夫以下，若俱爲諸侯，則各依本服，不云與君爲兄弟，而言與諸侯爲兄弟，客在異國也。然既在異國，得爲舊君服斬者，以曾在本國作卿大夫。今來它國未仕，故得服斬也。」山陰陸氏曰：「禮臣爲若斬衰，雖兄弟不得以其屬通。喪服傳曰：『始封之君，不臣諸父昆弟，此與諸侯爲兄弟者也。雖如此，猶服斬，所臣兄弟可知。兄弟如此，諸父可知。』○軾按：陸氏引喪服傳以諸侯爲始封之君，較注疏在他國之説，更直截。

○**世子不降妻之父母，其爲妻也，與大夫之適子同。**適，音的。

鄭氏曰：「世子，天子諸侯之適子也，不降妻之父母，爲妻故親之也。爲妻齊衰不杖者，君爲之主，子不得伸也。」應氏曰：「天子諸侯降其妻之父母，而世子上不敢擬於尊者，儲副韜潛，而未有君道也。大夫之子，爲其妻齊衰不杖期。而世子下不敢異於卑者。家國雖異，而敬父則均也，故服不降者，非厚於外黨也。自處於卑，而致其謙焉爾。服不杖者，非薄於伉儷也。厭於所尊，而避其私焉爾。凡以君父在焉，而不敢失臣子之禮也。」

○**大夫降其庶子其孫不降其父。**

孔氏曰：「大夫爲其庶子，不爲大夫者服大功，嫌既降其子，亦厭其孫，故此明雖降庶子，而不厭降其孫。庶子之子，不降其父，猶爲三年也。」方氏曰：「庶子之子不降其父，以尊可以降卑，卑不可以降其尊也。」

○**祖父卒，而后爲祖母後者三年。**

孔氏曰：「此論適孫承重之服，祖父卒者，謂適孫無父而爲祖後。祖父已卒，今又遭祖母喪，故云爲祖母後也。如父卒爲母三年，若祖父卒時，父在，已雖爲祖期，今父没，祖母亡時，已亦爲祖母三年也。」鄭氏曰：「祖父在則其服如父在爲母也。」

〇**爲父後者，爲出母無服，**爲父，如字。

孔氏曰：「此論適子承重，不得爲出母著服。出母，謂母犯七出，爲父所遣。母子至親，義不可絶。父若猶在，子皆爲出母期。若父没後，適子係嗣烝嘗，不敢以私親廢先祖之祀，故不復爲出母服。」方氏曰：「爲出母無服者，隆於公殺於私恩也。」鄭氏曰：「不敢以己私廢父所傳重之祭祀。」

〇**爲父後者，爲出母無服，無服也者，喪者不祭故也。**

澄曰：「此條重出者，前但述其禮，此則釋其義也。」

〇**夫爲人後者，其妻爲舅姑大功。**夫爲，如字。

鄭氏曰：「以不貳降。」孔氏曰：「賀氏云：『此謂子出時已昏，故此婦還爲本舅姑大功。若子出時未昏，至所爲後家方昏者，不服本舅姑。以婦本是路人，來又恩義不相接，猶臣從君而服，不從而税。人生不及祖之徒，而皆不責非時之恩也。』熊氏云：『夫爲本生父母期，其妻降一等服大功，是從夫而服，不論識前舅姑與否。假令夫之伯叔在它國而死，其婦雖不識，豈不從夫服也。』」〇軾按：熊氏論最當。

〇適婦不爲舅後者，則姑爲之小功。爲舅，如字。

鄭氏曰：「爲夫有廢疾它故，若死而無子，不受重者。小功，庶婦之服也。凡父母於子，舅姑於婦，將不傳重於適。及將所傳重者非適，服之皆如庶子、庶婦也。」

〇士妾有子而爲之緦，無子則已。

鄭氏曰：「士卑，妾無男女，則不服，不别貴賤。」孔氏曰：「喪服云『大夫爲貴妾緦』，是大夫貴妾，無子猶服之也。士妾無子則不服，不殊别妾之貴賤也。」

〇妾爲君之長子，與女君同。

鄭氏曰：「不敢以恩輕輕服君之正統。」孔氏曰：「女君爲長子三年，妾從女君服，亦爲女君長子三年也。」

○妾從女君而出，則不爲女君之子服。

鄭氏曰：「半爲女君之黨服，得與女君同，而今俱出，女君猶爲子期，妾義絶無施服。」孔氏曰：「妾從而出，謂姪娣從女君而入，若女君犯七出，則姪娣亦從而出也。」

○從服者，所從亡，則已，屬從者，所從雖没也服。

鄭氏曰：「所從亡則已，謂若爲君母之父母、昆弟、從母也。所從雖没也服，謂若自爲己之母黨也。」孔氏曰：「此論從服之事，從服有六，其一是徒從。徒，空也。與彼非親屬，空從此而服彼。徒從有四，一是妾爲女君之黨，二是子從母服於母之君母，三是妾子爲君母之黨，四是臣從君而服君之黨，就此四徒之中，而一徒所從雖亡猶服。如女君雖没，妾猶服女君之黨，其餘三徒，所從亡則已。謂君母死，則妾子不復服君母之黨，及母亡，則子不復服君母之母，又君亡則臣不復服君黨親也。其中又有妾攝女君，爲女君黨，各有義故也。鄭注略舉一隅爾。屬者，骨血連續，以爲親也。亦三：一是子從母服母之黨，二是妻從夫服夫之黨，三是夫從妻服妻之黨，此三從，雖没猶從之，服其親也。鄭注亦舉一隅也。」

○**爲君母後者，君母卒，則不爲君母之黨服。** 爲君母後，如字。

鄭氏曰：「徒，從也。所從亡則已。」

○**爲母之君母，母卒則不服。**

鄭氏曰：「母之君母，外祖適母。徒從也。所從亡則已。

○**爲慈母之父母無服。**

鄭氏曰：「恩不能及。」孔氏曰：「慈母即是喪服中『慈母如母』者，父雖命爲母子，本非骨肉，故慈母之子，不爲慈母之父母服者，恩所不及也。」

○**爲慈母後者，爲庶母可也，爲祖庶母可也。** 爲慈母後，如字。爲庶、爲祖，皆同，去聲。

鄭氏曰：「謂父命之爲子母者也。父之妾無子者，亦可命己庶子爲後。」孔氏曰：「喪服傳曰：『妾之無子者，妾子之無母者，父命爲子母，而子服此慈母三年，此即爲慈母後也。記者見喪服有此例，故觸類言之。謂妾經有子而子已死者，它妾多子，則父命它妾之子爲無子之妾立後，與爲慈母後同也，故云爲庶母後可也，又觸類言之。謂父妾亦經有子，子死，已命己之妾子與父妾爲後，故呼己父之妾爲祖庶母，亦服之三年如己母也。必妾經有子者，若無子，則不得立後故也。」○軾按：爲慈母後，謂與慈母爲子，而爲之服三年之與爲人後之後不同。慈母雖由父命，然必實有養育之恩。如荀子所謂衣被之是也。受養育之恩而母之，不必庶母也，即祖妾之無子者，若父命之爲孫，而祖庶母衣被之若所生，則亦母之，而爲服三年之服可也。文意重在爲庶祖母句。

○爲殤後者，以其服服之。丈夫冠而不爲殤，婦人笄而不爲殤。爲殤，如字。

鄭氏曰：「言爲後者，據承之也。殤，無爲人父之道，以本親之服服之。冠笄，言成人也，婦人許嫁而笄，未許嫁與丈夫同。」孔氏曰：「爲殤後者，謂大宗子，在殤中而死，宗不可絶。族人爲後大宗，而不得後此殤者爲子也，以父無殤義故也。既不與殤爲子，則不應云爲後。今言爲後，據已己承其處爲言，爲人後者若子，既爲殤者之父後，則應服此殤以兄弟之服，而云以本親之服服者。在未後之前，不復追服。」○軾按：殤而爲之後，或疑其服，與凡爲後者有間，故明其服之如常，言師爲後。雖殤，亦必以其爲後之服服之。所以然者，以所後雖是十九歲以下之殤，然當其生時，則已冠矣。凡男女已冠笄不爲殤，故可爲之後，而以其服服之，注疏解未當。

○繼父不同居也者，必嘗同居，皆無主後，同財而祭其祖禰爲同居，有主後者爲異居。爲同、爲異，如字。

孔氏曰：「此解喪服經中繼父同居、異居之禮。繼父，謂母後嫁之夫也。若母嫁子不隨，則此子與母繼夫固路人，無繼父之名，自無服也。今此謂夫死妻稺子幼，無大功之親，隨母適後夫，後夫亦無大功之親。以其貨財爲此子築宮廟。四時使之祭祀，同其財計，如此則是繼父同居，故爲服期。若異居，其別有三：一者昔同今異；二者今雖共居，其財計各別；三者繼父更有子，便爲異居，則服齊衰三月而已。今言『有主後爲異居』，謂繼父更有子也。舉此一條，餘亦可知，然既云『皆無主後』爲同居，則有主後者爲異居，此子有子，亦爲異居也。山陰陸氏曰：「言皆無主後，則子亦是也。然則繼父同居，蓋亦爲之有子矣。娶婦而有子，亦異居焉。」鄭氏曰：「録恩服淺深也，見同財則期，同居異財，故同居。今異居，及父爲異居，則三月，未嘗同居。則不服。」○軾按：此解繼父不同居無服之義。言所云「不同居」者，非不同室之謂。謂有主後，即是異居也。居，家也。子無家，以繼父之家爲家。君子將營宮室，先建寢廟，若無以祀其先人，雖有室廬，不可謂室廬。無主後，即是無居，繼父與之財用而祀其祖禰，則無居而有居。而繼父又無主後，其始而子藉繼父之居以爲居，至繼父亦無主後，子喪之期，而祀之別室，則繼父又以子之居爲居，故曰「同居」也。主後之義云何，喪有無後，無無主。無後，謂「無爲之後」者。無主，謂無大功，以上親爲之喪主也。今父死有子，不得謂無後，然子幼不能自爲主，必大功以上之親爲之主。如所謂大功者，入主人之喪是也。既無主，則雖有後，而煢煢無依，溝壑不免。猶無後也，無主無後，則祖考之祀絶矣。有能撫此孤而其存祀者，即魏人所云「四孤」，當爲公嫗服，而世世祀之别室者也。况其母之所適。雖不父之而喪之可得也，必曰皆無主後者，使此繼父有子。或無子而有大功之親，則無藉此子之服之矣。然雖限於制。而不得爲之期。而生死骨肉之誼，終不可忘。喪服所云：「齊衰五月，其謂是歟？疏分異居爲三，其最謬者，以有主後爲專指繼父有子，不知喪服傳云：「兩無大功之親，重在子家無主後，若繼父有主，非不可爲服，謂不必爲服也。」又云：「此子有子亦爲異居。是又誤以後爲子之後矣。子之有後無後，於繼父何與乎。至今不同居之説更大可疑。人子幼孤，依人爲活，繼父撫之育之，至於成立，與之同財而祀其祖禰。今之有身有家。無覆先先人之祀者，伊誰之力？死而路人視之，於理安乎。記曰：必嘗同居則非，今同居可知。蓋成立則必歸家。若猶未也。必其繼父未能同財而使祀其祖禰，反不可謂異居也。喪服云：以其貨財爲之築宫廟，謂築宫廟於其家。注謂築於寢門外，非也。故凡爲繼父服期者，皆昔同室，而今不同室者也。注疏認「居」字不真，故有前同後異之説。後世相沿訛誤，予論喪禮，嘗言其略，不若今所見爲尤徹也。

〇婦當喪而出，則除之。爲父母喪，未練而出則三年，既練而出則已；未練而反，則期，既練而反，則遂之。

鄭氏曰：「當喪，當舅姑之喪也。出，除喪，絶族也。」孔氏曰：「當喪而出者，爲正當舅姑之服時，被夫遣出也。恩情既絶，故出即除服也。爲父母喪，未練而出者，謂妻自有父母喪時也。女出嫁爲父母期，若父母喪未小祥，被夫遣歸，值兄弟之小祥，則隨兄弟喪三年之受。已絶夫族，則其情更隆於父母，故云則三年也。既練而出則已者。已，止也，若父母喪已小祥，而女被遣，其期服已除。今歸，雖在三年内，則止不更反服也。所以然者，若反本服，須隨兄弟之節。兄弟小祥之後無變節，於女遂止也。未練而反則期者，謂先有父母喪，而爲夫所出。今喪猶未小祥，而夫命已反，則還夫家，至小祥而除，是依期服也。既練而反，則遂之者，若被遣還家，已隨兄弟小祥服三年之受，而夫命之反，則猶遂三年乃除，隨兄弟故也。」方氏曰：「女出嫁，則恩隆於夫家。被出則恩復隆於父母，得反則恩復隆於夫家。既練反，則服不可中道而除，故遂其三年。凡此所謂以仁起禮也。」〇軾按：婦人於父母之喪，聞而奔，練而後歸。或有故未及奔喪而被出，或已奔喪而被出，在一期之内，則尊常制。終喪三年，若既練之後，已歸夫家，而被出，則期服已釋。兄弟已小祥而服功衰，此女遂止而不服，蓋喪服必因祭而變除，故出而既練則止，反而未祥不除也。

○爲父、母、妻、長子禫。

鄭氏曰：「目所爲禫者也。」孔氏曰：「妻爲夫亦禫，但記文不具。」

○宗子母在，爲妻禫。

鄭氏曰：「宗子之妻尊也。」孔氏曰：「宗子爲百世不遷之宗也。賀氏云：『父在，適子爲妻不杖。』不杖則不禫，若父没、母存，則爲妻得杖，又得禫，凡適子皆然。嫌畏宗子尊厭其妻，故特云宗子母在，爲妻禫。宗子尚然，則其餘適子，母在爲妻禫可知。」

○庶子在父之室，則爲其母不禫。

鄭氏曰：「妾子父在厭也。」孔氏曰：「此謂不命之士，父子同宫者也。若異宫則禫之。」山陰陸氏曰：「禫，服之細也，雖奪之可。在父之室，謂未娶者也。即已娶，雖同宫猶禫。」

○生不及祖父母、諸父、昆弟，而父税喪，己則否。税，徒外切。

鄭氏曰：「謂子生於外者也。父以它故，居異邦而生己。己不及此親存時歸見之，今其死，於喪服年月已過，乃聞之。父爲之服，己則否者，不貴非時之恩於人所不能也，當其時則服。

稅，讀如『無禮則稅』之稅。稅喪者，喪與服不相當之言。」万氏曰：「日月已過，乃聞喪而服曰稅。」孔氏曰：「父先本國，有此祖父以下諸親，及或隨宦出遊，居於它國，更取而生此子。此子不與諸親相識，故云不及，謂不及歸見也。若此諸親死，道路既遠，喪年限已竟而始聞，父則稅之，謂追服也。此子則否。己在它國後生，得本國有弟者。假令父後又適它國，更取所生之子，則爲己弟，故有弟也。」王氏云：「計己之生，不及此親之存，則不稅。若此親未亡之前，而己生，則稅之也。昆弟，謂諸父之昆弟。」晉淳于纂曰：「據降而緦小功者稅之，蓋正親而重骨肉也。今父在子周，父亡則三年，此非重與。若但不見，割其至親之本愛，使與諸父、昆弟同制。尊祖之義，于是疏矣。」○軾按：生不及，謂不及死時也。生時如在喪服年月已過之後。雖在家亦無追服之禮。此云然者，嫌于父後聞喪而追服，或子亦當與俱稅也。或曰：「假而父没。己爲適孫，奈何。」曰：「素服爲墠以祭，哀則哭可也。」

降而在緦、小功者，則稅之。

孔氏曰：「此廣釋檀弓中曾子所説也，曾子所云『小功不稅』，是正小功爾。若本大功以上，降而在緦小功者，則爲稅之。本親重故也。」

○爲君之父母、妻、長子，君已除喪而后聞喪則不税。

鄭氏曰：「臣之恩輕也，謂卿大夫出聘問，以它故久留。」孔氏曰：「臣出聘不在，而君諸親喪，臣後方聞之。若君未除，則從爲服之。若君已除，則臣不税之也。」

○近臣，君服斯服矣，其餘從而服，不從而税。

鄭氏曰：「謂君出朝覲，不時反而不知喪者。近臣，閽寺之屬也。其餘，群介、行人、宰、史也。」孔氏曰：「鄉明臣獨行不税，此明賤臣從君出朝覲在外，或遇險阻，不時反國。比反，而君諸親喪，君自税之。臣之卑近者，則從君服之，非税義也。其餘爲臣之貴者，群介、行人、宰、史之屬，若君親服限未除，君既服之，則臣下亦從而服之。若限已竟，而君税之，此臣不從君而税也。」

○君雖未知喪，臣服已。

孔氏曰：「君出而臣不隨君，君之親於本國内喪，君雖未知。在國之臣即服之。凡從服者悉然。」

右記喪服，凡四十節。

父母之喪偕，先葬者不虞、祔，待後事，其葬服斬衰。

鄭氏曰：「偕，俱也，謂同月若同日死也。先葬者，母也。曾子問曰：『葬先輕而後重。』又曰：『反葬奠，而後辭於殯。遂脩葬事，其虞也，先重而後輕。』待後事，謂如此也。其葬服斬衰者。喪之隆，哀宜從重。假令父死在前月，而同月葬，猶服斬衰，不葬不變服也。言其葬服斬衰，則虞祔各以其服矣。及練、祥皆然，卒事反服重。」孔氏曰：「此論並遭父母喪之制，父母雖有同月日死，而不得同月葬。先葬，母也。先輕後重，葬母竟，不即虞、祔，更脩葬父之禮。以虞、祔稍飾。父喪在殯，未忍爲也。後事，謂葬父也。待葬父竟，先虞父，乃虞母，祭先重而後輕也。鄭注父喪在前月，謂是死前之月，或一月，或二月，或三月，但未葬之前皆是前月也。雖葬母，亦服斬衰葬之。以父未葬，不得變服也。若爲母虞、祔、練、祥皆齊衰也。卒事之日，反服父服，故鄭云『卒事反服重』。」

〇報葬者報虞，三月而后卒哭。

鄭氏曰：「報讀爲赴㲋之義，謂不及期而葬也。既葬即虞，虞，安神也。卒哭之祭，待哀殺也。」孔氏曰：「貧者或因事故死而即葬，不待三月，葬竟而急設虞，安神宜急也。卒哭猶待三月者，奪於哀痛，不忍急也。」

○久而不葬者，唯主喪者不除。其餘以麻終月數者，除喪則已。

鄭氏曰：「其餘，謂旁親也，以麻終月數。不葬者，喪不變也。」孔氏曰：「久而不葬，謂有事礙，則三年服，皆不得祥除。今云唯主喪者，廣説子爲父，妻爲夫，臣爲君，孫爲祖，得爲喪主，悉不除也。其餘，謂期以下至緦也。主人既未葬，諸親不得變葛，仍猶服麻。各自服限竟而除，不待主人喪除也。然此皆藏之，雖緦亦藏，至葬則反服其服也。盧氏云：『其下子孫皆不除也，以主喪爲正爾。』餘親者，以麻各終其月數，除矣。」

○三年而后葬者，必再祭。其祭之間，不同時而除喪。

鄭氏曰：「再祭，練祥也。間不同時者，當異月也。既祔，明月練而祭，又明月祥而祭。必異月者，以葬與練、祥本異歲，宜異時也。而除喪，已祥則除，不禫。」孔氏曰：「此謂身有事故，不得及時而葬，故三年後始葬。再祭，謂練、祥祭也。既三年未葬，尸柩尚存，雖當練、祥之月，不可除親服，故三年葬後。必爲此練、祥不可同一時而祭。當前月練，後月祥，故云不同時。於練、祥之時而除喪，謂練時男子除首絰，婦人除要帶，祥時除衰杖也。鄭注『已祥則除不禫』者，以記直云必再祭，故知不禫。禫者，未爲思念情深，不忍頓除，故有禫也。今既三年始葬，哀情已極，故不禫也。馬氏曰：「祭不爲除喪，而除喪者必因祭焉。以祭爲吉而除喪者，所以從吉也。夫練、祥之時，既已過矣，而猶爲之再祭，以存親之禮不可廢也。其祭之間不同時者，以其存親之節不可忘也。祭不同乎時，而除喪者亦不同乎時，則除喪必從祭也可知矣。」

○再期之喪，三年也。期之喪，二年也。九月、七月之喪，三時也。五月之喪，二時也。三月之喪，一時也。故期而祭，禮也。期而除喪，道也。祭不爲除喪也。爲，云僞切。

孔氏曰：「期而祭者，孝子喪親，歲序改易，隨時悽感，故一期而爲練祭，是孝子存親之心，於禮當然，故云禮也。期而除喪者，親終一期而除脱其喪，天道當然，故云道也。祭爲存親，除喪爲天道之變，兩事雖同一時，不相爲，故云祭不爲除喪。」方氏曰：「期而祭，謂練，期而除喪，謂男子除首絰，婦人除要帶也。禮，言緣人情，道言因天時，人情天時，各有謂焉，故曰祭不爲除喪。」馬氏曰：「祭謂之禮，除喪謂之道，禮存乎人，道存乎天。」澄曰：「再期、一期、九月、七月、五月、三月者，喪節之隆殺也。三年、二年、三時、二時、一時者，氣運之久近也，隆殺在人者也，久近在天者也，故祭以存親者，亦以盡乎人之禮。除喪以順變者，亦以從乎天之道，人禮之當盡者，無有窮已。天道之當從者，不得不然也。」

○除殤之喪者，其祭也必玄。

鄭氏曰：「殤無變，文不縟，玄冠、玄端、黄裳而祭。不朝服，未純吉也。於成人爲釋禫之服。」

除成喪者，其祭也，朝服縞冠。

鄭氏曰：「成，成人也。縞冠，未純吉，祭服也。既祥祭，乃素縞麻衣。」孔氏曰：「大夫朝服而祭，朝服者，玄冠、緇衣、素裳，是純吉之祭服也。今除成喪用縞冠，是未純吉之祭服。」

○除喪者，先重者。易服者，易輕者。

鄭氏曰：「除喪，謂練。男子除乎首，婦人除乎帶。易服，謂大喪既虞卒哭，而遭小喪也。其易喪服，男子易乎帶，婦人易乎首。」孔氏曰：「此論服之輕重相易，及除脱之義。男重首絰，女重要絰。凡所重者，有除無變，所以卒哭不受以輕服，至小祥各除其重也。易謂先遭重喪，後遭輕喪。變先輕者，則謂男子要，婦人首也。先遭斬服。虞，卒哭，已變葛絰，大小如齊衰之麻。若又遭齊衰之喪，齊衰要首皆牡麻，牡麻則重於葛，服宜從重，而男不變首，女不易要，以其所重故也。但以麻易男要女首，是輕故也。若未虞卒哭，則後喪不能變。」

○練，筮日、筮尸、視濯，皆要、絰、杖、繩屨。有司告具，而后去杖。筮日、筮尸，有司告事畢，而后杖，拜送賓。要，一遥切。去，起吕切。

鄭氏曰：「濯，謂溉祭器也。臨事去杖，敬也。」孔氏曰：「練，爲小祥。筮日，謂筮小祥之日。筮尸，亦筮小祥之尸。視濯，謂視洗濯小祥之祭器。喪至小祥，男子除首絰，唯有要絰，病尚深，故猶有杖。屨是末服，變爲繩麻，將欲小祥，豫著小祥之服，臨此筮日、筮尸、視濯三事。此三事悉是爲祭，祭欲吉，故豫服也。不言衰與冠者，亦同小祥矣。有司謂執事者，鄉者變服猶杖，今有司既告三事辦具，將欲臨事，故孝子去杖，敬生故也。有司告事畢，而后杖拜送賓者，筮日與尸二事，皆有賓來。鄉當臨事時去杖，今筮占事畢，則孝子更執杖以送賓。視濯，輕而無賓，故不言也。」

○大祥，吉服而筮尸。

鄭氏曰：「凡變除者，必服其吉服以即祭事，不以凶臨吉也。間傳曰：『大祥素縞麻衣』。」孔氏曰：「吉服，朝服也。大祥之日，縞冠朝服，亦豫服以臨筮尸。不言日及濯，從小祥可知。大祥則去絰杖屨，故不云杖絰屨。鄭引間傳者，以大祥之後，著素縞麻衣。此云吉服，則非祥後之服，是朝服也，故引以證之。」

○袝葬者，不筮宅。

鄭氏曰：「宅，葬地。袝葬不筮，前人葬既筮之也。」

○陳器之道，多陳之而省納之可也。省陳之而盡納之，可也。省，所冷切。

鄭氏曰：「多陳之，謂賓客之就器也，以多爲榮。省陳之，謂主人之明器也，以節爲禮。」方氏曰：「就器，亦明器也。以賓客就喪家陳之，因謂之就器。」山陰陸氏曰：「陳器之道，如其陳之數而納之，正也。即雖多陳之，少納之，省陳之，盡納之，禮亦不禁，是之謂可。」澄曰：「附葬陳器兩節，皆葬前事，今附章末，爲先後之次。」

右記葬至除喪，凡十一節。

諸侯不得附於天子。天子諸侯大夫。可以附於士。

孔氏曰：「附，謂附祭。禮，孫死附祖。諸侯不得附於天子者，卑孫不可附於尊祖也。天子諸侯大夫，可以附於士者，祖賤孫貴，附之不嫌也。若不附之，則是自尊而卑其祖也。」鄭氏曰：「人莫敢卑其祖。」

○士大夫不得附於諸侯，附於諸祖父之爲士大夫者，其妻附於諸祖姑，妾附於妾祖姑。亡，則中一以上而附，附必以其昭穆。

孔氏曰：「祖爲諸侯，孫爲士大夫而死，則不得附祖，謂祖貴宜自卑遠也。諸祖，祖兄弟也。既不附祖，當附祖之兄弟爲大夫士者。夫既不得附祖，妻亦不得附於祖姑，而可附於諸祖姑也。諸祖姑，是夫之祖父兄弟爲士大夫者之妻也。若祖無兄弟，亦附疏族不爲諸侯者。妾死，亦附夫祖之妾。亡，無也。夫祖無妾，則又間曾祖而附高祖之妾也。附必昭穆同，曾祖非夫同列，故附高祖也。」

○婦附於祖姑，祖姑有三人，則附於親者。

鄭氏曰：「祖姑三人，謂舅之母死，而又有繼母二人也。親者，謂舅所生。」孔氏曰：「婦附祖姑，則附於舅之所生者也。」張子曰：「附葬附祭，只合附一人。夫婦之道，當其初昏，未嘗約再配，是夫只合一娶，婦只合一嫁。今婦人夫死不可再嫁，如天地之大義，夫豈得而再娶。然以重者計之，養親承家，祭祀繼續，不可無也，故有再娶之理。然其葬其附，雖爲同穴同筵几，然譬之人情，一室中豈容二妻，以義斷之，須附以首娶，再娶別爲一所可也。」朱氏曰：「程氏祭儀謂：凡配止用正妻一人，或奉祀之人是再娶所生，即以所生配，謂凡配止用正妻一人，是也。若再娶者無子，或附祭別位，亦可也。若奉祀者是再娶之子，乃許用所生配，而正妻無子，遂不得配祭可乎？程先生此説恐誤。唐會要中有論凡是適母，無先後皆當並祔合祭，與古者諸侯之禮不同。夫婦之義，如乾大坤至，自有差等，故方其生存，夫得有妻有妾，而妻之所天不容有二，況於死而配附，又非生存之比。横渠之説，似亦推之有太過也。只合從唐人所議爲允。況又有前妻無子，後妻有子之礙，其勢將有所而不安者。唯葬則今人夫婦未必皆合葬，再娶別營兆域，宜亦可矣。」

○妾無妾祖姑者，易牲而附於女君可也。

鄭氏曰：「女君，適祖姑也。易牲而附，則凡妾下女君一等。」孔氏曰：「妾當附於妾祖姑，若無妾祖姑，當附於高祖姑，今又無高祖妾祖姑，則當易妾之牲，用女君之牲，附於女君可也。」方氏曰：「妾附嫌於隆，故易牲而祭，以示其殺焉。」

○其妻爲大夫而卒，而后其夫不爲大夫，而附於其妻，則不易牲。妻卒而后夫爲大夫，而附於其妻，則以大夫牲。

鄭氏曰：「不易牲，以士牲也。此謂始來仕無廟者，無廟者不附。宗子去國乃以廟從。」孔氏曰：「其妻爲大夫而卒者，謂夫爲大夫時，而妻死者也。而后其夫不爲大夫者，謂妻死後，夫或黜退，不復爲大夫而死也。夫既不爲大夫死，若附祭此妻，但依夫今所得用之牲，不得易用皆大夫時牲也。妻死後，夫乃得爲大夫。今既附祭其妻，則得用大夫牲，妻從夫之禮故也。死當附於祖，今夫死附於其妻，故鄭知是無廟者。宗子以廟從，則附於祖矣。」方氏曰：「婦人以從人爲事，故貴賤從夫，而不在己也。」山陰陸氏曰：「附於其妻，即是祔于其祖，蓋妻未有不附於祖姑者也。鄭氏謂『始來仕無廟』者，誤矣。」應氏曰：「此據妻之生死同夫榮辱而立文，注以附於其妻，則爲始仕而未有廟，亦未必然。正使新從它國而爲大夫，亦必有廟，既不立祖廟，豈敢爲妻立廟乎。」

○士附於大夫，則易牲。

鄭氏曰：「不敢以卑牲祭尊也。大夫少牢。」孔氏曰：「謂祖爲大夫，孫爲士，孫死附祖，則用大夫牲，不敢用士牲祭於尊者之前也。賤不附貴，而此云士附大夫者，謂無士可附也。猶妾無妾祖姑，易牲而附於女君，若先祖兄弟有爲士者，當附於士，不得附於大夫也。」

○父爲士，子爲天子、諸侯，則祭以天子、諸侯，其尸服以士服。

鄭氏曰：「祭以天子、諸侯，養以子道也。尸服士服，父本無爵，子不敢以己爵加之，嫌於卑之也。」孔氏曰：「尸服士服，謂玄冠，若君之先祖爲士大夫，則服助祭之服。曾子問云『尸弁冕而出』，是爲君尸有著弁者。有著冕者，若爲先君士尸，則著爵弁。若爲先君大夫尸，則著玄冕。若大夫士之尸，則服家祭之服。玄端是也。」澄曰：「舜自徽庸之後，當以帝朝公卿、大夫之禮祭瞽叟。而瞽叟庶人也，其尸服只當以士服。但既攝堯位，歲時攝堯祭天地、社稷、山川、宗廟。國之公祭畢，而后行家之私祭，及既受堯之天下，嗣帝位，則心雖孝慕，不得不以義斷恩，視堯猶父也。專奉堯之宗廟，不敢復祭已私親，故封象爲有庳之君。俾象以諸侯之禮祭瞽叟，而尸服仍用士服。或謂神不歆非類，民不祀非族，舜與堯不同系，不當奉堯宗廟。憶，此拘儒曲士，泥常守故之論，無廣大之心，不知通變之禮者也。夫舜攝位之初，受終於文祖，每巡狩而歸，必假于藝祖，且四時皆攝堯祭其宗廟。舜之與堯，其分雖曰君臣，其情實同父子，豈有一旦嗣位之後，遽然舍置堯之宗廟，使它人主其祭，而乃自立己之宗廟，若後世革命者之爲乎。故舜既嗣位，月正元日，假子文祖，即堯之親廟也。雖封丹朱爲諸侯，其國得立堯廟，以爲始祖。歲時祀堯以天子之禮，然其廟猶漢郡國之原廟，始鎬京既有文王武王廟，而周公又立文、武二廟於洛邑也。嚳受天下於顓頊，故禰顓頊。堯受天下於嚳，故禰嚳，祖顓頊。舜之時，堯廟新祔，而堯之祖禰廟不改，故有虞氏以頊嚳爲大祖，而郊嚳宗堯，祭耑頊、嚳、堯三廟也。舜之祭堯，爲承正統之祭，丹朱之祭堯，則如支子有事，而爲壇以祭其禰之禮也。其後禹嗣舜位，其禮一如之顓頊與嚳，堯祖禰也，而禹亦出自顓頊。又非舜禹所祭顓頊、嚳、堯舜四廟，别封商均爲諸侯，得立舜廟於其國。而歲時祭禮，皆與堯之子祭堯者不異，及至禹崩啓嗣，其禮始變，凡帝朝堯、舜二廟之中有當遷者，並遷于朱均國内之廟，自此以後，朱均之國，子子孫孫，得專祭堯舜，而舜廟祔禹，堯廟祔鯀，嚳以上，則如也。禹未嗣位之前，祭嚳自若，既嗣位之後，則以啓嗣崇伯而主鯀之祭。啓既爲天子，然後其禮如上所云，自古有天下者，必傳之子，縱非其子，亦是同系。惟堯之傳舜，舜之傳禹，則非其本系，此曠古非常之事。其傳位也，既非常禮，則其承祭也，亦豈可以常禮論哉。噫。此未易與拘儒曲士言也。或曰：『子謂舜與堯不同系，亦有考乎。』曰：『堯使四岳揚側陋，而後衆口舉舜，其辭曰在下。而舜自少耕稼陶漁，則是賤在民伍，而非前代帝王子孫明矣。今大戴禮帝系篇，推舜以上曰瞽叟、曰蟜牛、曰句望、曰敬康、曰窮蟬，而以窮蟬爲顓頊之子，蓋不足信。若果然，則舜乃堯之玄孫行。舜所娶堯女，乃曾祖姑行，堯命契教民以人倫，曰男女有别，豈其一家之内而無别，乃近于禽獸乎。以此知舜之爲側微，而非前代帝王之後也。』」

父爲天子、諸侯，子爲士，祭以士，其尸服以士服。

鄭氏曰：「天子之子當封爲王者後，以祀其受命之祖。云爲士，則不必封其子。擇其宗之賢若微子者，其尸服以士服，謂父以罪誅，不成爲君也。爲王者後，及立爲諸侯。祀其先君以禮卒者，尸服天子諸侯之服，如遂無所封立，則尸也，祭也，皆如士。不敢僭用尊者衣物。」孔氏曰：「鄭知父以罪誅，以尸服士服故也。以其嘗爲天子諸侯，不可以庶人禮待之。士是爵之最卑，故服其士服。」澄曰：「商紂既亡國，武王封微子于宋，得用天子之禮。祭其先王，尸亦服天子之服，紂得罪於天，武王以天吏奉天討伐之。其子武庚，亦罪人之子，不可受封，于私家祭紂，但得用士禮。紂雖嘗爲天子，然既自絶於天爲獨夫矣，則其尸亦但得服士服也。湯放夏桀于南巢，桀死後，其子之祭之也，禮亦宜然。按禮經缺亡，此記所言二條，於經無見，蓋王制雖言『祭從生者，喪從死者』，而中唐推武王、周公之達孝，亦不過父爲大夫，子爲士；父爲士，子爲大夫之禮而已。若天子諸侯之於士，尊卑貴賤懸絶，如此記所言，古亦鮮有其事，故竊假大聖之舜，與大惡之紂，以明此記之義。」應氏曰：「古之爲天子者，皆積累世德而致之，未有一旦崛起而在尊位也。其失天下者，必有大惡，自絶於天人之心，否則未有不賴前哲以免也。故德必若舜禹，而後能自匹夫驟興於萬乘；惡必若桀紂，而後忽自萬乘驟降於匹夫。若諸侯與士之進退升黜，雖或有之，而亦已鮮矣。自周秦以降，而後興替之不常，貴賤之殊絶，始比比有之。此論其所祭所服者，固亦當時所絶無而僅有。然先王制禮，以該括古今之變，而方來之人情事物不能違焉。所謂百世以俟聖人而不惑也。」○軾按：記言父爲士，子爲天子、諸侯，祭以士，其尸以士服。注謂「不以己之爵加于父」，尊之也。竊意天子合萬國之歡心以祀其先，主人玉藻邃綖，山龍黼黻，群公卿之駿奔在廟者。衮冕纁裳，百執事濟濟蹌蹌，禮則九獻，樂則八佾，而使尸衣士服，南面而食饗焉。豈惟人子之心不安，亦大非禮體。曲禮云：「雖貴富，不以貴富入宗子之家，雖衆車徒，以寡約入。」若父尸士服，而其子儼然天子、諸侯之儀，是尊其父不若一宗子矣。孟子謂仁人之于弟，親之欲其貴，愛之欲其富，况于父乎。一王受命，大封同姓，而其父依然故我，所謂尊親之至者安在乎？謂子不敢爵父固已，然臣民愛戴，奉天以尊之，非子之爵之也。曲禮「子貴不爲父作謚」，謚如文王謚文，武王謚武之謂。非王古公季歷文王之謂也。夏商禮制簡略，至周追王四世，遂爲萬世不易之規。漢儒緣中庸「父爲士，子爲大夫，葬以士」之文，而推非其類，不知士與大夫，相去不遠，若天子、諸侯之于士，則尊卑懸絶。中庸謂「三年之喪，達乎諸侯」，未嘗以葬祭之事爲無貴賤一也。孟子曰：「孝子之至，莫大乎尊親。」爲天子父，尊之至也。父不爲天子而爲天子父，葬以天子父之禮，可也。尸以天子父之服，可也。而烏用以士，天子父之葬，之尸之服，維何？是即天子之葬也。天子之服也，下而諸侯亦如是而已。吴文正公以舜父堯，而使象祭瞽叟，此施之濮安興獻，猶滋擬議，况舜非堯族耶？孟子謂瞽叟殺人，臯陶執法，舜竊負而逃，棄天下如敝屣。豈肯以天下之故，父堯而不父其父耶？北面臣父，齊東野人之語也。如死不以爲父，其生也非臣而何矣。又謂丹朱祀堯，如支子有事而爲壇以祭之禮，是使己父不得有子，而并使丹朱不得有父也。聖人人倫之至，固如是乎？神不歆非類，民不祀非族，此百代不易之常經，而文正以爲拘儒泥常不通，將必親疏混淆，尊卑倒置，而後謂之通乎？至父爲天子、諸侯，子爲士，祭以士，其尸服以士服，此又與前説自相背謬。父爲士，子不敢以己天子、諸侯之服服之。父爲天子、諸侯，子可以之士服服之乎？疏云：「以嘗爲天子、諸侯，不可以庶人待之，意以士之服，非從子也。」果爾，是君也而庶人之，庶人也而又士之。反覆顛置，有是禮乎？歐陽文忠作五代史，不僞梁，爲統不可絶也。若以桀、紂不成爲君而黜之，將天子之統，以湯繼帝發，武繼帝乙乎？孟子謂「聞誅一夫紂」，謂其衆畔親離而孤獨無助也。何嘗謂桀、紂非君？當時君之，世世史册君之，而子士之可乎？竊疑下段其尸服以士服，容有錯簡，依中庸爲文，則當云父爲士，子爲天子、諸侯，祭以天子、諸侯，尸以士服；父爲天子諸侯，子爲士，祭以士，尸以天子諸侯服。然有國有家者，失其國家則祀絶，周封杞宋，不忍絶夏商之祀也。武庚既畔，微子爲殷後，祭成湯以下，亦必及於紂，彼武庚雖有弟，亦不得爲紂立廟，故以士祭天子諸侯，此必無之事也。如其有之，則若少康之奔有虞。其祭也，意必如宗子去國爲壇之文，少盡哀思已耳，而暇爲禮乎？天子、諸侯喪祭之禮，孟子時已無聞，漢儒偶有掇拾，率意附會，如此類者，多不足信，闕之可也。

○禮，不王不禘。王者禘其祖之所自出，以其祖配之。

舊本「禮不王不禘」五字〔一〕，别在一處。劉氏曰：「此句當在王者禘其祖之所自出之上，脱誤爾。」澄按：如劉説，則與後篇大傳文同，今從之。」趙氏曰：「禘，王者之大祭。不王不禘，明諸侯不得有也。所自出，謂所係之帝。儀禮喪服傳曰：『都邑之士則知尊禰矣。』大夫及學士，則知尊祖矣。諸侯及其大祖，天子及其始祖之所自出。」朱子曰：「先王報本追遠之意，莫深於禘。」長樂黄氏曰：「祀先之禮，自禰而祖，自祖而推之以及於始祖，其禮已備矣。而禘之祭，又推始祖之所自出，而以其祖配之也。夫報本追遠，而至於及其祖之所自出，是其用意甚深，而非淺近之思也。」澄曰：「夏以顓頊爲始祖，顓頊出於黄帝，故禘黄帝於顓頊之廟，而以顓頊配，商以契爲始祖，周以稷爲始祖，稷契皆出於帝嚳，故禘帝嚳於稷契之廟，而以稷契配也。」

諸侯及其大祖而立四廟。 大，音泰。

舊本「而立四廟」四字在上文「以其祖配之」之下，無所系屬，義不可通。劉氏曰：「此句上

〔一〕「五」，原作「四」，據文意改。

有缺文，當是諸侯及其大祖而立四廟。」澄按：「大傳『以其祖配之』之下，有此六字。劉氏所謂『有缺文者』是也。今從其説，而以大傳篇之文補之，言諸侯不得如天子之追禘大祖以上，所祭上及其大祀而止齒，而大祖之下，則立二昭、二穆之廟爲四親廟也。」

○慈母與妾母，不世祭也。

慈母，謂父命無母之妾子，以有子而死之妾爲母者也。妾母，謂妾之自有子者也。諸侯無適子，或立此二種妾之子爲君，而其妾别無它子，則其子之爲君者。歲時爲壇以祭，其所生之母，使庶公子主其祭，然此君祭此妾母，止在當身，至此君之子，則不復祭之矣。春秋穀梁傳所謂「於子祭，於孫止」，是也。○軾按：妾祔於妾祖姑，無則中一以上，若妾母不世祭，安得有高祖之妾可祔乎？天子諸侯，上及祖廟之重，亦當使庶子世世主其祭，何得自身而止。意此妾母，或身受恩慈而未有爲子之父命，或本無子，而非先有後無。但既受恩慈，自當爲壇以祭，使庶子主之，及身而止，決非所生之母也。

庶子王，亦如之。

舊本此六字在上文「四廟」之下，文意不屬。劉氏曰：「此一句當在『慈母與妾母不世祭也』之下。」澄按：「其説是也，今從之。慈母、妾母之子爲君者，至再世則不復祭其所生之母。或有庶子立爲王者，其禮亦如之也。謂此王妾別無它子，則子之爲王者，歲時爲壇祭之。使王族主其祭，亦一世而止，再世不復祭也。」

〇別子爲祖，繼別爲宗。

孔氏曰：「諸侯適子之弟，別於正適，不得禰先君，故稱別子。其子孫爲卿大夫，立此別子爲始祖，故曰別子爲祖。別子之世世長子，恒繼別子，與族人爲百世不遷之大宗，故云繼別爲宗也。」〇軾按：自子孫言之爲祖，自族人言之則爲宗，爲祖即爲宗也。曰繼別者，謂世世繼此別子爲大宗也。

繼禰者爲小宗。

鄭氏曰：「別子庶子之長子，與其昆弟爲宗也。謂之小宗者，爲其將遷也。」

有五世而遷之宗，其繼高祖者也，是故祖遷於上，宗易於下。

孔氏曰：「上從高祖，下至玄孫之子。此玄孫之子，則合遷徙，不得與族人爲宗，故云五世而遷。此五世，是繼高祖者之子，若繼高祖之身，未滿五世，猶爲服也。別子之後，族人衆多，或繼高祖，與三從兄弟爲宗；或繼曾祖，與再從兄弟爲宗；或繼祖，與同堂兄弟爲宗；或繼禰，與親兄弟爲宗，一身凡事四宗。兄弟之適，是繼禰小宗也；事同堂兄弟之適，是繼祖小宗也；事再從兄弟之適，是繼曾祖小宗也；事三從兄弟之適，是繼高祖小宗也，兼大宗爲五，繼高祖者至於五世，不復與四從兄弟爲宗。五世則遷，各隨近相宗，小宗所繼非一，獨云繼禰者，小宗雖四，初皆繼禰爲始，據初爲元也。四世之時，尚事高祖，五世至高祖之父，不爲加服，是祖遷於上。四世之時，仍宗三從族人，至五世不復宗四從族人，各自隨近爲宗，是宗易於下。」

祖故敬宗。敬宗所以尊祖禰也。

鄭氏曰：「宗者，祖禰之正體。」澄曰：「敬繼祖之宗，所以尊其爲祖之正體。敬禰之宗，所以尊其爲禰之正體。上但言尊祖，不言禰者，舉尊以包卑。祖者，兼曾、高二祖，通言三祖也。」

庶子不祭禰者，明其宗也。

此庶子，父庶也。謂别子之庶孫，繼别大宗之從子，繼禰小宗之親弟也。有親兄爲繼禰小宗，故不敢祭禰者，以明其所宗者禰之正體。孔氏曰：「禰適得立禰廟，故祭禰。禰庶，不得立禰廟，故不得祭禰，明其有所宗。」

庶子不爲長子斬，不繼祖與禰故也。

此庶子亦父子，謂别子之曾孫，繼别大宗之從孫，繼禰小宗之庶子，繼祖小宗之親弟，以其親兄是繼祖小宗。繼禰又繼祖，自己本身，不繼祖，又不繼禰。己之長子，它日雖得繼己爲小宗，然不繼己之祖與禰，故服之同於庶子期，而不服長子三年之服。

庶子不祭祖者，明其宗也。

此庶子，祖庶也，亦謂别子之曾孫，繼别大宗之從孫。繼禰，小宗親弟之長子。繼祖小宗之同堂從兄弟，從庶子它日父没後，雖得自爲小宗，而祭其禰。然不敢祭祖者。以明其所宗者，祖之正體，以上三條，必言别子。及别大宗以某親者，承上文别子爲祖。『繼别爲宗』二句，而自初言之，實則循是以下，雖去别子已遠，皆然也。」鄭氏曰：「謂宗子、庶子俱爲適士，得立祖禰廟者也。凡正體在乎上者，謂下正猶爲庶也。」孔氏曰：「祖庶雖爲適士得立禰廟，不得立祖廟也。鄭注：『正體，謂祖之適也。下正，謂禰之適也。』雖正爲禰適，而於祖猶爲庶也。五宗悉然。」

庶子不祭殤與無後者，殤與無後者，從祖祔食。

鄭氏曰：「不祭殤者，父之庶也。不祭無後者，祖之庶也。此二者，當從祖祔食，而已不祭祖，宗所食之也，共其牲物，而宗子主其禮焉。祖庶之殤，則自祭之。凡所祭殤者，唯適子爾。無後者，謂昆弟諸父也。宗子之諸父無後者，爲墠祭之。」孔氏曰：「庶子不得祭父祖，此殤與無後者之親，共其牲物，各從其祖祔食祖廟在宗子之家，己不得自祭之也。父之庶者，謂己是父之庶子，所生之適子爲殤而死者，不得自祭之。以己是父庶，不合立父廟故也。殤尚不祭，成人無後，不祭可知。祖之庶者，謂己是祖庶，不合立祖廟，故兄弟無後者，不得祭之。己若是曾祖之庶，亦不得祭諸父無後者。諸父無後，當於曾祖之廟而祭。此不云曾祖，言祖兼之也。祖庶之殤爲己子，己於祖爲庶，然己是父適，得立父廟，故自祭殤於父廟也。宗子是士，唯有祖、禰二廟，無曾祖廟，故諸父無後者，爲墠祭之。若宗子爲大夫得立曾祖廟，則祭於曾祖廟，不於墠也。」張子曰：「鄭注謂不祭殤者，父之庶，蓋以殤未足以語世數，特以己不祭禰，故不祭之。不祭無後者，祖之庶雖無後，以其成人備世數，當祔祖以祭。不祭祖，故不得而祭之也。祖庶之殤，則自祭之。言庶孫則得祭其子之殤者，以己爲其祖矣，無所祔之也。凡所祭殤者唯適子，此據禮天子下祭殤五，皆適子、適孫之類，故知凡殤非適，皆不當特祭，唯當從祖祔食。」應氏曰：「殤與無後，皆庶子之子也。殤者幼而未成人，無後者長而未有子。鄭氏以殤爲己之子，而繫於父之庶，以無後爲兄弟，而繫於祖之庶，蓋以殤惟適可祭。今適子之下，又有無後者，不應更祭，故指此爲兄弟而言之。夫所謂殤與無後，包羅其義云爾。非謂庶子之子，其適與庶皆死也。適子或殤而死，或無後而死，皆從祖而祭於宗子之家，謂之祔食，特祔焉而又食之，非必同祭於祖，故曾子問又謂之『殤不祔祭』。若果如此，則兄弟之無後者，亦不患於無所祔食矣。」

○親親以三爲五，以五爲九，上殺，下殺，旁殺，而親畢矣。殺，色界切。

鄭氏曰：「己上親父，下親子，三也。以父親祖，以子親孫，五也。以祖親高祖，以孫親玄孫，九也。殺，謂親益疏者，服之則輕。」○軾按：三年之服，加隆焉耳。論其正，則以期爲斷。

父上爲祖，應殺爲大功，以父加隆，祖亦加隆，故服期。祖之上曾，曾之上高，應遞殺而爲小功、緦麻，以小功乃兄弟之服，不可施於尊者，故裁爲齊衰三月，一也。重其服爲齊衰者，以其尊，少其期服三月者，以其疏也。父于子期，下殺而孫爲大功，至曾孫應殺爲小功，以曾孫服曾祖止三月，故服之，亦三月緦。三月則無可減，故玄孫同。旁殺由同父而同祖、同曾、同高，四親以四服遞殺，上下一也。

親親、尊尊、長長，男女之有别，人道之大者也。長，之兩切。别，彼列切。

鄭氏曰：「言服之所以隆殺。」澄曰：「此一條舊本與『上殺、下殺、旁殺而親畢』之文不相屬，其實當相屬，故鄭注以爲言服之隆殺。蓋以結上親親、三、五、九之意也。親親之三、五、九，以一家所親之親，合爲一而言也。此條之親親，在尊尊、長長、男女有别之先，以一家所親之親，分爲四而言也。親親，謂親而非尊、非長者。大傳謂之『下治子孫』，此章所謂下殺之親。正子孫之服，與從族旁親之子孫也。尊尊，爲親而又尊者。大傳謂之『上治祖禰』，此章所謂上殺之親。正父、祖與從族旁尊之父、祖也。長長，謂親而又長者，言長則兼幼矣。大傳謂之『旁治昆弟』，此章所謂旁殺之親。正昆弟與從族旁長、旁幼之昆弟也。男女之有别，謂它姓之女來爲本姓婦，本姓之女往爲它姓婦者，是爲内治夫婦之親，大傳之『服屬』所謂『名服』、『出入服』也。獨皇氏不取鄭注，謂此是記者言别事，不論服之隆殺。澄初亦頗然其説，而以此爲汎論親親者父子之倫，尊尊者君臣之倫，長長者兄弟之倫，男女有别者夫婦之倫，該五之四，故曰人道之大。其後細味上下文意，又觀大傳與此章文意大同小異，乃知己説爲非，而鄭注爲審。但孔疏所釋親親、尊尊之服未當爾，故特據大傳『上治』、『下治』、『旁治』之説，以定尊親長之服焉。」

右記袝及吉祭，凡十一節。

服問第十三

此篇所記，與喪服小記篇内喪服一章相類。無問辭，而名曰「服問」者，蓋是有人問喪服，而知禮者援，據禮經傳記逐節答之如此。記者但記其所答之辭爲一篇，而不復記其所問之因也。

君爲天子三年，夫人如外宗之爲君也。 爲，云僞切。後並同。

鄭氏曰：「諸侯爲天子服斬，夫人亦從服期。外宗，君外親之婦也。其夫與諸侯爲兄弟，服斬，妻從服期。」孔氏曰：「熊氏云外宗有二，卿大夫之妻，一也；君之姑、姊妹之女，舅之女，從母之女，二也；此外宗。是諸侯外親之婦，若姑之子婦，從母之子婦，其夫是君外姓之親。在於宅國，當尊諸侯，不依本服之親也，故諸侯死。來爲之服斬。其婦亦名外宗。從服期也。

世子不爲天子服。

鄭氏曰：「遠嫌也。不服，與畿外之民同也。」孔氏曰：「諸侯世子有繼世之道，所以遠嫌，不爲天子服也。」

君子所主：夫人妻、大子，適婦。適，東歷切。大音泰，下同。

鄭氏曰：「言『妻』，見大夫以下亦爲此三人爲喪主也。」山陰陸氏曰：「言妻，非見大夫以下，大夫以下。爲此三人爲喪主，不必見也。」曲禮曰：「公侯有夫人、有世婦、有妻、有妾。」陳氏集注：「夫人，君之適妻，故云夫人妻。」

○大夫之適子，爲君夫人大子，如士服。

鄭氏曰：「大夫不世子，不嫌也。上爲國君斬，小君期。大子君服斬，臣從服期。」孔氏曰：「大夫無繼世之道，其子無嫌，爲君與夫人及君之大子。得如士服也。」

○君之母，非夫人，則群臣無服。唯近臣及僕驂乘從服，唯君所服服也。乘，去聲。

孔氏曰：「君母是適夫人，則群臣服期。非夫人則曰服緦。群臣無服。近臣，爲閽寺之屬。僕，御車者。驂乘，車右也。貴臣不服，賤者隨君服緦。」陳氏集注：「唯君所服服者，君服緦，近臣等亦緦也。」

○公爲卿大夫錫衰以居，出亦如之，當事則弁絰。大夫相爲亦然。爲其妻，往則服之，出則否。

鄭氏曰：「弁絰，如爵弁而素加絰也。不當事則皮弁。出，謂以宅事不至喪所。」孔氏曰：

「公爲卿大夫喪，成服後著錫衰以居。以宅事出，亦服錫衰，首則皮弁。若君往弔卿大夫，當大斂及殯及將葬啓殯之事，則首弁絰，於士，雖當事，首皮弁。大夫相爲，亦如君於卿大夫。不當事則皮弁，當事則弁絰。大夫於士，當事亦皮弁。公於卿大夫之妻，及卿大夫相爲其妻，往臨其喪則錫衰，不恒著，以居若宅事出，亦不服，其當殯斂，亦弁絰也。」

〇傳曰：「有從輕而重，公子之妻爲其皇姑。」

鄭氏曰：「皇，君也。諸侯妾子之妻，爲其君姑齊衰，與爲小君同，舅不厭婦也。」孔氏曰：「傳曰者，舊有成傳引之。公子，謂諸侯妾子。皇姑，即公子之母也。諸侯在，尊厭妾子，使爲母練冠。諸侯没，得爲母大功。而妾子妻，不辨諸侯存没，爲夫之母期。夫練冠是輕，妻爲期是重，故云從輕而重。妾非女君，而此婦所尊與女君同，故云君姑。」

有從重而輕。爲妻之父母。

鄭氏曰：「妻齊衰，而夫從緦麻，不降一等，言非服差。」

有從無服而有服，公子之妻，爲公子之外兄弟。

鄭氏曰：「謂爲公子之外祖父母從、母緦麻。」孔氏曰：「公子之外兄弟，謂公子之外祖父母也。公子被厭，不服己母之外家。妻猶服公子外祖父母、從母緦麻，是『從無服而有服』也。公子外兄弟，知非公子姑之子者。以喪服小記云：『夫之所爲兄弟服，妻皆降一等。』夫爲姑之子緦麻，則妻無服。外祖父母、從母皆小功之服。凡小功者，謂爲兄弟。若同宗，則直稱兄弟；以外族，故稱『外兄弟』也。」澄按：禮家雖有「凡小功以下爲兄弟」之文，然稱外祖父母、從母爲外兄弟，終是未其義。蓋謂外家之親，而服小功兄弟之服者，以外祖父母及從母，皆是小功服，故以兄弟稱也。

有從有服而無服，公子爲其妻之父母。

鄭氏曰：「凡公子厭於君，降其私親。女君之子不降也。」孔氏曰：「雖爲公子之妻，猶爲父母期。公子被厭，不從妻服父母，是從有服而無服也。」

〇傳曰：母出則爲繼母之黨服，母死則爲其母之黨服。爲其母之黨服，則不爲繼母之黨服。

鄭氏曰：「雖外親，無二統。」澄曰：母出，謂己母被出，而父再娶。子雖不絶母服，而母黨之恩則絶矣，故服繼母之黨，而於己母之黨不服也。母死，謂己母死，而父再娶。己母祔廟，是父之初配，雖有繼母，而子仍服死母之黨，其服繼母之身，雖同己母，而繼母之黨，則不同於己母之黨，故不服也。」

〇傳曰：罪多而刑五，喪多而服五。上附下附，列也。列音例。

澄曰：「罪多，如墨辟千、劓辟千、剕辟五百、宫辟三百、大辟二百之類。喪多，如儀禮喪服篇斬衰章『爲某人等』、齊衰章『爲某人等』之類。言罪雖多，而皆不出乎墨、劓、剕、宫、大辟五之刑；喪雖多，而皆不出乎斬衰、齊衰、大功、小功、緦麻五者之服，其或刑書、禮書所載不盡者。以列通之。由輕而加重，則附於在上之列，由重而減輕，則附於在下之列。通此二列，則雖至多之罪、至多之喪，而刑書中之五刑、禮書中之五服，足以該之而無不盡者矣。」〇軾按：列，等比也，無正條，故取上下相等者，比而行之。

右記喪服輕重，凡七節。

三年之喪毁練矣，有期之喪既葬矣，則帶其故葛帶，絰期之絰，服其功衰。期音基，下同。

孔氏曰：「三年之喪，練祭後葛帶。期喪既葬，男子應著葛帶，與三年之葛帶，粗細正同。以父葛爲重，故帶其故葛帶。練後，男子首絰除矣。其首空，故絰期之葛絰，若婦人練後，麻帶既除，則首絰練之故葛絰。要帶期之麻帶也。功衰，謂服父練之功衰也。」〇軾按：三年之喪練，期之喪既葬。其帶一也。而必帶其練之故帶者。重父也。絰期之絰者。以三年喪毁練已除絰也。服其練之功衰者。三年喪既練。所受之功衰七升。期既葬之受衰八升。以重包輕也。

有大功之喪亦如之。

鄭氏曰：「大功之麻，變三年之練葛，期既葬之葛帶，小於練之葛帶，又當有絰，亦反服其故葛帶，絰期之絰。此雖變麻服葛，大小同爾，亦服其功衰。凡三年之喪既練，始遭齊衰、大功之喪，絰帶皆麻。」孔氏曰：「三年之喪，練後有大功之喪，以大功初死之麻。變三年練後之葛，首要皆麻，謂之重麻。大功既葬，葛帶三寸有餘。三年練之葛帶，則四寸有餘。故大功既葬，反服練之故葛帶。大功初喪首麻，若要服練之葛帶。首服大功既葬之葛絰，則不爲五分去一，故首絰進與期之既葬同五寸有餘。大功初喪，首麻絰五寸餘，要麻帶四寸餘。既葬首葛絰應四寸餘，要葛絰應三寸餘，此雖變麻服葛，與大功初死之麻絰，大小同也。」〇軾按：三年之喪既練，又有大功之喪既葬，則帶其練之故葛帶。所以然者，以大功帶三寸有餘，練帶四寸餘，以重包輕也。練去首絰，應絰大功之絰，乃亦絰期之絰者，凡帶小絰五分之一，禮也。今大功既葬之絰四寸餘，練帶亦四寸餘，是絰帶相等，故進而絰期之五寸絰，以五寸較練帶之四寸爲五分大一故也。衰則三年練之衰，即功衰也，則亦服其故焉已爾。

小功無變也。

鄭氏曰：「無所變於大功齊斬之服，不用輕累重也。」孔氏曰：「言先有大功以上喪服，今遭小功之喪，無變於前服，不以輕服減累於重也。」

〇麻之有本者，變三年之葛。

鄭氏曰：「有本，謂大功以上也。小功以下，澡麻斷本。」孔氏曰：「大功以上，并留麻之根本，合糾爲帶。如此者，得變三年之練葛。若小功以下，其絰澡麻斷本，是麻之無本者，不得變三年之葛也。言變三年葛，舉其重者。期之葛，亦得變之。」

〇既練遇麻斷本者，於免絰之，既免去絰，每可以絰必絰，既絰則去之。斷，東管切。免，音問，下並同。去，起吕切，下同。

孔氏曰：「遇麻斷本，謂遭小功之喪。此明斬衰既練之後，遭小功之喪，雖不變服，得爲之加絰也。以練無首絰於小功喪，有事於免之時，則爲之加小功之絰。既免去絰，謂歛殯事竟，則脱去其絰也。小功以下之喪，當歛殯之節，每可以絰之時，必爲之加麻。既絰則去之，謂不應絰之時，則去其絰，自若練服也。」〇軾按：既免，謂已過免時也。凡免必絰，而絰不必皆免。既練遇麻斷本之絰，爲免設，非變服也，故不免即不絰。」

小功不易喪之練冠。如免。則絰其緦小功之絰。因其初葛帶。

孔氏曰：言小功以下之喪。不合變易三年喪之練冠。其期之練冠。亦不得易。如當緦小功著免之節。則首絰其緦與小功之絰。所以爲後喪緦小功絰者。以前喪練冠首絰已除故也。

上云小功不易。明緦亦不易。下云緦小功之絰。兼言緦者。恐免絰不及緦故也。因其初葛帶者。言小功以下之喪。要中所著。仍因其初喪練葛帶。上文云期喪既葬則帶練之故葛帶。此小功以下之喪。亦著練之初葛帶。不云故而云初者。以期初喪之時。變練之葛帶爲麻。期既葬之後。還反復練之故葛帶。故言故也。其小功以下之喪。不變練之葛帶。故云初葛帶也。

緦之麻，不變小功之葛；小功之麻，不變大功之葛，以有本爲税。 税，吐外切，下之税同。

鄭氏曰：「税，亦變易也。小功以下之麻，雖與上葛同，猶不變也。此要其麻有本者，乃變上耳。」孔氏曰：「以輕喪之麻，本服既輕，雖初喪之麻，不變前重喪之葛也。以有本爲税者，大功以上。麻絰有本者，得税變前喪。緦與小功麻絰既無本，不合税變前喪也。」

○殤長、中，變三年之葛，終殤之月算，而反三年之葛。是非重麻，爲其無卒哭之税。下殤則否。 長，知兩切。重，南勇切。爲，云僞切。

孔氏曰：「殤長、中者，謂本服大功，今降在長、中殤，男子則爲之小功，婦人爲長殤小功，中殤則緦麻。如此者，得變三年之葛也。著此殤服之麻，終其月算數。如小功則五月，緦麻則三月。著麻月滿，還反三年之葛也。言服殤長、中之麻不改，是非重此麻也。以殤服初死服麻，以後無、卒哭之税麻、服葛之法，以其質略，無文飾之繁數故也。」陳氏集注：「上文麻有本者，得變三年之葛，則齊衰下殤，雖是小功，亦是麻之有本者，故喪服小記云：『下殤小功，帶澡麻不絶本。』然齊衰下殤，乃變三年之葛。今大功長殤，麻既無本，得變三年之葛者，以無虞、卒哭、之税，故特得變之。若成人小功、緦麻，麻既無本，故不得變也。」

○凡見人，無免絰，雖朝於君，無免絰。唯公門有税齊衰。免，音勉，下同。朝，音潮。税，吐活切，又始鋭切。

鄭氏曰：「見人，謂往來見人也。無免絰，絰重也。税，猶免也。古者『説』或作『税』。有免齊衰，謂不杖齊衰也。於公門有免齊衰，則大功有免絰也。」孔氏曰：「以絰重，縱往朝君，亦無免税於絰也。唯至公門，已有不杖齊衰，則税去其衰，絰猶不去也。若杖齊衰及斬衰，雖入公門，衰亦不税也。其大功非但脱衰，又免去絰也。」

○傳曰：「君子不奪人之喪，亦不可奪喪也。」

此文已見雜記，今再引之以結上文。孔氏曰：「君子以己恕物，不可奪人喪禮，故君許臣著絰，亦不可自奪喪，所以己有重喪，猶絰以見君，申喪禮也。」

右記喪服變易，凡七節。

檀弓第十四

舊本「公儀子仲之喪，檀弓免焉」，爲此篇之第一章，故摘「檀弓」二字名篇。今更定章次，檀弓章雖不在篇首，而篇名則仍其舊云。

事親有隱而無犯，左右就養無方，服勤至死，致喪三年。 左右如字。養，以尚切。

致，至也。謂極其哀毁也。

事君有犯而無隱，左右就養有方，服勤至死，方喪三年。

方，比也，比方于親之喪也。

事師無犯無隱，左右就養無方，服勤至死，心喪三年。

鄭氏曰：「心喪，戚容如父而無服也。」山陰陸氏曰：「隱而無犯，謂恐傷親意，情有不盡，犯而無隱，謂君臣尚義，盡情以諫，若謂無隱得稱揚其過失，豈事君之道哉？臣子揚美隱惡，君親一例也。事師無犯無隱，言雖盡情，猶微而婉。」長樂陳氏曰：「親育我，報之以仁，有隱至致喪，皆仁也。君覆我，報之以義，有犯至方喪，皆義也。師之成我，同乎仁而不全乎仁，同乎義而不全乎義，故無犯與親同，無隱則與親異。無隱與君同，無犯則與君異，喪三年與君親同，無服則與君親異。師之有喪，不始於古，古者教出於君，又孰爲喪師之禮哉？季世而下，家有學，人有師，此喪師之禮所由民。」張子曰：「古不制師服，師服無定體也。見彼之善而已傚之，亦師也，故有得其一言一義而如朋友者，有親炙如兄弟者，有成就己身而恩如天地父母者，此豈可一概服之？故聖人不制其服，心喪之可也。孔子死，門人一時心喪，又豈可責其一概？以傳道久近，而各盡其哀之隆殺，如子貢獨居三年而後歸。」程子曰：「師不立服，不可立也。當以情之厚薄，事之大小處之，如顏閔於孔子，其成己之功與君父並，雖斬衰三年可也。其次各有淺深，稱其情而已。下至曲藝，莫不有師，豈可一概制服。」劉氏曰：「父于主恩，犯則賊恩矣。君臣主義，隱則害義矣。師生處恩義之間，師者道之所在，諫必不見拒，不必犯也。過則當疑問，不必隱也。」○軾按：左右即是方。無方，謂左右無一定。有方，則左不得右，右不得左也。人子事親，自衽席几杖之微，以至繼述之大，自一身訾笑居游之節，以至涖官之忠，臨陳之勇。凡父之事，莫非子之事，而子身之事，又莫非所以事父之事，非若設官分職之各司所事而已。養者，供也，奉也。事親，承顏喻志，恪供子職。庶一室豫順，高堂杖履優游，頤養天和，可謂能養父矣。事君，水火工虞，無曠厥官，使庶績咸熙，一人垂裳端拱，安享玉食，可謂能養君矣。師弟義比君臣，情同父子。弟子職所載沃盥、饋食，與于之事父無以異，而不止此也。師之所望于弟子者，傳吾道耳，一堂授受，心領神會，相悦以解，庶不負師教，而能傳師道，如是而後可謂養師。就親也，愛慕之誠，不在離合之跡，膝下承歡，相對融融，就也。陟岵陟屺，明發有懷，亦就也。疑丞輔弼，朝夕王前，就也。君門萬里，天威咫尺，亦就也。顏閔由賜之從遊，患難相依，就也。不及門之蘧瑗，異代之孟子，其終身依歸，私淑諸人，亦莫非就也。服勤至死，謂服勤所養之事，終于臣弟之身而不衰也。

○天子崩，三日，祝先服；五日，官長服；七日，國中男女服；三月，天下服。

孔氏曰：「祝，大祝、商祝也。服，服杖也。杖是喪服之數，故呼杖爲服。祝佐含斂，先病，故先杖也。子亦三日而杖。官長，大夫士也。服，亦服杖也。病在祝後，故五日。國中男女，謂畿内民及庶人在官者。服，謂齊衰，三月而除之。必待七日者，天子七日而殯，殯後嗣王成服，故民得成服也。天下，謂諸侯之大夫爲王繐衰，既葬而除之。近者亦不待三月，今據遠者言爾。四條皆云『服』，何以知其或杖服？或衰服？按喪大記云：『君之喪，三日，子夫人杖；五日既殯，授大夫世婦杖。』又喪服四制云：『三日授子杖，五日授大夫杖，七日授士杖。』如大記及四制所云，則此『三日』、『五日』是服杖明矣。其七日及三月者，唯服而已，無杖。四制云『七日授士杖』，此云五日士杖者，士若有地德深者則五日，若無地德薄者，則七日。崔氏云：『此據朝廷之士，四制是邑宰之士也。』」

虞人致百祀之木，可以爲棺椁者，斬之。不至者，廢其祀，刎其人。刎，勿初切。

鄭氏曰：「虞人，掌山澤之官。百祀，畿内百縣之祀也。以爲棺椁，作棺椁也。斬，伐也。」孔氏曰：「百祀者，畿内諸臣采地之祀。言百者，舉全數。王殯後，旬而布材，故虞人斬百祀之木，可以爲周棺之椁者送之。必取祀木者，賀瑒云：『君者德著幽顯，若存則人神均其慶，没則靈祇等其哀傷也。』」澄曰：「廢其祀，刎其人，蓋設此辭而令之。以見王喪尤重於神祀也。如誓師而曰『無敢不供，汝則有大刑』是也。非果必廢之刎之也。蓋祀木者，神祇所主，豈可斬伐，唯爲天子采椁木，則雖祀木亦斬，無或敢占吝者，若或占吝，不以其木至，是不供王喪，爲大不敬，故設廢祀刎人之辭，使人不敢慢令也。」

〇天子之棺四重，水、兕革棺被之，其厚三寸，；杝棺一，梓棺二，四者皆周。重，平聲。被，皮寄切。杝，羊支切。

鄭氏曰：「諸公三重，諸侯再重，大夫一重，士不重。水、兕革棺被之。謂以水牛、兕牛之革爲棺被，革各厚三寸，合六寸也。杝，椵也。『杝棺一』，謂椑棺。『梓棺二』，謂屬與大棺。周，匝也。凡棺用耐濕之物。」孔氏曰：「天子之棺四重，尊者尚深邃也。水牛、兕牛皮二物爲一重，杝爲第二重，屬爲第三重，大棺爲第四重。四重，凡五物。大棺厚八寸，屬六寸，椑四寸，二皮六寸，合二尺四寸。上公三重，去水牛之三寸，餘兕、椑、屬大棺，合二尺一寸。侯、伯、子、男再重，又去兕之三寸，餘杝屬大棺，合一尺八寸。列國卿大夫一重，又除椑四寸，餘屬大棺，合一尺四寸。大夫則大棺厚六寸，屬四寸，合一尺。士不重，但大棺六寸爾，庶人則四寸也，天子卿大夫與列國君同，天子之士與諸侯大夫同。然春秋時多僭，趙簡子言罰乃『不設屬、椑』，非也。凡棺用耐濕之物，水牛、兕牛皮耐濕，故最在裏，近尸。二皮不厚，故合被之，令各厚三寸。杝椵木材亦耐濕，故次皮。諸侯無革，則杝親尸，所謂君即位爲椑是也。杝棺之外有屬棺，屬棺之外有大棺，大棺與屬棺，並用梓，故云二。四者，四重也，皆周，謂四重之棺，上下四旁悉周匝也。」〇軾按：曰四者，其爲四物可知。被，合也，合被二皮，其厚三寸，爲一物。

棺束縮二衡三，衽每束一。衡讀爲横。

孔氏曰：「棺束者，古棺無釘，用皮束合之。縮，縱也。衡，横也。縱束二行，衡束三行。衽，小要也，其形兩頭廣，中間小。棺既不用釘，但先鑿棺邊及兩頭合際處。作坎形，以小要連之令固，並相對。每束以一行之衽連之，若豎束處，則豎着其衽以連棺蓋及底之木，使與棺頭尾之材相固。

柏椁以端，長六尺。

孔氏曰：「柏椁者，天子椁用柏，諸侯松，大夫柏，士雜木。以端者，端，猶頭也。以此木之頭首題湊向内，每段長六尺，而方一尺。椁材從下壘至上，始爲題湊，木之頭相向，而作四阿也。皇氏以爲壘椁從下即題湊，非也。」○軾按：以柏木爲椁，截其梢，止用木端，長六尺，自下疊至上，各以木之頭向内，圍于棺外，如屋之簷阿四周，椽頭相湊向也。

○天子之殯也，菆塗龍輴以椁，加斧於椁上，畢塗屋，天子之禮也。 菆，才官切。輴，敕倫切。

鄭氏曰：「菆木以周龍如椁而塗之。天子殯以輴車，畫轅爲龍。斧謂之黼，白黑文也。刺繡於緣幕，加椁以覆棺，已乃屋其上，盡塗之。」孔氏曰：「菆，叢也。謂用木叢棺，而四面塗之，故云菆塗。龍輴者，殯時以輴車載柩，而畫轅爲龍也。以椁者，題湊叢木，象椁之形，加斧，謂繡覆棺之衣爲斧文也。先菆四面爲椁，上與棺齊，而上猶開也，以棺衣從椁入覆於棺，故云加斧於椁上也。畢，盡也。斧覆既竟，又四注爲屋，覆上而下，四面盡塗之，故云畢塗屋。菆衆木直壘周龍輴，至上乃題湊。諸侯至上，不題湊也。」澄曰：「菆木以周龍輴，即所謂椁也。鄭氏謂之如椁者，釋此椁字，所以名爲椁之義，蓋椁猶郭也。外城周於内城者爲郭，故外棺周於内棺者，説名爲椁，其義如外城之郭也。鄭意則是。而立文不明。」○軾按：屋，覆蓋也。以龍輴載棺而殯，菆木以爲之椁。椁與棺平，乃加斧其上而屋之畢，遂塗其四周而殯焉。鄭云如椁，謂如葬之椁也。

同位。」

〇**唯天子之喪，有別姓而哭。**別，彼列切。

別，謂分別。鄭氏曰：「使諸侯同姓、異姓、庶姓相從而爲位，別於朝、覲來時。朝、覲，爵同同位。」

〇**天子之哭諸侯也，爵弁、絰，紂衣，爲之不以樂食。**紂讀爲緇。爲，云僞切。

絰衍字，紂與緇同。紂，絲衣也。爵弁紂衣，士之祭服。諸侯薨，天子不親見其尸柩，則不服弔服。但服士之祭服哭之。鄭氏曰：「王弔諸侯，弁絰緦衰，不以樂食」，蓋謂殯斂之間。

或曰：「使有司哭之。」

鄭氏曰：「非也，哀戚之事，不可虚。」

〇**君即位而爲椑，歲壹漆之，藏焉。**椑，蒲歷切。

鄭氏曰：「椑，謂杝棺親尸者。天子椑内又有水、兕革棺。歲一漆之，若未成然。」山陰陸氏曰：「歲一出而漆之，於是又藏焉。」方氏曰：「藏焉，惡人之見也。」

〇**扶君，卜人師扶右，射人師扶左。君薨，以是舉。**卜音僕，一讀作如字者，非。

鄭氏曰：「扶君，謂君疾時也。卜當爲僕，僕人、射人皆平生時贊正君服位者。薨以是舉，不忍變也。周禮射人『大喪與僕人遷尸』。」方氏曰：「扶君舉尸，固非二人之所能勝。二官，各下大夫爲之，且有小臣、上下之士，非一，故以師言之。」應氏曰：「鄭改卜爲僕，誠有據。然王前巫、後史，卜筮皆在左右，則卜人師扶右，乃職所當然，似不必改。」澄按：「周官馭者亦名爲僕，蓋人君生時在車，則僕人在右少前，射人在左，與君最親近，未嘗暫相離，故疾則二官扶右扶左，薨則二官舉尸。皆生時每日親近之人。卜人雖曰在左右，然不如僕人之親近，且與射人非儔類。」

〇**君復，於小寢、大寢、小祖、大祖、庫門、四郊。**

鄭氏曰：「尊者求之備也。亦它日所嘗有事。方氏曰。復必於寢廟者。以人死必反本也。庫門。生時所由出入也。四郊。以魂氣無不之也。門不一。止以庫門爲言者。近廟門故也。」

〇**公之喪，諸達官之長杖。**

鄭氏曰：「達官，謂君所命。雖有官職，不達於君，則不服斬。」朱子曰：「達官，謂得自通於君者。如内則公卿、宰執與六曹之長、九寺、五監之長；外則監司郡守，得自通章奏於君者。凡此皆杖，次則不杖，如大常卿杖，大常少卿則不杖。若大常卿闕，則少卿代之杖。」

○士備入，而后朝夕踊。

鄭氏曰：「備猶盡也。」孔氏曰：「國君喪，群臣朝夕即位哭踊。嗣君孝子哀深，雖先入即位哭，必待諸臣皆入，列位畢，乃俱踊也。士卑最後，故士備入爲畢。入有前後，而相待踊者，踊須相視爲節，故俟齊也。」

○君之適長殤車三乘，公之庶長殤車一乘，大夫之適長殤車一乘。適音的。

鄭氏曰：「皆不成人也。自上而下，降殺以兩：成人遣車五乘，長殤三乘，下殤一乘，尊卑以此差之。庶子言公，卑遠之。傳曰：『大功之殤，中從上。』」孔氏曰：「車，遣車。柩朝廟畢將行。設遣奠竟，取遣奠牲體、臂、臑析之爲段，用此車載之，以遣送亡者。遣車置于椁中之四隅，其形甚小，生有爵命車馬之賜，則死有遣車送之。貴賤不同數。王九、諸侯七、大夫五、士三。殤未成人，未有爵命車馬之賜，而得遣車者，其父有之，得與子也。王九乘，適子成人則七乘，長殤五乘，中殤從上，下殤三乘也。王庶子成人五乘，長殤、中殤三乘，下殤一乘也。諸侯七乘，適子成人五乘，長殤三乘，中則從上，下殤一乘也。庶子成人三乘，長殤一乘，中從上，下殤無。大夫五乘，適子成人三乘，長殤一乘，中從上，下殤及庶殤並無。禮人臣三命始賜車馬，乃得有遣車。諸侯大夫再命而下，雖未三命，以身爲大夫，德位既重，得有遣車。士三乘者，天子上士，其中士、下士及諸侯之士，皆不得有遺車也。」

〇池視重霤。 重，平聲。

孔氏曰：「池者，柳車之池也。重霤者，屋承霤也，以木爲之，承於屋。霤入此木中，又從木中而霤於地，故謂此木爲重霤也。天子則四注，四面爲重霤；諸侯四注，重霤則差降，去後，餘三；大夫唯餘前後二；士則唯一，在前。生時既屋有重霤以行水，死時柳車亦象宫室，而於車覆鼈甲之下，牆帷之上，織竹爲之，形如籠，衣以青布，以承鼈甲，名之爲池，以象重霤方而之數。各視生時重霤。」

〇布幕，衛也。縿幕，魯也。 縿音綃，一讀所銜切。

鄭氏曰：「幕所以覆棺上。衛諸侯禮，魯天子禮。同言之者，僭已久也。縿，縑也。縿讀如綃。幕或爲幦。」

〇君於士，有賜帟。 帟音亦。

鄭氏曰：「帟所以承塵，賜之則張於殯上。」孔氏曰：「賜惠賜也。帟，幕之小者。大夫以上喪，則幕人職供之。士唯有君恩賜之，乃得有帟也。」

○君於大夫，將葬，弔於宮。及出，命引之，三步則止。如是者三，君退。朝亦如之，哀次亦如之。朝音潮。

鄭氏曰：「宮，殯宫也。出，柩已出在路。命引之，以義奪孝子也。三命引之，凡移九步。退，去也。朝，喪朝廟也。次，它日賓客所受大門外舍也。孝子至此而哀，君或於是弔，不必於宮也。」孔氏曰：「君於大夫之喪，將至葬時必親往，弔孝子於殯宫。及其柩出殯宫之門，孝子號慕攀轅，柩車不動，君奪孝子之情，命遣引之，引者三步則止。所以止者，不忍頓奪孝子之情，故且止柩。君又命引之，柩車遂行，君乃退出。君或來弔，參差早晚，不必皆在殯宫。或當朝廟明日當發之時，或已出大門至平日待賓客次舍之處。孝子哀泣停柩不行，君於是始弔。弔畢，君命引之使行，亦如上所云。」

○君遇柩於路，必使人弔之。

鄭氏曰：「君於民人，有父母之恩。」孔氏曰：「君於其臣，當特弔於家，故喪大記於大夫士皆親弔之。又禮譏蕢尚受弔，及杞梁之妻不受野弔是也。其或卑小之臣，及庶人等。君不豫知其喪，造次遇柩於路，必使人弔也。」廬陵胡氏曰：「若齊侯哭敝無存之類。」

○喪，公弔之，必有拜者，雖朋友、州里、舍人可也。

鄭氏曰：「拜者，往謝之也。」孔氏曰：「喪，謂諸侯臣之喪。公親來弔，或遣人來弔。喪家雖無主後，必有以次疏親往拜之，以謝其恩。疏親亦無，則雖死者朋友，及同州同里，及喪家典舍之人往拜，可也。」

○弔曰：「寡君承事。」主人曰「臨」。臨如字。

鄭氏曰：「承事，示亦爲執事來。」孔氏曰：「弔曰者，君來語擯者之辭。上文公弔之，是弔己國之臣，此謙言寡君是弔它國之臣。弔爲助喪事，故雖君之尊，亦曰承事。臨者，主人辭，謝之曰：『君屈辱降臨某之喪。』」

○君臨臣喪，以巫祝桃茢執戈，惡之也，所以異於生也。茢音列。惡去聲。

鄭氏曰：「桃，鬼所惡。茢，萑苕，可掃不祥，爲有凶邪之氣。生人則無凶邪。」孔氏曰：「君，謂天子。往臨臣喪，則以巫執桃，祝執茢，又使小臣執戈。若往臨生者，但有執戈，無巫祝桃茢之事，故云異於生。」清江劉氏曰：「君臨臣喪，以桃茢先，非禮也，周之末造也，君臣之義非虚也。寄社稷，寄宗廟，寄人民焉爾。故君有慶，臣亦有慶。君有戚，臣亦有戚，臣疾君親問之，臣死君親哭之，以致忠愛也。若生而用，死而棄，生而厚，死而薄，生而愛，死而惡，是忘生背死也，是固週末之記也。」澄曰：「用桃茢者，非賤其臣，薄其臣也。禮則固然，殆未可以輕訾也。」

○軾按：「所以異于生」句，承上起下，謂生愛之，而喪乃惡之者，以喪有死之道故也。

○喪有死之道焉，先王之所難言也。

孔氏曰：「人之喪也，有死散之道，人之所惡，故難言也。」澄曰：「此承上文異於生之語而申説其意。」○軾按：孔疏有死散之道，「散」字最精，幽明殊途，死生隔絶，欲狎之而不可得，是故喪事即遠，遠之者神之也，神之斯敬之矣。人死斯惡，亦即遠之意也。然遠之、惡之之意，先王終不忍明言，但制爲禮，使後人循而習之，以無失敬遠之道焉耳。

○大夫之喪，庶子不受弔。

鄭氏曰：「不以賤者爲有爵者主。」孔氏曰：「不受弔，不爲主人也。適子主喪受弔拜賓，君適子或有它故不在，則庶子不敢受弔，辟適也。」○軾按：無適子則庶子之長者受弔，適子不在，雖適子同母弟亦不受弔。

○大夫弔，當事而至，則辭焉。

鄭氏曰：「辭，猶告也，擯者以主人有事告也。主人無事，則爲大夫出。」孔氏曰：「大夫弔者，謂大夫弔士也。大夫尊，來弔士，孝子應出下堂迎之，若正當主人有小大斂殯之事，則孝子遣人辭告之。道有事不得出也。」

右記喪禮尊卑之異，凡二十二節。

妻之昆弟爲父後者死，哭之適室，子爲主，袒、免、哭、踊。夫入門右，使人立于門外，告來者，狎則入哭。父在，哭於妻之室；非爲父後者，哭諸異室。適音的，免音問。

鄭氏曰：「子爲主，親者主之也。狎，相習知者。父在則不以私喪干尊，故哭於妻之室。」澄曰：「室，正寢也。禮，女子適人者，爲昆弟爲父後者不降服朞。其夫爲妻之兄弟雖無服，然亦爲之哭于適室之中庭，以其正故也子。己子，於死者爲甥也，爲舅服緦，故命之使爲主，受弔拜賓也。己無服，故不爲主，而使子有服者爲主也。凡哭，哀則踊，踊必先袒，袒必先免。夫即此子之父，子既爲主，位在東階之下西嚮。其父入門右，近南而北向哭也，亦踊。門内有哭，則鄉里聞之，必來相弔，故使人出門外語來弔者，述所哭之由。若弔人與此亡者曾相識狎習，則進入共哭也。側室，謂妻之室，父在則適室乃父之室，不敢以私喪于尊者，但於妻室之前哭之，亦子爲主。使人出門外也，異室，非適寢，又非妻之室。」方氏曰：「哭諸異室者，以别於適也。」○軾按：哭之適室，妻哭其昆弟也。子爲主者，女主不拜男賓，故使其子主之。若女賓至，則妻自爲主，袒、免、哭、踊。子哭也，子於母昆弟服緦，故爲主而哭之哀。夫于妻昆弟無服，故入門而右，入門而右者，客禮也。狎則入哭，知生死者也。知生者弔，知死者傷，婦人私喪，故但有知死之傷，而無知生之弔，此亦言男賓，若女賓，入弔而不哭者矣。父在，夫之父在也。夫之父在，則妻自哭于其室，而不于適室，若非爲己父後，則并不于己室而于别室。

○有殯，聞遠兄弟之喪，哭于側室。無側室，哭于門内之右。同國則往哭之。

鄭氏曰：「哭于側室，嫌哭殯也。」孔氏曰：「庶人無側室者，哭于大門内之右。」方氏曰：「哭于側室，欲其遠殯宫也。于門内之右，不居主位，示爲之變也。」

○有殯，聞遠兄弟之喪，雖緦必往；非兄弟，雖鄰不往。

鄭氏曰：「雖緦必往，親骨肉也。雖鄰不往，疏無親也。」方氏曰：「緦，最服之輕者，猶往，況其重者乎？蓋同姓之恩隆故也。鄰最居之近者，猶不往，況其遠者乎？蓋異姓之恩殺故也。然而三年之喪不弔，則雖緦必往者，非謂三年之殯矣。大功未葬不弔，則雖鄰不往者，止謂大功以上之殯而已。」○軾按：三年之喪不弔，正謂不弔鄉鄰，非兄弟之喪亦不往也。雜記「三年之喪，雖功衰不弔，如有服而將往哭之，則服其服而往。」此經云「雖緦必往」，正謂服其緦而往也。又子張死，曾子有母之喪，齊衰而往哭之，曰「我弔也與哉」，蓋謂哭死而非弔生也。此云「雖鄰不往」，以殯而未葬耳。若卒哭而後，弔生可已。哭死烏容已乎？方氏之説未當。

○所識，其兄弟不同居者，皆弔。

所識之人，其家若有同居之親死，往弔不待言矣。雖其兄弟之不同居者死，亦皆弔之，蓋厚於所識，故推其恩愛以及於其有服之兄弟。不同居者，皇氏以爲小功以下之親，小功以下兄弟服輕尚弔，況大功以上服重者乎？鄭注以爲所識者死，而弔於其不同居兄弟之家，不如皇氏之説爲當。按記文言皆弔，夫喪無二主，若所識一人死，而皆往弔其不同居之兄弟，則一喪不止一主矣，古無是禮也。

○五十無車者，不越疆而弔人。

鄭氏曰：「五十氣力始衰。」孔氏曰：「衰老不徒行，遠弔越疆，則道路遥遠。弔人又悲感哀戚，恐增衰憊也。」方氏曰：「五十始衰，老者不以筋力爲禮，故無車不越疆弔人也。」

○婦人不越疆而弔人。

長樂陳氏曰：「婦人見兄弟，可以及閾，而不可以踰閾送迎；可以及門，而不可以出門。弔人可以出門，而不可以越疆。許穆夫人欲歸唁於衛而不可得，則越疆而弔人，如之何而可。」

○死而不弔者三：畏、厭、溺。厭，于甲切。

鄭氏曰：「畏，謂人或以非罪攻己，不能有以説之而死者。厭，謂行止危險之下。溺，謂不乘橋船。不弔，以其輕身忘孝也。」孔氏曰：「非理横死，不合弔哭。」方氏曰：「三者之死，皆非正命也。」長樂陳氏曰：「君子之所不弔者不特此，宗魯爲孟縶而死，孔子不許琴張弔之，君子之行無它，要在生不爲人之所不敬，死不爲人之所不弔而已。」王氏曰：「孔子畏匡，德能自全也。設使聖人卒罹不幸，何得不痛悼而罪之乎？非徒賢者，設有罪愚人，亦不得不哀傷之也。」張子曰：「知死而不知生，傷而不弔，畏、厭、溺三者，皆不得其死，可傷尤甚。君子但知閔死者而已，故特致哀死者，不弔生者以異之，且如何不淑之辭，無所施焉。蓋哀有餘，而不暇於文也。」慈湖楊氏曰：「畏死於兵，厭死於巖牆，溺死於水，非不弔也，不忍爲弔辭，不忍言之也。」○軾按：孔氏云「非理横死」，謂非理而横死于畏、厭、溺者，非謂畏、厭、溺者皆非理横死。方氏云「三者之死，皆非正命」，謂非正命皆不弔，非謂三者之死盡非正命也。非正命者不弔，正命者可不弔乎？縣賁父、杞梁、顔真卿、屈原之徒，死賢于生，豈但不可不弔乎？又弔與哭異，經言弔，不言哭，明非九族五服之親也。經文本無可疑。先儒紛紛詆議，又或曲爲之説，俱泥而不通之論也。

○弔於葬者必執引，若從柩及壙，皆執紼。

鄭氏曰：「示助之以力。車曰引，棺曰紼，從柩贏者。」孔氏曰：「弔葬本爲助執事，故必相助引柩車也。執引用人貴賤有數，若其數足，贏餘之人，皆散而從柩。至壙下棺之時，則不限人數，皆悉執紼也。」東山何氏曰：「執引，天子千人，諸侯五百人，大夫三百人，士五十人，贏數外也。」方氏曰：「引在前，屬之於車，以道柩。紼在旁，屬之於棺，以𩯭柩。道柩者，唯在路用之而已。𩯭柩者，至下棺亦用焉，故雖不執引，而或從柩及壙，皆執紼也。」

○弔於人是日不樂。

鄭氏曰：「君子哀樂不同日，子於是日哭，則不歌。」○軾按：是日，終竟一日也。既弔不樂，哀則不樂也；未弔不樂，樂則不弔也，故曰哀樂不同日。東坡之詰程子，非知禮者。朱子語録載魯叔之問，朱子之答，蓋有爲而言之。余訂喪禮，論此頗詳。

○行弔之日，不飲酒食肉焉。

鄭氏曰：「以全哀也。」

○食於有喪者之側，未嘗飽也。

朱子曰：「臨喪哀，不能甘也。」

右記人有喪之禮，凡十一節。

復，楔齒，綴足，飯，設飾，帷堂並作。父兄命赴者。 楔，悉節切。

孔氏曰：「楔，柱也，招魂之後，用角柶拄亡人之齒令開，使含時不閉也。復用燕几綴亡人之足令直，使著履時不辟戾也。飯者，飯含也。設飾，謂襲斂時遷尸，又加著新衣也。帷堂，謂不歛時，作起爲也。自復以下諸事，並起爲也。父兄命赴者，謂大夫以上。赴，謂死者生時於它人有恩識，今死則使人往告之也，士則孝子自命。」

〇朝奠日出，夕奠逮日。

鄭氏曰：「陰陽交接，庶幾遇之。」澄曰：「陰闇陽明，日出者，由闇而明，陰交接陽也。及日將入，由明而闇，陽交接陰也。奠者，所以聚死者之神，死而神混於天地陰陽之中，故於天地陰陽交接之際求之。」

〇喪不剥，奠也與，祭肉也與。與音余。

鄭氏曰：「剥，猶倮也。脯醢之奠不巾，有牲肉則巾之。爲其久設，塵埃加也。」〇軾按：喪不剥，古有此語。記禮者釋之曰：不剥者，謂奠必以巾也，奠以巾者，以有牲故也。

〇有薦新，如朔奠。

鄭氏曰：「重新物，爲之殷奠。」孔氏曰：「薦新，謂未葬中間，得新味而薦亡者。如朔奠，謂未葬前，月朔大奠於殯宫，大奠則牲饌豐，今若有新物，及五穀始熟，薦於亡者，則其禮，牲物如朔之奠也。大夫以上則朔望大奠，士但朔而不望。」

○父母之喪，哭無時，使必知其反也。

孔氏曰：「哭無時有三，一是初喪未殯之前，哭不絶聲；一是殯後，除朝夕之外，廬中忽憶則哭；三是小祥之後，哀至而哭。或一日二日，而無復朝夕之時也。今此所云，謂小祥之後。使，謂君使之也。反，還也。既小祥，哭無時，其時可爲君所使。若爲使還家，必設祭告親之神，令知其反。○軾按：經意謂父母之喪。哭無時，蓋念念不忘哀慕，而他無足以分其心者。惟君命不可違，故輟哀而往，然事復而反，則必祭而哭告。告之後，無時之哭如故也。

既殯，旬而布材與明器。

鄭氏曰：「材，椁材也。木工宜乾臘，且豫成。」孔氏曰：「既殯旬，謂殯後十日也。布，班也。班布告下覓椁材，及送葬明器之材。」臨川王氏曰：「布，陳也。」

○既葬，各以其服除。

鄭氏曰：「卒哭，當變衰麻者變之。或有除者，不視主人。」孔氏曰：「既葬，謂三月葬竟後，至卒哭，重親各隨所受而變服。若三月之親，至三月數滿應除者，葬竟各自除，不待主人卒哭之變也。」

○虞而立尸，有几筵。卒哭而諱，生事畢而鬼事始已。既卒哭，宰夫執木鐸以命于宮曰：「舍故而諱新。」自寢門至于庫門。舍音捨。

孔氏曰：「未葬猶生事之，故未有尸，親形已藏，始立尸以繫孝子之心。未葬前，殯宮雖有脯醢之奠，而無几筵。唯大殮之奠設素席，亦無几。其下室之内，饋食處有吉几筵，今葬訖虞祭，乃以素席配素筵設之。士虞禮云「布席於室中，東面，右几」是也。虞祭有几，謂士大夫禮。若天子諸侯，葬前有几。周官司几筵云「喪事素几」。注謂「殯奠時。」天子既爾，諸侯南面之君亦然。古者生不諱，卒哭之後，乃諱神名。此三者，皆以虞、卒哭之後，以生人事其親之禮。既終畢，而以鬼神事其親之禮，方自此始也。已，語辭。卒哭前，猶以生人事之者，於内寢之下室每日饋食，設黍稷、器物、几、杖，如生時。至卒哭後，則不復饋食也。故，謂高祖之父當遷者也。新，謂新死者。魯有三門，寢門，路寢門也，其外爲雉門，又其外爲庫門。前既執木鐸令宮中，又出宮，從寢門至庫門，百官所在之次，咸使知之也。

○祥而縞，是月禫，徙月樂。

孔氏曰：「祥，大祥也。縞，謂縞冠素紕。大祥日，服縞冠而祭，祭後服禫，又間一月禫祭。言於是月禫祭，則禫後之明月，可以用樂也。」

○始死，充充如有窮。既殯，瞿瞿如有求而弗得。既葬，皇皇如有望而弗至。練而慨然，祥而廓然。瞿，俱遇切。慨，苦愛切。廓，苦郭切。

鄭氏曰：「皆憂悼在心之貌。」澄曰：「充充，滿悶填塞之意。有窮，如行而途窮，前無可去之地。瞿瞿，目視不定之貌。求，謂索物，如失物索之而不得也。皇皇，傍偟無依之貌，如望人之來而不至。慨者，慨嘆日月之速。廓者，寥廓，情意不樂也。」

○喪事欲其縱縱爾，吉事欲其折折爾，故喪事雖遽不陵節，吉事雖止不怠，故騷騷爾則野，鼎鼎爾則小人，君子蓋猶猶爾。縱音總。折，大兮切。騷，素刀切。

陸氏備明曰：「縱縱，急遽貌。」鄭氏曰：「折折，安舒貌，止立俟事時也。騷騷，謂太疾。鼎鼎，謂太舒。猶猶，疾徐之中。」澄曰：「喪事欲疾，吉事欲舒，疾者雖當促遽，然亦不可太急而陵越節次，舒者雖有止息，然亦不可太緩而怠惰寬緩，故騷騷而急疾不節，則若田野之人。鼎鼎而舒緩怠惰，則若不脩整之小人。唯君子得疾徐之中，則於喪事不至太疾，於吉事不至太舒也。」

○喪具，君子恥具。一日二日而可爲也者，君子弗爲也。

鄭氏曰：「喪具，棺衣之屬。一日二日而可爲，謂絞、紟、衾、冒。」孔氏曰：「禮，卜葬先遠日，辟不懷也。今送死百物皆具，是速棄其親不懷思也。」○軾按：上具，謂物，下具，備也。恥，不忍也。

○喪不慮居，毁不危身。喪不慮居，爲無廟也。毁不危身，爲無後也。

鄭氏曰：「慮居，謂賣舍宅以奉喪。危身，謂憔悴將滅性。」澄曰：「慮，猶言謀度。慮居，謂謀欲賣其所居，以給喪費也。危身，謂毁瘠過甚，將至危殆其身也。蓋慮其居而賣焉，則無廟以奉祖考之神靈矣；危其身而死焉，則無復以承祖考之祭祀矣。是乃不孝之大也，爲此之故，則治喪雖當辦費，而不可慮其居也。哀毁雖爲愛親，而不可危其身也。」○軾按：鄭注以慮居爲賣宅舍，未是。古者分田授宅，寧有田宅買賣？君子將營宫室，宗廟爲先，居非廟也。郭平、董永之鬻身，儒者譏之，况于居乎？方氏謂不謀其家，不但兩段文意不屬，且懷居爲士人所恥，豈待喪而始然？愚意居謂「家」，慮猶「危」也。不慮，謂不任家有危慮之事。孝子哀親，本不暇爲身家計，然使家有水火之災，及内患外侮，亦不得不暫輟哀慕，而竭力經營防衛，所以然者，爲宗廟存亡計，非爲己之家計也。猶頭有創則沐，身有瘍則浴，有疾則飲酒食肉，爲親之後計，非爲己身計也。

〇喪禮，哀戚之至也，節哀順變也，君子念始之者也。

孔氏曰：「人有禍災，雖或悲哀，未是至極，唯居父母喪禮，是哀戚之至極也。既爲對極，若無節文，恐其傷性，故擗踊有算，裁節其哀也。所以節哀者，欲順孝子悲哀，使之漸變也。所以順變者，君子思念父母之生己也。」澄曰：「『順變』二字，釋節哀之義。順，謂順孝子哀心，不沮止之，然爲之節，使之雖哀而有變，則其哀不至過甚傷生也。」〇軾按：節，減也。減與除異，減從重而輕，除從有而無。重變爲輕，有變爲無，皆變也。將變有爲無，先變重爲輕，斯其變也順而易，如三月變食粥爲疏食，變四升、三升爲六升之受服，期年又變爲菜果，爲功衰。大祥而食醢醬，服纖縞，如是而後復常。當其三月而變也，人子之心弗忍也，然猶稍減耳，禮在不得不然也；當其小祥而變也，人子之心又弗忍也，猶稍減耳，禮在不得不然也。至于三年而除，則所待者無多，故亦勉而爲之。假如初未變而從輕，至三年而驟奪焉，烏可得哉！此經曰「順變」，「順」字最妙，謂順其性而遞變之，亦若漸積引導，使之不自覺者然。先王制爲此禮，蓋恐賢智之過，不免傷生滅性。人子即不自惜其身，獨不念此身父母所生乎？

復，盡愛之道也，有禱祠之心焉。望反諸幽，求諸鬼神之道也。北面，求諸幽之義也。

孔氏曰：「始死招魂復魄，人子之盡其孝也。」鄭氏曰：「復，謂招魂，庶幾其精氣之反也。鬼神處幽暗，望其從鬼神所來。禮，復者升屋北面，向其所從來也。」方氏曰：「幽者，鬼神之處，復之時，望其魂氣自幽而反，故曰望反諸幽。南爲陽明，北爲陰幽，故曰北面求諸幽也。」清江劉氏曰：「禱祠猶願幸，史記曰：『此禱祠而求也。』」澄曰：「凡禱祠者，冀其神之來格也。復者，孝子之心，冀其神之來復，如禱祠然，故曰有禱祠之心。」

拜，稽顙，哀戚之至，隱也。稽顙，隱之甚也。

鄭氏曰：「稽顙，首觸地無容。隱，痛也。」孔氏曰：「孝子拜賓，先稽顙而後拜者，哀戚之至痛，就拜與稽顙之中，稽顙尤爲痛甚。」方氏曰：「孝子哀痛之容，若手之辟，足之踊，口之哭，目之泣，鼻之洟，固非一類，特不若稽顙之甚爾。」澄曰：「『至』字句絶，『隱也』二字爲句。初觀方説，似勝於孔，細紬繹之，則方明而淺，孔微而深。『拜稽顙』，謂拜賓而必稽顙者，因賓來弔，觸動孝子哀親之心，故拜以答其爲己親死而來之恩。但拜以答之，己爲哀戚之至，而痛親之死。然常時答賓，只當是空首之拜，重喪之拜。先作稽顙一拜者，此人痛之甚也。後一拜，雖亦是痛，而用常禮之拜，則不若過於常拜者之爲痛甚也。」○軾按：三年之喪，稽顙而後拜。稽顙者，因賓之來弔而痛己親也。拜者，因痛己親，而感賓之來弔也。拜與稽顙，皆哀戚之至。哀，謂哭聲。戚，謂憂容。所以聲容之戚且哀者，以其心之愴痛也。拜也，稽顙也，莫不痛心。而稽顙之痛，較拜爲尤甚焉。

飯用米貝弗忍虚也，不以食道，用美焉爾。 飯，上聲。

孔氏曰：「弗忍虛，謂不忍虛其口。食道，謂飯食之道。飯食人所造作爲褻，米貝天性自然爲美。」方氏曰：「弗忍虛，則無致死之不仁，不以食道，則無致生之不知。」

銘，明旌也。以死者爲不可别已，故以其旗識之。愛之，斯録之矣；敬之，斯盡其道焉耳。别，彼列切。識，式至切。

鄭氏曰：「明旌，神明之旌也。不可别，謂形貌不見也。」孔氏曰：「士喪禮：『爲銘，各以其物。』司常云：『大喪，共銘旌。』注云：『王則大常。』按『王建大常，諸侯建旂，孤卿建旃，大夫士建物』，則銘旌亦然。但以尺寸别之，士長三尺，大夫五尺，諸侯七尺，天子九尺。」〇軾按：愛親者，不忍死其親，故録而識之，識之非苟而已也，必盡其道焉。如旂常之别，長短之差是也。

重，主道也。殷主綴重焉，周主重徹焉。重，平聲。綴，貞劣、貞位二切。

鄭氏曰：「始死未作主，以重主其神。既虞而埋之，乃後作主。虞主用桑，練主用栗。綴，猶聯也。殷人作主，而聯其重以縣諸廟。去顯考，乃埋之。周人作主，徹重埋之。」孔氏曰：「人始死作重，猶若木主。主者，吉祭所以依神，在喪，重亦以依神，故曰『重，主道也』。殷人始殯，置重于廟庭，作虞主訖，則綴重縣於新死者之廟。顯考，謂高祖。死者世世遞遷，至爲顯考，其重常在。死者去離顯考，乃埋其重及主，以既遷無廟也。周人作主則埋重，埋於門外道左，若虞主亦埋。按：士喪禮有重無主，卿大夫亦無主。此云『重主道』者，據天子諸侯有主者言之。」方氏曰：「重設於始死之時，主立於既虞之後，則重非主也，有主之道爾。殷雖作主矣，猶綴重以縣於廟，不忍棄之也。周既作主矣，重遂徹而埋於土，不敢瀆之也。不忍棄之者，所以致其愛而質，故殷人行之。不敢瀆之者，所以致其敬而文，故周人行之。夫重與主，皆所以依神，或曰重，或曰主，何也？始死而未葬，則有柩矣，有柩而又設重，所以爲重也。既有廟矣，有廟而必立主，是爲主也。」

奠以素器，以生者有哀素之心也。唯祭祀之禮，主人自盡焉爾，豈知神之所饗，亦以主人有齊敬之心也！齊，則皆切。

馬氏曰：「素者，哀而不文。素器，若士喪禮素俎。」鄭氏曰：「哀素，哀痛無飾也。凡物無飾曰素，哀則以素，敬則以飾。禮由人心而已。」孔氏曰：「祭祀之禮者，因上奠用素以表哀素，遂論虞祭後哭、練、祥之祭。哀則以素，謂葬前，敬則以飾，謂虞後，故云虞禮不用素器。」廬陵胡氏曰：「自盡，謂加飾也。」澄曰：「虞以前，親喪未久，奠而不謂之祭，其奠也。非不敬其親也，哀心特甚，禮尚質朴，無心於飾，故用素器。虞以後，親喪漸久，卒祔練祥，雖猶在喪制之中，然已是祭祀之禮。其祭祀也，非不哀其親也。敬心加隆，非如初喪之素器也。然其盡禮而漸文，豈是爲死者真能來饗而然。亦自盡其禮，以致敬親之心焉爾。大概喪主於哀，祭主於敬，故喪奠以素器之質而見其哀，祭祀以盡禮之文而寓其敬。哀之下曰素，素者，質朴之義，謂其哀心因器之質朴而見也。敬之上曰齊，齊者，整肅之意，謂因禮之整肅而其敬心在是也。齊敬曰亦者，亦上文喪素也。喪之哀，哀死者也。稱生者，對死者而言也。祭之敬，敬鬼神也。稱主人，對鬼神而言也。」

辟踊，哀之至也。有算，爲之節文也。袒、括髮，變也。愠，哀之變也。去飾，去美也。袒、括髮，去飾之甚也。有所袒，有所襲，哀之節也。辟，婢亦切。去飾，羌吕切，下同。

鄭氏曰：「算，數也。」孔氏曰：「撫心爲辟，跳躍爲踊。孝子喪親，哀慕志懣，男踊女辟，是哀痛之至極。若不裁限，恐傷其性，故辟踊有算，爲準節。準節之數不一，每一踊三跳。三踊九跳，爲一節。士三踊，大夫五，諸侯七，天子九也。士含死日，三日而殯。初死日襲而踊，明日小斂而踊，又明日大斂而踊，凡三日爲三踊。大夫含死日，四日而殯，初死日一踊，明日襲一踊，三日小斂，朝一踊，至小斂時一踊，四日大斂，朝不踊，當大斂時一踊，凡四日爲五踊。諸侯含死日，六日而殯，初死日一踊，明日襲一踊，三日小斂，朝一踊，當小斂時一踊，四日朝一踊，五日朝一踊，六日朝不踊，當大斂時一踊，凡六日七踊。天子含死日，八日而殯，死日一踊，明日襲一踊，五日朝一踊，四日朝一踊，五日朝一踊，當小斂時一踊，六日朝一踊，七日朝一踊，八日朝不踊，當大斂時一踊，凡八日九踊。袒衣括髮，孝子形貌之變也。悲哀愠恚，孝子哀情之變也。去其吉時服飾，是去其華美也。去飾雖有多途，袒、括髮最爲甚也。孝子悲哀，禮應常袒。有袒時，有襲時者，表明哀之限節，哀甚則袒，哀輕則襲。」方氏曰：「有算則有節，有節則文，無節則質，故謂之節文。衣冠者，人之常服，袒則去其衣，括髮則投其冠，故曰變也。發於聲音，見於衣服，而生於陰者，此哀之常。及有感而慍，以至於辟踊者，陽作之也，此其變與，故曰哀之變。後章云慍斯戚，戚斯嘆，嘆斯辟，辟斯踊，蓋謂是矣。」澄曰：「此條是釋辟踊及袒、括髮之義，以哀之至也。釋辟踊，以『變也』釋袒、括髮，『慍』又是申釋辟踊。『哀之變』則轉釋『慍』之義也。去飾，又是申釋袒括髮。去美，則轉釋『去飾』之義也。有算者，言辟踊之節也。有所袒，有所襲者，言袒括髮之節也。辟踊之節，言之於始。袒括髮之節，言之於末者，錯雜以爲文也。」○軾按：哀之至者，不自知其哀，哀至而辟踊，先王于不可算者而爲之算，要以示哀之有度，而無庸過焉耳。非欲孝子且辟且記，且踊且數，亦非令相者祝者爲之握算，而推之抑之也。

歠主人、主婦、室老，爲其病也。君命食之也。 歠，昌悅切。爲其，云僞切。食音嗣。

鄭氏曰：「歠，歠粥也。君命食之，尊者奪人易也。」孔氏曰：「主人，亡者之子。主婦，亡者之妻。室老，家之長相。此三人，並是大夫之家貴者。」山陰陸氏曰：「據問喪云，鄰里爲之糜粥以飲食之，此言君命食之，謂大夫以上，篤於愛，鄰里或不能勉。親喪三日之後，君命以粥歠焉，故鄭氏謂尊者奪人易。」

喪之朝也，順死者之孝心也。其哀離其室也，故至於祖、考之廟而后行。殷朝而殯於祖，周朝而

遂葬。朝音潮。離去聲，下同。

鄭氏曰：「朝，謂遷柩於廟。」孔氏曰：「人子之禮，出必告，反必面，今將葬，以車載柩而朝於廟，是順死者之孝心。死者神靈悲哀，棄離其室，故至於祖、考之廟，辭而後行。殷人尚質，死則爲神，故朝而殯於祖廟。周則尚文，親雖亡没，猶若存在，不忍便以神事之，故殯于路寢，不殯于廟，及朝廟遂葬。」

弁絰葛而葬，與神交之道也。有敬心焉。周人弁而葬，殷人冔而葬。冔，向甫切。

鄭氏曰：「接神之道，不可以純凶。天子諸侯，變服而葬，故冠素弁，以葛爲環絰。既虞卒哭，乃服受服也。雜記云：『凡弁絰，其衰侈袂。』踰時哀衰而敬生，敬則服有飾。周弁殷冔，俱象祭冠而素，禮同也。」孔氏曰：「居喪著喪冠麻絰，身服衰裳，是純凶也。葬時去喪冠，著素弁，又加環絰，用葛不用麻，不純凶也。鄭知天子、諸侯者，以下有敬心焉。日月踰時，敬心乃生。大夫、士三月而葬，敬心未生也。素弁，謂素帛爲弁，如爵弁而素。『葛』與『弁絰』連文，故云葛環絰，然則腰帶仍用麻也。」山陰陸氏曰：「戲絰葛而葬，卿大夫以下禮。知然者，以下周人弁而葬，殷人冔而葬知之也，喪致哀而已，葬則有敬心焉。弁而葬冔而葬，則其敬心益隆。」○軾按：未葬奠而不祭，以人道事之也。葬日虞，則神之矣。以爲神之，而有敬心是也。謂踰時哀衰敬生，則不可。反哭而弔，哀之至也，則葬可知矣。矧敬生于哀，寧有敬而不哀者乎。

葬於北方、北首，三代之達禮也，之幽之故也。首，千又切。

鄭氏曰：「北方，國北也。」孔氏曰：「之幽之故，上之訓往，下之語助。言葬於國北及北首者，鬼神尚幽闇，往詣幽冥故也。殯時仍南首者，孝子猶若其生，不忍以神待之。」方氏曰：「南方以陽而明，北方以陰而幽。人之生也，則自幽而出乎明，故生者南鄉，及其死也，則自明以反乎幽，故死者北首。凡以順陰陽之理而已。三代之禮，雖有文質之變，至於葬之北方北首，則通而行之者，皆所以順死者之反乎幽故也。」

反哭升堂，反諸其所作也。主婦入于室，反諸其所養也。養，羊尚切。

鄭氏曰：「堂，親所行禮之處。室，親所饋食之處。」孔氏曰：「親平生祭祀冠昏在堂，饋食供養在室，皆謂在廟也。」澄曰：「所作，謂親平生行禮所作爲之處。所養，謂親平生享先所孝養之處也。」

反哭之弔也，哀之至也。反而亡焉，失之矣，於是爲甚。殷既封而弔，周反哭而弔。孔子曰：「殷已慤，吾從周。」封音窆，後同。慤，苦角切。

鄭氏曰：「於是爲甚，哀痛甚也。封，當爲窆。窆，下棺也。」方氏曰：「人之始死則哀其死，既葬則哀其亡，其亡則哀爲甚，故反哭之時，有弔禮焉。既封而弔者，受弔於壙也。反哭而弔者，受弔於家也。夫弔者所以弔其哀，葬雖爲哀，然不若反哭之哀爲甚。孔子所以謂殷爲已愨。」孔氏曰：「此亦謂在廟也，思想其親而不見，故悲哀爲甚。壙者，非親存在之處，弔於此者，哀情質愨也。」山陰陸氏曰：「已愨，猶言大慤也。禮器云：『七介以相見。』不然則已慤。

既封，主人贈，而祝宿虞尸。既反哭，主人與有司視虞牲。有司以几筵舍奠於墓左，反，日中而虞。葬日虞，弗忍一日離也。是日也，以虞易奠。舍奠，舍音釋。

鄭氏曰：「贈，以幣送死者於壙也。有司視虞牲，謂日中將虞，省其牲也。舍奠墓左，以父母形體在此，禮其神也。虞，喪祭也。」孔氏曰：「既封，謂葬已下棺。主人以幣贈之時，祝先歸宿戒虞尸，舍奠於墓左，既窆後之事也。几，依神也。筵，坐神席也。席敷陳曰筵。舍，釋也。奠，置也。墓道向南，以東爲左。孝子先反修虞，故有司以几筵及祭饌置于墓左以禮地神也。反，謂所使奠墓左有司歸也。虞者，葬日還殯宮，安神之祭名。朝葬，日中而虞。」方氏曰：「必待有司反而後虞祭者，葬禮畢，然後敢成葬反之禮也。」澄曰：「此條言葬後虞祭之事，封從鄭讀作『窆』，謂既下棺，則主人以玄纁束贈死者於壙。當此時，祝先歸宿虞尸，虞不筮尸，擇可爲尸者宿之。既實土，則主人迎精而反，反哭于廟。及殯宮，反哭送賓畢。主人浴。浴畢與有司同省視虞祭所用之牲，墓所之有司當主人迎精而反之後，代爲主人舍奠於墓左，以禮地神，禮畢乃歸。主人必待此有司還反至家，乃行虞祭禮也。未葬以前，每日朝夕哭，有奠無祭，雖殷奠有盛饌，亦不謂之祭也。及葬後而虞，則有尸，始謂之祭也。」○軾按：虞禮注：『骨肉歸于土，魂氣無所不之。孝子謂其徬徨，三祭以安之。』言虞者，猶治亂言亂也。葬矣，亡矣。魂氣之徬徨者，杳不可即矣。祭以安之，使神依乎主，而儼然在上，斯離者不離矣。日中謂不出此葬之日也，前此用奠，至是始祭，故曰以虞易奠，非虞後更不復奠也。初虞、再虞之次日，以及卒哭之後，未有不朝夕朔奠者。先儒謂赴葬者赴虞，未及卒哭，遇剛日。按祭，無論祭數則瀆，即孝子杖而後起之身。日僕僕于裸獻，勉而爲之，誠意不足，祭猶不祭矣。

卒哭曰「成事」。是日也，以吉祭易喪祭，明日祔于祖父。其變而之吉祭也，比至於祔，必於是日也接，不忍一日末有所歸也。殷練而祔，周卒哭而祔。孔子善殷。此，匹吏切。

鄭氏曰：「既虞之後，卒哭而祭。其辭蓋曰『哀薦成事』，成祭事也。祭以吉爲成，祔于祖父，告於其祖之廟也。末，無也。孔子善殷，蓋朝而神之，人情也。」孔氏曰：「『變而之吉祭者』，謂不得正禮，變常禮也。或時有迫促，或事有忌諱，未及葬期，死而即葬。所云『赴葬者赴虞，三月而後卒哭』。彼據士禮速葬、速虞之後，卒哭之前，其日尚賒。不可無祭。謂之變。之，往也，謂既虞往至吉祭也。比至於祔，必於是日接者，謂三虞卒哭之間，剛日則連接其祭，蓋以孝子不忍使親一日之間，無所歸依也。」澄曰：「是日，謂卒哭之日也。虞祭猶是喪祭，卒哭始是吉祭，故曰是日以吉祭易喪祭。明日，謂卒哭之次日也。祖父，謂死者之祖考，孫祔于祖，昭穆同也。比至於祔，必於是變，亦易也。按：相連不間也，變而之吉祭，即上文所謂以『吉祭易喪祭』也。

日也接，即上文所謂『明日祔于祖父』也。言喪祭變而趨吉祭，自卒哭始，相比逮及祔祭，必於此卒哭之日，相連接而不間斷者。不忍使親之神，一日無所歸也。前言『弗忍一日離』，蓋言孝子送形而往，既窆而還，則己與親之體魄離矣。迎精而反於家，急宜聚親之神魂與相交際，若不遄脩虞祭，而待明日，則是此葬之一日。與親相離，孝子不忍，故不待明日虞，而於葬日虞也。此言不忍一日，末有所歸，蓋言卒哭之末，有餞禮，送神適祖廟矣。翼早急宜就祖廟，迎奉其神，若用虞祭之例，相隔一日而始祔祭，則卒哭後，祔祭前，此一日親之神，無所依歸，孝子不忍，故祔祭必與卒哭之日相連接，而不間日也。假令士以丁日葬，則本日初虞，間一日己是柔日，再虞，又間一日，辛是柔日，辛後壬是剛日。三虞，視再虞遠一日也。大夫初虞至四虞，諸侯初虞至六虞，天子初虞至八虞，皆間一日用柔日，末後一虞，則間二日用剛日。士三虞，凡六日；大夫五虞，凡十日；諸侯七虞，凡十四日；天子九虞，凡十八日；皆無連日祭者，惟卒哭與祔之日相連接，蓋以神魂離殯宮，適祖廟，不可使之一日無歸也。聖人制禮之意精矣，注疏以變爲非常禮之祭，謂速葬速虞者，於卒哭前再有此非常之祭。考之經傳記，未見明據。殷練而祔者，練之次日，乃祔于祖廟。周人雖於卒哭之後祔祖，然祔後練前，有朝夕哭，仍就殯宮，蓋朝夕哭者，孝子哀親之不存而哭，非爲其神之在此而哭也。」會稽高氏曰：「按禮，既虞卒哭，明日祔于祖父，此周制也。若殷人則以既練祭之明日祔。孔子曰：『周已戚，吾從殷。蓋期而神之，人之情也。』」

吕氏曰：「禮之祔祭，各以其昭穆之班，祔于其祖。主人未除喪，主未遷於新廟，以其主祔藏于祖廟，有祭，即祭之，故謂之祔。既除喪，而後遷于新廟。左氏傳云：『君薨，祔而作主。特祀于主，烝嘗於廟。』周人未葬，奠于殯，虞則立尸，有几筵，卒哭而祔，祔始作主。既祔之祭，有練、有祥、有禫，皆特祀其主於祔之廟。至除喪，然後主遷新廟，以時而烝嘗焉。不立主者，其祔亦然。士虞禮及雜記所載祔祭，皆是殷人練而祔，則以前猶祭于寢，有未忍遽改之心。此孔子所以善殷。」澄按：「殷人殯于廟，殯宫不在寢，吕氏謂猶祭于寢，恐非。」○軾按：士虞禮三虞卒哭，他用剛日，曰「哀薦成事」。又曰三月而葬，遂卒哭，將旦而祔，是卒哭即三虞也。云卒哭者，以無時之哭，從此卒也。此記承上節『以虞易奠』，謂自初虞至三虞，則哭卒而喪事已畢，故是日之祭爲吉祭，非復前此之喪祭也。初虞已漸趨吉，至三虞則全吉矣。喪祭重哀，吉祭重敬，敬非不哀也。而儀節特詳，裸獻維謹，牲物畢備，儼然靈爽之式憑，不似喪祭之倉卒簡略，一任悲哀已也。三虞之明日，祔于祖父。祔者，附也。有所附，斯有所歸，亦猶生人依祖父而始安也。必三虞而後祔者，初虞、再虞，尚惝恍無憑，至三虞則魂氣已安，而依主，第恐依者之終不免于去來無定也，故祔以歸之。「變而之吉」三句，申上文而釋之。注疏以變爲變禮，與儀禮「他用剛日」，俱指不及時而葬者。予嘗論注疏之非，閲文正論，實獲我心。○又按：既以明日之祔爲不忍一日無歸，則殷之練而祔，忍矣。孔子何以善之？愚意此記者别記一説，亦疑其非而未能決也。

然祔之論不一，謂祔已反于寢，則宜速，如程子所謂祔而遷，呂氏所謂祔而藏于廟，則宜遲。朱子折衷群言，卒哭祔祭返于寢，大祥祧而入廟，庶合禮意。周人卒哭之祔，蓋祔已返于寢也。殷人練而祔，祔而遷于廟也。禮家合而較之誤矣。孔子善殷非實事，即有之，亦就殷言殷，非謂殷之善于周也。

右記已有喪之禮，凡十四節。

幼名，冠字，五十以伯仲。死謚，周道也。冠，去聲。

孔氏曰：「人始生三月而加名，故云幼名。年二十有爲人父之道，同等不可復呼其名，故冠而加字。年至五十耆、艾轉尊，又捨其二十之字，直以伯仲别之，至死而加謚，凡此皆周道也。又士冠禮二十已有『伯某甫，仲、叔、季』者，彼時雖云伯仲，皆配某甫而言，至五十直呼伯仲爾。殷以士生號仍爲死稱，更無别謚。堯、湯之類是也。」朱子曰：「古者初冠而字，便有『伯某』、『甫仲』、『某甫』三字，到五十即稱伯仲。除了下面兩字，猶今人不敢斥尊者，呼爲几丈之類。儀禮賈疏與孔不同，疑孔説是。」澄曰：「冠而字，少者但稱其字，如颜淵、宰我、言游之類，稍尊則字上加以其次，如伯牛、仲弓、季路之類。耆艾而益尊，則下去其字，止稱其次，如單伯、管仲、孔叔、南季之類，所謂『五十以伯仲』者此也。字下又加甫字，如詩言仲山甫，此極其尊敬之稱，故祭之祝辭，稱其皇祖、皇考，皆曰伯某甫。士冠禮辭曰：『伯某甫』者，此要其終而言，非謂冠後，即如此稱之也。」

掘中霤而浴，毁竈以綴足，及葬，毁宗躐行，出于大門，殷道也，學者行之。溜，力救切。綴，真劣切。貞，衛二切。躐，良輒切。

孔氏曰：「中霤，室中也，死而掘室中之地作坎，以牀架坎上，尸於牀上浴，令水入坎中也。毁竈綴足者，恐死者冷强，足辟戾不可著屨，故用毁竈之甓，連綴其足，令直，可著屨也。毁宗，毁廟也。殷人殯於廟，及葬，柩出，毁廟門西邊牆而出于大門。所以然者，以行神之位在廟門西邊，當所毁宗之外。若生時出行，則爲壇幣告行神。告竟，車躐行壇上而出，使道中安穩。今柩行如生時之出，故云躐行。周人浴水用盆，沐用瓦盤，不掘中溜，綴足用燕几，故不毁竈。殯於正寢，至葬而朝廟，從正門出，不毁宗。」〇軾按：學者謂學禮之人，周末文勝，有志古道者，欲以殷之質挽之。如公明儀以殷士禮葬子張是也。舊注謂「學于孔子之門者」，未當。

〇夏后氏尚黑，大事斂用昏，戎事乘驪，牲用玄。殷人尚白，大事斂用日中，戎事乘翰，牲用白。周人尚赤，大事斂用日出，戎事乘騵，牲用騂。斂，力驗切。驪，力知切。翰，胡斷切，又音寒。騵音原。騂，息營切。

鄭氏曰：「夏以建寅之月爲正，物生色黑。昏時亦黑。此大事，謂喪事。戎，兵也。馬黑色曰驪。用玄，黑類也。殷以建丑之月爲正，物牙色白，日中時亦白。翰，白色馬也。易曰：『白馬翰如』。周以建子之月爲正，物萌色赤，日出時亦赤。騵，騮馬白腹。騂，赤類。」澄曰：「夏以金德王，而色尚黑。黑，水之色。水者，金之所生也。周以木德王，而色尚赤。赤，火之色。火者，木之所生也。夏周之道，先親親，故以我所生而相者爲所尚。殷以水德王，而色尚白，白金之色。金者，水之所從生也。殷道先尊尊，故以我所從生而休者爲所尚。赤馬黑毛尾曰騮。顔師古漢書注云：『華騮者，其色如華之赤。』陸氏佃云：『騵，赤馬白腹，言上周下殷也。』按喪事、祭事、戎事，皆可謂之大事。然此條所謂大事，只當從鄭注以爲喪事者是，陳與方求異於鄭非也。」長樂陳氏曰：「祭義云『夏后氏祭其闇，殷人祭其陽，周人祭日以朝及闇』，故子路與祭，質明而行事，則大事用日出者，祭以朝之質明也。斂亦如之，故曰大事斂用日出。」方氏曰：「滕文公居喪，恐不能盡於大事，則喪爲大事。春秋傳云：『國之大事在祀與戎，則戎祀爲大事。喪事凶禮，戎事軍禮，祀事吉禮，五禮不及賓嘉者，非大事故也。」

有虞氏瓦棺，夏后氏堲周，殷人棺椁，周人牆置翣。堲，子栗切，又音稷。翣，所甲切。

鄭氏曰：「有虞氏上陶，始不用薪也。火孰曰堲，燒土冶以周於棺也。椁大於棺，以木爲之。牆，柳衣也。言後王之制漸文。」何氏曰：「堲周，冶土爲甎，四周於冢。」方氏曰：「椁之於棺，如城之有郭，牆以帷柩，而周圍如牆。翣以飾柩，而翼蔽如羽。世愈久，而禮愈備也。」澄按：「易傳云：『古之葬者，厚衣之以薪，後世聖人易之以棺椁。』説者以後世聖人爲黄帝、堯舜，孟子亦言上古棺椁無度，則是上古之時，已有棺椁矣。今此記注疏，則謂有虞氏始以瓦棺易衣薪，殷人始以木爲棺椁。易瓦棺塈周，竊疑此記之説，未可盡信。」

周人以殷人之棺椁葬長殤，以夏后氏之塈周葬中殤、下殤，以有虞氏之瓦棺，葬無服之殤。

陸氏德明曰：「十六至十九爲長殤，十二至十五爲中殤，八歲至十一爲下殤，七歲之下爲無服之殤。生未三月不爲殤。」馬氏曰：「葬殤異於成人之禮。」鄭氏曰：「略未成人。」

易墓，非古也。 易，以市切。

鄭氏曰：「易，謂芟治草木。」孔氏曰：「墓，謂冢旁之地，不易者。使有草木如丘陵然。古者殷以前墓而不墳。是不治易也。」澄按：孔子嘗云「古者墓而不墳」，又云「古不脩墓」。鄭注云：「脩，猶治也。古者但穴地爲坎，以藏棺，下棺之後，實土於中外爲平地，不起墳冢，使人不知其處。此所謂易，即彼所謂脩。二字皆訓『治』字。蓋言古者葬後，不脩治而崇其封土，非言不芟治而去其草木也。孔疏雖從鄭注芟治草木之説，而又引墓而不墳之言，以不墳爲不治易，則是兼存二義也。」

右記喪禮沿革，凡四節。

古者冠縮縫，今也衡縫，故喪冠之反吉，非古也。縫音逢。衡音横。

鄭氏曰：「縮，從也。衡讀爲横。今冠横縫，以其辟積多。」孔氏曰：「古者謂殷以上，殷尚質，吉凶冠，辟積襵少，故前後直縫之。周尚文，吉冠多辟積，不復一一直縫，但多作襵，而并横縫之。喪冠猶疏辟而直縫，是喪冠與吉冠相反。周世如此爾，故云非古也。」長樂陳氏曰：「一幅之材，順經爲辟積，則少而質，順緯爲辟積，則多而文。順經爲縮縫，順緯頁縫。古者吉凶之冠皆縮縫，今吉冠横縫，而喪冠縮縫，是喪冠與吉反矣，故記者譏之。」長樂黄氏曰：「斯蓋作記之人，指亂世之禮，不本周公之制。周公古禮，喪冠直縫，吉冠横縫，而衰世喪冠亦皆横縫，失禮無別，故歎之。曰『喪冠之反吉，非古』，是後之喪冠，反同吉冠爲非古，正文患喪冠無别。注義患喪冠與吉冠異制，誤辨其旨。」〇軾按：古者，指周初，冠縮縫，謂喪冠。人知殷冠縮縫，周改爲衡，不知周初吉冠雖衡，喪冠則仍殷制。所以然者，原欲吉凶有别豈至今，喪亦衡縫，反同于吉，此衰世之越禮。周公初制，豈其然哉。又按，縫謂辟積之縫，蓋摺而縫之也。考古冠制，以布一幅爲冠。上連頂，下屬武，頂窄于武，故于其上爲辟積，使上狹下寬。張子謂喪冠横繞布，直縫無文。陳用之謂一幅之材，順經爲辟積，則少而質，順緯爲辟積，則多而文，喪冠無文，故直縫。直者，就布言之。布横，故縫順經而直也。」

喪冠不緌。緌，爾佳切。

鄭氏曰：「去飾。」澄曰：「吉冠既結其纓，而垂其餘者爲飾，謂之緌，喪服斬衰冠以繩爲纓，齊衰以下冠以布爲纓，其纓結于頷下，而無所垂之餘。喪哀從質，非如吉冠之文而有飾也。」

〇婦人不葛帶。

鄭氏曰：「婦人質不變，重者至期除之。卒哭變絰而已。」孔氏曰：「帶，要絰也。齊斬卒哭，變麻爲葛，婦人重要，不變所重，故不葛帶。卒哭，變首絰爲葛，與男子同，輕首重要故也。」

〇絰也者，實也。

鄭氏曰：「絰所以表哀。」澄曰：「絰蓋兼首絰要絰而言，首有冠武矣，要有絞帶矣。又以大麻繩加於冠武絞帶之外爲絰者。以内有哀之實，故其表見于外如此。」方氏曰：「絰之所用，男子重首，婦人重要，皆用其所重，非徒爲虚名而已，故曰實也。」

〇練，練衣黄裏、縓緣，葛要絰，繩屨無絇，角瑱，鹿裘衡，長、袪。袪，裼之可也。縓，七絹切。緣，悦絹切。要，一遥切。絇，其俱切。瑱，吐練切。衡音横。袪，起魚切。裼音昔。

鄭氏曰：「黄之色卑於纁。縓，纁之類。瑱，充耳也。人君有瑱，吉時以玉。袪，謂褎。緣，袂口也。練而裘廣長。又爲袪，先時狹短無袪。裼，表裘也。有袪而裼之，備飾也。」孔氏曰：「練，小祥也。小祥而著練冠練中衣。故曰練。練衣者，練爲中衣黄裏者，黄爲中衣裏也。正服不可變，中衣非正服，但承衰而已，故小祥而爲之黄袷裏也。縓者，淺絳色。纁是赤色，其色華美。一染謂之縓，三染謂之纁，纁是赤色，其色華美。黄雖是正色，卑質於纁。緣，謂中衣領及褎緣也。裏用黄，而領緣用縓。領緣，外也。明其外除，故飾見外也。葛要絰者，小祥男子去首絰，唯餘要葛也。繩屨者，父喪菅屨。卒哭，受齊衰蒯藨屨，至小祥受大功繩麻屨也。絇，屨頭飾也。吉有喪無，初喪無充耳。小祥微飾，以角爲瑱也。冬時吉凶，衣裏皆有裘，吉時貴賤有異，喪時同用大鹿皮爲之。小祥前，裘狹而短袂，又無袪，小祥後稍飾，故更作裘。横廣之，又長之，且爲袪，加此三法也。裼，謂裘上又加衣也，爲吉轉文，故裼之可也。小祥後，外有衰，衰内有練中衣，中衣内有裼衣，裼衣内有鹿裘，鹿裘内自有常着襦衣也。」馬氏曰：「哀痛至甚，則耳無聞，目無見，哀殺則能有聞矣，故爲角瑱以充耳。」澄曰：「衡即古『横』字。如鄭注之義，則横當訓『廣』。竊謂衣自肩上直垂至下爲從，袖自衣側旁達左右爲横，居喪之裘，其横袖短，則左右盡處不露見於外。練後漸文，則横長，其袖與吉裘同，又緣其袖口。練前，裘雖有裼，但裼衣之正身，而不至袖。練後，既有横長袪，則裼衣掩至袖口可也。」

○衰，與其不當物也，寧無衰。當，丁浪切。

鄭氏曰："不當物，謂精麤、廣狹不應法制。"孔氏曰："衰，喪服也。當，猶應也。衰裳升數、形制必須依禮，此衰通於五服。"山陰陸氏曰："物若周書所謂『朝服八十物、七十物』是已。布之精麤，非獨升數不同，縷數亦不同矣。尊者服精，卑者服麤。"長樂黄氏曰："左傳載晉平公有卿佐之喪，而奏樂飲燕，膳夫屠蒯入諫曰：『服以將禮，禮以行事，事有其物，物有其容。今君之容，非其物也。』以此驗之，物者心貌，哀戚之實，以稱其服。若介胄則有不可犯之色也。蓋哀戚者，喪禮之實，衰者，外飾之容。若但服衰於身，而心貌無哀戚之實者，寧如不服喪也。"澄按：陸、黄釋"物"字，皆與注疏異，姑存其説。

○齊衰不以邊坐，大功不以服勤。

鄭氏曰："邊，偏倚也。邊坐服勤，謂褻喪服。"孔氏曰："喪服宜敬，坐起必正。不可著衰而偏倚，言齊衰則斬衰可知。著服不得爲褻事，大功雖輕，然亦不可著衰而服行勤勞之事。言大功，則齊衰固不可，而小功可也。"張子曰："齊衰不以邊坐，有喪者專席而坐也。"

○大功廢業。或曰：大功誦可也。

鄭氏曰：「誦，許其口習也。」孔氏曰：「業，謂所學習業，學業則身有外營，思慮它事，恐其亡哀，故廢業也。誦則在身，所謂其事稍静，不慮亡哀，故許其口習。或曰者，或人有是言也。」長樂陳氏曰：「業者，弦歌羽籥之事。誦者，詩、書、禮、樂之文。大功廢業而誦可，則大功以上，不特廢業，而誦亦不可。大功而下，不特誦可，而業亦不廢也。」廣安游氏曰：「古謂習樂者爲業。春秋時。魯宴甯武子，賦湛露、彤弓。甯武子曰：『臣以爲肄業及之。』晉屠蒯曰：『辰在子卯，君徹宴樂，學人舍業。』皆以歌詩言之也。古者國子教以歌舞。歌者，雅頌之詩也。舞者，因歌而舞之也。唯其以歌舞、雅頌爲學，少而習業於此，故謂之業。」朱子曰：「業，謂簨簴上一片板。居喪不受業，謂不敢作樂爾。周禮有司業，謂司樂也。古人禮樂不離身，唯居喪然後廢樂，故曰喪服常讀樂章。」○軾按：業謂士人所習之業，如講道論德，射、御、書、數之類。廢業，謂未葬以前。既葬，則期以下飲酒食肉，豈復廢業耶。

○喪服，兄弟之子猶子也，蓋引而進之也。嫂叔之無服也，蓋推而遠之也。姑、姊妹之薄也，蓋有受我而厚之者也。遠，于願切。

鄭氏曰：「或引或推，重親遠别。姑、姊妹嫁，大功。夫爲妻，期。欲其一心於厚之者。」孔氏曰：「喪服是儀禮正經，兄弟之子期，姑、姊妹出適大功，皆喪服經文。嫂叔無服，喪服傳文。己子服期，兄弟之于當降服大功。今乃服期，蓋牽引進之同於己子也。昆弟相爲服期，其妻應降服大功，今乃無服，是推使疏遠之也。姑、姊妹未嫁時爲之厚，出嫁後爲之薄者，蓋有夫壻受我之厚而重親之也。何氏晏曰：『男女相爲服，不有骨肉之親，則其尊卑異也。』嫂叔親非骨肉，不異尊卑，恐有混淆之夫，推使無服也。」程氏曰：「其夫屬乎父道者，妻皆母道也。其夫屬乎子道者，妻皆婦道也。上有父有母，下有子有婦，伯父、叔父，父之屬也；伯母、叔母，則母之屬，故服與伯父叔父同。兄弟之子，子之屬也；兄弟之子之婦，則婦之屬，故服與兄弟之子同。若兄弟則己之屬也。難以妻道屬其嫂，此古者所以無服，只爲無屬。今之有服，亦是。豈有同居之親而無服者。」唐魏氏徵曰：「禮，繼父同居者，爲之服，未嘗同居，則不爲服。從母之夫，舅之妻，不相爲服。或曰同爨緦，然則繼父之徒，並非骨肉，服重由乎同爨，恩輕在乎異居，故知制服亦緣恩之厚薄。或有長年之嫂，遇孩童之叔，劬勞鞠養，情若所生，譬同居之繼父，方它人之同爨，情意之深淺，寧可同哉。生而共居，愛同骨肉，死則推遠，乃同路人，重其生而輕其死，後其始而薄其終，稱情立文，其義安在？」澄曰：「人有嫂之喪者，其父母爲之服大功、小功，其妻爲之服小功，其子爲之服齊衰不杖期，豈有己身立於父母、妻子之間，而獨同於無喪之人者哉？雖曰無服，亦如弟子爲師，若喪父而無服，孔子爲顏淵，若喪子而無服爾。又如父在爲母，雖期而釋服，猶申心喪，至於再期，蓋有服者，服其服，居喪次，雖寢寐亦不釋去。嫂叔以其無屬，故不制服，俾晝夜常服於峰，居喪次，以終其月數。然其身當弔服加麻，不飲酒，不食肉，不處内，如弟子爲師，期後爲母之例。俟其父母妻之服既除，然後吉服，如無喪之人也。推而遠之者，文雖殺而情未嘗不隆。魏鄭公所議，不明古聖人情文隆殺之深意。程子以爲無屬是矣。而又謂同居豈可無服，則亦未免於狥俗也。薄，猶輕也。受我，猶言承繼我也。厚，猶重也。姑、姊妹未嫁，皆服齊衰不杖期。既嫁則降服大功，蓋以既嫁有夫，則彼夫承繼於我，而以厚重之服服之。謂夫爲妻齊衰杖期，與父在爲母之服。同是厚之也。既有厚之者，則在我骨肉之恩，可以減殺，故薄輕其服，而降爲大功也。」〇軾按：嫂叔，異姓無親親之誼，同列無尊卑之分，近在家庭，禮別嫌疑，此至當不易之論也。先儒謂嫂叔何嫌，果爾則授受不親，不相通問之禮，不几贅歟？至喪服記夫之所爲兄弟服，妻降一等，此後人杜撰，勉齊經傳删之是也。

〇從母之夫，舅之妻，二夫人相爲服，君子未之言也。或曰同爨緦。從，七縱切。夫人，音扶。爲，云僞切。爨，七亂切。

張子曰：「此是甥自幼居於從母之家，或舅之家。孤稚恩養，直如父母，不可無服，所以爲此服也。非是從母之夫，與舅之妻，相對爲服。」澄曰：「禮爲從母服小功五月，而從母之夫則無服，爲舅服緦麻三月，而舅之妻則無服。時有妻之姊妹之子，依從母家同居者，又有夫之甥，依舅家同居者，念其鞠養之恩，故一爲從母之夫服，一爲舅之妻服。二夫人，謂妻之姊妹之子，與從母之夫也，謂夫之甥，與舅之妻也。見其二家有此二人者，相爲服。然禮之所無，故曰君子未之言也。又記或人之言，以爲有同居而食之恩，則雖禮之所無，而可以義起此服也。」

○曾子曰：「小功不税，則是遠兄弟終無服也，而可乎？」税，它外切。

鄭氏曰：「日月已過，乃聞喪而服，曰税。大功以上然，小功輕，不服。據理而言也。遠兄弟，謂兄弟相離遠者，聞之恒晚。」孔氏曰：「曾子怪小功不追服，則遠處兄弟，聞喪常晚，終無服而可乎，言其不可也。曾子仁厚，禮雖如此，猶以爲薄，故怪之。此據正服小功也。喪服小記云：『降而在緦小功者，則税之。』」清江劉氏曰：「韓子嘗弔於人，見其貌戚，其意哀，而其服吉，問之曰：『何也？』曰：『小功不税也。』是以韓子疑之，而作『小功不税』之書，夫爲服者，至親之恩，以期斷，其殺至於大功。兄弟之恩，以小功止，其殺至於緦，外親之服，以緦窮。其殺至於袒免，聖人之制禮豈苟言情哉？亦著其文而已矣。大功税，小功不税，其文至於是也。兄弟之服，不過小功，外親之服，不過緦，其情至於是也。因其情而爲之文，親疏之殺見矣。故禮大功以上，不謂之兄弟。兄弟有加，而大功無加。無加者，親親也；有加者，報之也。親親者税，不親親者不稅，是亦其親也。且禮專爲情乎？亦爲文乎？如專爲情也，則至親不可以期斷，小功不可以不稅，如爲文也，則至親之期斷，小功之不稅，一也。夫曾子、韓子，隆於情，而不及文。失禮之指，而疑其說。雖然，韓子疑之是也。彼人之爲非也，何以言之邪？小功雖不稅，亦不吉服而已矣。記曰：『聞遠兄弟之喪，既除喪，而後聞之，則免袒哭之，成踊。夫若是，奚其吉哉？故曰：『彼人之爲非也。』韓子疑之，是也。小功不稅，禮也。然則免袒成踊則已矣。猶有加焉。我未之聞也。雖然。降而無服者麻。不稅是降而無服矣。哀之以其麻，哭之以其情，逾月然後已，其亦愈乎吉也。」

○公叔木有同母異父之昆弟死，問於子游。子游曰：「其大功乎？」狄儀有同母異父之昆弟死，問於子夏。子夏曰：「我未之前聞也。魯人則爲之齊衰。」狄儀行齊衰。今之行齊衰。狄儀之問也。木，式樹切，又音朱。爲之，云僞切。

鄭氏曰：「『木』當爲『朱』，春秋作『戍』。衛公叔文子之子。子游曰：『其大功乎。』疑所服也。親者屬大功，是。」孔氏曰：「按世本衛獻公生成子當，當生文子拔，拔生朱，故知『木』當爲『朱』。春秋『定十四年，衛公叔戍來奔』是也。爲同母異父昆弟之服，喪服無文。乎，疑辭也。同父、同母則服期，今但同母，則宜降一等而服大功也。今之齊衰，狄儀之問，不云自狄儀始者，魯人先已行之。鄭云『親者屬』，以同母兄弟，爲母之親屬。王肅難鄭云：『禮，稱親者屬，謂出母之身，不謂出母之子。以親者屬而服，若出母之子，則出母之父母服應更重，何以無服？同母異父兄弟服大功者，繼父服齊衰，其子降一等也。馬昭云：『異父昆弟，恩繼於母，不繼於父。』肅以爲從繼父而服非也。」張融云：「繼父同居有子，止服齊衰三月。乃爲其子大功，非服之差。鄭玄説是。」張子曰：「同母異父之昆弟，服齊衰，則與親兄弟之服同。是知母而不知父，如此無分別，禽獸之道也。或謂大功，亦大過，以小功服之可也。問此而答云『末之前聞』，當古之時，安有此事？」廣安游氏曰：「後世所承傳之禮，有出於三代之末，沿禮之失而爲之者，不喪出母，古禮之正也。孔氏喪出母，惟孔子行之，而非以爲法，今禮家爲出母服齊衰杖期，此後世之爲，非禮之正也。同母異父之昆弟，子游爲之大功，魯人爲之齊衰，亦非禮之正也。昔聖人制禮，教以人倫，使父子有親，男女有别，然後一家之尊，知統乎父，而厭降其母。同姓之親，厚於異姓，父在則爲母服齊衰一年，出母則不爲服。後世既爲出母制爲服限，則雖異父之子，以母之故，亦爲之服矣。此其失在乎不明父母之辨，一統之尊，不别同姓異姓之親而致然也。及後世，父在而升其母三年之服，至異姓之服若堂舅、堂姊之類，亦相緣而升。夫禮者以情義言也。情義者，有所限止，不可偏給也。母統於父，則不得不厭降於其母，厚於同姓，則不得不降殺於異姓。夫是以父尊而母卑，夫尊而婦卑，君尊而臣卑，皆順是而爲之也。今子游欲以意爲之大功，此皆承世俗之失，失之之原，其來寖遠。後世不考其原，而不能正其失也。」澄曰：「子夏固失矣，子游亦未爲得也。張子酌今人情，以爲可服小功。游氏準古禮制，以爲不當有服，後之知禮者詳焉。」按：禮，繼父同居有子者，服齊衰三月。王肅乃云其子降繼父齊衰一等，故服大功，是以繼父齊衰之服爲期服也。」

〇縣子瑣曰：「吾聞之，古者不降，上下各以其親。滕伯文爲孟虎齊衰，其叔父也；爲孟皮齊衰，其叔父也。」縣音玄。爲孟，云僞切。

鄭氏曰：「古，謂殷時也。上不降遠，下不降卑。伯文，殷時滕君也，爵伯名文。」孔氏曰：「周禮以貴降賤，以適降庶，唯不降正爾。而殷世以上，雖貴，不降賤。上下各以其親，不降之事也。上，謂旁親族：曾祖、從祖及伯叔之班。下，謂從子、從孫之流。彼雖賤，不以己尊降之，各隨本屬之親輕重而服之，故云上下各以其親。孟虎乃滕伯之叔父，而滕伯又孟皮之叔父。言滕伯上爲叔父，下爲兄弟之子，皆著齊衰，是上不降遠，下不降卑也。」朱子曰：「夏殷而上，大概只是親親長長之意。周則添得貴貴底禮，不始封之君，不臣諸父昆弟，封君之子，不臣諸父，而臣昆弟。期之喪，天子諸侯絶，大夫降，然諸侯大夫尊同，則不絶不降，姊妹嫁諸侯者，亦不絶不降，皆貴貴之義。上世簡略，未有許多降殺，此天下之大經，前世所未備。周公搀剔出來立爲定制，更不可易。」

○悼公之母死，哀公爲之齊衰。有若曰：「爲妾齊衰，禮與？」公曰：「吾得已乎哉！魯人以妻我。」爲，云僞切。與音余。

鄭氏曰：「悼公母，哀公之妾，有若譏而問之。哀公言國人皆名之爲我妻，重服嬖妾文過，非也。」

○齊穀王姬之喪，魯莊公爲之大功。或曰：由魯嫁，故爲之服姊妹之服。或曰：外祖母也，故爲之服。

鄭氏曰：「穀當爲『告』，聲之誤也。王姬，周女，齊襄公之夫人。春秋周女由魯嫁，卒，服之如内女服姊妹，是也。天子爲之無服，嫁于王者之後，乃服之。莊公，齊襄公女弟文姜之子，當爲舅之妻，非外祖母也。外祖母又小功也。」

○南宫縚之妻之姑之喪，夫子誨之髽，曰：「爾毋從從爾！爾毋扈扈爾！蓋榛以爲笄，長尺而總八寸。」縚，上刀切。髽，側加切。從音總。扈音户。榛，側巾切。長，直亮切。

鄭氏曰：「從從，謂大高。扈扈，謂大廣。爾，語助。總，束髮垂爲飾。齊衰之總八寸。」孔氏曰：「妻之姑，謂夫之母也。夫子兄之女，故夫子誨之作髽法，期之髽稍輕。毋得太高、太廣如斬衰之髽也。既教以作髽，又教以笄總之法。其笄用木無定，教以用榛木爲笄，其長一尺，而束髮垂餘之總垂八寸。」按：喪服吉笄長一尺二寸，齊衰之笄皆長一尺，降吉笄二寸也。但惡笄或用櫛，或用榛，故夫子稱蓋以疑之。喪服傳斬衰總長六寸，此齊衰長八寸，以二寸爲差也。

○叔仲皮學子柳。叔仲皮死，其妻魯人也，衣衰而繆絰。叔仲衍以告，請繐衰而環絰，曰：「昔者吾喪姑、姊妹亦如斯，末吾禁也。」退，使其妻繐衰而環絰。學，户教切。衣，當爲齊，音咨。繆，讀如樛木之樛。繐，音歲。喪如字。

鄭氏曰：「叔仲皮，魯叔孫氏之族。學，教也。子柳，仲皮之子也。衣衰，衣當爲『齊』。繆絰，繆讀爲木樛垂之樛。士妻爲舅姑之服也。繐衰，小功縷而四升半之衰。環絰，弔服之絰。末，無也。言無禁我，欲其言行也。」孔氏曰：「叔仲氏，皮名，叔仲皮雖教其子子柳，其子猶不知禮。後叔仲皮死，子柳之妻是魯鈍婦人，猶知爲舅姑身著齊衰，首服繆絰。繆，謂兩股相交也，五服之絰皆然。唯弔服環絰不繆耳。衍，子柳之叔，見當時婦人好尚輕細，告子柳『汝妻何以服非禮之服。』子柳亦以妻非禮遂請於衍，欲令其妻身著繐衰，首服環絰。衍答子柳云：『吾喪姑、姊妹亦如此，無人於吾相禁者。』子柳得衍言，乃退使其妻著繐衰而環絰，子柳亦不肯粥庶弟之母，非是下愚，而不知其非禮。當時皆著輕細故也。」方氏曰：「子柳雖受教於其父，曾不若愚婦人之所爲也。」

○縣子曰：「綌衰繐裳，非古也。」綌，去逆切。

鄭氏曰：「非時輕涼慢禮。」孔氏曰：「綌，葛也。繐，布疏者。時有喪者，不服麄衰，但疏葛爲衰。繐布爲裳，故云非古。古，謂周初制禮時也。」

○成人有其兄死而不爲衰者，聞子臯將爲成宰，遂爲衰。成人曰：「蠶則績而蟹有匡，范則冠而蟬明緌。兄則死而子臯爲之衰。」

鄭氏曰：「范，蜂也。蟬，蜩也。緌，謂蜩喙，長在腹下。」孔氏曰：「成，孟氏所食采邑，即此邑中民，有兄死而弟不爲兄死制服者。聞子臯至孝，來爲成宰，恐其罪己。乃制衰服，故成人譏之。蠶則績絲作繭，蟹殼似匡，蜂頭上有物似冠，蟬喙似冠之緌，以是合譬也。蠶則須匡以貯繭，今無匡，而蟹背有匡，匡自著蟹，非爲蠶設。蜂冠無緌，而蟬口有緌。緌自著蟬，非爲蜂設，譬如成人兄初死，不作衰，後畏子臯，方爲制服。服是子臯爲之，非爲兄施。亦如蟹匡蟬緌，各不關於蠶蜂也。」應氏曰：「聞之風者。頑夫廉；聞下惠之風者，薄夫敦；聞子臯之風者，悍夫悌，故兄死不爲衰，而今爲衰也。仲尼用而無飲羊縱妻之民。楊綰相而有減騶省樂之效風化之機係於人焉。蠶績范冠之謠，雖以戲夫民之爲服者，不出於誠心，亦以喜子皋之孝行，足以感不友不悌之俗也。」

右記喪服得失，凡十九節。

晉獻公將殺其世子申生。公子重耳謂之曰：「子蓋言子之志於公乎？」世子曰：「不可。君安驪姬，是我傷公之心也。」曰：「然則蓋行乎？」世子曰：「不可。君謂我欲弑君也。天下豈有無父之國哉？吾何行如之？」使人辭於狐突曰：「申生有罪，不念伯氏之言也，以至於死。申生不敢愛其死。雖然，吾君老矣。子少，國家多難，伯氏不出而圖吾君；伯氏苟出而圖吾君，申生受賜而死！」再拜稽首。乃卒。是以爲共世子也。重，平聲。蓋，音盍。少、難並去聲。共音恭。

鄭氏曰：「獻公信驪姬之譖。重耳欲使世子言見譖之意，蓋皆當爲盍。盍，何不也。志，意也。世子謂言其意，則驪姬必誅。重耳曰：『盍行乎。』行，猶去也。世子謂天下豈有無父之國？言人有父，則皆惡欲殺君者。使人辭於狐突。辭，猶告也。前此獻公使申生伐東山皋落氏，狐突謂申生，欲使之行。今言『不念伯氏之言』，謝之也。伯氏，狐突別氏。子少，謂驪姬之子奚齊。圖，猶謀也。不出，謂狐突自皋落氏反後，懼而稱疾也。賜，猶惠也。既告狐突乃雉經。申生言行如此，可以爲恭，於孝則未。重耳，申生異母弟。後立爲文公。驪姬。獻公伐驪戎所獲女也。申生之母蚤卒，驪姬嬖焉。狐突，申生之傅，舅犯之父也。」澄曰：「申生之被殺，當合春秋内外傳所載並觀，乃見當時事情。驪姬譖申生將弑父，獻公雖未必深信，然心實欲去申生，立奚齊，以狥驪姬之意也。姬以險語逼公，公謂『吾不忘』，抑未有以致罪焉。則公固有誣申生以罪而去之之心也。姬得公此語，旋告優施以爲『君許我殺太子立奚齊矣』，於是令申生祭齊姜，置毒於胙，雖姬之謀，亦承公之意也。公縱知太子無是事，豈肯爲之辨白，而移罪於驪姬乎。且姬受所歸之胙，置諸宫，而六日之後，不自持以進。待公既至，召申生使之自獻，若申生於臨獻之時加毒然。杜預乃謂『申生當以六日之狀自理』，可謂疏已。申生之事父，有承順，無違逆。父欲立奚齊，則甘心以己所當得之國與之。初無繫戀芥蔕於中，公使奚齊攝祭，人爲太子憂，則曰：『但當順君父之所安』。伐霍、伐東山二役，人勸太子行，則曰『不可違君父之所命。仁人之事天也』；曰『子於父母，唯命之從。彼欲吾死而我不聽，我則悍矣。孝子之事親，一如仁人之事天，豈敢私有其身，而避禍逃死哉？』故張子訂頑，亦嘉申生之無所逃而待烹也。世之議者，咎申生不合不去，而陷父於不義。申生縱去，父必殺之，而後奚齊可立，豈一去而能免陷父於不義乎？去則有背棄君父以逃死之罪，而陷父不義之罪自若也。申生固云『棄父之命，惡用子矣』，又云『死不可避，吾將伏以俟命』。申生之自處，可謂得子道之正，未容輕議也。

設使申生出奔，獻公必謂其結援鄰國，以圖它日納己也。非如鄭之使盗殺子臧，必如晉之以幣錮欒盈，至此則負不孝之罪大矣。但一出奔，即是章父之惡，不待其身被殺，而後爲陷父於惡也。」陳氏謂：「孝子之事親，有言以明己。申生可以言而不言，此乃孝子事親之常法。甲生之所遇，則非常也。豈言之所能自明者哉？予嘗謂屈原之忠，申生之孝，皆賢者過之之事。屈原過於忠，忠而過者也。申生過於孝，孝而過者也。其行雖未合乎中庸，其心則純是天理之公。屈原略無人欲之私，申生但知順父之爲孝。屈原但知愛國之爲忠，而一身之生死不計，世之議者，其何足以知申生之心哉？」○軾按：文正之論，申生最當，但恨不爲太伯、伯夷耳。

○子張病，召申祥而語之曰：「君子曰終，小人曰死。吾今日其庶幾乎！」

鄭氏曰：「申祥，子張子。太史公傳：『子張，姓顓孫。』今曰『申祥』。周秦之聲，二者相近，事卒爲終，死之言澌也，消盡爲澌。」孔氏曰：「形骸澌盡也。」澄曰：「終者全天地所與之性，父母所生之體，而無虧損於初，至今日終畢也。能知覺運動之謂生，不能知覺運動之謂死。小人之死，但身形不復知覺運動而已。庶幾，近也。言其可近於君子之終也。曾子將死，召門弟子曰：『啓予手，啓予足，而今而後，吾知免夫。』子張所言之意，亦猶曾子所言之意。蓋君子以得全其生而終爲幸也。」

○曾子寢疾，病。樂正子春坐於牀下，曾元、曾申坐於足。童子隅坐而執燭。童子曰：「華而睆，大夫之簀與？」子春曰：「止。」曾子聞之，瞿然曰：「呼！」曰：「華而睆，大夫之簀與？」曾子曰：「然，斯季孫之賜也，我未之能易也。元起易簀！」曾元曰：「夫子之病革矣，不可以變。幸而至於旦，請敬易之。」曾子曰：「爾之愛我也不如彼，君子之愛人也以德，細人之愛人也以姑息。吾何求哉？吾得正而斃焉斯已矣。」舉扶而易之，反席未安而歿。睆，華板切。簀音責。與音余。瞿，紀具切。呼音吁。革音棘。

鄭氏曰：「病。謂疾困。子春，曾參弟子。元，申，曾參之子。隅坐，不與成人並。簀，牀第也。子春曰『止』，以病困不可動。『呼』，虛憊之聲，未之能易。病故也。革，急也。德，謂成己之德。姑息，言苟容取安也。」孔氏曰：「華，光也。睆，謂睆睆然好也。詩傳云：『睍睆，好貌。』」山陰陸氏曰：「細人，言其所見不巨。」王文公云：「姑息者，且止之詞，事未有不壞於且止者也。」張子曰：「簀可易，必簟席之類。華而睆，以其陳之在上。顯，露也。」澄曰：「爾雅以簀爲第，而疏釋第爲牀版。按史記范睢傳：『睢佯死，卷以簀，置厠中。』簀可卷，則非牀版矣。司馬貞索隱謂簀爲葦荻之簿，此曾子所寢之簀，季孫所賜，若是牀版重滯之物，安可賜人？且在簟席之下，何以見其華睆？又豈可扶起病人而易之哉？古者牀第之上有席，席之上有簟，簟最在上近膚，故顯露而見其美。簀字從竹，疑爲竹簟之異名，張子所解蓋是。今人爲竹簟，或以竹膚之筠，或以竹肌之篾，或以玄、黄、赤、白諸色間雜如錦文，此簀之華而睆，必是其文如錦者也。考之以禮，寢簟之制，未聞有尊卑貴賤之殊，但貧者質素，富者華美，以季孫之簀賜曾子，自是與曾子平日所用不同。童子見之，以其華睆，必是大夫之家所造作者，故曰『大夫之簀與？』而曾子然之。謂此乃季孫所賜也，簀之華美與質素，大夫、士通用之，童子非謂此大夫之簀，不是士之簀，但謂此必大夫禄厚家富者之所爲爾。其意非欲曾子易之也。使曾子不易此簀而終，亦可，故子春、元申皆不欲其易。而曾子一聞童子之言，必欲易之者，蓋禮制雖無違戾，然不若終於常時所寢質素者之得其正也。古之君子，當臨終之際，其謹有加於平時，平時夜卧在燕寢，將終則必遷於正寢，平時亦有女侍，將終則一切屏去而不死於婦人之手，皆與常時異。故曾子生時，可寢季孫所賜華美之簀，至終則必易之，而但用常時所寢素質之簀也。諸儒舊説，並謂曾子非大夫，不可終於大夫之簀，此誤解童子所云『大夫之簀』四字之意也。儻大夫之簀與士之簀有差等，則季孫之賜，曾子自不當受，受亦不當用，今曾子用之寢卧，至於將死而猶不易，其於禮制無不可也。明矣。」○軾按：童子再言大夫之簀，曾子謂其愛人以德，豈得謂童子非欲曾子之易。朱子云：「季孫之賜，曾子之受，皆爲非禮。或者因仍舊習，常有是事，而未能正耳。但及其疾病，不可以變之時，一聞人言，而必舉扶以易之，則非大賢不能矣。」此論最當。

右記考終之事，凡三節。

曾子之喪，浴於爨室。

鄭氏曰：「見曾元之辭易簀，矯之以謙儉也。禮，死浴於適室。」孔氏曰：「曾子達禮之人，應浴於正寢。今乃浴於爨室，故爲非禮，以責其子也。」按：上反席未安而没，焉得有爨浴室遺語。以反席之前有言，記文不備爾。○軾按：浴於爨室，非禮甚矣。此王孫士安之所不爲，而謂曾子以此語其子乎？曾元以此言加於父乎？或曰喪大記：「甸人爲垼於西墻下。」曾子之浴，煑湯爨室，故記者譏之。

司士賁告於子游曰：「請襲於牀。」子游曰：「諾。」縣子聞之，曰：「汰哉叔氏！專以禮許人。」賁音奔。汰音泰。

司士，姓。賁，名也。孔氏曰：「按喪大記，始死廢牀，至遷尸及襲，皆在於牀。當時失禮，襲在於地，故司士責告子游。子游知襲在牀爲是，故許諾之。汰，自矜大也。凡來諮禮事者，當據禮答之。今子游不據前禮，專輒許諾，如禮出於己，是自矜大，故縣子聞而譏之。」

○曾子曰：「始死之奠，其餘閣也與。」與音余。

孔氏曰：「士喪禮復魄畢，以『脯、醢升自阼階，奠於尸東』，此之謂始死之奠。思神依於飲食，故必有祭酹。但始死未容改異，故以生時庋閣上，所餘脯醢爲奠也。」方氏曰：「閣以閣食物，人之始死，以禮則未暇從其新。以情則未忍易其舊，故其奠也，止以閣之餘物。」○軾按：奠以餘閣，不忍死其親也。

○小斂之奠，子游曰：「於東方。」曾子曰：「於西方，斂斯席矣。」小斂之奠在西方，魯禮之末失也。

孔氏曰：「按士喪禮，小斂之奠，設於尸東，大斂之奠，設於室乃有席。小斂之奠，設於東方。奠又無席，魯之衰末，奠於西方而又有席。曾子見時如是，以爲禮，其言非，故記者正之云『小斂之奠，所以在西方，是魯人行禮，末世失其法也。』」

○曾子曰：「尸未設飾，故帷堂，小斂而徹帷。」仲梁子曰：「夫婦方亂，故帷堂，小斂而徹帷。」

鄭氏曰：「斂者動搖尸，帷堂，爲人褻之。言方亂非也。仲梁子，魯人也。」方氏曰：「人死，斯惡之矣，以未設飾，故帷堂防人之惡也。小斂，則既設飾矣，故徹帷焉。帷堂之禮，爲死者爾，豈爲生者哉。仲梁子謂夫婦方亂，故帷堂，則失禮之意矣。」孔氏曰：「小斂之後，豈無夫婦方亂之事，何故徹帷，故知仲梁子之言非也。」廬陵胡氏曰：「存二説以傳疑。」

○叔孫武叔之母死，既小斂，舉者出，尸出戶。袒，且投其冠括髮。子游曰：「知禮。」

鄭氏曰：「武叔，公子牙之六世孫，名州仇，毀孔子者。尸出户，乃變服，失哀節。」孔氏曰：「按士喪禮『卒斂，徹帷。主人馮尸踊無算，括髮袒。』下云『士舉男女奉尸侇於堂。』喪大記亦云：『卒小斂。主人袒。說髦括髮以麻。』下云『奉尸侇於堂』。是括髮在小斂之後，奉尸侇於堂之前。主人爲欲奉尸，故袒而括髮。今武叔於奉尸侇於堂之後，乃投冠括髮，故鄭云失哀節。子游習禮，見武叔失禮，反言之曰『知禮』蓋嗤之也。」方氏曰：「知禮，所以甚言其不知禮也。」

○季康子之母死，陳褻衣，敬姜：「婦人不飾，不敢見舅姑。將有四方之賓來，褻衣何爲陳於斯？」命徹之。 褻，息列切。見，賢遍切。

鄭氏曰：「陳之，將以斂也。褻衣，非上服。敬姜者，康子從祖母。言四方之賓，嚴於姑舅。」

○帷殯，非古也，自敬姜之哭穆伯始也。

鄭氏曰：「禮，朝夕哭，不帷。敬姜，穆伯妻，文伯歜之母。穆伯，魯大夫季悼子之子公甫靖也。」孔氏曰：「教子思念其親，朝夕哭時，褰徹其帷。今敬姜之哭穆伯，以辟嫌之故，朝夕哭不徹帷。下云穆伯之喪，敬姜晝哭，與此同也。按春秋文十五年，公孫敖之喪，聲已不視，帷堂而哭。公孫敖亦是穆伯，然聲已帷堂，非帷殯也。聲已哭在堂下，怨恨穆伯，不欲見其堂，故帷堂。敬姜哭於於堂上，遠嫌不欲見夫之殯，故帷殯。」張逸答陳鏗云：「敬姜早寡，晝哭以辟嫌。帷殯，或亦辟嫌，表夫之遠色也。」

○穆伯之喪，敬姜晝哭，文伯之喪，晝夜哭。孔子曰：「知禮矣。」

方氏曰：「寡婦不夜哭，遠嫌之道然爾。穆伯，夫也。止於晝哭而不嫌於薄。文伯子也，晝夜哭而不嫌於厚。孔子所以謂之知禮也。」

○文伯之喪，敬姜據其牀而不哭，曰：「昔者，吾有斯子也，吾以將爲賢人也，吾未嘗以就公室。今及其死也，朋友諸臣未有出涕者，而内人皆行哭失聲。斯子也，必多曠於禮矣夫。」夫音扶。

鄭氏曰：「以將爲賢人，蓋見其有才藝。季氏魯之宗卿。敬姜有會見之禮。未嘗以就公室，言未嘗與到公室觀其行也。内人，妻室也。」孔氏曰：「曠，猶疏薄也。言此子平生必疏薄於賓客朋友，故未有感戀出涕者。上云『晝夜哭』，此不哭者，謂暫時也。家語云：『文伯歜卒，其妻妾皆行哭失聲。敬姜戒之曰：吾聞好外者，士死之；好内者，女死之。今吾子早殀，吾惡其好内聞也，二三婦共祭祀者，無加服。』孔子聞之曰：『公父氏之婦知禮矣，彼戒婦人而成子之德，此論子之惡，各舉其一爾。』」澄曰：「曠於禮，蓋謂其曠廢男女居室之禮，而溺於燕私好内之情，非謂其疏薄於朋友諸臣之禮也。」

○曾子曰：「小功不爲位也者，是委巷之禮也。子思之哭嫂也爲位，婦人倡踊。申祥之哭言思也，亦然。」委，于貴切。倡，音昌。

鄭氏曰：「位，謂以親疏叙列哭也。委巷，街里也。子思之哭嫂也爲位，善之也。禮，嫂叔無服。婦人，娣、姒婦有小功服者。倡，先也。言思，子游之子，申祥妻之昆弟也，亦無服。過此以往，獨哭不爲位。」孔氏曰：「曾子以哭小功之喪，當爲位，時有哭小功不爲位者，故曾子非之。云是委巷之禮，言非禮儀正法。既言其失，乃引得禮之人。子思之哭嫂，爲親疏之位。子思婦與子思之嫂爲娣姒，有小功之服，故子思之婦先踊，子思隨之而哭，非直子思如此，其申祥哭妻之兄弟言思亦然。子思，孔子之孫，或其兄蚤死，故得有嫂。或云孔氏一子相承至九世，故皇氏以子思爲原憲。」方氏曰：「位者，哭位之位。親有遠近，服有重輕，不可以無辨，故哭泣之際，各爲之位焉。子思之哭嫂也，爲位，以言無服之喪猶且爲位，則知小功不爲位非矣。」澄曰：「水下流之聚處爲委，言至此窮盡，無復可去。委巷，猶云窮巷。委巷之人，見小聞寡，無所知識。子思以下，記者所引，先記曾子之言，後記二人所行之事，謂子思、申祥哭無服之親，猶且爲位，况小功有服之親，而可不爲位乎？爲嫂無服，而其妻爲娣姒婦，則有服。爲妻之兄弟無服，而其妻爲其兄弟則有服，故子思之哭嫂，申祥之哭妻兄弟，皆使其妻有服者倡踊於前，而己無服者隨哭於後也。」馬氏曰：「無服而爲位者，唯嫂叔，蓋無服所以遠男女近似之嫌，而爲位所以篤兄弟内喪之親，子思之哭嫂也爲位，婦人倡踊，以婦人有相爲娣姒之恩。而不敢以己之無服先之也。申祥之哭言思亦如子思。蓋非禮矣。嫂爲内喪，故可以正哭位，婦人有相爲娣姒之道，故可以倡有。妻之昆弟，外喪也，既無服，則不得爲哭位之主矣。記曰：『妻之昆弟爲父後者死，哭之適室，子爲主，袒、免、哭、踊，夫入門右。』哭妻之昆弟，以子爲主，異於叔嫂之喪也。以子爲主，則婦人不得倡踊也。」

〇子蒲卒，哭者呼「滅」。子臯曰：「若是野哉，哭者改之。」

　　鄭氏曰：「滅，蓋子蒲名。野哉，非之也。」孔氏曰：「野，不達禮，唯復呼名。冀聞其名而反，哭則敬鬼神，不呼名。此家哭呼名，子臯非之，乃改也。」應氏曰：「滅，疑非名，但以死有滅絶之義，呼而哭之。」

○杜橋之母之喪宫中無相，以爲沽也。相，去聲。沽，音古。

鄭氏曰：「沽，猶略也。」孔氏曰：「孝子喪親，悲迷不復自知禮節，事儀皆須人相導，而杜橋家母死，宫中不立相，故時人謂其於禮粗略。」

○夫子曰：「始死，羔裘、玄冠者易之而已。羔裘、玄冠，夫子不以弔。」

鄭氏曰：「不以吉服弔喪。」孔氏曰：「養疾者朝服，羔裘、玄冠，即朝服也。始死則易去朝服，著深衣，時有不易者，又有小斂後羔裘弔者。記人引鄉黨孔子身行之禮，以譏當時失禮也。」

○季武子寢疾，蟜固不説齊衰而入見，曰：「斯道也，將亡矣。士唯公門説齊衰。」武子曰：「不亦善乎！君子表微。」及其喪也，曾點倚其門而歌。蟜，居表切。説，他活切。入見，賢遍切。

鄭氏曰：「季武子，魯大夫季孫宿也，世爲上卿，强且專政，國人事之若君。蟜固能守禮，不畏之，矯失俗也。武子無如之何，佯若善之。表，猶明也。點，字晳，曾參父。倚門而歌，明己不與也。」陳氏曰：「季孫夙之疾，蟜固不説齊衰而入見，示之以凶，而欲其死也。季孫夙之死，曾點倚其門而歌，示之以吉，而樂其死也。子産之未死，國人歌曰：『子産之死，誰其嗣之。』況欲其死乎？李廣之死，知與不知，皆爲盡哀，況樂其死乎？子産、李廣之感人猶至於此。季孫夙疾而不爲人所畏愛，死而不爲人所哀悼，其失人心可知。周官閽人『喪服不入宮』。曲禮『席蓋重素，苞屨厭冠不入公門』。服問亦曰：『唯公門有税齊衰。』則非公門不税齊衰矣。蟜固曰：『斯道也，將亡矣。』武子則曰：『君子表微，蓋道之存則著。道之將亡則微，於其將亡而能明之，故謂之表微。』季孫之善蟜固，豈得已與。」

右記初喪之事，凡十五節。

公儀仲子之喪，檀弓免焉。仲子舍其孫而立其子。檀弓曰：「何居？我未之前聞也。」趨而就子服伯子於門右，曰：「仲子舍其孫而立其子，何也？」伯子曰：「仲子亦猶行古之道也。昔者文王舍伯邑考而立武王，微子舍其孫腯而立衍也。夫仲子亦猶行古之道也。」子游問諸孔子，孔子曰：「否！立孫。」免，音問。舍下皆同。居音姬。腯，徒本切。夫音扶。

鄭氏曰：「公儀蓋魯同姓。周禮，適子死，立適孫爲後。仲子所立，非也。禮，朋友皆在它邦，乃袒免，檀弓故爲非禮，以非仲子也。居讀姬姓之姬，語助。前，猶故也。子服伯子，魯大夫仲孫蔑之玄孫。子服，景伯也。檀弓去賓位，就主人兄弟之賢者而問之。伯子爲親者隱爾。立子，常也，文王立武王，權也。微子適子死，立其弟衍，殷禮也。」方氏曰：「免之爲服，特施於五世之親，而朋友死於它邦者亦服之。仲子之於檀弓，既非五世之親，又非死於它邦，檀弓爲之免

焉，蓋服非所服之服，以譏立非所立爾。」

〇司寇惠子之喪，子游爲之麻衰，牡麻絰。文子辭曰：「子辱與彌牟之弟游，又辱爲之服，敢辭。」子游曰：「禮也。」文子退，反哭。子游趨而就諸臣之位。文子又辭，曰：「子辱與彌牟之弟游，又辱爲之服，又辱臨其喪，敢辭。」子游曰：「固以請。」文子退，扶適子南面而立，曰：「子辱與彌牟之弟游，又辱爲之服，又辱臨其喪，虎也敢不復位！」子游趨而就客位。 爲，云僞切，下同。適音的。

鄭氏曰：「惠子，衛將軍文子彌牟之弟。惠叔，蘭也。惠子廢適立庶，子游爲之重服以譏之。麻衰，以吉服之布爲衰也。文子辭曰，辱與弟游，謝其存時也。敢辭，止之服也。文子以子游習禮，見子游曰禮，亦以爲當然，未覺其所譏。子游趨就臣位，深譏之也。大夫之家臣，位在賓後，文子又辭曰，辱臨共喪，止之在臣位也。子游再不從命，文子方覺所譏。親扶適子虎而辭，敬子游也。南面而立，則諸臣位在門内北面，明矣。子游趨客位，所譏行也。」孔氏曰：「衛靈公生昭子郢，郢生文子木及惠叔蘭。蘭生虎爲司寇氏。文子生簡子瑕，瑕生將軍文氏，然則彌牟是木之字，子游與惠子爲朋友，應著弔服，加緦麻帶絰，今乃著麻衰、牡麻絰。詩云：『麻衣如雪。』又間傳云：『大祥，素縞麻衣。』皆吉服之布也。按弔服，錫衰十五升去其半，疑衰十四升，今子游麻衰，乃吉服十五升，輕於弔服。而云重服以譏之者，據牡麻絰爲重也。弔服弁絰，大如緦之絰，一股而環之，今乃用牡麻絞絰，與齊衰絰同也。大夫之賓，位在門東近北，大夫之家臣，位亦在門東而南近門，並北向，故云在賓後也。」長樂陳氏曰：「公儀仲子舍孫立子，而檀弓弔以免，司寇惠子舍適立庶，而子游弔以麻衰，皆重其服以譏之，欲其明適庶之分。司寇惠子之廢適，無異公儀仲子之舍孫，子游於司寇惠子之相友，無異檀弓之於公儀仲子。檀弓之譏仲子，服免而已，趨就門右而已。子游之譏惠子，服不以免，而麻衰牡麻絰，趨不就門，而就諸臣之位。又檀弓之譏見於言，子游之譏至於無言者，蓋檀弓以仲子無賢兄弟，非可追而正之，故服止於免，趨止於景伯，而示之以言，姑以正法而已。子游以惠子之兄弟有文子者，可以追而正之，故重爲之服。卑爲之趨，示之以無言，使之自訟而改焉。既而文子果扶適子南面而立，豈非事異則禮異哉？」馬氏曰：「死喪之威，致哀戚者，唯兄弟而已。若朋友皆在它邦，而無宗族兄弟，乃得施親親之恩，相爲袒免，檀弓之免，子游之麻絰，皆非在它邦者也。而其服有過焉，以爲仲子之舍孫，惠子之立庶，而父兄不能正，是猶無親也。檀弓子游，雖有朋友之道，欲正而不可得，故重爲之服，所以視其親，言唯親則有可正之恩。就臣之位，所以視其臣，言唯臣則有可正之義。」澄曰：「文子名木，今曰彌牟者，『彌牟』二字反切則爲木。彼實稱名爲木，而聽者若曰彌牟，猶爾之爲而已、而止諸之、爲之、於之乎也。」

○有若之喪，悼公弔焉，子游擯由左。

鄭氏曰：「擯，相侑喪禮者。喪禮廢亡，時人以爲此儀當如詔辭而由右，子游正之。」孔氏曰：「相主人以禮謂之擯。在宗伯注：『出接賓曰擯，入紹禮曰相。』少儀云：『詔辭自右，立者尊右，若己傳君之辭，爲君出命，則君之辭命爲尊，宜處右，於喪事則賓主右而己左。當時禮廢相喪，亦如傳君辭之居右，子游知禮，故推賓居右，己居左也。」澄曰：「按雜記，泄柳之母死，相者由左，泄柳死，其徒由右相。泄柳，賢人。居母之喪，相禮者由左，以其知禮也。及泄柳死，其徒非能如泄柳之知禮，故從時俗之失禮而由右相。」方氏曰：「凶事尚右，子游爲擯而由左，尚右故也。」

○季孫之母死，哀公弔焉。曾子與子貢弔焉，閽人爲君在，弗内也。曾子與子貢入於其廄而脩容焉。子貢先入，閽人曰：「鄉者已告矣。」曾子後入，閽人辟之。涉内霤，大夫皆辟位，公降一等而揖之。君子言之曰：「盡飾之道，斯其行者遠矣。」爲、鄉並去聲。内，音納。辟，音闢。辟位音避。

孔氏曰：「二子初時不具衣服，則閽人拒之。二子退而脩容，閽人雖愚，猶如敬畏二子。涉至内霤，卿大夫皆逡巡辟位，公於堂上，降階一等，揖而禮之。君子遂美之云：凡人盡其容飾，行之可長遠矣。」澄曰：「鄉者已告矣，謂鄉者初入之時，已爲告之主人矣。以此言文其鄉者不内之過。辟之，謂屏斥它人，廣開其前，以容二賢之入也。行，如『蠻貊之邦行矣』之行，謂所往皆通達，無阻遏也。遠，猶云廣大，謂其功效廣大，不狹小也。」長樂陳氏曰：「德者容之實，容者德之華，君子正其衣冠，尊其瞻視，儼然人望而畏之，此容之不可不脩也。曾子、子貢弔於季孫氏，當其容之未脩也，閽人拒之而不内，及其容之脩也，閽人敬而辟之。涉於内霤，卿大夫皆辟位，公降一等而揖之，夫以閽人之愚，卿大夫之貴，哀公之尊，而容之所施，猶足以動之，况不愚、不貴、不尊者乎？」

○衛司徒敬子死，子夏弔焉，主人未小斂，絰而往。子游弔焉，主人既小斂，子游出絰反哭。子夏曰：「聞之也與。」曰：「聞諸夫子：主人未改服，則不絰。」與音余。

鄭氏曰：「司徒，官氏。公子許之後，皆以朋友之禮往而二人異。」孔氏曰：「凡弔者，主人成服則客乃服弔絰。今主人始小斂，未成服，而已便出著絰。朋友有緦之恩，隨主人變，如五服親也。此與前子游裼裘弔朋友同也。前云帶絰，此不云帶者，凡單云絰則知有帶也。」

○曾子襲裘而弔，子游裼裘而弔。曾子指子游而示人曰：「夫夫也，爲習於禮者，如之何其裼裘而弔也？」主人既小斂，袒括髮，子游趨而出，襲裘、帶、絰而入。曾子曰：「我過矣！我過矣！

夫夫是也。」夫夫，上音扶，下同。

鄭氏曰：「曾子蓋知臨喪無飾。夫夫，猶言此丈夫也。子游於時名爲習禮，故曾子疑之。子游於主人變乃變，曾子遂善子游。」孔氏曰：「凡弔喪之禮，主人未變之前，弔者吉服，謂羔裘、玄冠、緇衣、素裳，又袒去上服以露裼衣。此裼裘而弔是也。主人既變，雖著朝服而加武以絰。武吉，冠卷也。不改冠，但加絰於武，又掩其上服。若朋友又加帶在腰，此襲裘帶絰而入是也。子游之弔，未知主人小斂以否。但弔喪豫備，將帶絰行，故出服帶絰而入也。主人成服之後，弔者大夫則錫衰。士則疑衰當事皆首服弁絰。」張子曰：「曾子、子游同弔異服，必是去有先後，故不得同議，各守所聞而往也。曾子襲裘而弔，先進於禮樂也。子游亦儘有守文處，如裼裘而弔，必是守文也。曾子、子游皆聖門高弟，其分契與常人殊，若使一人失禮，必面相告，豈有私指示於人而不告之也？此段義可疑。曾子有子言游輩，一時行禮，猶有不同，蓋時已禮壞樂崩，至後世文獻不行也。」

○曾子弔於負夏，主人既祖，填池，推柩而反之，降婦人而后行禮。從者曰：「禮與？」曾子曰：「夫祖者且也。且胡爲其不可以反宿也？」從者又問諸子游曰：「禮與？」子游曰：「飯於牖下，小斂於户内，大斂於阼，殯於客位，祖於庭，葬於墓，所以即遠也。故喪事有進而無退。」曾子聞

之曰：「多矣乎！予出祖者。」填池，鄭音奠徹，或讀如字。推，吐回切。從，去聲。禮與，音余。夫，音扶。飯，扶萬切。

鄭氏曰：「負夏，衛地。祖，謂移柩車去載處爲行始也。填池，當爲奠徹，聲之誤也。奠徹，謂徹遣奠，設祖奠也，推柩而反於載處。榮曾子弔，欲更始也。禮，既祖而婦人降。今反柩，婦人辟之，復升堂矣。柩無反，而反之，非也。從者怪之。曾子曰：『夫祖者且也，且未定之辭，此給説也。』」孔氏曰：「按既夕禮，啓殯之後，柩遷於祖，重先奠從柩從升自西階，正柩於兩楹間。鄭注云：『是時柩北首，設奠於柩西，此奠謂啓殯之奠也。質明徹去啓奠，乃設遷祖之奠於柩西，至日昃，乃却下柩載於階間。乘蜃車，載訖，降下遷祖之奠，設於柩車西。時柩猶北首，乃飾柩，設披屬引，徹去遷祖之奠。遷柩向外，而爲行始，謂之祖也。婦人降即位於階間，及設祖奠於柩西，至厥明徹祖奠，又設遣奠於柩車之西，然後徹之。包牲取下體以載之，遂行，此是啓殯之後，至柩車出之節也。曾子弔於負夏氏，正當主人祖祭之明旦，既徹祖奠之後，設遣奠之時而來弔。主人榮曾子之來，乃徹去遣奠，更設祖奠，又推柩少退而反之嚮北。按既夕禮：『既祖而婦人降。』蓋既祖柩車南出，階間既空，故婦人得降立階間。今柩車反還階間，故婦人辟之升堂。至明旦，婦人從堂更降，而後乃行遣車之禮，從曾子者意以爲疑，故問之。曾子既見主人榮己，不欲指其錯失，爲之隱諱。云祖是行之始，未是實行，且去住二者皆得，既得且住，何爲不可以反宿。明日乃去，此不顧禮，以捷給説於人也。從者又疑，遂問子游。曾子聞子游之答是，自知己説之非，故善子游。多，猶勝也。言子游所説出祖之事，勝於我所説出祖也。」胡氏曰：「池以竹爲之，衣以青布，喪行之飾也。填，謂縣銅魚以實之，謂將行也。鄭爲奠徹未詳。」澄曰：「胡氏不改『填池』二字，則填當讀爲陟刃切。填，猶云安頓也。謂已安頓，棺飾之池而將行也。但考之士禮，填池在朝祖後，階下載柩之時，今二字在既祖之下，則亦可疑，未敢必以不改字爲是。」

右記弔事，凡七節。

讀賵。曾子曰：「非古也，是再告也。」賵音奉。

鄭氏曰：「祖而賵，賓致命將行，主人之史又讀賵，曾子言非禮。」澄曰：「按士喪禮下篇，『祖奠畢，公賵賓賵』，其時賵者已致命於柩，凡所賵之物，書之於方。及次日遣奠畢，包牲行器之後，主人之史讀賵，若欲神一一知之，前既致命，今又讀之，是再告於神也。蓋古者但有賵時致命之禮，無後來再讀之禮，故曾子以爲非古。」

〇宋襄公葬其夫人，醯醢百甕。曾子曰：「既曰明器矣，而又實之。」

鄭氏曰：「名之爲明器，而與祭器皆實之，是亂鬼器與人器。」孔氏曰：「士喪無祭器，則實明器。故既夕云：『甕三醯醢屑，甒二醴酒也。大夫諸侯兼用鬼器、人器，則空鬼實人。若夏后氏專用明器，則分半以實之。殷人全用祭器，則亦分半以虛之。周人兼用，則人器實之，明器虛之。』馬氏曰：「既夕禮言陳明器，亦有黍稷、醯醢、酒醴以實之。宋襄公之葬夫人，醯醢百甕，譏其多於禮可也，以爲明器而不當實之，則非矣。」○軾按：醯醢百甕，則不獨實祭器矣。曾子譏之，謂祭器實可也，何爲并明器實之。

○仲憲言於曾子曰：「夏后用明器，示民無知也。殷人用祭器，示民有知也。周人兼用之，示民疑也。」曾子曰：「其不然乎？其不然乎？夫明器，鬼器也。祭器，人器也。夫古之人，胡爲而死其親乎？」夫音扶。

鄭氏曰：「仲憲，孔子弟子原憲。示民無知，所謂致死之；示民有知，所謂致生之。兼用則使民疑於無知與有知。曾子連言其不然乎，非其說之非也。蓋仲憲之言三者皆非，此或用鬼器或用人器爾。」孔氏曰：「夏以鬼與人異，故純用鬼器，非爲無知也。殷言鬼雖與人異，亦應恭敬，故用祭器貯食送之，非謂有知也。周家極文，言亡者亦宜鬼事，亦宜敬事，故并用鬼敬二器，非爲示民疑也。然周唯大夫以上兼用爾，士唯用鬼器不用人器。古人雖質，何容死其親乎？古，謂夏時也。若示無知，則是死之矣。憲言三事皆非，而曾子獨譏此無知者。譏其一，餘從可知也。」方氏曰：「明器祭器，三代之所兼用，蓋處以死生之間，豈特周而然哉。原憲必以夏用鬼器，殷用人器，則是夏有致死之不仁，殷有致生之不知，宜乎曾子不然其説也。然曾子之言，止及於夏而不及於殷者。以死其親，尤君子之所不忍也。」李氏曰：「明有象，幽無形，以有象之器，事無形之鬼，故曰明器以其對於祭器，故亦曰凶器。以人道而事鬼神，故曰祭器。以其對於凶器，故亦曰生器。生器則文而不功，明器則其而不用。有生器具之以適墓，象死道也。有明器具之而不用，明不復用也。由死道以思其親，由不用以念其死，皆所以重孝子之哀也。」張子曰：「明器而兼用祭器周之末禮也。周禮唯言廞。」澄按：原憲名憲，字思。今憲上加仲，而鄭注指爲原憲，未詳。

○孔子曰：「之死而致死之，不仁而不可爲也；之死而致生之，不知而不可爲也。是故竹不成用，瓦不成味，木不成斲，琴瑟張而不平，竽笙備而不和，有鐘磬而無簨簴。其曰明器，神明之也。知，音智。味，音沫，芒曷切。斲，竹角切。和，胡卧切。簨，息允切。簴，音巨。

孔氏曰：「之，謂生者以物往送於死者。」何胤云：「言往死者處，而致此死者，如草木無知，則不仁；往死者處而致此死者，如全生之物，則不知，皆不可行於世也。聖人爲教，使人子於死者不便謂無知，不便謂有知，故制明器以神明求之。器用並不精善，竹器無縢緣，瓦器無光澤，木器不雕飾，琴瑟不調平，竽笙不調和，有鐘磬而不用格縣掛之。簨簴，縣鍾磬格也。味當作沫，沫猶黑光也。今世人呼黑爲沫。」

○孔子謂：「爲明器者，知喪道矣，備物而不可用也。哀哉死者而用生者之器也，不殆於用殉乎哉？其曰明器，神明之也。」

鄭氏曰：「殆，幾也。殺人以衛死者曰殉。用其器者，漸幾於用人也。明器所以神明死者，異於生人也。」孔氏曰：「謂夏爲明器，知死喪之道矣。以孝子之事親不可闕，故備其器物。若似生存，以鬼神異於人，故物不可用。孔子既論夏之事，又言殷之非，謂用生者之祭器而供死者，近於用生人而殉死人也。」

○塗車芻靈，自下有之，明器之道也。孔子謂：「爲芻靈者善，謂爲俑者不仁，不殆於用人乎哉？」俑，音勇。

鄭氏曰：「芻靈，束茅爲人，謂之靈者，神之類。言此與明器同。俑，偶人也。有面目，機發似生人。孔子善古而非周。」

○陳乾昔寢疾，屬其兄弟而命其子尊己曰：「如我死，則必大爲我棺，使吾二婢子夾我。」陳乾昔死。其子曰：「以殉葬，非禮也，況又同棺乎！」弗果殺。乾音干。屬，之玉切。殉音殉。

鄭氏曰：「婢子，妾也。尊己不陷父於不義，記者善之。」

○陳子車死於衛，其妻與其家大夫謀以殉葬，定而后陳子亢至。以告曰：「夫子疾，莫養於下，請以殉葬。」子亢曰：「以殉葬，非禮也。雖然，則彼疾當養者，孰若妻與宰？得已，則吾欲已；不得已，則吾欲以二子者之爲也。」於是弗果用。亢，音剛。養，去聲。

鄭氏曰：「子車，齊大夫。亢，子車弟。莫養於下，謂無人養於地下也。子亢度諫之不能止，以言拒之。」澄曰：「彼妻與宰不明公義，不知正禮，以其私情邪念，愛夫愛主而謀殉葬。子亢託言欲以二人之身殉。彼既愛身不肯死，則其愛夫愛主之私情邪念自息矣。」

○孺子𩊚之喪，哀公欲設撥，問於有若。有若曰：「其可也。君之三臣猶設之。」顏柳曰：「天子龍輴而椁幬，諸侯輴而設幬，爲榆沈，故設撥。三臣者廢輴而設撥，竊禮之不中者也，而君何學焉。」𩊚，吐孫切。撥，半末切。沈與瀋同。陸農師讀如字。不中，去聲，又如字。

鄭氏曰：「𩊚，魯哀公之少子。撥，可撥引輴車，所謂紼也。三臣，仲孫、叔孫、季孫氏。猶，尚也。有若以臣況子也。輴，殯車也，畫轅爲龍。幬，覆也，殯以椁覆棺而塗之，所謂菆塗龍輴以椁也，諸侯輴不畫龍。榆沈，謂以水澆榆白皮之汁，有急以播地，令引柩車滑也。廢，去也。紼繫於輴，三臣於禮去輴，今有紼，是用輴，僭禮也。殯禮，大夫菆置西序。士掘肂見衽，顔柳止其學非禮也。」山陰陸氏曰：「據此諸侯無椁，設幬而已。先儒謂亦累木爲椁，特不題湊，非是。榆性堅忍中車，所謂『不剥不沐，十年成轂』是也。然以性沈難轉，亦所載沈也。故設撥，撥雖不可知，然謂之撥，則以撥輴者也。鄭氏謂撥爲紼，非是。按喪大記『大夫二綍、二碑，廢輴用軸而設撥，是竊禮之不中者也。』」澄曰：「天子之殯，龍輴載柩，外加以椁，而又有幬。諸侯之殯，輴以載柩，外雖無椁，而亦有幬。榆，木名，蓋以爲輴車之輪轂者。沈，猶重也。木性本重，所載又重，爲難轉動，故須設撥以撥其輪。大夫殯用輁軸，其轉動甚易，既不用輴，則撥無所施，徒爲虚器，實無所用，蓋僭竊君禮，而不中事宜者也。陸氏説優，今從之。」○軾按：有若之對婉而切，謂或者亦可，三家尚且行之，此深憾三家之僭，正見其必不可也。顔柳恐公不解有若意，故詳言之。

○季康子之母死，公輸若方小。斂，般請以機封，將從之。公肩假曰：「不可。夫魯有初：公室視豐碑，三家視桓楹。般！爾以人之母嘗巧，則豈不得以？其母以嘗巧者乎，則病者乎？噫！」弗果從。般音班。封音窆。其母，舊音無，今讀爲父母之母。

鄭氏曰：「公輸若，匠師。方小，言年尚幼，未知禮也。歛，謂下棺於椁。般若之族，多技巧，見若掌歛事而年尚幼，請代之而欲嘗其技巧也。時人服般之巧，故將從之。『魯有初』，初，謂故事也。豐碑，斲大木爲之，形如石碑，於椁前後四角樹之，穿中間爲鹿盧。下棺以繂繞，天子六繂四碑，前後各重鹿盧也。言『視豐碑』者，時公室僭天子也。諸侯下天子，斲之形如大楹，四植謂之桓，諸侯四繂二碑，碑如桓矣，言視桓楹者，時三家僭諸侯也。大夫二繂二碑，士二繂無碑。」孔氏曰：「公輸若之族人公輸般，謂爲轉動機關，窆而下棺，將從之。時有公肩假止而不許，曰：『魯有初始舊禮，凡言視者，不正相當，比擬之辭。王制視諸侯視伯視子男是也。豐，大也。按禮，廟庭有碑，今用大木爲碑，穿鑿碑中之木，令空，於此空間著鹿盧，鹿盧兩頭各入碑木。繂，即紼也。以紼之一頭繫棺緘，以一頭繞鹿盧，繞訖，人各背碑負紼末頭，聽鼓聲以漸却行而一之也。天子六繂四碑，有一碑兩紼者，故上下重著鹿盧，止言前後重鹿盧者，以棺之入椁，前後用力深也。天子有隧以羨道下椁。所以用碑者，凡天子之葬，掘地爲方壙。漢書謂之『方中』。方中之內，先累椁於其方中，南畔爲羨道。以蜃車載柩至壙，説而載以龍輴，從羨道而入，至方中，乃屬紼於棺之緘，從上而下，棺入於椁之中，於此之時用碑繂也。三家言視桓楹，不云碑，但如大楹，不似碑形，故爾通而言之，亦謂之碑。按説文：『桓，亭郵表也。』謂亭郵所立表木，即今之橋旁表柱也。諸侯二碑，兩柱一碑，而施鹿盧，故云四植，謂之桓也。」

澄曰：「嘗，猶試也，『得』字句絶，自快足爲得，有虧歉爲病。上二句責般，謂爾以人之母試巧，則爾工人之心，豈不快足而自得？下二句閔季孫，謂以其母以試爾之巧者，彼孝子之心，其亦有虧歉而病者矣。季孫之母，雖是妾母，然國卿之母，豈工人嘗巧之具惡乎不爲季孫病哉？二者字下俱有『乎』字，疑惑之之辭，而不質言也。噫！嗟嘆聲。既責般閔季孫，而又嗟嘆，蓋深以爲不可也。」

○國昭子之母死，問於子張曰：「葬及墓，男子、婦人安位。」子張曰：「司徒敬子之喪，夫子相，男子西鄉，婦人東鄉。」曰：「噫！毋！」曰：「我喪也斯沾，爾專之：賓爲賓焉，主爲主焉。」婦人從男子皆西鄉。相、鄉並去聲。斯，音賜。沾，音覘。

鄭氏曰：「國昭子，齊大夫。夫子，孔子也。西鄉東鄉，夾羨道爲位也。毋，禁止辭。斯，盡也。覘，視也。國昭子自謂齊之大家，人盡視之，欲人觀之，法其所爲。時子張相。孔氏曰：『噫毋』者，止子張也。言我居喪，人盡來覘視，當更爲别禮，豈得依舊禮。爾當同此婦人與男子一處，於是昭子家婦人從男子同在主位西鄉，賓之男子及賓之婦人皆西廂東鄉。非也。」澄曰：「專，謂專主之。言爾既相喪禮，當專主其事，如我之言，賓自爲賓，而男女皆東鄉，主自爲主，而男女皆西鄉也。」○軾按：曰「我喪也」，推觀者之言。

〇季子皋葬其妻，犯人之禾。申祥以告，曰：「請庚之。」子皋曰：「孟氏不以是罪予，朋友不以是棄予，以吾爲邑長於斯也。買道而葬，後難繼也。」長，之兩切。

鄭氏曰：「季子皋，孔子弟子高柴，孟氏成邑之宰。犯，躐也。申祥，子張子。庚，償也。子皋恃寵虐民，非也。」方氏曰：「孟氏執政者也，故以法言罪，朋友同等者也，故以義言棄恃己之貴，而虐民之賤。非仁。殉己之利，而忘民之害，非恕。長民於邑，不仁不恕，則天下之公法不容，而在所罪矣，豈必孟氏罪之而後爲罪哉？天下之公義不與，而在所棄矣，豈必朋友棄之而後爲棄哉？子皋昧於此，且慮後之難繼，所謂順非而澤也。」〇軾按：子皋知不足而厚有餘，豈有啓蟄不殺，方長不折，而虐其民者乎？意當日所犯無多，必從而償之，是煦煦之仁也。且儼然邑長，犯禾而民受償，是教民不順也。後難繼，即孟子曰『亦不足』之意。子皋爲此語，蓋晚而見道，非復前此質美未學矣。注疏謂『恃寵虐民』。方慤謂『順非而澤』，何其謬也。」

〇國子高曰：「葬也者，藏也。藏也者，欲人之弗得見也。是故衣足以飾身，棺周於衣，椁周於棺，土周於椁，反壤樹之哉！」

國，齊大夫國氏。子者，大夫之尊稱。高者，蓋其字。古初人與禽獸一，死者不葬，後因人子不忍暴露其親，故掩之以土，又不忍土侵其膚，故衣之以薪，後以瓦棺易薪，又以木棺易瓦棺，外又加以椁，情彌厚，禮彌備矣。斂而以衣裹尸，使人不見其尸也；斂而納之於棺，使人不見其衣也；葬而下棺於椁，使人不見其棺也；既下棺而實之以土。則并使人不見其椁也。子高以爲人子之葬其親如此藏之者，欲人之不得而見也。實土畢而封樹於外以表識之，則人雖不見其棺椁，然知其所藏之處矣，意欲如古之不封不樹也。」孔氏曰：「子高之意，以人死可惡，故備衣衾棺椁，欲其深邃不使人知。今乃反更封壤爲墳，而種樹以標之哉。」馬氏曰：「古之人略於死者，衣之以薪，葬諸中野。後世聖人嚴慎終之禮，以瓦棺塈周爲不足，易之以棺椁，凡此皆藏之弗得見者也。周官冢人『用爵等爲封土之度，與其樹數。』觀其封，則知位秩之高卑。觀其樹，則知命數之多寡，所以遺後世子孫之識，非以爲觀美也，而國子高非之，亦異於禮矣。」

〇成子高寢疾，慶遺入，請曰：「子之病革矣，如至乎大病，則如之何？」子高曰：「吾聞之也：生有益於人，死不害於人，吾縱生無益於人，吾可以死害於人乎哉？我死，則擇不食之地而葬我焉。」遺，于愧切。革音棘。

孔氏曰：「齊世本：懿伯生貞孟，貞孟生成伯高父。」澄曰：「成子高，即國子高。成，謚也。慶遺蓋子高家臣，入請，入卧内而請問其遺命也。大病，謂死。不食之地，謂其地不可種五穀以供民食者。子高自謂上而不能利澤於民，是無益於人也，若死而葬人所墾耕之地，以妨五穀，是有害於人矣，故欲擇不可墾耕之地而葬焉。其意慊然不自足，其言依於謙儉，蓋亦可謂賢已。」

○公叔文子升於瑕丘，蘧伯玉從。文子曰：「樂哉斯丘也！死則我欲葬焉。」蘧伯玉曰：「吾子樂之，則瑗請前。」從，去聲。樂，音洛。瑗，云眷切。

鄭氏曰：「文子，獻公之孫，名拔。瑗，伯玉名。二子，衛大夫。」孔氏曰：「蘧伯玉仁者，刺文子欲害人良田。」方氏曰：「葬之爲禮，蓋生者之所送終。非死者之所當擇。擇之且不可又況徇己之樂而忘人之害乎？此公叔文子樂瑕丘之葬，故蘧伯玉有請前之譏也。」澄曰：「前，猶云豫先也。請前請爲豫定其所，若徇其意，實譏非之，所謂巽與之言也。按論語公明賈對孔子，稱公叔文子之賢，以爲義然後取，人不厭其取。今於生前貪其樂處以葬，不義孰甚焉。此夫子有豈其然乎之疑也。今觀衛公叔文子欲葬所樂之丘，則齊國成子高，擇葬不食之地者，其賢矣哉。」

○大公封於營丘，比及五世，皆反葬於周。君子曰：「樂，樂其所自生。禮，不忘其本。」古之人有言曰：「狐死正丘首，仁也。」比，匹吏切。樂樂，下音洛。首，手又切。

鄭氏曰：「齊曰營丘，大公受齊封，留爲大師，死葬於周，子孫不忍離也。五世之後，乃葬於齊，君子言其似禮樂之義。正丘首，正首丘也。仁，恩也。」孔氏曰：大公，周之大師，死葬鎬京，陪文武之墓。其子孫比及五世，雖死於齊，以大公在周，又從齊反歸葬於周也。先王樂己之王樂，所由生以制樂名。舜由能紹堯，則樂名大韶；禹由治水，廣大中國，則樂名大夏。王業本由質而興，則禮尚質；本由文而興，則禮尚文。禮與樂皆重本，反葬於周，亦是重本。君子既引禮樂，又引古人遺言，謂丘者，狐窟穴根本之處，雖狼狽而死，意猶嚮此丘，是心有仁恩也。五世者，五世則服盡也。按世本：大公望生丁公汲，汲生乙公得，得生癎公慈母，慈母生哀公不臣。齊世家：『哀公荒淫，紀侯譖之，夷王烹哀公，亦葬周也。』其實反葬正四世，若大公之外五世，是玄孫之子，服盡亦反。大公玄孫哀公死，弟胡公靖立，靖死，獻公山立，山死，武公壽立，以五君爲五世，則獻公以上反葬，以所生爲五世，則武公以上皆反葬。周公封魯，其子孫不反葬於周者，以有次子在周，世守其采地也。」方氏曰：「周官冢人『掌公墓之地』，『先王之葬居中』，諸侯左右，各以其族，故大公雖封營丘，而五世子孫皆得反葬以從其祖焉。」澄曰：「樂，樂其所自生。樂，謂歡悦之也。自，由也。天地祖考者，人物之所由以生也。祀天祭地享祖考，必有樂以樂之，蓋以歡悦吾身所由以生之鬼神祇也。禮不忘其本，不忘，謂追念而報事之也。所由以生者，如木之本，木本乃本支所由以生也。人物之生，本乎天地祖考，故以祭享之禮報事之者，不忘吾身之所本也。本即所自生者，互言以備，如飲食必祭上世始爲飲食之人而後食，亦是不忘本，此言禮樂之用，非言制作時也。疏説誤。」

○延陵季子適齊，於其反也，其長子死，葬於嬴博之間。孔子曰：「延陵季子，吴之習於禮者也。」往而觀其葬焉，其坎深不至於泉，其斂以時服，既葬而封，廣輪揜坎，其高可隱也。既封，左袒，右還其封且號者三，曰：「骨肉歸復於土，命也。若魂氣則無不之也，無不之也。」而遂行。孔子曰：「延陵季子之於禮也，其合矣乎。」長，之兩切。深，熓式切。廣，古曠切。可隱，舊讀於刃切，今如字。號，户高切。

孔氏曰：「生時不欲近泉，以生時之意恕死者，故死亦不至於泉。人長八尺，低而據之，半爲四尺，所封墳已竟。季子乃左袒其衣，凡以禮事者左袒，若請罪待刑則右袒，喪亦是禮事，但喪禮直云袒，不云左右。季子達死生之命，自寬慰從吉禮，故左袒也。左袒訖，乃右而圍遶其封，且號哭者三匝，言人之骨肉，乃食土物而生。今還歸復入於土，乃自然之性，若魂氣則無不之適，不可更反，再言之者，愍傷離訣之意。」方氏曰：「坎深不至泉，則不至於太深；斂以時服，則不至於太厚；廣輪揜坎，則不至於太大；其高可隱，則不至於太高。左爲陽，故袒之以變吉，右爲陰，故還焉以示凶。」臨川王氏曰：「先王之制，爲長子三年，服之如此其重，則其哀戚不可不稱。是三號而遂行，哀不足矣。」澄曰：「時服，謂當時所有之服。隱，蔽也。人長八尺，蹲則半之，其高可以隱蔽人之身。人蹲左畔，則右畔不見；人蹲右畔，則左畔不見，約計四尺也。鄭訓『隱』爲『據』，則如隱几之隱，作去聲讀。命，謂造化流行，生死萬物者。人之骨肉，資坤而成，既生之後，漸漸長大。及其死也，歸而藏焉，復反於土，漸漸朽腐，與土爲一，此造化流行之命使然，故曰命也。若其魂氣資乾而始，死則游散，混於天氣之中，無所不之也。季子其時奉君命出使，而有私喪，不敢將其尸柩以歸，只得葬於齊地，故言死而骨肉歸土，乃天命之常，人情縱有繫戀，不容不葬之土中。父子一體，死者葬齊，生者還吴，兩相離訣，永不親近，深有慼傷。然其魂氣則無所不之，父子一氣，能相感通。父在於吴，則子之魂氣亦在於吴，實不疏遠也，聊以自寬慰爾。按，莊子書載秦失弔老聃之事，以其三號而出，爲簡略於哀，詳此記文，『右還其封且號者三』八字爲一句，謂圍遶其封丘以行，而且號哭也。者三兩字，是記其圍遶之匝數，非記其號哭之聲數也。足行口哭，二事兼并，圍遶之行既止，而後號哭之聲亦止，非謂但哭三聲也。荆國王氏以此爲哀不足，蓋誤分一句作兩句讀，遂誤解且號者三，與莊子書之三號同也。況季子於子之喪，自初死至葬時，甚促亦經旬日，或經半月，或經兩旬，遲速莫考。初死之時，哭必盡哀，又有再哭、三哭、朝哭、夕哭，其哭不止一次矣。非但有此既葬還封之一哭也，惡得以此而議其哀之不足哉。荆國天質偏厚，慈愛篤至，賢者過之而不合乎中庸。其長子雱死，悲戚不堪，力辭相位，以己方人而議季子。季子情禮兩得，無可議也。方氏守王氏學，亦襲其説。王氏不特以三號爲衣不足之説，非是。它説亦皆可疵，觀翥和能究及，今不一一辨駁也。」

○舜葬於蒼梧之野，蓋三妃未之從也。

鄭氏曰：「古者不合葬，舜征有苗而死，因留葬焉。蒼梧於周，南越之地，今爲郡，帝嚳立四妃，象后妃四星，其一明者爲正妃，餘三小者爲次妃。帝堯因焉，至舜不立正妃，但三妃而已。夏后氏增以三三而九，合十二人。以虞夏及周制差之，則殷人又增以三九二十七，合三十九人。周人法帝嚳立正妃，又三二十七爲八十一人，合百二十一人。其位后也，夫人也，嬪也，世婦也，女御也。五者相參以定尊卑。」孔氏曰：「舜三妃。按帝王世紀：『長妃娥皇，無子；次妃女英，生商均；次妃癸比，生二女。』霄明燭光，從猶就也。三妃不就舜合葬，記之人未知審悉，故云蓋。」澄曰：「孟子言舜生於諸馮，遷于負夏，卒于鳴條。而淮南子云：『舜征三苗，遂死蒼梧。』鄭注因之。史記又云：『舜南巡守，崩于蒼梧之野。』韓文黄陵廟碑云：『書稱舜涉方。』注謂：『舜昇道南方以死，地勢東南下，如言舜南巡而死。』宜言下方，不得言陟方也。謂舜死葬蒼梧不可信。」澄按：「堯薦舜攝位，巡守等事，皆舜代行。舜薦禹攝位後，亦當然也。故温國司馬氏詩云：『虞舜既倦勤，薦禹爲天子。安得復南巡，迢迢渡湘水。』然則謂舜南巡守而死者妄也。鄭注所謂四妃、三妃，及夏、商、周遞增人數，當時援引，雖必有據，然今莫可考其是否也。」

季武子曰：「周公蓋祔。」

鄭氏曰：「祔。謂合葬，自周公以來。」孔氏曰：「記者既論古不合葬，與周不同。又引季武子之言云：『周公以來，始將後喪合前喪祔葬。』武子去周公不遠，無可疑。謙退不敢指斥，雖不疑亦云蓋也。」澄曰：「季武子之言見下文，蓋因杜氏來合葬於其西階之下，而武子云然。」

○季武子成寢。杜氏之葬在西階之下，請合葬焉，許之。入宫而不敢哭。武子曰：「合葬非古也，自周公以來，未之有改也。吾許其大而不許其細，何居？」命之哭。居，音姬。

鄭氏曰：「武子，魯公子季友之曾孫季孫夙。自見夷人冢墓以爲宅，欲文過。」孔氏曰：「武子云：合葬之禮非古法，從周公以來始有，至今未改。我成寢之時，謂此冢是周公以前不須合葬，故夷平之以爲寢，是文飾其過。先儒皆以杜氏喪從外來，就武子之寢合葬，與孔子合葬於防同。又按晏子春秋，景公成路寢之臺，逢於阿盆成适後喪，並得附葬景公寢中，與此同也。聽將喪入葬，是許其大，哭是細。」張子曰：「自伯禽至於武子多歷年，豈容城中有墓，此必是殯。欲取其柩以歸合葬也。」山陰陸氏曰：「請遷於外而合葬之。先儒謂杜氏之喪從外來，就武子之寢合葬，不近人情。」澄曰：「張子、陸氏與注疏異，姑存其説。」○軾按：細玩禮文，是杜氏以新死者就寢合葬，武子謂合葬之禮，其來已久，不能禁杜氏之不葬也。既許其葬，又何靳而不令哭耶？然服固不脱齊衰，武子且善之，何至夷人冢墓？果夷墓爲宅，杜氏欲合葬可得乎？此與晏子春秋所載景公事，皆無稽之論也。

○孔子曰：「衛人之祔也，離之；魯人之祔也，合之。善夫。」夫音扶。

鄭氏曰：「離之，有以間其椁中。善夫，善魯人也。祔葬當合。」孔氏曰：「衛之合葬，以物隔二棺之間，猶生時男女隔居處也。魯人則合并兩棺置椁中，無別物隔之，言異生不須隔。詩云『穀則異室，死則同穴』，故善魯之祔也。」

右記葬事，凡二十節。